国际经典教材
中国版系列

财务报表分析与证券定价（第3版）

- 〔美〕斯蒂芬·H. 佩因曼 (Stephen H. Penman)
- 林小驰
- 王立彦

／著

Financial Statement Analysis and Security Valuation

北京大学出版社
PEKING UNIVERSITY PRESS

著作权合同登记号　图字:01-2008-1728

图书在版编目(CIP)数据

财务报表分析与证券定价(第3版)/(美)佩因曼(Penman, S. H.), 林小驰, 王立彦著. —北京: 北京大学出版社, 2013.11
(国际经典教材中国版系列)
ISBN 978-7-301-23120-3

Ⅰ. ①财… Ⅱ. ①佩… ②林… ③王… Ⅲ. ①会计报表-会计分析-教材 ②证券交易-定价-教材 Ⅳ. ①F231.5 ②F830.91

中国版本图书馆 CIP 数据核字(2013)第 207329 号

Stephen H. Penman
Financial Statement Analysis and Security Valuation, third edition
ISBN: 0-07-312713-2
Copyright © 2007 by McGraw-Hill Education.

All Rights reserved. No part of this publication may be reproduced or transmitted in any form or by any means, electronic or mechanical, including without limitation photocopying, recording, taping, or any database, information or retrieval system, without the prior written permission of the publisher.

This authorized Chinese adaptation is jointly published by McGraw-Hill Education (Asia) and Peking University Press. This edition is authorized for sale in the People's Republic of China only, excluding Hong Kong, Macao SARs and Taiwan.

Copyright © 2013 by The McGraw-Hill Asia Holdings(Singapore) PTE. LTD and Peking University Press.

版权所有。未经出版人事先书面许可,对本出版物的任何部分不得以任何方式或途径复制或传播,包括但不限于复印、录制、录音,或通过任何数据库、信息或可检索的系统。

本授权中文简体字改编版由麦格劳-希尔(亚洲)教育出版公司和北京大学出版社合作出版。此版本经授权仅限在中华人民共和国境内(不包括香港特别行政区、澳门特别行政区和台湾地区)销售。

版权©2013 由麦格劳-希尔(亚洲)教育出版公司与北京大学出版社所有。

本书封面贴有 McGraw-Hill 公司防伪标签,无标签者不得销售。

书　　　名:	财务报表分析与证券定价(第3版)
著作责任者:	〔美〕斯蒂芬·佩因曼(Stephen H. Penman)　林小驰　王立彦　著
责 任 编 辑:	张　燕　刘誉阳
标 准 书 号:	ISBN 978-7-301-23120-3/F·3731
出 版 发 行:	北京大学出版社
地　　　址:	北京市海淀区成府路 205 号　100871
网　　　址:	http://www.pup.cn
电 子 信 箱:	em@pup.cn　QQ:552063295
新 浪 微 博:	@北京大学出版社　@北京大学出版社经管图书
电　　　话:	邮购部 62752015　发行部 62750672　编辑部 62752926　出版部 62754962
印 刷 者:	北京鑫海金澳胶印有限公司
经 销 者:	新华书店
	787 毫米×1092 毫米　16 开本　44 印张　1098 千字
	2013 年 11 月第 1 版　2017 年 10 月第 3 次印刷
印　　　数:	9001—13000 册
定　　　价:	85.00 元

未经许可,不得以任何方式复制或抄袭本书之部分或全部内容。
版权所有,侵权必究
举报电话:010-62752024　电子信箱:fd@pup.pku.edu.cn

,本丛书具有两个主要特色:

视角。在选书过程中,我们不仅关注那些在同类书中具有广泛持久影
,同时也更青睐于最新的、具有明显特色、符合教学发展趋势的教材。
行为》一书,便融入了行为金融领域的最新的、令人振奋的研究成果。
创新。每本"中国版"教材都由原作者与一到两名国内的专家学者共
写大纲是由国内外作者经深入探讨后确定的。所做工作并非局限于对
是在结合国内学者教学经验和学术研究成果的基础上,所进行的实质
在于应用性的内容,即在保留原书基本理论框架和体系的基础上,增加
和实践的内容,包括原创性的中国案例。为了便于学生理解,并学以致
、数据、示例等内容作了非常细致的替换。此外,也将一些重要的教辅资
了不破坏原著作的整体性,在改编过程中,尽量保持了与原著作一致的体

的市场化道路是在摸索中不断走向成熟,中国特色的国际化教材的建设也
。本丛书还仅仅是一个摸索和尝试,还存在着诸多不足之处。我们真诚期
者的宝贵意见和建议,并欢迎更多的一线教师和青年学者加入这一意义非凡
时,我们更希望这套丛书的出版能够抛砖引玉,在不久的将来,迎来国内的专
撰写出优秀的国际化教材,并真正"走出去"的时代。果真如此,将是国内教
的一大幸事。

北京大学出版社
经济与管理图书事业部
2011 年 1 月

出版者序言

知识是无国界的。很多基础性的[内容]现得尤为明显：除了理论上的共通性以[外，]随着经济全球化的不断深入，推动我国经[管类]的人才，已经成为国内诸多高校和学者不[懈追求的目标。]好的教材，不仅有助于理论的传播和传承，[还能激发学]生学习和思考的兴趣。因此，教材的国际化[势在必行。]

我国经管类教材的国际化，可谓经历了几[个阶段。]

20 世纪 90 年代中期之前，我国的经管类[教材，无论]是在教材内容、课程体系，还是在教学方法和理[念上，与国际一]流大学存在较大差距。在这种情况下，适当引进[国外优秀教]材，无疑是一条与世界接轨的捷径。在国内一些[高校，]一些翻译版教材开始进入读者的视线，为国人了[解世界打开了]窗口。

从 20 世纪 90 年代中期起的十几年间，国内经管[类教材大量引进西]方发达国家的主流经济学和管理学教科书、经典的学术[著作，不]仅包括翻译版，也包括英文影印版。其规模之大、范围之[广，涵盖了经济、]金融、营销等经管各个领域。国内经管类引进版教材市场[的繁荣和各]类教材的引进，成功地将西方成熟的理论体系和教学理念[引入国内]的教学改革和人才培养，对中国经济学和管理学教育的国际[化起到了重要的推动作用。]

然而，随着实践的发展，传统的单纯翻译版和影印版教材[的篇幅]一般较长，内容过于庞杂，教师难以在有限的课时内全部讲授[完；教材]本身的质量虽然比较高，但完全立足于发达市场的制度背景，对[于处]于转型期的中国来说，缺乏理论与实践的相关性。如何使这些优[秀教材本土化的]问题，使其与中国的社会制度背景和转型实践相结合，真正实现[教材的]国内教师和出版人面前的一个现实而迫切的问题。与此同时，随着[国]内教学科研水平的不断提高，当前，国内的很多年轻专家学者也具备[了编写国际]化教材的能力。时代呼唤着同时具有"国际经典性"和"中国特色"的[教材。]

正是考虑到上述客观需要和现实可行性，北京大学出版社尝试策[划推出"国际]经典教材中国版系列"丛书。本丛书是在翻译国外经典、前沿教材的基[础上，邀请在]一线教学、学术研究方面有突出成就的教师学者，根据国内的教学需要，对[原著进行]改编，成为独具特色的"中国版系列"。

作为一套创新型教材[，本丛书具有以下特色：]

一是选书上的独特[性。本丛书所选皆为国际上影]响力、选用面最广的教材[，国际学术声誉较高。]比如，《投资学：分析与[管理》……]

二是出版形式上的[创新。本丛书由国内外学者共]同完成，部分教材的编[写……不是对]原著作的简单删减，而[是……进行实质]性改编。改编的重点[是……除]了介绍中国特定制度[……以外，]用，还对各章的图表[、数据、案例、习题等资]料进行了汉化。为[……]例和写作风格。

如同中国特色[的……]并非一朝一夕之功[，]待着来自专家学[者……]的事业中来。同[……]家学者能够独立[……]育界和出版界的[……]

改编者序言

《财务报表分析与证券定价》是一本畅销不衰的力作,内容反映了20世纪90年代以来资本市场证券分析领域的最新发展。

北京大学出版社的编辑与我们讨论本书翻译改编版计划,建议对本书内容方面加以适当调整,增加对中国资本市场证券分析的介绍。起初我们有些犹豫,因为这个任务不轻松。后来仔细考虑,又觉得的确有必要。毕竟,美国许多具有市场影响力的著作,被翻译介绍到中国以后,学术思想的精彩和应用借鉴价值自不待言,但一个事实也毋庸回避:以发达社会和经济为描述、阐释、分析对象的著作内容,与中国现实之间存在着相当的距离。这样想,我们就下决心接受了任务。

Penman教授原书的结构设计非常合理。综观全书,第1—2章为全书的篇章节做铺垫准备,介绍财务报表、财务报表分析和基本分析。其后的内容分为五大部分。第一部分(3—6章)讲述财务报表基本分析所必需的理论支持和逻辑分析思想;第二部分(7—12章)介绍以定价模型为指导的财务报表分析、商业活动的构成,以及用于未来预期的信息;第三部分(13—15章)讨论如何进行以基本分析为基础的未来预测;第四部分(16—17章)研讨会计问题,包括以会计为基础的定价、如何融合不同的会计方法度量收益、如何评价用于制定财务报表的会计质量;第五部分(18—19章)进一步探讨风险问题,包括权益风险和信用风险,并讲述将权益风险、信用风险结合在一起的预测分析。

北京大学光华管理学院姜国华教授曾经在加州大学伯克利分校商学院学习并获得博士学位,对本书也有很深刻的理解,对Penman教授的学术思想深有传承体会。我们在一起讨论时一致认为,《财务报表分析与证券定价》一书的突出特点,可以归结为目标明确、模型科学、章节间逻辑性强、具有鲜活的生命力等几个方面。

- 明确的目标——本书内容的定位和视角,非常明确地是为股东权益投资者进行证券定价服务。
- 科学的模型——本书内容围绕着核心定价模型展开,为学习证券定价提供确切、良好的基础和科学分析依据。
- 章节间逻辑性强——财务报表分析围绕核心定价模型展开。对财务报表的分析、对盈利能力或成长性的分析等等,都要服务于对核心定价模型所需的"原材料"的预测。有了预测,核心定价模型就为投资者产出了对股票的定价。

● 具有鲜活的生命力——如果把财务报表分析和证券定价比喻成培育一个有机体的过程，本书的核心定价模型就是有机体的骨架，具体的报表分析是有机组织的构建，而对模型"原材料"的预测，则为有机体注入生命力，生息不止。财务报表分析不是枯燥、机械、零散的计算工作，而是生动鲜活的系统工程。

最近二十年来，中国的资本市场迅速成长，取得了长足的发展，证券分析也相应地成为一个青年学子蜂拥而至的朝阳职业（包括买方分析师、卖方分析师、独立分析师）。不过，由于我国资本市场自身的内生性缺陷，证券分析结果以及证券分析师成就，都包含着浓重的非理性成分。每年一度、举办已过十年的《新财富》最佳证券分析师评选，虽然热闹，年年都评出数十个最佳头衔，可是社会反映不佳，批评声浪不断。应该说，当前证券分析的理性成分很是不足。

但是，不合理的现实并不能否定道理的存在，不合理的格局正说明了理性支持的重要性。何况，伴随着社会、经济、政治的正常化，资本市场的扭曲终究是要被扳正、回归正常的。这样看，《财务报表分析与证券定价》一书告诉我们的证券分析思想、机理、逻辑和方法的价值，将会越来越适用。

从学术研究视角看，我国资本和证券市场相关问题的研究，存在的争议更多、更为深刻。那是因为，学术研究基于我国公司资本市场公开数据，借鉴的是欧美经济理论，得出的实证研究结果就难免不很靠谱。仅仅是基于足够大量的数据，即使统计分析工具足够复杂，研究"发现"和"解释"也往往陷于表象化。毕竟，在学术研究中借用欧美的经济、金融、财务等研究中的假说、模型、方法时，必须在借用时深入分析其是否适合中国的政治机制环境、经济制度环境，进而提出、构造贴切中国社会的基础理论和模型。而这正是我国资本和证券市场学术研究中明显的内在短板所在。

就研究的逻辑而言，目前的经济、金融、会计学术研究中，非常缺少分析式研究——通过构建理论模型和严格数理逻辑推演、解释现象并得出研究推论、结论。而跳过具有学术支撑力度的分析式理论基础研究，直接模仿欧美学术界比较普遍常用的实证模型，就显得缺少严谨的思路逻辑，理论根基的支持力不足。

在短时期内，实证研究这座楼房的地基不够坚实，研究过程和结果都还难以令人信服，研究的有用性就不会很明显。这种状况的逐渐改变，有赖于理论研究质量的提高、市场经济制度环境的改良。这样看，就更能够体会到《财务报表分析与证券定价》一书给我们的启示和促进。

本书中文改编版的构思和完成，都以我们对英文原著以及北京大学光华管理学院刘力教授、陆正飞教授所主持翻译的译本的学习为基础。此外，北京大学光华管理学院博士生郭放承担了包括协助原文翻译、数学模型核对等在内的大量工作。参加讨论、核对等协助性工作和文字校对的，还有北京大学博士生樊帅、王江、唐楦等同学。对于本书中引用的中国资本市场资料和案例，我们曾经邀请证券业同人提出建议。对于得到的帮助，在此一并表示诚挚的谢意。

对于本书中存在的瑕疵，欢迎读者提出批评和建议。

王立彦（北京大学）

林小驰（中信证券研究部）

前 言

财务报表是反映商业活动的透视镜,财务报表分析便是通过对透视镜的校准使商业活动汇聚于焦点。报表上的瑕疵会使透视镜蒙尘,导致画面的扭曲。因此,财务报表分析的目的就是去除瑕疵以调整聚焦。

财务报表有许多作用,最主要的一条就是为商业投资提供信息。每天都有无数的股票和公司债券在全球资本市场上交易,它们的价格反映了自身的价值。投资者希望了解什么样的公司值得他们以什么样的价格去交易。他们会把眼光投向财务报表分析以求获得公司潜在价值的启示。本书的目标读者正是这些投资者。

潜在价值常常被认为是基础价值,有关基础价值信息的分析称为基本面分析。财务报表分析是基本面分析的核心。实际上,在本书中,基本面分析是以适当的财务报表分析为基础而发展的。作为商业透镜,财务报表通过报表分析技术向读者提供了一种解释商业活动的方法,以帮助他们理解商业活动为股东创造的价值。

20世纪末和21世纪初股票市场的经历表明这种理解力是非常重要的。在那几年中,股票价格远远超过了由收益、账面价值、销售收入和其他基本面信息所体现的价值,而最终这一股市泡沫破灭了。当时,在充斥媒体的那些自称为证券分析师的值得怀疑的分析结论、某些公司可疑的财务报告、公司管理层关于股票的谎言和"大家"(talking head)充满投机的分析结果的盅惑下,投资者在"非理性繁荣"(irrational exuberance)的情况下忽略了扎实的基本面分析。时间告诉我们,必须回归到基本价值分析。本书就展示了有效的基本面分析的技术。

概念构架

好的分析来源于好的理解,好的理解来源于帮助学习者组织自己思想的概念构架。

在当今的信息时代,人们要处理大量的有关企业的信息。概念构架可以指导人们认识信息,并利用信息。本书从概念构架入手,帮助读者了解商业如何运作,如何产生价值,以及如何在财务报表上表现(或不表现)价值。这个构架会帮助你把商业知识运用于价值评估,帮助你理解财务报表。它会告诉你摆在分析家们面前的许多重要问题的答案。分析家们的重点应该是股利、现金流还是收益?分析家怎样将对收益的期望转换成对价值的评估?投资者应该如何利用那些用可疑的会计方法计量的收益信息?资产负债表扮演了什么角色?什么是增长型的公司?增长如何评定?一家企业的市盈率表明了什么?市净率又表明了什么?该构架将从第一原理开始逐块搭建,直到本书结尾,帮助你清楚地看到分析从哪里开始,并对基本分析原理有明确的了解。你还将能够区分好的分析和差的分析。

实践工具

本书着眼于理解,但更根植于实践。概念与架构之所以重要,因为它们是分析的工具。本书的每一章结尾都列出了关键概念。在学完本书之后,你将拥有一套完整的实际分析工具,让你得以有序地进行分析,并且保证分析是连贯的,没有忽略企业价值构成的任一方面。本书指出那些非常简单的分析方法的局限性,同时致力于开发简单的分析框架以求在较为复杂的分析工具的效益与成本之间达到均衡。全书中的所有方法都会引用著名企业(如戴尔、沃尔玛、耐克和锐步等)的实例加以讲解。

定价和策略

本书所介绍的是企业外部的证券分析师用来对企业价值进行分析,并向其客户提供投资建议的分析工具。这些分析师在他们的投资研究报告中提出投资建议。学习本书之后,你就能写出具有说服力的、一流的权益投资研究报告。当然,企业内部的管理者也可以使用本书所述的工具进行投资评价。企业外部的分析师是以对企业策略的了解为基础进行价值分析的,而企业管理者是用同样的方法评价投资和选择策略。用于评价企业策略的手段同时也是选择策略的手段,因此本书把价值分析与策略分析结合起来评述。

以会计为基础的评估方法

一般的价值评估教材总是用折现金流来估计价值,但是证券分析师却总是通过对收益的预期来估计价值,股票投资研究报告通常通过对公司收益而不是公司现金流量的分析来解释公司是怎样为投资者创造价值的。"买未来的收益"确实是投资的信条。股票市场聚焦于收益,分析师和管理层对未来收益的预期驱动股价的变化,当企业披露的收益与分析师的预期不同时,股票价格就会发生相应的变化。虚报收益的情况被揭露会导致股票价格大幅下跌,正如施乐(Xerox)、安然(Enron)、Qwest、世通(WorldCom)以及其他公司会计丑闻的揭露导致了股市泡沫的破灭。投资银行也逐渐将其使用的价值评估模型由现金流量模型转向会计收益模型。

本书的重点是收益预测,以及如何将收益预测数据转化为价值评估。当你浏览本书后你会清楚地看到其中的原因:正确计量的收益是反映商业活动所产生价值的一个很好的指标,所以对收益期望的分析可以产生对基本价值的更坚实的理解。格雷厄姆(Graham)、多德(Dodd)和其他一些早期的证券分析师强调"收益的力量"。本书同样坚持把重点放在收益上,但所用的分析方法与现代金融理论是一致的。

收益与现金流的不同之处在于会计上的"应计项",因此本书意在描述应计会计如何有助于理解一项商业活动和它带来的价值。这些应计项目如折旧、商誉的摊销、养老金负债和递延税款等有目的地加以披露。从现金流虽然可以看出应计项,但具有相当的任意性。本书说明的是如何通过会计数据来工作而不是摒弃它。由于应计项既影响利润表又影响资产负债表,因此,没有资产负债表,利润表中的收益预期就不能得到解释。因为正是列于前者中的资产才产生了收益。因此,资产负债表和利润表联系在一起才是应计会计。

有时,财务报表会被认为不能提供信息而遭受冷落。但是,你将看到,只要运用适当的分析,财务报表会提供很多信息。适当的分析可以使财务报表恢复活力。

会计质量

在了解了会计是如何计量后,你将提高鉴别会计计量好坏的能力。学完本书,你将能够判断出由企业公布的财务报表上的缺失,并对决定报表如何编制的"一般公认会计原则"和"公开披露原则"有所评论。你还能了解到会计信息公布时是如何被歪曲的,并利用工具查漏纠错,从而获得企业的会计质量的信息。

金融与会计的结合

财务报表根据会计准则编制,你可以在会计课程上学到这些会计准则。然而,在会计课程上对财务报表的解释通常是从如何利用会计准则编制财务报表的角度出发的,而不是从如何从财务报表中找出关于商业投资价值的信息的角度出发的。金融学原理指导投资分析,学习金融课程的目的就是学习这些原理。但是,在这些课上,关于投资分析的系统分析都常常忽视财务报表和会计概念的作用。通常你会认为金融与会计毫不相干,或者即便你认为它们有联系,这种联系在你的脑海中也是模糊不清的。金融课程有时拒绝会计,而会计课程有时却使用有悖于金融学原理的分析方法。本书把你从金融课程和会计课程中所学到的知识融会在一起,通过结合财务报表分析与基本面分析把会计概念和金融概念结合起来。我们把会计看成评估价值的手段,而价值评估则适用于投资分析。现有的财务报表的组织结构有助于组织基本面分析。支持资产负债表和利润表的会计准则同样支持价值评估。所有的分析原理均符合现代金融理论和对会计计量优劣的判别。

积极的方法

投资学教科书常常认为资本市场是"有效的",证券的市场价格总能反映其潜在价值。这类教科书主要关心风险的度量而不是价值评估。投资者被看成是消极的,他们接受证券的市场价格并视其为公允价值,主要关心如何通过证券投资组合来控制风险。本书从积极投资者的视角进行分析。积极投资者不需假设市场有效。但积极投资者要通过有力的分析挑战市场价格,检查市场价格是否公允,事实上,他们是利用对市场不实定价的感知来赢取高额回报。积极投资者以基本面分析为信条:价格是他们的付出,价值是他们的回报。他们相信股票投资中最大的风险是为一只股票付出不应有的高价,所以积极投资者要寻求不受价格影响的价值分析方法。无论市场是否有效,你都会发现这一方法的美妙。

致谢

本书反映出我在芝加哥攻读研究生学位期间以及其后在伯克利工作期间对现代金融理论的思考和研究。书中借鉴了格雷厄姆(Graham)、多德(Dodd)和科特尔(Cottle)所著《证券分析》(Security Analysis)一书中的投资理论,该书是我在大学本科时的第一门金融学课程教材。本书还吸纳了我在昆士兰大学所学到的会计理论以及从 Paton、Littleton、Sprouse、Moonitz、Edwards、Bell 等学者著作中得到的启发。Jim Ohlson 在研究和教学方面同我有过多次交流,他关于会计定价模型的理论给了我许多启发，为此特别感谢。我还要感谢我在伯克利分校、伦敦商学院和哥伦比亚大学的学生，以及 Peter Easton 教授和他在俄亥俄州立大学、墨尔本大学和芝加哥大学的学生，他们使用本书初稿并提出了有价值的反馈意见。我还要感谢加利福尼亚大学伯克利分校的 Lorraine Seiji，他对原稿所做的贡献是卓越的。Luis Palencial 和 Doron Nissim 曾协助图表制作，姜国华和 Siyi Li 提供了有益的建议。Jeffrey Jullich、Marylin Batista 和 David Comstock 对本书部分内容做了一定工作，Nancy 银行给予了大力支持。伯克利分校、伦敦商学院以及哥伦比亚商学院的管理人员和我的同事也以不同方式给予了本书有力支持。George Werthman、Erin Cibula、Gina Huck、Megan McFarlane、Dana Pauley、Robin Reed、Tim Vertovec 以及 McGraw-Hill/Irwin 的全体职员，尤其是编辑 Gina Huck 的帮助，同样有目共睹。Stewart Mattson 对写作的全部过程给予了专家指导。这里一并致谢。

斯蒂芬·佩因曼（Stephen H. Penman）
（哥伦比亚大学）

目 录

第1章 投资与定价概述…………(1)
 1.1 投资风格与基本面分析 ……(3)
 1.2 泡沫,泡沫 ………………(7)
 1.3 环境:投资者、公司、证券和资本市场…………………(14)
 1.4 分析行业:专业分析师 ……(16)
 1.5 商业活动分析……………(19)
 1.6 选择估值技术……………(23)
 1.7 如何使用本书……………(27)

第2章 财务报表概述…………(39)
 2.1 财务报表的形式…………(42)
 2.2 财务报表中的计量………(59)

第一部分 财务报表与估值

第3章 估值中如何运用财务报表 …………………(93)
 3.1 乘数分析…………………(96)
 3.2 以资产为基础的估值……(104)
 3.3 基本面分析………………(107)
 3.4 基本面分析的结构:估值模型 …………………(112)

第4章 现金制会计、权责发生制会计与现金流折现估值 …………………(131)
 4.1 股利折现模型……………(134)
 4.2 现金流折现模型…………(138)
 4.3 现金流量表………………(144)
 4.4 现金流、利润与权责发生制会计…………………(148)

第5章 权责发生制会计与估值:账面价值定价…………(162)
 5.1 隐藏在市净率背后的概念…(164)
 5.2 估值原理…………………(165)
 5.3 依据账面价值的估值模型 …………………(167)
 5.4 利用剩余收益模型进行权益估值…………………(176)
 5.5 应用模型对项目投资和公司战略估值…………(183)
 5.6 剩余收益模型的特征 ……(185)
 5.7 为积极投资而对模型做逆向工程…………………(190)

第6章 权责发生制会计与估值:收益定价…………………(200)
 6.1 隐藏在市盈率之后的概念 …………………(202)
 6.2 估值原理…………………(203)
 6.3 根据收益进行估值的模型 …………………(207)
 6.4 超额收益增长模型的特点 …………………(215)
 6.5 对模型进行逆向工程,构建积极投资策略………(220)

第二部分 财务报表分析

第7章 企业活动与财务报表 …(233)
- 7.1 企业活动:现金流……(236)
- 7.2 企业活动:所有的存量和流量……(243)
- 7.3 制约重新编制报表的会计关系……(245)
- 7.4 为股东合并起来:什么创造价值……(247)
- 7.5 存量和流量比率:企业盈利能力……(249)

第8章 股东权益表分析……(256)
- 8.1 重新编制股东权益表……(258)
- 8.2 非清洁盈余会计……(265)
- 8.3 比率分析……(268)
- 8.4 隐蔽的非清洁盈余……(270)
- 8.5 股东的角度……(279)

第9章 资产负债表和利润表分析……(287)
- 9.1 重新编制资产负债表……(290)
- 9.2 重新编制利润表……(302)
- 9.3 资产负债表与利润表的比较分析……(313)
- 9.4 比率分析……(317)

第10章 现金流量表分析……(330)
- 10.1 自由现金流的计算……(332)
- 10.2 GAAP下的现金流量表和重新编制的现金流量表……(334)
- 10.3 经营活动现金流……(344)

第11章 盈利能力分析……(353)
- 11.1 剖析经营活动的核心:盈利能力分析……(356)
- 11.2 第一层次的分解:区分融资活动、经营活动和杠杆作用……(356)
- 11.3 第二层次的分解:经营活动盈利能力的驱动因素……(367)
- 11.4 第三层次的分解……(371)

第12章 增长与持续收益分析……(381)
- 12.1 增长是什么?……(384)
- 12.2 增长分析导论……(387)
- 12.3 盈利能力和持续性收益的变化分析……(389)
- 12.4 股东权益增长分析……(406)
- 12.5 增长、持续收益及 P/B 和 P/E 比率估值……(407)

第三部分 预测与估值分析

第13章 企业营运价值与市净率、市盈率评估……(425)
- 13.1 对剩余收益预测的修正:剩余经营收益……(428)
- 13.2 对超额收益增长预测的修正:经营收益中的超额增长……(433)
- 13.3 资本成本与估值……(436)
- 13.4 融资风险、收益与权益的估值……(441)
- 13.5 盯市计价的会计处理:估值中对股票期权成本的考虑……(453)
- 13.6 企业估值倍数……(455)

第14章 简单预测与简化估值……(468)
- 14.1 利用财务报表进行简单预测与简化估值……(471)
- 14.2 简单预测:加入财务报表信息外的推测信息……(480)

14.3 简化估值模型的实用性 ……………………………… (482)
14.4 两阶段增长的简化估值 ……………………………… (486)
14.5 以简化估值模型作为分析工具 ……………………… (487)

第15章 完全信息预测、估值与企业战略分析 ……… (497)
15.1 财务报表分析——基于商业活动的分析 ………… (502)
15.2 完全信息预测和预期分析 …………………………… (515)
15.3 股票交易产生的价值 ……… (525)
15.4 财务报表指示器和警示信号 ………………………… (529)
15.5 商业战略分析和预计财务报表分析 ………………… (530)

第四部分 会计分析与估值

第16章 创造会计价值与经济价值 …………………………… (541)
16.1 价值创造与剩余收益创造 …………………………… (544)
16.2 会计方法、市净率、市盈率和永续经营的定价 ……… (547)
16.3 秘密储备与收益"创造" ……………………………… (555)
16.4 实务中的稳健性会计与自由会计 …………………… (561)
16.5 会计方法和预测期长短 ……………………………… (567)

第17章 财务报表的质量分析 ………………………………… (576)
17.1 什么是会计质量 ……… (579)
17.2 看穿会计:识别收入的转移 ………………………… (583)
17.3 检查交易操纵 ……… (601)
17.4 操纵的正当性? ……… (604)
17.5 披露质量 ……………… (605)
17.6 质量记分卡 …………… (605)
17.7 质量分析的超额回报 …… (607)

第五部分 风险分析

第18章 权益风险与资本成本分析 …………………………… (619)
18.1 风险的本质 …………… (621)
18.2 基本面风险 …………… (629)
18.3 在险价值轮廓图 ……… (634)
18.4 基本面因素的 β 值 …… (647)
18.5 价格风险 ……………… (648)
18.6 通过市场价格推断风险 ……………………………… (652)
18.7 风险衡量问题的改进 …… (653)

第19章 信用风险分析 ………… (662)
19.1 信用提供者和信用价格 ……………………………… (665)
19.2 信用评估的比率分析 …… (666)
19.3 预测和信用分析 ……… (674)
19.4 流动性计划与财务策略 ……………………………… (682)

第1章
投资与定价概述

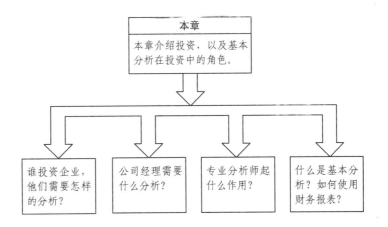

开篇阅读材料

注重价值投资,寻找蓝筹股

中国证券市场在过去二十余年中获得了长足的发展,其中一个最突出的表现,就是随着证券市场规模的不断扩大,投资者的数量飞速增长。截至2011年年末,我国股市投资者规模全球最大,股票市场开户数约1.65亿户。其中,机构投资者约70万户,个人投资者约1.64亿户,占99.6%。在众多投资者中,中小投资者占比高,持股市值在10万元以下的投资者占80%以上,风险承受能力比较薄弱。

投资者都希望以低廉的价格买进股票,这就需要投资者持续地关注目标。对市场上的证券的分析和价值搜寻涉及证券研究的广度和深度问题。投资者的精力是有限的,尤其对中小投资者来说,广度和深度很难兼顾,蓝筹股则是价值投资策略的首选标的。

价值投资理念通常表现在其对市场中的蓝筹股十分青睐。所谓蓝筹股,是指那些在其所属行业占有重要支配性地位、业绩优良、发展稳定、股本规模大、红利优厚的大公司股票。蓝筹股一直是境外成熟证券市场的支柱和领头羊。成熟证券市场上蓝筹股一般具备如下特征：

（1）蓝筹股公司具有较好的盈利水平，其股息率一般应该高于同期银行存款利率的分红；（2）蓝筹股公司具有较大的企业规模和巨大的股本规模，任何机构购买相当数量也不会对市场产生冲击；（3）蓝筹股是股市上的"定海神针"，尤其在股市低迷时期，蓝筹股更是成为机构投资者和各类基金重点吸纳的对象；（4）蓝筹股公司具有极高的品牌价值；（5）蓝筹股公司基本面比较明朗，未来的发展一般具有可预测性。

据统计，目前沪深300指数的公司占总市值的65%，营业收入占市场全部营业收入的74%，净利润占市场全部利润的84%。这些数据表明，蓝筹股就是市场的主体，是股市价值的真正所在。

最近，证监会主席郭树清表态，沪深300等蓝筹股的静态市盈率不足13倍，动态市盈率为11.2倍，显示出罕见的投资价值。证监会投资者保护局也再度发表倡导投资蓝筹股的言论。选择蓝筹股本质是倡导理性投资、价值投资，它是一种投资理念，不是简单针对哪一只股票。影响股价变动的因素很多，蓝筹股的概念、范围也不是一成不变的，我们不能机械地理解投资蓝筹股的内涵。面对纷繁多变的市场，投资者需要树立正确的价值投资理念，把握价值投资原则，同时结合市场现状、预期以及自身情况理性投资。

资料来源：中国证监会湖南管理局，http://www.csrc.gov.cn/pub/hunan/xxfw/hbgzjx/201208/t20120803_213477.htm。

财务报表是公司披露其基本信息的主要渠道，投资者是财务报表的主要使用者。公司从投资者那里获取资金，同时公布财务报表帮助投资者进行投资决策。投资者期望他们的投资价值能够增加，他们通过阅读财务报表来评估公司创造价值的能力。除向投资者提供信息外，财务报表还有其他的用途。政府在进行社会经济决策时需要利用企业财务报表；反垄断委员会等监管机构需要利用财务报表管理商业活动；企业员工在工资谈判中需要使用财务报表；高层经理利用财务报表评估下层经理；法院和专家证人则利用财务报表估算诉讼中的损失。

每一类财务报表的使用者都应当懂得财务报表，需要了解财务报表的不足：披露了什么，没披露什么。他们还要知道如何通过财务报表发现有关信息。财务报表分析就是帮助使用者通过财务报表获取公司有关信息进而了解上述问题的一种方法。

本书主要以投资者为对象讲述财务报表分析原理。投资有不同的类型。购买公司股份（公司普通股）是一种投资，本书将特别关注股东和潜在股东；购买公司债务（公司债券）则是另一种投资。股东关注的是公司的盈利能力，债权人关注的是公司的偿债能力，财务报表分析有助于对公司这两方面的状况进行评估。向公司贷款的银行也是投资者，他们同样关注公司的偿债能力。当公司考虑收购其他公司、进入新的行业、进行公司分拆或重组、收购或剥离资产等一系列战略时，公司本身也在扮演投资者的角色。总之，在上述各种情况中，为了做出合理的决策，都需要进行财务报表分析。

财务报表分析的主体当然是投资者。在市场经济中，大多数公司的建立都是要为其所有者赚钱，或者说是创造价值。财务报表主要是为股东进行投资所准备的：在每年的股东大会上，公司都需要提交正式的财务报表，需要公布的主要数字包括利润表中归属于所有者的净利润，以及资产负债表中所有者权益的账面价值。不过，投资者所做的大量财务报表分析与其他利益相关者同样有关。股东关注公司的盈利能力，政府监管机构、供货商、公司的竞争对手和雇员也同样关注公司的盈利能力。股东和债权人关注公司的经营风险,供货商和公司雇员也同样如此。在证券诉讼中,由于公司发生的亏损或者价值损失经常会牵涉到对投资者的赔偿,诉讼中的相关专家也要关注如何通过财务报表判断公司的价值。因此,本书讨论的大量财务分析与各类使用者均有关。

投资者一般通过购买股票或公司债来对一家企业进行投资。他们主要关注的是得到的报酬的多少,也就是股票或债权的价值。针对估价的信息分析被称为估值分析(valuation analysis)或基本面分析(fundamental analysis),当证券是股票和债券时,又称为证券分析(security analysis)。本书阐述基本面分析的原理,同时讨论基本面分析中如何使用财务报表分析。

1.1 投资风格与基本面分析

每天,世界各国的股票市场都有成百上千万股的股票进行交易。买卖股票的投资者都在问自己:我的交易价格合理吗?这些股票的实际价值是多少?投资者试图找到问题的答案,但答案的来源却五花八门。在新闻媒体中,股评家们通过报纸、电视财经频道和网络聊天室宣传他们关于价格的观点。投资者向投资顾问咨询,但投资顾问给他们提供的是需要筛选的大量的信息和建议。投资者会听到有人宣称某些股票价格被高估了,某些股票价格被低估了,甚至于还听到能通过时装潮流(比如女性裙子的长短)来判断股票市场的理论,据说这种情形能拉动股票价格偏离合理价位。

阅读材料1.1

"裙摆指数"是经济学家乔治·泰勒(George Taylor)在1926年时提出的,当时正在任教的他发现了一个有意思的现象,经济好的时候,女人们的裙子往往会变短;反之,经济不好时女人们的裙子就会变长。由此,裙长可以当作衡量经济好坏的一个信号,被称为"裙摆指数"。所以,这个理论还有个更通俗的名字叫作"牛市与裸露的大腿"。简而言之就是,如果女性裙摆越长,股市就越低迷;反之,资本市场则越昂扬。

资料来源:http://stock.hexun.com/2012-07-18/143716994.html。

在无法比较准确地判断股票价值的时候,投资者会采取不同的投资方式。直觉投资者(intuitive investors)依赖他们的直觉,跟着感觉走。消极投资者(passive investors)则相信市场的有效性,他们认为市场价格是包含风险的合理价格,市场力量已经把股票价格确定在一个合理的价位上。

上述投资风格比较简单,不需要投入大量精力。但这几种投资者都会承受比他们购买股票的企业自身风险更高的风险:买入价格太高或出售价格太低会减少投资回报甚至会遭受损失。直觉投资者会面临直觉形成的问题:一个人可能对自己的直觉满意,但是在形成直觉前,应该将自己的直觉与金融工程的计算结果相比较。如果不这样做,那将可能会给自己带来灾难性的后果。对消极投资者来说,如果股票的市场定价有误,他们就会面临危险。虔诚地相信市场有效似乎是有道理的,因为许多经济理论都声称市场是有效的,但最好还是检验一下。

下面就是一个例子：

个人电脑的主要生产厂商戴尔电脑公司在 2000 年 2 月 1 日公布其上一财政年度的利润和销售收入分别为 17 亿美元和 253 亿美元。同时，戴尔公司的股票总市值超过了通用汽车公司。据报道，通用汽车公司当年的利润和销售收入分别为 131.44 亿美元和 3 135 亿美元。戴尔公司股票的市盈率为 87.9 倍，而通用汽车公司股票的市盈率只有 5 倍多。

通用汽车公司有它自己的问题。戴尔公司在生产经营上的创新十分成功，它建立了一个直接面向市场、以销定产的生产和存货系统（a made-to-order inventory system）。直觉投资者可能认为戴尔是一家好公司，对买它的股票感觉有信心。但以 87.9 倍的市盈率来看是否合适？当时标准普尔 500 指数（S&P 500）的市盈率为 28 倍，按历史标准衡量已经很高了，个人电脑公司股票总体的市盈率为 33 倍。因此，为戴尔公司股票支付 87.9 倍市盈率的价格似乎太高了。直觉投资者可能会觉得戴尔是一家好的、管理完善的公司，但是应该认识到好公司股票的价格也会被高估，购买价格被高估的好公司的股票并不好，因此应该利用一些分析方法来检验一下股票的价格。消极投资者相信公司股票的市场价格是合适的，却忽视了市盈率。面对如此高的市盈率，最好检验一下投资者的观念是否正确，因为可能有买价过高的风险。戴尔公司的股价从 2000 年的 58 美元跌至 2003 年的 29 美元，跌了 50% 左右。到了 2005 年，股价也只有 40 美元。

通过在重复投资中平衡收益和损失，以太高价格买入股票，或以太低价格卖出股票的风险可能会减少。一位消极投资者可能会说："我承认有时市场是无效的，因此有时我购买股票的价格太高，有时也会太低；但是我仍可采取消极投资的方式，因为，最终收益和损失会在买卖股票的价格错误中相互抵消。"

我们可以全面分析公司的相关信息，并通过这些信息了解到公司的真正价值，以此来减少这类投资风险。这就是基本面分析（fundamental analysis），依赖基本面分析的投资者就是基本面投资者（fundamental investor）。基本面投资者会问："对戴尔来说，87.9 倍的市盈率是不是太高了？"为了回答这个问题，他们会根据戴尔的信息，计算出戴尔公司股票的市盈率是多少才合理。他们还会问："戴尔公司实际值多少倍市盈率？"基本面投资者认为价格和价值是不同的，他们奉行一个信条：价格是投资者付出的，而价值是投资者所得到的，投资者购买股票就像顾客在购买任何商品时都要进行检查一样。当然，在某种意义上，价格也是价值，因为这是其他交易者付给股票的价值。你可能对财务分析不屑一顾，认为价格就是价值。但是基本面分析把价格看成投资的成本。奥斯卡·王尔德（Oscar Wilde）[①]的评论就说明了这点：愤世嫉俗者知道每件事物的成本，却不知道它的价值。

由于投资者从投资中得到的是未来收益，因此基本面投资者预测收益，以便确定目前的要价是否合理。保守的投资者（defensive investor）会比较谨慎地预测，以免在错误的价格进行交易。积极的投资者（active investor）利用基本面分析发现错误估价的股票，也许能从这种股票中获取额外收益。阅读材料 1.2 更进一步对比了消极投资者和积极投资者。

---

① 奥斯卡·王尔德（1854—1900）是 19 世纪后期英国著名的作家、诗人、剧作家，唯美主义的代表人物。他在英国文学史上具有特殊的地位。在他安息处的墓碑上，他被誉为"才子和戏剧家"。

> 阅读材料 1.2

消极投资、积极投资和风险

投资者就像在赌博。他们既有可能获得高收益,也有可能出现投资损失。消极投资者和积极投资者在处理风险的方式上有所不同。

消极投资者认为,风险是指商业运作中带来比预期更少的收益。他们认为风险意味着公司的销售业绩可能小于预期,从而无法实现利润。他们也相信基本面风险在市场中已被合理定价。但是他们认为可以通过分散化来降低风险,市场不会因为这些可通过分散化而被减少的风险付出更多报酬。所以他们持有分散化的投资组合来应对风险。但是,他们相信,一旦将投资分散化,自己就相当于已经做好了价格保护措施,而高风险的投资也被合理定价为能够获得较高的预期收益。他们希望从分析师那里得到的仅仅是关于他所承担的风险水平的信息,也称为 β(beta)风险。他购买 beta 值,而定量分析师通过使用 beta 技术,即利用模型(例如资本资产定价模型,即 CAPM)和变量来提供这些风险度量的信息。当然,你应该已从金融课程中了解了这些模型。

积极的基本面投资者看到买价过高或者卖价过低的另一个风险根源,即他们认为证券并未得到合理定价。他们发现,除了商业运作中内在的基本面风险之外还存在价格风险。所以他们进行风险分析以便与市场价格竞争。像那些使用 β 技术的人一样,他们也设计一些方法来做分析,称为 α(Alpha)技术,以区别于 β 技术。这也是本书将涉及的内容。积极的基本面投资者看到某些股票可能获得超额收益——比 β 风险所表现出来的预期收益更高——所以他们认为进行分析的努力是会有回报的,α(Alpha)就是和超额收益相关的交易术语。

指数投资是消极投资的一种极端形式。指数投资者购买股票市场组合或者某种类似市场组合的组合,例如 S&P 500 指数。市场组合是分散化程度最高的组合,所以指数投资者甚至不需要知道股票的 β。他们不需要考虑任何事情,而且交易成本很低。请看下表中 1998 年到 2002 年这五年间 S&P 500 的收益率(含股利),以及每年 12 月 31 日的指数市盈率。

	1998	1999	2000	2001	2002
S&P 500 的收益率	28.6%	21.0%	-9.1%	-11.9%	-22.1%
S&P 500 的 P/E 比率	32.3	33.3	24.7	40.3	28.9

20 世纪 90 年代的牛市中,指数投资者表现不错。相对于股票 13% 的历史平均收益率,指数投资的收益率在 1998 年和 1999 年一直很高。但后来的经历却有些痛苦,因为 S&P 500 的收益在 5 年来看仅有 -0.6%,而中期美国政府债券的收益率为 6.8%。在 2000—2004 年的五年时间里,S&P 500 的收益平均每年为 -0.95%。不过,本着股票投资是长期行为的信念,指数投资者还是安全度过了这段时间。股票的历史平均收益为 13%,而公司债券为 6%,国库债券收益率为 3.5%。事实上,到 2004 年,十年的 S&P 500 年均收益为 11.3%。

基本面投资者也看到了这些统计数据,但他们认为这种收益是没有保障的。他们发现另一个数据:S&P 500 市盈率的历史平均值为 14。市盈率超过 30 说明这些股票价格太高。然而,基本面投资者由此开始研究大环境是否改变,高的市盈率现在是否应该调整。更进一步,他不再持有指数组合中的所有股票,而是开始在这些股票中区分出哪些是他所认为被低估的,哪些是被合理定价的,哪些是被高估了的。一个投资于指数的人,他的行为仅仅是持有;而积极投资者会扩展他的行为,从买入、持有或者卖出当中选择。

从事后来看,我们可以简单地说在1999年年底卖出股票是一个很好的主意。而随之而来的问题是,分析者在1999年能否事先预测到这一点。消极投资者是持怀疑态度的,他们指出这个事实:积极投资的基金在扣除运营成本之后,并没有显著比S&P 500指数获得更大的收益。而基本面投资者回答道:如果没有人做基本面研究,市场怎么能变得有效?

下表为中国股市1990年至2012年间上证指数及收益率情况,你认为在中国更适宜使用积极投资策略还是消极投资策略?

中国股市1990年至2012年间上证指数及收益率

年度	开盘	最高	最低	收盘	收益率
1990	96.05	127.61	95.79	127.61	32.86%
1991	127.61	292.75	104.96	292.75	129.41%
1992	293.74	1 429.01	292.76	780.39	165.67%
1993	784.13	1 558.95	750.46	833.80	6.33%
1994	837.70	1 052.94	325.89	647.87	-22.66%
1995	637.72	926.41	524.42	555.29	-12.93%
1996	550.26	1 258.69	512.83	917.02	66.65%
1997	914.06	1 510.18	870.18	1 194.10	30.64%
1998	1 200.95	1 422.98	1 043.02	1 146.70	-4.52%
1999	1 144.89	1 756.18	1 047.83	1 366.58	19.36%
2000	1 368.69	2 125.72	1 361.21	2 073.48	51.49%
2001	2 077.08	2 245.44	1 514.86	1 645.97	-20.76%
2002	1 643.49	1 748.89	1 339.20	1 357.65	-17.39%
2003	1 347.43	1 649.60	1 307.40	1 497.04	11.10%
2004	1 492.72	1 783.01	1 259.43	1 266.50	-15.15%
2005	1 260.78	1 328.53	998.23	1 161.06	-7.91%
2006	1 163.88	2 698.90	1 161.91	2 675.47	129.88%
2007	2 728.19	6 124.04	2 541.52	5 261.56	92.86%
2008	5 265.00	5 522.78	1 664.93	1 820.81	-65.42%
2009	1 849.02	3 478.01	1 844.09	3 277.14	77.24%
2010	3 289.75	3 306.75	2 319.74	2 808.08	-14.64%
2011	2 825.33	3 067.46	2 134.02	2 199.42	-22.15%
2012-11-09	2 212.00	2 478.37	1 999.48	2 069.07	-6.46%

数据来源:Wind数据库。

本书论述如何预测收益,以及如何使用财务报表分析帮助预测。基本面投资者试图发现投资的内在价值、合理价值和基本面价值。内在价值(intrinsic value)是指能通过收入信息证明合理的投资价值,但这种说法并不意味着可以精确地确定内在价值。与桥梁工程不同,基本面分析并不能消除所有的不确定性。它只是提供了分析原理,依据这些原理进行分析可以减少不确定性。本书将详细、系统地讲述这些原理,使按照这些原理进行投资决策的投资者能确保自己的投资决策是合理和明智的。本书的分析特别指出简单决策方法存在的错误,以及为什么忽视基本原理会造成价值的损失。

信息分析是基本面分析的核心,因此本书的大部分内容论述分析师怎样鉴别恰当信息并利用这些信息发现投资的内在价值。收集会计信息,尤其是财务报表分析是非常重要的,任何一个分析师都不希望在大量的公司信息中迷失,因此他们会倾向于寻找收集和精简信息的有效方法。分析师渴望得到简单、直接的方法,但同时也对过于简单的方法十分警觉。比如,有一种简单却又十分流行的观点认为"应该购买低市盈率公司的股票而卖出高市盈率公司的股票",因此价格和盈余的比率告诉了我们这些盈余是被高估了还是低估了。然而我们发现,2000 年卖掉高市盈率的戴尔公司的股票或许是正确的做法,然而买进低市盈率的通用汽车或者福特汽车的股票却是错误的,通用汽车的股价从 2000 年的每股 80 美元跌到了 2005 年的每股 34 美元,同一期间,福特汽车股价也从每股 29 美元跌至每股 12 美元。因此,思考严密的分析师明白,只使用像盈余这样的单一信息进行判断是非常危险的,必须结合其他重要的信息才能真正判断一个较低的市盈率是不是公允的,反映股价是被高估还是被低估。与比较股价和盈余不同,严谨的分析师会分析股价和每股价值。

不仅证券交易者关注投资的价值。在公司里,经理每天都做投资决策。他们经常会问,投资价值是否大于成本。而且,就像我们将会见到的,他们也要预测收益以确认投资价值。

1.2 泡沫,泡沫

在为证券正确定价的过程中,很多人都处于危险境地。20 世纪 90 年代,世界上有数以万亿计的美元被投资到股票市场。20 世纪 90 年代末,美国有将近 50% 的成年人通过直接购买或者通过退休金账户持有普通股。在英国这个数字是 25%,德国是 15%,法国是 13%。这些数字远远超过十多年前的水平。亚洲和太平洋地区的股票市场也变得很活跃。欧洲和亚洲那些一直向银行融资的企业开始在公开股票市场上进行融资。随着企业越来越多地与个人股权投资者以及他们的中介进行交易,在这些地区形成了一种权益文化(equity culture)。不幸的是,虽然权益文化逐渐兴起,但对如何估计股票价值的认识却没有得到提高。当股市的泡沫爆裂时,亿万美元被损失掉,投资者发现自己的财富明显缩水。

这种情形在 20 世纪 90 年代初的日本反复出现。1989 年 12 月 29 日,日本股市的日经 225 指数高达 38 957,五年期收益是 238%。12 年后的 2001 年,日经 225 指数已降到 10 000 以下,比 1989 年的水平降低了 75% 以上。20 世纪 80 年代的股票价格存在泡沫,而泡沫后来破灭了。在日本,这一现象的影响是长期的。有的人主张股票投资应当是长期投资,但这个长期运作过程真是一个长时间的运作。在 2000 年 3 月 20 日,美国 NASDAQ 综合指数升到 5 060,比 1995 年年初上升了 574%。2002 年中期,该指数降到 1 400 点以下,比 2000 年下降了 75%。S&P 500 指数下降了 45%,伦敦 FTSE 100 指数和 Eurotop 300 指数也下降了 40% 以上。泡沫破灭了,使投资者纳闷这个得到回报的长期应该是多长。我们应该记得道·琼斯指数直到 1954 年才恢复它在 1929 年曾有的水平。20 世纪 60 年代后期的牛市之后,在 70 年代中期,道·琼斯指数收益仅为 4.8%,到了 70 年代末期,已经比 1960 年的水平下降了 13.5%。

2000 年 1 月,在泡沫破灭之前,美国联邦储备银行主席艾伦·格林斯潘表示了对经济的担心。他谈到,这场繁荣在将来回忆起来时,是否会被看成"人类历史上星罗棋布的投机泡沫之一"。在1999年,他也说过,"历史告诉我们,信心的急剧逆转总是忽然发生的。通常在绝大多数情况下,几乎没有一点前兆……让人好奇的是,这种行为表明,历代以来,人类的反应总是相似的,几乎毫无差别。不管是对荷兰郁金香球茎,还是俄国的权益证券,市场价格走势总是大致相似的"。

的确,虽然常被提及的泡沫例子是17世纪的荷兰郁金香球茎事件和19世纪的南海泡沫,但还有更多近期的事例。1972年的科技股——Burroughs、Distal Equipment、宝丽来(Polaroid)、IBM、施乐、伊士曼柯达——的定价,看起来就像等待破灭的泡沫。这些股票被认为是必买的"顶尖五十"(Nifty Fifty)股票的一部分,其他还包括可口可乐、强生和麦当劳公司。1972年,"顶尖五十"的平均市盈率为37。这对2002年NASDAQ 100超过300的市盈率来说没有什么大不了,却远远高于13倍的历史水平。泡沫确实破灭了,S&P 500的市盈率从1972年的19.0下降到1974年的7.5。伦敦《金融时报》30股指数(比FTSE 100时间更早)从1972年5月的543下跌到1975年1月的146。

股票市场的泡沫损害了经济。人们对于可能得到的收益形成了不切实际的预期,从而做出了误导消费和投资的决策。被错误定价的股票吸引资金投向了不恰当的行业中。商业模式较差的企业融资也变得非常简单,从而占用了一部分本来应该投向那些能增加社会财富的企业的资金。投资者借款来购买证券而不是实物资产。债务上的负担开始变得难以承受。提供这些贷款的银行开始陷入困境。退休金账户出现损失,养老金危机开始初现端倪。另外,当我们学习关于宏观经济管理方面的内容时,20世纪20年代的繁荣和30年代的大萧条告诉我们,系统性的失灵也是可能的。泡沫意味着圈套和麻烦。中国股市同样不例外,2007年的泡沫给每一位蜂拥投机的股民上了刻骨铭心的一课。参见阅读材料1.3。

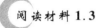
阅读材料1.3

2007年中国股市的"船舶泡沫"

说到A股22年的历史,没有任何一个高点,能够像2007年的6 124点一样,成为A股最刻骨铭心的巅峰时刻。而说到A股市场中林林总总的上市公司,没有任何一只股票,能够像中国船舶一样,如同一座沉睡了千年的火山,无数投资者热血沸腾唤醒了它,不惜赴汤蹈火却深埋火海。

从一个更广大的角度来看,中国船舶在A股历史上具有其他股票不可比拟的代表性。它是中国股市牛熊转换中的纪念碑,是A股的一场造神运动,带有浓重的时代烙印;其暴涨与暴跌,具备鲜明的A股特色。

6 124点之后,中国再无大牛市出现;300元高价之后,中国船舶便再也没有翻身。从2007年10月11日到2012年8月7日,其股价跌幅仍高达83.32%(2007年10月11日起后复权)。2008年10月28日,其股价达到2007年10月11日以来的最低值31.58元(2007年10月11日起后复权)。

"300元买的中国船舶绝对是死套,这辈子也别想解套了,现在的价格要是能稳住就谢天谢地了。"2008年10月17日,一位股民在股吧中写下绝望的断言,并一语成谶。

同时,一位在股市浸淫17年的老股民,在被中国船舶套牢3年后,在17年的股市总结中,写下中国船舶浓墨重彩的一笔。此人在国信证券深圳泰然九路营业部开户,2007年开始买入中国船舶,并成为其第一大重仓股,200元高位仍继续加仓,最终从300元重重摔下。

股民的或悲惨或幸运的经历数不胜数。在他们看来,中国船舶曾经是他们的财神,但很多人最终落得悲惨的境地。神到底是如何被创造的,然后又是如何被废弃的?

从"天堂"到"地狱"

从中国船舶的历史走势来看,从天堂到地狱可能仅有一墙之隔。

中国船舶的股市从沪东重机华丽蜕变为中国船舶开始。2007年1月23日,沪东重机公告称有重大事项待公告,从1月24日起停牌。当天,沪东重机强势涨停。

2007年1月29日,沪东重机发布非公开增发预案,拟向控股股东中船集团、宝钢集团有限公司等国有大型企业非公开发行不超过40 000万股,募集资金约120亿元,用于收购上海外高桥造船有限公司100%的股权、中船澄西船舶修造有限公司100%的股权和广州中船远航文冲船舶工程有限公司54%的股权及技术改造。

本次非公开发行完成后,将实现中船集团大型民用船舶制造业务、修船业务和船用大功率柴油机制造业务三块核心民品业务的整合,形成一个完整独立的业务运作主体。

同时,此次增发将无疑大幅提升沪东重机的业绩。沪东重机管理层曾作出估算,以2006年1月1日外高桥造船等三家公司的股权已进入上市公司模拟计算,2006年年末沪东重机净资产将从12亿元增至132亿元;2006年净利润将从2.5亿元增至15亿元,同期每股收益将从1元增至2.3元,每股净资产从4.5元增至19元。

定增预案公布后,沪东重机接连收出7个涨停板。在此之后,沪东重机便一路上涨,其股价不断刷新A股历史纪录。7月27日,沪东重机正式更名为中国船舶。2007年10月11日,中国船舶股价创出300元的新高。从2007年1月23日到2007年10月11日,9个月的时间里,中国船舶的股价涨幅达到757.89%,而同期上证指数涨幅为101.60%,中国船舶的大牛行情令所有投资者叹为观止。伴随着中国船舶整体上市,其业绩也带来巨大提升。2007年,中国船舶实现归属母公司股东的净利润29.18亿元,同比增长139.57%。2007年的造船业,也处于经济景气周期内。根据国家发改委的数据,2007年,全国造船完工量1 893万载重吨,同比增长了30%;新承接船舶订单9 845万载重吨,同比增长了132%;手持船舶订单15 889万载重吨,同比增长了131%。

投资者对中国船舶抱有较高预期是正常的,不过,过度预支未来发展潜力的估值不久就在市场面前节节败退。2008年1月8日,中国船舶公告收购长兴造船65%的股权成为资金开始大肆出逃的契机。

2008年1月8日到2008年10月27日,中国船舶的股价下跌88.89%(从2007年10月11日起后复权),从2008年1月8日的296.98元一直下跌到2008年10月28日的31.58元,下跌幅度为88.63%。至此,中国船舶完全被打回2007年1月23日股价开始上涨之前的水平。

2008年10月28日之后,中国船舶打造的神话宣告破灭。在此之后的五年来,中国船舶除了在2009年8月6日上摸到106.60元(2007年10月11日起后复权),其余时间皆在60元附近上下徘徊。

资料来源:节选自《中国船舶陨落之谜:资金堆出的财富泡沫》,《21世纪经济报道》,2012年08月10日。

泡沫如何运转

泡沫如同一个连锁信游戏。十几岁的孩子参加这个游戏仅仅因为有趣,而不考虑更多的结果;而大人可能因为某种原因,比如想要收集足够多的签名而参加,他们对结果有所希望。一个发信人会将信写给很多人,并同样指示他们也寄信给其他更多的人。信会越来越多,而最后整个计划崩溃。如果这些信涉及钱——每个参与连锁信的人都要付费——这个计划有时会被形容成庞氏骗局(Ponzi scheme)或者金字塔骗局(pyramid scheme)。在这个链条前端的少数人可以得到相当多的钱,但是大多数参与者什么都得不到。

在泡沫中,投资者的行为就好像参加一个连锁信游戏。他们接受了投机的信念并且将其传播给其他人,尤其是最近几年媒体中的讲话、网上聊天室、分析师和低劣的财务报告,使这种传播变得更加容易。每个人都相信自己能够从更多加入这个链条的人那里获得收益,因为他们将买更多的股票从而使股价上扬。一个泡沫形成了,但没有想到的是它会破灭,投机的理念未能得到实现。

一种被称为惯性投资(momentum investing)的常见的投资方式,也有一些和连锁信相同的特征。提倡惯性投资的人建议人们购买那些价格已经上升的股票,因为他们认为这些股票有继续升值的惯性。上升的股票必然继续上升。当然,这种现象只会出现在投机者不赚取他人利益而泡沫已经过去的情况下。

阅读材料 1.4

庞 氏 骗 局

2009年6月29日,美国纽约南区联邦法院判处美国纳斯达克股票市场公司前董事会主席、71岁的伯纳德·麦道夫有期徒刑一百五十年。麦道夫被称为美国历史上最大的"庞氏骗局"策划者,该案是美国有史以来最大的金融欺诈案。麦道夫丑闻案给全球投资者带来巨大的心理冲击,甚至众多知名机构也被其所骗。根据麦道夫的供述,他以高资金回报率为许诺,骗取投资者进行投资,并用后续投资者的投资偿付前期投资者进行欺骗。麦道夫将"庞氏骗局"维持多年,金额超过600亿美元。在麦道夫一手炮制的这起"史上最复杂和最大型的金融诈骗案"中,已有数名投资人被迫自杀。这一令人难以置信的骗局背后,暴露的是从美国监管者到投资者的一系列问题,教训无疑是惨痛而深刻的。

"庞氏骗局"是一种最古老和最常见的投资诈骗,是金字塔骗局的变体,很多非法的传销集团就是用这一招聚敛钱财的。"庞氏骗局"源自于一个名叫查尔斯·庞齐(Charles Ponzi,1878—1949)的人,他是一个意大利人,1903年移民到美国,一心想发大财。经过美国式发财梦十几年的熏陶,庞齐发现最快速赚钱的方法就是金融。1919年,他来到波士顿,设计了一个投资计划,向美国大众兜售。这个投资计划说起来很简单,就是投资一种东西,然后获得高额回报。但是,庞齐故意把这个计划弄得非常复杂,让普通人根本搞不清楚。1919年,第一次世界大战刚刚结束,世界经济一片混乱,庞齐便利用了这种混乱。他宣称,购买欧洲的某种邮政票据,再卖给美国,便可以赚钱。国家之间由于政策、汇率等等因素,一般人不容易搞清楚这个伎俩。庞齐一方面在金融方面故弄玄虚,另一方面则设置了巨大的诱饵。他宣称,所有的投资,在45天之内就可以获得50%的回报。而且,他还给人们"眼见为实"的证据:最初的一批"投资者"的确在规定时间内拿到了庞齐所承诺的回报。于是,后面的"投资者"大量跟进。

在一年左右的时间里,差不多有4万名波士顿市民像傻子一样变成庞齐赚钱计划的投资者,而且大部分是怀抱发财梦想的穷人,庞齐共收到约1500万美元的投资。当时的庞齐被一些愚昧的美国人称为与哥伦布、马尔孔尼(无线电发明者)齐名的最伟大的三个意大利人之一,因为他像哥伦布发现新大陆一样"发现了钱"。

1920年8月,庞齐破产。他所收到的钱,按照他的许诺,可以购买几亿张欧洲邮政票据,事实上,他只卖过两张。庞齐被判处五年刑期。1949年,庞齐在巴西的一个慈善堂去世。去世时,这个"庞氏骗局"的发明者身无分文。此后,"庞氏骗局"成为一个专门名词,是指以高资金回报率为许诺,骗取投资者投资,用后来投资者的投资去偿付前期投资者的欺骗行为。

自庞齐以后,不到一百年的时间里,各种各样的"庞氏骗局"在世界各地层出不穷。各种各样的"庞氏骗局"虽然五花八门,千变万化,但本质上都具有自"老祖宗"庞齐身上沿袭的一脉相承的共性特征:(1)低风险、高回报的反投资规律特征;(2)拆东墙、补西墙的资金腾挪回补特征;(3)投资诀窍的不可知和不可复制性;(4)投资的反周期性特征;(5)投资者结构的金字塔特征。

资料来源:《麦道夫与"庞氏骗局"》,《新财经》,2009年12月02日。

泡沫经济中的分析师

正如著名的基本面分析师沃伦·巴菲特所说,20世纪90年代技术和网络股的繁荣是一个连锁信游戏,而投资银行家则是其中"热心的邮递员"。他很好地说明了卖方分析师(那些推荐散户投资者购买股票的分析师)和他们在投资银行的同事们推动股票价格走向更高。在泡沫经济中,分析师不断地建议买入、买入、买入。在2000年,只有2%的卖方分析师建议卖出。到了NASDAQ指数下跌50%时,分析师们才开始建议卖出。而这并没有什么帮助。在价格下跌的情况下,你可能会觉得建议应该倾向于从卖出变为买入,而不是其他方式。

公平一点讲,对分析师来说,要反对投机的趋势是很难的。分析师可能会意识到股票是被高估了,但是在短期内,在投机行为驱使下,这个被高估的股票价格可能还会继续上扬。对于股价而言,泡沫的本质是持续上涨。所以,做出卖出的决定在短期看是很愚蠢的。分析师们害怕逆潮流而动。如果他们被证明是错的,而别人是对的,则他们会被认为很差。如果大家都是错的,他们的错误就会显得不那么大。但是,那些能在别人预测错的时候做出正确决定的明星分析师,会得到相当大的益处。

我们需要了解分析师所采取的行为。他们是在分析公司的基础上撰写股票研究报告,还是投机式地预测那些基于群体行为变化的股价?他们可能表现为其中一种,或者都有。不管如何,他们还是应该经常慎重地考虑自己的立场是否合适。不幸的是,在20世纪90年代的泡沫经济中,很多分析师的考虑并不周全甚至拙劣,他们助长了投机行为。请看阅读材料1.5。

阅读材料 1.5

泡沫中的不可信分析

当投机热度很高时，分析师被诱使放弃正确的考虑而产生投机性想法。他们可能让步于所在的证券公司，因为公司需要从经纪人佣金中获利，从而需要分析师促成股票的购买。如果公司有一个投资银行部门（能赚取高额利润），它就可能在股票发行、兼并和收购中给分析师提供回报。分析师可能会不愿提供卖出公司股票的建议，以免以后无法从这些公司获得进一步的信息。他们也有可能自身已经轻易地被投机热潮所吸引。

在20世纪90年代的泡沫中并不缺乏投机性的分析，尤其是在高科技、网络和电信行业的股票上。这里有一些例子，请理解各点上的谬误。

- 利润被忽视。几乎所有网络股都报出亏损，但分析师仍坚持说这种亏损不重要，重要的是这种经营模式。然而这两方面都应该是重要的。一个企业必须创造利润，即使目前它出现亏损，但必须存在一个可信的盈利前景。参见阅读材料1.6。最终，泡沫经济中的.com公司报出的亏损是其最终结果的一个预兆。很多这样的企业最后都破产了。

- 评论家坚持认为传统财务分析已不再有意义。他们说"新经济"需要新的思路。然而，事实上他们没有提供任何有说服力的新思想，而仅仅是抛弃了原有的。

- 分析师使用模糊的词汇来提出购股建议，如"新科技"、"网络财产"，消费者"分享智慧"、"网络影响"，当然还有"新经济"等词汇。这是伪科学的短语。真正的科学会产生严谨的分析，而不仅是口号。

- 分析师宣称公司价值在于"无形资产"（并因此认为公司价值很高），但他们没有指出如何检验无形资产的价值。甚至有的分析师以泡沫经济中的市场价值与资产负债表上的有形资产账面价值的差额作为无形资产的价值。有些分析师，仅仅因为公司拥有"知识资本"就进行推荐，对于这些分析师要格外警惕。知识在信息时代是有价值的，但是知识必须生产出产品或服务，产品或服务必须产生销售收入，销售收入必须产生利润。而且，知识资产必须得到偿付。投资者和工程师都应获得收益。在付给知识以报酬之后，还会留下多少利润呢？

- 分析师过分依赖非财务性的度量指标，比如浏览次数、使用量、消费者满意度以及带宽利用率等。这些指标可能会在一定程度上表征盈利能力，但是却不能保证这些指标总是正确的。分析师的责任是说明这些指标如何转化为将来的实际利润。

- 分析师以宏观经济变量而不是公司未来利润来确定价值。所以他们确信，科技进步带来的生产力的大幅上升会使网络股和其他科技股的价格升高。但是，生产力的整体上升并不一定带来单个生产者生产能力的上升。职员分享生产力带来的好处，但市场的竞争将把利润推向消费者。不久以后，企业将只能得到一个正常的收益率。事实上，看起来消费者才是网络革命的主要受益人，而不是发起者。

- 分析师依赖于报表"末行"盈余之上的财务指标。收入增长率就是其中之一。但是只有当收入能够带来利润的时候，收入增长率才是合适的指标。有些公司公布预测报表，或者公布调整后的盈余——把盈余的若干方面排除在外。美国证券交易委员会2000年的首席会计师林恩·特纳把这些数字称为EBS，即"Everything but the Bad Stuff"（除了坏的方面之外的所有内容），这个概念与EPS，即每股收益相映成趣。

- 分析师的关注点从市盈率和利润增长率转移到了股价与销售收入比（P/S，市销率）和销售收入增长率上。销售收入增长率是很重要的，但是销售收入最后必须产生利润。由于分析师对市销率的关注，公司会开始通过一些会计手段来对销售收入进行加工，比如在广告业使用总额法而非净额法计算收入，并将以物易物交易计算在内。
- 分析师对增长率的预测高于历史数据。他们坚持认为公司能够长期维持一个超额的收入及利润增长率。在繁荣时期，分析师预测的"长期增长率"（3—5年）显然过于乐观。历史表明，增长率总是很快就降低到一个平均水平。
- 错误定价的提示在未经确认的情况下被忽略掉了。泡沫经济的顶峰时期，S&P 500指数高达33的市盈率已经在亮起红灯。而戴尔公司高达87.9的市盈率更是提出了一个警告。在这样高的倍数下，人们不应再继续购买股票，除非有相当好的理由。
- 历史数据被忽略。1999年，市场价值约有5 000亿美元的思科公司（Cisco Systems）的市盈率为135。而以往从来没有一个拥有如此巨大市场价值的公司市盈率超过100。
- 公司之间的对比没有意义。请看前面对戴尔公司和通用汽车公司的比较。
- 简单计算而没有考虑整体情况。在1999年的某个时刻，一家折扣机票在线销售公司的市场价值高于所有美国航空公司的市场价值。网络公司市场交易价值总额超过10 000亿美元，但是总的销售收入仅有300亿美元，这使得它们的市销率为33。同市销率仅为1的历史数据相比，这个数字显然太高了。何况同时这些公司还被报告出了总计90亿美元的亏损。同样是10 000亿美元，投资者完全可以购买大量利润丰厚、成熟的公司的股票。
- 分析师们往往不检验公司所报告盈余的质量，他们的研究重点放在了公司报告的盈余利于预测的方面，而没有研究形成这些盈余数据的会计基础的质量。

基本面分析稳定投资者

基本面分析刺穿那些推动泡沫的拙劣想法（就像阅读材料1.5所示），它挑战投机的信念及其所扰动的股价，稳定投资者，使其能够抵御狂热的潮流。投机行为产生股价上涨的惯性，而基本面分析师在工作中看到重点，坚持价格应建立在基本面原则上，稳定使用基本面分析的投资者从长期看会得到最大收益。请看阅读材料1.6。

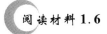
阅读材料1.6

基本面投资者和1998—1999年的网络股狂热

1998—1999年间，网络股价格狂升，评论家把这种现象看成投资的狂热。主要的互联网图书零售商亚马逊公司的股票价格在1998年6月到1999年1月期间从20美元狂涨到120美元。但同时公司却在亏损。大约在同一时期，雅虎公司的股票价格从每股25美元涨到每股225美元，市盈率高达1 406倍，市销率达到199倍。另一家门户网站，美国在线（America Online, AOL）的股票价格从1998年6月的20美元涨到了1999年4月的150美元，市盈率和市销率分别达到了649倍和46倍，市值是通用汽车公司的2.5倍。

为了研究这些股票的价格到底是真实价值的反映，还是一种投资狂热，基本面投资者会探讨这些公司合理的预期价值是多少。据报道，美国在线当时的年销售收入为31亿美元，

80%来自1 800万用户的订购费,余下的收入来自在线广告和电子商务。基本面投资者会问:如果市销率46倍是合理的,在未来10年内,销售收入增长率预期将是多少?如果美国在线维持1998年8.5%的销售收入利润率,那么美国在线10年后需要达到2 910亿美元的销售收入,或者说是目前销售收入的9 387%,每年增长57%(在后面你将看到这些数字是如何计算的)。

直觉就会告诉你这种预测的数字太高。股票市值最大的美国公司中,通用汽车公司、通用电气公司和微软公司1998年的销售收入分别为1 540亿美元、1 000亿美元和160亿美元。美国最大的百货零售商——沃尔玛1998年的销售收入为1 380亿美元,在20世纪90年代,公司年销售收入增长17%。于是基本面投资者可能会采取保守的方式,不持有美国在线的股票;或者采取积极的策略,卖空美国在线的股票。

1.3 环境:投资者、公司、证券和资本市场

为了评估公司的投资价值,我们需要对公司如何运作、如何增加价值以及如何将价值返还给投资者有一个全面的了解。我们首先开始构建一个公司与投资者关系的图表并进行概述,然后在本书后面的内容中进行更详细的讨论。

当个人和机构投资于公司时,他们放弃了当前的现金,期望在未来获得更高的现金回报。对公司的投资给了他们对公司收益的索取权。这种索取权如果以契约的形式确认,可能不能交易(如大部分合伙制契约权益和银行贷款协议);如果以证券的方式确认,就可以在证券市场上交易(如股票和债券)。

公司索取权多种多样,从简单的普通股票和债务,到更加复杂的未定索取权(contingent claims)。未定索取权如可转换债券、期权和认股权证(warrant)是衍生索取权,这种索取权的收入是以公司股票和债券——通常是股票——的价值为基础的。虽然契约复杂,但是衍生索取权的估价却相对简单:一旦确定了股票和债券的价值,就可使用标准的期权定价方法得出衍生证券的价格,这种方法是以金融工程(这不是本书要讨论的内容)为基础的。股票和债务的索取权是最基本的,它们的价值是评估衍生索取权价值的基础,它们的估值是以基本面分析原理(这是本书重点论述的内容)为基础的。

股票是公司最重要的索取权,是基本索取权,因此普通股有时称为基本证券。股票是所有者对公司的索取权,这种索取权经常被称为所有者权益或股东权益。它是公司其他索取权被满足之后对公司价值的剩余索取权,也是最难估值的。对它的估值,即股票估值是本书的主要内容,但我们也会关注债务索取权。债务索取权只是对利息和本金的索取权,因此债务索取权的估值相对简单。

图1.1描述股东和债权人,以及他们和公司之间的现金流关系。为了保持图形的简单,我们在这里不考虑衍生证券持有者的现金流。债权人(债券持有者、银行和其他借款者)贷款给公司,作为交换,他们得到以支付利息和归还本金形式的收入索取权。股东用现金购买股票,从而得到股利和来自股票回购的现金收入。收入减去购买索取权支付的金额,即为利润或回报(return)。

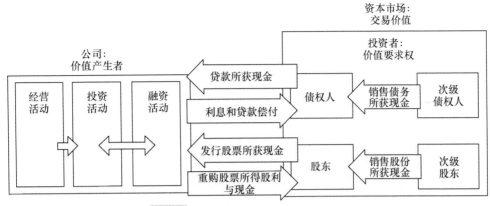

图 1.1 公司、公司收入索取者和资本市场

当公司出售债券和股票索取权时,它就要在资本市场上交易。资本市场可能是正式的、有组织的股票交易所,上市公司在那里公开交易;也可能是非正式的市场,参与者包括风险投资者(VC)、私人股权投资者(PE)、银行和投资经纪人;或者从亲戚朋友那里集资。

索取权持有者如果想清算他们的投资,他们可以在资本市场上出售索取权。他们可以把自己拥有的索取权卖给二级市场投资者,得到现金。因此,可以从图中看出索取权的收入来自(如图中箭头的指向)公司的回报或在资本市场上出售两个方面。对于股东,他们的索取权收入可以以现金股利的方式来自公司,或者通过出售股票获得现金收入。如果把股票出售给公司,对公司来说就是股票回购(公司买回自己的股票);如果出售给其他投资者,就是在资本市场上出售。债券持有者得到利息和本金收入,这一收入可以通过公司在债券到期时的支付或提前赎回债券来实现,也可以通过在债券市场上出售债券来实现。

索取权在资本市场上交易的价值,是以公司最终付给这种索取权的预期收入为基础的,所以图 1.1 中把公司描述成价值创造者(value generator)。债务持有人要得到足够的价值来弥补利息和本金,债务持有人得到偿付之后股东得到剩余价值。在某种程度上,股东的目标是财务方面的目标,股东想最大化公司创造的价值。作为所有者,股东在大多数情况下有权利雇用和解雇管理者,以确保管理者努力增加公司价值和他们剩余索取权的价值。

一般来说,公司索取权的价值之和等于公司价值:

$$公司价值 = 债务价值 + 股票价值 \tag{1.1}$$

这就是说,公司创造的总价值必须在各种索取权中分配(这里只给出了两种基本的索取权)。因此,在估值过程中,我们可以考虑公司的价值,然后在索取者之间分配公司价值;也可以分别对各类索取权进行估值,它们的价值之和就是公司价值,公司价值有时也被称为企业价值(value of the enterprise or enterprise value)。

关于经营活动中的价值创造,还有许多内容需要讨论。首先,图 1.1 描述了公司进行的三种活动:融资活动、投资活动和经营活动。具体来说,公司活动有许多种,但是这三种活动是所有经营活动都必须包含的基本活动。

- **融资活动**是公司与索取权持有者之间的交易:公司为从事经营活动筹集现金,作为交换,公司出售股票和债务索取权,并在未来向索取者返还现金(这种活动对索取者来说是投资,而对公司来说是融资)。

- **投资活动**使用从融资活动中筹集的现金和从经营活动中创造的现金来获取在营业中使用的资产。这些资产可以是物质资产,例如存货、厂房和设备,或者知识或智力资产,例如技术和技术诀窍(know-how)。
- **经营活动**是利用公司在投资中获得的资产来生产和销售产品。经营活动就是把劳动力和原材料结合起来创造产品和服务,并出售给客户,从客户那里获取现金。如果经营活动成功,就可以创造充足的现金重新投资和向索取者返还收益。

理解这些活动是理解经营活动创造价值的基础。图1.1并不完全,因此这些活动在图表上显示为有底色的窗口。随着本书的展开,我们将打开这些窗口,以便投资者了解到更多的关于公司如何创造价值的活动。

1.4 分析行业:专业分析师

许多投资者发现,选择和管理投资不是他们的长处,因此求助于专业财务分析师。在各个领域,专家都是指那些能使用专业技术完成任务的人。实际上,专家把自己看成好的技术使用者,专业与否可以通过成功解决实际问题的能力进行判断。专家经常会问:什么是好的技术?什么是差的技术?专业分析师与其他生产者一样,将产品或服务出售给他的客户,即投资者。作为竞争者,专业分析师会不断地问:我怎样才能提高技术,从而获取竞争优势?估值好的产品是什么样的?分析公司信息最好的办法是什么?怎样能最有效地进行财务报表分析?什么方法能增加顾客的价值?了解什么是好的基本面技术分析正是本书的核心。

由于投资的类型繁多,因此服务投资者的专业分析师也有许多种。每一个专业分析师都需要把分析与顾客需求挂钩。

对公司投资:外部分析师

许多专业分析师是从公司外部观察公司的内部状况,我们称他们为外部分析师。证券分析师、投资顾问和股票经纪人建议顾客买卖公司证券;投资银行家建议顾客收购和出售企业;会计师和评估师从税收和不动产的角度评估公司的价值。在涉及价值评估的诉讼中,他们中任何一位都可作为专家证人。

外部分析师主要分成两类。一类是信用分析师(credit analysts),例如债券评级机构(如标准普尔公司和穆迪公司)的分析师;或者银行信贷人员,他们评估风险,从而评估公司债务的价值。不过,分析师行业中的主角是股票分析师(equity analysts)。股票分析师撰写股票研究报告,然后卖给用户。股票分析师主要关注如何才能写出一份可信的、有说服力的股票研究报告,让用户有信心进行投资。然而许多研究报告经不起这种检验,一般只是给出买入、卖出或继续持有的建议。这些研究报告只提供图表、数字和一堆空话,但是对这些建议是如何得到的,以及是否经过证明,经常讲不清楚。

阅读材料 1.7

证券分析师介绍

证券分析师群体主要分为"买方"分析师(buy-side analyst)与"卖方"分析师(sell-side analyst)两大类。共同基金、养老基金及保险公司等投资机构通过投资证券获得资金增值回报,该机构的分析师为本机构的投资组合提供分析报告,因而称其为"买方"分析师。而投资银行(经纪公司)通过股票承销(IPO等)业务和经纪业务的佣金获得收入,其分析师往往向投资者免费提供分析报告,通过吸引投资者购买其承销的股票或通过其所属的公司进行证券交易来提高公司的收入,因此该类分析师被称为"卖方"分析师。

"买方"分析师与"卖方"分析师代表不同群体的利益,其激励机制亦不同。"买方"分析师通过协助提高本机构投资组合的收益率,降低投资组合的风险,从而获得奖励。"卖方"分析师通过协助本公司提高股票承销的销售额以及股票经纪业务的成交额来获得奖励。简单地讲,"买方"分析师的激励来自于提高买入股票的质量,"卖方"分析师的激励来自于提高股票交易的数量。相比之下,"买方"分析师更有动力去分析挖掘公司股票的基本价值,向投资组合推荐价格被低估的股票,剔除价格被高估的股票;而"卖方"分析师受到本公司争取投资银行业务的压力,较易出现偏向公司客户的误导性分析报告。

因此,"买方"分析师更倾向于保持分析报告的客观性和有效性。尽管在投资银行业内要求投资银行应在其内部投行业务、经纪业务与研究部门之间设置杜绝信息交往的"中国墙"(Chinese wall),以此来保证分析师研究工作的独立性与公正性,然而在现实运作中,"卖方"分析师难以回避公司业务开展的干扰与影响,甚至会因此面临一定的职业风险。一方面,如果"卖方"分析师建议卖出某家公司的股票,有可能导致该公司中断与分析师所在投资银行的业务往来,使其遭受在企业融资或兼并等投行业务上的损失;另一方面,分析师有可能被拒绝出席该公司面向金融界的信息发布会,失去宝贵的信息渠道,更有甚者,该公司可能会以中断大额投行业务为条件,胁迫投资银行解雇该分析师。在本公司利益和个人利益的双重压力下,"卖方"分析师更易产生偏袒客户公司的倾向,从而损害一般投资者的利益。

Michaely 和 Womack(1999)实证研究了 1990—1991 年分析师对 IPO 股票的买入推荐情况。他们在研究中将分析师分为服务于投资银行(承销商)的分析师及与投资银行无关的分析师。在针对投资银行分析师的研究中,将该分析师做出"买入"推荐的股票分成两组:一组是由分析师所在投资银行承销的股票;另一组是其他股票。结果表明,后一组股票的表现要好于前一组股票。同时,研究发现,投资银行分析师在该行承销的 IPO 股票上市前的一周内,对该股票推荐买入的频率要高出与该行无关的分析师近 50%。此外,研究还发现,市场投资者对于不同分析师的买入推荐的反应是不同的。投资银行分析师推荐买入的股票的超额回报是 2.8%,低于由与投资银行无关的分析师推荐买入的股票的超额回报(4.4%)。但同时,Michaely 和 Womack 指出,尽管投资者对投资银行分析师的推荐有所"提防",但对于投资银行的明星分析师,投资者倾向于采取信任的态度。

资料来源:《什么是证券分析师》,http://blog.eastmoney.com/gudum/blog_120723629.html。

公司内投资：内部分析师

在公司里，职业经理把公司筹集的资金投资于经营性资产。经营性投资始于一个想法或战略。这些战略可能包括开发新的产品、开辟新的市场、采用新的生产技术和进入一个全新的行业。这些战略可能要求收购其他公司，或与其他公司合并，或者加入联盟。为了评估他们的战略，职业经理像外部投资者一样，也需要分析他们的想法可能创造的价值。这类价值评估称为战略分析（strategy analysis）。

职业经理们可能有好的直觉，确信他们的想法是好主意。但他们可能会过分自信，完全相信自己的想法。像外部的直觉投资者一样，他们需要对自己的直觉进行分析，他们与股东之间的委托关系要求他们重视股东的价值。他们必须评估自己的想法：这个战略可以增加价值吗？内部人对价值分析的看法与外部人是相同的。外部投资者必须使自己相信按照市场价格购买股票是合理的，为了做出决策，需要进行分析。内部投资者同样必须使自己相信采用某一个想法或战略是正确的，在进行决策时，也需要分析新增的价值是否能超过成本。

企业战略家会提出引人注目的设想，商学院和金融媒体每年都会提供新的战略范例。最近的例子就是无中心公司和知识型公司，这两种战略都要求在企业重组和智力资本方面进行投资，这些战略设想必须进行检验。降低企业规模是20世纪90年代流行的想法，但是降低企业规模在减少成本的同时也会减少收入，对这一设想也必须进行分析。

估值分析不仅有助于对是否进行投资做出决策，而且有助于投资计划的制定和投资活动的实施。战略设想有时是模糊的，将设想转化为严谨的分析会迫使设计者考虑具体的问题，从而使战略设想具体化，并最终把模糊的设想转化成具体的价值数量。同时，还可以迫使计划制定者考虑不同的实施途径或实施方案。战略在制定过程中经常要对各种数值进行修改，最终产生一个最好的计划。一个好的战略是好的设想与好的分析结合的结果。运用价值分析进行投资和管理就称为基于价值的管理（value-based management）。

首席财务官（CFO）的基本任务之一就是协调各种分析以用于管理，他的责任就是做出最好的价值分析。他和公司的投资分析师评估各种战略，特别是对收购其他公司、进行企业分拆、营运结构重组和开发新产品等进行评估。经理们有时抱怨只关注数字会抑制创新。但经理人员必须按数字管理，首席财务官的责任就是创造一种分析方法，这种分析方法不仅能避免批评，而且能促进创新，并对创新的设想进行检验，以确保能够发现增加企业价值的好的设想。

内部分析师和外部分析师有一点不同：内部分析师拥有更多的信息。外部分析师可以得到公司公布的财务报表以及许多补充信息，但他们一般得不到关键的内部信息。本书讲述的财务报表分析，更多的是从外部分析师的角度进行的。绝大部分应用分析都是以美国财务报表为基础，但分析的重点不是美国的会计实务，而是在美国或其他国家会计信息的基础上，集中论述在价值评估过程中如何处理和利用会计信息。美国和其他国家的财务报表，在本书中都按照通用会计原则加以规范和调整，以便进行分析。我们将指出会计原理和披露缺陷对价值分析造成的障碍，所以会对现有的财务报表编制方法提出批评。

1.5 商业活动分析

本书讨论的方法同时适用于内部投资者和外部投资者，他们都投资经营活动。外部投资者购买股票，但是购买股票不是买一张纸，而是投资于一份生意。一句格言说："人们不是买股票，而是在投资一个商业活动。"并说："如果你打算投资某一商业活动，你就要了解这一活动。"

一名优秀的分析师必须了解他所涉及的行业。想对电信公司估值的分析师必须了解电信行业，以及该公司在行业中所处的位置，必须知道公司建设网络、适应技术变化和面临竞争对手挑战的战略，必须了解公司的产品，必须预期消费者的需求。他必须知道该行业中是否具有过剩产能，还必须了解技术发展的路径，在未来声音、数据和多媒体将如何传输。项目内容赋予信息以意义，低劳动投入和高资本投入的电信公司与高劳动投入的咨询公司相比，劳动力成本占销售收入 70% 的意义完全不同。为了知道 76 倍的市盈率对戴尔公司是不是太高，分析师就必须了解电脑行业、销售收入的增长前景和不同电脑产品的利润率。有些公司的利润率很低，有些公司的利润率很高，这些都取决于生产方式。期望低利润率的公司迅速提高利润率是不可能的。正常的存货水平，在零售商和批发商之间，以及在生产厂家和零售商之间都不同。技术快速发展的行业，应计折旧率一般较高。

分析师有各自的专门领域，这是因为了解行业的本质是对该行业进行分析的必要条件。举例来说，股票研究报告总是始于对行业的分析；财务报表分析则将类似毛利率和存货比率等度量数据与行业中的正常基准相比较。

了解商业活动当然是商学院整个课程的一个目标，并且需要以多年的实际经验来不断补充。分析师这方面的知识越精确，他所做的商业活动定价就越可信。从另一个方面讲，一个人投资于自己所不熟悉的企业时总会更加谨慎。于是我们需要思考。是否存在太多的投资者（甚至金融经理人）购买股票而不是购买商业活动？

战略和定价

商业活动上的很多细节都是分析师必须熟知的，他必须首先确认商业模式（business model），有时也被称为商业概念（business concept）或者经营战略（business strategy）。企业的目标是什么？它将如何增加自己的价值？这种战略的影响是什么？这些问题经常根据一个企业如何向它的消费者描述自己来得到回答。作为家居用品的仓储零售商，美国家得宝公司（Home Depot）遵循的理念是以低廉的价格提供高质量的材料给那些自己动手布置房间的人，并辅以相应的培训和建议。这种战略的结果是，低价和附加的消费者服务成本意味着该公司在其购买、仓储和存货控制上必须非常高效。GAP 公司则将目标定为以合理的价位在吸引人的店铺销售便装服饰引领时尚，其理念和仓储零售的方式明显不同。这种战略的结果是，它必须通过广告在消费者头脑中形成印象，并且保持在时尚设计上的创造性。而与此同时，它还需要注意保持较低的成本。由于零售空间的需要，两家公司都要求较高的资产周转率。

对于内部投资者来说，经营战略是定价分析的结果：当确定这一战略能否增加价值后才对其进行取舍。而对于外部投资者而言，经营战略是分析的起点，因为公司是在特定的战略下进行定价的。但是外部投资者也应该注意到存在提高价值潜能的备选战略,有些收购的发生就是因为外部投资者相信采用新的想法和新的管理能创造更多的价值。战略是不断进化的,所以分析师必须配合公司改变战略的方式并接受这种改变,当然,一个优秀的分析师是能够预测战略的改变及其可能产生的价值上升或者下降的。请看阅读材料1.8。

阅读材料1.8

预测战略:美国在线—时代华纳公司

公司经理利用估价分析来评估他们的战略能否为股东创造价值。但是股东和其他潜在投资者自己也要熟悉公司战略,他们应该考虑公司会采取什么样的战略,因为不同战略下的公司价值是不同的。

考虑一下美国在线的例子。在1999年年初,美国在线是一个门户网站,收入来自用户订购费、广告费和电子商务。在收购网景(Netscape)后,它增加了网络技术服务。然后在2000年年初,宣布与时代华纳(Time Warner)合并。时代华纳是一个巨大的媒体公司,拥有电视台(CNN)、特纳广播系统(Turner Broadcasting System)、《时代》杂志(*Time Magazine*)等刊物、华纳兄弟(Warner Brothers)制片公司、有线电视系统和许多其他著名商标的资产。这一并购是新的网络公司和传统媒体公司间的最大合并,将传播渠道和传播内容整合在一起。

显然,美国在线是一个快速发展的公司,它在短时间内从门户网站公司发展成一个业务广泛的公司。美国在线的管理层当然需要了解网景和时代华纳的价值,确保在购买这两家公司股份时,不要付价过高。他们也需要了解美国在线的股票价值,这样才能在收购时确保不低估公司股票的市场价值,而且他们还需要了解任何来自公司整合的价值增加。

外部分析师也会从了解美国在线将如何发展中受益。在1999年年初,一个仅把美国在线看成门户网站进行估值的分析师和一个对美国在线的战略进行了预测的分析师相比,会得出不同的估值结论。事先未预料到美国在线收购时代华纳的分析师在意识到这一战略的含义后,会修改自己对美国在线的估值。

战略的选择应适应变化的环境,所以估值也必须根据战略改变而做出修订。2002年中期,美国在线—时代华纳的股价比并购时的水平下降了65%,并购中产生的商誉540亿美元不得不从资产负债表上注销(是所有注销额中最大的一次)。评论家们坚持认为从并购中得到的预期收益尚未实现。在修改战略的压力下,美国在线—时代华纳的CEO从发起组织合并的Gerald Levin更换为Richard Parsons。美国在线和时代华纳是否应该再分开?预测这个战略是在该时点给美国时代华纳估值的第一步。

掌握细节

当头脑中对商业运作已经有了比较清晰的了解之后,分析师开始转向掌握细节阶段。商业中有很多细节可被发掘,可将其归为五类。

1. 了解公司产品。
   (1) 产品种类。
   (2) 对产品的消费需求。

(3) 需求的价格弹性。
(4) 产品的替代品。它们是否有差异？在价格上，还是在质量上？
(5) 与产品相联系的品牌名。
(6) 产品的专利保护。

2. 了解将产品推向市场所需的技术。
   (1) 生产过程。
   (2) 营销过程。
   (3) 分销渠道。
   (4) 供应商网络。
   (5) 成本结构。
   (6) 规模经济。

3. 了解公司的基础知识。
   (1) 技术变革的方向和速度，以及公司对此的把握。
   (2) 研究和开发项目。
   (3) 与信息网络的关系。
   (4) 管理能力。
   (5) 产品开发方面的创新能力。
   (6) 生产技术方面的创新能力。
   (7) 学习能力。

4. 了解行业中的竞争。
   (1) 行业集中度、行业中的公司数量及各公司规模大小。
   (2) 进入该行业的障碍，以及新进入者和替代产品出现的可能性。
   (3) 公司在行业中的地位。它是行业中的领先者还是追随者？它是否有成本优势？
   (4) 供应商的竞争力。供应商是否有市场支配力？工会是否有力量？
   (5) 行业的生产能力。生产能力过剩还是不足？
   (6) 和其他公司的关系或者同盟。

5. 了解政治、法律、监管、道德环境。
   (1) 公司的政治影响力。
   (2) 对公司的法律约束，包括反垄断法、消费者法、劳动法和环境法。
   (3) 对公司的监管约束，包括产品和价格监管。
   (4) 税收情况。
   (5) 公司运行的道德原则，以及经理人违背它的倾向。
   (6) 公司治理。

这些项目有时被称为影响经营活动的经济因素，读者应该已经在经济、战略、营销和生产等课程中学到过。

关键问题：竞争优势的持久性

当了解公司的战略并精通细节之后，分析师把重点放在下面这个关键问题上：公司的竞争优势能够持续多久？

微观经济学告诉我们,竞争将使非正常收益消失,公司最终获得的收益相当于其呈现出的风险水平所要求的收益。除了极少数例外,市场竞争的力量会起作用,随之而来的重要问题就是:多久之后市场竞争的力量会结束?增加公司价值的关键在于设计一种商业模式使超额收益尽可能长久地存在。公司尝试抵御市场竞争的力量以获得竞争优势。竞争优势存在得越久,公司能产生的价值就越多。

经营战略和以上列出的经济因素最终将成为竞争优势的有力支持。创新战略被采纳,以便做到"走在竞争之前";产品被设计得能够从竞争中吸引消费者;品牌的打造也努力保持顾客忠诚度;专利保护得到运用;采用新的生产技术以产生成本优势。另外,公司也会游说政客,以使公司在竞争中受到一定程度的保护。内部分析师制定战略以维持竞争优势,外部分析师理解这些战略并试图回答关于公司竞争优势持久性的问题。

阅读材料1.9

巴菲特护城河理论与轻资产投资

《股市真规则》的作者,晨星公司的帕特·多尔西在2008年出版了一本名为《寻找投资护城河》的书,其中对巴菲特提出的"护城河"这一概念进行了深入剖析,并循序渐进地向读者展示了如何将其运用到投资当中。他概括出护城河有四个常见的来源:无形资产、转换成本、成本优势和网络效应,而这正是企业所拥有的独特能力与核心优势所在,也可以将这种护城河理解成一种轻资产式的经营模式与竞争优势。

优秀的轻资产公司往往能维持较高的毛利率,获得可观的利润,在行业波动中占据主动,比同类企业发展得更快,从而最终为投资者创造价值。无怪乎巴菲特形象地将企业的品牌、消费者黏性、销售模式创新、成本控制等核心竞争力比作护城河,以此保持自身优势、抵御竞争对手的攻击,这已成为巴菲特的选股原则之一。如此看来,企业稀缺的轻资产就是企业重要的护城河,轻资产优势越明显,护城河就越宽,对投资的吸引力也就越大。

虽然护城河的水通常是不流动的,但是在投资当中却需要动态地理解这一概念。这意味着要从轻资产经营对于公司发展的本质来理解,既强调资产的轻重,又强调资本管理与运营效率的提高,若只看重固定资产占比等财务指标,则只能看到表象。轻资产经营体现了一种致力于充分挖掘公司所拥有的所有生产要素潜能和作用的商业模式和战略理念。

那么如何做到动态理解轻资产模式呢?IBM的转型就是鲜活的例子。从1989年开始,IBM就开始不断剥离硬件业务,同时陆续将IT服务公司并购进来,并调动内部研究力量将创新能力高效地转化为IT服务产品,最终从硬件制造商转变为IT服务商。从IBM轻资产化的转型中,我们看到其特有的护城河再度拓宽。商业模式并非一成不变,必须迎合产业发展的趋势,最终体现在公司投资价值的提升。

去年,巴菲特买入了IBM股票,并获得了不小的收益。有些人从能力圈扩大的角度来解读巴菲特买入科技股这样少见的投资举动,但其实轻资产一直是巴菲特推崇的商业模式,动态捕捉IBM这类逐步轻资产化的企业,也正是护城河理论与轻资产投资对我们投资的共同指引。

资料来源:《巴菲特护城河理论与轻资产投资》,《南方日报》,2012年03月05日。

财务报表:公司商业活动的透镜

理解经济因素是预测的先决条件。但是需要一个将这些因素量化的途径,从而开始估价。我们必须认识公司的产品、行业中的竞争力、公司产品研发创新的能力,以及其他类似问题。我们也必须用一种可供估计的方式来解释这些认识。经济因素经常被表示成定量的项目,但也没有马上被转化为具体的美元数。我们可能意识到一个公司拥有"市场支配力",但是这种属性的价值应被看成多少呢?我们也可能发现一个公司"处于竞争的威胁之下",但在数字上应如何表示出来呢?

财务报表报告出这些数字,它将经济因素转化成会计数据,如资产、销售、毛利、现金流、盈余等,所以我们通过分析财务报表来分析公司业绩。我们从会计数据中了解市场支配力的作用,同时也从会计数据的连续性中了解竞争优势的持久性。财务报表分析按照能够强调公司经营特征的方式组织了财务报表。

财务报表是反映公司商业活动的透镜。但是财务报表经常折射出模糊不清的图像,财务报表分析便是聚焦在这些透镜上,以期产生更清晰的图像。分析将修正会计度量中的缺陷,在财务报表提供信息不足的地方,分析师也会使用其他信息来进行补充。为了做到这些,分析师必须知道财务报表说明什么问题以及不能说明什么问题,他必须对好的会计和不好的会计形成概念。

本书将在下一章介绍财务报表,使读者更加熟悉这方面的工具。通过这个工具和对商业活动的熟悉,分析师能更好地利用财务报表来对公司进行估值。

1.6 选择估值技术

分析师必须对公司有清晰的认识。他必须了解公司的竞争优势,也必须了解财务报表如何度量商业活动的效果。但是分析师必须找到一种途径,使其将上述知识转化为对公司的估值。估值技术使分析师能够完成这种转化,但分析师必须选择合适的技术。

阅读材料1.10列示了实际工作中常用的几种估值技术。其中有的方法的优点在于简单,但是也可能因为过于简单而忽略了一些重要的因素。有的方法存在一些大意之处,显得比较危险。分析师从成本和收益的角度挑选方法,权衡易用性带来的好处和忽略复杂性所产生的成本。

阅读材料 1.10

估 值 技 术

以下几种估值方法在本书中都有涉及。对每一种方法都必须从成本和收益的角度进行评价。

不涉及预测的方法
可比公司法(第3章)

这种方法根据类似企业显示出的价格乘数(股票价格除以收益、账面价值、销售收入和其他财务报表数据)来给股票定价。

乘数筛选法(第3章)

这种方法在相关乘数的基础上识别高估和低估的股票。股票筛选者可能购买市盈率相对较低的股票,出售市盈率较高的股票。也可通过市净率(the price-to-book ratio)、股价与销售收入比等其他乘数来筛选股票。

基于资产的估值方法(第3章)

基于资产的估值方法通过加总公司资产的价值并减去负债的价值来给股票估值。

涉及预测的方法

股利折现:预测股利(第3章)

价值通过预期股利的现值来计算。

现金流折现法:预测自由现金流(第4章)

价值通过自由现金流的现值来计算。

剩余收益分析:预测收益和账面价值(第5章)

价值通过账面价值加上预期剩余收益的现值来计算。

收益增长分析:预测收益和收益增长(第6章)

价值通过收益资本化加上预期超额收益增长的现值来计算。

本书将讨论阅读材料1.10中的各种方法,并指明它们的优点和不足。尽管各有所长,但到目前为止,大部分的注意力仍是投到了那些试图从预测中计算基本面价值的方法上,因为价值是建立在投资的预期支付上的。分析师将为各种方法确认需要预测的数据。分析师是否预测股利(并因此使用股利折现方法)?是否预测现金流(并因此使用现金流折现法)?是否预测账面价值和盈余?为了做出选择,分析师必须了解各种方法的优缺点,并且采用其中对投资者最安全的方法。

指导原则

长期的投资经验产生了基本面分析所依据的一系列原则。阅读材料1.11列示了大量的原则,本书中涉及的价值评估技术就是根据这些原则建立的。前六条在本章已经有所涉及。第7—9条影响着处理信息过程中的所有重要任务,这些信息是我们推断价值的根据。

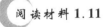
阅读材料1.11

合理的基本面分析的原则

当我们阅读全书的时候会发现大量的指导原则。这是其中一些经典原则,都是从多年基本面分析的实践中提取出来的:

1. 你买的不是股票,买的是一家企业;
2. 当你买一家企业的时候,应该了解这家企业;
3. 价值依赖于商业模式和战略;
4. 好公司也能够被贱卖;

5. 价格是你所支付的，价值是你所得到的；
6. 投资风险中一部分是来自为股票支付过高的价格；
7. 忽略信息你将咎由自取；
8. 不要把你知道的和猜测的相混淆；
9. 锁定你确切知道的价值，而不是猜测的价值；
10. 当心为增长支付过多；
11. 当计算价值来挑战价格时，要注意计算所使用的价格；
12. 坚持你的信念而且保持耐心，价格总是会回归基本面的，但是这需要一些时间。

在这一章里我们已经提及了前六条，第7—9条将随后讨论，在后续章节我们所使用的信息中会调用它们。第10条和第11条将在下面进行举例说明。第12条主要是警告那些"快钱"。基本面分析不适用于日内交易者。

苹果公司

在2004年，在经过了很多年的艰苦奋斗之后，一个叫iPod的小型电子音乐播放器获得了巨大的成功。分析师因此上调了对其股票未来每股收益的预期，他们的一致预期为2005年每股收益达到1.05美元，2006年达到1.24美元。分析师经常会提及远期市盈率（forward P/E），它所表述的就是当年价格与下一年盈利的关系。随着股票价格由2004年9月的18美元增长到2005年2月的45美元，苹果的远期市盈率达到42.9。苹果因此再次成为热门股。

当心为增长支付过多

市盈率是对市场未来增长的预期（这一点我们将在以后章节进行阐述）。在任何标准下，42.9倍的市盈率都是比较高的，因此根本问题是市场是否预计了过高的盈利增长。第10条警告我们注意不要对未来增长过分激动。基本面分析师把关于增长的猜测视为高估股票价格和价格泡沫出现的主要原因。价值评估方法需要有预防为增长支付过高价格的保护性措施。合理的价值评估方法总是会挑战市场对增长的猜测。

当计算价值来挑战价格时，要当心计算所使用的价格

价格是你支付的，价值是你获得的。第11条是指当我们计算价值的时候，要警惕我们所使用的市场价格。如果你这样做了的话，你就会陷入一个循环，而且影响你挑战价格的分析能力。然而，分析师总是以某种方式来接受价格。根据股票价格增长来增加他的收益预测的分析师（他接着会使用一个估值倍数来乘上收益）就会犯这类错误。当股票价格陷入狂热的时候分析师更容易这样做，因为这时对分析师的诱惑非常大。但是分析师可能只是陷入了泡沫，苹果提供了另一个例子。

随着iPod的成功，一家权威的股票研究公司公布了一份对苹果收益的预测报告，他公布的收益比其他分析师公布的都高。如果分析师能够证明他们给出的数字的话，这也没有问题。这家公司还公布了2006年苹果股票的目标价为100美元，相应地给出了买入评级。这个数字是分析师用他们估计的2006年每股收益乘以过去三年苹果的平均市盈率得到的，而市盈率是超高的44倍。你可以看到问题出在哪里，分析师的市盈率是根据市场价格和盈利得出的。但是如果这个价格不正确的话，他们就是把一个错误的价格放进了他们的计算中。

他们使用价格去怀疑价格，而不是用价值去怀疑价格。进一步来说，如果44倍市盈率是错误定价，那么他们就会使这个错误持续下去。难怪市场存在泡沫了。所以，基本面分析师应该小心地构建不涉及市场价格的内在市盈率模型。

对信息的分类和整理

估值技术的一个重要部分是如何处理信息。阅读材料1.10中所有的估值方法都和财务报表信息有关,但方式不同。过于简单的估值方法会忽略信息,而忽略信息的投资者处于危险中,因为他们与之交易的对象可能掌握着比他更多的信息。例如,乘数筛选法只使用信息中的一两点,可能会使你陷入麻烦,如我们看到的通用汽车和福特的例子一样。没有分析师不对未来做预测,因为未来的回报是投资价值的基础。所以阅读材料1.10中将估值技术分为两类:需要预测的和不需要预测的。预测将使用所有可获取的信息,而且它要求将信息整理成一个合适的形式以便进行预测。财务报表分析的实质就是财务报表信息的有效组织。

在整理信息的过程中,基本面分析师遵循这样一个准则:不要把你所知道的东西和你的推测相混淆。如果基本面分析师想要越过推测的内容,他必须懂得将具体的信息从更主观的信息中区分出来。基本面分析师非常注意不使那些相对不够确切的信息影响确切信息的使用。他把目前的销售额作为一个确切信息,因为消费者已经被赢得;但他将会把预示企业将来能赢得更多消费者的信息看成较不确定的。他并不会忽略那些推测的信息,但他会区别地对待它们。目前的销售额将比预期的销售额长期增长率更重要,他对待用来预测近一两年情况的信息和用来预测较长期情况的信息是不同的。而且,他会非常不安于依赖长期预测的股票定价,因为他认为这种股票是更为投机性的。

确定财务报表中的价值

财务报表包含了不同质量的信息,会计有时也是不可信的,但它所包含的信息至少比较确切。财务报表建立在会计原则的基础上,而会计原则在很大程度上除去了主观的信息,并且财务报表将被审计。所以,当分析师检验财务报表中的信息质量并按其已知的质量水平整理组合这些信息时,财务报表将成为给企业定价这项工作的起点。

财务报表报告两个综合数据,即股东权益账面价值和收益。权益的账面价值是在资产负债表底线上的数字;收益是利润表底线上的数字。阅读材料1.10中的最后两种方法是在这两个综合数据的基础上确定公司价值。公式如下:

$$价值 = 基本价值 + 额外价值$$

这个公式说明,分析师在财务报表中确定一项特定的数据作为起点,而后计算这个数据所未能反映的"额外价值"。这个基本价值可能是所有者权益的账面价值,因此有:

$$价值 = 账面价值 + 额外价值$$

这里账面价值就是计算价值的起点,但分析师认识到账面价值不是价值的完整反映,因此还需要计算额外价值。在此过程中,他计算内在市净率,即权益价值相对账面价值的倍数。估值问题转化成计算这些非账面价值的方法。前述的基本价值也可能是收益,则有:

$$价值 = 收益 + 额外价值$$

在这种情况下,盈余成为计算的起点,额外价值涉及市盈率的概念,即权益价值相对收益的倍数。在上述两种情形下,分析师的工作从一个财务报表上的确切数据开始,并且在其中加入了对于较为主观的信息的分析。

为了约束这样的投机,分析师使用财务报表分析的方法,从而可以从主观的额外信息中提取较为客观的信息。这样做了之后,分析师便可以对估值形成一定的保障,并对投机浪潮有了免疫性。在后面的章节中,我们会继续讨论这些主题。

1.7 如何使用本书

　　学习本书的最好方法是把它看成一项学习估价技术的练习。把自己看成一个投资者,希望学到保护和提高自己投资回报的最佳办法。或者把自己看成某一类专家,例如投资分析师或财务总监。这样会使你的学习更加集中,更加有针对性。如果你从一个外部分析师的角度进行思考,你就会问自己:我如何才能为我的用户提供一个最优的估价技术产品?我如何才能写出可信的股票研究报告?如果你从一个内部分析师的角度进行思考,你就会问自己:我如何才能写出战略报告或投资评估报告?你需要一份分析符合实际、概念上合理,而且易于理解和使用的报告。

　　这种有针对性的思考会使你对本书和你自己提出很多要求,从而有助于你对供应商提供的投资产品进行分析与批评,有助于你对公布的财务报表内容进行分析与批评,事实上,还会有助于你对本书进行分析与批评!

　　一项好的技术由三个组成部分:好的思想、好的应用,以及在成本和收益之间的一个好的平衡。利用本书的知识去建立你对经营活动的良性思维和对它们的估价模型:本书努力把概念解释清楚。利用本书把概念转变成可实际使用的方法:本书一步一步地从概念出发建立起实际应用技术。许多分析都能通过电子数据表格进行。当你在进行分析时,也可以建立这种电子数据表格,这种分析方法可以在你的职业生涯中一直使用。使用本书会使你认识到成本收益平衡的意义。什么时候值得写得更详细?忽略一些信息会损失什么?

　　本书自成体系,内容完整。本书的网页也提供了十分有益的辅助内容。通过它,读者可以进入更加实际的情景,可以使用更多的数据,开辟更广泛的空间。该网页还提供了对信息、分析的基本原材料和金融媒介网站的大量链接。事实上,你还可以把它作为你的投资分析基地,甚至让它伴随你进入自己的投资生涯。

　　你可以通过对概念的大量应用来学习。在每章的结尾都提供了练习,并在每节末尾附有大的案例。这些内容是为学习写的,而并不完全是为了测验。在网页上有更多的应用。你可以尽量应用这些例子,当你对这些方法运用纯熟时,你就会明白这些分析是如何进入你的生活的。

本书的安排

　　本章介绍基本投资并指出支持这种投资的基本面分析的特点。财务报表在分析中起重要作用,所以在第2章介绍财务报表,并由此完成对基本投资的介绍。你将在那里了解为什么分析师要通过财务报表确定价值。本书的其余章节分成五个部分。

　　好的实践建立在好的思想上。第一部分(3—6章)展示出这种思想。第一部分评价阅读材料1.10中列示的各种方法,并说明财务报表信息是如何结合到这些方法中的。在这一部分结束时,你将能够辨别优秀的分析和拙劣的分析,并选择一个你认为有理由相信的定价方法。本书的以下部分会讲到对这个技术的实际应用。

　　第二部分(7—12章)涉及信息的分析。展示如何从财务报表这个透镜中了解商业活动信息,也说明如何在预测支付的基础上进行财务报表分析。

第三部分(13—15章)谈到预测。这部分讨论在第二部分分析信息的基础上进行预测的实际步骤,同时介绍如何将预测用于定价。

第四部分(16—17章)阐述会计问题。从第2章开始,关于会计的讨论将在全书中都和基本面分析的内容交织在一起。第四部分把会计分析抽出来放在一起,以使你能够对会计如何运用于定价形成一个完整的认识。而且,这部分给前面讲过的财务报表分析增加了会计质量分析的内容。

第五部分(18—19章)讨论如何将基本面分析用于风险评估,这里的风险包括股票的风险和公司债券的风险。

关键概念

积极投资者(active investors):对投资是否错误定价进行检查后再选择购买或出售投资,以便获得超额收益。与消极投资者和保守投资者相对。

α(alpha):由于承担投资风险而得到的超过预期回报的超额收益。

β(beta):资本资产定价模型(CAPM)规定的风险的度量。

商业模式(business model):企业从销售产品和提供服务给消费者的过程中增加价值的活动所遵循的概念或者战略。

索取权(claim):一份有关获取投资回报的可执行合约。

竞争优势(competitive advantage):抵御竞争力量获得非正常收益的能力。

保守投资者(defensive investors):对投资是否错误定价进行检查后再选择购买或出售,以避免在错误的价格上进行交易。

金融(财务)分析师(financial analyst):投资价值评估方面的专家,包括股票分析师、债券分析师、战略分析师、风险分析师和银行信贷经理等。

财务报表分析(financial statement analysis):从财务报表中提取信息的一整套方法。

融资活动(financing activities):公司和它的投资者(索取权人)之间的交易,包括投资者对公司进行现金投资和公司向索取权人支付回报。

竞争力量(force of competition):在追求利润活动中来自其他企业的挑战,会侵蚀企业的竞争优势。竞争力量促使非正常收益消失。

基本面分析(fundamental analysis)或估价分析(valuation analysis):决定投资价值的一整套方法。

基本面投资者(fundamental investors):只有在彻底分析企业并从中得到关于企业价值的结论后才进行投资。

基本面风险(fundamental risk):由于经营活动的结果出现的损失价值的可能性。与价格风险相对。

指数投资者(index investors):购买或者(消极)持有市场股票指数。

内在价值(intrinsic value):基于投资预测收入确定的投资价值。由于收入是通过信息预测的,所以内在价值有时又称为信息证实价值。

直觉投资者(intuitive investors):其股票交易基于自己的直觉,而不依靠分析。

投资活动(investing activities):收购和处置营运中使用的资产。

经营活动(operating activities):使用资产(投资活动中获得的资产)来生产产品和在市场销售产品。

消极投资者(passive investors):投资活动并不检查是否被错误定价。与积极投资者相对。

收益(payoff):从投资获得的价值。

价格风险(price risk):由于购买或出售投资时价格与其内在价值有别而产生的损失价值的可能性。

回报(return):投资收入减投资成本。

证券分析(security analysis):当投资涉及股票、债券等证券时决定投资价值的一整套方法。

战略分析(strategy analysis):清晰地说明经营设想和发现这些设想可能创造的价值(使用估价模型)。

基于价值的管理(value-based management):依据价值最大化原则来制定和执行经营计划,通过度量价值增加来监控经营业绩并提供回报。

权益价值(value of the equity):期望公司为股东(公司所有者)创造的收入的价值。

公司价值(或企业价值):公司期望为其所有索取权人创造的收入的价值。

案例连载:金伯利·克拉克公司

自主练习

在 1—15 章的最后,所有书中阐述的原则和方法技巧都会应用到金伯利·克拉克公司的案例中。金伯利·克拉克公司是一家制造和销售诸多健康和卫生产品的消费品公司。通过在全书各个章节进行金伯利公司的案例练习,读者会最终理解和掌握这套综合性的财务报表分析和证券估值方法。通过完成案例所要求的各项任务,读者也会最终学会扮演证券分析师的角色,在读完全书后掌握编写证券研究报告所必需的技能。尽管案例不会涉及所有学到的原则和技巧,但相信读者还是可以从金伯利·克拉克公司的案例中获益匪浅。

在研究公司的案例时,每位读者都需要在本书的指导下完成相应的任务。

第 1 章只是本书的内容简介,但很多原理和方法已经呈现出来。学习中很重要的一点是需要读者在分析之前了解这个公司所从事的业务,因此这一章的案例连载内容会帮助读者了解金伯利·克拉克公司的商业模式。

业务概览:金伯利·克拉克公司(KMB)

你可能已经使用过 Kleenex 纸巾,或者在小时候使用过 Huggies 纸尿裤,再加上一些像 Scott(纸巾)、Scottex、Cottonelle、Viva、Kotex 和 WypAll 这样的品牌,你可能已经对 KMB 公司所从事的业务有了一定的了解。公司业务简介如下:

金伯利·克拉克公司是一家制造和销售诸多健康和卫生产品的消费品公司,在全球范围内分为三大部门:个人护理部门,制造和销售一次性纸尿裤、室内健身裤、游泳裤以及一些女性卫生用品;消费者纸巾部门,制造和销售面巾纸、卫生纸、湿巾以及家用餐巾纸;商用部门,除了制造和销售面巾纸、卫生纸、餐巾纸外,还生产包括外科手术服、手术帘、防感染类产品、消毒护理包、一次性面具和术用手套等健康护理产品,以及高档商用纸巾和特制纸巾等。

这些当然只是一个粗略的描述,更专业的分析师会努力寻找和搜集更多的细节,那么可以到哪里去寻找呢?

商业信息来源

最重要的信息当然是企业的自我描述,想要获得这方面信息可以登录企业的主页,www.kimberly-clark.com,浏览时可以着重关注一下公司最近的财务报告以及根据美国证交所的要求所做的其他披露,搜寻后者可以登录 www.sec.gov/edgar.shtml。

当然,你也可以谷歌一下,前往 www.google.com 输入公司名称,浏览的时候不要只关注公司的信息,也需要留心一下整个纸巾消费品行业。同样,你也有多种获得公司财务信息的途径,比如谷歌财经和雅虎财经。此外,你还需要到证券分析师那里搜集公司的报告,了解对公司消费者和市场的分析。到了检测你的资料库和电子资源的时候了:你的资料库里是不是有丰富的公司和行业研究资料?是不是能查阅资料库和财经刊物的文章?

走近分析师

在开始你自己的分析之前,首先需要知道美国的"the Street"和英国的"the City"都在说些什么。我们可以从财经网站开始,这些网站通常都会总结各方分析师的观点和盈余预测,表1.1就是从雅虎财经(http://finance.yahoo.com/)中摘录的。那么你的资料库是不是订阅了跟踪像Thomson One、Multex和S&P Market Insight等分析师报告的服务呢?很多股票经纪商允许你登录他们的免费试用服务账户。

但是,在开始自己的研究前,关注分析师报告的时候我们需要注意:不要加入投机的人群中。证券分析师有时会盲目从众,所以自己独立分析发现一些主流所看不到的东西是会获得不菲的回报的。

下面是一些你在浏览这些资源时需要思考的问题:

A. 金伯利·克拉克公司的核心业务是什么?
B. 金伯利·克拉克公司的未来战略是什么?
C. 金伯利·克拉克公司计划怎样发展?它会通过并购成长吗?
D. 金伯利·克拉克公司的竞争环境是怎样的?主要竞争者有谁?
E. 公司面临的最大风险是什么?
F. 表1.1给出了公司2005年3月24日的股价日K线信息,搜集公司之前的类似信息(比如在雅虎财经上),并计算公司2004年的股票收益率。
G. 总结和讨论表1.1中分析师报告的特点。
H. 总体来讲,表1.1中的分析师认为金伯利·克拉克公司的股价是被高估了还是被低估了?
I. 金伯利·克拉克公司的股价在2005年3月24日以后是怎样变化的?

表1.1 分析师关于金伯利·克拉克公司的评级和预测(雅虎财经,2005年3月24日)

表头部分给出了3月24日当天的收盘价、该日的股价波动情况以及基本情况的总结。"分析师意见"归纳了分析师们关于买进、持有或者卖出的评级。"分析师预测"则总结了分析师关于公司盈余、收入和盈余增长的预测,以及与行业、部门和标准普尔500指数的对比。

金伯利·克拉克公司(纽交所代码:KMB)数据			
收盘价	64.81	日最高—最低价	64.81—65.55
交易时间	3月24日	年最高—最低价	58.74—69.00
涨跌幅	↓0.53(0.81%)	交易量	1 096 600
昨日收盘	65.34	平均交易量(过去3个月内)	1 442 363
今日开盘	65.55	市值	31.20B
买价	N/A	市盈率(过去12个月)	18.13
卖价	N/A	每股盈余(过去12个月)	3.57
未来一年目标价	72.06	股利和股息率	1.80(2.78%)

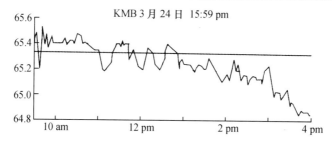

分析师意见

评级总结*

平均评级(本周)	2.6
平均评级(上周)	2.5
变化	0.1
个人用品行业平均评级	2.44
标准普尔500平均评级	2.52

*(强烈买入)1.0—5.0(强烈卖出)

目标价总结

平均目标价	72.06
中位数目标价	73.50
最高目标价	80.00
最低目标价	59.00
券商数量	8

评级变化情况

日期	研究机构	行为	初始	当前
2005年2月15日	美邦花期集团	调低评级	买入	持有
2004年2月3日	德意志证券	首次评级		买入
2003年10月8日	瑞士信贷	首次评级		超过市场
2003年9月12日	摩根士丹利	首次评级		等权重
2003年4月4日	Fahnestock	首次评级		买入
2002年12月11日	所罗门美邦国际	调高评级	与大市持平	超过市场
2002年12月11日	美洲证券	调低评级	买入	与大市持平
2002年7月19日	美洲证券	调高评级	与大市持平	买入
2002年4月24日	高盛银行	调高评级	与大市持平	超过市场
2002年2月28日	荷兰银行	首次评级		买入

评级趋势

	本月	上月	两个月前	三个月前
强烈买入	2	2	3	3
买入	5	4	4	5
持有	4	5	4	4
卖出	1	1	1	1
强烈卖出	1	0	0	0

分析师预测

盈余预测	当前季度 3月5日	下季度 1月5日	当前年度 12月5日	下年度 12月6日
平均预测	0.93	0.95	3.81	4.14
分析师数量	11	10	12	12
最低预测	0.93	0.92	3.71	4.08
最高预测	0.94	0.97	3.85	4.24
一年前每股盈余	0.91	0.90	3.61	3.81

下一盈余公告日：2005年4月25日

销售收入预测	当前季度 3月5日	下季度 1月5日	当前年度 12月5日	下年度 12月6日
平均预测	3.91B	3.90B	15.77B	16.35B
分析师数量	4	4	9	7
最低预测	3.89B	3.89B	15.34B	16.11B
最高预测	3.92B	3.91B	16.20B	16.68B
一年前销售收入	3.80B	3.78B	N/A	15.77B
销售收入增长率(年/估计)	2.9%	3.3%	N/A	3.7%

盈余记录	3月4日	6月4日	9月4日	12月4日
估计每股盈余	0.91	0.89	0.90	0.90
实际每股盈余	0.91	0.90	0.89	0.91
差异	0.00	0.01	−0.01	0.01
差异率	0.0%	1.1%	−1.1%	1.1%

每股盈余趋势	当前季度 3月5日	下季度 1月5日	当前年度 12月5日	下年度 12月6日
当前预测	0.93	0.95	3.81	4.14
7天前	0.93	0.95	3.81	4.14
30天前	0.93	0.95	3.82	4.15
60天前	0.94	0.96	3.81	4.16
90天前	0.94	0.96	3.81	4.16

每股盈余预测调整	当前季度 3月5日	下季度 1月5日	当前年度 12月5日	下年度 12月6日
过去7天上调	0	0	0	0
过去30天上调	1	0	0	0
过去30天下调	0	0	0	0
过去90天下调	0	1	1	1

增长预测	金伯利(KMB)	行业	部门	标准普尔 500
当季度	2.2%	9.4%	N/A	7.8%
下季度	5.6%	8.6%	N/A	11.5%
当年	5.5%	11.7%	N/A	10.5%
下年度	8.7%	11.8%	N/A	10.6%
过去 5 年(每年)	2.0%	N/A	N/A	N/A
未来 5 年(每年)	8.0%	11.5%	N/A	10.51%
市盈率*	17.0	19.27	N/A	15.80
PEG 比率*	2.12	1.73	N/A	1.50

* 可比类别以平均值计

练习

本书中所有的章后练习都标以难易程度——简单、中等、困难

E1.1 通过互联网查找信息：戴尔电脑公司、通用汽车公司(简单)

本章比较了戴尔电脑公司和通用汽车公司的市场价值。在网上你就能找到研究这些公司的原始资料。可以通过以下两个站点去找：

雅虎！金融:http://quote.yahoo.com
华尔街研究网:http://www.WSITl.com

也可以找到公司主页。你还可以在本书的网页上找到更多的资料。

E1.2 通过互联网查找信息：海信电器、青岛海尔(简单)

在网上找到海信电器、青岛海尔公司的股票代码和公司年报资料。可以通过以下网站查找：

新浪财经:http://finance.sina.com.cn
巨潮资讯网:http://www.cninfo.com.cn/
中信证券:http://www.cs.ecitic.com/news/stock.html

也可以找到公司主页。

E1.3 企业市场价值：九牧王公司和惠普公司(中等)

a. A 股上市公司九牧王(601566)2012 年半年报披露如下：

(单位:亿元)

流动负债	6.18
非流动负债	0
所有者权益	40.51

截至 2012 年 6 月 30 日,公司共有 578 657 500 股股票,每股收盘价 27.85 元。根据这些数字计算九牧王公司的市场价值。

b. 电脑设备制造商和系统咨询商惠普公司(Hewlett-Packard)在 1999 年 7 月时其市场流通股为 10.13 亿股,每股价格为 100 美元。最近公布季度报告如下：

(单位:百万美元)

债券长期投资	5 800
短期负债	1 380
长期负债	1 730
股东权益	18 198

计算惠普公司的企业价值。

E1.4　识别经营、投资和融资三类交易：微软公司（简单）

微软公司在1999财政年度上报给证券交易委员第三季度的10-Q报告中报告了如下内容，把这些内容划分为经营、投资和融资活动三类。单位为百万美元。

　　a. 购买网络电视的现金花费　　　190
　　b. 管理费用　　　　　　　　　　104
　　c. 销售和市场费用　　　　　　　829
　　d. 普通股发行　　　　　　　　　650
　　e. 普通股回购　　　　　　　　1 605
　　f. 销售收入　　　　　　　　　3 774
　　g. 研究和开发支出　　　　　　　597
　　h. 所得税　　　　　　　　　　　720
　　i. 财产和设备的增加　　　　　　415
　　j. 应收账款　　　　　　　　　1 460

E1.5　利用现值计算方法为建筑物定价（中等）

2012年，房地产分析师预测北京一套两室一厅的房屋在未来5年内，即2013—2017年，每年可产生72 000元的租金，每年现金费用为12 000元。5年后，这套房屋预计可以300万元出售。房地产投资者要求12%的投资回报率。请用现金流折现法确定该房屋的价值。

E1.6　计算股票回报率：贵州茅台（简单）

在2012年年初，贵州茅台（600519）的股票价格为每股191.5元，而11月末为每股216.01元。在2012年7月，贵州茅台每10股支付了红利39.97元（含税）。在2012年1月1日至2012年11月30日，持有贵州茅台股票所获得的收益率是多少？（提示：投资者收到的股利是税后的。）

E1.7　回报率和股利：福特汽车公司（中等）

1998年1月，福特汽车公司股票价格为每股48美元，而在12月底为每股59美元。持有该公司股票的投资者在这一年中得到26.5%的收益率。福特公司该年度支付的股利是多少？

微型案例

M1.1　股票分析批判：美国在线公司

1998—2000年，网络泡沫正左右着股票市场。正如本章已经讨论过的，网络股以股票市场罕见的数倍于销售收入的市场价格进行交易。首先，一些没有什么好的创意的公司上市了，并以很高的价格出售股票（这使得公司创立者和持有股票期权的雇员变得很富有）。而一些如迪士尼那样的老牌公司，也考虑将它们的公司分拆后以"dot.com"的新公司形式上市，以得到市场给予的更高倍的市盈率。

评论家在争论这么高的市场价值是否恰当。许多人认为这只是投资狂热，他们声称由于进入门槛低，某些人预期的潜在利润会在竞争中消失。但是还有像美国在线、网景、亚马逊、雅虎和eBay这样的公司认为建立和保护品牌的能力可以支持高的利润，而且他们争论消费者将会从传统商业形式转移到这些站点。

美国在线是争论的焦点，它是最有名的门户网站之一，当许多网络公司报道亏损时，美国在线在盈利。美国在线经营两个世界性网络服务公司：美国在线和CompuServe公司。它通过网络做广告和电子商务，在收购网景公司后，又增加了网络技术服务。

在1999年6月30日第一个财政年度结束时，美国在线报告其总收入为47.8亿美元，其中33.2亿美元来自1960万美国在线和CompuServe用户的订购费，10亿美元来自广告和电子商务，剩下的来自通过网景公司的网络服务。它同时报告其净利润为 7.62 亿美元,每股收益 0.73 美元。

在美国在线公布年报时,其股票价格为每股 105 美元,市场流通股为 11 亿股,股票市场总值为 115.50 美元,市值是销售收入的 24.2 倍,与当时更加成熟公司的市盈率倍数相比,美国在线 144 倍的市盈率相对太高了。

1999 年 4 月 26 日《华尔街日报》头版的一篇文章中,弗雷德·阿尔戈管理公司(一家纽约投资管理公司)的大卫·D.阿尔戈认为美国在线的股票价格是合理的,他对 5 年后,即 2004 年的收入进行了如下预测:

	(单位:十亿美元)
3 900 万用户订购费	12.500
广告费和其他收入	3.500
总收入	16.000
税后销售收入利润率	26%
预测 2004 年的盈余,然后回答问题 a 和 b。	

a. 如果美国在线 2004 年的预期市盈率是一个成熟公司目前的水平,即 24 倍,那么在 1999 年,美国在线的股票价值应该是多少?(预计美国在线在此期间不支付现金股利)(提示:目前的价格应该是预期将来价格的现值。)

b. 阿尔戈在进行分析时坚持认为美国在线在 2004 年能维持大约 50 倍之高的市盈率。如果 1999 年每股 105 美元的价格是合理的,那么 2004 年美国在线的市盈率应该是多少?如果 2004 年的市盈率是 50 倍,1999 年买入美国在线的股票是一笔好投资吗?

c. 这些评估漏掉了什么?你看出阿尔戈分析的问题所在了吗?

M1.2 中国船舶的困惑

2007 年 11 月 15 日,某大型证券机构的投资部人士到中国船舶(600150)调研,期望能捕捉到该股票近期不断下跌的真实原因。因为在此之前的 25 个交易日里,这家中国内地股市第一高价股已经从最高的 300 元跌到 200 元以下。

中国船舶股价大幅下跌,大盘震荡是表面因素,最关键的是市场流传监管层对这只股票的估值持怀疑态度,向给予高估值的证券分析师问话,并查在该股突破 200 元以后还在买入的投资机构。于是市场不安情绪开始弥漫,不少投资者纷纷抛售中国船舶。

据统计,至今年三季度末,共有 38 家基金持有中国船舶约 54.92 万股流通股,占其流通股总量的 40.47%。中国船舶从 300 元下跌到 200 元以下,这个过程中成交量较大,机构可能在出货。

对于中国船舶股价下跌,业界还流传着这样一个故事:10 月 11 日,该股票价格冲击 300 元,之后逐步下跌,而市场对该股票唱衰、唱多的声音同样如雷贯耳,一些投资机构们聚在一起,打算好好计算一下中国船舶股价在哪个位置才算合理。

"计算了半天,大家分歧很大,根本算不到一块,怎么办?不是有行业分析师预测过中国船舶 2008 年合理股价能够达到 400 元吗?好,那就拦腰砍吧,200 元!"一位机构人士调侃道。

不管这些机构能否代表市场主流,中国船舶已经牵动着市场神经。

估值困惑

8 月 2 日,中国船舶股价冲破 170 元大关,打破此前由驰宏锌锗(600497)今年 4 月 11 日创造的 154 元的 A 股最高价纪录,成为两市 A 股第一高;8 月 6 日股价又一度突破了 200 元;10 月 11 日,摸高到 300 元。

此前,有资产注入题材的公司,今年以来平均价格涨幅达到 73%。中国卫星(600118)、贵航股份

(600523)涨幅达到了400%,而中国船舶超过1 000%。

中国船舶股价飞涨源于央企整体上市的资产注入和业绩增长预期。据了解,中国船舶的控股股东中船工业集团原本计划2007年在香港进行IPO,并已经确定了中介机构和筹资额度。但后来选择放弃IPO而借壳沪东重机(中国船舶前身)进行整体上市。随着资产注入的展开,其股价也步步上涨。

中国船舶股价是否合理?估值是否科学?机构已经产生了分歧。

S证券机械行业分析师A对本刊记者表示:"中国船舶三季报出来,我觉得股价到180元已经见顶了,因为国际上船舶行业的市盈率大约25倍左右。中国船舶今年三季度每股收益是4.41元,市盈率已经有60倍了,没想到最高冲到300元。"

之前,国内证券分析师对中国船舶的业绩增长和股价进行的预测、估值标准不同,预测的股价也有较大差距。

D证券给予中国船舶股价1.2倍PEG(市盈增长比率)和59.10倍PE的估值水平,对应2008年预测EPS的合理股价为237.64元,"十一五"期间EPS复合增长率将达到49.25%。

Z证券分析师B预计其2007、2008和2009年按新的总股本计算的每股收益分别为4.38元、9.01元和12.06元,年复合增长率超过60%。2008年目标市盈率35倍,给出的目标价格是316.05元人民币。

H证券分析师C预计2007、2008年中国船舶的每股收益分别为5.6元和8.3元,动态市盈率为44倍和31倍,在中船集团仍会继续注入优质民品资产的预期下,按2008年40—50倍的市盈率估值,将中国船舶目标价从250元提高到400元。

W证券分析师P预测中国船舶2007年到2010年的EPS依次为5.19元、8.03元、10.55元、13.29元。从现有中国船舶的资产情况和股价对比国外的造船企业,按2008年31倍PE计算的中国船舶的价格高于国外同业50%,但考虑到中国造船行业相对于韩国和日本造船行业的比较优势,船舶制造向中国转移的趋势很明显。中国船舶成为全球最大造船企业只是时间的问题,中国船舶估值理应获得一定的溢价,2008年31倍PE的估值虽然略高,但是考虑到未来资产注入业绩增厚,估计2009年之后EPS将增厚1倍以上,股价还有上升空间。

不仅券商研究员对其估值产生分歧,基金等投资机构也对中国船舶的价值判断不一。

一位机构投资总监认为,中国船舶走到现在,实际上已经从价值投资推动走到了资金推动了,某种程度来讲是炒作的,资产注入和业绩的增长根本没法跟上泡沫的速度。

业内人士认为,虽然目前中国船舶的订单和盈利状况良好,但未来如果造船业景气周期发生变化,即便200多元的股价也太高了。

另一位基金投资总监说:"中国船舶的股价升到300元,这是绝对的非理性行为,绝对大大高估了,可能会跌回它的价值线。这个价值线,有业内人士估计,应该在130元左右。"

有的基金却不认同这个标准。一位基金经理表示:"我们是看它已经到手的订单。现在中国船舶订单十分饱满,生产任务在2010年前基本排满,将确保未来业绩持续增长。在企业的成长性表现出来后,关键是要看PEG,当成长性比较稳定或者成长性开始回落以后,才是看市盈率和市净率来对企业进行估值。在任何时候都用市盈率高低来指导投资是不合适的。"

这部分机构认可资产注入,认为中国船舶股价达到300元不算高。

据了解,有的分析师给出320元的估价,有的给出180元的估价,是因为他们的分析方法不同,计算方法也不同。有的是按今年的订单数,有的是看企业的发展前景。

某证券机械行业分析师说,国际同类企业估值也是参考市盈率,但周期性行业看PEG,就是公司发展增速。船舶行业带有典型的周期性,因此大家给予高估值也是基于大股东注入造船资产,促使公司未来几年高速增长的前提。

但到现在为止,一些机构对中国船舶的估值陷入困惑之中:"大家看好的是造船资产的注入,但其注入的外高桥船厂等原来都不是上市公司,财务资料不公开,所以很难计算PEG的变化,要判断它的价格是高还是低,应该有个参照,最好的参照应该是国际上同类企业在该国船舶行业成长期 PE 和 PEG 的趋势是怎样的。此外,沪东重机改名中国船舶后,公司董事会几乎全部换掉,不熟,我们也很难拿到一手的信息和资料。"

一位投资界人士讲述了这样一件事情:"今年 9 月份,广船国际(600685)股价涨到 80 多元,境外投资者到该公司调研,计划买入该股票,有人向他们质询:股价那么高了,你们还会买?对方说,日本当年在行业成长期时,价格涨得比你们快,我们觉得不高。"

订单"骗局"

目前中国船舶集团手持订单约 1 500 万载重吨,排在全球第二位,而其中大部分在外高桥等三家新注入的公司手里,外高桥手持 1 350 万载重吨。无论是券商分析师还是基金经理,都认为手持订单是估值的重要参考指标,但有时候,这个指标并不可靠,往往成为一个估值陷阱。

11 月 1 日,在天津召开的"国际航运 2007 年年会"上,日本株式会社商船三井副社长小出三郎就抛出这样一个问题:"历史教训不容忽视,造船合同价格难以一直上涨。过去,造船量的增长导致造船市场的变化,而目前的形势更加复杂,我们不得不问自己:今天订单上的新船是否会付诸实施?造船有很多制约因素,如技术工人短缺和 90 年代造成的造船能力下降等。"

当时在会上,香港一位船东就对本刊记者说:"小出三郎的担心并不是没有道理,手持订单并不一定会实施,关键要看航运市场景气能够维持多久,一旦航运市场下滑,船东对新船的需求减少,船价(造价和租价)立刻就会下来。我们定船是分期付款,过去是签订合同时付船价的 10%,上龙骨时付 10%,下水付 10%,交船时付剩下的 50%(现在首付大约要 30% 了)。而合同新船一般建造周期是 18—22 个月,有的长达 3 年以上。如果在这期间船市大跌,船东很可能会放弃这条船,这会使造船厂遭受重大损失。现在我很关注航运市场走势和已签订单是否已经超过未来的需求。"

据船舶行业研究人士透露,当前船舶市场中确实存在一定"泡沫"。不少船东将油船、散货船造船合同以高价转手牟取暴利,这表明在现有造船订单中有相当一部分是无租约或无货源的"投机性订单",在现有的 135 艘 LNG 船(液化天然气运输船)手持订单中,有 15% 是无项目订单。

业内人士告诉本刊记者:现在很多船东在参照 FFA(Forward Freight Agreements,远期运费协议)指数来决定是否购船,但这个指数也可能会误导一些船东,使其做出错误判断。远期运费协议指数是个套期保值的衍生工具,其对现货市场有一定引领作用,是航运市场晴雨表。但随着这个市场投机成份的加大,人为操控现货市场使其脱离供需关系导致不合理上涨的现象历史上曾经出现过。

2006 年干散货市场上 TMT(台湾信荣航运公司)就导演了一次大动荡,他们为了在期货市场获利而不惜采用抛锚停船的手段人为抬高运价,使其获得 30 亿美元的利润。因此,在炒作之风盛行的情况下,仅依靠 FFA 指数来判断市场走势往往出现失误。现在一些金融机构深度参与 FFA 交易,使得目前的即期交易市场跟着成交活跃的衍生品市场走,这是船公司不愿意看到的。

上述那家香港船公司的总裁说:"仅看合同订单吨位数很难判断船厂未来业绩状况,订单合约(从签订单到船舶交付)一般是 18—22 个月时间,现在交付或在建的船,除了'加塞',一般是早前的订单,价格并不高。如 7.5 万载重吨散货船,早前签订的合同、今年初交付的同类型船一艘 3 700 万美元;而如果是今年初签约、明年下半年交付的同类型船,价格就升到 7 500 万美元。现在签约,合同价格更高。但大船厂过去签的订单很满,船台紧张,很难加插在 2009 年前后交付的新合同,所以,新船加插能力决定能否实现超常利润。外高桥加插新船的能力还是有的,一艘 17.5 万载重吨的加插新船明年 12 月份就要交付了。按照正常节奏,这个时点交付的船是一年半前签订的,当时合同价格是 5 000 万美元,而他这艘挤出来的船,价格是 1.2 亿美元,已经成交了,多出来的 7 000 万美元几乎是净利润呀。"

据了解,交付时间不同导致船价不同,这与目前火爆的航运市场有关。因为这些船东购船大部分是为了出租,都希望在租价高位上尽快拿到船,上述香港船东今年上半年从外高桥接到的 4 200 万美元的散货船已经外租,租期 3 年,日租金 2.6 万美元;另签订的同型船,计划 2010 年交付,现在已经签订了出租合同了,租期也是 3 年,日租金 3.6 万美元;最近签订的可以挤出来的同型船 2009 年交付,价格 1.2

亿美元，日租金 5.2 万美元。

据说，那艘 4 200 万美元的散货船是租给了中远集团方面，用于从巴西向中国运矿砂，一天利润大约 20 万美元。过去 10 年间，从巴西运矿砂到中国，一吨运费大约 11 美元，今年 11 月份最高达到 87 美元。

因此，判断中国船舶未来的盈利状况，还要看其订单结构，新签订的高价船合同占多少比例，而不仅仅看订单总量和排产时间是否到 2011 年或者 2012 年。否则可能会被炫丽的数据所误。

资料来源：改编自《中国船舶的困惑》，《证券市场周刊》，2007 年 12 月 02 日。

思考

a. 如果你是股票分析师，需要撰写中国船舶的分析报告，你需要了解哪些信息？

b. 本案例中分析师对中国船舶估值时，采用了什么方法？为什么估值结果差距很大？

c. 结合本章中阅读材料，你认为中国船舶 2006 年、2007 年股价涨幅极大的原因有哪些？

第 2 章
财务报表概述

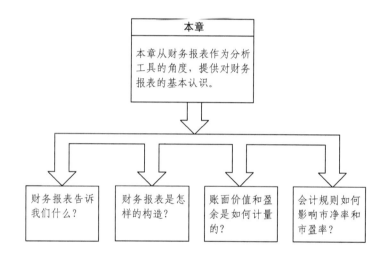

开篇阅读材料

火眼金睛看懂报表

"财务报表就像内衣,炒股不看财务报表,就如同一个人去裸奔。"——上周六"扬子壹财经讲堂"与南京财经大学会计学院合作举办的"专家教股民看财务报表"课堂上,专家如是语出惊人。而现场的微型调查结果同样惊人:约7—8成的股民还在"裸奔"!那么,财务报表这"内衣"如何"穿"好?股民怎么运用财务报表少亏钱、多赚钱?南京财经大学会计学院的几名教授及知名券商投资经理钟贵江回答了股民四大疑问。

"10个股民炒股,可能7个亏,2个平,1个赚。那对大多数股民而言,首先要做的就是少亏钱,如何运用财务报表做到这点?"周六的讲堂上,南京财经大学会计学院的优秀毕业生代表,曾在毕马威就职、现为一家知名券商机构投资经理的钟贵江,分享了个人的实践经验。他认为,有两点误区要特别规避。

首先,不要过分看重一次性的利好或者利空。比如,某公司赢得了一项大合同,股价便大涨,而大家忘记了问这个合同的真正好处以及长期可持续性,因为这些一次性的利好或者利空不能从根本上来改变公司的基本面。其次,是过于看重名人的效应。比如,很多股民喜欢跟风明星基金经理持仓选股,但实际上报表从公布到股民再入市,会存在"时间差"。以银鸽投资(600096)为例,2010年年报里并无华夏系基金,表明12月31日前王亚伟并未介入。而2011年1月初该股在基本面并无明显改变下逆市大涨,10天之内连拉5个涨停板。到4月23日一季度报公布时,涨幅已达125%！无疑是弱势中的黑马。而华夏大盘也赫然出现在十大流通股中。不过此时散户跟风的结果就是套在山顶——该股在公布季报不久急转直下。那么王亚伟到底走了没有？答案只有半年报才知道。等到8月25日公布半年报,大盘精选已不在十大流通股中,此时该股下跌了40%！所以,"明星基金经理踩着时点做短线,绝非普通散户模仿得上的"。

为了让相对专业枯燥的主题变得更生动,本次讲堂还采用了直接互动发问的形式。这果然极大调动了股民的参与热情和积极性。

第一个互动话题,就是了解股民对财务报表的认知。当记者问在场有多少人炒股时,场下起码有30多人举手。但当记者接下来问道这其中多少人是看财务报表炒股时,只有寥寥8只手臂还坚定举着。这一结果刚好与南京财经大学会计学院此前的研究结论相符合——目前A股账户1.61亿户,B股账户251.83万户,但股票投资不看财务报表的达到70%—80%！对此,余溯峰副教授有个幽默的比喻:"报表像内衣,不穿不可能,不看报表炒股,就像人没穿内衣裸奔一样不安心。"李连军教授也点评说,报表就是用来证明手头股票是否值得持有的,如"巴菲特就认为投资最重要的是读财务报表"。陈榕副教授则进一步介绍说,巴菲特每天有一半时间在阅读财务报表;普通股民如果想炒好股票,最好保证每天2—3小时花在研读公司报表、公告及宏观经济、经济指标和政策走向等信息上。

来听课的股民中有一位人称"民间股神"的趋势派代表高竹楼先生。他炒股16年,著有多本趋势派炒股书籍,粉丝众多。当天,他也踊跃发问,解说趋势派炒股的重要性。不过,高竹楼先生最后也认为"财报不是万能的,但没有财报是万万不能的",认为在把握趋势的前提下,买股票时通过研究相关行业或公司的财务报表,可更好地分析想买的股票。

资料来源:《扬子晚报》,2011年10月24日,http://news.66wz.com/system/2011/10/24/102839584.shtml。

分析师核对表

读完本章后你应该能理解:
- 财务报表在整体上告诉我们什么。
- 每一张财务报表的组成部分是什么。
- 财务报表的各部分是怎样的勾稽关系。
- 财务报表的会计等式。
- 决定股东权益如何变化的存量和流量公式。
- 综合收益的概念。
- 非清洁盈余会计的概念(dirty-surplus accounting)。

- 规定资产负债表如何度量的会计原则。
- 市净率如何受会计准则影响。
- 规定收益如何计量的会计原则。
- 市盈率如何受会计准则影响。
- 市场增加值和收益的区别。
- 基本面分析师为什么需要会计师遵循可靠性原则。
- 财务报表如何为投资者提供基础。

读完本章后你应该能做到：
- 利用资产和负债解释股东权益。
- 利用股东权益表解释一个时期内股东权益的变化。
- 利用利润表解释一个时期内股东权益的变化。
- 利用现金流量表解释一个时期内现金流的变化。
- 计算综合收益。
- 计算股利净支付。
- 为储蓄存款账户建立财务报表。
- 针对一家企业，利用其财务报表描述其基本情况。
- 计算超过账面价值的市场溢价。
- 识别资产负债表中按公允价值度量的项目。
- 计算市场增加值（股票回报）。
- 重新计算过去40年的市净率和市盈率。

财务报表包含的信息能帮助分析师判断基本面价值。分析师必须了解报表说明什么问题，以及不能说明什么问题。他必须知道在财务报表中哪些地方可以找到合适的信息。他也必须知道报表的缺陷，了解报表中哪里没有提供估值所需的必要信息。本章将介绍各种财务报表。

读者可能对财务报表已经有所了解，也许已经知道编制财务报表的技术和方法，这些知识对本书的学习是有帮助的。但本书的目的不是讨论具体的会计准则，而是讨论报表编制所依据的原理，这些原理决定了如何在基本面分析中使用财务报表。这一章只提供了一个讨论的框架，随着本书的展开，将逐步进行深入的讨论（在第四部分，将更加详细地讨论会计分析）。

财务报表是商业活动的透镜。财务报表分析中，它们描绘出人们所关注的商业活动的基本图景。分析师必须了解这个图景是如何被描绘出来的，进而了解他在分析中能如何将其进一步精炼。财务报表有两个特点需要讨论：形式和内容。形式描述财务报表如何编制出来。财务报表分析是一种从财务报表中选取有用信息的结构性方法。为了进行财务报表分析，分析师必须了解财务报表的结构。财务报表的形式是在财务报表中的素描，因此认识财务报表的形式也就是认识财务报表在整体上告诉我们什么。内容为素描着色。内容说明了诸如收益、资产和负债这些项目是如何按形式需要被度量的，并由此确定其具体数额。本章将讨论财务报表的形式，并解释确定度量方法的会计原则。

财务报表在公司向股东提供的年度报告中公布。在美国，所有上市公司还必须向证券交易委员会（Securities and Exchange Commission，SEC）提交10-K年度报告和10-Q季度报告。这些报告可以在网络上通过证券交易委员会的EDGAR数据库得到，网址是：www.see.gov。读者可以自己熟悉这些资料。本书的网页(www.mhhe.com/penman5e)提供在线服务的链接,这样你就能够以电子数据表格的形式获得EDGAR上的信息以供分析。要善于利用网上的这些资源。

阅读材料2.1

中国上市公司信息披露平台

中国的上市公司需要提交年度财务报告给中国证券监督管理委员会,包括首次申请公开发行股票的主板、中小板和创业板企业。中国证监会的网址为http://www.csrc.gov.cn,具体的上市公司年报也可以登录上海证券交易所(http://www.sse.com.cn)或深圳证券交易所(http://www.szse.cn)获取。此外,中国证监会指定的信息披露网站还包括:深圳证券交易所下属"巨潮资讯网"(网址:www.cninfo.com.cn)、《中国证券报》"中证网"(网址:www.cs.com.cn)、《上海证券报》"中国证券网"(网址:www.cnstock.com)、《证券时报》"证券时报网"(网址:www.secutimes.com)、《证券日报》"中国资本证券网"(网址:www.ccstock.cn)。

2.1 财务报表的形式

财务报表中包含很多会计指标,理解这些会计指标是非常重要的,接下来的章节中将要用这些指标来做基础分析。

在美国,公司需要公布三种主要财务报表,即资产负债表、利润表和现金流量表。另外,公司还必须公布报告期内股东权益的变化。所以,公司通常会做第四张报表,即股东权益表,这类信息有时也会在财务报表的附注中给出。其他国家也有类似的要求。国际会计准则委员会(International Accounting Standards Board,IASB)正在制定适用范围更广的财务报告标准,他们要求公布三种主要财务报表,附加股东权益状况变动的说明。网页上提供了各国财务报表的范例。

表2.1列出了戴尔电脑公司在2002年2月1日财政年度末的四张财务报表,在第1章我们讨论过这家个人电脑生产厂商的市盈率。这些财务报表来自公司的10-K年度报告。我们将在这里分析这些财务报表,并在后面使用它们进行讨论、练习和作为案例。

表2.1 戴尔电脑公司截至2002年2月1日的财政年度的财务报表

(戴尔电脑公司共公布了四种财务报表:资产负债表、利润表、现金流量表和股东权益表。)

戴尔电脑公司 合并资产负债表(单位:百万美元)		
	2002年2月1日	2001年2月2日
资产		
流动资产:		
现金及现金等价物	3 641	4 910
短期投资	273	525
应收账款,净值	2 269	2 424

(续表)

存货	278	400
其他	1 416	1 467
流动资产合计	7 877	9 726
不动产、厂房和设备,净值	826	996
投资	4 373	2 418
其他非流动资产	459	530
资产总计	13 535	13 670

负债和股东权益

流动负债:		
应付账款	5 075	4 286
应计项目及其他	2 444	2 492
流动负债合计	7 519	6 778
长期负债	520	509
其他	802	761
承诺及预计负债		
负债合计		
股东权益:	8 841	8 048
优先股和超过面值 0.01 美元的缴入资本		
发行并流通在外的股份:无		
普通股和超过面值 0.01 美元的缴入资本		
授权股数:7 000		
已发行股数:分别为 2 654 和 2 601	5 605	4 795
库存股(按成本):分别为 52 和 0	(2 249)	
留存收益	1 364	839
其他综合收益	38	62
其他	(64)	(74)
股东权益合计	4 694	5 622
负债和股东权益总计	13 535	13 670

戴尔电脑公司
合并利润表(单位:百万美元)

	财政年度截止日		
	2002 年 2 月 1 日	2001 年 2 月 2 日	2000 年 1 月 28 日
净收入	31 168	31 888	25 265
销售成本	25 661	25 445	20 047
毛利	5 507	6 443	5 218
经营费用:			
销售、一般和行政费用	2 784	3 193	2 387
研究、开发和工程费用	452	482	374
特殊支出	482	105	194
经营费用合计	3 718	3 780	2 955
经营收益	1 789	2 663	2 263
投资和其他收益(损失),净值	(58)	531	188
所得税和会计原则变更累计影响前的收益	1 731	3 194	2 451

(续表)

所得税	485	958	785
会计原则变更累计影响前的收益	1 246	2 236	1 666
会计原则变更的累计影响,净值		59	
净收益	1 246	2 177	1 666
普通股每股收益			
会计原则变更累计影响前的:			
基本的	0.48	0.87	0.66
稀释的	0.46	0.81	0.61
会计原则变更累计影响后的:			
基本的	0.48	0.84	0.66
稀释的	0.46	0.79	0.61
加权平均发行在外的股数:			
基本的	2 602	2 582	2 536
稀释的	2 726	2 746	2 728

戴尔电脑公司
合并现金流量表(单位:百万美元)

	财政年度截止日		
	2002年2月1日	2001年2月2日	2000年1月28日
经营活动现金流:			
净收益	1 246	2 177	1 666
将净收益调整为经营活动产生的净现金:			
折旧和摊销	239	240	156
员工持股计划税收利益	487	929	1 040
特殊支出	742	105	194
投资利得/损失	17	(307)	(80)
其他	178	135	56
以下科目变化:			
营运资本	826	642	812
非流动资产和负债	62	274	82
经营活动产生的净现金	3 797	4 195	3 926
投资活动现金流:			
有价证券投资:			
购买	(5 382)	(2 606)	(3 101)
到期和出售	3 425	2 331	2 319
资本支出	(303)	(482)	(401)
投资活动中使用的净现金	(2 260)	(757)	(1 183)
融资活动现金流:			
购买普通股	(3 000)	(2 700)	(1 061)
根据员工持股计划发行普通股	295	404	289
其他	3	(9)	77
融资活动中使用的净现金	(2 702)	(2 305)	(695)
汇率变化对现金的影响	(104)	(32)	35
现金的净增加(减少)	(1 269)	1 101	2 083

	普通股和超过面值的资本		库存股		留存收益	其他综合收益	其他	总计
	股份数	金额	股份数	金额				
2001年2月2日的余额	2 601	4 795	—	—	839	62	(74)	5 622
净收益	—	—	—	—	1 246	—	—	1 246
扣除税收后的未实现投资利得变化	—	—	—	—	—	(65)	—	(65)
外币折算调整	—	—	—	—	—	2	—	2
扣除税收后的衍生工具未实现利得	—	—	—	—	—	39	—	39
2002财年综合收益总计								1 222
员工持股计划下的股票发行(含税收利益)	69	843	—	—	—	—	10	853
购买和回购	(16)	(30)	52	(2 249)	(721)	—	—	(3 000)
其他		(3)						(3)
2002年2月1日的余额	2 654	5 605	52	(2 249)	1 364	38	(64)	4 694

戴尔电脑公司
合并股东权益表(单位:百万美元)

财务报表附注:
1. 业务描述和重要会计政策概述　　2. 特殊支出　　3. 金融工具
4. 所得税　　5. 资本化　　6. 福利计划
7. 承诺、或有事项　　8. 关联交易　　9. 补充的合并财务信息
10. 分部信息　　11. 未经审计的季度业绩

资产负债表

戴尔公司的合并资产负债表中列出了资产、负债和股东权益。资产是预期能产生收益的投资,负债是所有者以外的索取权人对来自资产的收益的索取权,股东权益是所有者的索取权。因此资产负债表是公司投资的报表(从公司投资活动角度看),同时也是对投资回报的索取权的价值报表。资产和负债都分成流动性和长期性两类,在这里,"流动"是指在一个财政年度内能产生现金的资产,或在一个财政年度内要使用现金支付的负债索取权。

资产负债表的三部分可由下面的会计关系连在一起:

$$\text{股东权益} = \text{资产} - \text{负债} \tag{2.1}$$

这个等式(有时又称会计恒等式)说明,股东权益等于资产和负债的差(又称净资产)。也就是说,股东权益是在减去负债索取权后对资产的剩余索取权。从估值的角度看,股东权益是资产负债表上的主要数字之一。度量股票索取权的价值是会计师的目的。在戴尔公司的例子中,2002年公司净资产为469 400万美元,由12项构成,包括8项资产和4项负债。这469 400万美元还可以以股东权益的方式来解释,335 600万美元的普通股发行收入(扣除股票回购)、136 400万美元的留存收益和2 600万美元数额为负值的其他项目。

阅读材料 2.2

中国上市公司的资产负债表

中国会计制度下典型的资产负债表如下:

贵州茅台(600519) 单位:万元	2011-12-31
报告期	年报
报表类型	合并报表
流动资产:	
货币资金	1 825 469.02
交易性金融资产	
应收票据	25 210.14
应收账款	222.54
预付款项	186 102.74
应收利息	22 518.28
其他应收款	4 728.75
应收股利	
存货	718 711.76
其中:消耗性生物资产	
一年内到期的非流动资产	
待摊费用	
其他流动资产	
流动资产合计	2 782 963.22
非流动资产:	
可供出售金融资产	
持有至到期投资	6 000.00
长期应收款	
长期股权投资	400.00
投资性房地产	
固定资产	542 601.23
在建工程	25 144.63
工程物资	491.83
固定资产清理	
生产性生物资产	
油气资产	
无形资产	80 842.55

（续表）

开发支出	
商誉	
长期待摊费用	1 380.54
递延所得税资产	50 262.90
其他非流动资产	
非流动资产合计	707 123.68
资产总计	3 490 086.90
流动负债：	
短期借款	
交易性金融负债	
应付票据	
应付账款	17 234.36
预收款项	702 664.88
应付职工薪酬	57 752.29
应交税费	78 808.09
应付利息	
应付股利	
其他应付款	91 612.32
一年内到期的非流动负债	
预提费用	
递延收益——流动负债	
应付短期债券	
其他流动负债	
流动负债合计	948 071.94
非流动负债：	
长期借款	
应付债券	
长期应付款	
专项应付款	1 677.00
预计负债	
递延所得税负债	
递延收益——非流动负债	
其他非流动负债	
非流动负债合计	1 677.00
负债合计	949 748.94

（续表）

所有者权益（或股东权益）：	
实收资本（或股本）	103 818.00
资本公积金	137 496.44
减：库存股	
专项储备	
盈余公积金	264 091.64
未分配利润	1 993 711.92
外币报表折算差额	
未确认的投资损失	
少数股东权益	41 219.96
归属于母公司所有者权益合计	2 499 118.00
所有者权益合计	2 540 337.96
负债和所有者权益总计	3 490 086.90

利润表

在表 2.1 中，列出了戴尔公司的合并利润表。利润表反映了经营活动如何造成股东权益的增加或减少。股东权益价值增加的度量就是净收益，也叫净所得或净利润。更确切地说，利润表列出了收益的来源，这些来源可以广义地分为两类：收入（从销售产品中所得到的价值）和费用（在获得收入中价值的消耗）。决定净利润的会计关系如下：

$$\text{净利润} = \text{收入} - \text{费用} \tag{2.2}$$

戴尔公司 2000 年从电脑产品销售中获得的净收入是 311.68 亿美元。净收入是从销售额中扣除销货退回的价值。从净收入中减去经营费用，就得到经营收益。经营收益指的是从销售产品中得到的收益。戴尔公司持有短期和长期的有息证券，在资产负债表中列为"投资"，而从这些投资项目中得到的"投资收益"，扣除长期债券的利息费用之后，和从其他活动获得的收益合并在一起，列示于利润表中经营收益和所得税之间。最后，从收益加总中减去所得税，就得到净收益。

利润表将费用等各个项目分类来报告净收益的各个组成部分。典型的美国企业的利润表一般分为以下几个相关联的部分：

$$\text{销售净收入} - \text{销售成本} = \text{毛利润} \tag{2.2a}$$
$$\text{毛利润} - \text{经营费用} = \text{税前经营收益}$$
$$\text{税前经营收益} - \text{利息费用} + \text{利息收入} = \text{税前收益}$$
$$\text{税前收益} - \text{所得税} = \text{税后收益（非经常项目前）}$$
$$\text{非经常项目前收益} + \text{非经常项目收益} = \text{净收益}$$
$$\text{净收益} - \text{优先股股利} = \text{普通股股东可得净收益}$$

阅读材料 2.3

中国上市公司的利润表

中国会计制度下典型的利润表如下:

贵州茅台(600519) 单位:万元	2011-12-31
报告期	年报
报表类型	合并报表
一、营业总收入	1 840 235.52
营业收入	1 840 235.52
二、营业总成本	606 957.38
营业成本	155 123.40
营业税金及附加	247 739.18
销售费用	72 032.77
管理费用	167 387.24
财务费用	-35 075.15
资产减值损失	-250.07
三、其他经营收益	338.30
公允价值变动净收益	
投资净收益	338.30
其中:对联营企业和合营企业的投资收益	
汇兑净收益	
四、营业利润	1 233 616.44
加:营业外收入	718.16
减:营业外支出	868.55
其中:非流动资产处置净损失	
五、利润总额	1 233 466.05
减:所得税	308 433.67
加:未确认的投资损失	
六、净利润	925 032.38
减:少数股东损益	48 717.79
归属于母公司所有者的净利润	876 314.59
加:其他综合收益	
七、综合收益总额	925 032.38
减:归属于少数股东的综合收益总额	48 717.79
归属于母公司普通股东的综合收益总额	876 314.59
八、每股收益	
(一)基本每股收益(元 人民币)	8.4400
(二)稀释每股收益(元 人民币)	8.4400

　　这些数据大部分在戴尔公司的利润表中都出现了。(戴尔在 2001 年还有一个额外项目:会计原则变更的累计影响。)不同公司间各个项目的名称可以而且确实存在不同。例如,毛边

际(gross margin)可以叫作毛利(gross profit),息税前经营收益有时还可以指息税前收益。项目所属的分类也有可能不同。利息收入有时会从利息费用中分出来单独列示。优先股股利经常出现在股东权益表上。但是这一系列关系给出了美国利润表的基本框架。

净收益可以以总额或每股金额的形式给出。每股收益(earnings per share,EPS)通常是指普通股股东[在英国和其他国家又称为一般股东(ordinary shareholders)]的收益,所以这个数字是普通股可得的收益。基本每股收益(basic earnings per share)是普通股可得收益除以这一年期间流通普通股的加权平均数,加权平均是用来调整由于股票发行和股票回购引起的流通股变化。稀释每股收益(diluted earnings per share)是考虑衍生索取权人执行权利(如可转换债券和股票期权)而持有普通股后,总的流通普通股数量增加而造成每股收益减少的影响。

现金流量表

戴尔公司的合并现金流量表描述了在这期间公司是如何产生和使用现金的。在报表中,现金流分成三种类型:来自经营活动的现金流、来自投资活动的现金流和来自融资活动的现金流。回忆图1.1描述公司产生现金流的三种活动。来自经营活动的现金是销售产品产生的现金和销售过程中花费的现金。投资的现金流是购买资产花费的现金减去出售资产得到的现金。融资的现金流是指图1.1描述的公司与索取权人之间的现金交易。来自三种活动的现金流总和说明了公司现金的增加或减少(在现金流量表的底部):

来自经营活动的现金 + 来自投资活动的现金 + 来自融资活动的现金 = 现金变化量

(2.3)

在2002财政年度,戴尔公司从经营中挣得了379 700万美元的现金,投资花费了226 000万美元,向索取权人分配了270 200万美元。戴尔公司现金流量表中的栏目给出了每一项现金的具体来源。当然,有些栏目涉及现金流出,而不是现金流入,现金流出用括号表示。戴尔公司的经营活动遍布全世界,所以公司持有不同货币的现金。因此,一年中汇率的变化也会导致以美元为单位的现金量产生变化:持有其他货币的美元等值在这一年内下降了10 400万美元。现金总量减少了126 900万美元。

中国上市公司的现金流量表

中国会计制度下典型的现金流量表如下:

贵州茅台(600519) 单位:元	2011-12-31
报告期	年报
报表类型	合并报表
一、经营活动产生的现金流量	
销售商品、提供劳务收到的现金	23 659 131 281.08
收到的税费返还	
收到其他与经营活动有关的现金	181 674 213.04

（续表）

经营活动现金流入小计	23 840 805 494.12
购买商品、接受劳务支付的现金	2 353 687 717.48
支付给职工以及为职工支付的现金	1 925 571 991.79
支付的各项税费	8 286 279 154.84
支付其他与经营活动有关的现金	1 126 701 940.48
经营活动现金流出小计	13 692 240 804.59
经营活动产生的现金流量净额	**10 148 564 689.53**
二、投资活动产生的现金流量	
收回投资收到的现金	
取得投资收益收到的现金	3 010 000.00
处置固定资产、无形资产和其他长期资产收回的现金净额	41 600.00
处置子公司及其他营业单位收到的现金净额	
收到其他与投资活动有关的现金	212 533 826.84
投资活动现金流入小计	215 585 426.84
购建固定资产、无形资产和其他长期资产支付的现金	2 184 528 163.11
投资支付的现金	
取得子公司及其他营业单位支付的现金净额	
支付其他与投资活动有关的现金	151 475 313.64
投资活动现金流出小计	2 336 003 476.75
投资活动产生的现金流量净额	**-2 120 418 049.91**
三、筹资活动产生的现金流量	
吸收投资收到的现金	
其中：子公司吸收少数股东投资收到的现金	
取得借款收到的现金	
收到其他与筹资活动有关的现金	102 972.37
发行债券收到的现金	
筹资活动现金流入小计	102 972.37
偿还债务支付的现金	
分配股利、利润或偿付利息支付的现金	2 661 953 339.24
其中：子公司支付给少数股东的股利、利润	
支付其他与筹资活动有关的现金	
筹资活动现金流出小计	2 661 953 339.24
筹资活动产生的现金流量净额	**-2 661 850 366.87**
四、汇率变动对现金的影响	
五、现金及现金等价物净增加额	**5 366 296 272.75**
期初现金及现金等价物余额	12 888 393 889.29
期末现金及现金等价物余额	18 254 690 162.04

（续表）

补充资料：	
净利润	9 250 323 807.62
加：资产减值准备	-2 500 650.57
固定资产折旧、油气资产折耗、生产性生物资产折旧	331 356 736.88
无形资产摊销	11 855 582.22
长期待摊费用摊销	4 896 216.72
待摊费用减少	
预提费用增加	
处置固定资产、无形资产和其他长期资产的损失	
固定资产报废损失	-888 534.94
公允价值变动损失	
财务费用	-102 972.37
投资损失	-3 383 000.00
递延所得税资产减少	-224 191 011.56
递延所得税负债增加	
存货的减少	-1 612 991 469.44
经营性应收项目的减少	-148 673 263.20
经营性应付项目的增加	2 542 863 248.17
未确认的投资损失	
其他	
经营活动产生的现金流量净额	
债务转为资本	
一年内到期的可转换公司债券	
融资租入固定资产	
现金的期末余额	18 254 690 162.04
减：现金的期初余额	12 888 393 889.29
加：现金等价物的期末余额	
减：现金等价物的期初余额	
间接法——现金及现金等价物净增加额	5 366 296 272.75

股东权益表

戴尔公司的合并股东权益表的第一行是期初股东权益，末尾一行是期末股东权益，从而说明了期间的股东权益变化。为了分析的需要，股东权益的变化最好用下式表示：

$$\text{期末股东权益} = \text{期初股东权益} + \text{总（综合）收益} - \text{对股东的净支付} \tag{2.4}$$

这是股东权益流量与存量关系式，它用股东权益的流量说明了股东权益的变化。由于经营活动中的价值增加，所有者权益增加，如果对所有者有净支付，那么所有者权益就减少。净支付是向股东支付的金额减去股票发行所得的金额。当现金用于支付股利和股票回购时,净支付就是股票回购加上股利减去股票发行所得的收入。

遗憾的是,这一报表列出的内容并不比期初股东权益和期末股东权益间的变化关系更清楚。但总收益和净支付两部分(通常)能够确认。在戴尔公司2002年股东权益表中,净支付包括向员工发行85 300万美元的股票和回购300 300万美元的股票。所以,戴尔公司的股东在2002年得到215 000万美元的净支付,或者说净投资收回。如果公司支付股利,同样会减少股东权益。报表的"其他"项目是由于经营活动引起的股东权益增加。这一项目是这一年的净收益124 600万美元再加上其他三个收益项目——未实现的投资损失6 500万美元、外币折算利得200万美元(由于以外币持有的净资产的美元价值变化而获得),以及金融衍生工具上的未实现利得3 900万美元——从而得到总收益为122 200万美元。根据这些已确认的数字,我们可以证明(2.4)式所示的期初和期末股东权益价值的关系(单位:百万美元):

$$4\,694 = 5\,622 + 1\,222 - 2\,150$$

上面三个附加的收益项目虽然表示的是收益,却没有列示在利润表中,而是列示在股东权益表中。这种会计实务被称为非清洁盈余会计(dirty surplus accounting),因为它并没有在利润表中显示出一个干净的收益数。这些非清洁盈余会计项目的总价值(在戴尔公司的报表中是2 400万美元的损失)被称为其他综合收益,利润表中的净收益和股东权益表中的其他综合收益相加得到综合收益:

$$综合收益 = 净收益 + 其他综合收益 \tag{2.5}$$

根据股东权益表可以确定戴尔公司的综合收益(单位:百万美元):

$$1\,246 - 65 + 2 + 39 + 1\,222$$

少数公司也会在利润表中的净收益下面再列出其他综合收益,也有的公司会在单独的"其他综合利润表"中列出该数字。

财务报表的附注和补充信息

戴尔公司的经营集中在一个行业,它生产和销售台式电脑、笔记本电脑、工作站和网络服务器,以及软件和支持项目,所以它的财务报表相当简单。更多的信息在报表附注上披露,以此来完善报表信息。这些附注也是报表系统的一个组成部分,而且报表也只有通过详细阅读附注才能进行解释。

在表2.1的最后,给出了戴尔公司10-K报告中每一个附注的标题。如果你在证券交易委员会的网址上找到了10-K报告(通过本书的网页),那么你就会发现这些附注提供了关于公司的背景讨论、公司战略、公司经营领域、产品组合、产品开发、市场营销、制造和订货情况等信息。还有关于公司规章的讨论和影响公司生意和前景的因素评论,以及公司高级管理人员的报酬的详细资料。这些资料与10-K报告中要求的更为正式的"管理层讨论和分析"部分有助于对戴尔公司的经营活动进行了解,但这些资料并不完整。行业分析师在研究戴尔公司之前,应该了解个人电脑行业的更多的情况。

阅读材料 2.5

中国上市公司的所有者权益变动表

中国会计制度下典型的所有者权益变动表如下：

合并所有者权益变动表

2011年1—12月

单位：元　币种：人民币

项目	本期金额									
	归属于母公司所有者权益							少数股东权益	所有者权益合计
	实收资本（或股本）	资本公积	减：库存股	专项储备	盈余公积	一般风险准备	未分配利润	其他		
一、上年年末余额	943 800 000.00	1 374 964 415.72			2 176 754 189.47		13 903 255 455.61		150 615 633.82	18 549 389 694.62
加：会计政策变更										
前期差错更正										
其他										
二、本年年初余额	943 800 000.00	1 374 964 415.72			2 176 754 189.47		13 903 255 455.61		150 615 633.82	18 549 389 694.62
三、本期增减变动金额（减少以"—"号填列）	94 380 000.00				454 152 183.88		6 033 863 726.35		261 584 006.44	6 853 989 916.67
（一）净利润							8 763 145 910.23		487 177 897.39	9 250 323 807.62
（二）其他综合收益										
上述（一）和（二）小计							8 763 145 910.23		487 177 897.39	9 250 323 807.62
（三）所有者投入和减少资本										
1. 所有者投入资本										

54　财务报表分析与证券定价

（续表）

项目	本期金额										
	归属于母公司所有者权益								少数股东权益	所有者权益合计
	实收资本（或股本）	资本公积	减：库存股	专项储备	盈余公积	一般风险准备	未分配利润	其他		
2. 股份支付计入所有者权益的金额										
3. 其他										
（四）利润分配	94 380 000.00				454 182 183.88		-2 729 282 183.88		-225 593 890.95	-2 396 333 890.95
1. 提取盈余公积	94 380 000.00				464 162 183.88		-464 162 183.88			
2. 提取一般风险准备										
3. 对所有者（或股东）的分配							-2 268 120 000.00		-225 593 890.95	-2 396 333 890.95
4. 其他										
（五）所有者权益内部结转										
1. 资本公积转增资本（或股本）										
2. 盈余公积转增资本（或股本）										
3. 盈余公积弥补亏损										
4. 其他										
（六）专项储备										
1. 本期提取										
2. 本期使用										
（七）其他										
四、本期末余额	1 038 180 000.00	1 374 964 415.72			2 640 916 373.35		19 937 119 181.96		412 199 640.26	25 403 379 611.29

阅读材料 2.6

中国上市公司的报表附注

贵州茅台 2011 年的年报中,报表附注的内容包括公司概况、公司主要会计政策、会计估计和前期差错、税项、企业合并及合并财务报表、合并财务报表项目注释、关联方及关联交易、股份支付、或有事项、承诺事项、资产负债表日后事项、母公司财务报表主要项目注释、补充资料等。

财务报表间的联系:报表如何讲述一件事

资产负债表有时被称为存量报表,因为它报告的是在某一时间点上的价值存量[这里的"存量"(stock)不要与"股票和股份"(stocks and shares)中的"股票"相混淆,也不要与英国和其他地方作为"存货"使用相混淆]。利润表和现金流量表是流量报表,因为它们度量的是流量,或者说是两个时点间的存量变化。利润表反映了股东权益变化的一部分,现金流量表则反映了现金的变化。

图 2.1 描述了利润表、现金流量表和资产负债表间的勾稽关系,或者说存量和流量间的勾稽关系。勾稽关系是指财务报表结合在一起,彼此间相互联系的方式。利润表和资产负债表之间的联系是通过股东权益表和存量与流量关系式(2.4)描述的。资产负债表给出了某个

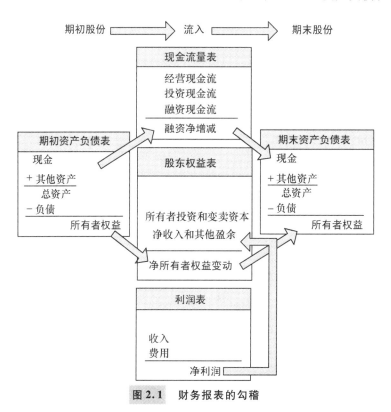

图 2.1 财务报表的勾稽

时点的股东权益存量。股东权益表说明了在两个时点间资产负债表所有者权益的变化(流量),利润表说明了在经营中增加价值而引起所有者权益的变化。资产负债表还给出了某个时点的现金存量,现金流量表说明了一个期间内现金存量如何变化。事实上,现金流量关系式(2.3)就是一个现金流量和存量间的方程。

资产负债表中的现金会随着现金流量表中现金的增长而增长。股东权益价值则会随着利润表中净收入和其他综合收益,以及股东权益表中股东净投资的增加而增加。

财务报表中隐藏的大量细节将在本书后面的财务报表分析中揭示。但是通过认识财务报表间的勾稽关系,报表的读者就能理解财务报表所要讲述的全部内容。该内容是以存量和流量的方式描述的:财务报表描述了现金存量和所有者权益(净资产)存量的变化。在2002财政年度,戴尔公司期初现金为491 000万美元,期末现金为364 100万美元。现金流量表披露了期间现金减少了126 900万美元,包括经营活动现金流入379 700万美元、投资活动现金流出226 000万美元、向索取权人净支付270 200万美元和持有外汇而带来汇兑损失10 400万美元。但是财务报表主要关注的是期间所有者权益的变化。在该财政年度,戴尔公司的股东权益从562 200万美元减少到469 400万美元,这包括经营活动盈利122 200万美元和向所有者净支付215 000万美元。利润表揭示了经营活动引起股东权益增加的部分(即净收益)为124 600万美元,这是产品销售收入和财务收入(共3 116 800万美元)减去为产生收入而发生的费用支出(2 937 900万美元),以及投资和其他损失(5 800万美元)和所得税(48 500万美元)之后的差额。

所以,在2003财年初,戴尔拥有2002财年的资产负债表上所显示的存量,这些价值能为股东累积更多现金和财富。基本面分析包括预测这种累积。当我们在后续章节开始分析时,就会明白如何表示会计关系对开发预测工具很重要。看了阅读材料2.7的总结,相信你已牢牢记住了图2.1,理解财务报表如何联在一起,理解财务报告如何描述股东权益的变化,以及由于公司活动中盈余的增加引起资产负债表中股东权益的变化,理解支配各个报表的会计方程。现在,我们来看阅读材料2.8,以一个简单例子来强化这些观点。

阅读材料2.7

会计关系摘要:财务报表的各部分如何结合在一起

资产负债表
资产
 − 负债
 = 股东权益

利润表
销售收入净值
 − 产品销售成本
 = 毛利润
 − 经营费用
 = 息税前经营收益(EBIT)
 − 利息费用

= 税前收益
　　− 所得税
= 税后、非经常项目前收益
　　+ 非经常项目
= 净收益
　　− 优先股股利
= 普通股股东可支配净收益

现金流量表（资产负债表和现金流量表的关系）

经营活动现金流
　　+ 投资活动现金流
　　+ 融资活动现金流
= 现金变化

股东权益表（资产负债表和利润表的关系）

```
                                        股利
                     净收益            + 股票回购
期初股东权益        + 其他综合收益     = 总支付
+ 综合收益     ←    = 综合收益          − 股票发行
− 对股东的净支付 ←─────────────────  = 净支付
= 期末股东权益
```

阅读材料 2.8

储蓄存款账户的会计

储蓄存款账户是最简单的投资。很多人在小时候所做的第一项投资就是储蓄存款。我们从对储蓄存款的投资中学到很多基本原则，比如单利的概念、年息（将利息取出的情况）的概念，以及复利（由于不从账户中取出利息而是进行重复投资而得到的收益）的概念。当我们去银行存款取款时，我们第一次了解到收益的概念——从储蓄存款中获得利息收入，以及账面价值的概念——我们的存折上所列示的项目。也许利用存量—流量关系式（2.4）能较为清晰地表示出我们在储蓄存款账户上的权益是如何变化的：储蓄存款账户某季度末账面价值 = 储蓄存款账户季度初账面价值 + 该季度的收入 − 存款的取出 + 新增存款。在你转而为更复杂的投资，比如公司股票定价时，或者使用财务报表上诸如收益和权益账面价值这些计量工具时，这个基本知识会给予你相当大的帮助。在本书的后面部分，我们将继续使用储蓄存款账户的相关知识来深化对各种原则的理解。

为了开始我们的分析，让我们为储蓄存款账户建立一组财务报表。假设 100 美元投资到该账户，并且一年以后以 5% 的利率收到利息。年底 5 美元的利息将被取出，账户中仍留下 100 美元。年底的四张财务报表描述了这种情况：

资产负债表

| 资产 | $100 | 所有者权益 | $100 |

利润表

收入	$5
费用	0
盈余	$5

现金流量表

经营活动现金流	$5
投资活动现金流	0
融资活动现金流	
股利（取出）	(5)
现金变化量	0

所有者权益表

期初余额	$100
收益	5
股利（取出）	(5)
期末余额	$100

你可以看到账面价值、收益、现金流以及股利各个项目。所有者权益表上显示的存量—流量方程描述的是所有者的相关情况：期初投资的权益获得 5 美元的收益，这 5 美元以股利形式分配给所有者，期末在投资中留下 100 美元的权益。现金流量表显示的是关于账户现金变化的情况：账户产生的现金没有再投资到账户中，而是作为股利被取出，投资的现金没有变化。你也可以看到财务报表如何像图 2.1 所示那样联系在一起。

2.2 财务报表中的计量

简单来讲，资产负债表报告企业中股东价值的存量，而利润表报告股东价值在一个时期内的流量，即变化量。使用估值的语言来描述就是，资产负债表提供股东净价值的数据，而利润表提供商业活动运营中股东价值的增加量。但是，财务报告只是原则上传达这些思路，实际情况可能会完全不同。价值和价值增加量必须得到计量，而在资产负债表和利润表中的计量仍不够完美。

市净率

资产负债表关系式(2.1)与我们在前一章介绍的价值关系式(1.1)相对应。价值关系式可被写成下列形式：

$$\text{股东权益价值} = \text{公司价值} - \text{负债价值} \tag{2.6}$$

公司价值是公司资产和投资的价值，负债价值是债务索取权的价值。可见，价值关系式和资产负债表关系式具有相同的形式，而它们的区别在于如何度量资产、负债和股东权益。股东权益在资产负债表上的计量数据,即股东权益的账面价值,显然不能说明权益的内在价值。相应地,净资产也并没有以其真正的价值度量出来。如果它们列示的已经是实际价值,就不需要任何分析了。正是因为会计不能做到这一点,计算内在价值才成为基本面分析所必须完成的。

内在价值和账面价值之差称为内在溢价(intrinsic premium):

$$内在溢价 = 股东权益内在价值 - 股东权益账面价值$$

而股票的市场价值和它的账面价值之差称为市场溢价(market premium):

$$市场溢价 = 股东权益市场价值 - 股东权益账面价值$$

如果这个差值小于零,则称为折价(按照账面价值)。溢价有时也称为未被记录的商誉(unrecorded goodwill),因为如果有人以高于账面价值的价格购买一家公司,这种溢价支付就会以一种资产,即购买商誉的形式记录在资产负债表上。但如果没有人收购这家公司,这种溢价就不会被记录。

溢价的计算可以股权价值总额为基础,也可以每股为基础。戴尔公司公布2002财政年度报告时,它发行在外的260 200万股股票①的市场价值是6 765 200万美元,即每股26美元。由于股东权益的账面价值是469 400万美元,所以市场溢价为6 295 800万美元:市场看到了该公司有6 295 800万美元的股东权益价值没有在资产负债表上反映出来,或市场看到了6 295 800万美元的净资产未在资产负债表上反映出来。戴尔公司拥有260 200万流通股,每股账面价值是1.80美元,因此每股市场溢价是24.20美元。

市场价格与账面价值之比称为价格净值比(price-to-book ratio)或市价净值比(market-to-book ratio,也称市净率),内在价值与账面价值之比称为内在价值与净值比。在2002年,戴尔公司股票的市净率是14.4倍。投资者谈到以账面价值的若干倍购买股票时,就是指市净率。市场市净率就是目前市场价格为账面价值的倍数。内在价值市净率是指股票的实际价值为账面价值的倍数。在本书中,我们将花大量篇幅来估计内在价值市净率,并且考虑内在价值市净率是否表明市场对股票做了错误估价。

在分析中具备一定的历史知识是重要的,我们可以据此判断计算结果是否与过去的正常数值一致。历史可以检验我们的判断。例如,据说20世纪90年代的市净率高于历史平均水平,这表明(据有人声称)股票市场价值被高估了。图2.2给出了美国所有上市公司股票从1963年到2001年市净率的百分位数。其中在20世纪90年代前50%的公司的市净率平均为2倍多,确实高于20世纪70年代。② 但20世纪60年代它们的市净率大约是2.0。

是什么原因导致市净率产生这么大的变化?是股票市场估价错误,还是会计师计算账面价值的方式有误?20世纪70年代很低的市净率必然伴随着后来的股票市场的牛市。1974年,内在价值与净值比分析预测到这个牛市了吗?在1974年,市净率是不是太低了?20世纪90年代的内在价值净值比分析发现当时的市净率太高了吗?2002年戴尔公司14.4倍的市净率与历史平均水平相比要高。它是否过高?基本面分析师能为这些问题提供答案。更广

---

① 发行在外的股票是指已发行的股票(在戴尔公司的资产负债表上是265 400万股)减去回购后自己持有的库存股(5 200万股)。

② 20世纪90年代,纽约证券交易所和美国证券交易所所有上市公司的市净率的中位数比道琼斯工业平均指数(the Dow Jones Industrial Average Stocks)(由30只工业股票组成)和标准普尔500指数的市净率低很多。这两个指数的市净率从1990年的2.5倍左右涨到2000年的5倍多。在20世纪70年代,它们的市净率都在1.0倍以下。但是这些指数中股票的市净率往往比中位数股票的市净率大,因为它们涵盖了股票市场总值的绝大部分,是整个市场的代表。

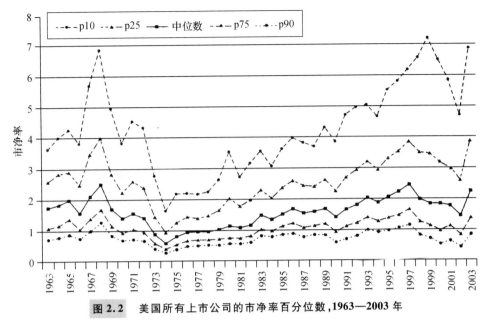

图 2.2 美国所有上市公司的市净率百分位数,1963—2003 年

20 世纪 70 年代的市净率相对较低,60 年代和 90 年代的市净率相对较高。中位数一般在 1.0 以上。

资料来源:标准普尔的 Compustat® 数据。

义地说,他能估计未在资产负债表上反映出来的股东权益的内在价值。

你可以通过网页的链接看到其他公司的市净率。你也可以在链接中利用股票筛选发现那些市净率较特别的公司。

阅读材料 2.9

下图是上证指数 2006 年 1 月 1 日到 2010 年 12 月 31 日的市净率变化图,你认为市净率的波动受哪些因素影响?

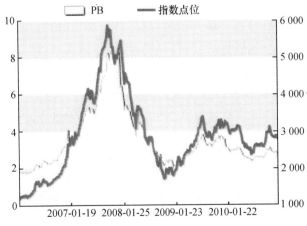

资料来源:Wind 资讯。

资产负债表中的计量

要得到市净率,分析师必须了解账面价值是如何计量的,因为这个计量方法决定了市净率。

有些资产和负债的价值容易被计量。会计师使用一种盯市计价(mark to market)的会计方法,他们会将这些项目以公允价值记录到资产负债表上。这些项目并不会对账面价值的溢价产生贡献。但是,对于很多项目,会计师不会或者不能盯市计价,他们会使用历史成本法计价。阅读材料2.10提供了美国GAAP对资产负债表上常见项目的计量原则,并说明它们是用公允价值计价还是历史成本计价。国际会计准则遵循类似规则。

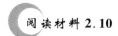
阅读材料 2.10

GAAP下资产负债表中的计量

美国一般公认会计准则(Generally Accepted Accounting Principles,GAAP)规定了下列资产负债表中资产和负债计量的原则。这里指出了那些采用的数据和公允价值非常接近的项目,但是需要注意的是也有一些例外。

资产

现金和现金等价物(公允价值)

现金和现金等价物(到期日为90天以内的存款)以其所对应的现金数列示,该数字等于其公允价值。

短期投资和交易性证券(公允价值)

短期投资——有息存款、短期票据以及短期持有的交易性股票——的记录使用其市场公允价值。持有到期的长期证券是一个例外,它不属于短期证券。请看对长期证券的描述。

应收账款(准公允价值)

应收账款的列示价值以其可收回的预期值为准(即名义索取权减去预期收不回来的金额,如坏账和销售退回)。如果对这个扣减额的估计是无偏差的,则应收账款是以其公允价值计价。如果有误,则列示的数据可能不是公允价值。

存货(成本与市价孰低法)

存货的计价依据是购买它们的历史成本。但是,根据成本与市价孰低的原则,当市价低于其历史成本时,采用的存货价值数据应修改为其市价。历史成本的确定依赖于存货流转的假设。在"先进先出"(FIFO)法下,较新购入的存货,其成本将被计入资产负债表上的存货价值栏,而较早买入的存货,其成本则被记作利润表中销售商品的成本。如果使用"后进先出"(LIFO)法,则资产负债表上的存货成本是较早的存货的成本,而销售商品的成本包含更多较新的存货成本。因此,在存货价值一直上升的情况下,资产负债表上的存货价值在后进先出法下将低于先进先出法,而销售商品的成本则是前者高于后者(并且相应带来较低的利润)。因此,当其他条件不变时,使用后进先出法的公司,市净率将高于使用先进先出法的公司。

长期有形资产(历史成本)

有形资产——不动产、厂房和设备——以其历史成本(公司购买这些资产时付出的金额)

减去累计折旧的余额计价(账面价值)。如果公允市场价值低于账面价值,该资产的账面价值必须减少(以其市场价值计价),减少的部分作为损失从当期收入中扣除。在美国,资产的市场价值高于账面价值时不进行调整,而在英国和其他一些地区,会计实务中需要将价值上调。

已入账无形资产(历史成本)

记录在资产负债表上的无形资产——购买的版权、专利和其他合法权利——以历史成本计价,并且在其有效期间分期摊销。如果市场价值低于账面价值,也需要将其调低为市场价值。

商誉(历史成本)

商誉是购买公司时付出的价格和所购买公司净资产的公允价值之间的差。从2001年FASB第142号公告开始,商誉以成本计价且不需分期摊销。但是,当确信其价值已经减少时,需要计提减值准备。

其他无形资产(未入账)

有些资产,如商标资产、研究开发活动形成的知识资产、由于营销和供应商关系而形成的资产等,是不入账的。

长期债务证券(部分使用公允价值)

根据FASB的第115号公告规定,部分债券和其他债务工具投资以盯市原则计价。为了盯市,这些投资分为三类:

1. 为了主动交易而持有的投资。这些投资以其公允市场价值计价,由于公允价值变动而未实现的利得或损失计入利润表。利息收入也计入利润表。

2. 可供出售的投资(投资不是为了主动交易,但可能在到期之前出售)。这些投资也以其公允市场价值计价,但是未实现的利得或损失不计入利润表,而是作为其他综合收益(通常出现在股东权益表中)入账。利息收入计入利润表。

3. 持有至到期投资(投资意图即是持有到期的投资)。这些投资以历史成本计价,未实现的利得和损失不进行记录,利息收入在利润表中记录。它们的公允市场价值在财务报表的附注中披露。

股权投资(部分使用公允价值)

股权投资分为三类:

1. 持股比例20%以下的投资。这些投资也可以分为"为了交易而持有"、"可供出售"、"持有至到期"三种,其计价方法和债务投资一样。

2. 持股比例20%—50%的投资。这些股权的计价使用"权益法"。在权益法下,投资以成本计价,但是在资产负债表上的价值会因为分享子公司所报告的收益而随之增加,或者因为子公司发放股利或商誉的减值而减少。子公司收益的份额(减去商誉的减值部分)被记录在利润表中。

3. 持股比例在50%以上的投资。母公司和子公司的财务报表需要在抵消内部交易之后合并,并要在净资产(资产负债表中)和净收益(利润表中)中扣去少数股东权益和少数股东损益。

负债

短期应付账款(公允价值)

应付款——如应付账款、应付利息以及应付税金——以其合约上的应付现金数量来计量。由于这些义务是短期的,合约上的金额将与其折现值很接近,所以在资产负债表中,这些负债的价值近似其市场公允价值。

短期和长期借款(公允价值)

由借款发生的负债,如短期债务、长期债券、银行贷款,其入账的价值为其合约上价值的现值。因此,在其入账的最初,此价值就是市场价值。而当利率变化时,这些负债的价值也会随之变化,但不以盯市方法计价。尽管如此,在利率改变很小的时期里,这些负债的价值通常也接近市场价值。FASB 第 107 号公告要求,负债的公允市场价值需披露于财务报表的附注中,且债务的附注需比较市场价值和报表中所采用的价值。

应计负债和估计负债(准公允价值)

有些产生于经营活动的负债——包括养老金负债、应计负债、担保负债、递延收入以及估计重组负债——的价值必须依靠估计得出。如果这种估计是该项负债下预期应付现金折现值的无偏估计,则负债反映其价值。如果估计有偏差,则这些负债会影响账面价值上的溢价部分。它们有时也被称为准盯市计价负债,以强调它们涉及估计。

承诺和或有负债(大部分不被记录)

如果一项负债可能由于某些事件而发生,要将它记录在资产负债表上则必须满足两个条件(根据 FASB 第 5 号公告):(1) 该或有事项很可能发生;(2) 可能出现的损失的数值能够被合理地估计。例如,诉讼、产品担保、债务担保以及有追索应收账款或债务等事件上的潜在损失。如果一项负债不满足这两个条件而又确实有发生的可能,它只能在附注中披露。公司(如戴尔)经常是采用在附注中说明或有事项,而不在资产负债表中记录。资产负债表中或有负债的低估会减少账面价值上的溢价。

阅读材料 2.11

中国会计准则中以公允价值计量的资产负债表项目

金融工具项目的公允价值计量

一是交易性金融资产。交易性金融资产的初始计量按照其取得成本作为其公允价值,与交易直接相关的交易费用作为当期损益。在资产负债表日,应分别分析交易性金融资产的类型,确定各自的公允价值,并将公允价值的变动计入当期损益。对于能从资本市场获取其公允价值的股票可以采用其市场价格作为公允价值;债券投资可采用折现法计算其公允价值。

二是持有至到期投资。持有至到期投资以"取得成本"作为其初始入账价值,其入账价值包括企业为形成该项投资所付出的现金或其他资产的公允价值,为取得该项投资所支付的交易费用也包括在其中。持有至到期的投资的回收期和回收金额一般是固定的,除非企业经营战略发生重大变动,因此按照这种固定的回收期和回收金额计算的摊余成本可以作为公允价值使用。

三是可供出售的金融资产。可供出售的金融资产是指初始确认时即被指定为可供出售的非衍生金融资产,以及其他三类金融资产以外的金融资产。可供出售的金融资产初始计量时应按取得时的价值作为公允价值计量,相关的交易费用也要计入初始入账金额。资产负债表日可参照交易性金融资产确定各项资产的公允价值进行后续计量,但公允价值的变动要计入所有者权益而不是当期损益。

四是金融负债的公允价值计量。企业源生的借款和应付款项是指企业为筹集资金或推迟现金支付而形成的金融负债。在进行初始计量时,此类项目的公允价值一般就是其成本(交易费用在初始计量时计入各金融负债的成本)。在资产负债表日,由于企业源生的借款和应付款项目一般具有固定的还款金额以及确定的还本付息日期,因而可以参照持有至到期投资的计量方式用摊余成本来替代其公允价值。

主要非金融工具项目的公允价值计量

一是投资性房地产。企业在对投资性房地产进行计量时可以根据企业的实际情况做出选择,对不符合公允价值计量条件的要采用历史成本进行计量,对可以持续获得投资性房地产的公允价值的投资性房地产项目可以采用公允价值进行计量。企业在确认投资性房地产的计量方式之后不得随意调整,已经采用公允价值计量的不得转为历史成本模式,以前不符合公允价值计量条件现在符合的投资性房地产,可以按照转换日的公允价值作为入账价值,其公允价值小于原账面价值的差额计入当期损益,大于原账面价值的差额计入所有者权益。

二是资产减值。资产减值没有针对每项资产的具体规定,而是为企业判断资产是否减值以及如何处理计提减值准备提供了一个指导意见。在确认资产是否发生减值时仍然采用了可变现净值法,即资产的公允价值减去处置费用后的净额与资产预计未来现金流量的现值,如果其中的一项超过了资产的账面价值,就不需要计提资产的减值准备。在确定资产的可变现净值时,应根据具体情况依次采用具有法律效力的合同价格、公平交易下的市场价格、合理的估价来确定公允价值,然后计算相应的净额。

三是生物资产。满足条件采用公允价值时,生物资产不再计提折旧,也不再提取减值准备,而是每期期末确认和计量结存生物资产的公允价值,并将该公允价值作为期末生物资产的账面价值,这样资产负债表中生物资产的期末计价完全依赖于其期末公允价值,增加了资产总额的不确定性。

在研究阅读材料2.10之后,请考虑戴尔公司的资产负债表。它以市场公允价值列示了364 100万美元的现金和现金等价物。戴尔公司的短期投资(27 300万美元)和长期投资(437 300万美元)主要是有息债券。这些证券的市场价值是易得到的,所以它们能够按盯市原则计价,在戴尔公司的资产负债表上就是如此做的。戴尔公司的应付账款(507 500万美元)很接近市场价格,长期负债(52 000万美元)虽然不能以盯市原则计价,其账面价值也近似其市场价值(除非市场利率发生重大变化),所以这些项目也不能使超过账面价值的溢价部分有所增加。应收账款净值(226 900万美元)、应计费用(244 400万美元)和其他负债(80 200万美元)涉及估计,但是如果它们的计量是在一种公允的方式下进行的,则这些项目也是以其市场公允价值列示的。

所以,戴尔公司超过股东权益账面价值高达6 295 800万美元的溢价,其主要来源是以历史成本(扣除折旧)计价的有形资产和未入账资产。后者显得非常重要。戴尔公司称它们的价值大部分不是来自有形资产,而是来自它们所创新的"直接面向客户"的销售过程、它们的供应链、它们的管理能力以及品牌。这些资产是没有列在资产负债表上的,而且我们也不希望这样。辨别这些项目并计量它们的价值是一件非常困难的工作,而且最后我们得到的数字可能还是非常不确切,充满主观色彩。

利润表中的计量

股东价值增加额是在一个时期中股东权益价值的变化量。它有两个来源:(1)该时期股东权益价值的上升;(2)股东收到的股利。

$$价值增加额 = 期末价值 - 期初价值 + 股利 \quad (2.7)$$

用市场价格来说明,则得到:

$$市场价值增加额 = 期末价格 - 期初价格 + 股利 \quad (2.8)$$

如果市场以内在价值正确定价,市场价值增加额当然和(内在)价值增加额相同。在市场中价值的变化是股票收益。时期 t 的股票收益为:

$$股票收益 = P_t - P_{t-1} + d_t \quad (2.8a)$$

其中 $P_t - P_{t-1}$ 是该时期价格上的变化(收益中的资本利得部分),d_t 是收益中的股利部分。价值增加额的会计计量——盈余——并不总是与股票市场中的价值增加额相同,其原因同样在于计算价值增加额所使用的原则。这些原则参见阅读材料2.12。其中最关键的原则是收入确认原则和配比原则。会计确认企业通过向消费者销售产品和提供服务来增加的价值。除非一个企业能赢得消费者,否则它不能称为在"赚钱",所以会计上价值的增加必须是在企业完成向消费者的销售时:收入被入账。然后会计师回到计算净价值增加额上,将为赚取收入而发生的费用与该收入相配比。相应地,收入和相配比的费用之间的差就是从交易中得到的价值增加额的计量。

但是,配比原则在实际中常常被违反,从而带来会计质量问题和估值上的困难。公司和分析师提供的没有做到收入费用配比的数据可能会误导投资者。请看阅读材料2.12。

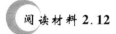

GAAP 下利润表中的计量

价值增加额和收益的会计计量,取决于收入和费用的计量规则。

收入:收入确认原则

价值是通过业务过程——价值创造链——而增加的。这一过程开始于战略与产品构想,接着研发那些构想,建立工厂和用于产品运送的分销渠道,说服消费者购买产成品,最后从消费者处获得现金。随着该过程的推进,价值也逐步得到确认。不过,会计一般都会在这个过程中的某一点确认增加值。收入确认的两大原则是:

(1)获得收入的过程大体上已经完成;
(2)收取的现金可以合理地加以确定。

在绝大多数情况下,当产品和服务已经交付消费者,并且应收账款作为对消费者的法律索取权已经形成时,就可以看成满足这两个标准。在该时点上,确认的收入即为考虑现金不能收回的可能性后折成净收入(net revenue)的销售额(应收账款也要折成净应收账款)。

在少数情形下,收入是在生产过程中先于最终销售而确认的,比如长期建设项目;而有时收入会直到收到现金后才予以确认,比如零售分期付款销售中,消费者是否会付款的顾虑会比较大。如果证券是交易性的或者可供出售的,那么有时会在其出售之前就确认证券利得——以"未实现"利得和损失的形式(参见阅读材料2.11)。

费用:配比原则

在利润表中,费用是通过与那些因它们的付出而获得的收入相联系而得到确认的。将收入与费用配比,就得到收益,即来自收入的净价值增加额。

配比是通过直接将费用与收入相联系,或者通过与收入确认期间相联系而实现的。比如,通过直接将销售产品的成本与该产品销售所产生的收入相配比确认销售成本,得到毛利。而利息费用则与为产生收入的经营活动提供融资的债务期间相配比。

在实务中,收入确认和费用配比原则常被违反,从而降低了收入作为来自消费者的价值增加值衡量标准的质量。企业自己可能会违反收入确认原则和配比原则,但根据GAAP,这种违反行为是得到容许的(甚至是要求这样做)。因此,价值增加值与会计上增加值的差别不仅可以在遵守收入确认和配比原则的例子中得到解释,也可以进一步地通过这些原则的违背而得到解释。以下是较好配比和较差配比的例子。

GAAP规定的合理配比的例子

- 产品销售成本为已出售的产品的成本。同样地,将生产但未销售的产品的成本在资产负债表中记为存货,使其与它们未来销售时的收入相配比。
- 将厂房支出记为一项资产,之后在资产寿命期内,将资产成本分摊入利润表内(作为折旧费用)。这样,收益不会受到所做投资的影响,只有当厂房产生的收入确认时,才影响收益。所以,收入与为赚取收入而支出的厂房成本相配比。
- 在员工提供劳务、创造收入的期间,将雇员养老金成本记为费用,而不是在养老金实际支付(员工无法进行生产,退休在家)的未来才这么做。

GAAP规定的不合理配比的例子

- 当研发(R&D)支出发生时作为费用记入利润表,而不是将它们作为一项资产(一项投资)记入资产负债表。如果将该支出记为一项资产,其成本将会(通过摊销)与R&D创造的未来收入进行配比。
- 电影制作成本发生时,将其记为费用,而不是将其与电影发行后所赚取的收入相配比。

公司不合理配比的例子

- 低估销售坏账,从而高估了净利润。
- 预计厂房使用寿命过长,从而低估了折旧。
- 高估重组支出。高估的结果是,所记录的当期收益低于无偏估计的水平,同时,未来收益又高于其应有水平。

WorldCom公司的反面案例

2002年6月,美国第二大长途电话运营商——WorldCom公司通过它的MIC部门,承认其高估了2001—2002年约38亿美元的收益。这是历史上最大的会计欺诈行为之一。这项高估是由于收入与支付给当地电话公司的接入费用不配比而致。这些费用用于通过当地网络将长途电话与用户连接起来,因此,它们是获得当前收入的成本。但是,WorldCom公司的CFO将这些费用资本化,作为资产负债表中的资产,以在未来收入实现时进行摊销。这一处理使收益上升了38亿美元,并使得WorldCom公司避免报告亏损。在通信泡沫中,WorldCom公司的股价最高为64美元,但在2002年6月,股价降到1美元以下。随后,公司申请破产。

预计收益通常导致无法配比

在股市泡沫中,公司通常鼓励投资者根据不符合GAAP规定的预测报表上的收入数字来评价它们。分析师和投资银行家也同样提倡使用这些数字。绝大多数预测数字都涉及不当配比,往往忽略了费用。它们称为"EBS"(与EPS相对):除了坏东西之外的所有东西(everything but the bad stuff)。比如,亚马逊公司在信息披露中称自己在摊销和利息(对,就是利息!)之前是盈利的;而其 GAAP 下的数字(扣除摊销和利息后)实际上是亏损的。

最常见的预计数字是 EBITDA,即利息、税收、折旧和摊销前收益(earnings before interest, taxes, depreciation, and amortization)。这一数字不考虑税收和利息。分析师们宣称,它是一个相对较优的数字,因为折旧和摊销并不是现金成本。因此,EBITDA 常被电信公司和媒体公司强调,这类公司巨大的资本投资会导致巨大的折旧费用。然而,折旧就是一项实际成本,就像工资费用一样,厂房总会生锈坏掉,电信网络也会变得过时,电信公司可能会过度投资于网络而产生容量过剩。折旧费用会确认这些成本。

对 EBITDA 的依赖会刺激企业用资产替代劳动,并确实会刺激导致容量过剩的投资。因为容量过剩的成本并不影响 EBITDA。这样,EBITDA 可以用来欺诈。WorldCom 公司就是一个使 EBITDA 虚增的例子。将接入费用作为营业成本会减少 EBITDA,而通过将其资本化,WorldCom 公司不仅可以增加当期的 EBITDA,还可以增加未来的 EBITDA,因为资本化后的营业成本的摊销应归为折旧或摊销,这样费用就不会在任何时期反映在 EBITDA 中。EBITDA 的增加会吸引无知的投资者,使电信泡沫延续下去。

阅读材料 2.13

开发支出暗礁　全额资本化涉嫌操纵利润

开发支出资本化夸大软件企业的资产、净利润、经营现金流,使软件企业多缴所得税,损害企业的内在价值,被券商分析师不点名批评的 A 公司,开发支出的处理引发质疑。

自 2011 年开始,亏损、裁员、高层动荡等负面消息席卷软件行业,在业绩寒冬中,软件企业研发支出资本化粉饰报表开始变得严重起来。如 2011 年净利润同比下降 46.6% 的 B 公司,其资本化部分占研发支出的比重已上升至 87.45%;2011 年 5 月上市的 C 公司,将 2012 年上半年研发支出的 86.55% 做了资本化处理,其开发支出净增额甚至超过中期净利润。

即使如此,在研发支出资本化队伍中,将全部募投项目的研发支出全额资本化仍属罕见,上市后一直采用此会计处理方法的 A 公司由此引来质疑。

一位高级财务顾问更是直言不讳地称,"研发支出资本化就是一种变相的利润操纵手段"。

9 月 23 日,某券商分析师在一份计算机行业周报中以不指名的方式指出,"某软件公司 2011 年在 A 股市场首发上市,上市前开发支出没有资本化,上市后将募集资金投入项目的开发支出资本化"。据该行业周报提供的信息,记者查询发现,该公司指的正是 2011 年 1 月上市的 A 公司。

A 公司的公开资料显示,上市之前的 2007 年至 2010 年,公司资产负债表中的"开发支出"一项为 0;2011 年上市后,公司的"开发支出"项变为 5 674.98 万元,且全部为 5 个募投项目投入款,即公司对综合业务基础软件平台 V4.0 系统、综合劳动和社会保障 V3.0 系统、民航信息一体化 V2.0 系统、企业综合监管平台 2.0 项目、医疗卫生信息化 V2.0 系统 5 个募投项目的全年投入金额;2012 年上半年,公司累计"开发支出"余额为 9 967.76 万元,上半年净增加 4 292.78 万元,净增额正好是前述 5 个募投项目的半年投入金额,公司同时表示"本期开发支出占本期研究开发项目支出总额的 100%"。

由此可得知，A公司自上市后，将全部募投项目的投入金额全额计入"开发支出"项，对此笔研发支出进行了100%的资本化处理。

国际会计准则委员会第38号准则《无形资产》规定：研发过程可划分为两个阶段，研究阶段的开发支出必须计入当期损益，而开发阶段的有关支出则在满足技术可行性等条件时应予以资本化。

中国2006年颁布的《企业会计准则——无形资产》也规定：将企业内部研究开发项目的支出区分为研究阶段与开发阶段并分别处理，研究阶段的支出应当在发生时费用化计入当期损益，即列为"研发费用"，计入管理费用；开发阶段的支出应在满足相关条件时进行资本化，即列为"开发支出"，计入无形资产。

A公司在2011年年报和2012年中报中称遵循的是中国2006年颁布的《企业会计准则》，也就是说，当内部研究开发项目开发阶段的支出同时满足技术可行性、有使用和出售意图、有用性、足够的全面支持、支出可计量等条件时才能确认为无形资产，计入"开发支出"项。

按上述会计准则，除非A公司的募投项目研发支出全部为开发阶段支出，且同时符合会计准则规定的上述条件，否则，对募投项目的研发支出进行100%的资本化处理显然有违会计准则，有减少费用项、增厚净利润的嫌疑。

"公司在招股书中明确说过，募投支出要进行资本化，我们的会计处理方法是符合财务法规和证监会相关规定的。"9月29日，A公司董秘在电话中解释。

A公司的确曾在2011年1月公布的招股书中表示，"公司募投项目的研发投入是进行资本化的，从产生效益那年开始摊销5年"。其保荐机构Z和W会计师事务所亦在招股书中同时表示，"本次募集资金的研发投入采用了资本化，是符合会计准则规定的、合理的"。

然而上述财务专家在接受记者采访时表示，会计准则对研发支出资本化的规定并没有强制性的约束条款，怎么区分研究阶段和开发阶段，怎么判定研发支出资本化的条件，选择的主动权其实掌握在企业手中，在实际操作中会计师往往优先采纳企业的意见。

分析师在《苹果比苹果，再做投资决定》一文中指出，开发支出资本化夸大软件企业的资产、净利润、经营性现金流，使软件企业多缴所得税，损害企业的内在价值。

据上述分析师估计，假设这家公司对研发支出进行费用化处理，2011年该公司的净利润或减至3 700万元左右，较2010年同比减少约三成，2012年上半年公司更可能净亏损2 000万元左右，而公司支出资本化后公布的2011年和2012年上半年净利润分别为8 181.50万元和1 126.01万元，分别同比增长53.88%和41.28%。

资料来源：《证券市场周刊》，2012年10月15日，作者王姣，有修改删节。

可确认的价值增加额来自该期出售的产品，但与之相反，股票市场上的价值增加额是一个推测的价值。市场价格不仅是从当期运营中得到的收入，也是未来预期销售收入和收益的体现。一家公司可能会宣布推出一个新的产品系列。投资者会对此做出反应，根据公司将来可能在该产品上获得的销售收入和收益的预期对企业重新估值。一家公司也可能宣布实施新的战略、新的投资计划或者管理上的变化。市场会对这些变化带来的预期利润进行定价。当它们并不影响当前收入时，会计师会说：让我们静观这些行动是否能真正赢得消费者，让我们直到销售被实现后再记入账面价值；而投资者会说：让我们对这些将来会被记录的收入来定价吧！

因此，价值的会计确认显然比内在价值的体现要迟缓。相应地，基本面分析涉及预期，即需要预测那些在财务报表上尚未确认的价值增加额,这个价值增加额将来会因为销售的实现而在财务报表上得到确认。在这一过程中,基本面分析会估计财务报表中没有出现的价值增加额。这使我们关注市盈率。

市盈率

市盈率(price-earnings ratio,P/E)比较当前价格与盈余。对市盈率的解释如下:价格,即分子,是市场对公司来自未来销售的价值增加额,即未来收益的预期。分母是当前收益,即当期销售产生的价值增加额。所以,市盈率比较的是未来收益预期和当前收益。如果预测未来收益比当前收益高得多,则市盈率会比较高;如果预测未来收益比当前收益更低,则市盈率会比较低。简单来讲,市盈率反映预期收益增长。相应地,基本面分析通过估计预期收益增长来估计内在市盈率。将内在市盈率与市场市盈率进行比较,以检验市场的预期。

戴尔公司2002年股价为每股26美元,当年的每股收益为48美分,所以其市盈率为54。分析师的工作就是检验未来收益的预测是否能带来这个市盈率倍数。像市净率(P/B ratio)一样,分析师的头脑中也已经对市盈率的历史数据形成认识,并会把它们作为基准。图2.3给出了美国所有上市公司的市盈率的百分位数。和市净率一样,市盈率在20世纪70年代较低,其中位数低于10。但是20世纪90年代,市盈率有一次显著的上升,中位数达到并超过20。① 戴尔公司54的市盈率确实看起来比历史市盈率高。这个市盈率能否在基本面分析中得到验证?

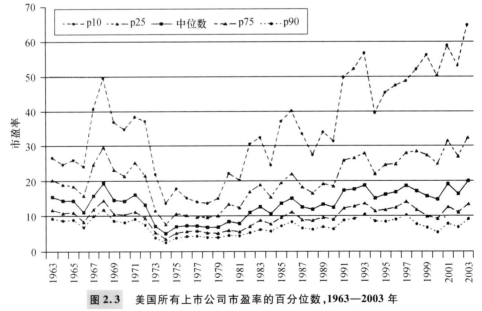

图2.3 美国所有上市公司市盈率的百分位数,1963—2003年

20世纪70年代的市盈率相对较低,60年代和90年代的市盈率相对较高。中位数一般在10.0以上。(该图只包括收益为正的公司。)

资料来源:标准普尔的Compustat®数据。

---

① S&P 500 的市盈率和道琼斯指数的市盈率在20世纪70年代处于7到10之间,但在20世纪90年代超过20。2000年以前,S&P 500 的市盈率达到33。

阅读材料 2.14

下图是上证指数 2006 年 1 月 1 日到 2010 年 12 月 31 日的市盈率变化图,你认为市盈率的波动受哪些因素影响?

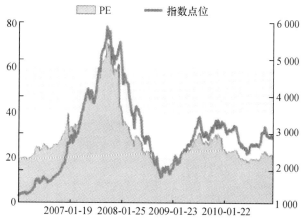

资料来源:Wind 资讯。

可靠性原则:不要把你所知道的和推测相混淆

我们已经看到资产负债表略去了一些价值,而利润表未能反映股票市场上的价值增加额。这些表面看来的缺陷是否有正当理由?会计师遵循所谓的可靠性原则来证明他们的规则是有理由的。

可靠性原则要求,资产和负债的确认只有在它们能够被合理计量且得到客观证据支持时方可进行,应该不偏不倚。所以,可靠性原则造成戴尔公司的"直接面向客户"的营销资产、品牌和供应链的价值不能反映在它的资产负债表上。这些资产的估计过于主观,也太易于被操纵。大部分无形资产确实在资产负债表中未被反映。研发(R&D)活动中产生的知识资产一般是被忽略的。只有公司已经购买了的资产——例如存货、厂房、由于购买专利权而发生的支出以及并购产生的商誉——是予以入账的,因为它们已经是客观的交易,可以确认其价值。结果不确定或者不能被合理计量的或有负债也不予以入账。

可靠性原则也在利润表中起作用,收入确认原则(见阅读材料 2.12)采用了可靠性原则:收入的确认必须有消费者购买产品的可信证据。所以,会计师不能根据公司将来可能赢得消费者的推测来确认收入,而必须当其真实发生时才能这样做。

可靠性原则很适合基本面分析师。股票价格是根据对公司将来实现销售并获得收益的能力的推测来确定的。分析师的角色就是为了挑战这种预期以便验证股票是否被合理定价。所以,基本面分析师有这样一句格言:不要把你所知道的和你的推测相混淆。不要把推测和知识相混淆。当期实现的销售,以及减去相配比费用后得到的当期所得,是在可靠性原则下你所确知的事实(除非会计本身已经值得怀疑)。不要在利润表中将推测数据混在这些确定的东西里,因为分析师需要使用这些已知的东西来检验推测。同理,不要把资产负债表上确定的资产和对未被发觉的无形资产的价值的主观推测混淆在一起。参见阅读材料2.15。

这种在资产负债表上不反映或低估资产的会计实务称为稳健性会计（conservative accounting）。稳健性会计称：让我们在为资产计价时稳健一些吧，让我们不要推测资产的价值。因此，如果资产价值存在不确定性，请不要记录这项资产。在稳健性会计制度下，会计师只会将资产少计，而不会多计（在美国的情况是这样）。由此你也可以理解，为什么市净率会明显高于1。

阅读材料2.15

在股票市场泡沫中，财务报表分析稳定投资者了吗？

在1998—2000年的股票市场泡沫中，财务报告的作用受到质疑。评论家主张工业时代就开始使用的传统的财务报告模式已经不能适用于信息时代。"收益不再重要"的讨论也出现了。资产负债表被认为是没有用的，因为在"新经济"下，价值来源于知识资产和其他资产负债表上没有反映的无形资产。为了验证很高的市盈率，分析师使用新的指标，例如点击率、网页浏览率等，而不再使用收益。依赖于财务报表之外的不确切信息的"价值报告"变得相当流行。市场的泡沫和这些主张得到验证了吗？

投机信念使价格泡沫更盛。投机者忽略确切的信息，而过于强调那些不够确切的信息。财务报表的作用是在不断上升的投机热中稳定投资者，使其关注确切的信息。就像我们在本书中将继续介绍的一样，我们要讲到如何将分析工作锚定在财务报表上。考虑如下问题：

- 泡沫中的"新经济"企业所报告出的亏损成为很好的预示：这些企业的大部分最后都倒闭了，收益仍然是重要的。
- 对那些幸存下来的公司而言，它们在泡沫经济期间报告出的收益和分析师为拉动股价而做出的投机性预测相比，显然前者是后来产生收益的更好的预示。
- 投机分析师做出的对无形资产的设想大部分都被蒸发掉了。
- 广受批评的资产负债表还是提供了良好的预测。追求无形资产的公司（如网络公司）的负债率（负债相对于有形资产）很高，而该比率是用于预测破产的。

财务报告在泡沫爆裂后得到了正确的评价。期间暴露出了低劣的财务报告质量，如安然和安达信、施乐以及WorldCom公司。有批评认为，是会计准则允许投机性的项目进入财务报表。这样的财务报表是不能稳定投资者的。

好的会计是对投机的一项检验，它将挑战那些使泡沫进一步上涨的"金字塔骗局"。而坏的会计则会助长这种骗局的继续，它提供错误的收益信息以拉动价格的惯性。不幸的是，GAAP也具有某些可以用于拉动泡沫的特点。基本面分析意识到这些特点并且通过对收益质量进行分析来应对这些问题。请看网页上更进一步的讨论。

阅读材料 2.16

"市梦率"又卷土重来了,还美其名曰"合理泡沫"

"市梦率"的害处不小

市梦率表面上似乎是以崇尚成长性作为投资理念的,其实不然。所谓市梦率,就是根本不要业绩,不讲价值原则,只需要梦幻般的成长预期就行了。

纳斯达克的市梦率成就了科技网络股的"淘金热",同时也带来了投资泡沫,带来格林斯潘所说的"非理性的繁荣"。其影响所及,不仅是美国经济和美国股市,也波及了全世界,包括中国。市梦率的葵花宝典曾经捧出了不知多少个上海梅林,但市梦率泡沫的破灭也让中国股市受到了极大的伤害。中国股市的走势之所以与实体经济的发展趋势长期背离,除了深受股权分置弊端之害以外,在某种程度上也可以说是为推翻重来所付出的沉重代价。

"合理泡沫"是换妆的"市梦率"

中国股市目前即使比任何时候都更需要有工行和中石化这样的大盘蓝筹股来改善上市公司的结构,需要更多的能反映国民经济成长成果的绩优蓝筹股来提升整个股市的投资价值,但无论如何也不是用透支的方式来力挺大象行情的理由。

过于透支大象的体力,不仅对大象本身不利,而且也不利于整个行情的长远发展。再说,大象跳舞再好看,也不能一直霸占着舞台,更不该一脚踩死其他所有的小动物。

无论是加快发行新股尤其是大盘股的需要,还是备战股指期货的需要,都不难说明,大象行情的疯狂不是阳谋就是阴谋。明明是"泡沫",还美其名曰"合理泡沫"。

既然是泡沫,不管多么漂亮,最终不总是要破灭的么?泡沫越多,危害越大,泡沫越大,破灭越快。这就是真正合乎事理的辩证逻辑。如此而已,岂有他哉!

值得大家警惕,目前"市梦率"又在卷土重来。不过,大概是由于市梦率有过不光彩历史吧,现在的市梦率有了一个新名词,叫"合理泡沫"。

现在的市梦率也不再是过去的小盘股、高科技概念股,取而代之的是大盘股、权重股。如果说前者是因其小而无法用市盈率的天平去称重的话,后者似乎是因其过于庞大和笨重而无秤可称。

资料来源:《每日经济新闻》,2007 年 01 月 09 日,作者黄湘源。

会计的压力

为了衡量从对消费者的销售中获得的价值增加额,会计师将费用与收入相配比。可靠性原则要求收入要直到赢得消费者之后才能被确认。同时,可靠性原则在配比费用中发挥作用,而这就产生了压力。

根据可靠性原则,投资若存在不确定价值就不能计入资产负债表的资产方。所以 GAAP 要求在研发(R&D)资产和商标资产(通过广告获得)上的投资应该马上计入利润表中的费用方,而不是计入资产负债表。这导致了不配比的结果,该项投资会在将来产生收入,而将来的收入并不与其产生的成本配比,与其配比的却是当前收入。在配比原则和可靠性原则之间存在冲突,就研发和广告而言,GAAP 倾向于暂时放弃配比原则。

然而,可靠性原则也不是绝对的。配比需要估计,而可靠性原则允许在合理情况下进行的估计。为了计算销售收入净值,会计师需要估计不能收回的现金成本,即坏账成本。这个成本的估计是主观的,也可能存在偏差,但这是被允许的。为了将厂房的折旧与其生产产品的销售收入相配比,会计师必须估计其可用年限以便计算折旧,而这个估计也是主观的。估计也可能被滥用,所以又出现了一种会计上的压力。做出一次合适的配比可能会引起不准确的估计。当然,审计师和公司董事作为股东的委托人,当他们以公正的方式完成工作时,可对滥用进行核查。

分析师意识到这些冲突。当使用可靠性原则和稳健性会计时,他会接受不配比的情况。他也会对有偏估计产生的低质量盈余数据进行分析。在股东权益分析上,盈余数据的质量是非常重要的,这也是我们在本书中将不断涉及的内容。

会计诊所 I

基本会计原则

本章提供了关于会计准则的概要。还有更多的细节隐藏在宽泛的准则背后。虽然我们不要求出色的分析师熟悉所有的会计准则,但是当我们通过财务报表进行基本面分析时,会计问题会不断出现。这些问题将在本书中提到,但在很多情况下由于细节过多而无法全部涉及。所以,关于那些对权益分析非常重要的问题,你可以在本书的网站(www.mhhe.com/penman5e)中找到"会计诊所"(Accounting Clinic)的内容。这些"诊所"的目的是补充你在会计知识上的不足,并提供对你在会计课程中所学知识的总结。你可能也希望参照以往会计课程中用过的教材并更新你的知识。会计诊所 I 扩展了本章介绍的会计计量基本准则的内容。

本章小结

财务报表根据其所要表述的内容组成系统的整体。从股东的角度来看,资产负债表上股权的账面价值是财务报表上的"底线数字"。会计系统追踪股东权益在会计期间的变化。在任何时期,股东权益的变化依赖于商业活动带来的已确认的价值增加额——综合收益——以及以股利形式支付出去的价值。股东权益表总结了这种变化。利润表(以及股东权益表中的"其他综合收益")提供了将收入(从消费者那里得到的收入)和费用(为消费者服务所消耗的价值)相配比得到的价值增加额。像我们追踪所有者权益一样,财务报表也通过现金流量表追踪公司现金头寸的变化。现金流量表中,现金的变化被分成经营活动产生的现金、用于投资的现金和在融资活动中付出的现金。

财务报表的这些特点表现为一组会计关系,而这组会计关系决定了财务报表的结构。要记住这些内容,因为在把财务报表用电子数据表重新组织以进行分析时,它们会起到重要的作用。当然,在我们为了估值而对财务报表进行预测时,它们也是必须遵循的规则。

会计师计算权益的(账面)价值,但分析师感兴趣的是权益的(内在)价值。本章勾勒出了资产负债表上确定股东权益账面价值的方法。同时,本章也说明了在利润表中确定价值增加额——收益——的方法,这些方法会导致价格和账面价值的差异,所以,理解它们会使你了解市净率的概念。这些方法也解释了为什么股票价格上显示的价值增加额不被马上计入收益,你由此也可以理解市盈率。这些知识在我们学习如何确定内在市净率和市盈率时会得到加强。

关键概念

会计关系(accounting relation):财务报表中的一部分由另一部分表示的方程。

勾稽关系(articulation):财务报表相互联系的方式。

资产(asset):预期能产生未来收益的投资。

资本利得(capital gain):投资项目价格变化带来的收益。

综合收益(comprehensive income):报告的总收益(在利润表和财务报表的其他地方出现)。

稳健性会计(conservative accounting):在资产负债表中以相对较低的价值记录资产或者完全忽略某些资产的会计实务方法。

非清洁盈余会计(dirty surplus accounting):将收益记录在权益表上而不是利润表上。

费用(expense):为获取财务报表上的收入而放弃的价值。

公允价值(fair value):会计师用来计量那些以市价记载的项目的术语。公允价值就是市场价值,或者是当市场流动性不存在时对市场价值的一个估计值。

流量(flows):财务报表中存量在两个时点间的变化量。与存量相对。

历史成本计价(historical cost accounting):以资产和负债的历史成本记录它们,并(在大多数情况下)在利润表中将其成本分期摊销。

无形资产(intangible asset):没有实物形式的资产。

负债(liability):除所有者外的对资产收益的索取权。

盯市计价会计(mark-to-market accounting):按市场价值记录资产和负债。

市场价值增加额(market value added):股东财富在市场上的增加值加上其所收到的净股利。该数值等于股票回报。

配比原则(matching principle):要求费用必须和其产生的收入相配比的会计原则。

净股利支付(net payout):分配给股东的现金。

可靠性原则(reliability criterion):要求资产、负债、收入和费用必须在其能够以客观证据合理精确计量时才予以记录的会计原则。

收入(revenue):财务报表上确认的从消费者那里获得的价值。

收入确认原则(revenue recognition principle):据以在利润表上确认收入的会计原则。

股东价值增加额(shareholder value added):某时期内股东财富(内在)价值的增加量。

存量(stocks):财务报表中某时点的量。与流量相对。

股票回报(收益)(stock return):持有股票的收益,其值等于资本利得加上股利。

股东权益(shareholders' equity):所有者(股东)对公司净资产的索取权。

案例连载:金伯利·克拉克公司

自主练习

在第 1 章的案例连载中,你已经了解了金伯利·克拉克公司的业务和过去的股价表现,同时也已经获得了分析师关于公司股票的评述。现在是时候关注财务报表了,毕竟这才是价值评估的基础。随着教材内容的推进,我们将会尽可能深入地分析公司的财务报表,而现在你需要做的就是让自己熟悉格式和主要特点。表 2.2 展示了金伯利·克拉克公司 2004 年度的财务报表以及和前些年份的对比。随着教材内容的一步步推进,我们将会关注更多的报表细节,因此你可能需要从 SEC EDGAR 的网站上面下载整个 2004 年度的 10-K 财务报表。当然,你也可以通过普华永道(PricewaterhouseCoopers)搜寻特定的报表部分以及 RTF 格式的报告全文:http://edgarscan.pwcglobal.com/servlets/edgarscan。如果你确实在下载 10-K 方面有困难,也可以通过本书网页第 7 章的相关部分下载:www.mhhe.com/penman5e。

表 2.2　金伯利·克拉克公司 2004 年 12 月 31 日财务报表

金伯利·克拉克公司及其子公司
合并资产负债表（单位：百万美元）

	\multicolumn{3}{c}{12 月 31 日}		
	2004	2003	2002
\multicolumn{4}{c}{资产}			
流动资产			
现金和现金等价物	594.0	290.6	494.5
应收账款	2 038.3	1 955.1	2 005.9
存货	1 670.9	1 536.4	1 430.1
递延所得税（资产）	278.2	281.4	191.3
其他流动资产	380.5	347.6	205.9
流动资产总计	4 961.9	4 438.1	4 327.7
固定资产	7 990.5	8 263.4	7 619.4
长期股权投资	444.4	427.7	571.2
商誉	2 702.9	2 649.1	2 254.9
其他资产	918.3	1 001.6	866.4
	17 018.0	16 779.9	15 639.6
\multicolumn{4}{c}{负债和所有者权益}			
流动负债			
应付账款	1 214.7	864.3	1 086.6
应付票据	983.2	857.9	844.5
其他应付款	265.5	283.5	277.5
应计费用	1 431.6	1 374.7	1 325.2
应交税金	448.0	367.2	404.3
应付股利	194.2	171.1	154.0
流动负债总计	4 537.2	3 918.7	4 092.1
长期负债	2 298.0	2 733.7	2 844.0
非流动性员工福利	1 621.7	1 614.4	1 390.0
递延所得税（负债）	840.3	880.6	854.2
子公司少数股东权益	368.4	298.3	255.5
子公司优先证券	722.9	567.9	553.5
所有者权益			
优先股（无面值，授权 2 000 万股，未发行）			
普通股（面值 1.25 美元，授权 12 亿股，发行 56 860 万股，2003 年和 2004 年 12 月 31 日）	710.8	710.8	710.8
资本公积	348.6	406.9	419.0
库存股（回购成本 8 570 万美元，2003 年和 2004 年 12 月 31 日回购 6 700 万股）	(5 047.5)	(3 818.1)	(3 350.6)
累积其余综合损益	(1 126.0)	(1 565.4)	(2 157.7)
留存收益	11 865.9	11 059.2	10 054.0
限制股未实现补偿	(22.3)	(27.1)	(25.2)
股东权益总计	6 629.5	6 766.3	5 650.3
	17 018.0	16 779.9	15 639.6

(续表)

合并利润表(单位:百万美元,除每股数量外)

	截至12月31日的财政年度		
	2004	2003	2002
销售收入	15 083.2	14 026.3	13 231.5
销货成本	10 014.7	9 231.9	8 537.7
毛利润	5 068.5	4 794.4	4 693.8
营销、研究等销售费用	2 510.9	2 350.3	2 251.8
其他(收入)费用净值	51.2	112.5	73.7
营业利润	2 506.4	2 331.6	2 368.3
非营业费用	(158.4)	(105.5)	—
利息收入	17.9	18.0	15.7
利息费用	(162.5)	(167.8)	(181.9)
息税会计变动前持续部门经营收入	2 203.4	2 076.3	2 202.1
所得税	(483.9)	(481.1)	(629.9)
投资收益	124.8	107.0	113.3
少数股东收入	(73.9)	(55.6)	(58.1)
持续经营部门利润	1 770.4	1 643.6	1 627.4
停业部门税后净收入	29.8	50.6	58.6
会计变动影响前利润	1 800.2	1 694.2	1 686.0
税后会计变动累积影响	—	—	(11.4)
净利润	1 800.2	1 694.2	1 674.6
每股收益基础			
基本每股收益			
持续经营部门	3.58	3.24	3.15
停业部门	0.06	0.10	0.11
会计变动累积影响	—	—	(0.02)
净利润	3.64	3.34	3.24
稀释每股收益			
持续经营部门	3.55	3.23	3.13
停业部门	0.06	0.10	0.11
会计变动累积影响	—	—	(0.02)
净利润	3.61	3.33	3.22

(续表)

合并现金流量表（单位：百万美元）

	截至12月31日的财政年度		
	2004	2003	2002
持续经营部门			
经营活动			
持续经营部门利润	1 770.4	1 643.6	1 627.4
折旧和摊销	800.3	745.3	704.4
递延所得税（资产）	(19.4)	(50.8)	189.0
资产处置损失	45.5	35.0	37.7
投资收益（扣除股利）	(30.1)	(9.6)	(8.2)
少数股东净收入	73.9	55.6	58.1
净营运资本变动	133.0	118.2	(197.8)
退休金福利	(54.4)	(59.9)	(118.5)
其他	7.0	74.8	49.4
经营现金流	2 726.2	2 552.2	2 314.5
投资活动			
资本性支出	(535.0)	(872.9)	(861.3)
商业并购	—	(258.5)	(410.8)
证券投资	(11.5)	(10.8)	(9.0)
投资出售收益	38.0	29.4	44.9
定期存款增长	(22.9)	(149.0)	(36.9)
产权处置收益	30.7	7.6	4.8
其他	5.3	(5.9)	(19.0)
投资现金流	(495.4)	(1 260.1)	(1 287.3)
融资活动			
现金股利支付	(767.9)	(671.9)	(612.7)
短期债务减少	(54.7)	(424.2)	(423.9)
长期债务发行收入	38.7	540.8	823.1
长期债务偿付	(199.0)	(481.6)	(154.6)
子公司优先债券收益	125.0	—	—
股票期权执行收益	290.0	31.0	68.9
库存普通股并购	(1 598.0)	(546.7)	(680.7)
其他	(9.0)	(18.3)	(34.9)
融资现金流	(2 174.9)	(1 570.9)	(1 014.8)
现金及现金等价物会计政策变动	4.1	18.6	14.7
持续经营部门现金流	60.0	(260.2)	54.1
停业部门			
停业部门现金流	30.0	56.3	75.9
Neenah Paper 公司现金支付流入	213.4	—	—
停业部门现金流	243.4	56.3	75.9
现金及等价物变动	303.4	(203.9)	130.0
年初现金及现金等价物	290.6	494.5	364.5
年末现金及现金等价物	594.0	290.6	494.5

合并股东权益表

（单位：百万美元，千股）

	普通股		资本公积	库存股		限制股未实现补偿	留存收益	累积其他综合损益	综合损益
	数量	金额		数量	金额				
2003年12月31日余额	568 597	710.8	406.9	67 008	(3 818.1)	(27.1)	11 059.2	(1 565.4)	
净利润	—	—	—	—	—	—	1 800.2	—	1 800.2
其他综合损益：									
未实现交易利得	—	—	—	—	—	—	—	415.8	415.8
最小保险金债务	—	—	—	—	—	—	—	(47.8)	(47.8)
其他	—	—	—	—	—	—	—	(4.2)	(4.2)
综合损益总计									2 164.0
期权执行和其他奖励	—	—	(88.9)	(6 239)	378.9	—	—	—	
期权和限制股所得税收益	—	—	30.9	—	—	—	—	—	
重构股份	—	—	—	25 061	(1 617.3)	—	—	—	
限制股折旧后净发行量	—	—	(0.3)	(136)	9.0	4.8	—	—	
宣告股利	—	—	—	—	—	—	(791.0)	—	
Neerah Paper股本回收	—	—	—	—	—	—	(202.5)	(24.4)	
2004年12月31日余额	568 597	710.8	348.6	85 694	(5 047.5)	(22.3)	11 865.9	(1 226.0)	

金伯利·克拉克公司财务报表的形式与内容

浏览公司的四张财务报表后,你会发现金伯利·克拉克公司遵循了从 2.1 到 2.5 节中所讲述的所有会计关联。浏览时要格外注意识别综合损益以及对股东的净支付,同时就像图 2.1 中描绘的那样,尝试去利用现金流量表整合整个企业的现金流过程,以及利用利润表整合股东权益表。你能讲述整套财务报表"讲述"了怎样一个股市吗?

从金伯利·克拉克公司的资产负债表中剔选出那些你认为和公允价值相近的资产以及负债,同时思考剩下的项目是以怎样的基础计量的?结合第 1 章案例中你对公司的了解,你觉得哪些资产条目没有被列入资产负债表?利润表中收入费用配比最不平衡的条目是哪个?

市场价值和市场乘数

从第 1 章的案例中你已经了解到,在刚刚发布完 2004 年度财务报告后,KMB 在 2005 年 3 月份的股价是 64.81 美元,利用这个信息和其他财务报表中的信息,计算公司全部股权的市场价值,这可能需要你查找出公司流通在外的股数,因为流通股数并不等同于发售股数。

另外,计算出 KMB 公司和账面价值相比其市值是高还是低。同时,计算一下公司的市盈率(P/E)和市净率(P/B),你能对这些比率的大小做出解释吗?

利用价值等式 2.6 以及财务报表中的信息,做出对公司价值的最优估计。KMB 在 2004 年 3 月时股价为 62 美元并且在 2005 年支付了每股 1.6 美元的股利,那么公司全年的股票回报率是多少?

练习

E2.1 通过因特网查找财务报表信息(简单)

证券交易委员会(SEC)的 EDGAR 数据库保存了公司提交给委员会的文件。查询证券交易委员会 EDGAR 网址:http://www.sec.gov/edgarhp.htm。

浏览"格式定义"网页,熟悉公司所做文件的类型。然后点击"搜寻 EDGAR 数据库"(search the ED.GAR database),查找你感兴趣的公司文档。表格 10-K(年度报告)和 10-Q(季度报告)将是关注的重点。

通过证券交易委员会(SEC)的网址,可以直接到达数据库,获取每个公司的全部内容。许多服务以小的片段发送资料,所以你不必滚动整个文档来搜索特定项目。这些服务还可以对文档的格式进行变化,使其能够以电子数据表格的形式下载。例如,试一下如下网址:

Free EDGAR 的网址:http://www.freeedgar.coin

Edgar Scan 的网址:http://edgarscan.pwcglobal.coin

E2.2 储蓄存款账户的会计(简单)

复习本章中对于储蓄存款账户的会计。假设在第 1 年年末存款所有者将 5 美元的利息留在账户中不取出。为这个"零支付"的例子构造财务报表。

假设现在这个所有者不取出第 1 年年末收入的 5 美元利息,而是委托银行将其投资到股票共同基金,构造财务报表反映该账户所有者对银行的投资。

E2.3 编制利润表和股东权益表(简单)

根据以下宏运公司 2003 年的信息,在 GAAP 下编制利润表和股东权益表,单位为百万元。该公司在 2003 年年初的股东权益为 327 000 万元。所得税为负值可能有哪些原因?

销售	4 458
普通股股利支付	140
销售费用	1 230
研发成本	450
销售成本	3 348
股票发行	680
可供出售证券未实现利得	76
所得税	(200)

E2.4　利用会计关系：J. C. Penney 公司（中等）

下面列出了零售商 J. C. Penney 公司在截至 1996 年 1 月 27 日的财政年度的年度报告中的数字（单位：百万美元）：

	1996 财政年度	1995 财政年度
总资产	17 102	16 202
总股东权益	5 884	5 615
总收入	21 419	21 082
净收益	838	1 057
普通股发行	383	462
普通股股利	434	392
优先股股利	40	40
普通股回购	301	435
优先股回购	27	18

计算 1996 财政年度的：

a. 总负债。

b. 总费用。

c. 综合收益。

E2.5　使用会计关系：Genentech 公司（中等）

下面是从 Genentech 公司 1998 年利润表和现金流量表上摘录的资料（单位：千美元）。

摘自 1998 年利润表：

销售收入	?
成本和费用	
销售成本	138 623
研究和开发费用	396 186
市场、一般和行政管理费用	358 931
利息	4 552
总成本和费用	898 292
所得税	70 742
净收益	181 909

摘自 1998 年现金流量表：

来自经营活动的现金流	
净收益	181 909
从净收益调整为经营活动的现金流	
折旧和摊销	78 101
递延所得税	29 792
有价证券销售收益	(9 542)
有价证券销售损失	1 809
不可交易证券账面价值的减少	16 689
可交易证券账面价值的减少	20 249
固定资产处置损失	1 015
资产和负债的变化	
证券交易的净现金流	12 725
应收账款和其他流动资产	33 767
存货	(32 600)
应付账款、其他流动负债和其他长期负债	15 937
经营活动提供的净现金	348 851

对于 1998 年，计算：

a. 收入。

b. 息税前收益（EBIT）。

c. 利息、税收、折旧和摊销前收益（EBITDA）。

下面是 Genentech 公司 1998 年资产负债表中的内容（单位：百万美元）：

流动资产	1 242
总资产	2 855
长期负债	220
股东权益	2 344

d. 计算长期资产和短期负债。

下面的内容也摘自 1998 年的报表（单位：千美元）：

	1998 年	1997 年
投资活动中使用的现金（现金流量表）	421 096	168 378
现金和现金等价物（资产负债表）	281 162	244 469

e. 计算 1998 年融资活动现金流。

E2.6 为会计项目分类（简单）

指出下列项目根据 GAAP 应列示在财务报表何处：

a. 对 120 天到期的银行理财产品的投资。

b. 票据贴现获得的现金流。

c. 坏账准备。

d. 研究和开发的支出。
e. 预计重组支出的费用。
f. 融资租赁。
g. 可供出售金融资产的未实现利得。
h. 交易性金融资产的未实现利得。
i. 未实现的收入。

E2.7 配比原则的违背(简单)

GAAP 应该遵循配比原则,但也存在例外。解释下列 GAAP 要求的会计方法违背配比原则的原因。

a. 用于新药的研究和开发的费用在其发生时就被记为利润表上的费用。
b. 新产品的广告和促销成本在其发生时就被记为费用。
c. 电影制作成本在其放映权被售给剧院之前即被记录。

E2.8 使用会计关系查错(中等)

在年度股东大会上天星公司首席执行官报告了 2011 年的下列数据(单位:百万元):

收入	2 300
总费用(包括税收)	1 750
其他综合收益	(90)
年末总资产	4 340
年末总负债	1 380
股东红利	400
股票发行	900
股票回购	150
年初股东权益	19 140

证明其中至少有一个数据是错的,因为它没有满足会计关系。

E2.9 WorldCom 公司的不配比(困难)

在 2001 年的四个财政季度和 2002 年的第一个财政季度中,WorldCom 公司错误地将当地网络的接入费资本化,记作资产(参见本章)。被资本化的成本额如下(单位:百万美元):

2001 年第一季度	780
2001 年第二季度	605
2001 年第三季度	760
2001 年第四季度	920
2002 年第一季度	790

假设 WorldCom 公司以直线折旧法在 5 年内分期摊销这些资本化了的成本。计算这五个季度中税前收益被高估的部分。

微型案例

M2.1 耐克公司财务报表回顾

耐克公司是运动和时尚鞋袜的最重要的生产和销售商。它成立于 1968 年,总部设在俄勒冈。现在它已经成为全球性的品牌,2002 年的销售额超过 100 亿美元,从而成为世界最大的运动鞋袜、服装的销售商,在140多个国家都有经营活动。耐克主要生产跑步鞋、篮球鞋,同时也生产用于网球、高尔夫、英式足球、棒球、橄榄球、自行车、排球、摔跤、拉拉队活动、水上运动、登山以及户外活动等方面的运动鞋。大部分产品被作为休闲服装而受到消费者欢迎。

20世纪90年代耐克股票非常抢手,1999年其市盈率为35,而市净率为5.1。但不到2003年年初,市盈率已经降到18,市净率降到3.2。

我们将在本书中花大量精力分析耐克公司并进行估价。然后将耐克公司和它的一个有力竞争者——锐步(Reebok)公司进行比较。网站中"构筑你自己的分析产品"(BYOAP)部分提供了耐克从1996年到2002年的数据。案例后提供的2002年财务报表会使你了解这个公司。你也可以在SEC的EDGAR上找到耐克公司2002年的10-K报告。通过练习2.1列示的门户网站或者本书网站的链接可以找到EDGAR,请浏览整个10-K报告以了解典型的10-K报告形式。请看在财务报表下方提供的注释。阅读经理人对于商业活动的讨论,并形成对商业模式的认识。也可以看公司网站(http://www.nike.com)。

检查下列财务报表并使用它们检验你对会计基本知识的了解。以下问题将有助于你关注相关特点:

  a. 使用财务报表中的数据,证明下列会计关系在耐克公司2002年财务报表中成立:

$$股东权益 = 资产 - 负债$$

$$净收益 = 收入 - 费用$$

来自经营活动的现金 + 来自投资活动的现金 + 来自融资活动的现金 - 汇率变动的影响 = 现金和现金等价物的变化

  b. 2002年的其他综合收益包括哪些部分?证明下列会计关系成立:

$$综合收益 = 净收益 + 其他综合收益$$

  c. 用股东权益表数据计算股东在2002年的净支付。

  d. 计算2002年的下列项目:总利润,实际税率,息税前盈余,利息、所得税、折旧及摊销前盈余,销售增长率。

  e. 解释基本每股收益和稀释每股收益的差别。

  f. 解释某些存货成本列为销售成本而某些存货成本列为资产负债表上的存货价值的原因。

  g. 耐克公司进行了研究和开发工作。这部分体现在财务报表上的何处?这种处理方法是否符合配比原则?

  h. 应收款的价值为180 710万美元,这是减去了7 740万美元的结果。计算中的各个部分是指什么?

  i. 为什么递延所得税既是资产也是负债?

  j. "商誉"是什么?如何计算商誉的价值?

  k. 为什么承诺和或有负债列于资产负债表中,但其数值为0?

  l. 2002年年底普通股支付红利后的价值是多少?

  m. 解释为什么净收益和经营活动现金流有差别。

  n. 为什么"股票期权行权税收利益"出现在经营活动现金流量表中(在合并现金流量表中)?为什么这一税收利益不作为净收益的一部分?

  o. 为什么已付利息(5 420万美元,在现金流量表底部)与利息费用(4 760万美元,在利润表中)不同?

  p. 以下会计关系不适用于耐克公司的股东权益表:期末权益 = 期初权益 + 综合收益 - 给股东的净支付。这是为什么?提示:什么是未实现股票补偿(unearned stock compensation)?

  q. 你认为在耐克公司的资产负债表中,哪些项目与公允市场价值相近?

  r. 耐克公司的股票在50美元的价位上交易,计算在此价格下的市盈率和市净率。应如何将这些比率与图2.2和图2.3的历史市盈率和市净率进行比较?

表 2.3　耐克公司截至 2002 年 5 月 31 日的财政年度的财务报表

耐克公司
合并利润表
截至 5 月 31 日的财政年度(单位:百万美元,每股数据除外)

	财政年度		
	2002	2001	2000
收入	9 893.0	9 488.8	8 995.1
成本和费用			
销售成本	6 004.7	5 784.9	5 403.8
销售及管理费用	2 820.4	2 689.7	2 606.4
利息费用	47.6	58.7	45.0
其他收入/费用,净值(附注 1,10,11)	3.0	34.1	20.7
成本和费用总额	8 875.7	8 567.4	8 075.9
所得税和会计变更累积影响前收益	1 017.3	921.4	919.2
所得税(附注 6)	349.0	331.7	340.1
会计变更累计影响前收益	668.3	589.7	579.1
会计变更的累计净影响	5.0	—	—
净收益	663.3	589.7	579.1
基本普通股每股收益——会计变更前(附注 1 和 9)	2.50	2.18	2.10
会计变更的累计影响	0.02	—	—
	2.48	2.18	2.10
稀释普通股每股收益——会计变更前(附注 1 和 9)	2.46	2.16	2.07
会计变更的累积影响	0.02	—	—
	2.44	2.16	2.07

合并资产负债表
5 月 31 日(单位:百万美元)

	2002	2001
资产		
流动资产		
现金和现金等价物	575.5	304.0
应收账款,减去坏账准备 77.4 和 72.1	1 807.1	1 621.4
存货(附注 2)	1 373.8	1 424.1
递延所得税(附注 1 和 6)	140.8	113.3
预付费用和其他流动资产(附注 1)	260.5	162.5
流动资产合计	4 157.7	3 625.3
不动产、厂房和设备,净值(附注 3)	1 614.5	1 618.8
可辨认无形资产和商誉,净值(附注 1)	437.8	397.3

（续表）

递延所得税和其他资产（附注 1 和 6）	233.0	178.2
资产总计	6 443.0	5 819.6
负债和所有者权益		
流动负债		
长期负债的流动部分（附注 5）	55.3	5.4
应付票据（附注 4）	425.2	855.3
应付账款（附注 4）	504.4	432.0
应计费用（附注 15）	768.3	472.1
应付所得税	83.0	21.9
流动负债合计	1 836.2	1 786.7
长期负债（附注 5 和 14）	625.9	435.9
递延所得税和其他负债（附注 1 和 6）	141.6	102.2
承诺和或有负债（附注 13 和 15）	—	—
可赎回优先股（附注 7）	0.3	0.3
所有者权益		
普通股（附注 8）		
A 类可转换股——发行 98.1 和 99.1	0.2	0.2
B 类——发行 168.0 和 169.5	2.6	2.6
资本公积	538.7	459.4
未实现股票补偿	(5.1)	(9.9)
累计其他综合损失	(192.4)	(152.1)
留存收益	3 495.0	3 194.3
股东权益合计	3 839.0	3 494.5
负债和所有者权益合计	6 443.0	5 819.6

合并现金流量表
截至 5 月 31 日的财政年度（单位：百万美元）

	2002	2001	2000
经营活动提供（使用）的现金			
净收益	663.3	589.7	579.1
不影响现金的费用			
折旧	223.5	197.4	188.0
递延所得税	15.2	79.8	36.8
摊销及其他	53.1	16.7	35.6
股票期权行权的税收利益	13.9	32.4	14.9
营运资本变化			
应收账款增加	(135.2)	(141.4)	(82.6)

（续表）

存货减少(或增加)	55.4	(16.7)	(311.8)
其他流动资产和预付费用减少	16.9	78.0	61.2
应付账款、应计负债和应付所得税增加(或减少)	175.4	(179.4)	178.4
经营活动提供的现金	**1 081.5**	**656.5**	**699.6**
投资活动提供(使用)的现金			
不动产、厂房、设备和其他的增加	(282.8)	(317.6)	(419.9)
不动产、厂房和设备的处置	15.6	12.7	25.3
其他资产的增加	(39.1)	(42.5)	(51.3)
其他负债的增加	3.5	5.1	5.9
投资活动使用的现金	**(302.8)**	**(342.3)**	**(440.0)**
融资活动提供(使用)的现金			
长期债务发行所得	329.9	—	—
长期债务(包括流动部分)的减少	(80.3)	(50.3)	(1.7)
应付票据的(减少)增加	(431.5)	(68.9)	505.1
股票期权行权和其他所得	59.5	56.0	23.9
股票回购	(226.9)	(157.0)	(646.3)
股利——普通股和优先股	(128.9)	(129.7)	(133.1)
融资活动使用的现金	**(478.2)**	**(349.9)**	**(252.1)**
汇率变化的影响	(29.0)	85.4	48.7
现金和现金等价物的净增加额	**271.5**	**49.7**	**56.2**
期初的现金和现金等价物	304.0	254.3	198.1
期末的现金和现金等价物	575.5	304.0	254.3
现金流信息补充披露：			
当年付出的现金：			
利息,已扣除资本化利息	54.2	68.5	45.0
所得税	262.0	173.1	221.1
非现金投资和融资活动			
为购买财产、厂房和设备而承担的长期债务	—	—	108.9

合并股东权益表
(单位:百万美元,每股数据除外)

	普通股 A类		普通股 B类		超面值缴入资本	未实现股票补偿	累计其他综合损失	留存收益	总计
	股份数	金额	股份数	金额					
2001年5月31日余额	99.1	0.2	169.5	2.6	459.4	(9.9)		3 194.3	3 494.5
股票期权行权			1.7		72.9				72.9
转换成B类普通股	(1.0)		1.0						
B类普通股回购			(4.3)		(5.2)			(232.5)	(237.7)
普通股股利(每股48美分)								(128.6)	(128.6)
对员工等发行的股票			0.2		13.2	(1.9)			11.3
未实现补偿的摊销						6.5			6.5
员工股票没收			(0.1)		(1.6)	0.2		(1.5)	(2.9)
综合收益(附注12):									
净收益								663.3	663.3
其他综合收益(减去17.4的税收收益)									
外币转换							(1.5)		(1.5)
会计原则变更的累计影响							56.8		56.8
套期衍生工具公允价值调整							(95.6)		(95.6)
综合收益							(40.3)	663.3	623.0
2002年5月31日余额	98.1	0.2	168.0	2.6	538.7	(5.1)	(192.4)	3 495.0	3 839.0

注:上述财务报表的附注请见10-K报告附注。

M2.2 中国石油

中国石油天然气股份有限公司(简称"中国石油")是中国油气行业占主导地位的最大的油气生产和销售商,是中国销售收入最大的公司之一,也是世界最大的石油公司之一。中国石油是根据《公司法》和《国务院关于股份有限公司境外募集股份及上市的特别规定》,由中国石油天然气集团公司独家发起设立的股份有限公司,成立于1999年11月5日。中国石油发行的美国存托股份及H股于2000年4月6日及4月7日分别在纽约证券交易所有限公司及香港联合交易所有限公司挂牌上市(纽约证券交易所ADS代码PTR,香港联合交易所股票代码857),2007年11月5日在上海证券交易所挂牌上市(股票代码601857)。

中国石油唯一的发起人及控股股东为中国石油天然气集团公司,中国石油天然气集团公司是根据国务院机构改革方案,于1998年7月在原中国石油天然气总公司的基础上组建的特大型石油石化企业集团,是国家授权的投资机构和国资委管理的特大型国有企业集团之一。

主营业务

中国石油是中国油气行业占主导地位的最大的油气生产和销售商,是中国销售收入最大的公司之一,广泛从事与石油、天然气有关的各项业务,主要包括:原油和天然气的勘探、开发、生产和销售;原油和石油产品的炼制,基本石油化工产品、衍生化工产品及其他化工产品的生产和销售;原油和石油产品的运输、储存和销售;天然气、原油和成品油的输送及天然气销售。

公司的经营涵盖了石油石化行业的各个关键环节,从上游的原油天然气勘探生产到中下游的炼油、化工、管道输送及销售,形成了优化高效、一体化经营的完整业务链,极大地提高了公司的经营效率,降低了成本,增强了公司的核心竞争力和整体抗风险能力。

公司发展战略

资源战略:公司以谋求油气资源最大化、多元化和有序接替作为战略的基点,坚持油气并重、加强国内、扩大境外、拓展海域、增强储备、发展替代的原则,实现油气产量快速增长,新兴能源取得突破,巩固上游业务在国内的主导地位,不断增强公司持续发展的基础。

市场战略:公司谋求持续的市场主导地位和最大效益,充分利用规模经济优势和上下游一体化的优势,巩固成熟市场,扩大高效市场,开拓战略市场,发展国际市场,不断增强在国内外市场的竞争能力。

国际化战略:按照积极稳妥、互利双赢的原则,按照引进来和走出去相结合,资源、市场、技术和资本相结合的思路,以发展油气业务为主,加大国际合作和资本运作力度,重点加强海外油气勘探开发,谨慎、有效、适度发展中下游业务,积极推进资源进口来源多元化,扩大国际油气贸易的规模,形成国际竞争力较强的跨国公司。

为强化读者对中国上市公司财务报表的理解,请查找中国石油2011年的年报,仔细阅读,回答以下问题:

a. 公司的资产负债中开发支出项目为0,是否说明公司没有研发活动?

b. 公司对权益性证券的投资放在资产负债表哪个科目反映?

c. 公司对债券类证券的投资放在资产负债表哪个科目反映?

d. 公司的预计负债是什么?为什么会产生预计负债?

e. 公司的长期待摊费用是什么?为什么会产生长期待摊费用?

f. 公司发行的中期票据在什么科目反映?

g. 公司的股本中A股、H股分别为多少?

h. 公司应交的石油特别收益金在资产负债表哪个科目反映?

i. 公司的毛利率是多少?

j. 公司利润表中的营业税金及附加包括了哪些税费?

k. 折旧及摊销在公司利润表何处体现?

l. 公司资产减值损失科目包括哪些资产的减值损失?为什么其中坏账损失是负数?

m. 公司的投资收益主要来自什么地方?

n. 公司的其他综合收益是什么?

o. 公司销售商品提供劳务收到的现金与销售收入为什么不一致?

p. 公司资产负债表上"应付职工薪酬"与现金流量表上"支付给职工以及为职工支付的现金"之间是什么关系?

q. 公司主要投资于哪些资产?

r. 从净利润调整为经营活动现金流为什么要加回折旧、摊销和财务费用?

第一部分 财务报表与估值

第3章
介绍股票价格分析中财务报表的使用方法，讨论各种估值模型是如何计量价值的。

第4章
介绍估值中用到的现金收付制(cash accounting)和权责发生制(accrual accounting)，介绍现金流贴现模型。

第5章
介绍账面价值估计方法与市净率。

第6章
介绍收益的估计方法与市盈率。

理解了以上部分，就继续以下的学习：
财务报表分析 （第二部分） 预测、估值与战略 （第三部分）

分析的第一步是选择分析工具，本部分的主要目的是向读者介绍股票分析的常用技术。分析人员当然希望使用最好的技术，我们将详细比较不同方法的优劣，这样在第二部分结束时，读者将能够找到一种既得心应手，又能保证运用安全的技术。

为了更好地选择分析工具，读者首先应该了解基本面分析和投资学的基本原理。本部分将着重讲解这些原理，特别是要了解估值模型的作用，因为投资分析和估值过程都是依据估值模型进行的。读者应该认识到，虽然估值模型采用了比较抽象的表述方式，但估值模型所表达的是关于投资分析与估值的一整套思维方法。读者还应认识到，估值模型是一套关于如何计量价值，特别是如何从财务报表出发计量价值的完整规则。读者将看到如何以财务报表为基础实现我们计量价值的目的(第1章)。

本部分的内容大致如下：第3章介绍建立在财务报表分析上的几种价值评估模型：对比法(comparables)、筛选分析法(multiple screening analysis)与资产基础价值评估法(asset-based valuation)。不过这些方法都忽视了基本面分析，因此在使用时将产生一定风险。读者需要体会财务报表在估值模型中的运用。在引入股利折现模型后，读者应对估值模型孰优孰劣有所认识。

第4章将讲述现金流折现分析，这种分析方法考虑的是企业价值的现金收付计量(cash accounting)。我们将借此说明现金收付制的一些缺陷，并引入避免了类似缺陷的权责发生制(accrual accounting)。第2章对权责发生制的讨论是本部分论述的基础。通过这部分内容读者也可以加深对会计在估值中运用的理解。

在依据权责发生制编制的会计报表中，最底行的数字分别是权益的账面价值(资产负债表最末行)与净利润(利润表的最末行)。这两个数字是我们使用权责发生制时最想知道的。第5章讲述如何根据账面价值对企业进行估值，第2章指出虽然账面价值并不精确，但它是我们进行估值的起点。从这点出发，第5章进一步阐明了分析师应该如何更全面地考虑价值,从而得到理论上的市净率(P/B Ratio)。作为补充,第 6 章介绍了收益的评估方法,我们可以通过它得到理论市盈率(P/E Ratio)。

本书第一部分的目的是向读者讲述关于上述问题的基本框架,同时强调一些重要概念。更重要的是,使读者思考在开发和利用评估工具中的设计问题。有些概念是金融课程中的,有些概念是会计课程中的,这些概念在价值评估中融合在一起。在金融中人们谈论价值,在会计中人们谈论计量,但是价值本身也是一个计量问题(计量企业产生的价值)。因此,在讨论估值原则时,我们也引入会计的度量原则,用于说明在评估企业价值时,会计在哪些方面是有用的,在哪些方面是不起作用的。我们将讲述如何将会计整合到估值分析之中,因此基本面分析与财务报表分析基本上是同一回事。

第二部分及本书以后的部分是关于技术问题的,讨论财务报表分析和基本面分析的技术和方法。本书第一部分主要讨论运用技术的指导思想,而较少涉及应用本身。"三思而后行"不仅适用于投资而且适用于投资分析。有时候"圣人"这一词语很适用于特定的投资者。好的技巧的运用需要有好的判断和智慧,智慧能够帮助选择技巧。如果你读过被誉为基本面分析之父的本杰明·格雷厄姆的《智慧的投资者》(*The Intelligent Investor*)一书,你将会发现这本书更多的是关于投资的态度和方法而不是技巧。[①] 通过本书的第一部分来理解这些基础,并培养投资中的智慧。我们的讲述较为缓慢和详细,以使读者能够在阅读的同时认真考虑。

---

① B. Graham. *The Intelligent Investor*, 4th rev. ed. (New York: Harper & Row, 1973).

第3章
估值中如何运用财务报表

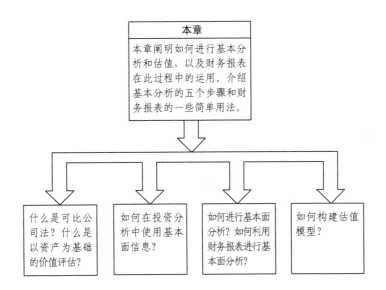

> **开篇阅读材料**

我们需要什么样的估值？

自去年11月以来,中国平安的股价从149.28元的历史高位一路下跌,最低达到48.30元。据报道,3月20日,某证券机构研究员L决定将中国平安的精算价值从170元下调为60.7元。去年10月30日,L和他的同事发布研究报告称,每股中国平安的精算价值将达到170元。

L曾因率先发现保险股潜在价值,一举奠定其在业内的权威地位。但是,从170元到60.7元的估值,仅仅发生在几个月之后,这种巨大的变化恐怕会令投资者感到困惑。因为,170元的估值是在中国平安于去年10月24日创出149.28元的历史新高后问世的,这意味着,受到此估值影响的投资者可能做出错误的投资决策。

普通投资者因为缺乏专业知识,常常根据历史走势判断某只股票的价值,而专业研究者则是例外，他们可以做出更具有前瞻性的判断。但是，在 A 股市场，我们经常不得不面对估值的困惑。在中国石油登陆 A 股市场以前，券商研究报告给出的估值大部分在 30 元以上，最高的达到 43.45 元。这种估值点燃了市场的狂热之火，投资者蜂拥入市，想抢到一个能够带来财富的筹码。但结果令人失望，截至 3 月 26 日，中国石油最低跌到了 18.50 元。160 多万名投资者被套，损失惨重。

研究机构的估值在给投资者一种预期，在信息不对称的市场，专业机构的估值更是受到市场的密切关注。如果估值本身是脱离股票实际价值的，就有可能误导投资者。尽管股市存在偏差具有无可非议的合理性，但是，迎合市场狂热的估值却容易给投资者带来风险。当权威机构的研究报告给出 170 元的估值时，普通投资者，哪怕是在 149.28 元的历史高位买中国平安股票的投资者，也容易忽略潜在的风险，放弃止损等减少损失的做法。

单纯从估值的角度来看，研究机构针对我们这个市场的估值还远不够成熟，不知道是市场还是研究者本身之困惑。在这方面，就连知名的国际研究机构同样会发布出匪夷所思的估值报告。

去年 10 月 10 日，瑞银亚洲矿业主管 GheePeh 与欧阳薇抛出一份报告，将中国神华目标价由此前评定的 35.15 港元直接大幅调高 187% 至 101 港元。瑞银认为，应考虑内地投资者愿意为购买神华股票而支付的价钱，来计算神华的正确价值。该行以内地煤炭股西山煤电最高的市盈率为基准，给予神华 15% 的溢价，因而将目标价调高至 101 港元（当时中国神华 H 股股价约为 46 港元）。

这一估值方法令市场愕然。估值者是前瞻者，而不是迎合者。当时，就有内地的基金经理质疑："我们在 A 股困惑这么久，疯狂了这么久，就想得到一些国际报告理性的分析，给我们一些理性的估值体系。但是你们不但不给我们理性，反而比我们更疯狂。"这种估值就连同行亦感到匪夷所思。里昂证券研究部主管 Andrew Driscoll 公开回应："如果神华在 2008 年达到 101 港元，我将穿上超短裙与大家见面。"

但是，这并不妨碍中国神华在"101"估值报告问世后的持续涨停，中国神华 H 股更是狂飙 24.12%。

在最狂热的时候，更狂热的估值成为市场的助燃剂。11 月底，瑞银将神华能源的目标价，由原来备受争议的 101 港元调低至 76.64 港元，理由是该行利用了新的煤价预测及估值方法，对神华的评级继续维持在"买入"。

股票估值大体上有绝对估值、相对估值和联合估值等几种，无论哪种估值方法，都以最大限度地接近其价值为核心。当估值目标随着方法的修改而发生剧变时，投资者必然无所适从。

A 股在去年 10 月 16 日，创下历史最高点 6 124.04 点前后，许多研究机构过高的估值成为激发做多热情的一个重要因素，即便是普通投资者，当他们在高位接单的时候，他们不会想到接到的是风险和泡沫，而是股票应有的价值，他们在盯着研究机构给出的高估值的时候，财富反而离他们越来越远。

股市风险是由多种因素导致的，而要化解这种人为风险，我们需要理性的投资者，也需要理性的估值——它既不是迎合市场的，也不是制造狂热的，而是接近股价的真实价值。理性的估值让投资者冷静，减少市场的狂热。从这个意义上来说，理性的估值何尝不是一种社会责任感的体现？

资料来源：《上海证券报》，2008 年 03 月 27 日，作者珑铭。

分析师核对表

读完本章后你应该理解：
- 估值技术是什么？
- 什么是估值模型？它与资产定价模型的区别何在？
- 基本面分析的步骤。
- 财务报表在基本面分析中的作用。
- 如何将预测转化为估值？
- 有限期投资估值与持续经营投资（如公司）估值的差别。
- 哪些经营活动创造价值？
- 股利不相关概念。
- 为何除了少量例外，金融交易并不创造价值？
- 为何企业的投资、经营活动是价值创造的源泉？
- 可比公司法在什么条件下适用（或不适用）？
- 乘数筛选策略在什么条件下适用（或不适用）？
- 以资产为基础的估值方法在什么条件下适用（或不适用）？
- 基本面分析与筛选分析的区别。
- 什么是"反转"（contrarian）投资？

读完本章后你应该能做到：
- 进行可比公司分析。
- 使用筛选指标进行简单或复合筛选。
- 计算一个公司的各种价格乘数表。
- 计算无杠杆价格乘数。
- 计算既往和远期 P/E。
- 计算股利调整 P/E。
- 运用以资产为基础的估值技术。
- 计算企业的清算价值。
- 为债券估值。
- 为项目估值。
- 计算采用项目带来的企业价值增加。
- 证明购买只能提供要求回报率的债券不增加价值。
- 以低于市场价的价格发行股票时，计算现有股东的损失。
- 自制股利。

本章开始讲述怎样使用财务报表估值。本章的内容很重要，因为它是第 4、5、6 章的基础；本章后一部分的内容更是本书其他内容的基础。当阅读到本书后面的章节时，你会发现需要复习本章来巩固你的知识。

第 1 章中我们在引入"估值"这一概念时，曾指出分析师的第一项工作便是找到合适的分析工具。从本书的第 6 章起，我们才开始讲解具体的分析工具，但在本章中我们将为读者做一些有用的准备。我们将着力使读者理解，怎样的模型才是好模型，差模型究竟差在何处；企业的哪些特征是与估值有关的;这些特征是如何进入模型的,以及如何进入财务报表的。

在进行估值时,一般会面临一种权衡:简单的模型往往会忽略一些重点,考虑到这些重点的模型又往往很复杂。本书中,我们将探讨那些比较简单、所得结果又还可以接受的模型。当然在使用它们时,我们得注意到被忽略的东西。我们将首先介绍一些利用财务报表的简单估值模型,随后介绍一些比较复杂的模型,同时将指出各种模型对所谓重点因素的取舍。

简单的估值模型一般使用的信息也比较少。我们最先要讨论的"乘数分析"(multiple analysis)就仅仅使用了财务报表上的几个数字——例如销售收入、收益,或者账面价值。接着是以资产为基础的价值评估模型(asset-based valuation),它加总公司各类资产的市场价格,再减去负债来估计股权价值。我们将会看到,虽然这种方法看起来比较简单,但在使用时却容易出问题。

简单模型通常会漏掉相关信息。全面的基本面分析使用了所有的重要信息来对公司进行评估。本章的结尾部分有一个关于基本面分析的概述。它讲述了基本面分析的五个步骤,以及财务报表的使用方法。本章还将区分估计存量资产与流量资产的模型,指出流量资产模型的缺陷,最后会介绍股利贴现模型并说明它的缺陷,克服缺陷的方法将在后面的章节中加以阐述。

本章的内容均是介绍性的。虽然前面的"分析师核对表"说明了读完本章后你有很多事情要做,但本章的目的是使你了解什么样的估值模型是"好"的,这样有助于你在后面几章中找到适合自己的分析技术。

3.1 乘数分析

一项为人们所接受的估值技术,其收益应该大于使用成本,并且相对其他技术而言,效费比应该更好。进行一次全面的基本面分析的主要成本是要处理的信息量太大了,这样分析起来要费不少周折。我们当然希望采用最有效的技术,但同时我们也需要考虑各种技术的弱点,并尽量避免。采用某种简单的技术时,我们会失去什么?采用某种复杂技术又会有何收获呢?乘数分析通常被认为是一种较简单的技术,因为它运用的信息是最少的。

"乘数"就是股价与财务报表上某数字的比值。常用的报表数字有利润、账面价值、销售收入和现金流等,利用它们可以分别得到市盈率(P/E ratio)、市净率(P/B ratio)、市销率(price-to-sales ratio)以及价格—经营现金流比率(price-to-cash flow from operations)。这些比率只运用了财务报表的部分信息,因此它们对财务报表的使用都是不充分的。当然它们又是简单的,不必对会计有太多了解,几乎任何人都可以算出上述比率来。

使用这些比率的两种最常用的分析技术是可比公司法和比率筛选法,下面分别进行讨论。

可比公司法

可比公司法或比率对比分析是这样的:
(1) 找到一家与目标公司类似的可比公司。
(2) 确认比较指标——利润、账面价值、销售收入、现金流等,并计算可比公司的各比率。
(3) 将上述比率的平均值或中位数运用于目标公司,得出目标公司价值。

我们以在 2002 年 4 月估计戴尔公司价值为例,讲述可比公司法的实际操作。表 3.1 是戴尔公司最近的年度销售收入、利润以及权益的账面价值(见第 2 章 2002 年度财务报表)。同时,依据 2002 年 4 月数据,我们将用作可比公司的惠普公司和 Gateway 公司的相应数据也放入了表中。

表 3.1 可比公司与戴尔公司的财务比率表　　　　　　　　　　　　单位:百万美元

	销售收入	利润(不考虑非经常项目)	账面价值	市值	P/S	P/E	P/B
惠普	45 226	624	13 953	32 963	0.73	52.8	2.4
Gateway	6 080	−1 290	1 565	1 944	0.32	—	1.2
戴尔	31 168	1 246	4 694	?	?	?	?

通过表 3.2 所示的计算方法,我们得到了戴尔公司的价值。不过,三个不同的比率给出了三个不同的估值,最后的结果是取平均数,得出戴尔公司 26.02 亿股的股票市值为 302.52 亿美元,每股 11.63 美元。可以看到,用利润比率时估计值是最高的,为 25.28 美元/股。而事实上,2002 年 4 月戴尔的股价为 27 美元/股,这比我们用算术平均得到的数值高很多。因此我们的分析结果是卖出戴尔股票。

表 3.2 将可比公司的比率运用于戴尔公司　　　　　　　　　　　　单位:百万美元

	可比公司平均比率		戴尔的值		戴尔的价值
销售收入	0.53	×	31 168	=	16 519
利润	52.8*	×	1 246	=	65 789
账面价值	1.8	×	4 694	=	8 449
平均价值					30 252

* 惠普的值,因为 Gateway 公司对应值为负(损失)。

这种分析当然是简单的。但在使用这种分析时,我们没有足够的安全感。只要我们知道股票的价格,我们就可以推算出戴尔公司的价值;但如果我们要估计 Gateway 公司的价值,我们有足够信心使用刚刚得到的 11.63 美元/股的数据吗? 这将是一种循环,因为戴尔公司的理论股价是建立在 Gateway 公司的股价上的。这种分析假设:有效的市场会使得目标公司的股价与可比公司一致,但是又该如何解释戴尔 27 美元/股的市价呢? 如果可比公司股价背离了实际价值,用可比公司法得出的结论就是可疑的。简而言之,该方法违背了第 1 章中的基本面分析的原则(阅读材料 1.11):当计算价值来质疑价格时,在计算中要小心用到的价格。这种方法非常危险。参见阅读材料 3.1。

是可比公司法造成了价格的金字塔式变动吗?

IPO 中每隔一段时间就会出现一些热门行业,20 世纪 90 年代初的主题餐厅热、计算机技术热、豪宅热与因特网热就是例子。这些股票通常会以高倍的溢价 IPO,使得类似的公司(可比公司)也纷纷发行股票。通常来说,投资银行家们会根据以前类似股票的发行价,确定新股票的发行价格,如果每次 IPO 都将溢价提高一些,那么越后发行的股票,初始价格就会与内在价值背离越远,一种类似金字塔的价格泡沫就将出现。

1995 年至 1996 年,电讯服务业公司(teleservicing firms)——提供诸如电子营销、消费者客户服务等服务的公司进入了市场。出于对市场前景的看好,投资者对这类公司支付了高额的溢价,金字塔价格泡沫也出现了。雷曼兄弟公司较早地参与了此类公司的 IPO,但在后来的很多 IPO 竞标中都失败了。1998 年 9 月 15 日的《华尔街日报》记载了雷曼公司 Jeffrey Kessler 的一段话:"每次当我们公布我们认为这一领域新股发行的合理价格时,我们的竞争对手给出的发行价都更高。在有些案例中,其他投资银行会以高于我们的发行倍数 5 点的价格中标(比如,我们给出 25 倍 PE 的发行价,对方会给出 30 倍 PE 的发行价),我们感觉到不可思议,说这简直是疯了。"

不过这些电讯服务业公司 IPO 后的股价全都大幅缩水了。价格金字塔般飙升的 IPO,事实证明它不过是另一个美丽的泡沫。用已经被高估的可比公司数据来估计新 IPO 的价格,其作用仅仅是使泡沫持续得更久。所以在使用可比公司法时你千万要小心,因为你很可能使用了可比公司被高估的数据,这样对目标公司的估值便太高了。

可比公司法也有比较适用的时候。如果目标公司是一家私募公司,或交易量很小的上市公司,而可比公司的股价是有效的时候,那么可比公司法在这种情形下就非常适用。有时我们会关心一只股票应该在什么价格下进行交易,以及这个价格是否有效:投资银行在进行 IPO 时就会使用可比公司法来估计合适的发行价格。如果市场对可比股票的定价是错误的,那么它很有可能也会对 IPO 的目标股票进行错误的定价。又如,在股票损失诉讼中(例如股东集体诉讼或少数人利益诉讼),最令人关心的往往是某事件的发生与否对股价而非股票的实际价值产生影响。

在中国,可比公司法运用得也十分广泛,阅读材料 3.2 是一篇利用可比公司法分析白电行业三巨头的研究报告(节选)。

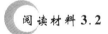

阅读材料 3.2

三大白电经营状况及估值比较(节选)

1. 2011 年,格力、美的、海尔归属于母公司的净利润分别为 52.4 亿元、37 亿元、26.9 亿元,分别增长 22.5%、18.3%、20.1%。其中,格力无论是净利润绝对额还是增长率,均居三大巨头之首。对照 2011 年净利润,目前格力、美的、海尔的 PE 估值分别为 13 倍、13 倍、11 倍。

2. 预计 2012 年,三大龙头 EPS 分别为 2.26 元、1.24 元、1.14 元。对应当前股价,格力 2012 年 PE 不足 10 倍,美的 11 倍,海尔 10 倍,整体估值偏低。估值低的原因是市场认为以格力为首的龙头未来增长空间有限。从过往的历史来看,市场担心一直都存在,但格力的发展历来都是超预期的。我们一直强调,公司发展离天花板还远,公司过去的持续发展也证明了市场认识的局限性。2012 年公司已经明确提出,今年收入目标超 1 000 亿元,未来几年发展目标超 2 000 亿元。目前 10 倍市盈率蕴含的预期太低!

3. 2011 年格力、美的、海尔三家公司营业收入分别为 835 亿元、931 亿元、730 亿元,分别增长 37.4%、24.9%、13.9%。格力增长最快,主要受益于空调行业快速稳健增长,公司份额和平均单价稳步提升。美的收入增速逐季下降,主要是公司战略转型,放弃规模扩张,更看重利润的提升。尽管如此,美的凭借在冰、洗、空三大白电上的综合优势,2011 年综合规模(931亿元)仍居行业第一。

4. 分产品来看,空调领域,格力电器 748 亿元,超出美的空调 110 亿元,稳居冠军宝座。2011 年,海尔冰箱销售 250 亿元,是美的(114 亿元)的 2 倍多;海尔洗衣机销售 122 亿元,超出美的 24 亿元。

5. 从 PS 估值的角度看,格力 PS 最高(主要原因是其销售净利润率最高,6.3%),为 0.8,而美的、海尔较低,分别为 0.5 和 0.4。

6. 截至 2012 年一季末,格力、美的、海尔净资产分别为 220 亿元、208 亿元、90 亿元,对应每股净资产分别为 7.31 元、6.15 元和 3.35 元。目前三大龙头 PB 分别为 3.0 倍、2.2 倍、3.4 倍。

7. 从 ROE 来看,格力、美的、海尔分别为 34%、21%、31%。主要是财务杠杆较高、快速周转以及较高的盈利水平所致。

……

资料来源:《三大白电经营状况及估值比较》,2012 年 5 月 2 日,作者:银河证券研究部袁浩然。

撇开概念问题不谈,即便仅从应用的角度看,可比公司法也存在如下问题:

- 找到一家与目标公司有着同样经营特征的可比公司是困难的。公司通常的分类标准是行业、产品、大小以及风险水平,但没有两家公司是完全相同的。比如,惠普公司有打印机业务,这样它与戴尔公司就不完全是同一类的公司。通常可比公司与目标公司处于同样的行业,它们要么比目标公司更有竞争优势,要么目标公司比它们更有竞争优势,这样,两者经常是不可比的。增加可比公司数目也许会将平均误差减小,但是这些新加入的公司也许与目标公司并无太高的同质性。

- 不同的比率给出的估值是不同的:将可比公司的市净率运用到目标公司会与将可比公司的市盈率运用于目标公司得出不同的结果,戴尔公司的例子说明了这一点。我们应该用哪个结果呢?例子中我们使用的是两个结果的算术平均,但是这种简化做法是否正确,我们并不很清楚。

- 可能出现分母为负的情况。如果可比公司处于亏损状态,市盈率就无法计算了。表 3.1 中 Gateway 公司便是这方面的一个典型例子。

可比公司法给故意犯错留出了很大的空间。分析师可以操纵结果,得出他或者客户想要的估值。

阅读材料 3.3 给出了其他一些可以用于可比公司法的比率。注意,其中一些对不同公司的负债杠杆差异进行了调整,另一些对会计方法的差异做了调整。

阅读材料 3.3

调整比率(adjusted multiples)

债务杠杆调整(leverage adjustments)

有些比率会受到债务杠杆的影响。所谓债务杠杆,是指一家公司债务融资额与股权融资

额之间的比率。为了消除可比公司与目标公司在杠杆比率方面的差别,我们引入一些去除了杠杆因素的比率。例如:

$$调整(无杠杆)P/S 比率 = \frac{股权市场价值 + 净负债}{销售额}$$

$$调整(无杠杆)价格/权益比 = \frac{股权市场价值 + 净负债}{EBIT}$$

其中 EBIT 是息税前收益(收益 + 利息费用 + 税收支出)。"净负债"即企业的全部负债,减去所有企业持有的作为资产的生息证券。通常,净负债的账面价值大约等于其市场价值,因此上述比率的分子就是企业的市值,有时又被称为"无杠杆价值"(unlevered value)或"企业价值"(enterprise value)。债务杠杆调整比例有时又被称为"企业比率"(enterprise multiples)。P/S 比率与 P/EBIT 比率之所以被称为债务杠杆调整比率,是因为杠杆并没有影响销售收入,或者 EBIT。

会计调整(accounting adjustments)

由于分母都是会计数据,出于会计考虑,这些比率也会被调整。比如,折旧与摊销的会计处理常常就是不同的,一些分析师认为这些差别在利润表中不能得到充分的反映。一种既调整了杠杆因素,又调整了会计因素的比率是:

$$调整价格/EBITDA 比率 = \frac{权益市值 + 净负债}{EBITDA}$$

其中,EBITDA 是息税折旧和摊销前收益(利息、税收、折旧、摊销之前的收益,即 EBIT 加折旧、摊销)。有时,EBITDA 又被称为(经营)现金流,但正如我们将在第 4 章中所看到的,它其实只是现金流的一种近似。

发生在某公司的一次性事件会影响公司的利润。此时比率也应该进行调整:

$$非常事件前 P/E 比率 = \frac{权益市值}{非常事件前利润}$$

市盈率的几种变形

通常使用的市盈率是通过用股价除以最近的年报利润得到的。变形的几种市盈率包括:

$$滚动市盈率(rolling\ P/E) = \frac{每股股价}{最近四季度每股收益和}$$

$$远期市盈率(forward\ or\ leading\ P/E) = \frac{每股股价}{预期下年度每股收益}$$

远期市盈率通常都是依据分析师的预测而计算的。

市盈率的分子会受到股利的影响:股利降低了股价,因为价值被从公司拿走了;分母上的利润则不受股利的影响。这样不同的股利水平会得出不同的市盈率。因此我们就有了另一种调整市盈率:

$$股利调整市盈率 = \frac{每股股价 + 年度每股股利}{每股收益}$$

分子是股利支付前股票的价格(带息价格)。股利支付后的股票价格叫作除息价格。网站上给出了一些比率的计算。

进行对比分析时,分析师至少应对各比率的正常值有所认识。表 3.3 列出了 1963—2003 年间美国上市公司的各比率数值。从表中你可以看到,P/B 比率的中位数是 1.7,市盈率的中位数为 15.2,调整 P/S 比率的中位数为 0.9。在 20 世纪 70 年代之前,上述比率都要更低一些。另一方面,20 世纪 90 年代的比率与历史数据相比显著偏高。在本书的网页上,你会找到关于历史比率的更多信息。

表 3.3　美国上市公司常用股票比率,1963—2003 年

百分比	P/B	标准 P/E	远期 P/E	P/S	调整 P/S	P/CFO	调整 P/EBITDA	调整 P/EBIT
95	7.9	亏损	49.2	8.9	8.1	负现金流	30.1	负 EBIT
75	2.9	23.5	19.1	1.7	2.0	18.8	10.6	15.3
50	1.7	15.2	13.1	0.8	0.9	9.9	7.0	9.9
25	1.0	10.3	9.2	0.3	0.5	5.6	4.8	6.6
5	0.5	5.9	5.6	0.1	0.2	2.3	2.5	3.3

注:CFO 是"营业现金流"(cash flow from operations)的缩写。有负数分母的公司被处理成高比率公司。因此,有着亏损、负现金流、负 EBIT 的公司处于表的上部,即高百分比的部分。

资料来源:根据标准普尔的 COMPUSTAT 数据计算。远期 P/E 的数据,基于 Thomson Financial I/B/E/S 数据库的 consensus analyst 的一年收益预测。

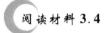

中国上市公司常用股票比率(2011)

	市盈率 (P/E,TTM)	预测市盈率 (P/E,未来 12 个月)	市净率 (P/B)	市现率 (P/CFO,经营现金流)	市销率 (P/S)
25%	13.22	1.11	14.47	11.62	1.44
50%	22.95	2.18	23.98	15.66	1.98
75%	37.60	4.50	41.66	20.91	2.83

注:股价为 2012 年 11 月 30 日股价,市净率中净资产为 2012 年三季报数值,现金流及销售收入为 2011 年年报数值。

比率筛选法(screening on multiples)

可比公司法假定了类似的公司有相近的比率。如果市场价格是有效的,这也许是事实。如果投资者对市场有效性持怀疑态度,则对各比率有着不同的解读:如果不同公司以不同的比率交易,则股票被错误定价了。这种解读的思路引出了如下方法,即通过比率的比较来买卖股票。

下面是最简单的筛选方法:

(1) 确定一种比率用以筛选股票。

(2) 依照此比率取值,由高到低排列股票。

(3) 卖出(卖空)比率最高的股票,买入比率最低的股票。

通过比率进行筛选的方法叫作"基本面筛选",因为各比率都是对公司基本面信息的反映。阅读材料 3.5 对比了基本面筛选与技术筛选的异同。

> 阅读材料 3.5

股票筛选方法

技术筛选

技术筛选根据与交易相关的指标制定投资策略。常见的技术筛选指标有：

价格筛选：购买那些股价下跌很多的股票，卖出股价已上涨很多的股票。理由是：股价偏离内在价值太远，最终会回调。

小盘股票筛选：购买市场价值（每股价格乘以流通股数）低的股票。理由是：历史资料表明小盘股票通常能获得更高的收益。

冷门股票筛选：购买被分析师忽视的股票。理由是：这些股票价格被低估了，因为投资者紧跟热点而冷落了它们。

季节筛选：在一年中的特定时候（例如 1 月初）购买股票。理由是：历史资料表明在这些时候购买股票的回报率高。

惯性筛选：购买在销售收入、盈利或股价等方面有大的增长的股票。理由是：这种趋势会持续下去。

内部人交易筛选：模仿内部人员（必须把交易细节向 SEC 报备的人员）的交易。理由是：内部人拥有有关交易的内部信息。

基本面筛选

基本面筛选是将股价与公司财务报表中的一些数字进行比较。典型的基本面筛选有：

市盈率（P/E）筛选：购买低市盈率的公司股票，卖出高市盈率的公司股票。

市净率（P/B）筛选：购买低市净率的公司股票，卖出高市净率的公司股票。

价格现金流比率（P/CFO）筛选：购买相对于经营活动产生的现金流来说股价较低的股票，卖出股价较高的股票。

价格股利比率（P/d）筛选：购买低 P/d 的股票，卖出高 P/d 的股票。

筛选法假定，股价相对某基本面比率过高的公司股价被高估了，比率过低的公司股价则被低估了。高比率公司的股票又被称为"辉煌股票"（glamour stocks）；因为正如名字所表明的，投资者把它们看得太辉煌、太美好，以至于过分热心地把它们的股价抬高了。与之相反，低比率的股票有时被称为反转股票（contrarian stocks），因为与那些幸运儿股票相比，它们被忽视了。低比率公司股票有时又被称为价值股票（value stocks），因为相对于它们的价格而言，它们的价值是高的。

基本面筛选是一种简单的基本面分析。我们简单地用比率的分母作为内在价值的代表，将价格与此分母的比例作为错误定价的标志。基本面筛选运用的信息很少，这是它的一种优势。如果全面的基本面分析成本太高的话，它就是一种可行的选择。但是一旦某个分母没有正确地反映内在价值，这种方法就会将你引入歧途。出于这种考虑，不少投资者用多种方法来挖掘更多的信息。比如购买低 P/E、低 P/B 的股票，或者是购买低 P/B、价格处于下跌之中的小公司股票。

图 3.1 是在某个投资组合上的 5 年收益。这个投资组合是这样构造的：对过去的销售增

长和现金流—价格比例进行高—中—低分组,以此为基础筛选出股票,进而构造整个投资组合。所采用的投资策略假定市场高估了销售额增长速度高的股票(辉煌股票),低估了高现金流—价格比率股票(低 P/CFO 股票)。显然,这一投资策略并用了多种筛选方法。特别地,投资于高现金流—价格比、低销售额增长率的股票(非辉煌公司,高现金流)十分有利可图。类似的图可见于低 P/E 或 P/B 比率与辉煌股票的对比。

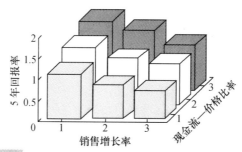

图 3.1 1968—1989 年两种基本面筛选的收益率情况

该图是根据现金流—价格比率和销售增长率来分组的证券 5 年期的收益率情况。按照由低到高的方式将股票分为三组:(1) 最小的 30%;(2) 中间的 40%;(3) 最大的 30%。

资料来源:Lakonishok, Shleifer, and Vishny, "Contrarian Investment, Extrapolation, and Risk," *Journal of Finance*, December 1994, p.1554.

但不要急于下结论!购买高现金流—价格比率且低销售增长率的公司股票,你要承担风险。图 3.1 中高现金流—价格比率的公司具有较高的风险,而高销售增长率的公司风险较低。因此,上述战略仅仅是对承担的风险做出了补偿。

阅读材料 3.6

北京大学光华管理学院会计系姜国华教授和岳衡教授在"大股东占用上市公司资金与上市公司股票回报率关系的研究"一文中研究了根据大股东占用上市公司资金筛选股票的策略。通过考察 1996—2002 年间大股东占用上市公司资金的数据,本文发现大股东资金占用最多的公司投资组合在未来 1 年中的超额投资回报为平均每月 −0.26%(每年 −3.12%);而资金占用最低的公司投资组合为 0.54%(每年 6.48%)。一个卖空资金占用最多组合、买入资金占用最低组合的对冲策略在未来 1 年中的超额回报为每月 0.80%(每年 9.60%)。分年度的研究表明,对冲策略的超额回报率主要集中在 1999 年之后。1999—2002 年间,对冲策略产生的超额回报率达到每月 1.31%(每年 15.7%)。这一结论不受对正常回报率的不同衡量方法的影响,也不受控制其他可能影响股票回报率的因素的影响。同时,进一步的分析显示,大股东资金占用和上市公司未来年度的盈利能力呈显著的反比关系、负相关,表明其对公司经营的负面影响。结果证明,大股东占用上市公司资金越严重,公司未来的经营越差,而股东将承担严重的投资损失。

在使用上述投资策略时必须注意:它们都仅仅使用了少量的信息——即使是混合策略,也仅仅用到了财务报表的两个数字——忽略信息是要付出成本的。在买卖中,交易者如果仅仅依赖少量的信息,就将面临交易对手拥有比他更多信息的风险。低市盈率的股票仍然有被高估的风险,正如高市盈率股票也可能被低估。这些情况下,投资者都有可能再被套牢。解决信息问题的办法是建立一个综合了所有关于支付信息的预测模型,而这需要正式的基本面分析提供的公司内在价值数据。下面我们就要开始讨论这一问题。

3.2 以资产为基础的估值

以资产为基础的估值(asset-based valuation)通过确认、加总公司资产的方式评估公司价值。进而,公司股权的价值可以通过在公司价值中扣除负债而得到:股权价值 = 公司价值 − 负债价值。这一切看似非常简单:确认资产,计量各资产价值,加总,最后扣除负债。

资产负债表已经加总资产与负债了,股权正是资产与负债的差额部分,我们在第 2 章中已经介绍过这些内容了。之前提到,有些资产与负债价值是盯市计价的。债务与权益投资是以"公允"的市场价格计量的(如果它们是某个交易性资产组合的一部分,或者是可供出售的)。通常而言,负债在资产负债表上的金额与实际市场价值相差无几,而且,在所有的情况下,许多负债项目的实际市场价值是可以在资产负债表的附注中找到的。资产项目中,现金与应收项目也大多与其价值相差不多(虽然有些应收项目的净值是需要估计的),但总体看来,资产项目是以历史成本计量的,而与其真实价值往往产生背离(参见阅读材料 2.10)。

此外,有些无形资产——诸如商标资产、知识资产和管理技能性资产——是不进入资产负债表的,因为依照 GAAP "可靠性"原则对它们进行会计计量是非常困难的,会计师们人为地把它们的价值记为 0。在戴尔公司的例子中,这也许就是市场价值与账面价值差异如此之大的主要原因。有些公司的商标价值可能比其全部有形资产价值的总和还多,有些公司拥有某种特别技术,有些公司的营销网络配送系统能够创造价值。但是,所有这些资产都没有进入资产负债表。

以资产为基础的估值希望通过以下方法利用资产负债表上的信息:(1)获得资产负债表上的资产和负债的市场价值;(2)确认表外资产与负债,确定它们的市场价值。这种方法会是解决价值计量问题的捷径吗?会计专家们早已放弃了这种看法,并且给它戴了一顶"太过困难"的帽子。它的问题主要是这样的:

- 如果资产负债表上的资产交易不频繁,市场价值就不能够容易地得到。
- 如果市场不是有效的,市场价格就不能反映资产的内在价值。
- 泛泛而言某种资产的市场价格,并不能反映出正在企业中运行的特定资产的真实价值。不论采用重置成本还是清算价值,正在企业中运营的、创造着具体价值的资产,它的真实内在价值或许不能得到反映。一幢用于生产计算机的厂房,如果改为杂货仓库,其价值或许会降低。
- 表外资产必须以市场价格进行计量。那么,商标资产怎么计量呢?知识呢?戴尔公司的表外资产究竟包含了哪些内容?"无形资产"这一名词本身就说明了计量其价值不是一件轻松的工作,估量商标或知识资产的价值面临艰巨的任务。只有从市场上购买来的无形资产,会计师们才会将其计入资产负债表,因为只有在这种情况下我们才能得到相对客观的市场价格。
- 即便每种资产都可以单独计量价值,各种资产的市价之和也可能不会(很可能不会)等于这些资产作为整体的价值。资产总是结合起来使用的,企业家们正是通过不同资产的不同组合方式创造了不同的企业,进而创造出了价值。要想确定"全部"资产的价值,其意义往往是含糊不清的。真正的任务是要确定企业的价值——所有资产组合成为一个整体时的价值。

阅读材料 3.7

信息忽视的后果：以市销率为例

互联网泡沫时期，市销率（P/S）成为股票估值的基本工具。从表 3.3 中可以发现，市销率中位数一直维持在 0.9 左右，但互联网泡沫时代（1997—2000 年），新兴科技公司的市销率通常高达 20。那么互联网分析师为何关注市销率？IPO 中为何多采用可比公司市销率作为定价基础？因为这类公司净利通常为负，市盈率（P/E）失去了意义。不过单纯依赖市销率十分危险。

什么决定了市销率？通常净利润越高，公司价值就会越高，因此可以采用市盈率作为股票投资决策依据；以账面价值反映的净资产为公司业务活动提供了资本保障，因此可以采用市净率（P/B）作为投资决策依据。但应当注意，销售收入是公司价值增值的必要非充分条件，公司可能出现有收入但净利润为负的情况。因此，使用市销率时应当考虑净利润状况，特别是净利润为负时。

为了进一步说明考虑净利润状况的必要性，我们将市销率进一步分解为 $P/S = P/E \times E/S$。其中 E/S 是销售净利率，即单位销售所带来的净利润额。该等式说明，使用市销率进行价值评估时，必须考虑销售净利率；之后再考虑市盈率，即市销率计算中的第一项。该等式也说明，若销售净利率（E/S）既定，使用市销率实际上等同于使用市盈率。尽管有分析师将市销率看作销售的预期增长率，但收入所引致的净利润增长更加重要。所以说，我们要关注净利润的增长和市盈率。

以资产为基础的估值在不少场合下都是适用的。例如，我们需要对一家只投资于股票的投资基金进行评估，把各股票价值加总便可以得到基金的价值。但即使在这种情形下，基金的价值仍有可能超过其账面价值，例如其资产中有一项是获得超额收益的能力。另外，股票的价格或许不是有效的——如基金经理买到被错误定价的股票，这种情况就会发生。以资产为基础的估值有时也会被运用于企业的主要资产是自然资源的情况——例如油田、矿山或森林。事实上这样的公司有时被称为"以资产为基础的公司"（asset-based companies）。油田、矿山的储量，森林的面积都可以被估计出来，以此为基础也可以容易地得到它们的市价，再扣除估计的开采成本。阅读材料 3.8 是对以资产为基础的估值的一个运用。

阅读材料 3.8

破产价值评估：以资产为基础的估值的运用

清算价值的确定需要运用以资产为基础的估值。虽然公司价值应该以一种动态的形式进行考虑，投资者也应该随时问问：公司是继续运营下去价值高，还是立即破产价值高？如果是后一种情况，企业应该立即被清算。20 世纪 80 年代后期大量的并购重组之所以会发生，正是因为并购专家们发现，目标企业破产比持续经营下去会产生更大的价值。当然，这要求确认企业的清算价值。

基本面分析考虑的是持续经营企业的总价值。与对各资产分别计价再加总的办法相比，这种考虑建立在"企业价值基于经营战略"的假设上。持续经营其实只是使用资产的一种方式,出售资产是另一种。这两种战略的收益是需要比较的。

以资产为基础的估值不是一种简单便捷的估值方法。事实上,它是一种非常困难的方法,因而也是昂贵的方法。这也是会计师们避免使用这一方法的原因。这些困难凸显了基本面分析的重要性。评估企业价值的困难其实是源于资产负债表的不完善,基本面分析需要对收益进行预测,从而得出企业的内在价值,这就弥补了资产负债表的不足。可口可乐的商标资产价值巨大,但是不在表上。如果有朝一日这一资产进入了市场进行交易,卖方显然需要为其支付高额的溢价。本书中我们将表明,这一溢价是可以通过基本面分析进行估计的。

阅读材料 3.9

攀钢钒钛:天价估值一场乌龙

作为一名知名券商行业研究员,能做的最疯狂、最乌龙的事情,大概也就是以独创理论赋予一只股票 14 倍于市价的预测价,在引发市场热议、股价涨停后,忽然再发布澄清报告,宣布自己算错了。这正是 Y 证券研究所总经理、行业研究员 A 对攀钢钒钛(000629)所做的事情。

在日前出具的研报里,A 对攀钢钒钛进行了一番突破常规的研究,最后,他对这只近期徘徊在 11 元一线的股票,毅然给出了最低 188 元的估值。研报昨日一经传播,引发市场一片哗然,在不少人仍在质疑、惊讶、嘲讽时,游资则嗅到了炒作机会,昨日下午攀钢钒钛快速拉升,并以涨停价 13.44 元价格报收。

令人啼笑皆非的是,昨晚,Y 证券紧急发布消息,宣布 188 元是算错了,合理价格应该为 56.12 元。

188 元是怎么算出来的?

对一家市价不过十几元的公司给出 188 元的目标价,不仅需要莫大的勇气,更要有极强的自圆其说能力。那么,A 究竟凭什么样的依据,计算出了这个 188 元的预测价呢?

在这份题为《攀钢钒钛:股价被严重低估》的分析报告中,A 采用了"股价/每股资源价值"的模型来对攀钢钒钛进行定价。

A 看重的是攀钢钒钛的矿产资源。他计算了攀钢钒钛持有的攀西、鞍千和卡拉拉三个铁矿以及钛矿、钒矿的储量及每吨开采盈利水平,然后在考虑折现因素后计算出每个矿的资源总价值,最后得出这些矿总价值 1.59 万亿元,按照攀钢钒钛 57.26 亿股的股本计算,折合出该公司每股资源价值 277.8 元。

然后,A 又计算了淡水河谷、力拓和必和必拓这三大矿山股的资源总价值及对应的每股资源价格,并计算了这三只海外股票目前的市价相较每股资源价格的折扣程度,计算显示其中最便宜的淡水河谷股价仅为每股资源价值的 67.7%(昨晚证实出错)。最后,A 就用最保守的淡水河谷估值水平 67.7% × 攀钢钒钛 277.8 元的每股资源价值,得出了 188 元的估值。

计算模型有寅食卯粮之嫌

就整个模型,A 无疑能够自圆其说。但是看到这份报告的绝大多数投资者都觉得难以置信,甚至认为是一个笑话。有分析指出,按照 188 元的股价和 57.26 亿股的股本,A 的这个预测意味着攀钢钒钛的合理市值应当是 10 764.88 亿元,将成为 A 股仅次于中国石油和中国工商银行的第三大市值股,而目前整个A股的总市值也不过27.17万亿元。

对比其他券商近期关于攀钢钒钛的研究报告,可以发现此次Y证券A采用了一个与同行迥异的估值模型,即便是承认计算失误,但银河证券仍坚称这种推断方法是正确的。

无论是外资券商还是中资券商,在对攀钢钒钛定价时,采用的都是传统的市盈率估值法或现金流折现估值法,从攀钢钒钛未来数年能够产生的利润入手,估算其股价。如R证券按照2012年攀钢钒钛预测0.75元的每股收益,结合同类企业金岭矿业(000655,股吧)18倍的预测市盈率,给出了13.5元的目标价。这一18倍的估值,已经考虑了A股的"国情",较国际水平有了大幅溢价。而根据Bloomberg的统计,目前三大矿山的市盈率最高者也不过14.93倍,最低者仅为9.65倍。

股价,归根到底取决于未来的现金流。无论是市盈率估值还是现金流折现估值,都是从这一点出发。而对采矿企业而言,拥有的矿产资源固然是财富,但是必须将其开采出来并且卖掉,才能真正为股东创造财富。而在这个过程中,开采的速度以及出售的价格都将极大程度地影响最终变现的财富。

以A给出5 696亿元估值的攀钢钒钛卡拉拉铁矿为例,其储量为25.2亿吨。而根据Y证券的预测,未来数年卡拉拉的铁矿出产量将经历一个由低到高的增长速度,到2015年也不过达到2 100万吨的水平,这意味着按照2 100万吨的速度采掘,25.2亿吨的矿产要经过120年才能开采完毕,而且其中存在巨大变数。更何况,5 696亿元的估值是基于相关矿产可以1 000元/吨价格出售来计算的,那么多年铁矿石价格是否能够稳如泰山,也是一个疑问。

"自证其错"的澄清公告

A的估值方法无疑难度太高,牵涉到太长的时间段和太多变量的估算。而昨晚Y证券发布的澄清,也证明了这种估值方法的危险性和随意性。

在澄清公告中,Y证券表示,A在计算三大矿山股的"股价/每股资源价值"时,"将一个原本该放到分母上的百分比放到了分子上",重新计算后的估值应该为56.12元,但不影响推荐攀钢的最终结论。

然而,记者注意到,在重新计算出56.12元时,Y证券并未如原先报告中"保守"地采用三大矿山股中估值最低值来计算,而是使用了三者平均值。之所以要偷偷做这个小改动,就因为原来计算失误就在于此,而新计算的数值波动极大,最低的必和必拓仅5.1%,其次的淡水河谷为19.6%,最高的力拓为35.8%,而攀钢钒钛则为4.3%。若继续使用最低5.1%的比例来进行估算,那么攀钢钒钛的目标价就仅为14.17元,推荐结论就很难站得住脚了。

而这恰恰"自证"了A使用的估值方法的不靠谱。三大矿山股此项估值差距极大,本就证明了此估值法具有极大的不稳定性;既然分析师可以根据需要随意选取特定值来进行估值,如此的估值又有何意义?

资料来源:《新闻晨报》,2011年7月16日,作者:张佳昺。

3.3 基本面分析

比较分析、筛选分析以及以资产为基础的评估有一个共同特点:都不包含预测。但是股票的价值是建立在对未来回报预测的基础上的。如果要预测股价,必须先预测回报。预测是建立在信息基础之上的,因此无人能避免信息分析。基本面分析正是一种分析信息、从信息中预测收益、最终从预测得到估值的分析方法。对比法与筛选法使用的信息都非常少,并且不进行预测。这样做虽然简单,但是为了这种简单付出了忽略信息的代价。考虑周全的分析师根据 P/V 比率(价格/价值)筛选股票,而不是根据市净率、市盈率或 P/S 比率。因此,分析师需要估计 V(价值)的技术。对这些比率的筛选提出了一个问题:盈余、账面值和销售收入是贵还是便宜? 但是每个人都是购买价值,而不是价值的一个侧面。

基本面分析的流程

图 3.2 展示了基本面分析的流程。在该图的最后一步,即第 5 步,将由基本面分析得到的价值与投资价格进行比较,这一步就是投资决策。对于外部投资者来说,投资价格就是证券的市场价格。如果估值高于市场价格,就买入;如果低于市场价格,就卖出;如果等于市

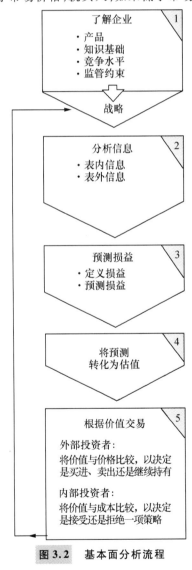

图 3.2 基本面分析流程

价格,分析师就认为对这一证券来说,市场是有效的,这时就持有。对于内部投资者,投资价格就是投资成本。如果一个战略或投资建议的基本面分析价值高于成本,价值就增加。分析师就认为(按照项目评估的说法)可以接受这个战略或建议,否则就拒绝。

阅读材料 3.10

了解分析师报告中股票评级的含义

注意:券商研究报告中的"买入"、"卖出"等评级是相对市场而言的,而不是指绝对的收益率。下面是国内某券商研究报告评级的标准:

	评级	说明
股票投资评级	买入	相对中标 300 指数涨幅 20% 以上
	增持	相对中标 300 指数涨幅介于 5%—20% 之间
	持有	相对中标 300 指数涨幅介于 -10%—5% 之间
	卖出	相对中标 300 指数跌幅 10% 以上

图 3.2 中第 1—4 步描述了如何得到投资决策所需的估值。投资价值源于可能产生的回报,因此回报预测是基本面分析的核心(第 3 步)。如果不能确认和分析与这些回报相关的信息,就无法进行预测。因此在预测前,我们需要进行信息分析(第 2 步)。如果不了解公司用来创造回报的经营项目和战略,就无法解释信息(第 1 步)。

1. 了解企业。第 1 章强调说,企业估值的前提是了解企业。特别重要的是要了解企业创造价值的战略。企业外部的分析师首先需要依照图 3.2 中的步骤为公司战略估值,当公司改变战略时,相应地调整估值。公司内部的分析师则可以参与战略的制定,这样内部分析师还可以分析其他可行的战略,检验使用其他战略是否会提升企业价值。这就是图 3.2 中回路的意思:一旦某种战略被选择,公司就得依照持续经营假设在这种战略下进行评估。

2. 分析信息。在具有业务背景知识后,战略的评估就从分析有关业务信息开始。信息有多种形式和多种来源。从财务报表中的销售收入、现金流量和利润这些"硬"数字到有关消费者偏好、技术变化和管理质量等"软"信息,通常有大量信息需要处理。为了进行预测,需要有效地组织信息。相关信息和无关信息要区分开,要对财务报表进行分解,以便提取预测信息。

3. 做出预测。对于股东而言,回报来自未来的股利和出售股票所得的现金,但这些回报取决于公司将来的经营情况,销售产品的价格是否能超过生产成本。外部分析师与内部分析师一样,需要分析公司的内部状况,依据公司的经营状况来预测回报。

分析师需要度量从经营中得到的回报。回报是现金流入减去现金流出(即净现金流),还是收入减去费用(即净利润)?如果是收入减去费用,那么如何度量收入和费用?定义和度量回报是估值分析的关键,这是会计问题。

正如图 3.2 第 3 步所描述的,预测回报分为两步。第一步明确如何度量回报,第二步预测回报。第一步是关键的一步,因为估值的准确性主要取决于如何度量从经营活动中获得的回报。这里,"价值的会计计量"问题出现了。

4. 将预测转化为估值。营业回报来自许多年份,所以要对未来的回报进行预测。为了完成分析,预期的回报最后要变成一个具体数字,即价值。由于回报发生在未来,而投资者更喜欢现在的回报,所以存在货币的时间价值,需要对预期回报进行时间贴现。实际回报是不确定的,有可能比预期差很多,也可能比预期好。而投资者偏好风险低的资产,所以要对预期回报进行风险贴现。因此,最后一步要把预期回报流转化为估值,在这一过程中,要进行时间价值和风险价值贴现。参见阅读材料3.11。

5. 投资决策:根据价值交易。外部投资者把他们的估值和市场价格进行比较,来决定是否进行证券交易。内部投资者把投资项目的价值与投资成本进行比较。在这两种情况下,比较都会产生投资价值的增加(value added)。与可比公司法仅使用少量信息不同,这里价格是在与一个综合了所有预测需要的信息的价值数值进行比较。也就是说,基本面分析师使用 P/V 比率(price-to-value)筛选股票,而不是用市盈率或市净率。

分析师应该能够精通上述步骤中的一步或几步,他要知道他的比较优势处于这一过程中的哪一步,只有在那里他才能获取竞争优势。当一个分析师给出买入股票的建议时,投资者需要知道这个分析师的特殊才能是什么?是了解大量的商业知识(第1步),善于发现和分析信息(第2步),能根据相关信息做出好的预测(第3步),能根据预测资料进行估值(第4步),还是能在使交易成本最小的同时,根据分析结果做出交易策略(第5步)?比如,一个分析师可能是一个优秀的损益预测者,但是可能不善于根据预测进行估值。

阅读材料 3.11

将预测转化为估值:工具

现在我们已经预测出收益了,投资者会问:为这些期望收益,我应该支付多少钱呢?当然成本是至少要收回的,而做这项投资至少有如下两种成本:首先是投资额的利息(资金的"时间价值"),其次是投资者承担的风险(损失部分或全部投资额的可能性)。这两项成本决定了他要求的收益,有时被称为"资本成本",有时又被称为"要求回报率"或"名义收益率"。

这样,如果某人在无风险投资上可以得到5%的收益率(比如美国国债或者美国政府担保的储蓄账户),但是在投资一家公司时要求10%的投资回报率,这个投资者就再要求5%的风险报酬。投资的收益必须补偿资金的时间价值和风险价值。这样,如果使用预测出的收益进行估值,收益必须用要求回报率进行调整。在估值模型中,有如下两种调整方法:

1. 收益贴现法

价值可以通过使用1+要求回报率对预期收益进行贴现的办法得到。一期后的预期收益在当前的价值为:

$$价值 = 预期收益的现值 = \frac{一年后的预期收益}{1+要求回报率}$$

这样,存在储蓄账户中的100美元,如果利率为5%,时间一年,期望的终值为105美元。这笔现金流在当前的价值为:

$$价值 = \frac{105}{1.05} = 100(美元)$$

这当然就是储蓄账户的价值。预期现金流以 $1.0+0.05=1.05$ 的年利率贴现。数值1.05是这笔投资中每一块钱的成本,因为这就是不以5%的利率投资于另一个类似投资机会的（机会）成本。显然，你会发现这就是常用的现值公式。由于公式中用到了贴现，要求回报率有时又被称为贴现率。注意，贴现率越高，支付的现值越低。这就是说，以丧失的利息收入和承担的风险来衡量，投资的成本越高，为投资收益所应该付出的每一块钱的价格也就越低。

2. 收益资本化(capitalizing payoffs)

有些收益不是被贴现，而是被资本化了。所谓资本化是用预期收益去除要求回报率，而不是把它加1之后再去除：

$$价值 = \frac{期望收益}{要求回报率}$$

对储蓄账户而言，我们可以将收益明确地确定为账户产生的收益，而不是期末的全部现金支付。对一个100美元的储蓄账户来说，如果要求收益率为5%，则持有一年的期望收益是5美元。这样：

$$价值 = \frac{5}{0.05} = 100(美元)$$

账户产生的收益用0.05而非1.05来除，因为5美分是每一美元不投资于类似账户的（机会）成本。在这种情况下，要求回报率也被称为资本化率(capitalization rate)。注意，在贴现时，所使用的贴现率越高，最终收益资本化后所得的值就越低。

我们后面将说明，收益何时需要被资本化，何时应该折现。需要注意这样的情况，即所有的现金收益被贴现，但利润被资本化了。上面讲到的储蓄账户是在一期之后提供回报的，对多期的收益流来说，贴现和资本化方法都是适用的。

要求回报率

显然，在估值时，需要有要求回报率(required return)的数据。对储蓄账户来说，要求回报率是明确的；但对股票来讲，就不是很直观了。贴现或资本化其实都是很技术化的方法，只要知道了要求回报率，完全可以通过电子表格软件完成。因此步骤4的重点是要求回报率的度量。

财务报表分析、预计分析和基本面分析

财务报表经常作为公司信息的来源，我们确实也把财务报表放在信息分析的首位，但财务报表在基本面分析中还有另一个重要作用。

我们已经认识到预测投资回报是基本面分析的核心。未来收益是分析师预测回报的一种，并将在未来的利润表中公布。分析师可能还会预测另一种回报——现金流量，现金流量将在未来现金流量表中公布。因此，财务报表不仅是帮助预测的信息，同时本身也是预测的对象。图3.3描述了在估值中如何使用财务报表。

除了公布收益和现金流外，财务报表还要公布许多科目，解释公司如何创造收益和产生现金流。利润表列出了销售收入、生产成本和其他费用，这些费用是销售活动所必需的。现金流量表列出了现金流的来源。资产负债表列出了用来创造收益和现金流的资产。按照估值分析的术语，财务报表给出了创造收益和现金流的"动因"(drivers)，它提供了建立预测的一种思考方式，同时也提供了一个预测框架。如果我们考虑财务报表中的各个栏目：销售收入、费用和使用的资产，我们将会明白价值创造的过程。如果我们能预测完整的、详细的财务报表，我们就能预测驱动收益和现金流的因素，从而进行预测。

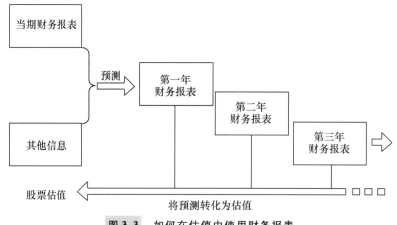

图 3.3 如何在估值中使用财务报表

分析师预测未来的财务报表,并将预测转化为估值。当期财务报表用于信息挖掘,以便预测之用。

预测未来的财务报表被称为预测分析或预计分析(pro forma analysis),因为这涉及编制未来的预计财务报表。如果期望实现,预计报表就是将来要公布的财务报表。预测是基本面分析的核心,预计分析是预测的核心。因此,基本面分析实际上是要编制预计(未来)财务报表,并通过它进行估值。已公布的财务报表是预测的信息来源之一,对它们的分析可以帮助我们预测未来的财务报表,并进一步用于估值。因此,我们要出于预测和估值的目的进行财务报表分析。

3.4 基本面分析的结构:估值模型

正如图3.2所示,基本面分析是将公司的信息(第1步)转化为估值和交易策略(第5步)的整个过程。第2、3、4步实现了信息到估值的转化。这几步是受分析师所采用的估值模型所指引的。估值是分析的核心。分析师在确定要预测什么东西之前,不能开始进行分析。估值模型明确要预测的东西,与此相应,它指导着基本面分析的第3步,也就是"预测"这一步。不过,它同时也在指导着第2步——信息分析,因为只有在确定需要预测的对象之后,我们才能确定进行这一预测需要哪些相关信息。此外,它还指导着分析师进行第4步——将预测转化为估值。这样一来,估值模型确认了估值方法的结构,任何一种估值技术的优劣都是以其采用的估值模型来确定的。

阅读材料3.11包括两种估值模型。第一种涉及预测现金流(第3步)、现金流贴现(第4步),以及相关的信息分析以预测现金流(第2步)。第二种模型涉及收益预测(第3步)、收益资本化(第4步)和相关信息处理以预测收益(第2步)。我们把两种模型都运用在储蓄账户的分析上,在下一章中我们将看看它们是否都能运用到股票的估值上。

好的实践来源于好的思考,估值模型会嵌入包含考量公司如何产生价值的概念。公司都拥有着复杂的组织结构,因此从众多活动中寻找价值需要一些思考,估值模型就提供了这种思考。估值模型是理解企业及其策略的工具,利用这种工具,可以将经济知识转化为企业估值。

投资银行家们和股票分析师们一般各自有各自的估值模型。投资咨询公司的估值模型通常是其营销的重点。我们有许多种估值模型,现金流折现模型(DCF)一度非常流行,但现在许多模型强调的是"经济利润",关注的是特定的经济因素——诸如"价值动因"(drivers)、"衰退速率"、"特征"和"比较优势时期"。这些只是文字游戏吗?这些因素在何种程度上创造价值,以及是如何创造价值的?如何在不同模型间进行选择呢?任何一个潜在顾客都会提出这样的问题。各价值模型的提供者必须有令人满意的回答。在股权研究中估值模型是重中之重,每个分析师都必须备有一种经得起深究的模型。

估值模型度量的是企业各种活动的价值创造能力,所以也是公司战略分析的核心。企业有时会聘请咨询师帮助分析企业战略,而咨询师们的分析工具都是着重于股东价值的提升。这些模型在广告推介中有着各种不同的名字。比如 Marakon Associates 的"价值基础管理"、斯腾斯特(Stern Stewart & Company)的经济增加值模型(Economic Value Added)、Holt Value Associates 的 CFROI、麦肯锡(McKinsey & Co.)的"经济利润模型"(Economic Profit Model)、普华永道(PricewaterhouseCoopers)的"价值创造者"(Value Builder)、毕马威(KPMG)的"经济价值管理"(Economics Value Management)等。这些模型还用于评估采用某种战略后的绩效,以及对创造价值的管理层的奖赏。雇用了咨询师的 CFO 需要明白优秀技术的特点并检验咨询师提供的模型,而咨询师则必须确保自己出售的技术能够通过 CFO 的检验。它反映了价值的增加吗?与竞争对手的模型相比,它有优势吗?

价值管理产品的主要用途是预测"经济利润"或者"经济增加值"。但是经济利润只是一个概念,而非一种指标。这些模型预测的其实是经营的会计回报,或者说增加值。大多数此类模型在形式上都相同,但在具体计量价值增长的方法上则有所区别。此外,这些模型都声称它们对价值增长的计量方法要优于 GAAP 的计量方法。

优秀的分析师在进行股票分析时,都会采用某种模型。标准的分析报告中总是包含预测。例如,表 3.4 是伊莱克斯(Electrolux)股票研究报告的节选。伊莱克斯是一家瑞典的家电制造商,该报告则是 2002 年由 Carnegie 集团发布的,这是一家总部在瑞典斯德哥尔摩的投资

表 3.4　伊莱克斯股票的研究报告节选

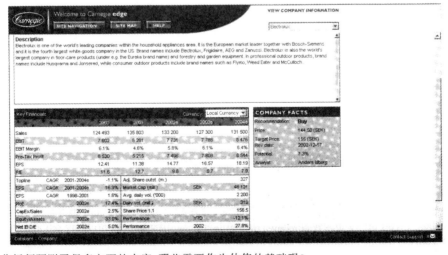

分析师预测了很多方面的内容,哪些需要作为估值的基础呢?

资料来源:Reprinted with permission by Carnegie Holding AB, Stockholm.

银行,同时它还从事经纪、资产管理等业务。报告明确给出了"买入"的建议(图3.3中的第5步),销售收入预测、EBIT、EPS、ROE等数据也都列出,以支持结论。预测是第3步的结果。报告中也给出了第2步的支持性信息和分析,但是和大多数报告一样,分析师是如何从预测得出结论的,以及是基于什么预测得出"买入"结论的则语焉不详。是使用了未来销售收入、EBIT、利润还是ROE?在第4步中,这些预测是如何变成估值的?分析师是用什么模型得到结论的呢?

固定期限投资和持续经营投资

对"预测的是什么"的回答是建立估值模型的核心,因为预测本身是基本面分析的核心。开始分析时,你首先要考虑选择什么模型合适的问题,正如图3.4所表明的那样。假定你现在进行一项投资,并打算在将来某一时刻卖出。这项投资的收益来自它所产生的全部现金,后者有两个来源:持有期间投资所产生的现金,以及出售该投资所得到的现金。图3.4描述了两类投资的收益情况。时间轴从做出投资开始(零时刻),覆盖了T个时期,T指的是整个投资周期。投资者通常是考虑年回报率的,所以可以把图中的时期理解为年。

图3.4中的第一类投资是固定期限投资。债券就是这类投资的一种形式,它以年利息的形式获得现金流(CF),到期时全部付清。投资于单一资产,如出租建筑物,是这类投资的另一种形式。它定期支付现金流(以租金形式),当资产报废时还得到最终的现金流。图中区别于债券或单一资产投资的第二类投资是持续经营投资,公司股票投资就属于这类投资。公司通常被认为是持续经营的,即永远存在下去,因而不存在可预测的到期日和变现收入。但投资者可以通过在将来的某一时刻(如T时刻)卖出股票来终止投资,这就给投资者带来了预测其到期收入的问题。对于一项股权投资,P_0是购买价格,d_1、d_2、d_3……d_T是公司每年支付的现金股利。这些现金股利是像债券利息一样的定期的现金流收入。P_T是到期收入,即或者通过资本市场,或者通过公司股票回购而卖出股票的价格。如果公司要被清算,那么到期收入就来自合并、接管或者清算后的分配。在本书中,我们既考虑固定期限投资,也考虑持续经营投资,但重点是持续经营的股票投资。

依照阅读材料3.11中运用到储蓄账户上的工具,我们知道这两个投资项目都要用要求回报率折现成现值(价值)。在本书中,我们使用ρ表示1+要求回报率,这样我们用$\rho-1$表示要求回报率。这样对储蓄账户,要求回报率为$1.05-1.0=0.05$。你当然也可以用某个记号(比如r)代表要求回报率,而用$1+r$表示贴现率。这时ρ与$1+r$等价,而$\rho-1$与r等价。我们行业的传统是使用简单的表示法。[①]

固定期限投资的估值模型

标准的债券估值公式是估值模型的一个例子。图3.5的上部给出了一个5年期的、面值1000美元、年利率10%的债券的收入流状况。收入用图3.4中的时间轴来表示。债券估值公式表明了在零时刻债券的内在价值,即:

$$\text{债券价值} = \text{期望现金流的现值} \quad (3.1)$$

$$V_0^D = \frac{CF_1}{\rho_D} + \frac{CF_2}{\rho_D^2} + \frac{CF_3}{\rho_D^3} + \frac{CF_4}{\rho_D^4} + \frac{CF_5}{\rho_D^5}$$

---

① 通常我们用某个百分率表示要求回报率。

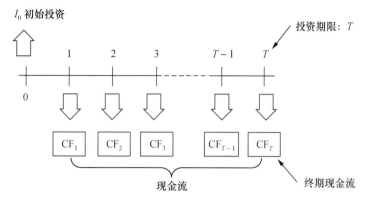

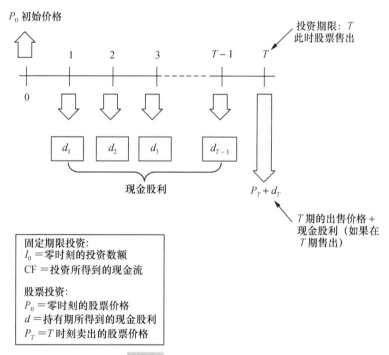

图 3.4 投资的定期回报

前者为固定期限投资,后者为对股票的持续经营投资。投资在时刻 0 进行,持有 T 期,直到终止或清算。

(3.1) 式中的 ρ_D 与前一章中一样,是债券的要求回报率加 1(每一美元投资要求的收入), D 表示的是债券的价值(债券通常的表示方法)。该模型表明要预测投资债券所得到的现金流,并以要求的回报率 ρ_D 折现。要确定第 3 步分析所要预测的内容并不困难,只需参照债券合同所规定的支付方式即可。公式表示了现金流与要求回报率的关系(第 4 步):时期 t 的现金流用折现率的倒数 $1/\rho_D^t$ 来相乘,折现为现值。

计算债券价值的真正问题只是确定折现率,即放款者要求的回报率,有时也称为债券的

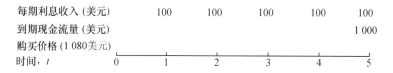

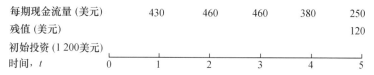

图 3.5 5 年期、票面利率 10%、票面价值 1 000 美元的债券产生的现金流和一个 5 年期投资项目的现金流

两种情况都是在时刻 0 进行现金初始支出,随后 5 年得到现金流入。投资在第 5 年年末结束。

资本成本。它是放款者可以买到的具有相同特征债券的回报率。评估债券价值的固定收益,分析师通常对不同时期的债券使用不同的折现率,即折现率有一个期限结构。为简便起见,我们用的是不变的折现率。假定年利率是 8%,则:

$$V_0^D = \frac{100}{1.08} + \frac{100}{(1.08)^2} + \frac{100}{(1.08)^3} + \frac{100}{(1.08)^4} + \frac{1\,100}{(1.08)^5} = 1\,079.85(美元)$$

如果债券的定价是无套利的,那么上面所计算出的数值就是你的购买价格,即图中零时刻的现金流出。

以上是标准的现值公式。这一公式也经常应用于公司内的项目评估,即对是否投资于新厂房或新设备等投资项目进行决策。图 3.5 也描绘了一个在零时刻支出 1 200 美元、5 年期的投资项目的期望现金流情况,现值公式同样适用:

$$\text{项目价值} = \text{期望现金流的现值} \tag{3.2}$$

$$V_0^D = \frac{\text{CF}_1}{\rho_P} + \frac{\text{CF}_2}{\rho_P^2} + \frac{\text{CF}_3}{\rho_P^3} + \frac{\text{CF}_4}{\rho_P^4} + \frac{\text{CF}_5}{\rho_P^5}$$

其中,P 表示公式是对一个项目而言的。ρ_P 是每一美元投资要求的回报,反映了项目的风险。对项目的要求回报率有时也称为基准回报率。如果要求的回报率是 12%($\rho_P = 1.12$),则项目价值是 1 530 美元(算一下!)。这个公式就是项目估值模型。它指导我们在第 3 步分析中预测项目的现金流,并与要求回报率结合,计算出现值。与债券估值的情况类似,我们需要确定项目的资本成本率。但是项目的未来现金流不像债券那样清楚,我们要通过对信息的分析来预测现金流情况。因此,分析的第 2 步——信息分析——就要纳入我们的估值过程。估值模型告诉信息分析该做什么:发掘能预测未来现金流的信息。

公司的目标是为股东创造价值。图 3.5 预测的回报显示了公司利用股东的资金进行投资的两种方式。考虑债券投资的方式,如果市场对债券的定价是准确的,那么债券的价格就会按照 8% 的回报率确定。如果公司要购买债券,需要付出 1 079.85 美元。根据投资的净现值法则,即第 5 步所讨论的 NPV,债券投资所创造的预期价值等于收入流的现值减去成本。

对价格为1 079.85美元的债券,净现值为零,因此这项投资称为零净现值投资。或者说,这项债券投资没有创造价值,没有带来价值的增值。投资者只得到了他所付出的,因为折现的现金流的价值等于投资者的初始成本。当然,如果企业管理者认为由于折现率计算错误,因而市场对债券的定价是错误的,那么管理者就可能买进或卖出债券,从而创造价值。这也就是债券交易者所要做的:从他们所认为错误定价的债券中发现套利机会。

绝大部分公司的投资方向是类似于图3.5下部中的实际资产项目。这是正的NPV投资的一个例子,由于收益超过了成本,因此它能带来价值增值。在进行投资评估时,经理可能得出预期的净现值是1 530 – 1 200 = 330(美元),因此接受这个投资项目。接受这个项目就为公司创造了价值。

持续经营投资估值模型

固定期限投资如债券、项目等的估值是相对容易的。但公司是持续经营的,经理们从事的投资策略也是持续的。公司投资于项目,但是公司的投资项目是一个接一个的,不断继续下去的。对正在进行的经营活动进行股权估值和战略分析向我们提出了两个问题。第一,如果投资持续地存在下去(永远?),需要预测一个很长时期(持续经营的?)的收入流,这带来了实践上的问题。第二,预测投资所增加的价值并不像固定期限投资那样显而易见。要确认价值增值需要很好地了解价值是怎样产生的。下面我们将讨论这两个问题。

实用的估值模型的标准

我们希望估值模型能够准确度量公司产生的价值,同时也希望模型实用,我们不需要表面美妙但不实用的模型。下面是一些相关的考虑:

1. 有限的预测期。持续经营的投资是指投资会永远继续下去,但要进行持续经营的预测是不切实际的。我们对越远的未来进行预测,预测的结果就越不可靠。事实上,分析师只对今后的几年进行预测,或者用长期增长率来反映长期的状况。我们在估值模型中选择有限期(1年、5年或10年)的预测。这就确定了基本面分析第3步的预测目标,必须使相对短时期的收入预测等价于持续经营的永久收入预测。预测的时期越短,预测的结果也就越精确。

2. 有效性。我们所预测的对象必须能在事后观察到。也就是说,当我们预测的对象在事后实际发生时,我们能够看到预测对象的实际情况。我们不希望预测模糊的概念,如"一个经济因素"、"好的诀窍"、"技术优势"、"竞争优势"或"增长机会"。进行预测是很重要的,但是从实践上来讲,我们需要预测那些能在公司今后的财务报表中体现出来的因素。预测对象的可观察和可度量要求我们的预测必须具体、实际。因此,如果"增长机会"能创造价值,我们需要它能够在财务报表中体现出来。正确地确认预测对象能使我们的预测方法更为可信:分析师所做的预测能通过事后的财务报表证明其正确性,从而能够证实该预测的质量好坏。从顾客(投资者)的角度来看,确定预测的质量是很重要的。投资者对股票投资是非常谨慎的,不希望分析师使用的是模糊的标准。投资者要求有具体的内容。

3. 节约。在分析的第2步我们要收集信息并进行分析,然后根据这些信息进行预测。预测要求的信息越少越好。如果我们能确定其中的一条或两条信息最为重要,那就更理想了。这些信息最为重要可能是因为它们能概括关于收入的大量信息。如果这些信息能在财务报表中出现,那就更好了。

什么创造价值?

公司要从事我们第1章提到的三种活动:融资活动、投资活动以及经营活动(见第1章的图1.1)。哪一种能够增加价值呢?

标准答案是投资活动和经营活动能够增加公司的价值。融资活动是从投资者处筹集资金,并根据筹资时的承诺返还现金。融资活动对公司的业务来说是非常必要的。但是根据金融经济学家的观点,融资活动不产生价值。不过,也有一些例外。下面我们来分别考虑股权融资和债权融资。

股权融资活动

在有效市场发行股票。一家拥有12 000万流通股的公司以每股42美元的市场价格增发1 000万股票。每股价格会有什么变化吗?没有变化。发行前公司的市场价值是12 000万×42美元=504 000万美元,发行新股后市场价值增加了1 000万×42美元=42 000万美元,即总的市值是546 000万美元。发行新股后公司在外的流通股有13 000万股,每股价格仍是42美元。股东财富的价值没有改变。公司总的价值增加了,但融资活动并没有带来每股价值的增值。这一结果告诉我们在考虑股东价值时应该关注每股价值。创造价值是要增加每股价值,而不是增加总的市值。如果扩大公司规模不能增加每股价值的话,经理人就不应该把目标放在扩大公司规模上。

假定有一家同样的公司准备发行1 000万新股,但是发行价格是32美元,不是市场价格42美元。公司价值增加了1 000万×32美元=32 000万美元,即公司现在的市值是536 000万美元。但是对发行新股后总的流通股数13 000万股来说,每股价值是41.23美元。这一融资活动影响了股东价值吗?是的。原股东每股损失了77美分。股东权利被稀释了:每股价值下降了。

上面这两种情况阐明了一个原则:以市场价格发行新股不会影响股东财富,而以低于市场价格的价格发行新股会减少股东财富。在估值时我们可以忽略以市场价格发行新股的影响,但是我们不能忽视以低于市场价格的价格发行新股的影响。低于市价发行的情况可能是涉及股权激励,即对管理人员和雇员发行的。如果我们忽略了这种融资活动,估值时我们就可能遗漏一些价值。

以市场价格发行新股的影响不同于宣告发行新股的影响。有时候在关于发行新股的公告中传递了关于公司价值的某些信息。例如,投资者会认为这个公告表明公司有一个很好的投资前景,因而,股票的市场价值会发生改变。但是这种效应——有时被称为信号效应——是由于新的信息产生的,而不是由于发行本身产生的。

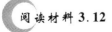

阅读材料 3.12

定向增发缘何频频被否?

3月以来,A股频繁出现上市公司的定向增发方案在股东大会遭到否决的案例。作为再融资的主要方式,定向增发通过向少数特定投资者发行股票融资,既不从二级市场拿钱,又可以借此上项目增加公司发展后劲。这样的"利好"消息,股东为何不领情?究其原因,还是增发价过低伤害了中小股东利益。

被否案接连出现

定向增发,又称非公开发行,是指上市公司面向不超过10名特定对象(包括机构投资者和控股股东)发行股票,实现融资或资产重组的过程。自2006年证监会推出再融资管理办法以来,定向增发颇受上市公司的欢迎。统计显示,仅在2011年,A股上市公司的定向增发融资额就超过2 000亿元,接近IPO的融资水平。

今年以来,上市公司定向增发的需求依然强烈,然而,势头却开始遇挫。渝三峡A就是增发受阻的典型。去年4月,渝三峡A公布定向增发预案,增发底价为13.81元。在随后召开的股东大会上,这一议案获高票通过。然而,由于去年下半年股市急跌,渝三峡A不得不修改定增方案。今年2月中旬,渝三峡A公布新方案,增发底价为6.17元。3月9日,渝三峡A召开股东大会,这一方案被中小股东联手否决。

在渝三峡A之后,天富热电、金山股份的定向增发预案也在日前遭到否决。投票结果显示,大量的否决票来自网络环节,这显示中小股东是否决主力。分析三起案例,都有一个共同点:上市公司修改了增发价格。其中,天富热电的增发底价从2011年的10.34元降至7.61元,金山股份的增发底价从2011年的8.2元降到6.1元。

"利润大增,增发价大跌,大股东意欲何为?"在天富热电的股吧里,有投资者发出这样的疑问。

有"利益输送"之嫌

在通常情况下,定向增发可以理解成对上市公司的利好消息,因为定向增发一般有现金投入、有项目支撑,有利于增厚公司业绩。东方证券研究员胡卓文指出。

中小股东之所以对这样的"利好"视而不见,原因只有一个:过低的增发价令他们感到不服。

"定向增发其实是给特定投资者'开小灶',将其他投资者特别是中小股东排斥在外的融资方式。如果增发价格明显偏低,就会让增发对象获得低风险、高收益的机会,造成对原有股东利益的损害。在投资者维权意识逐渐强化的时代,增发遭到否决并不奇怪。"有过多年投行经验的上海师范大学金融学院副教授黄建中说。

如果考虑到在上市公司的增发对象中,经常包括控股股东,这就构成了关联交易。有投资者甚至怀疑,如果大股东参与增发,上市公司可能通过刻意隐藏利润、释放利空消息的方法打压股价,从而实现以低价格向关联方发行股份的目的。

事实上,从2006年开放以来,定向增发一直被视为机构掘金的宝地。根据好买基金的统计,从2006年到2011年,锁定期为1年且已到期的定向增发项目的平均收益率为80.18%。除了公募基金、阳光私募之外,不少证券公司也开始推出投资定增项目的理财产品。以渝三峡A为例,公司的增发底价为6.17元,而召开股东大会时的股价已涨至7.48元,这意味着机构一入股,就有21%的浮盈。

改进增发定价方式

"如果非要以这么低的价格发,我认为应该选择配股而不是定向增发,这样对所有股东都公平。"在天富热电的股吧里,一位投资者这样表示。

事实上,在近期兴业银行(行情 股吧 资金流)的定向增发方案中,因为增发价可能低于增发完成时的每股净资产,引发兴业银行老股东的反弹,要求配股的声音开始浮现。

英大证券研究所所长李大霄也指出,相比配股,定向增发对上市公司的盈利要求较为宽松,且审核较快,因而受到上市公司的青睐。

在配股尚有难度的情况下,上市公司通过定向增发再融资,就不得不考虑增发价格的问题。

黄建中分析说,定向增发一般要经过董事会披露预案、股东大会批准、证监会批准再到实施这几个阶段,增发价格的确定和定价基准日的选择有很大关系。目前,多数公司选择董事会决议公告日(也就是披露预案的时候)作为定价基准日,而从董事会决议公告日到增发实施,少则两三个月,多则一年半载,其间上市公司的股价难免大幅波动。

对此,专业人士指出,根据证监会发布的《非公开发行股票实施细则》,上市公司的定价基准日可以是董事会决议公告日、股东大会决议公告日,也可以是发行期的首日。"上市公司可以考虑采用发行期的首日作为定价基准日,这样增发价格与股价比较贴近,从而确保增发的公平性。"黄建中说。

李大霄也指出,在香港股市,就有所谓的"闪电配售"制度,通过缩短非公开发行周期,来减少股价异动、保护小股东利益。"接连出现的被否案提醒上市公司,一要在增发时,尊重中小股东的利益和诉求;二要保持股价的平稳运行,让投资者安心持股,不会因股价暴涨暴跌而战战兢兢。"

资料来源:《中华工商时报》,2012年03月21日,作者何欣荣,http://finance.eastmoney.com/news/1353,20120321197367434.html。

在非有效市场发行新股。关于融资活动的影响的常见观点是假定每股的市场价格反映了其价值,也就是说,假定市场是有效的。在这种情况下,对投融资双方来说,得到的价值就是付出的价值。但是如果股票的定价有错误,那么一方就会获利,而另一方会发生损失。如果管理者知道其公司的股票在市场上被高估了,他们就会选择发行新股。新的股东以市场价格购买,但是股票的实际价值要低于市场价格。已有的股东得到的价值要高于他们当初所付出的,因而他们就从中获利了。由于以上原因,发行新股的公告有时候也被看成是不利的信息,从而导致每股价格下降。这种财富转移只会发生在非有效市场,或者是经理人员比市场对公司的前景知道得更多的情况下。购买者要谨慎!在购买股票之前要了解股票的价值。见阅读材料3.13。

阅读材料 3.13

收购中的股票发行

在发生收购时,收购方通常用自己公司的股票与被收购方的股票进行交换。合并或者收购是否能带来价值增长?如果业务发生时股票价格是有效价格,那么收购方付出了公平价格并期望收购能获得正常的回报率。

在收购时,收购方可以通过以下三种策略来增加价值:
(1) 确认股票市值相对其基本面价值被低估的被收购方。
(2) 确认合并后经营活动的合并能增加价值的被收购方。
(3) 确认市场上本公司的股票价值被高估了。

采取第一种策略的收购方的行为就像是一个积极投资者,需要寻找价值被低估的资产。

第二种策略是寻找两公司合并取得协同效应。20世纪90年代许多银行合并的动机之一就是希望通过规模经济来节约成本。另外,银行、证券经纪公司、保险公司合并的动机之一是想要获得将广泛的金融业务集于一身的规模经济。例如,1999年Travelers Life、Saloman Smith Barney和花旗银行(Citibank)进入花旗集团(Citigroup)的合并。美国在线与时代华纳(Time Warner)的合并则是内容公司与网络公司的结合。

根据第三种策略,收购方认识到他拥有大量的"资金",只不过是以股票价值高估的形式,可以相对便宜地购买其他资产。在美国在线与时代华纳合并时,美国在线股票的市盈率是190倍,根据历史资料来看,股价过高了。美国在线是使用被高估的那部分资金来收购时代华纳的吗?事实上,在收购中美国在线承认其股价可能被高估了,因而以股票市价的75%来收购时代华纳。但即使以这个价格收购,美国在线的股东们还是得到了好处。尽管最终这个合并是失败的,但美国在线的股东利用他们溢价的股票获得了巨大的利益——他们很便宜地买到了时代华纳的资产。

第二种策略涉及经营活动增加价值,第三种策略涉及发行股票增加收购方股东的价值。在进行收购之前,收购方与被收购方都需要了解双方股票的内在价值以及市场价值,从而知道收购活动所放弃的价值和得到的价值。

股票回购。股票回购是与发行股票相对的。因此,以市场价格回购股票不影响每股价值,而以高于市场价格回购会影响每股价值。但是,与发行股票一样,当管理者看到股价低于内在价值时,他们会回购股票。此时,卖出股票方会发生损失,没有卖出股票的股东相应地就获利了。因此,有关回购股票的宣告有时就被视作股票价格被低估的信号。这一宣告会使股票价格上升。此时,投资者需要当心。

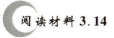
阅读材料3.14

上市公司展开"自救" 回购潮不断

据本报记者不完全统计,今年以来已参与到回购当中和提出回购预案的企业包括宝钢股份、江淮汽车、安凯客车、申能股份、孚日股份、晨鸣B、大东南、南玻B等上市公司。在相关参与回购的上市公司所发布的公告中均表示出,企业回购在于维护广大股东利益,增强投资者信心,提升公司价值,促使公司价值回归到合理水平,实现股东利益最大化。

宝钢股份在8月末宣布拟斥资50亿元进行回购,每股价格不超过5元,预计回购股份约10亿股,占公司总股本约5.7%,占社会公众股约22.8%。宝钢股份成为引领上市公司"回购潮"的当头炮。

业内人士指出,上市公司的回购会提振投资者信心,并且也能给股东带来更多的利益。以宝钢股份这样的行业内龙头企业为例,宝钢股份的回购似乎带动了国内企业的新一轮"回购潮",不仅对上市公司回购起到了推动作用,在整个市场以及钢铁行业处于困难时期的情况下也给市场带来一定的刺激作用。并且,上市公司进行回购是一种对自身股价的实质性低估的态度的真实表示,也是对股东权益的有效维护,应该引起更多公司的重视。

金融界首席分析师王桂虎指出,不管上市公司回购的目的如何,都不能否认其对二级市场股价的正面影响。因此,从某种角度上看,为了能促进转股而回购的公司,在一定程度上提升公司股价的愿望显得更为迫切,建议投资者可以适当关注。而随着股市进入价值投资区域,经济也有望在短周期内筑底回升,因此,此时正是有实力的上市公司实施回购的大好时机。

投中集团分析师李玲也认为,公司管理层选择在当前股价被低估的情况下回购股票,一方面可以通过较低的成本提振市场信心,另一方面在此时进行抄底待未来股价回升有望获取更高的收益;同时,回购股票有利于优化股权结构,健全公司法人治理结构,以进一步提升投资者信心。

此外,王桂虎还称,从今年回购并注销股份的上市公司来看,首先可以看到,回购使得公司总股本减少,在相同的利润水平下,公司的每股收益将增加,从而降低股价市盈率水平或推动股价上涨。保护投资者利益和提升公司形象也是上市公司回购的原因之一。

资料来源:《证券日报》,2012年12月1日,作者丁鑫。

股利。股利是股权投资收益的一部分,因此容易使人认为是属于股东的价值。事实上,基本面分析师曾经坚信高的股利支付意味着高的投资价值。但是现代财务理论的看法与之不同,认为股利的作用并不是基本面分析师所认为的那样。

如果公司支付了一美元的股利,则股东得到了一美元,但是公司减少了一美元,因此公司的价值要下降一美元。股利支付并没有使股东获利,股利支付也没有增加价值。换言之,投资者的含有股利的收入没有受到影响。股票投资的收益由股利和资本利得组成。股利加进了收益里面,但是资本利得的数值等额减少了,从而收益没有发生变化。

读者可能听说过"股利不相关"这一概念,或者是Merton Miller和Franco Modigliani就这一论点发展而来的M&M定理。一些投资者可能更偏爱股利而不是资本利得,因为他们需要得到现金收入。但他们可以通过卖出部分股票来把资本利得转换为股利,这种做法称为自制股利。自制股利意味着他们并不在乎收益是来自股利还是资本利得。同样,如果公司的股东们想要股利,公司可以通过借债来支付股利,而不影响公司的投资。当然,如果公司放弃创造价值的目标来支付股利的话,公司的价值会减少。但是,在能够获得融资的情况下,明智的管理层会选择借债或发行股票来支付股利,而不是影响好的投资项目。

自制股利和借债要发生交易成本,从而使我们的估值不是很精确,但是通常认为这些成本很小,足以忽略。如果由于某些股票(例如,非上市公司的股票)在市场上难以变现,使得自制股利很困难的话,在公司不发放股利,而股东又希望能收到股利的情况下,股票价值会降低。这种价值效果称为流动性折价。然而,如果股东能通过借款得到现金的话,他们是不希望发生流动性折价的。就像公司可以通过借债来支付股利(不影响投资价值)一样,股东也可以通过借款来产生股利(不影响每股价值)。

与发行股票和股票回购一样,股利分配政策所传达的信息也可能影响股价。股利增加通常被认为是好消息,预示公司在未来的盈利会增加;相应地,股利减少通常被认为是坏消息。这些信息的效应称为股利信号效应,通常发生在宣告股利政策时。股利不相关概念是说股利本身不影响(附有股利的)股东价值。

一些分析家认为,如果股利的所得税税率高于资本利得的所得税税率,股利可能会减少股东价值。对免税的投资者而言,不存在这个效应。对要纳税的投资者来说,股利需要纳税,因此他们更偏爱以资本利得的形式来获得回报。相应地,纳税的投资者对支付股利的股票只愿意支付较低的价格,对回报形式为资本利得的股票愿意支付较高的价格。但是,另外一些分析师认为,投资者通过有效的税收筹划方案能够对股利进行避税。还有一些分析师认为,支付股利的股票的市场价格不可能低于不支付股利的股票,因为免税投资者(如大的退休基金和非营利公益机构)主导了市场。支付股利的股票与不支付股利的股票相比,如果具有相同的税后回报率但价格要低,就会给免税投资者提供套利机会,这一套利机会的发掘会使得股价回到产生相同回报率的位置,于是股利对价格或价值都没有影响。翻阅公司财务的教科书可以得到关于这个问题的详细讨论。实证研究则发现了与之冲突的情况。

在本书中我们接受股利政策不影响公司价值的假定,并相应地进行估值。预期会为股利支付更多税收的投资者在计算时必须减少税前价值,减少的数量是对股利征税的现值(投资者可能会考虑购买同等的不支付股利的股票)。估值的调整涉及税收方案,因为投资者必须考虑如何避免对股利征税,或者是通过持有退休基金的高股利的股票来延迟纳税。类似地,价值也需要就流动性折价加以调整。

债务融资活动

图 3.5 中年利率为 8% 的债券的市场价格是 1 079.85 美元。我们已经看到,以这一价格购买债券是一项净现值为零的投资,它不增加价值。许多公司认为债券市场是有效的,以市场价格购买债券和其他债务融资工具,不会增加价值(超出所承担风险要求的回报率)。例外的是银行等金融机构,它们能够以高于存款利率的水平贷出款项,通过在资本市场上作为金融中介而增加价值。而且,正如我们所看到的,如果公司能发现债券的定价错误,就可以通过债券套利来增加价值。

在债务融资活动中,公司通过出售债券来筹集资金。它们不是在进行债券套利,因此它们把市场价格视作公平价格,并以市场价格出售。发生这种业务活动不增加价值,公司只得到了它所付出的。如果公司发行债券,那么公司现在所得到的只不过是将来要偿还的金额的现值。如果公司是向银行借款,那么公司现在所得到的只是将来要偿付的本金加利息的现值。用现代财务理论的术语来说,即债务融资与公司价值无关。债务融资仅仅是以公平价格进行交易,给公司的经营活动带来资金。

一些分析师认为由于利息可以从税前收入中扣除,因此发行债券可以获得股东不能从个人所得税中获得的税收方面的优势,所以能为股东创造价值。这个观点是矛盾的,你可以从公司财务的教科书中看到有关细节。如果投资者相信这个观点,在估值时会考虑税盾效应。

投资和经营活动

公司价值的产生可归因于许多因素,如技术诀窍、专有技术、好的管理、品牌效应、好的营销策略等等。这些因素中最重要的是好的想法。好的企业家能建立成功的企业,而好的企业家是指那些拥有好的想法的人。但是想法跟上面提到的那些因素一样是模糊的,想法得不到具体落实是很难看出其价值的。想法的价值可以从公司所做的事情中得以证实,公司所做的事情就是进行投资活动和经营活动。

投资活动是使用公司通过融资活动筹集的资金,投资于那些好的想法所设想的业务。图 3.5 的项目就是一个简单的例子。投资活动能够增加价值。所增加的价值是预期价值,它依赖于期望的未来收入。但只有投资活动是不够的,还需要经营活动将业务继续下去。经营活动利用投资的资产来生产商品或提供服务,并卖出这些商品和服务,通过销售实现投资预期的价值。公司如果不能为其产品找到顾客的话是不能产生价值的,公司所得到的价值是顾客所愿意支付的价值。经营活动所增加的净值等于顾客支付的价值减去公司获得产品的成本。因此,投资产生价值,但是预期的价值要由经营活动的成功来决定。所以我们认为投资活动和经营活动都产生价值。

在了解了投资活动和经营活动是产生价值的源泉之后,我们开始讨论估值模型。估值模型对经营活动的价值以及建立在经营活动价值之上的股权价值进行评估,忽略发行股票和股票回购所可能增加的价值。相应地,估值显示了股票市场对股票的定价是否合理,从而投资者能够知道发行股票和股票回购是否是依据公平价格进行的,或者公司是否有机会通过发行股票(例如,在收购中)来为股东创造价值。

估值模型与资产定价模型

金融课程上你已经学习了资产定价模型,并且也许对其中最常用的资本资产定价模型(CAPM)已经熟悉。这里我们要注意,不要将估值模型与资产定价模型相混淆。

从名称上看,"资产定价模型"给出的是资产的价值,其实这个理解是错误的。资产定价模型得到的是对资产的要求回报率(资本成本),而非资产的价值。以 CAPM 为例,得出的是持有某股票的要求回报率,这一回报率由无风险利率加上一个由公司 β 值决定的风险报酬决定。与此相对,估值模型得出的却实实在在是资产的价值。当然,在估值模型中,处处要用到资产定价模型;正如我们在第 4 步中看到的那样,我们需要估计回报率来估计资产的价值。估值模型给出了从资产定价模型中得出回报率,到最终得出估值的过程。

本书中我们不详细讨论计算要求回报率的技术。在公司财务课程上,你应该已经十分熟悉这些技术了。

本章小结

本章概述了如何进行基本面分析。事实上,本章对后面各章内容勾勒了一个路线图。它讲述了进行基本面分析的五个步骤,遵从这五步你就可以将你对公司经营、战略的了解转化为对公司的估值了。这个过程的核心是信息分析(第 1 步),利用信息进行预测(第 3 步),以及将这些预测转化为估值(第 4 步)。

估值模型概述了基本面分析的框架。一个估值模型是思考企业估值的工具,并把这种思考转化成现实价值。本章介绍了债券和投资项目的估值,读者想必已经认识到对持续经营进行估值比仅仅对终值进行估值更为困难。我们的结论是估值模型的重点必须是企业的价值创造,例如投资和经营活动。这样我们为以后各章的论述搭好了平台。

在对基本面分析有了粗略的了解之后——即使是十分粗略的,读者想必已经明白仅仅使用少量信息的"简易"估值方法的局限所在了。本章介绍了三种此类的模型:可比公司法、比率筛选法,以及以资产为基础的估值。读者应该了解这些模型的基本方法,同时充分了解它们的局限。

财务报表是如何运用于估值的? 读者现在仍然没有完全的答案,因为这是本书的主题,但读者应该已经知道大概。可比公司法和比率筛选法只使用了很少的报表信息,以资产为基础的估值使用了资产负债表信息,其实它是在将公司的资产负债与市场进行对比。但在基本面分析中,报表真正发挥了重要的作用。不仅仅在预测时需要分析当期与过去的资产负债表信息(第2步),预测本身(第3步)也是预测未来财务报表。也就是说,报表就是信息,但它们需要被预测(图3.4说明了这一点)。所以说财务报表在基本面分析中扮演了重要的角色,基本面分析在很大程度上其实就是在预测未来的报表,以及分析当期报表以进行预测。

关键概念

清算价值(breakup value):公司净资产(除去负债)出售可获得的价值。

反转股票(contrarian stock):不被市场看好的、以低溢价交易的股票[被反转投资者(contrarian investor)视为被低估的]。

资本成本(cost of capital):投资于某项投资的机会成本。又叫正常收益、要求回报率,或者在计算价值时,被称为贴现率、资本化率。

包含股利的价格(cum-dividend price):包括了持有期内获得的现金股利的价格。参见不包含股利的价格(ex-dividend price),即价格中不含有现金股利的价值。

负债不相关(debt financing irrelevance):债务融资活动不影响公司价值,即发行债券不影响公司价值。

股利不相关(dividend irrelevance):股利支付不能为股东产生价值。

有限期预测(finite horizon forecasting):对某有限期限的预测。

预测期(forecast horizon):能预测到的未来的某一时点。

基本面分析(fundamental analysis):分析信息、利用信息预测收益,最终依照预测收益获得估值的方法。

辉煌股票(glamour stock):吸引人的、以高溢价交易的股票。

持续经营的投资(going-concern investment):预期会永远持续下去的投资。参见固定期限投资。

自制股利(homemade dividends):股东通过卖出股票,以资本利得来替代股利。

投资期限(investment horizon):持有某投资的期限。

流动性折扣(liquidity discount):由于难以把投资变现为现金,从而需要对投资的价值打折扣。

回报(payoff):从投资获得的价值(经常以现金形式表现)。

永续年金(perpetuity):永远继续下去的现金流。

预计分析(pro forma analysis):编制未来年度的预测财务报表。

无杠杆指标(unlevered measures):不受公司如何融资影响的指标。

风险报酬(risk premium):投资的期望收益超出无风险收益的部分。

固定期限投资(terminal investment):在将来的某一时刻终止的投资。参见持续经营的投资。

价值增加(或价值创造或价值生成)(value added):投资预期回报的价值(基本价值)超过进行投资而付出的价值(投资成本)的部分。

价值股票(value stock):以低溢价交易的股票(被价值投资者视为低估了)。

估值模型(valuation model):基本面分析的指导框架,指明将什么作为预测收入、预测的相关信息以及如何把预测值变成估值。

案例连载:金伯利·克拉克公司

自主练习

在第2章金伯利·克拉克公司的案例连载中,你已经对其2004年的财务报表有所熟悉,并且计算出了P/B(市净率)和P/E(市盈率)两个基本比率。在学习本章之后,你就能基于2005年3月64.81美元的股价计算出更多的比率。开始吧!公司在2004年公布了每股1.6美元的股利,所以你需要调整在第2章案例中计算出的既往市盈率。请计算企业市净率和其他无杠杆比率。使用第1章分析师在雅虎报告中做出的对该公司的一致预期,你还可以计算出远期市盈率。

可比公司

谁是金伯利·克拉克公司的可比公司?下面是销售类似的消费品的主要公司,以及它们在 2005 年 3 月底的股价(单位:美元)。

The Procter & Gamble Company (PG)	54
Georgia-Pacific Corporation (GP)	35
Playtex Products Inc. (PYX)	9

你可以登录雅虎财经网或者其他财经网页,例如 www.hoovers.com,从这些公司的 10-K 报告中获取对公司的描述。阅读这些说明并寻找哪一个最适合作为金伯利·克拉克公司的可比公司。你能找到合适的匹配公司吗?使用这些公司在 SEC 文件中披露的股价和财务信息,你能够计算出一些比较乘数。这些乘数意味着 KMB 的股价应该是多少?你对自己的计算有多自信?

使用这些乘数作为筛选工具,你认为 KMB 的乘数应该高于可比公司还低于可比公司?如果是这样,基于乘数的差异基础,你会推荐购买还是出售 KMB?

基于资产的估值

你认为基于资产的估值适用于 KMB 吗?

一些值得考虑的问题

回顾第 2 章图表 2.2 中的公司财务报表,确定在 2004 年公司回购的股票股数。你认为这些回购行为对股票有什么影响?

确定在 2004 年公司支付的股利数量。支付股利会导致股价上升还是下降?

金伯利·克拉克公司在 2005 年 3 月的权益贝塔值是 0.88。10 年期的美国政府债券收益率是 4.5%。如果市场风险溢价是 5%,根据资本资产定价模型,KMB 的必要报酬率是多少?如果市场风险是 6% 呢?在第 2 章,你已计算出 KMB 前 12 个月的股票回报率,你如何看待投资者去年收回了资本成本这种说法?

练习

E3.1 使用乘数分析公司(简单)

在网上找一个筛选引擎,输入一个你关心的比率,得出比率值在一定范围内的公司列表。找一个行业,分析行业中各比率——P/E、P/B、P/S——的情况。

筛选引擎可以在如下网址获得:http://www.wsm.corrr/apps/companysearch/。

E3.2 使用比率法估值的练习:生物科技公司(简单)

下面的表格给出了来自 6 家生物科技公司 1994 年年报的财务数据,以及其中 5 家公司的股东权益的市场价值。所有数字的单位均为百万美元。根据这些数字,估计 Genentech 公司的价值。在 1994 年,Genentech 公司的账面价值为 134 900 万美元。

公司	股东权益的市场价值	市价净值比	销售收入	研发(R&D)	净收益
Amgen	8 096.71	5.6	1 571.0	307.0	406.0
Biogen	1 379.00	3.6	152.0	101.0	15.0
Chion	2 223.60	4.6	413.0	158.0	28.0
Geneties Institute	925.00	2.5	138.0	109.0	-7.0
Immunex	588.53	4.5	151.0	81.0	-34.0
Genentech	?	?	795.4	314.3	124.4

E3.3 使用乘数法估值股东权益:汽车公司(中等)

在下面的表格里,列出了汽车制造业的公司1992年和1993年的收益、账面价值、股利和年末股票价格,数据均以每股为单位。

公司	1992年				1993年			
	eps	bps	dps	价值	eps	bps	dps	价值
克莱斯勒公司	2.21	25.468	0.60	32¼	-7.62	19.320	0.65	53¼
戴姆勒—奔驰公司		没在美国交易			0.74	21.694	8.01	48⅝
联合信号公司	1.00	5.231	0.42	21¼	1.15	5.807	0.48	28
福特汽车加拿大公司	-34.50	64.184	0.00	85½	-22.45	39.872	0.00	95½
福特汽车	-15.61	30.138	1.60	42⅞	4.55	31.210	1.60	64½
通用汽车	-38.28	8.470	1.40	32¼	2.13	7.767	0.80	54⅞
本田汽车	0.67	18.310	0.24	35½	0.47	19.262	0.27	32⅜
Navistar国际	-0.95	0.366	0.00	1⅞	-15.19	7.095	0.00	27¼
Paccar公司	1.93	30.702	1.30	57¼	4.21	32.777	0.00	61¼

a. 根据该行业其他公司收益、账面价值和股利的平均倍数,计算克莱斯勒公司(Chrysler Corp.)在1992年和1993年的估计价格。那么最接近实际价格的估值是哪一个?

b. 列出你在做练习时的演算过程。

c. 在所有其他情况相同时,你预期支付高股利的公司的价格比与之相比较的公司的价格高,还是低呢?你预期支付高股利公司的市盈率如何受到股利支付的影响?

d. 你预计市净率与股利有关吗?

E3.4 价格乘数:福耀玻璃(600660)(中等)

2012年11月30日,福耀玻璃(600660)有20.03亿股,价格为每股7.19元,市净率为2.311(净资产数据为2011年年报数据),2011年年报还披露非流动负债与股东权益的比是18.75%。福耀玻璃(600660)2011年的非流动负债是多少?

E3.5 价格乘数:格力电器(000651)(中等)

格力电器(000651)在2012年11月30日,公司股票市值为2011年销售收入的0.845倍。据报道,公司2011年销售收入的净利率为6.37%。格力电器的市盈率是多少?

E3.6 度量价值增加(中等)

a. 购买股票。立新公司期望每年支付每股2元的现金股利。投资者要求12%的年回报率以补偿得不到预期现金股利的风险。公司股票价格为19元。如果以19元买入股票,价值将增加多少?

b. 公司内投资。鼎辉足球俱乐部的总经理正在考虑给一名球星在未来5年中每年支付

250万元的薪水，并预先支付200万元的签合同经费。他期望这名球星每年能使俱乐部净增加350万元的门票和广告收入。俱乐部要求9%的投资回报率。俱乐部能从购买这名球星增加多少价值？

E3.7 将价格转化为预测：嘉信理财公司（Charles Schwab）（困难）

嘉信理财公司是世界上最大的网络交易经纪公司。1999年，嘉信理财公司占有网上经纪业务25%的市场份额，它的主要竞争对手有 E*Trade、Ameritrade 和 TD Waterhouse。它的股票在1999年网络股狂涨中受益，价格从1998年9月的每股25美元涨到1999年4月的每股140美元，股票市场价值达到560亿美元。假定一个经纪公司的正常价格收入比是1.5，同时假定嘉信理财公司在为客户进行股票交易时平均提取0.25%的佣金。问嘉信理财公司所经手的股票交易量要达到多少才与其每股140美元的市场价格一致。

E3.8 预测有效市场价格：惠好公司（简单）

惠好公司是森林产品制造商，1996年年初股价为42美元，β 值为1.0，1995年年末的无风险利率是5.5%。预期在1996年和1997年各支付现金股利为每股1.60美元。用CAPM计算要求回报率，并回答以下问题：

a. 预测1997年年末该公司股票价格。

b. 如果预期公司不支付现金股利，则1997年年末的股票价格会是多少？

E3.9 债券的价值，有关债券、借债成本、债券的再估值的会计处理（中等）

唐朝公司2012年1月1日发行了10 000份面值为1 000元、年利率为4%的5年期债券。当时市场上同等风险的债券的回报率是8%。

a. 公司由每一份债券所得到的收入是多少？

b. 2012年年末市场上该债券的回报率仍是8%。
   i. 公司在2012年的税前借债成本是多少？
   ii. 2012年利润表中的利息支出是多少？

c. 2013年年末市场上债券的回报率降到6%。
   i. 公司在2013年的税前借债成本是多少？
   ii. 2013年利润表中的利息支出是多少？

d. 宋朝公司在债券发行时购买了2 000份债券。
   i. 2013年年末资产负债表中债券的账面价值是多少？
   ii. 2013年利润表中的利息收入是多少？

E3.10 股票发行和市场价格：发行股票是产生价值还是减少价值？（中等）

a. 中安公司2000年1月1日有15 800万流通股。在2000年2月2日，公司又以市场价格每股55元发行了3 000万股普通股。股票的发行对公司股票的每股价格有什么影响？

b. 2000年2月28日，中安公司的董事执行股票期权，公司以每股30元的行权价格向其发行1 200万股。在此交易之前，股票市场价格是每股62元。发生交易后对公司股票的每股价值有什么影响？

E3.11 股票回购和价值：J. C. Penney 公司（简单）

在1995财政年度，J. C. Penney 公司以33 500万美元的价格从市场上回购了750万股普通股。在回购前公司股票的流通股数是22 740万股。回购对该公司股票的每股价格有什么影响？

E3.12 股利支付和价值(中等)

下表中的数字是投资者在1973—1991年购买纽约证券交易所(NYSE)、美国证券交易所(AMEX)和NASDAQ的股票后的第一年、第二年、第三年……收到的平均股利：

投资后的年数	1	2	3	4	5	6	7	8	9
股利支付(美元)	0.088	0.104	0.120	0.139	0.158	0.180	0.204	0.235	0.252

股利包括现金股利、股票回购等。它们是投资的平均每年的股利收益。假定你投资的机会成本是10%。9年内所收到的股利支付是否值得用这一价格购买该股票？

E3.13 β值、市场风险溢价和资本成本率：上汽集团(600104)(中等)

分析师认为上汽集团(600104)的CAPM模型中β值是1.12,无风险利率是3.53%。

a. 计算下面各种风险溢价下的回报率：

4.5%

6.0%

7.5%

9.0%

b. 有的分析家不同意上面的β值,他们认为β值在1.2到1.5之间。计算此时各种回报率的大小。

E3.14 计算市场风险溢价：中国国贸(600007)(简单)

分析师认为中国国贸(600007)的β值为1.05,无风险利率为3.53%,利用CAPM模型计算的权益资本成本是12.63%,求市场风险溢价是多少。

微型案例

M3.1 存在套利机会？Cordant Technologies 和 Howmet International

Cordant Technologies公司位于盐湖城,主要生产火箭发动机、安全带、航空工业的涡轮引擎部件。1999年上半年,该公司销售额为12.8亿美元,比上年同期增长了7%。净利润为8 500万美元,每股2.34美元,比上年增长16%。公司的天然气引擎业务在迅速发展,但波音公司的生产停顿以及存货积压使得公司从航空产品的收入减少。公司其他资料如下：

到1999年6月30日的上年度每股盈利	$4.11
1999年6月30日每股账面价值	$7.76
到1999年6月30日的上年度每股销售额	$67.20
利润率	7.4%
1999年9月30日每股价格	$32
股票市值	$11.7亿

分析家预测1999年全年的每股盈利将是4.00美元,2000年每股盈利将是4.28美元。

Howmet International是另一家涡轮引擎部件制造商。1999年上半年净利润为6 530万美元,比上年增长33%,销售额是7.424亿美元。其他数据如下：

到 1999 年 6 月 30 日的上年度每股盈利	$1.21
1999 年 6 月 30 日每股账面价值	$4.25
到 1999 年 6 月 30 日的上年度每股销售额	$14.28
利润率	8.7%
1999 年 9 月 30 日每股价格	$14
股票市值	$14.0 亿

分析家预测 1999 年全年每股盈利将是 1.24 美元,2000 年每股盈利将是 1.36 美元。

两家公司都被分析师归入被忽视的股票。他们认为市场是不理性的,不仅体现在对新的高科技股定价过高,而且体现在对旧的蓝筹工业股定价过低。例如,微软、戴尔、雅虎、美国在线的市盈率当时高达 50 倍,而航空产品的公司只有 11 倍的市盈率。

计算两家公司的股票价格。你是否发现了套利机会?要利用这个套利机会该采用哪一种投资策略?这是无风险套利机会吗?

M3.2 中国乘用车上市公司乘数比较

下表给出了中国乘用车上市公司的几种乘数,股价为 2012 年 11 月 30 日价格,财务数据为 2011 年年报价格。回答以下问题:

a. 如果可以做空股票,那么是否有可能构建无风险套利的投资策略?

b. 分别对汽车行业中商用车、汽车零部件子行业的公司编制如下表格。商用车、汽车零部件子公司的数据与下表是否有差异?差异的原因是什么?

证券代码	证券简称	市盈率(P/E)	市净率(P/B)	市销率(P/S)
000572.SZ	海马汽车	12.95	0.67	0.39
000625.SZ	长安汽车	24.66	1.62	0.90
000800.SZ	一汽轿车	44.06	1.14	0.29
000927.SZ	一汽夏利	52.65	1.57	0.58
002594.SZ	比亚迪	26.23	1.72	0.74
200625.SZ	长安 B	12.98	0.85	0.47
600104.SH	上汽集团	7.67	1.52	0.36
600418.SH	江淮汽车	11.02	1.19	0.22
601238.SH	广汽集团	8.00	1.17	3.11
601633.SH	长城汽车	16.17	3.31	1.84

第4章
现金制会计、权责发生制会计与现金流折现估值

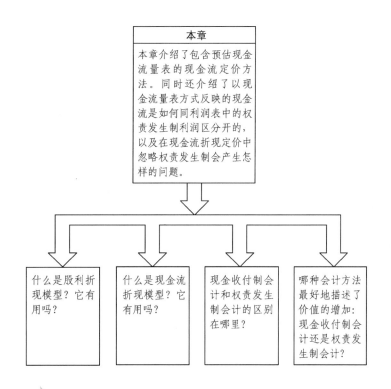

开篇阅读材料

跌到何处方是底　盯紧自由现金流折现

沪深股市最近连创新低。指数、股价一低,人们自然就关心其投资价值问题。跌成这样了,这市场是否有投资价值了呢?

首先,我们要明白股市上涨的动力在哪里。平时经常听到这样的言论,说中国的GDP每年都有8%以上的增长,为什么股市却连年下跌,丝毫没有成为经济的晴雨表。可是GDP反

映的是国内生产总值,驱动股市上涨的应该是利润的增长,GDP增长未必一定有利润的同步增长,所以即使GDP年年高速增长,也不等于股市就非涨不可。

接下来,我们就可以讨论指数和股价的估值问题。市盈率(P/E)是投资大众普遍了解的判断方法,可是要提醒大家的是,上证综指或深成指的市盈率其实并没有太多的比较价值,因为海外市场熟知的恒生指数、标普500都是大型股样本指数,所以要比较,也应该是与"上证50"这样的同类指数比较。当然,更好的方法是采用标普或者富时这样的完整指标体系来进行对比。

其实,要正确地判断指数、股价的高低,单单分析市盈率(P/E)是远远不够的,一般欧美的分析师至少要参考市净率(P/B)和息率这两个重要指标。而对于个人投资者而言,息率是最重要的指标,因为这是一个真正反映投资价值的指标,反映你可以通过持有股票获得多少派息。

不过,由于沪深股市的发展期太短,加上股权分置的特定背景,过去十多年的平均值未必就是这个市场的合理水平,从这个意义上来说,P/E、P/B或者息率这样的指标仅具有和其他同类市场的比较价值,而不具有其他市场所有的"平均值回归"的直接判断价值。

所以,对于沪深股市,笔者更看重针对个股的自由现金流折现模型。一方面,考虑自由现金流而非盈利,可以避免一些上市公司操纵利润的手法,以及一些会计制度对于利润的误导;另一方面,自由现金流又不像息率这样会受管理层派息策略的影响。股神巴菲特投资时最为看重的便是这个指标。运用自由现金流折现模型,可以将沪深股市的一些特殊情况考虑进去,比如比较高的发展速度、高风险所需要的高回报要求,诸如此类。如果对于此模型的多个参数能够有比较合理的设置和估计,是可以得到一个比较合理的对于股票的估值的。当然,由于自由现金流模型计算颇为复杂,对于普通投资者并不容易,所以希望能够见到更多的证券分析师在大众媒体上利用此模型来为投资者分析当前究竟哪些个股是比较具有投资价值的。

资料来源:《新闻晨报》,2005年05月25日,作者张翼轸,http://finance.sina.com.cn。

分析师核对表

读完本章后你应该理解:
- 股利折现模型是如何运作的?
- 持续增长模型是什么?
- 经营活动现金流是什么?
- 用于投资的现金流是什么?
- 什么是自由现金流?
- 股利和自由现金流是怎样关联的?
- 现金流折现估值方法是如何运作的?
- 逆向工程是怎样作为估值分析工具运用的?
- 简单估值是什么?
- 应用现金流估值中产生的问题。
- 为什么自由现金流不能衡量经营中的价值增值?

- 为什么自由现金流是一个清算概念?
- 现金流折现估值与经营活动的现金收付制会计有何关联?
- 为什么美国的财务报表中"经营活动现金流"科目没能正确地衡量经营活动现金流?
- 为什么美国的财务报表中"投资活动现金流"科目没能正确地衡量投资活动现金流?
- 经营中的权责发生制会计同现金收付制会计有什么不同?
- 收益和经营活动现金流的不同之处。
- 收益和自由现金流的不同之处。
- 对于投资的权责发生制会计是如何影响资产负债表和利润表的?
- 为什么分析师要预测收益而不是现金流?

读完本章后你应该能做到:
- 计算永续年金的价值。
- 计算有增长的永续年金的价值。
- 应用现金流折现模型。
- 用自由现金流进行简单估值。
- 对现金流折现模型逆向工程。
- 从现金流量表中计算出经营现金流。
- 从现金流量表中计算出用于投资的现金。
- 计算自由现金流。
- 计算税后净利息支付。
- 计算有杠杆和无杠杆的经营活动现金流。
- 从现金流量表中计算总应计项目数额。
- 从现金收入和应计收入中计算出收入总额。
- 从现金支付和应计费用中计算出费用总额。
- 解释收益和经营活动现金流的区别。
- 解释收益和自由现金流的区别。

  在上一章中,我们介绍了作为预测未来财务报表重要方法的基本面分析。我们把注意力集中在与投资和经营活动相关的因素上。因为我们发现,预测股利是不大合适的,这是因为股利主要是与融资相关的行为,而不是投资、经营中的价值创造。但是还有其他三种财务报表:资产负债表、利润表和现金流量表。为了估值,我们应该预测哪种报表?而且,各种报表中的哪些要素是与投资和经营相关的呢?

  本章考察根据现金流量表进行预测的估值技术。首先,我们聚焦于预测流向股东的现金流,即股利折现分析。接着,我们会关注现金流量表中与投资、经营活动相关的部分,即经营、投资活动产生的现金流。从经营和投资活动预测现金流,然后将其折现的方法就叫作现金流折现分析。但上述两种方法都不令人满意,因为它们都没有准确衡量经营中的价值增值。

  作为一名已经学习过财务会计初级课程的学生,毫无疑问,你已知道现金收付制会计和权责发生制会计的不同。现金流量表就是从现金收付的视角研究经营和投资行为的。因此,现金流折现分析也就是一种用现金收付制估值的方法。利润表和资产负债表是根据权责发生制会计准则而编制的。在介绍现金流折现估值的同时,本章也介绍了权责发生制会计在估值中的用途,为接下来两章中预测(权责发生制下的)利润表和资产负债表的技术打下基础。

在解释了现金收付制是如何运作以及它与权责发生制会计的区别之后,本章将讨论这些不同是如何影响估值的。作为选择最好技术的标准,我们将问两个问题:当我们预测现金流的时候产生了什么问题?权责发生制会计在修正这些问题上有帮助吗?

4.1 股利折现模型

许多教材的基本面分析章节都会重点讨论股利折现模型。该模型具有一定优势:公司通过股利的形式向股东支付现金流,现金流量表中体现为"分配股利、利润所支付的现金"。在债券估值中,我们可以预测债券的现金流,在股票估值中,我们也可以预测股票的现金流。

股利现金流模型通过对未来股利的预测而进行权益估值:

$$\text{权益价值} = \text{预期未来股利现值} \tag{4.1}$$

即有

$$V_0^E = d_1/\rho_E + d_2/\rho_E^2 + + d_3/\rho_E^3 + d_4/\rho_E^4 + \cdots$$

其中,省略号表示预期股利应当是无穷期的。股利折现模型需要预计未来股利,并利用权益资本成本 ρ_E 计算其折现值。折现率可以变动,但此处我们将其视作常数。股利折现模型直接将债券折现模型应用到股票估值中。这一折现模型对存在终值的债券估值是合适的,当存在上章末所提到的持续经营情形时,该模型还成立吗?

持续经营意味着未来股利现金流持续很多期(以至于无穷期)。显然,无穷期下的预测是比较困难的。但如果有限期,比如说10年期,我们是如何进行预测的呢?在图3.4中,我们曾经列示过有限期情形下的权益投资收益。预测期为有限 T 期时,我们可以很容易得到前 T 期股利的预测值,但第 T 期末收益 P_T 也是需要预测的,该收益是 T 期末出售股票的价格。前 T 期股利的预测就如同不考虑债券偿还的情况下对债券利息流的预测,最后一项即 T 期收益又称作终值。因此我们得求一个终值使得:

$$\text{权益价值} = \text{前 } T \text{ 期预期股利现值} + T \text{ 期末预期终值的现值} \tag{4.2}$$

即有

$$V_0^E = d_1/\rho_E + d_2/\rho_E^2 + + d_3/\rho_E^3 + \cdots + d_T/\rho_E^T + P_T/\rho_E^T$$

可以看出,技术层面来看,该模型是准确的,其就是图3.4所列示投资项目各期收益流的现值。但问题是该收益流中包含了第 T 期的价值 P_T,这导致问题陷入了一个死循环,即第0期的权益价值取决于未来预期价值,但未来预期价值也是我们要进行估计的。要跳出这一循环,必须考虑影响股价的基本面因素。

常见的方法是将预测期末之后的股利流假定为永续股利流,从而有:

$$V_0^E = d_1/\rho_E + d_2/\rho_E^2 + + d_3/\rho_E^3 + \cdots + d_T/\rho_E^T + (d_{T+1}/(\rho_E - 1))/\rho_E^T \tag{4.3}$$

其中,终值 $d_{T+1}/(\rho_E - 1)$ 是永续价值,是预测的 $T+1$ 期股息收入以资本成本进行资本化的结果。然后将该终值予以折现。

永续年金估值模型与固定增长估值模型

若未来股利流的变动方式可预测,其现值就可以通过简化的模型计算得出。此处介绍两个例子——永续年金估值模型和永续增长估值模型。

永续年金估值模型。永续年金是指一直持续的每期等额现金流。永续年金是没有结束期的特殊年金。要对永续年金估值,只需将该预期的现金额资本化即可。假定下一期股利 d_1 为永续年金,那么该股利流的价值可以表示为:

$$V_0^E = d_1/(\rho_E - 1)$$

因此,若永续股利为 1 美元,每年要求回报率为 10%,那么该永续股利流的价值为 10 美元。

永续增长估值模型。如果预计的未来股利流以固定增长率增长,其价值可以使用增长率调整后的要求回报率来资本化,即:

$$V_0^E = d_1/(\rho_E - g)$$

其中 g 等于 1 + 增长率,ρ_E 等于 1 + 要求回报率。如果股利为 1 美元,且以每年 5% 的增长率增长,每年要求回报率为 10%,那么该永续股利流的价值为 20 美元。需要注意的是,无论是永续年金估值模型还是永续增长估值模型,估值时点均为该永续股利开始的时刻。具体来说,第 1 期开始的永续股利流,其估值时点为第 0 期末;时刻 $T+1$ 开始的永续股利流,其估值时点为时刻 T,此时以 ρ_E^T 而不是 ρ_E^{T+1} 折现(见公式 4.3 和 4.4)。

固定增长估值模型。永续增长估值模型有时又称作固定增长估值模型。上面模型中的增长率即为此处的常数(有时,该模型也称作 Gordon 增长模型)。尽管该模型很简单,但是只有当固定增长的情况出现时,才可以使用该模型。

永续股利流是一个猜测性假定。股利不变的假定现实吗? 我们知道一旦留存收益的再投资回报率较高,而企业又将部分利润留存在企业内部,那么未来股利一定会增加。对模型(4.3) 中的终值项略作调整,我们有:

$$V_0^E = d_1/\rho_E + d_2/\rho_E^2 + d_3/\rho_E^3 + \cdots + d_T/\rho_E^T + (d_{T+1}/(\rho_E - g))/\rho_E^T \quad (4.4)$$

其中,g 等于 1 + 预计增长率①。这里的终值变成了永续增长股利流价值。若固定增长开始于第 1 期,则整个表达式简化为 $V_0^E = d_1/(\rho_E - g)$,即 Gordon 增长模型(见阅读材料 4.1)。

如果企业长期不支付股利如何估值? 如果企业支付较高的股利,但高股利不能持续,此时如何估值? 如果出现股票回购(通常不影响股东价值)如何估值?

不过可以预计的未来期间股利支付并不是很重要。因为有的企业可能会支付很多股利,有的企业却很少支付股利;盈利能力不强的企业可能会支付很多股利,高盈利、高价值的企业可能不支付股利,至少这样做在短期是可以实现的。所以说,股利与价值创造并不是等同的。比如说,企业可以通过借款来支付股利,而这与创造价值的投资活动和经营活动并没有什么关系。因此说,股利只是价值的分配,而不是价值的创造。

以上分析进一步论证了上一章的结论:股利与价值创造无关。为了模型的实用性,需要将预测期界定为有限期。即在股利折现模型(公式 4.2)中,将权益价值表示为预计未来股利流加上期末终值。不过总收益(全部股利流加终值)对股利流部分并不敏感,因为若平时支付较多股利,那么终值就会变低;如果企业支付较多现金股利,留存价值就会下跌,相应终值也会下降。股利流的任何变动都会引起终值的反向变动,导致对现值的净影响为零。换言之,股利支付是 NPV 为零的活动,股利是价值不相关的,股利没有创造价值。既然股利不相关,我

---

① 终值部分资本化率的分母可以表示为 $(P_E - 1) - (g - 1)$,等同于 $P_E - g$。

们就可以只关心终值的预测,可是,终值的价格就是我们所要预测的。阅读材料4.2对股利折现分析的优缺点进行了总结。

阅读材料4.2

股利折现分析

优点

含义简单。股东得到的就是股利,所以股票估值可以通过预测股利来实现。

可预测性。短期来看,股利支付通常比较稳定,所以可预测性好。

缺点

相关性不足。股利支付与价值创造并没有必然联系,至少短期来看是如此。股利支付没有考虑收益中的资本利得。

预测期。需要较长的预测期。

适用情形

特别适用于股利支付与企业价值创造活动紧密相关的情形,比如固定股利支付率的情形(股利/净利润固定)。

权益估值取决于未来股利流,但由于股利不相关,有限期上预测的股利流对价值没有影响,这就出现了所谓的股利估值悖论。股利折现模型无法满足上一章所提到的第一条标准。因此,必须寻找可预测的与价值创造相关的某种指标。股利折现模型在第二条标准——有效性——方面也不能保证。本来股利流可以观测,股利流预测能够验证其准确性。但既然股利不相关,预测的股利变动虽然与股利政策相关,却与价值不相关,导致事后观测的股利流无法反映估值的有效性。

以上问题的解决需要考察影响企业未来价值创造能力的活动——投资活动和经营活动。这正是现金流折现分析的出发点。

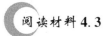
阅读材料4.3

按季分红是现金分红的最高形式

对于中国投资者来说,他们在内地市场中看到最多的是一年分红一次或是多年不分红的公司,而能够一年分红两次的公司基本上不存在,而一年分红四次的公司更是从未见过。

在中国内地股市,股民对上市公司高额现金分红基本上不抱任何希望,因此,除了炒就是赌行情,而上市公司正是看中了股民的这一致命弱点——你不在乎现金分红,我刚好也舍不得真金白银。于是,上市公司趁机浑水摸鱼,只要你不逼我掏现金,我就没有派现压力,你要求送股票,我就送些废纸给你。反正你炒你的,派现与否由我说了算。

欧美股市流行"按季分红"

这就是中国内地股市不愿现金分红的荒诞逻辑,这也是一种劣习的恶性循环:上市公司不愿现金分红,股民就自己制造差价、炒差价。如此循环往复,上市公司对股东越来越缺乏感恩和回报意识，投资者更是毫不关心上市公司是否分红，而这也正是中国内地股市过度投机、股民对长线投资不屑一顾的内在原因之一。

相反的情形是，在成熟发达的欧美股市，投资者更关注的是上市公司的现金分红，因为只有现金分红能力大小才能准确体现公司价值的高低。上市公司越是流行现金分红（尤其是"按季分红"），投资者就会越重视公司业绩，也就越能接受价值投资理念，他们甚至为了获得公开、透明的"按季分红"而自觉选择长线投资。

现金分红，尤其是"按季分红"，并不只是一种单纯的分红政策，它更是企业实力与诚信的一种象征。按季分红的主要做法是：分配方案提前一年公布，一年四季按时等额均分（不过，一般在年末第四次分红时，极有可能根据当年业绩再追加一个特别分红），投资者对于这样的现金分红方案，只要知道今年，就能知道明年；只要知道第一季度就能知道全年其他三个季度。这就是所谓的"按季分红"，它要求公司具有极其稳定的盈利能力，更要求公司具有极强的利润预测和财务驾驭能力。否则，按季分红就会变成"放空炮"，毫无意义。

所谓"不比不知道，一比吓一跳"。在中国香港上市的恒生银行，十余年如一日地"按季分红"，年度现金分红水平一直保持在每10股派现50—60港元，而且它的分红预案一般都是提前一年就对外公布，每季分红时间及分红水平都是相对固定的。这是一种承诺和自信，更是一种诚信和责任。

A股上市公司忽略股东基本利益

回头看内地市场，A股公司尚无能力或尚不习惯"按季分红"。它们基本上没有透明、稳定的分红政策。比如，在有的年份，它们突然心血来潮既派现又高送转；但在有的年份，它们却又一毛不拔铁公鸡似的；当然，也有些上市公司能够做到两三年分红一次，部分公司能坚持一年分红一次，不过，大多数分红公司是每股派现几分钱或一两毛钱。

此外，还有一些上市公司十余年如一日，就是不分配，铁公鸡一个。这种不愿分配的现象表明内地上市公司盈利能力及财务驾驭能力仍相当低下，当然，有一些公司虽有能力分红，但它们也不愿意分红，这是上市公司对股东缺乏诚信和责任的表现。

"按季分红"要求上市公司拥有较强的盈利能力和竞争力，而且业绩稳定，与此同时，要求上市公司对未来充满自信和信心，并具有极强的财务管理能力。当然，更为重要的是，"按季分红"的分红政策，最直接地表达了上市公司对股东的诚信和责任。为此，我们期待内地上市公司学会珍惜股东的奉献精神和牺牲精神，希望它们将来可以为中国投资者带来"按季分红"的惊喜和收获。

现金分红仍需政策制约和推动

诚然，分红政策是属于公司内部的微观政策，政府虽然无权直接强制它，但可以通过制度约束和舆论监督来导向它。比方说，在上市公司再融资管制中，增加一个附加硬性条款：近三年之内现金分红比例达不到规定比例的，不允许再融资；在年度报告中，可以要求上市公司必须提前公布下一个年度的现金分红预案，并要求在下一个年度报告中对实际执行结果不一致的原因进行解释和自责，以引导投资者更多地关注上市公司的业绩和回报，并重新回归到价值投资的正常轨道上来。

不过，如果上市公司的退市制度不改革，则上市公司的分红习惯很难从根本上发生改变。

资料来源：《证券市场红周刊》，2011年11月20日，作者董登新。

4.2 现金流折现模型

正如我们在第1章中看到的,企业的价值等于企业的负债加上权益:$V_0^F = V_0^D + V_0^E$。企业的价值就是它的经营和投资活动的价值。而这些价值是在索取权人(claimant)——债权人和股东之间分配的。因此,可以通过股利折现模型预测权益所有者的价值流,直接计算出权益的价值;也可以通过预期企业投资和经营活动的价值得到企业的价值,再减去负债的价值,来得到权益的价值。现金流折现分析通过预期经营和投资的现金流来为企业的经营和投资行为定价。权益的价值是减去所有的净负债得到的。净负债就是企业的负债减去企业持有的债权(作为资产)后的净额。正如我们在第2章看到的,资产负债表上的"负债"数值通常比较接近其市场价值,因此我们可以使用账面价值。在大多数情况下,财务报表的负债中会说明负债的市场价值。在计算普通股权益时,负债和优先股都要从企业的价值中减去。因为从普通股股东的角度看,优先股与债权是无甚差别的。

通常,我们把投资和经营活动统称为经营活动,投资活动蕴含在经营活动中。相应地,本书中提到经营的价值指的是企业投资及经营行为的价值,也称为企业价值、公司价值。

在第3章中我们看到,通过预测现金流可以对项目定价,而且还可以预测项目所带来的价值增值,这是项目评估的标准方法。公司只不过是许多项目的结合体,要发现公司的价值,我们只需要计算公司经营的所有项目的现金流现值。

所有项目的全部现金流称为经营活动现金流。新项目的投资和旧项目的到期,如此周而复始地进行下去。投资活动需要现金支出,称为资本支出或现金投资(投资于经营活动)。图4.1描述了一家持续经营的公司5年中的经营活动现金流 C_t,以及投资活动现金流 I_t。在某一年(如第二年)进行现金投资之后,随后年份(第三年起)内经营活动现金流就包括了项目终止前的所有现金流入。在其中任何一年,经营活动都产生净现金流,即经营活动现金流入与现金投资之差 $C_t - I_t$。因为它是企业经营活动产生的现金流投资于新的资产之后的剩余部分,所以称为自由现金流①。

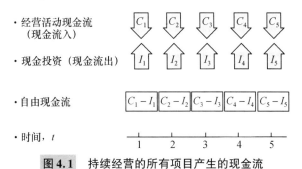

图4.1 持续经营的所有项目产生的现金流

自由现金流,是指经营活动现金流减去投资所用现金而得到的现金流。

---

① 注意,你将在实践中遇到许多有关"现金流"的定义:经营活动现金流、自由现金流、融资现金流,甚至 EBITDA(近似于现金流)。你需要区分它们的含义。

如果我们预测了自由现金流,我们可以用现值公式来计算公司价值:

公司价值 = 期望自由现金流的现值 (4.5)

$$V_0^F = \frac{C_1 - I_1}{\rho_F} + \frac{C_2 - I_2}{\rho_F^2} + \frac{C_3 - I_3}{\rho_F^3} + \frac{C_4 - I_4}{\rho_F^4} + \frac{C_5 - I_5}{\rho_F^5} + \cdots$$

这是公司价值的定价模型,叫作现金流折现模型(DCF)。公式里的折现率是对所有项目的风险水平适用的要求回报率,称为公司的资本成本或经营的资本成本[①]。股东和债权人共同分享公司经营活动产生的回报,因此普通股的价值就是公司价值减去债权(包括优先股)的价值: $V_0^E = V_0^F - V_0^D$。

读者可能已经注意到:现金流折现模型与股利折现模型一样,要求预测无限期的现金流。如果我们只预测了有限期的现金流,我们还需要加上有限期之后的自由现金流的价值,这个价值称为永续价值。对 T 期的现金流预测来说,股权价值就是:

$$V_0^E = \frac{C_1 - I_1}{\rho_F} + \frac{C_2 - I_2}{\rho_F^2} + \frac{C_3 - I_3}{\rho_F^3} + \cdots + \frac{C_T - I_T}{\rho_F^T} + \frac{CV_T}{\rho_F^T} - V_0^D \quad (4.6)$$

不要混淆永续价值与到期价值的概念。正如上一章所解释的,到期价值是我们预期的公司在 T 期的价值,也就是在 T 期卖出公司的收入 P_T。永续价值是因为我们只预测到 T 期而不是预测到"无穷期"而遗漏的价值。永续价值是我们为了将持续经营预测简化为有限期预测而设计的。因此,能否满足适用于实际分析这一标准,取决于永续价值能否在一个合理的预测期内计算出来。我们应当如何计算永续价值,使其包括 T 期后所有的预期现金流? 如果我们预测 T 期后的自由现金流是一个稳定永续年金,那么我们可以采用股利折现模型中所使用的方法,此时,把永续年金资本化:

$$CV_T = \frac{C_{T+1} - I_{T+1}}{\rho_F - 1} \quad (4.7)$$

或者,如果我们预测 T 期后现金流将以一个固定比率增长,那么有:

$$CV_T = \frac{C_{T+1} - I_{T+1}}{\rho_F - g} \quad (4.8)$$

其中,g 等于 1 加上预测的自由现金流的增长率。

表 4.1 列示了可口可乐公司 2000—2004 年间的实际现金流。假定该实际现金流是 1999 年年末可口可乐公司股价为 57 美元时,我们对其现金流的完美预测。该表列示了对这些现金流进行估值的方法。根据公式(4.6)可知,截至 2004 年的自由现金流可以按照 9%的要求回报率折现,再加上永续价值的现值就可以得到企业价值(公司价值)。假定 2004 年之后,自由现金流的增速为 5%,为无限期,根据公式(4.8),永续价值就可以用 5%的增长率对永续年金折现来计算。从总资产中扣除净负债的账面价值得到权益价值为 100.543 亿美元(每股 40.67 美元)。因此 $V/P = 40.67/57 = 0.71$。

[①] 第 13 章讨论了经营资本成本及其与权益资本成本的关系。在公司财务课程中,公司的资本成本通常称为加权平均资本成本。

表 4.1 要求回报率为 9% 时可口可乐公司现金流折现估值（除股数和每股数据，单位均为百万美元）

	1999	2000	2001	2002	2003	2004
经营活动现金流		3 657	4 097	4 736	5 457	5 959
现金投资		947	1 187	1 167	906	618
自由现金流		2 710	2 910	3 569	4 551	5 311
折现率 $(1.09)^t$		1.09	1.1881	1.2950	1.4116	1.5386
自由现金流现值		2 486	2 449	2 756	3 224	3 452
截至 2004 年总现值		14 367				
永续价值（CV）*						139 414
CV 的现值		90 611				
企业价值		104 978				
净负债账面价值		4 435				
权益价值（V_{1999}^E）		100 543				
流通股股数		2 472				
每股价值		$40.67				

* $CV = \dfrac{5\,311 \times 1.05}{1.09 - 1.05} = 139\,414$，CV 的现值 $= \dfrac{139\,414}{1.5386} = 90\,611$

计算之后，可以得出结论，可口可乐公司每股价值为 40.67 美元。表 4.2 列示了同一期间通用电气公司的现金流情况。1993—2004 年，通用电气是全美回报率最好的公司之一，但除 2003 年之外，其他时期的现金流均为负数。

表 4.2 自由现金流为负的情形：GE 公司（除每股数据，单位均为百万美元）

	2000	2001	2002	2003	2004
经营活动现金流	30 009	39 398	34 848	36 102	36 484
现金投资	37 699	40 308	61 227	21 843	38 414
自由现金流	(7 690)	(910)	(26 379)	14 259	(1 930)
收益	12 735	13 684	14 118	15 002	16 593
每股收益（EPS）	1.29	1.38	1.42	1.50	1.60
每股股利（DPS）	0.57	0.66	0.73	0.77	0.82

假定 1999 年我们考虑是否购买通用电气的股票，同时假定通用电气的未来自由现金流可以完美预测，使用的模型为现金流折现模型。由于未来现金流为负值，所以现值为负。而且 2004 年现金流也为负数，无法将其资本化为永续价值。站在 2004 年，回顾通用电气的自由现金流，我们发现自由现金流很难解释其股价中的高回报。

自由现金流与价值创造

为何某些情形下，现金流折现模型不适用？很简单，因为一段时间内经营活动创造的价值并不能通过自由现金流来反映。经营活动现金流是企业销售产品所带来的现金流入，投资活动会减少企业现金流，特别是企业投资活动支付的现金大于经营活动收到的现金时，其自由现金流为负。此时，即使投资净现值至少为零（大于零视为价值创造），自由现金流也会减少，从而其现值也相应减少。从这个角度讲，投资活动是"利空"的，而不是"利好"的。当然，投资的回报最终会转变为经营活动现金流，不过企业未来投资期越长，合理呈现其现金流正向影响所需要的时间就越长。通用电气不断发现并投资新的项目，导致其投资支付的现金流出超过了现金流入。许多成长型企业的自由现金流均为负,尽管这些企业创造了较多的价值。

自由现金流并不是一个刻画经营活动所创造的价值的概念,其混淆了投资(及其价值)与投资收益这两个不同的概念。实际上自由现金流只是一个投资概念,或者说是一个表示清算价值的概念:项目投资将减少自由现金流,项目清算将增加自由现金流。但是,企业投资的盈利项目越多,价值越高。如果分析师预测未来几年自由现金流较低甚至为负,我们能否认为这是其经营缺乏潜力的表现?通用电气在2003年的自由现金流为正可能会被解读为利空消息,因为其可能减少了投资项目。表4.1中可口可乐公司2003年和2004年较高的自由现金流缘于其投资项目的削减。削减投资项目自然降低未来自由现金流,这可能使得模型中5%的固定增长率不太现实。

当投资所带来的现金收入与同期现金支付相匹配时,我们可以将自由现金流看作经营活动价值的度量指标,然后用现金流入减去投资现金流出。不过现金流折现分析中,同一项目引起的现金流入往往滞后于其所引起的现金流出,因此要刻画其价值就需要较长的估计期。现金流折现分析与第2章阅读材料2.12的配比原则是相矛盾的。

应对类似通用电气的问题需要较长的预测期。但这与第3章所提及的实务分析标准是矛盾的。参见阅读材料4.4。

阅读材料 4.4

现金流折现估值模型与投机预测

估值是为了避免对未来的过度投机。基本面分析师在估值技术选择上有两大信条:莫将所知的信息与投机性预测混到一起;估值应当立足于所知的信息而不是立足于投机性预测。我们要鼓励非投机方法,避免投机性预测。通常,对当前和不远的未来我们知之较多,对长远的未来则知之甚少,因此应当鼓励重视当前和不远未来的方法,规避对长远的未来进行投机性预测的方法。正如凯恩斯所说,长期来看,我们都将死去。这正是"实用的估值方法应当是对有限期进行估值,期限越短越好"这一论断的原因所在。不过长远的未来期间,可能会出现持续经营的重大疑虑,此时对于未来的投机性预测难以避免。不过过分依赖于长远未来——我们通常知之甚少——的估值模型确实是投机性的,具有重大不确定性。

现金流折现模型确实离不开投机性预测。表4.2所列示的通用电气的例子正是如此。1999年,评估通用电气价值时,由于离估值点较近,分析师对2000年和2001年现金流的估计会较有把握,尽管这一点可能用处不大。而且其对2000—2004年的五年期预测也可能对估值用处不大,因为这些现金流都是负值。他不得不对未来现金流转正的情况进行投机性预测,可能需要估计到2010年、2015年甚至2020年。但这些现金流是很难准确预测的,其不确定性极高。"长期来看我们都将死去",投资银行家和分析师为了论证估值的合理性可能会偏好这一类方法,但真正的基本面分析师是不会致力于如此的投机性预测的。

永续价值的估计需要一定程度的投机性预测。因此,如果一个估值模型过分依赖于永续价值,我们会认为这个模型不尽如人意。比如通用电气的例子,由于其截至2004年自由现金流都为负值,所以其在2004年年末的永续价值会比估值结果高100%。我们鼓励侧重于短期预测的模型,如只对2000年到2002年进行预测,因为短期更确定。不过通用电气的例子中,短期现金流状况导致无法对其短期估值。

实践中的另一个问题是分析师预测净利润,不预测自由现金流,这可能缘于净利润比自由现金流更能反映经营活动情况。因此,要使用自由现金流折现模型,需要将盈余预测转换为自由现金流预测,这一转换还需要我们做出更多的分析。阅读材料4.5列示了现金流折现分析的优缺点。

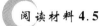

现金流折现分析

优点

概念简单:现金流是实际发生的且易于考虑,不受会计准则的影响。

熟悉:现金流分析是我们已熟悉的净现值方法的直接应用。

缺点

可疑之处:自由现金流不能衡量短期内所增加的价值,得到的价值与放弃的价值不配比。

自由现金流不能体现由非现金流因素所产生的价值。

投资被认为是价值的损失。

自由现金流某种程度上是一个清算概念,公司通过减少投资能增加自由现金流。

预测期:通常需要进行长期的预测来确认投资产生的现金流入,尤其是当投资在扩张时,更需要长期预测。永续价值在估值中占权重很大。

逆向工程:通用电气的例子表明,当现金流无法捕捉价值时,自由现金流不适用于逆向工程的方法。

与预测的内容不一致:分析师预测的是利润而不是自由现金流,把利润调整为现金流需要进一步预测应计项目。

适用情形

当投资能产生稳定的自由现金流或产生以固定比率增长的自由现金流时("现金牛型"的企业),现金流折现分析能最好地发挥作用。

现金流贴现法估值的适用性

一般而言,资产估值常用的方法有三种,即现金流贴现估值法、相对估值法和期权估值法,其中前两种方法较为常用。相对估值法,是根据某一变量,如收益、现金流、账面价值或者销售额等,考察同类上市公司的价值,进而对特定上市公司估值。现金流贴现法认为上市公司资产的价值等于未来所产生的所有现金流的现值总和。

由于该估值方法基于预期未来现金流和贴现率,在未来现金流为正、可以比较可靠地估计未来现金流发生时间,并且可以确定恰当的贴现率的情况下,该方法比较适合,但是实际情况往往没有那么完美,很多情况下这些假设都是不确定的。在下列情况下,使用该方法得出的估值结果是不合适或者需要调整的,投资者在参考研究员估值定价时应当注意。

1. 陷入财务困境的上市公司。由于此类上市公司当前收益和现金流常常为负,且一般投资者也无法知道什么时候可以出现变化,并且此类公司往往面临较大的破产风险,所以对其现金流的估算就比较困难,对此类公司使用现金流贴现法得到的估值可靠性较差。

2. 收益呈现强周期性的公司。因为此类公司的收益和现金流会呈现出明显的周期性,周期低谷时可能具有负的收益和现金流,如果使用现金流贴现法进行估值的话,往往要对未来现金流进行平滑处理;或者在使用过程中引入更多的主观判断,预测经济衰退和复苏的时间,这种情形容易出现主观偏见。

3. 正在进行重组的公司。处于重组中的公司,往往是要出售或者购买一些资产,并很可能因此改变资本结构或红利政策、管理层激励措施等等,这种变化将使公司的现金流预测比较困难,而且会影响公司的风险特性,从而需要重新考虑贴现率。这种情形下使用现金流贴现法也需要谨慎,往往带有更大的主观成分。

4. 拥有未被利用资产的公司。由于现金流贴现法主要考虑公司当前产生现金流的资产价值,如果公司有尚未被利用的资产,这些资产的价值就不会体现在贴现预期未来现金流所获得的价值中;同样,有些上市公司拥有尚未利用的专利或产品选择权时,也是需要注意的,因为它们并没有产生任何现金流,此种情形下使用现金流贴现可能低估公司价值。对于此类问题,可以适当调整来进一步进行估值,如在公开市场上或者运用期权定价模型对这些资产估值,然后将其加入现金流贴现模型进行估值。

资料来源:《中国证券报》,2008年12月31日,作者郭艳红、李先明。

逆向工程:将价格转换为预测

第3章图3.2描述了根据已知预测值(第3步)进行估值(第4步)的估值过程。如我们前面提到的可口可乐公司的例子,为了对其估值,我们先预测自由现金流(第3步),然后计算其现值(第4步),最后计算出每股价值为40.67美元,V/P比率为0.71。由此我们做出卖出的决定(第5步)。

我们可以采用另一方法来求解这一问题。不但可以根据预测值计算价格,还可以根据现有价格计算相关的预测值。我们把这种反向求解运算称作逆向工程。下面我们根据现金流折现模型计算可口可乐公司的逆向工程结果,计算长期增长率g(内含增长率):

$$P_0 = 57 \times 24.72 \text{亿股} = 1409.04 \text{亿美元} = 27.1/1.09 + 29.1/1.1881$$
$$+ 35.69/1.2950 + 45.51/1.4116 + 53.11/1.5386$$
$$+ [53.11 \times g/(1.09 - g)]/1.5386 - 44.35$$

由此我们可以计算出g,即给定2000—2004年的现金流预测和44.35亿美元的负债,我们能够计算出使得市值为1409.9亿美元时的增长率g,即长期固定增长率为6.2%。

分析师对这一增长率可能会问:为何市场认为长期增长率为6.2%,而我所认为的只有5%?我是否忽略了一些因素?如果分析师无法找到合理证据支持6.2%的增长率,可能市场高估了可口可乐的股价,即不需要比较V/P比率,只要比较内含增长率6.2%与5%即可得出结论。

这一类逆向工程方法能够量化反映市场的投机程度。正如阅读材料4.4所指出的,长期增长率是估值模型中最具有投机性的部分。市场是否过分乐观了?只要分析师确信其短期预测基本合理,就可以质疑市场对长期增长率的判断。

上面我们介绍了逆向工程法的相关情形,应当指出的是,现金流折现模型有时不能采用逆向工程法,特别是当分析师预测的是盈余而不是现金流时。此外,如果现金流并不反映价值创造活动,那么上述方法也无法使用。用逆向工程法来求解表4.2中通用电气的自由现金流显然是不合适的。

简单的估值模型

阅读材料4.4说明永续价值是估值过程中最具有投机性的部分。在"莫将已知信息与投机性预测混淆在一起"的信条指导下,我们可能会根据相对确定的较短期预测来界定预测期,并用预测期末永续价值来概括反映投机性预测。比如在可口可乐的例子中,分析师感觉对表4.1中2000—2004年的预测比较有把握,因此她可能会将预测期设定为5年,然后再加上预测期末的永续价值。

实践中,5年期预测并不简单。分析师通常只对两年期进行盈余预测,两年之后的"长期增长率"预测结果通常欠佳。短期预测可以考虑采用简单的估值模型。最简单的估值模型是只预测一期,然后加上带有增长率的永续价值。阅读材料4.1中的Gordon增长模型就是一个简单估值模型。现金流折现模型可以简化为:

$$V_0^E = (C_1 - I_1)/(\rho_E - g) - 净债务 \tag{4.9}$$

对可口可乐公司股价采用逆向工程法:

$$P_0 = 1\,409.04 = 27.1/(1.09 - g) - 44.35$$

因此 $g = 1.017\,13$,即增长率为7.13%。分析师对其一年期预测很有把握,市场价格内含的增长率7.13%具有投机性,分析师会质疑该预测的合理性。该增长率合理吗?后面章节的分析会对该问题进行解答,现在我们只需要掌握如何求解的问题即可。

在这里,我们使用逆向工程的方法计算海信电器的增长率。根据2012年11月14日收盘价,海信电器市值为105.19亿元,公司2011年年报披露经营活动现金流为7.95亿元,现金投资支出3.05亿元,负债及少数股东权益合计为89.8亿元,货币资金27.7亿元,净债务为62.1亿元,要求回报率按10%计,因此:

$$P_0 = 105.19 = (7.95 - 3.05)/(1.1 - g) - 62.1$$

得出 $g = 1.071$,增长率为7.1%。你认为这个增长率是高估了还是低估了海信电器的增长潜力?

4.3 现金流量表

现金流量表反映了公司的现金流量情况,所以,预测现金流量意味着要编制预计现金流量表。但是美国的财务报表(按GAAP编制的)中的现金流量不是我们进行现金流折现分析所需要的。表4.3给出了戴尔公司2002年财务报表中"经营活动现金流"和"投资活动现金流"两部分内容。报表的全文参见第2章表2.1。从表中我们可以看到,2002年戴尔的"经营活动现金流"为37.97亿美元,用于投资的现金额为22.6亿美元,这样其自由现金流为两者的差值,即15.37亿美元。

表 4.3　戴尔电脑公司 2002 年现金流量表(部分)

戴尔公司
部分合并的现金流量表
(单位:百万美元)

	财政年度截止日		
	2002 年 2 月 1 日	2001 年 2 月 2 日	2000 年 1 月 28 日
经营活动现金流:			
净利润	1 246	2 177	1 666
将净利润调整为经营活动产生的净现金流:			
折旧和摊销	239	240	156
职工持股计划的税收利益	487	929	1 040
特殊费用	742	105	194
投资损益	17	(307)	(80)
其他	178	135	56
营运资本的变动:			
应收账款净值	222	(531)	(394)
存货	111	(11)	(123)
应付账款	826	780	988
应付及其他负债	(210)	404	416
其他,净值	(123)	—	(75)
非流动资产和负债的变化	62	274	82
经营活动产生的净现金流	3 797	4 195	3 926
投资活动现金流:			
证券投资			
购买	(5 382)	(2 606)	(3 101)
到期与出售	3 425	2 331	2 319
资本支出	(303)	(482)	(401)
投资活动产生的净现金流	(2 260)	(757)	(1 183)
现金流量表的补充资料:			
利息支出	31	49	34
投资收入(利息)	314	305	158

资料来源:戴尔公司,2002 年,10-K 报告。

报表中经营活动的现金流是净利润减去利润中不涉及现金流的项目(这些非现金流项目是应计费用,在下一章将会讨论到)。但净利润中包含了利息支出,利息不是经营活动现金流的一部分,利息支付是对债权人的现金流出,属于融资现金流。公司必须在现金流量表中以附录的形式公告利息支付。戴尔 2002 年的支付额为 3 100 万美元(见表 4.3)。净利润还包含了把多余的现金暂时投资于存款或债券所得到的利息收入。这是把多余的现金以投资的方式储备起来,直到经营活动需要补充现金或是需要偿付债务、支付股利。在 2002 年的资产负债表上戴尔公司有超过 50 亿美元的附息债券(见第 2 章)。表 4.3 说明,从这些债券上产生的收益为 3.14 亿美元。这些利润当然不是经营活动产生的。

阅读材料 4.7

根据现金流量表计算自由现金流

戴尔公司, 2002 (单位: 百万美元)		
报表中经营活动现金流		3 797
利息支付	31	
利息收入*	(314)	
净利息支付	(283)	
税率(35%)⁺	99	
税后净利息支付(65%)		(184)
经营活动现金流		3 613
报表中投资活动现金流		2 260
购买生息证券	5 382	
处置生息证券	(3 425)	1 957
投资于经营活动的现金流		303
自由现金流		3 310

   * 现金流量表给出了利息支出的数据,但没有给出收到利息的数据,所以用利润表利息收入的数据代替。利息收入中会含有少量应计利息,不过对现金利息收入影响不大。

   ⁺ 戴尔公司的综合税率为35%(包括联邦税和州税),该值列示在其财务报表的附注中。

    利息支出与利息收入之差称为净利息支付。在英国的现金流量表中,净利息支付不包括在经营活动的现金流中。① 但是美国将净利息支付包括在经营活动产生的现金流中,因此要加回现金流,从而得到经营活动实际产生的现金流。然而,利息收入要征税,而利息支出可在税前收入中扣除,不需要纳税,因此净利息支付还需要就税收支付进行调整,调整后的称为税后净利息支付,即净利息支付×(1 - 税率)。经营活动的现金流就是:

$$经营活动现金流 = 报表内经营活动现金流 + 税后净利息支付 \quad (4.10)$$

    阅读材料4.7的第一部分计算了戴尔公司现金流量表中的经营活动现金流。对许多公司来说,利息支付大于利息收入(与这个例子不同),因此,经营活动现金流通常要大于报表中的数值。

    美国的现金流量表中有"投资活动产生的现金流"。但是,这里的投资包括了将过剩的现金投资于生息证券。那些投资不属于经营性的投资,因此:

$$投资于经营活动的现金流 = 报表里投资活动的现金流 - 生息证券的净投资 \quad (4.11)$$

    净投资是指新投资减去变现的投资(购买减去出售)。阅读材料4.7中也给出了戴尔公司修正的投资于经营活动的现金流以及自由现金流。

    经营活动的现金流有时称为无杠杆的经营活动现金流,但是"无杠杆"这个词是多余的。报表里经营活动的现金流有时称为有杠杆的经营活动现金流,因为它包括了债务融资的利息。但有杠杆的现金流不是一个有用的指标。股利是支付给股东的现金流,要先支付利息、偿还本金后才能支付股利。

---

① 国际会计准则允许公司把净利息支付归入经营活动或是筹资活动的现金流。

阅读材料4.8

我国现金流量表科目的含义

我国现金流量表中投资活动现金流包括如下科目：

1. 收回投资收到的现金：反映企业出售、转让或到期收回除现金等价物以外的交易性金融资产、持有至到期投资、可供出售金融资产、长期股权投资等而收到的现金。

2. 取得投资收益收到的现金：反映企业因股权性投资而分得的现金股利，因债权性投资而取得的现金利息收入。

3. 处置固定资产、无形资产和其他长期资产收回的现金净额：反映企业出售固定资产、无形资产和其他长期资产（如投资性房地产）所取得的现金，减去为处置这些资产而支付的有关税费后的净额。

4. 处置子公司及其他营业单位收到的现金净额：反映企业处置子公司及其他营业单位所取得的现金减去子公司或其他营业单位持有的现金和现金等价物以及相关处置费用后的净额。

5. 收到的其他与投资活动有关的现金：反映企业除上述各项目外，收到的其他与投资活动有关的现金。

6. 购建固定资产、无形资产和其他长期资产支付的现金：反映企业购买、建造固定资产，取得无形资产和其他长期资产（如投资性房地产）支付的现金，包括购买机器设备所支付的现金、建造工程支付的现金、支付在建工程人员的工资等现金支出，不包括为购建固定资产、无形资产和其他长期资产而发生的借款利息资本化部分，以及融资租入固定资产所支付的租赁费。

7. 投资支付的现金：反映企业进行权益性投资和债权性投资所支付的现金，包括企业取得的除现金等价物以外的交易性金融资产、持有至到期投资、可供出售金融资产而支付的现金，以及支付的佣金、手续费等交易费用。

8. 取得子公司及其他营业单位支付的现金净额：反映企业取得子公司及其他营业单位购买出价中以现金支付的部分，减去子公司或其他营业单位持有的现金和现金等价物后的净额。

9. 支付的其他与投资活动有关的现金：反映企业除上述各项目外，支付的其他与投资活动有关的现金。

实务中，在计算自由现金流时，扣除的现金投资通常为"报表中的投资活动现金流 + 投资支付的现金 - 收回投资收到的现金 - 取得投资收益收到的现金"。

此外，在我国利息支付的现金流属于"筹资活动产生的现金流量"，在"分配股利、利润或偿付利息支付的现金"科目中列示。收到利息的现金流并没有明确规定，有的公司列入经营活动现金流中"收到的其他与经营活动有关的现金"，有的则列入筹资活动现金流。如果列入"收到的其他与经营活动有关的现金"，则需要在计算自由现金流时做出调整。判断是否将收到利息的现金流列入经营活动现金流，可以查阅"收到的其他与经营活动有关的现金"科目的附注。

预测自由现金流

不预测利润就直接预测自由现金流是很困难的。在预测利润之后，通过对利润的调整，可以转换为经营活动的现金流。步骤如下：

（1）预测利润。

(2) 预测现金流量表中利润的增加额。
(3) 计算有杠杆的经营活动现金流(第 1 步 + 第 2 步)。
(4) 预测税后净利息支付。
(5) 计算(无杠杆的)经营活动现金流(第 3 步 + 第 4 步)。
(6) 预测经营中的现金投资,要剔除对生息证券的净投资。
(7) 计算预测的自由现金流,$C - I$(第 5 步 - 第 6 步)。

阅读材料 4.9 说明了在 1999 年年末如何预测戴尔公司从 2000 年到 2002 年的自由现金流。结果表明,方框中预测的数值就是该公司 2000 年到 2002 年的财务报表中的数值,它证明了对于自由现金流的预测(步骤 1—7)遵循了现金流量表的结构。

阅读材料 4.9

根据现金流量表预测自由现金流

戴尔公司,2002
(单位:百万美元)

预测	2000F		2001F		2002F	
收益		1 666		2 177		1 246
应计项目的调整		2 260		2 018		2 551
有杠杆的经营活动现金流		3 926		4 195		3 797
利息支付	34		49		31	
利息收入	(158)		(305)		(314)	
净利息支付	(124)		(256)		(283)	
税率 35%	43	(81)	90	(166)	99	(184)
经营活动现金流		3 845		4 029		3 613
投资于经营活动的现金流		(401)		(482)		(303)
自由现金流		3 444		3 547		3 310

预测利润、应计费用和投资是相当困难的,这要求对公司有深入了解。有些分析师为求简便,在上面的第 5 步中预测了利息、税收、折旧和摊销前利润(EBITDA),这也是一个很好的近似。本书的第二部分介绍了一个能有效预测自由现金流的分析方法。一旦预测了利润表和资产负债表,只需通过一步计算就可以得出自由现金流,而不需要这里所介绍的七个步骤。

但我们也想问,将利润预测转化为估价的方法是否有用。我们可以通过预测利润来估价,而不是使用预测现金流进行估价吗?回答是肯定的。不过,事实上,用权责发生制调整利润预测后,估值变得更复杂了。

4.4 现金流、利润与权责发生制会计

分析师预测的是利润而非现金流。股票市场似乎也是用期望利润来计算公司价值的:通

常,未能达到分析师预测利润水平的公司股价会下跌,而超过预测水平的利润则会带来股价的上涨。

如果我们关注的是定价,那么就有很好的理由说明为什么应该预测利润而非现金流。利润和经营现金流的区别在于权责发生制,我们现在就来说明权责发生制是如何反映经营中的价值增加的,以及为何现金收付制没能做到这一点。我们也会介绍权责发生制是如何以不同的方式处理投资,以及它是如何修正我们预期自由现金流中遇到的问题。

在上一章中我们学习过,价值创造是建立在如下预期基础上的:在市场上销售商品和服务会带来价值。净价值增加就是销售收入减去生产商品所必需的投入的价值。利润就是用权责发生制衡量这种价值增值的方法。本章我们看到现金流量表将经营活动现金流与现金投资相匹配,从而产生了自由现金流。但是我们发现在市场中这种匹配并不能反映价值增值。因为现金投资(从经营活动现金流中减去的)并不总是减少价值,事实上,甚至还是价值创造的源泉。那么,会计利润的应用能够修正这些问题吗?

利润和现金流

表4.4给出了戴尔公司2002年度和以前年度的利润表以供比较。正如我们在第2章所看到的,利润表记录了从商品销售中获得的收入价值流,减去这个过程中用于费用的价值输出流,转变成净利润的过程。加上其他综合收益,再减去优先股股利,就得到了普通股股东可获得的综合收益总额。这也就是衡量普通股股东价值增值的方法。

表4.4 戴尔公司的利润表

戴尔公司
合并利润表
(单位:百万美元)

	财政年度截止日		
	2002年2月1日	2001年2月2日	2000年1月28日
净销售收入	31 168	31 888	25 265
售出产品成本	25 661	25 445	20 047
毛利	5 507	6 443	5 218
经营费用			
销售和管理费用	2 784	3 193	2 387
研究和开发费用	452	482	374
特殊费用	482	105	194
经营费用总计	3 718	3 780	2 955
经营利润	1 789	2 663	2 263
投资和其他收益(损失),净值	(58)	531	188
所得税和会计准则变化累计影响前利润	1 731	3 194	2 451
所得税	485	958	785
会计准则变化累计影响前利润	1 246	2 236	1 666
会计准则变化累计影响净额	—	59	—
净利润	1 246	2 177	1 666

资料来源:戴尔公司,10-K报表,2002。

在利润表中要注意三件事情：

（1）利润表中没有出现股利。股利是价值的分配，而不是价值创造的一部分。所以它们并不影响价值增加，即利润。股利不减少公司股东的价值，但会减少资产负债表中的账面价值。

（2）利润表中不扣除投资，所以价值增值不像自由现金流那样，会受到投资的影响（对于研究和开发的投资是一个例外，可能在这个方面价值增值的方法被扭曲了）。

（3）价值输入流（收入）和价值输出流（费用）之间有配比关系。我们在第2章中已经学过，会计遵循配比原则，即收入应该与其相关的费用在同一个报告期被记录。放弃的价值与得到的价值相匹配，以便能从卖出货物和服务中得到净价值增值。例如，售出商品的存货成本才被记作销售成本（剩余的成本——那些没有放弃的价值——被当成存货记入资产负债表）。由于雇员当期提供了服务、产生了收入，因此相关的养老金成本就记录为当期的费用，尽管真实的现金流在很多年以后（在雇员退休以后）才会发生（资产负债表中记录相关的养老金负债）。戴尔的年度报告显示从销售电脑和相关产品中获得的收入为31.168亿美元，这一收入与25.661亿美元的产品销售成本和3.718亿美元的其他经营费用相匹配。同时还报告了1.789亿美元的税前经营利润——已获得的价值减去经营中放弃的价值。戴尔也报告了"投资和其他利润"中0.58亿美元的损失。

经营活动产生的现金流会增加价值，并出现在收入和费用之中。但为了符合收入和费用的匹配关系，会计师还要用应计项来修正现金流，应计项衡量的是非现金价值流。

应计项

应计项分为两种类型：应计收入和应计费用。

当收到商品销售中获得的价值时，我们将其记录为收入。为了衡量这种价值流，应计收入（应收项）记录了非现金流的价值增加，并减去了现金流中非增值的部分。最常见的应计收入是应收账款：尽管现金流还没有发生，但销售也被当成是价值的增加。相应地，预收账款不被记为收入，因为我们并不认为价值增加了。对价值的认可要一直推迟到譬如货物被运走或者交易结束的时刻。一个时期的收入用公式计算：

收入 = 销售产生的现金收入 + 新的赊销 − 前期销售获得的现金
 − 预计的坏账损失 − 预计的销售退回 − 销售实现前递延收入产生的现金
 + 当期实现的前期递延收入

读者会注意到，在上述公式中，预计的坏账损失和预计的销售退回都是应计项，即它们是包括在销售收入中的不能增加价值的部分。这种调整的效果有时候被称为净销售收入。

应计费用计量创造非现金形式的收入时所放弃的价值，对不产生价值减少的现金流出也进行了调整，用应计费用调整的现金支付如下：

费用 = 现金支付的费用 + 为产生收入而付出的但尚未支付的数额 − 预付费用
 + 为产生当期收入而在以前支付的数额

养老金是一种需要在未来支付的、用来产生当期收入的费用，应付工资是另一个例子。预付工资则是一个提前支付现金的例子。过去的投资现金流会产生折旧，固定资产本身则渐渐报废，折旧是用来产生当期收入的费用的一部分。戴尔的费用包含了现金和应计项，如所得税就包含了当期应付但未付的税款，而销售成本则剔除了为生产那些尚未出售的电脑而花费的现金。

一个时期的总的应计项用净利润和现金流量表中经营活动现金流的差来表示。财务报

表中经营活动现金流是考虑利息后的,所以:

$$利润 = 有杠杆的经营现金流 + 应计项 \quad (4.12)$$
$$利润 = (C - i) + 应计项$$

这里我们见到另外一个应该在第2章讨论的会计关系,见阅读材料4.10。我们用 C 来表示经营中产生的现金流,像以前一样,用 i 来表示税后净利息支出。所以 $C - i$ 就是有杠杆的经营现金流。在表4.3中我们看到2002年戴尔有25.51亿美元的应计项变化,有12.46亿美元的利润,而有杠杆的经营活动现金流为37.97亿美元。

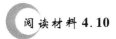

阅读材料4.10

会计关系式

把增加的这些会计关系式加入第2章阅读材料2.7。它们是分析的工具。

```
  经营活动现金流
- 净利息支付(税后)
+ 应计项
= 利润
  自由现金流
- 净利息支付(税后)
+ 应计项
+ 投资
= 利润
```

应计项使在财务报表的编制中现金流实际发生的时刻与确认价值的时刻被区分开来。将某项应收账款记为收入,或者将一笔养老金义务的增加记为成本,都是在未来价值流实际发生之前就确认了价值变化;对递延收入或者折旧的确认则比实际现金流的发生来得晚。在所有的例子中,这个概念都是将价值的流入与流出相匹配,以便得出销售的价值增量。时间对我们的"实务估值分析第一准则"而言是非常重要的,我们需要的是较短的预测期。读者已经看到,当前确认一笔在30年后退休时才发生的现金流可以缩短预测期。我们现在也将看到,在现金流实际发生之后才确认也可以缩短预测期。

投资

在现金流折现分析中,最重要的指标是自由现金流而非经营活动现金流。自由现金流是在经营中产生的现金扣除现金投资后的余额,即 $C - I$。在现金流折现中,我们看到,由于投资是被作为价值的减少看待的,所以对它的处理比较麻烦。但投资是用来产生价值的,只是资产在经营中被消耗时才产生价值的损失,这样经营中价值的损失是发生在现金流之后的。利润的计算公式是:

$$利润 = 自由现金流量 - 净现金利息 + 投资 + 应计项 \quad (4.13)$$
$$利润 = (C - I) - i + I + 应计项$$

应计方法把投资加回到自由现金流中,因为它把投资作为资产写入资产负债表中,并且没有影响利润。然后,它把资产在随后的时期中以折旧形式作为价值的减少记为产生收入过程中的费用,请再看一次阅读材料 4.10。

为了了解权责发生制会计操作的全部细节,你必须掌握一系列的细节问题。这里我们仅仅介绍了用权责发生制衡量价值流的大体轮廓,还需要继续扩充——特别是在本书的第四部分——但现在温习一下财务会计的相关内容对读者来说也许是必要的。

我们在上面介绍的利润计量方法是通常的会计处理方法。而且,我们介绍的这些方法似乎是合理地描述了价值增加的过程。但是,没有理由认为某个会计准则——例如美国 GAAP——能够真正实现这一理想的目标。的确,资产折旧名义上配比了成本与利润,但这取决于实务中使用的折旧方法。这一问题对所有权责发生制中的应计项都是存在的。现金流是客观的,但应计项却取决于会计准则,而这些准则不一定是好的。事实上,公司能够选择不同的折旧方法,而每种折旧方法都带有估计的成分,这就带来了产生错误的可能。参见阅读材料 4.11。权责发生制中的应计项在某种程度上是可以被控制的。例如,在戴尔的利润表中研究开发费用虽然是投资,但是仍被当成费用记录。这些现象表明:价值增值、净利润等数值可能是不准确的,所以根据利润预测进行估值的技术必须适应这种度量错误。事实上,进行 DCF 分析的一个原则就是,会计数值是有疑问的,因此有必要对利润表中的应计项进行处理,以重新得到"真实的"现金流量数值。我们将在第四部分重新来讨论应计项数值的质量问题。

阅读材料 4.11

武钢股份预增 5.4 亿净利 钢企纷纷调整折旧年限

在整个钢铁企业陷入困境、亏损频现的背景下,又一家上市钢企调整了固定资产折旧年限。

武钢股份今日公告称,拟对房屋、建筑物及机器设备类的固定资产折旧年限延长 3 年,这招"财技"将使公司 2012 年度净利润增加不超过 5.4 亿元。《每日经济新闻》记者注意到,武钢股份今年一季度净利润仅为 4 305.85 万元。值得一提的是,自去年年底以来,除宝钢股份等少数公司尚未对固定资产折旧年限做出调整外,其余的上市钢企基本上已经使用了这招"财技"。

武钢预增不超 5.4 亿净利润

武钢股份公告称,公司董事会审议通过《关于 2012 年固定资产折旧年限调整的议案》。决议在不改变公司各大类固定资产折旧年限范围的情况下,仅在折旧年限范围内对房屋、建筑物及机器设备类的固定资产折旧年限延长 3 年,固定资产净残值率仍是 5%。此次调整起始日期为 2012 年 4 月 1 日。

对于调整原因,武钢股份表示,主要是近年来公司不断扩大对固定资产的投资力度,对设备生产线进行技术改造及技术革新,并定期对设备生产线进行全面检修及年修,对生产用房屋及建筑物进行修缮,提高了设备的使用性能和装备水平及使用寿命。

同时,对比同行业其他公司的固定资产折旧情况,公司的固定资产综合折旧率在同行业中偏高。因此,本次会计估计变更将使公司的财务信息更为客观。

实际上,在经济降温的大背景之下,武钢股份的经营形势也十分严峻,经营压力或许才是武钢股份做出调整的真实原因。

上市钢企纷纷调整折旧年限

事实上,多数上市钢企早就对自身的固定资产折旧年限做出了调整。

资料显示,山东钢铁从2011年12月1日起就大幅度延长了房屋、建筑物等固定资产的折旧年限,此举也使公司2011年净利润增加了5 800万元。鞍钢股份、新钢股份、柳钢股份、马钢股份、南钢股份等也先后做出了类似调整,增加了公司利润。

《每日经济新闻》记者注意到,从今年1季报数据来看,上述钢企目前大多仍是处于巨亏状态。而同上述公司相比,宝钢股份算是比较"另类"的钢企。一是公司没有跟随主流调整固定资产折旧年限;二是公司的业绩还算靓丽,据宝钢股份2012年度1季报显示,公司实现净利润达12.21亿元。此外,公司预计上半年累计净利润与上年同期相比增长80%—100%。不过《每日经济新闻》记者发现,宝钢股份业绩猛增主要是靠出售不锈钢、特钢事业部部分资产,公司当前面临的市场环境同其他钢企并无区别。

资料来源:《每日经济新闻》,2012年06月29日。

会计诊所 II

权责发生制方法

在本书的网站上,会计诊所 II 更为详细地介绍了权责发生制,并且比较了它与现金收付制会计的差异。读完后你会明白收入是在何时用何种方法记录的,以及为什么从顾客处获得的现金与在权责发生制下记录的收入是不同的两件事。你也会明白权责发生制会计是如何记录费用的。你会发现,在第2章中介绍过的配比原则——衡量价值增值的方法——贯穿了权责发生制的全部会计处理。你也会看到 GAAP 违反配比原则的例子。你还会看到,权责发生制不仅影响了利润表,也影响了资产负债表。

应计项、投资、资产负债表

表4.5是戴尔公司2002年度的比较资产负债表。投资(没有在利润表中表示)为如下项目——土地、房屋、设备、租赁物的改良、在建工程、短期投资和长期可供出售证券。但报表中也包括了应计项。由于股东权益就是资产减去负债,所以没有人能够在不影响资产和负债的情况下影响权益。利润中的现金部分影响资产负债表中的现金科目,而应计项部分影响资产负债表中的其他科目。这就是为什么现金流量表中一些应计项的调整是用资产负债表中项目的变化来表述的。赊销在戴尔的利润表中被记为收入,同时在资产负债表中记录应收账款,并计提坏账准备,相应减少应收账款净值。存货则是与未来收入发生时需要与之匹配的开销。随着在产生收入时的消耗磨损,戴尔的不动产、厂房、设备等也都需要将其价值在日后与收入流进行摊销配比。在负债方,戴尔的其他应付款和应付账款等科目都是应计项。应计的营销、推广费用等也是应计项的一个例子。

表 4.5　戴尔公司的资产负债表

戴尔公司
合并资产负债表
（单位：百万美元）

	财政年度截止日	
	2002年2月1日	2001年2月2日
资　产		
流动资产		
现金及现金等价物	3 641	4 910
短期投资	273	525
应收账款（净值）	2 269	2 424
存货	278	400
其他	1 416	1 467
总流动资产	7 877	9 726
不动产、厂房和设备（净值）	826	996
投资	4 373	2 418
其他非流动资产	459	530
总资产	13 535	13 670
负债和股东权益		
流动负债		
应付账款	5 075	4 286
其他应付款	2 444	2 492
流动负债总计	7 519	6 778
长期负债	520	509
其他	802	761
承诺及或有负债	—	—
负债总计	8 841	8 048
股东权益		
优先股和超出每股面值0.01美元的发行溢价		
发行和流通中的优先股：无	—	—
普通股和超出每股面值0.01美元的发行溢价		
已批准发行的股票：7 000，已发行的股票数量分别为：2 654和2 601	5 605	4 795
库存股，以成本入账；分别为52股和0	(2 249)	—
留存收益	1 364	839
其他综合收益	38	62
其他	(64)	(74)
股东权益总计	4 694	5 622
负债和股东权益总计	13 535	13 670

资料来源：戴尔公司，10-K报告，2002。

事实上，除了现金、富余现金的投资、负债和权益融资等科目之外，资产负债表的其他所有科目都是从投资和应计项这两条路径得到的。为了依照会计关系(4.13式)修正自由现金流,投资和应计项都进入了资产负债表。在某些情况下,资产负债表项目同时涉及投资和应计。例如,戴尔公司资产负债表上的不动产、厂房和设备的数值,就是在投资的基础上考虑折旧的应计数值而得到的。

图4.2表明了现金流和应计项是如何影响利润表与资产负债表的。这个图是在第2章图2.1的基础上得到的。从各种业务中产生的现金流更新着资产负债表上"现金"的数字,正如我们在图2.1中所见的那样。从经营、投资以及融资活动中产生的现金流更新着资产负债表上的其他科目:股权融资现金流更新了权益(通过权益报表),债务融资现金流更新着负债,用现金进行的投资则更新着非现金资产数值。经营现金流也更新着权益,因为权益是利润的一部分。但正如经营现金流同时改写着权益与现金两个账户一样,应计项也同时在改写着权益(权益是利润的一部分)和非现金的资产负债额。

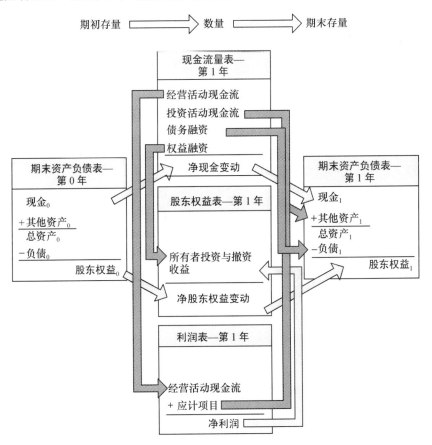

图 4.2 通过记录时间 0 和时间 1 之间的现金流和应计项目理解财务报表的勾稽

(1) 所有活动产生的现金流会增加资产负债表上的现金余额。
(2) 经营现金流会增加净利润和所有者权益。
(3) 现金投资会增加其他非现金资产。
(4) 债务融资现金流会增加负债。
(5) 权益融资会增加权益。
(6) 应计项会增加净利润、权益、资产与负债。

资产负债表上的各应计项都有自己的意义,要么是资产,要么是负债。资产是会带来未来现金流的东西,比如说应收账款就是一项资产,因为它们是在未来会从顾客那里收到的现金流。存货也是资产,因为它在未来会产生销售,最终带来现金流。负债则是在未来需要付出现金的义务。比如,应付工资表明了需要支付工资的义务,养老金负债则是需要支付养老金的义务。会减少投资的应计项是资产的减少,比如厂房、设备等资产,最初是由投资产生的,但日后则需要进行折旧以表明盈利能力的逐日减弱。这样,确定净资产(资产减去负债)时,我们既需要考虑投资额,又需要考虑累计折旧。

2002年,戴尔公司所有者权益账面价值为46.94亿美元。在第2章中我们就已经发现,这些净资产并不是以内在价值记录的。现在我们可以知道原因了。资产负债表上现金、债权投资和负债等的价值通常是和内在价值相差无几的,但是资产、负债等这些项目是通过权责发生制得到的。投资于这些项目的实际现金额(又叫历史成本)要再加上考虑配比原则的应计项才会得到最后的结果。历史成本会计指的是以实际现金成本记录投资,再加入应计项的操作过程。历史成本不是投资的真实价值,它是为了创造价值而发生的成本。应计项是在销售产品所产生的现金流基础上的价值增减,但是它们只是衡量价值增减的会计指标,也许是不完美的。而且,重要的是,它们仅是到报告期为止的价值增加,而投资的价值是建立在未来价值增加的基础上的。这样我们有理由认为,权益的价值与其账面价值是不同的。我们预测,与账面价值相比,真实的股价会表现出溢价或折价。GAAP的历史成本原则要求,如果资产值被确认低于账面价值,就必须进行调整,计提减值;但反向的调整则是不被允许的。这样我们预计溢价出现的概率较大。事实证明了我们的预见。

阅读材料4.12

国际会计准则第16号《不动产、厂房和设备》规定:当不动产、厂房和设备被初始确认为一项资产以后,它们应按价值重估后的金额予以入账,即按其在重估日公允价值减去累计折旧后的金额入账。应经常有效地进行价值重估工作,以便使账面金额与在资产负债表日按公允价值确定的金额之间不会发生太大的差别。

本章小结

估值模型是思考商业中价值创造,并把这种思想转化为估值的工具。本章主要介绍了现金流折现模型。与上一章的股利折现模型一样,这一模型对现金流进行预测,但只考虑经营和投资等创造价值活动的现金流,不考虑现金流分配等与价值创造无关的活动。

本章也表明,经营、投资活动创造的现金流,或"自由现金流",也许不是测度价值增值的合理指标。用自由现金流作为衡量价值增值的指标是错误的。投资会减少自由现金流,而恰恰是投资创造价值。这样,即使像沃尔玛这样盈利很好的企业,也会产生负的自由现金流。相反,公司可以通过出售资产(对投资形成的资产进行清算)的方式增加自由现金流。所以我们在一定程度上把自由现金流看成一个清算而非一个价值增加的概念。如果这样考虑问题的话,通过预测自由现金流来为公司定价的方法就是有问题的。当然,我们也知道,从长期来看,预测自由现金流是可以确定公司价值的,但这与我们只进行短期预测的要求是相违背的。预测2050年沃尔玛的财务状况是困难的,正如凯恩斯所言,从长期来看,我们都要死去。但问题是无论从理论还是实践来看,自由现金流都不是一个衡量价值增值的指标。

我们如何处理现金流定价的问题呢?本章概括地讨论了权责发生制。权责发生制定义了利润(在利润表中)和账面价值(在资产负债表中)。权责发生制至少在一定程度上克服了自由现金流衡量价值增值时存在的问题。依据权责发生制,投资并不从收入中扣除(与自由现金流一样),而是作为资产放进了资产负债表,这样可以在适当的时间使费用和收入相匹配。进一步,权责发生制把应计项——非现金收入——也记作价值增加的一部分。相应地,权责发生制创设了利润这个科目,用它来衡量收入与成本间的差额,这也就是在经营活动中创造的价值增值。

分析师预测利润而不是现金流,而且我们已经看到,这样做有很好的理由。但是预测仅仅是估计工作的第 3 步。预测必须在第 4 步转换成估价。下两章我们将讲述根据收益预测、账面价值预测做出的定价模型。这些模型建立在对资产负债表、利润表的预测之上,而非建立在对现金流量表的预测之上。

在本章中我们还需要再指出一点,定价模型提供了定价的体系结构。定价模型指明了公司的哪些活动是需要预测的,而且我们已经指出,应该是经营与投资,定价模型也指出了如何度量这些活动。本章研究了用于投资和经营行为的现金收付制会计,但是也提出了运用权责发生制会计(我们在下两章将要这么做)的可能性。这就是我们要着重强调的要点:定价模型不仅仅告诉我们如何考虑未来将产生的价值,而且告诉我们如何去计量这些价值生成。估价模型其实是预测模型。是依据股利来度量未来的价值,还是用现金流来度量未来的价值?还是用权责发生制会计来度量?这时你可以发现,会计和估价的方法已经非常相似了,估价其实是针对价值的会计。

相应地,在估价时人们会想到不同的会计方法,有些方法比较好,有些方法则不太好。本章说明权责发生制会计可能比现金收付制会计更好。但是美国 GAAP(或者英国 GAAP、德国会计准则、日本会计准则,或者国际会计准则)的权责发生制的具体规定真是估价的好方法吗?在使用 GAAP 准则时,我们也需要保持怀疑的态度。

关键概念

应计项(accrual):财务报表中的非现金价值流。参见利润表累计额和资产负债表应计项。

资产负债表的应计项(balance sheet accrual):不包含现金流的资产、负债的变化。

持续价值(continuing value):在预测期内计算,但又表明了预测期后价值增加的价值。

历史成本会计(historical cost accounting):衡量的是投资的现金支付,并把它们用权责发生制进行调整。

利润表应计项(income statement accrual):记入利润表中的非现金价值增值。它有两种形式:应计收入和应计费用。

配比原则(matching principle):一条会计准则。它认为当收入被确认的时候,与它同时发生的费用也应当被确认。

收入确认(revenue recognition):记录收入(从顾客处获得的价值)的会计准则。收入通常是在成交后记录。

案例连载:金伯利·克拉克公司

自主练习

现金流量表

你在第 2 章的连载案例中已经阅读过了金伯利·克拉克公司的现金流量表了。现在我们返回到这张流量表(表 2.2),并且重新计算 2002—2004 年无杠杆的"由经营活动提供的现金"。该公司的联邦和州的联合税率为 35.6%。用适当的方法重新计算用于投资活动的现金以确定在经营活动中的实际投资。最后,计算每年的自由现金流。下面是由 10-K 年报表的附注 17 提供的信息,它们将会帮助你进行以上计算:

单位:美元

其他现金流数据	会计年度截止日 12 月 31 日		
	2004	2003	2002
利息支出(interest paid)	175.3	178.1	183.3
所得税支出	368.7	410.4	621.4
利息费用			
毛利息成本(gross interest cost)	169.0	180.3	192.9
在建工程资本化利息	(6.5)	(12.5)	(11.0)
利息费用	162.5	167.8	181.9

现金流和应计项目

确定在现金流量表中报告的应计项目额。然后根据(4.13)式中的会计关系,将 2002—2004 年的自由现金流调整至净利润。观察 2004 年现金流量表中的应计项目,并且确定哪些资产影响了资产负债表。资产负债表中的哪些项目受现金流量表投资部分的影响?

现金流折现估值

假定你在 2001 年年底对 KMB 进行估值,并且拿到了你刚刚计算的 2002—2004 年现金流量表作为预期现金流量表。尝试用现金流折现法对该权益进行估值。找出在估值中你特别不确定的部分。金伯利·克拉克公司在 2001 年年底拥有 5.21 亿流通股以及 37.98 亿美元净债务。

在这些计算中,使用 8.5% 作为该公司的要求回报率。金伯利·克拉克以 0.8 的贝塔指数作为它的公司风险,所以根据资本资产定价模型的计算,它的要求回报率很低。当 10 年期美国国债回报率为 4.5% 和市场风险溢价为 5% 时,资产资本定价模型下可计算出企业的要求回报率为 8.5%。

假设现在你希望在 2004 年年底对公司股票进行估值,但是你没有 2005 年及之后的预测数据。为了达到该目的,以资本化 2004 年的现金流为基础建立一个简单的模型。你将需要参照 2002—2004 年的现金流或者其他数据来估计一个增长率。你认为根据 2004 年的自由现金流来进行现金流折现合理吗?

练习

E4.1 使用近似现金流折现方法为戴尔电脑公司估价(中等)

用阅读材料 4.9 中戴尔电脑公司在 1999 年年末所做的 2000 年、2001 年和 2002 年的自由现金流预测值计算其股价。戴尔的资本成本假定为 12%。戴尔公司 1999 年度资产负债表上的相关信息如下:

债券和银行存款						26.61 亿美元
长期负债						5.12 亿美元
发行在外的普通股						25.43 亿美元

因为仅有三个年度的现金流预测,你的定价将是近似值。用下面的预期来计算公司价值:

A. 2002 年以后自由现金流将成为永续年金;

B. 2002 年以后自由现金流以 3% 的速度增长。

戴尔公司在 1999 年年底以每股 30 美元的价格进行交易。给定 2000—2002 年自由现金流的预测,2002 年以后自由现金流应该以什么速率增长,才能达到市场上 40 美元每股的价格?

E4.2 杠杆和非杠杆现金流:英特尔(简单)

下面的数据来自英特尔公司的财务报表:

	1992	1993	1994	1995	1996	1997	1998
报表中经营活动现金流	1 635	2 801	2 981	4 026	8 743	10 008	9 191
报表中现金投资	1 480	3 337	2 903	2 687	5 268	6 859	6 506
对生息证券的净投资	252	1 404	462	(863)	2 244	2 358	2 043
利息收入	133	188	273	415	406	799	792
利息支出	54	50	57	29	25	27	34

计算杠杆的和非杠杆经营活动现金流、每年的自由现金流。税率是 37%。

E4.3 匹配经营现金流与利润:百事公司的例子(简单)

百事可乐是一家饮料和食品集团。1998 年上半年,它报告了 10.76 亿美元的净利润和 9.92 亿美元的杠杆经营现金流,净利润中有多少是应计额?

E4.4 匹配经营自由现金流与利润:可口可乐(简单)

1998 年上半年,可口可乐公司报告了 2.85 亿美元的杠杆自由现金流。它的现金流量表显示,经营现金流比净利润多 0.62 亿美元,现金投资是 14.66 亿美元。当期净利润是多少?

E4.5 会计关系(中等)

a. 奇迹公司报告了 4.05 亿元的销售收入和 0.32 亿元应收账款的增加值,销售收入产生的现金是多少?

b. 腾飞公司报告了 3.35 亿元的工资费用,为工资支付的现金为 2.9 亿元,当期应付工资的变化是多少?

c. 光华公司报告不动产、厂房、设备(PPE)在年初的价值是 8.73 亿元,年末价值是 9.23 亿元。本年度 PPE 的折旧是 1.31 亿元,没有报废的 PPE。本年度 PPE 新的投资是多少?

E4.6 收入的检验:微软(简单)

2004 年度,微软报告了 368.35 亿美元的销售收入,净应收账款从 2003 年的 51.96 亿美元增长到 58.90 亿美元。

微软被指责低报销售收入,直到制造商将电脑售出后,微软才将向制造商销售软件的收入记入利润表,其他收入在合约结束的时候记入。结果,2004 年微软报告有 65.14 亿美元的递延收入——负债。2003 年这一数字是 72.25 亿美元。

微软 2004 年收入中产生的现金是多少?

微型案例

M4.1 比较自由现金流与盈利能力:Analog Devices 公司

Analog Devices 公司是一家从事设计、制造、销售信号处理产品的公司。公司的两个主要产品系列是一般用途标准功能混合信号的集成电路和系统水平的集成电路。后者包括一般用途的数字信号处理的集成电路和特殊用途的具备模拟和混合信号的集成电路以及数字信号处理集成电路的设备。公司的第三个产品系列是组装这些产品。公司几乎所有的产品都是以 OEM 的形式生产的,广泛应用于通信、计算机、工业、机械、军事/航空、汽车和高档的家用电器等方面。

公司的网址是 http://www.analog.com。这是一个有助于加深对本章理解的好例子。

下表是公司 1997 年和 1998 年的现金流量表的一部分。

a. 计算公司 1997 年和 1998 年经营活动产生的自由现金流。使用下面的有关摘要,给出 1992 年到 1998 年自由现金流的历史情况。

b. 公司在 1995 年和 1996 年的普通股的回报率(ROCE)最高,而自由现金流最低。在 1998 年公司的普通股回报率相对较低,同时自由现金流相对较高。你能解释盈利能力与现金流之间的这种负相关关系吗?总是保持这种关系吗?你能找到具有高盈利能力和高自由现金流的公司的例子吗?

Analog Devices 公司
部分现金流量表
(单位:千美元)

	年度截止日	
	1998 年 10 月 31 日	1997 年 11 月 1 日
经营活动		
经营活动现金流:		
净利润	82 408	178 219
净利润调整为经营活动产生的现金:		
会计方法变更的累积效果,2 000 万美元的所得税	37 080	0
折旧和摊销	127 560	103 554
重组成本的非现金部分	10 000	0
业务出售的收益	(13 100)	0
对 WaferTech 的股权投资损失,已扣除股利	10 907	211
递延所得税	(12 372)	(6 134)
经营资产和负债的变化:		
应收账款的减少(增加)	51 061	(25 129)
存货的增加	(48 883)	(7 739)
待摊费用和其他流动资产的减少(增加)	240	(3 605)
投资的增加	(7 139)	(8 965)
应付账款、递延收入、应计负债的增加	(31 840)	4 828
应付所得税的增加	14 476	32 916
其他负债的增加	4 467	17 584
总的调整额	142 277	107 521
经营活动产生的净现金流	224 685	285 740

（续表）

投资		
投资活动的现金流：		
对不动产、厂房、设备的投资	(166 911)	(179 374)
短期投资支付	(143 449)	(153 269)
出售短期投资的收益	152 880	192 073
长期投资	(56 110)	(51 599)
业务出售的收益	27 000	0
其他资产的增加	(370)	(33 650)
投资活动产生的净现金流	(186 960)	(225 819)

	1992年	1993年	1994年	1995年	1996年	1997年	1998年
报表中经营活动现金流	33	89	183	210	144	286	225
报表中投资活动现金流	66	67	163	239	306	226	187
对生息证券的净投资	0	0	73	9	62	12	47
利息收入	0	1	5	8	17	16	17
利息支出	6	7	7	4	11	13	11
普通股回报率（ROCE）	4.1%	11.0%	15.6%	20.2%	22.7%	18.3%	7.4%

M4.2　海信电器

青岛海信电器股份有限公司（简称海信电器）于1997年4月在上海证交所上市，是国内著名的家电上市公司。海信电器主要从事电视机、数字电视广播接收设备及信息网络终端产品的研究、开发、制造与销售，拥有中国最先进数字电视机生产线之一，年彩电产能1 610万台，是海信集团经营规模最大的控股子公司。公司网址 http://www.hisense.com。

请你查找海信电器2011年年报，并回答如下问题（假设公司资本成本为10%）：

a. 根据阅读材料4.9的提示，计算海信电器的自由现金流。
b. 如果海信电器的自由现金流以后每年保持不变，则公司价值是多少？
c. 如果海信电器的自由现金流以后每年保持5%的增速，则公司价值是多少？
d. 如果海信电器的自由现金流在2012—2015年每年保持5%的增速，2016年以后保持不变，则公司价值是多少？
e. 要预测海信电器未来的自由现金流，除了需要预测销售收入、毛利率、费用率以外，还需要预测什么？

第 5 章
权责发生制会计与估值：
账面价值定价

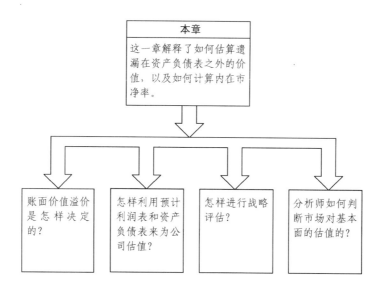

开篇阅读材料

不要把市净率太当回事

近期市场上市净率成了一个关键词。所谓市净率,是指股价除以该股票的每股净资产。股价高于每股净资产,市净率就高于1,而股价跌破了每股净资产,市净率就低于1。本周引起市场高度关注的是银行股"破净"。昨天降息的消息使得银行股大跌,交通银行、华夏银行、浦发银行、深发展等最低价均跌破每股净资产价格,其他银行股的市净率都在1.1与1.2之间,距离1都很近。这种态势在中国股市上还是第一次,所以"市净率"这个词引起了市场的高度关注。

有人说,当一个股票的市净率低于1时,这个股票就跌出了投资价值,乍一听好像还蛮有道理,一个股票每股净资产为5元,现在股价跌到4.90元了,好像没有道理不买,即便公司清算了,也可以每股拿回5元钱。但这只是书本上的说法,事实上没有那么简单。举一个例子,你如果花100万元去办一个小作坊企业,100万元现金投入进去之后,很快就变成了机器设备、办公用品。在当今社会中,要将真金白银变成一大堆资产很容易,只要这些设备还在,在小作坊的财务报表中记账还是 100 万元,你还是有这点身价。但如果你不想做企业了,要将这些资产变成现金,你去变变看,尽管账面上还记着 100 万元的净资产,等到变为现金就没有 100 万元了。这就是股票价格已经跌到每股净资产之下去了,但股价依然跌跌不休的主要原因。

中国股市的银行股板块属于大盘蓝筹股范畴,这个板块是沪深 300 指数的权重股,也是管理层一再告诫大家要投资大盘蓝筹股的重要投资标的。但银行股板块就像是捧不起的刘阿斗,不但市盈率跌到了 5 以下,市净率也都逼近 1 了,这似乎有点不合情理。其实,股价跌至每股净资产以下已经不是一天两天的事了,现在中国股市中,股价跌破每股净资产的股票超过 30 家,钢铁股几乎成了重灾区,跌得最惨的是安阳钢铁,市净率跌至 0.6 左右,2 元多的股价可以买 4 元多的资产,看起来是如此物有所值,但人们还是对如此的价值置若罔闻,这就说明在一个弱势市道中,人们还是坚守现金,不愿意持有所谓的资产,更不愿意持有那个名叫"股票"的电脑符号。

对于市净率也不要太当回事,这只是一个财务数据,各个行业、各家企业都有其自身的特点。我们来看看美国股市,银行股市净率低于 1 的情况并不罕见。美国第一大银行——美国银行(BAC)或许是最极端的例子。美国银行股价在 7 美元左右,而它的每股净资产高达 21.35 美元,市净率仅有 0.32!换句话说,如果以现在价格买入美国银行,那么你花费 1 美元,可以享受到 3 美元的美国银行净资产。如此这么一比较,咱们银行股的市净率还不算太低,通过这样的数据对比,投资者也许能看出点门道了吧!

资料来源:《新民晚报》,2012 年 06 月 09 日,作者:应健中,http://www.people.com.cn/h/2012/0609/c25408-697014580.html。

分析师核对表

读完本章后你应该理解:
- 什么是剩余收益?
- 如何预测剩余收益以计算账面价值溢价和市净率(P/B 比率)?
- 正常市净率的含义。
- 普通股权益回报率(ROCE)和账面价值的增长如何影响剩余收益?
- 情景 1、情景 2 和情景 3 估值的不同之处。
- 怎样用剩余收益模型为公司战略和权益估值?
- 如何利用剩余收益模型计算战略的价值增值?
- 剩余收益模型的优缺点以及它与股利和现金流折现方法的比较。
- 股利、股票的发行和回购如何影响剩余收益?
- 剩余收益模型如何使投资者避免过分看重投资带来的利润增加?
- 剩余收益模型如何使投资者避免被会计方法创造的利润误导?
- 剩余收益模型如何用于逆向工程?

读完本章后你应该能做到:
- 计算剩余收益。
- 根据预测的收益和账面价值计算权益和战略的价值。
- 计算内在市净率(P/B 比率)。
- 计算战略所带来的价值增值。

- 计算永续价值。
- 计算目标价格。
- 把分析师的收益预测转化为估值。
- 根据股票的市场价格计算剩余收益的内含增长率。
- 将估值结果分解为各个组成部分。
- 对收益预测进行逆向工程。

公司股票的交易价格通常不同于其账面价值,第2章解释了造成这一现象的原因:虽然有些资产是按照市场价值记入资产负债表的,但另一些资产是按照历史成本记入资产负债表的,还有一些资产没有在资产负债表中记录。因此,分析师的任务就是估计资产负债表上忽略的资产的价值。分析师观察股东权益的账面价值,然后考察需要在账面价值的基础上给予多少溢价以使其达到资产的内在价值:股票在交易过程中应该超过账面价值多少?第3章所讲授的以资产为基础的定价方法这时是无用武之地的,分析师需要新的方法。

本章讲授了计算资产账面价值溢价和内在价值的估值模型。它也可以对战略分析建模。这一模型给出了探讨公司价值创造源泉的分析方法。

5.1 隐藏在市净率背后的概念

账面价值反映了股东对公司的投入额,账面价值也可以由资产减负债得出,即净资产。但是,正如第2章所指出的,账面价值通常无法度量股东投资的价值。股东投资的价值——净资产的价值——取决于投资(净资产)在未来能获得多少预期收益。这就引出了市净率的概念:根据公司能够产生的未来预期收益的不同,账面价值或者高于或者低于其市场价格。因此,内在市净率是由账面价值的预期回报决定的。

这一概念与我们股东买入的是公司未来收益的概念相符。市净率中的分子——价格就是以投资者买入的未来预期收益为基础确定的。所以,相对于账面价值,预期收益越高,市净率越高。账面价值的回报率——有时被称为盈利能力——是影响市净率的一个重要因素。

本章给出了使用市净率的估值模型,以及正确运用这一模型的方法。形式是重要的,它强迫你认真做事。在估算市净率时,必须按照形式一步步进行,否则你就可能因为不认真而在投资时为收益支付过高的股价。

谨防过分看重收益

投资的一个基本规则就是只有收益大于股东要求的回报时,投资才会增加价值。公司可能会大规模地投资——比如疯狂并购时——以获得更多的收益,但只有收益大于股东要求回报的投资才会增加公司价值。如果公司为并购或其他投资付出了公允价值,则收益可能仅仅等于股东要求的回报,从而增加的价值为零。事实上,即使一项投资的收益低于股东要求的回报(从而减少公司价值),公司也可以通过该项投资增加利润。这就是市净率的概念:P/B 比率是对账面价值预期回报的定价,但它不会对与账面价值必要回报相等的收益赋予价值。

本章的分析可以使读者避免为利润所迷惑。在应用这一章的模型和方法时,你会发现只有当收益大于账面价值的必要回报时,P/B 比率才会变大。运用本章介绍的方法,可以发现市场是否为收益定价太高(或者太低),找出 P/B 比率太高或太低的情况。

5.2 估值原理

基本面分析以财务报表为估值的基础,账面价值就是定价的出发点。投资者将资产负债表中的价值——账面价值——作为估值的基础,然后再估算资产负债表上没有的价值——账面价值溢价:

$$价值 = 账面价值 + 溢价$$

以下通过两个例子来介绍这一方法。

项目估值

假设某公司在一个预期只持续一期的项目上投资 400 美元,获取 10% 的投资回报率,即 40 美元。公司对这个项目要求的投资回报率为 10%。根据历史成本,这项投资在资产负债表上的资产额记为 400 美元。这个项目增加了多少价值?答案是 0,因为资产的预期回报率刚好等于它的资本成本。

价值增加的度量指标是剩余收益(residual earnings)。对这个持续 1 期的项目(投资在 0 时刻做出):

$$剩余收益_1 = 收益_1 - (要求的回报率 \times 初始投资额_0)$$

若收益为 40 美元,则剩余收益计算如下:

$$剩余收益 = 40 - (0.10 \times 400) = 0(美元)$$

如果这个项目总收入为 448 美元,即能够赚取 48 美元,回报率为 12%,则剩余收益为:

$$剩余收益 = 48 - (0.10 \times 400) = 8(美元)$$

这个项目要求的回报为 $0.10 \times 400 = 40$(美元)。剩余收益是超过要求回报金额的余额,如果这个项目能赚取 40 美元,则剩余收益为 0;如果这个项目能赚取 48 美元,剩余收益为 8 美元。剩余收益有时也被称为超额收益或超额利润。

根据剩余收益预测来度量价值增加的模型,称为剩余收益模型:

$$价值 = 投资的账面价值 + 预期剩余收益的现值$$

这个项目预期的收益率为 10%,也就是剩余收益为 0,所以这个项目的价值为:

$$价值 = 400 + 0/1.10 = 400(美元)$$

这个项目的价值就是它在资产负债表上的历史成本;没有价值增值。如果这个项目的预期收益率为 12%,则剩余收益为 8 美元,即:

$$价值 = 400 + 8/1.10 = 407.27(美元)$$

那么这个项目的价值就大于它以历史成本记录的账面价值,因为它预期将产生正的剩余收益;这时就有价值增值。

项目的剩余收益估值结果等于现金流折现法的结果。如果项目产生 48 美元的收益,则 DCF 估值为:

$$价值(DCF) = 448/1.10 = 407.27(美元)$$

储蓄账户估值

单期项目是一次性投资,从第3章可知,一次性投资的估值与持续性投资的估值不同。我们在第2章阅读材料2.8中介绍了储蓄账户,该账户的账面价值为100美元,每年的收益率为5%。假设这项投资一直持续到无穷期,你愿意为此支付多少?如果你愿意支付的数额与账面价值相同,即100美元,那你为什么按照账面价值支付呢?除非你认为银行会把账面价值算错了,你知道账户上100美元的现金可以取出来,那么100美元就是该账户的清算价值,这100美元也是账户的永续价值。

表5.1是对100美元储蓄账户在2006—2010年五年中的账面价值、收益和股利(发放利息)的预测。在情景1中,每年的利润都用于分配,因此账面价值没有变化。储蓄账户要求的收益率为5%——这是投资者将钱存到同样风险的另外一家银行的机会成本。因此,预测的每年的剩余收益是 $5-(0.05 \times 100)=0$(美元)。如果这项资产预期没有剩余收益,它的价值就等于账面价值100美元。

表 5.1 在2005年年底对储蓄账户投资100美元,每年收益率5%,对该账户的预测(单位:美元)

	2005年	预测年度				
		2006年	2007年	2008年	2009年	2010年
情景1:每年的收益都取出						
收益		5	5	5	5	5
股利(利息)		5	5	5	5	5
账面价值	100	100	100	100	100	100
剩余收益		0	0	0	0	0
自由现金流		5	5	5	5	5
情景2:没有支取						
收益		5	5.25	5.51	5.79	6.08
股利(利息)		0	0	0	0	0
账面价值	100	105	110.25	115.76	121.55	127.63
剩余收益		0	0	0	0	0
自由现金流		0	0	0	0	0

在表5.1的情景2中,没有从该账户中提取现金,收益全部被用于再投资,因此收益和账面价值都会增长,但是每年的剩余收益仍然是零。2006年,剩余收益是 $5-(0.05 \times 100)=0$(美元);2007年,剩余收益为 $5.25-(0.05 \times 105)=0$(美元);2008年,剩余收益为 $5.5125-(0.05 \times 110.25)=0$(美元),以此类推。因为预期的剩余收益为零,所以2005年年底该项资产的价值就是账面价值,即100美元。

注意,在情景1中,预计股利(利息)和自由现金流都是每年5美元;而在情景2,即现金用于再投资的情形中,预计利息和自由现金流均为0。

上述例子反映了一些重要的原理,我们可以利用它们对权益进行估值:

(1)只有当预测的剩余收益不等于零时,资产才会相对于账面价值产生溢价或折价。

(2)剩余收益模型认为,如果收益增长来自公司以要求的回报率进行再投资,那么收益增长并不增加价值。在情景2中,虽然收益的增长大于情景1,但这一增长源于收益的再投资,其投资收益率还是5%(等于要求的回报率)。收益虽然增长了,但在扣除投资所要求的回报后,剩余收益仍为零。因此,资产的价值与收益没有增长时相同。

(3) 即使资产不支付股利,但它的价值仍可以通过账面价值和预期收益来计算。在情景2中现金流(股利)为零,因此预测现金流是无法估值的,但我们可以通过收益和账面价值来估值。

(4) 储蓄账户的估值与发放的股利(利息)无关。情景1和情景2虽然预期发放的股利不同,但却有相同的价值:以账面价值和收益为基础的估值对股利支付不敏感。如果股利与公司价值无关,这个结论就是我们想要得到的,事实也的确如此,就像我们在第3章中讨论的那样。

(5) 储蓄账户的估值与自由现金流无关。两种情况拥有一样的价值却有不同的自由现金流,情景2无法通过预测五年的现金流来估值,但可以通过账面价值估值。

正常市净率

储蓄账户的价值等于它的账面价值。也就是说,它的市净率等于1.0。1.0的P/B比率是一个重要的基准,当资产负债表提供了完备的定价时,P/B比率才会为1.0。类似的情景还发生在账面价值的预期收益率等于股东要求的回报率,即预期剩余收益为零时,比如公司某一项目的收益率和要求的回报率都为10%的情况。

要求的回报率有时称为投资风险水平下的正常回报。因此,一项P/B比率为1.0的投资赚取的是正常回报,1.0就被称为正常市净率比率。

5.3 依据账面价值的估值模型

上述例子告诉我们要想度量资产价值,可以在账面价值的基础上,加上通过预测未来剩余收益得到的额外价值。上一节同时还提供给我们从账面价值出发的权益估值模型。权益投资是一种持续投资,并且一直持续到无穷,因此权益的价值为:

$$\text{普通股权益价值 } V_0^E = B_0 + \frac{\text{RE}_1}{\rho_E} + \frac{\text{RE}_2}{\rho_E^2} + \frac{\text{RE}_3}{\rho_E^3} + \cdots \quad (5.1)$$

这里,RE即为权益的剩余收益:

剩余收益 = 综合收益 - (要求的权益回报率 × 期初账面价值)

$$\text{RE}_t = \text{Earn}_t - (\rho_E - 1)B_{t-1}$$

如前所述,B_0是资产负债表上权益当前的账面价值,未来每期的剩余收益等于该期普通股获得的综合收益减去期初普通股的账面价值B_{t-1}与要求的回报率$\rho_E - 1$的乘积。

在第2章中我们知道,戴尔公司2002年综合收益为12.22亿美元,当年股东权益的期初账面价值(资产-负债)为56.22亿美元,如果股东要求的回报率为12%,那么2002年该公司的剩余收益为12.22 - (0.12 × 56.22) = 5.474亿美元,戴尔公司在股东投资账面价值(净资产)要求12%收益率的基础上增加了5.474亿美元的收益。

通过将预测的剩余收益现值与资产负债表上的账面价值相加,我们就可以得到权益的价值。预测的剩余收益除以1加上权益资本成本折成现值。我们计算账面价值溢价为$V_0^E - B_0$,也就是预测的剩余收益的现值。这个溢价是在资产负债表中未被反映的价值。市值与账面价值比率为:

$$\frac{V_0^E}{B_0} = 1 + \frac{\text{RE 的现值}}{B_0}$$

这意味着：如果我们预期一个公司为股东赚取的收益超过权益的账面价值要求的收益（即有一个正的剩余收益），则该公司的实际价值将高于它的账面价值，就可以溢价卖出，并且超过账面价值要求的收益越多，溢价越高。

表 5.2 给出了根据溢价（或者 P/B 比率）高低分组后，各组证券在随后一段时间的剩余收益状况。这个表将所有在纽约证券交易所和美国证券交易所上市的公司根据它们的 P/B 比率分为 20 组，第一组是 P/B 比率最高的 5% 的公司，最后一组是 P/B 比率最低的 5% 的公司。第 1 组的公司 P/B 比率的中位数为 6.68，第 20 组的公司为 0.42，数值在表中 P/B 栏中给出。该表给出了从公司被分组的当年（即第 0 年）以及以后的 5 年中，每一水平组公司的 RE 中位数，表中的 RE 数值已经根据第 0 年的账面价值做了标准化处理。读者可以看出，从第 1 年到第 5 年的 RE 与第 0 年的 P/B 比率相关：高 P/B 值公司的 RE 也较高，低 P/B 值公司的 RE 也较低。第 14 和 15 组公司在第 0 年 P/B 比率接近于 1，所以 RE 也接近于 0。P/B 比率高于 1 的公司产生正的 RE，而低 P/B 比率的公司产生负的 RE。总之，数据表明实际公司的行为正如模型所言。①

表 5.2　市净率和剩余收益，1965—1995 年

高市净率公司能产生高平均剩余收益，低市净率公司正好相反。市净率接近于 1.0 的公司（在第 14—15 行）的剩余收益接近于零。

P/B 水平	P/B	在按 P/B 分组后（0 年）每年的剩余收益					
		0	1	2	3	4	5
1（高）	6.68	0.181	0.230	0.223	0.221	0.226	0.236
2	3.98	0.134	0.155	0.114	0.154	0.154	0.139
3	3.10	0.194	0.113	0.106	0.101	0.120	0.096
4	2.59	0.090	0.089	0.077	0.093	0.100	0.099
5	2.26	0.076	0.077	0.069	0.068	0.079	0.071
6	2.01	0.066	0.067	0.059	0.057	0.076	0.073
7	1.81	0.057	0.048	0.043	0.052	0.052	0.057
8	1.65	0.042	0.039	0.029	0.039	0.005	0.044
9	1.51	0.043	0.034	0.031	0.038	0.046	0.031
10	1.39	0.031	0.031	0.028	0.036	0.047	0.028
11	1.30	0.024	0.026	0.023	0.035	0.036	0.030
12	1.21	0.026	0.028	0.023	0.036	0.039	0.038
13	1.12	0.016	0.021	0.012	0.031	0.039	0.026
14	1.05	0.009	0.008	0.009	0.026	0.034	0.032
15	0.97	0.006	0.005	0.011	0.018	0.031	0.017
16	0.89	-0.007	-0.011	-0.004	0.008	0.029	0.015
17	0.80	-0.017	-0.018	-0.004	0.006	0.023	0.008
18	0.70	-0.031	-0.030	-0.030	-0.010	0.015	-0.001
19	0.58	-0.052	-0.054	-0.039	-0.015	-0.003	-0.008
20（低）	0.42	-0.090	-0.075	-0.066	-0.037	-0.020	-0.039

资料来源：标准普尔的 Compustat® 数据。

---

① 对表中所有的公司使用 10% 的权益要求回报率。使用 CAPM 模型计算资本成本（因此根据公司的 Beta 值调整要求回报率），可以得到相似的结果。

持续经营模型所要求的对无穷期的预测是一个挑战。在第 3 章中提到的实用估值模型的标准,需要有限的预测期。当我们对未来进行预测时,如果剩余收益的现值变得非常小,我们便可以在某一点停止对 RE 的预测。但是,如果没有,我们就需要有对持续投资的有限期预测模型。阅读材料 5.1 推导了一种预测有限期的模型。对 T 期的预测:

$$V_0^E = B_0 + \frac{RE_1}{\rho_E} + \frac{RE_2}{\rho_E^2} + \frac{RE_3}{\rho_E^3} + \cdots + \frac{RE_T}{\rho_E^T} + \frac{V_E^T - B_T}{\rho_E^T} \quad (5.2)$$

阅读材料 5.1

根据股利折现模型推导剩余收益模型

我们在第 3 章已经介绍过,价值等于预期回报的折现值。对于股票投资,回报是以后期间一系列的股利加上投资清算时的价格。第 4 章介绍的股利折现模型就是对这个概念很好的应用:

股票价值 = 预计 T 期股利的现值 + 预计 T 期期末终值的现值

$$V_0^E = \frac{d_1}{\rho_E} + \frac{d_2}{\rho_E^2} + \frac{d_3}{\rho_E^3} + \cdots + \frac{d_T}{\rho_E^T} + \frac{\rho_t}{\rho_E^T}$$

然而,我们发现这个模型不是很实用。剩余收益模型是一个较为实用的模型,它认为价值是由预期股利(包括了清算价格)决定的。我们如何才能实现股利折现模型向剩余收益模型的转换呢?

回报是来自多期的,但是作为简单的开始,我们先处理一期的股票回报问题。有效的股票价格应当是多期股利和股票清算价格的现值和。因此 $P_0 = (d_1 + p_1)/\rho_E$,这里 P_0 是当前股价,p_1 是一年以后的股价,d_1 是一年以后的股利回报,ρ_E 是 1 加上股票要求的回报率。根据流量与存量的会计关系,回报中预期股利等于预测综合收益减去预测账面价值变化:$d_1 = \mathrm{Earn}_1 - (B_1 - B_0)$。因此,可以用这来替换股息报酬,得到:

$$P_0 = \frac{\mathrm{Earn}_1 - (B_1 - B_0) + p_1}{\rho_E}$$

$$= \frac{B_0 + \mathrm{Earn}_1}{\rho_E} + \frac{p_1 - B_1}{\rho_E}$$

$$= B_0 + \frac{\mathrm{Earn}_1 - (\rho_E - 1)B_0}{\rho_E} + \frac{p_1 - B_1}{\rho_E}$$

第二项 $\mathrm{Earn}_1 - (\rho_E - 1)B_0$,是股票下一年的剩余收益。

这个模型告诉我们,通过预测下一年的剩余收益和年终溢价,把它们的现值加上资产负债表上的当前账面价值,就可以得到有效的股票价格。我们可以把这个模型扩展为预测期更长的模型,只需要替换其中未来期间的综合收益和股利账面价值即可。预测 T 期的模型:

$$P_0 = B_0 + \frac{RE_1}{\rho_E} + \frac{RE_2}{\rho_E^2} + \frac{RE_3}{\rho_E^3} + \cdots + \frac{RE_t}{\rho_E^T} + \frac{P_t - B}{\rho_E^T}$$

由于有效的价格等于内在价值,所以我们可以用这个模型来表示内在价值而不是有效价格。见文中的公式(5.2)。

这里 $V_E^T - B_T$ 是预测期间内在价值溢价的预测值。因此,这个模型告诉我们,要预测 1 年、2 年、5 年或 10 年,需要三个数据(除权益资本成本外)来给股票定价:

(1) 当前的账面价值。
(2) 各期间剩余收益的预测值。
(3) 期末溢价的预测值。

权益资本成本根据 CAPM 模型的 β 值给出。根据剩余收益公式,用资本成本将以上三个部分折现,并加总折现值,就完成了基本面分析的第 4 个步骤。当前的账面价值可由当前的资产负债表读出,留给我们的是剩余两个任务:预测剩余收益和期末溢价。我们还需要确定预测期为多长。预测期末溢价——从现在开始第 T 期末的股票价值与账面价值相比——应该是一个挑战。实际上,这个模型反映了一个循环:为决定当前的溢价,需要计算未来的预期溢价,而这个溢价的计算是一个关于永续价值的问题。本章"应用模型对权益估值"一节将解决这个问题。

剩余收益模型得出的估值通常与无穷期股利折现模型的估值相同,这一点很重要。因为一旦你知道股票价值是由未来预期得到的股利决定的,你就不用为定价而担心了。阅读材料 5.1 推导的剩余收益模型用收益和账面价值代替股利。这种替代意味着我们实际上是在预测股利,然而,通过用预测收益和账面价值代替预测股利,我们的预测期间短于股利折现法所要求的预测期间。储蓄账户的实例清晰地解释了这一点,在零股息支付的例子中,假设 50 年不支付股利,那么我们便需要对非常遥远的股利进行预测。但使用剩余收益模型可以很快得到结果——因为它由当下的账面价值给出。

剩余收益的动因和价值创造

剩余收益是以具体金额而不是以比率表示的普通股的回报。对每一个期间 t 的收益,我们可以计算剩余收益:

$$\text{剩余收益} = (\text{ROCE} - \text{权益要求的回报率}) \times \text{普通股账面价值} \quad (5.3)$$
$$\underbrace{\text{Earn}_t - (\rho_E - 1)B_{t-1}}_{(1)} = \underbrace{[\text{ROCE}_t - (\rho_E - 1)]B_{t-1}}_{(2)}$$

这里 $\text{ROCE}_t = \text{Earn}_t/B_{t-1}$,是普通股的回报率,阅读材料 5.2 给出了 ROCE 的计算。因此剩余收益就等于 ROCE 减去要求的回报率($\rho_E - 1$)所得差额再乘以期初的账面价值。戴尔公司 2002 年综合收益的 ROCE 为 21.74%(参见阅读材料 5.2)。该公司权益要求的回报率为 12%,因此它的剩余收益为 $(0.2174 - 0.12) \times 56.22 = 5.476$ 亿美元,与我们前边得到的结果一样(有四舍五入)。如果 ROCE 等于要求的回报率,RE 就为 0。如果我们预测公司的 ROCE 等于它的资本成本,则其市价就等于账面价值。如果我们预测 ROCE 大于资本成本,则公司权益将会以溢价出售。如果我们预测 ROCE 小于资本成本,则权益应当折价出售。

阅读材料 5.2

普通股权益回报率

普通股权益回报率(ROCE)就是在某一期间内普通股股东赚得的综合收益除以期初净资

产的账面价值。对第一期：

$$\text{ROCE}_1 = \frac{\text{普通股股东的综合收益}_1}{\text{账面价值}_0}$$

普通股股东的综合收益是在优先股的股利发放之后得到的，而账面价值自然就是普通股股东权益的账面价值。有时它被称为权益回报率（ROE），但是用 ROCE 更清楚，因为它是普通股股东的回报率，我们也正是要对普通股股票估值。ROCE 也被称为账面价值回报率或会计回报率，以便与持有股票的回报率相区别。

戴尔公司 2002 年的综合收益为 12.22 亿美元。年初公司普通股权益的账面价值是 56.22 亿美元（见第 2 章）。因此，戴尔公司 2002 年的 ROCE 是 12.22/56.22 = 21.74%。

在该期间获取的收益是在期间内持续发生的，并且会随着账面价值的改变而改变，比如发行新股、股票回购或者分发股利。但是账面价值是在某一时间点上衡量的。对短期而言，比如一个季度，这个就影响不大。但对长期而言，比如一年，它就会有影响。因此，一年的 ROCE 经常按如下方法计算：

$$\text{ROCE}_1 = \frac{\text{综合收益}_1}{(B_1 + B_0)/2}$$

分母是年初和年末账面价值的平均值。这个计算是合理的。更严格地说，分母应该是这一年的账面价值的加权平均值。在临近年初或者年末，如果有大额的发行新股或者股票回购，用上述公式就会发生重大错误。根据平均账面价值计算，2002 年戴尔的 ROCE 是 23.69%。

也可以用每股数据计算 ROCE：

$$\text{ROCE}_1 \equiv \frac{\text{EPS}_1}{\text{BPS}_0}$$

EPS 是根据综合收益计算得出的。BPS 是普通股的账面价值除以市场上流通的股票数（即发行的股票减去库存股）。EPS 计算时对本年发行股票和回购股票做了加权处理。因此，该计算中分子和分母都以每股为单位。戴尔 2002 年以每股为单位计算的 ROCE 为 21.78%。

这三种计算方法给出了不同的答案，但是差别不大。然而，以每股为基础计算的 ROCE 在进行不同时期的比较时是很危险的。我们可以这样来看，假设发行股票的所得，其收益率和目前的权益回报率一样。那么第一种计算方法下的 ROCE 不受发行新股的影响。第三种计算方法的分子 EPS 可能不会受到影响（因为发行新股赚的收益被更多的股票抵消了），但是 BPS 会受到影响。股票以市场价发行会改变 BPS，因为账面价值的变动比市场上流通股数的变动更大。如果净资产为 100 美元，股票为 100 股，BPS = 1 美元。如果又以每股 2 美元发行了 50 股，则发行后 BPS = 1.33 美元（但是每股的价格没有改变）。因此，第三种方法下的 ROCE 会改变，第一种方法下的 ROCE 则不会（除非每股价格等于每股的账面价值，在这种情况下，股票交易就没有溢价）。

发行新股和股票回购对 ROCE 的影响（对 EPS 的影响）要比这个复杂一些，我们后面将要看到，但是对 BPS 的影响很明显，从而告诉我们不要将根据每股数据计算出的 ROCE 进行跨期比较。

读者可以发现 RE 由两部分决定，即公式（5.3）的（1）和（2）。第 1 部分是 ROCE，第 2 部分是每一期权益投资的账面价值（资产减去负债），这两部分被称为剩余收益动因。公司增加它们的 ROCE,使之超过资本成本,才能使其价值大于账面价值。同时,公司在 ROCE 高于资本成本的基础上增加账面价值(净资产)投资也可增加其价值。给定 ROCE(超过资本成本),公司的投资越多,其增加的价值越多。实际上,这两个动因有时也被称为价值动因,决定股票应当溢价还是折价卖出需要预测这两个因素。① 图 5.1 描述了如何通过预测这两个动因并利用账面价值求得当前的价值。很多研究公司价值的分析方法就是要揭示决定这些价值动因的经营特征。读者也可看到这个模型怎样成为一个战略分析的工具:增加价值靠的是使 ROCE 高于要求回报率的战略决策和在 ROCE 高于要求回报率的情况下增加其账面价值(净资产)。

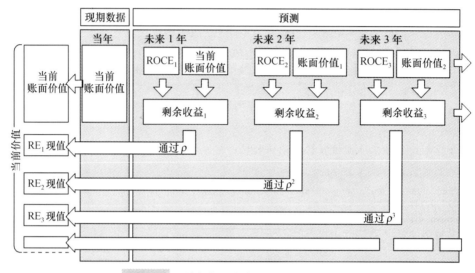

图 5.1 剩余收益的动因和权益价值的计算

剩余收益由普通回报率(ROCE)和呈报的投资账面价值决定,价值包括预测未来的 ROCE 和净资产账面价值的增长,将它们产生的剩余收益折现,并加到当前账面价值上。

表 5.3 列示了部分企业 2003 财年市净率(P/B,已排序)、2004 年 ROCE 及 2004 年账面价值增长率的情况。

表 5.3 部分企业 2003 年市净率(P/B,已排序)、2004 年 ROCE 及 2004 年账面增长率的情况

	2003 年市净率	2004 年 ROCE	2004 年账面价值增长率
The Gap Inc.	4.23	28.1%	30.7%
General Electric Co.	4.16	22.3%	39.3%
Verizon Communications Inc.	3.32	23.4%	12.2%
Citigroup Inc.	2.79	17.4%	11.5%
Home Depot Inc.	2.62	19.2%	13.2%
General Motors Corp	1.19	11.1%	9.7%
Federated Department Stores	0.92	12.0%	3.1%

---

① "账面价值增长"一词指的是金额的增长。"增长百分比"指的是增长率。ROCE 指的是普通股权益回报率,有时也称为普通股回报。

从表中可以看出,市净率与后续 ROCE 及账面价值增长率是相关的。通用汽车(General Motors Corp)和美国联合百货公司(Federated Department Stores)的市净率约为 1,相应的 ROCE 为 11%—12%(可以近似看作是权益资本的必要回报率)。由于 2004 年剩余收益接近于零,所以市净率为标准市净率,近似等于 1。其他企业的市净率较高,相应的 ROCE 及账面价值增长率也较高。值得注意的是,有的企业和其他企业相比,市净率较高但 ROCE 较低,这种企业有高账面价值增长率作为补偿,例如通用电气(General Electric Co.)和 Verizon 公司。

表 5.4 列示了部分中国上市公司 2010 年市净率(以 2010 年 12 月 31 日股价计算)、2011 年 ROE 及 2012 年净资产增长率的情况。

表 5.4 部分中国上市公司 2010 年市净率(以 2010 年 12 月 31 日股价计算)、2011 年 ROE 及 2012 年净资产增长率的情况

证券代码	证券简称	2010 年市净率	2011 年 ROE	2012 年净资产增长率
600111.SH	包钢稀土	23.87	86.42%	133.15%
600547.SH	山东黄金	19.29	39.81%	45.85%
600031.SH	三一重工	9.65	55.78%	73.23%
600887.SH	伊利股份	7.25	35.33%	42.80%
601699.SH	潞安环能	5.77	28.65%	25.14%
601318.SH	中国平安	3.83	16.04%	16.81%
601299.SH	中国北车	2.57	12.47%	6.06%
600019.SH	宝钢股份	1.07	6.97%	1.69%

当然,仅几家公司的情况不能反映问题的全貌,我们来看图 5.2 和图 5.3。图 5.2 是标准普尔 500 家企业 2002 年 ROCE 与 2001 年年末市净率关系图,图 5.3 是标普 500 家企业 2003 年账面价值增长率与 2001 年年末市净率关系图。两图中拟合回归线表示市净率能预测后续 ROCE 和账面价值增长率。而为何有较多企业点没有落在回归线上是财务分析所要回答的。

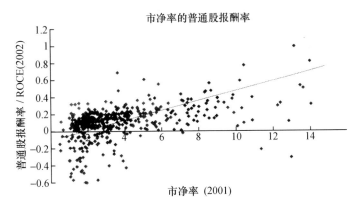

图 5.2 标准普尔 500 公司市净率和后续普通股权益回报率(ROCE)图

图中描述了 2002 年 ROCE 和 2001 年年末市净率的关系。图中的直线是 ROCE 和市净率的回归关系:ROCE 和市净率是正相关的。

资料来源:标准普尔的 Compustat® 数据。

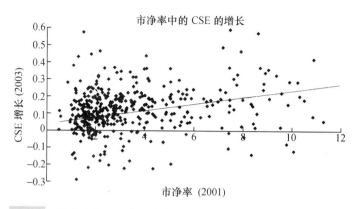

图 5.3 标准普尔 500 公司市净率和后续普通股账面价值增长率图

图中描述了 2003 年普通股东权益(CSE)增长率和 2001 年年末的市净率关系图。回归线表明了二者的关系:账面价值的增长率和市净率是正相关的。

资料来源:标准普尔的 Compustat® 数据。

图 5.4 为中国沪深 300 公司 2009 年市净率和 2010 年普通股权益回报率(ROCE)图。其中,市净率中股价数据为 2009 年年末收盘价,ROCE 中普通股权益数据为期初期末平均值。图中的直线是 ROCE 和市净率的回归关系:ROCE 和市净率是正相关的。

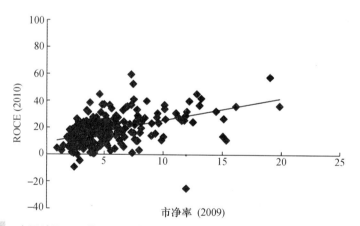

图 5.4 中国沪深 300 公司 2009 年市净率和 2010 年普通股权益回报率(ROCE)图

图 5.5 为中国沪深 300 公司 2009 年市净率和 2011 年普通股权益增长率图。其中,市净率中股价数据为 2009 年年末收盘价,普通股权益增长率为期末与期初相比增长率。图中的直线是普通股权益增长率和市净率的回归关系:普通股权益增长率和市净率是正相关的。

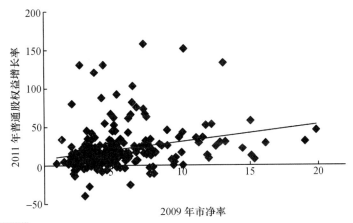

图 5.5 中国沪深 300 公司 2009 年市净率和 2011 年普通股权益增长率图

简单证明

表 5.5 给出了一家公司未来 5 年综合收益和股利的预测，这个公司在当前年底（基年，第 0 年）的账面价值是 1 亿美元。要求的权益回报率是 10%，我们要在基期评估权益的价值。

表 5.5 收益、股利与剩余收益的预测：例 1

（单位：百万美元；要求回报率为 10%）

		预测期				
	0	1	2	3	4	5
收益	12.00	12.36	12.73	13.11	13.51	13.91
股利	9.09	9.36	9.64	9.93	10.23	10.53
账面价值	100.00	103.00	106.09	109.27	112.55	115.93
剩余收益（要求回报率为 10%）		2.36	2.43	2.50	2.58	2.66
剩余收益增长率			3%	3%	3%	3%

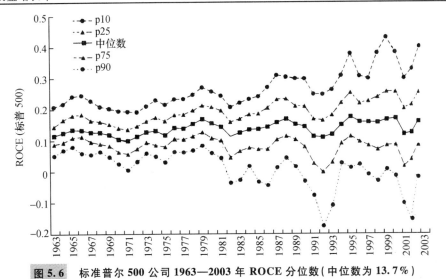

图 5.6 标准普尔 500 公司 1963—2003 年 ROCE 分位数（中位数为 13.7%）

资料来源：标准普尔的 Compustat® 数据。

我们可以使用第 2 章的存量和流量公式来预计未来账面价值:

年末账面价值 = 年初账面价值 + 综合收益 − 净股利

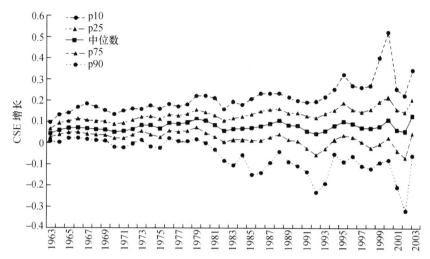

图 5.7 标准普尔公司 1963—2003 年普通股权益账面价值(CSE)增长率分位数图(中位数为 7.2%)

资料来源:标准普尔的 Compustat® 数据。

假定企业没有新股发行也没有股票回购,此时预期股利等于净股利;第一年年末账面价值为 100 + 12.36 − 9.36 = 103(百万美元),后续以此类推;第一年剩余收益为 12.36 − (0.10 × 100) = 2.36(百万美元),后续以此类推。你会发现,预测的剩余收益每年增长 3%。因此,将第一年年末的预期剩余收益看作有增长的永续年金,可得其资本化价值为:

$$V_0^E = B_0 + RE_1/(\rho_E - g)$$

其中 $g = 1.03, \rho_E = 1.1$, 价值为:

$$V_0^E = 100 + 2.36/(1.1 - 1.03) = 133.71(百万美元)$$

从而,内在市净率为 133.71/100 = 1.34。

剩余收益模型与无限期股利折现模型的计算结果是一样的。因为权益价值是企业所能支付的所有股利(长期来看),而剩余收益模型给出的正是这些股利流的总价值。我们回到刚才的例子中,假设年股利增长率为 3%,则有:

$$V_0^E = d_1/(\rho_E - g) = 9.36/(1.1 - 1.03) = 133.71(百万美元)$$

本例中股利支付率是固定的,所以股利支付与净利润直接相关,从而可以使用股利折现模型;而且股利增长率等于剩余收益增长率。第 4 章已经指出,许多情况下股利折现模型是不合适的,而剩余收益模型恰好解决了这一问题。

5.4 利用剩余收益模型进行权益估值

下面的案例会将图 5.1 应用于 Flanigan 公司,该公司经营连锁餐厅。前两行给出了该公司 2000 年到 2003 年的基本每股收益(EPS)和每股股利(DPS)。在这里我们进行与第 4 章完全相同的工作,假设我们在 1999 年年底进行预测,但是肯定地知道未来的每股收益与每股股利。通过预测每股收益和每股股利,将每股收益与期初每股净资产相加,减去每股股利,就可以得到各期的每股账面价值。这里用了存量和流量会计等式。因此,2001 年年底的每股账面价值的预测值为 4.76 美元。①

通过预测每股收益(EPS)和每股股利(DPS),我们可以预测剩余收益(RE)。根据 CAPM 模型确定的资本成本为 9%,所以 2001 年的剩余收益为 RE = 0.8 − (0.09 × 4.20) = 0.422,或者根据预测的 ROCE 和账面价值计算,RE = (0.1905 − 0.09) × 4.20 = 0.422。

现在假设我们在 1999 年年底对该公司估值,我们将预测的 RE 折现现值(折现因子为 1.09)加总后,再将其加到 1999 年的账面价值每股 3.58 美元之上,最后得出价值为每股 4.53 美元。如表 5.6 所示,计算出的账面价值溢价为 4.53 − 3.58 = 0.95 美元。我们得到的这一价值正确吗?如果我们预测 2003 年后的 RE 为 0,它就是正确的。可以看到剩余收益在逐年下降,趋近于 0。虽然剩余收益的账面价值动因不断增长,但另一动因 ROCE 在下降。2003 年为 9.0%,接近于资本成本。因此,看起来好像 2003 年后剩余收益 RE 可能为 0。如果是这样,我们就完成了价值估算,它可以写为:

$$V_0^E = B_0 + \frac{RE_1}{\rho_E} + \frac{RE_2}{\rho_E^2} + \frac{RE_3}{\rho_E^3} \quad (情景1) \tag{5.4}$$

表 5.6　情景 1:Flanigan 有限公司(BDL)

(预测 2003 年后剩余收益为 0,要求回报率为 9%)

		预测期			
	1999	2000	2001	2002	2003
EPS		0.73	0.80	0.71	0.47
DPS		0.11	0.24	0.25	0.27
BPS	3.58	4.20	4.76	5.22	5.42
ROCE		20.4%	19.0%	14.9%	9.0%
RE(要求回报率 9%)		0.408	0.422	0.282	0.000
折现因子(1.09^t)		1.090	1.188	1.295	1.412
RE 的现值		0.374	0.355	0.217	0.000
至 2003 年 RE 的现值	0.95				
每股价值	4.53				

预测步骤示例(以 2001 年为例):

每股账面价值预测(BPS)		剩余收益预测	
期初 BPS(a)	4.20	预测的 ROCE(b/a)	19.05%
预测的 EPS(b)	0.80	权益资本成本	−9.00%
预测的 DPS	(0.24)	超额 ROCE(c)	10.05%
期末 BPS	4.76	RE($a \times c$)	0.422
		也可以表示为:	
		RE = 0.80 − (0.09 × 4.20)	0.422

在这个情景下,第 0 年为 1999 年,而第 T 年(3 年后)为 2002 年。

---

① 在这一案例和其他案例中我们都使用 CAPM 模型估计资本成本,但其他资产定价模型也可以使用。我们假设未来各期的资本成本均相等。正如我们看到的,由于资本成本会随财务杠杆的变化而变化,因此这一假设可能不够现实。但我们也会(在第 13 章)学习如何不考虑财务杠杆而进行估值。

与模型 5.2 的计算相比较,这里没有持续溢价。这意味着,如果预测期后的剩余收益 RE 的预测值为 0,那么预测期终点的溢价预测必为 0。我们已经预测 $V_T^E - B_T = 0$。

预测期与永续价值计算

我们把在预测期之外溢价为 0 的状态称为情景 1,这是一个典型状态吗? 让我们再看看 GE 公司。在第 4 章中我们用现金流折现分析很难给这个公司定价。情景 2 给出同样的 5 年期数据,但增加了 EPS、DPS 和 BPS 的数据。再假定这些数据是 1999 年的预测值,RE 和 ROCE 的预测值也已经算出。设 GE 公司的权益资本成本为 10%,将 1999 年到 2004 年 RE 预测值的现值(每股 3.27 美元)与 1999 年的账面价值(每股 4.32 美元)相加,得出的结果为每股价值为 7.59 美元。但这一结果是不正确的,因为 GE 公司在 2004 年赚取了一个正的 RE,并且很可能预期多年后会赚得更多。GE 公司的价值动因之一的 ROCE 在不断下降,但其账面价值的不断上升抵消了这一影响并使 RE 保持稳定。每股 7.59 美元的价值没有计入永续价值,即模型 5.2 中的持续溢价。

永续价值是预测期以外的剩余收益的价值,从 GE 公司 RE 的一系列预测值可以看出,RE 相当稳定。假设我们预测 2004 年以后的 RE 与 2004 年相同,都为 0.882 美元,此后的 RE 将是永久性的,这个永续的价值是永续年金资本化的金额:0.882/0.10 = 8.82(美元)。由于这是 2004 年以后预期 RE 的价值,也是 2004 年年末预期的溢价价值;因此,我们可以用下式替换模型 5.2:

$$V_0^E = B_0 + \frac{RE_1}{\rho_E} + \frac{RE_2}{\rho_E^2} + \frac{RE_3}{\rho_E^3} + \cdots + \frac{RE_T}{\rho_E^T} + \frac{\frac{RE_{T+1}}{\rho_E - 1}}{\rho_E^T} \quad (情景 2) \quad (5.5)$$

表 5.7　情景 2:通用电气(GE)

(预测 2004 年后剩余收益为非零常数,要求回报率为 10%)

	1999	预测期				
		2000	2001	2002	2003	2004
EPS		1.29	1.38	1.42	1.50	1.60
DPS		0.57	0.66	0.73	0.77	0.82
BPS	4.32	5.04	5.76	6.45	7.18	7.69
ROCE		29.9%	27.4%	24.7%	23.3%	22.3%
RE(要求回报率 10%)		0.858	0.876	0.844	0.855	0.882
折现因子 (1.10^t)		1.100	1.210	1.331	1.464	1.611
RE 的现值		0.780	0.724	0.634	0.584	0.548
至 2004 年 RE 的总现值	3.27					
永续价值(CV)						
CV 的现值	5.48					
每股价值	13.07					

永续价值:

$$CV = \frac{0.882}{0.10} = 8.82$$

$$永续价值的现值 = \frac{8.82}{1.6105} = 5.48$$

注:小数点四舍五入。

在 GE 公司的案例里，T 为 5 年，所以 GE 公司股票 1999 年的价值为 $13.07 = 4.32 + 3.27 + 8.82/1.6105$，计算出的溢价为 $13.07 - 4.32 = 8.75$。此处预测了 2005 年及以后的 RE，从而提供了 2004 年年末的永续价值（CV），即 2004 年的预期溢价 $V_5^E - B_5 = 8.82$。

我们把预测期结束后持续存在稳定的剩余收益的状态称为情景 2。情景 1 和情景 2 覆盖了现实中经常遇到的许多情况[①]，我们可能期望情景 1 成为典型状态：一家公司可以在短期内赚取正的剩余收益（ROCE 大于资本成本），但竞争最终会导致它的利润下降，从而使 ROCE 等于资本成本。高的 ROCE 是一定会降低的，正如 Flanigan 公司和 GE 公司所表现的那样，但 ROCE 和 RE 始终大于零也是一种相当普遍的现象。对于这种情况，读者可以使用情景 2 中的方法处理。

注意，我们能够给 GE 估值，即使它的自由现金流为负数。通过使用权责发生制会计方法，我们能够解决在第 4 章中反复困扰我们的问题。

情景 3 给出了戴尔公司从 2000 财年到 2005 财年的实际数据。2002 年后，戴尔公司 ROCE 相当稳定，但账面价值增长很快，所以剩余收益持续增长。预期 2005 年后公司 RE 将保持为常数或 0 可能是不合理的。如果预期 RE 的增长率为常数，永续价值的计算可修正如下：

$$V_0^E = B_0 + \frac{RE_1}{\rho_E} + \frac{RE_2}{\rho_E^2} + \frac{RE_3}{\rho_E^3} + \cdots + \frac{RE_T}{\rho_E^T} + \frac{\frac{RE_{T+1}}{\rho_E - g}}{\rho_E^T} \quad \text{（情景 3）} \tag{5.6}$$

表 5.8　情景 3：戴尔公司

（预测 2005 年后剩余收益年固定增长率为 6.5%，要求回报率为 11%）

		预测期				
	2000	2001	2002	2003	2004	2005
EPS		0.84	0.48	0.82	1.03	1.18
DPS		0.00	0.00	0.00	0.00	0.00
BPS	2.06	2.90	3.38	4.20	5.23	6.41
ROCE		40.8%	16.6%	24.3%	24.5%	22.6%
RE（要求回报率 11%）		0.613	0.161	0.448	0.568	0.605
折现因子（1.11^t）		1.110	1.232	1.368	1.518	1.685
RE 的现值		0.553	0.131	0.328	0.374	0.359
至 2005 年 RE 的总现值	1.75					
永续价值（CV）						14.32
CV 的现值	8.50					
每股价值	12.31					

永续价值计算过程：

$$CV = \frac{0.605 \times 1.065}{1.11 - 1.065} = 14.32$$

$$\text{永续价值的现值} = \frac{14.32}{1.685} = 8.50$$

注：小数点四舍五入。

[①] 剩余收益的预测值可能小于零，这样企业将会按照账面价值折价出售。负的 RE 可能会一直持续下去，但更有可能的是，它们会恢复到零或变为正数。

这里 g 为 1 加上增长率。[①] 戴尔 2005 年 RE 增长率为 6.5%（$g=1.065$），如果这个比率预期在 2005 年后会持续下去，2006 年的 RE 预测值为 $0.605\times1.065=0.644$。所以永续价值为 14.32 美元，其在 2000 年年末的现值为 8.5 美元，如案例中所示。2000 年年底的价值为 V_0^E $=2.06+1.75+8.50=12.31$。

情景 3 和情景 1、2 覆盖了我们在现实中经常遇到的各种情形[②]，RE 的长期水平和增长率有时也被称为公司的稳定状态。增长率的存在使得情景 3 不同于情景 2，情景 2 是一个没有增长（$g=1.0$）的状态。在我们的例子中，我们对未来的增长率进行了外推。对一定期间内增长率的预测给出了关于长期增长率的信息，但在实际中采取外推的方法确定未来的增长率可能是不明智的，甚至比假定一个增长率还糟。我们需要知道增长率将告诉我们什么样的信息。价值对增长率估计是非常敏感的。如果我们假定戴尔的增长率为 5%，则永续价值为 $(0.605\times1.05)/0.06=10.59$，价值将为 10.09 而不是 12.31，本书第二部分和第三部分的财务分析将会研究这一增长率。

目标价格

分析师不仅提供盈余预测，给出持有或买入、卖出建议，还为客户提供目标价格。所谓的目标价格，就是对未来价格的预测，剩余收益分析可以给出目标价格。

永续价值是期末溢价，即预测期末价值与期末账面价值的预期差异。所以，目标价格可以表示为账面价值加上永续价值：$V_T^E=B_T+\mathrm{CV}_T$，可得情景 1、情景 2、情景 3 中企业目标价格分别为：

Flanigan 公司目标价格：$V_{2003}^E=B_{2003}=5.41$（美元）　　　　　　　　（情景 1）

通用电气目标价格：$V_{2004}^E=B_{2004}+\mathrm{CV}_{2004}=7.96+8.82=16.78$（美元）（情景 2）

戴尔公司目标价格：$V_{2005}^E=B_{2005}+\mathrm{CV}_{2005}=6.41+14.32=20.73$（美元）（情景 3）

这些目标价格就是未来时点上投资的出售价格（第 3 章所提到的终值）。要注意区分永续价值和终值之间的差异。

以预测值作为目标价格有一点不足。上述计算结果是期望价值，而不一定是期望价格，只有预期未来价格回到基本面价值时，上述结果才是目标价格。若预期未来价格偏离基本面价值——缘于市场投机——目标价格将不会等同于目标价值。

这是使用基本面分析进行股票估值时应当注意的。由于预期未来价格会回到未来目标价值，一旦发现股价低估，分析师将推荐购买。不过股价可能偏离基本面价值很长时间，特别是短期内这种偏离更严重。1998 年，戴尔公司股价为 38 美元，高于前面的计算结果。有分析师可能认为股价被高估了，并推荐卖出。但由于当时整个市场都充斥着科技股泡沫，戴尔公司的股价一直上扬，到 2000 年年初，达到 58 美元。这说明短期来看，卖出建议是错误的。当然，2000 年年末，戴尔公司股价暴跌到 19 美元。所以，长期来看，基本面投资者是可以规避泡沫危机之害的。正如第 1 章基本面投资信条第十二条所指出的，要有耐心坚守你的判断，虽然需要点时间，价格总会回落到基本面价值上的。

[①] 增长率必须小于资本成本，否则终值将"发散"。同时，一家公司的 RE 增长率始终高于资本成本也是不合理的（这样价格就将成为无穷大）。

[②] 在一定期间内，增长率可能为负（$g<1$），当 RE 由正数跌到 0 时，就是这种情况。我们可以延长预测期，直至 RE 为 0，情景 1 就是这种情况。

价格短期偏离基本面价值与第 1 章所描述的价格风险有关,而不是基本面风险引起的。第 18 章会进一步讨论价格风险。

上面介绍的目标价值法是股利折现模型的有效补充。第 4 章谈到股利折现模型中必须考虑对终值的预测,而目标价格法恰好提供了终值的计算思路,完善了股利折现模型。注意,我们此处用到的是应计会计方法,与股利不同,应计会计利润和账面价值都与价值创造活动密切相关。

将分析师的预测转换为估值

分析师通常提前 1—2 年预测收益然后预测后续年份收益的长期增长率,通常为 3—5 年。对近期状况的预测一般都是可信的,然而对未来的长期预测却和拍脑袋差不多。无论如何,投资者面对这些预测值都会想到一个问题:如何将分析师的预测转换成估值。

表 5.9 将分析师的预测转换为估值:耐克公司(NKE)

分析师给出了前两年 EPS 的预测,2005 年为 4.45 美元,2006 年为 5.04 美元;并给出未来 5 年 EPS 增速的预测值为 14%。对 2007 年至 2009 年的预测使用 2006 年的 EPS(预测值)和 EPS 增速的一致预期。股利支付率为 20.6%(等于 2004 年支付率);要求回报率为 10%;A 表示实际值,E 表示预测值。

	2004A	2005E	2006E	2007E	2008E	2009E
EPS	3.59	4.45	5.04	5.57	6.55	7.47
DPS	0.74	0.92	1.04	1.18	1.35	1.54
BPS	18.17	21.70	25.71	30.27	35.47	41.40
ROCE		24.49%	23.23%	22.36%	21.64%	21.06%
RE(要求回报率 10%)		2.633	2.870	3.179	3.523	3.923
贴现因子 (1.10)^t		1.100	1.210	1.331	1.464	1.611
RE 的现值		2.394	2.372	2.389	2.406	2.435
至 2009 年总现值	12.00					
永续价值(CV)						68.00
CV 的现值	42.21					
每股价值	72.38					

根据 GDP 增长率计算 CV:

$$CV = \frac{3.923 \times 1.04}{1.10 - 1.04} = 68.00$$

注:小数点四舍五入。

表 5.9 给出了 2004 年财务报告公布之后,分析师对耐克公司的一致预测数据。一致预测是指由覆盖该股票的卖方分析师做出预测的平均值。对耐克 2005 年和 2006 年的预测是提前两年估计的,对 2007—2009 年的预测是由分析师运用五年内每股收益平均每年增长 14% 来进行预测的。分析师一般不预测股息,因为人们一般假设当前的股息支付率(每股股息(DPS)/每股收益(EPS))在未来是不变的。耐克在 2004 年每股收益为 3.39 美元时,为每股支付了 0.74 美元的股息,因此它的股息支付率是 20.6%。从上表中你可以看到,根据分析师的预测,耐克的剩余收益是在不断增长的。分析师一般不会预测很长时期的收益,但是如果我们预计剩余收益在 2009 年之后,在一个很长时期内的增长速度等于国内生产总值(GDP)的增长速度 4%,那么我们就可以以此为基础计算永续价值。就像表里计算的那样,分

析师预测的价值为每股 72.38 美元。当时,耐克的股票交易价格是每股 75 美元,因此,根据这些计算,可以认为耐克的定价是合理的。

表 5.10 将分析师的预测转换为估值:中国石油(601857)

分析师给出了前三年 EPS 的预测,2012 年为 0.66 元,2013 年为 0.76 元,2014 年为 0.83 元;假设 2015—2016 年 EPS 增速与 2014 年相等,为 9.2%。2012—2016 年股利支付率为 40%(等于 2012 年预测支付率);要求回报率为 9%;A 表示实际值,E 表示预测值。计算得出中国石油价值为每股 8.74 元。2012 年 11 月 23 日中石油股价为每股 8.54 元,基本一致。

	2011A	2012E	2013E	2014E	2015E	2016E
EPS	0.73	0.66	0.76	0.83	0.91	0.99
DPS	0	0.26	0.30	0.33	0.36	0.40
BPS	5.32	5.72	6.18	6.68	7.23	7.82
ROCE		11.54%	12.30%	12.43%	12.59%	12.66%
RE(必要回报率 9%)		0.15	0.20	0.23	0.26	0.29
贴现因子(1.09)^t		1.09	1.19	1.30	1.41	1.54
RE 的现值		0.13	0.17	0.18	0.18	0.19
至 2016 年总现值	0.85					
永续价值(CV)						3.952
CV 的现值	2.57					
每股价值	8.74					

假设永续增长率 4%,计算 CV:

$CV = 0.19 \times 1.04 / (1.09 - 1.04) = 3.952$

注:小数点四舍五入。

在把分析师的预测转换为估值的过程中,我们遇到一些困难。分析师经常不把股利和收益放在一起预测,因此,我们为了预测未来账面价值,不得不假设股利支付率是多少。更重要的是,分析师的预测通常是短期的预测。由于我们并不知道他们对长期的预测是怎样的,因此永续价值也是一个问题。参见阅读材料 5.3。

阅读材料 5.3

保险公司的重组:这些公司的价值大于账面价值吗?

在过去十几年间,包括 John Hancock 共同人寿保险公司、大都会人寿保险公司、美国宝德信(Prudential)保险公司在内的一批大保险公司宣布,它们计划将保单持有人共同所有的公司转化为股东所有的公司。这一重组过程包括向保单持有者发行股票和以 IPO 的方式向新投资者发行股票。

分析师们猜测,这些公司将按照账面价值定价,它们的投资回报率为 9%—12%,并且预期未来回报率也不会提高。为什么它们可以以账面价值交易呢?因为如果购买新股的投资者要求的回报率也为 9%—12%,则这些公司账面价值预期产生的剩余收益为 0,所以应该以账面价值定价。

John Hancok 公司的 IPO 在 2000 年 1 月 27 日进行,更名为 John Hancok 金融服务公司。

公司的 ROCE 为 12%，发行了 33 170 万股股票，其中 22 970 万股出售给保单持有人，这些股票的交易价格为每股 17.25 美元，比每股 15 美元的账面价值稍高。

5.5 应用模型对项目投资和公司战略估值

剩余收益模型也可以用来为公司内部的项目估值。在本章开始，我们分析过简单的一年期项目。我们在图 3.5 中也对一个投资额为 1 200 美元的多期项目进行了现金流净现值（NPV）分析。表 5.11 采用权责发生制对项目进行会计计量，收入按现金流入计算，但要减去折旧以得到该项目的净利润。折旧采用直线法，即在 5 年内平均分摊扣除残值后的价值作为成本（折旧的基数），每年该项目的账面价值为其初始成本减去累计折旧，根据存量和流量方程可计算出权益的近似账面价值：

$$账面价值_t = 账面价值_{t-1} + 收益_t - 现金流量_t$$

表 5.11　项目估值：剩余收益方法

（要求回报率为 12%）　　　　　　　　　　　　　　　　　　　　　（单位：美元）

	0	预测期				
		1	2	3	4	5
收入		430	460	460	380	250
折旧		216	216	216	216	216
项目利润		214	244	244	164	34
账面价值	1 200	984	768	552	336	0
账面价值回报率		17.8%	24.8%	31.8%	29.7%	10.1%
剩余项目利润（要求回报率 12%）		70	126	152	98	(6)
折现因子（1.12）		1.12	1.254	1.405	1.574	1.762
RE 的现值		62.5	100.5	108.2	62.3	(3.4)
RE 的总现值	330					
项目价值	1 530		价值增值 = 330			

所以第一年的账面价值为 1 200 + 214 - 430 = 984（美元），随后的几年也是如此。在第五年末，当项目中的资产以估计的残值卖出时，其账面价值为 0，这是标准的权责发生制会计做法。

项目的价值等于它的账面价值加上根据预测的净收益和账面价值算出的预期剩余收益的总额，这一结果（1 530 美元）与第 3 章的现金流折现方法得到的结果相同。剩余收益预测发现了超过投资成本的价值增值：预测的 330 美元剩余收益的现值等于我们在第 3 章计算的净现值。

战略包括一系列的投资，表 5.12 对战略进行了价值评估。这项战略同样要求对投资额为 1 200 美元的项目进行投资，不同的是每年都要进行一个这样的投资，直至永远。每年的收入是在这一年仍在发挥作用的所有项目的收入之和：第 1 年的收入 430 美元来自开始于 0 时点的项目，第 2 年的收入 890 美元来自开始于 0 时点的项目第 2 年的（460 美元）和开始于 1 时点的项目第 1 年的收入（430 美元），以此类推。每个项目的折旧与以前一样（一个项目每年折旧额为216美元),因此每年提取的折旧总额等于216美元乘以同一时间运营的项目个数。从该战略的第5年开始,每年有5个项目同时运营,并产生稳定的1 980美元收入和1 080美元折旧,每年的账面价值等于累计净投资减去累计折旧。

表5.12　战略评估

（要求回报率为12%）　　　　　　　　　　　　　　　　　　　　　（单位:美元）

		预测期					
	0	1	2	3	4	5	6
剩余收益法							
收入		430	890	1 350	1 730	1 980	1 980
折旧		216	432	648	864	1 080	1 080
战略利润		214	458	702	866	900	900
账面价值	1 200	2 184	2 956	3 504	3 840	3 840	3 840
账面价值回报率		17.8%	21.0%	23.8%	24.7%	23.4%	23.4%
剩余战略利润(要求回报率12%)		70.0	195.9	347.8	445.5	439.2	439.2
RE的现值		62.5	156.2	247.5	283.0	249.3	
RE的总现值	999						
永续价值[1]						3 660	
永续价值的现值	2 077						
战略的价值	4 276		价值增值 = 3 076				
现金流折现法							
现金流入		430	890	1 350	1 730	2 100	2 100
初始投资	(1 200)	(1 200)	(1 200)	(1 200)	(1 200)	(1 200)	(1 200)
自由现金流(FCF)	(1 200)	(770)	(310)	150	530	900	900
自由现金流的现值		687.5	(247.2)	106.8	336.7	510.7	
自由现金流的现值总额	20						
永续价值[2]						7 500	
永续价值的现值	4 256						
战略价值	4 276		净现值 = 3 076				

[1] CV = 439.2/0.12 = 3 660(美元)
[2] CV = 900/0.12 = 7 500(美元)

　　从上述计算中可以看出,按照12%的要求回报率计算,这一战略给原来1 200美元的投资带来了3 076美元的价值增值,这一价值增值来源于项目的期望剩余收益的现值。从表格的第二部分还可以看出,这一价值增值等于按照现金流折现法计算出的净现值。

　　咨询公司推出的许多战略计划产品——如经济利润模型、经济增加值模型、价值因子模型或股东增加值模型——都是剩余收益模型的变形。为了进行战略分析,这些模型将分析的焦点集中于剩余收益或价值增加的两个动因上:投资回报率和投资额的增长。这些分析指导管理者努力使投资回报率最大化,并增加收益率大于要求回报率的项目的投资。这些价值增加的指标经常用于评估和激励管理者实施成功的战略。

5.6 剩余收益模型的特征

阅读材料5.4列出了剩余收益方法的优缺点,并将它与第3章和第4章讲述的股利折现模型和现金流折现(DCF)模型进行了简单比较。对具体细节的比较,将在本书以后的章节中讨论。这里对其中的一些问题进行讨论。

阅读材料5.4

权责发生制会计下的剩余收益分析

优点

关注价值动因:关注决定价值创造的两个动因——投资的盈利能力和投资的增长,对这两个因素进行战略性的思考。

利用财务报表:利用资产负债表已确认的资产价值(账面价值);预测利润表和资产负债表,而不预测现金流量表。

采用权责发生制会计:利用权责发生制会计的性质,确认价值增加先于现金流动,将价值增加与价值付出相配比,将投资作为资产而不是价值的损失。

预测的期间:预测期限短于现金流折现法,在短期确认更多的价值;要预测到盈利能力和增长指标趋于稳定,能够进行永续价值计算的时点;不过预测期限依赖于权责发生制会计的质量(第16章)。

多样性:适用于不同国家的会计准则(第16章)。

利用已有的预测结果:分析师预测收益(利用该预测计算剩余收益)。

可验性:预测的剩余收益可通过后来经审计的财务报表来验证。

缺点

会计的复杂性:需要懂得权责发生制会计的工作原理。

会计疑问:依赖于会计数字,而会计数字是可疑的(必须分析会计质量,见第17章)。

账面价值方法确认价值,剩余收益方法确认价值增值

剩余收益方法根据权责发生制会计的性质提前确认价值。在预测期内,较多的价值被较早地确认,而不确定性较大的永续价值则较少地被确认。

剩余收益估值方法首先确认资产负债表上的账面价值,另外,剩余收益预测价值的确认通常早于自由现金流预测的价值。通过比较我们刚刚讨论的战略估值的例子中,两种方法第一、二年确认的价值,就可以看到这一点:第1年和第2年的自由现金流预测为负值,而剩余收益预测为正值。本章更早出现的情景2,储蓄账户,提供了一个极端的例子:即使预计自由现金流为零,现时账面价值还是可以不经任何预测快速得出。读者还可以通过比较本章利用剩余收益法与第4章利用现金流量折现法评估 GE 公司的价值看到这一点。当预测期限内的自由现金流为负时,永续价值必须大于估值结果的100%。而在情景2中,仅有42%表现为永

续价值。总而言之,剩余收益估值中存在更少的投机因素(就永续价值而言)。

不过,现金流量折现分析和剩余收益分析的预测期经常是相同的,在表5.12中,读者可以看到,两种方式都预测在第5年达到稳定状态(用于计算永续价值)。在第16章的网络资料中,我们将详细讨论这种情形。

避免对投资产生的收益支付过高价格

股市总是偏爱收益增长,愿意为收益增长支付更高的价格。对成长型股票,分析师也情有独钟;惯性投资者在预期有更高增长的情况下,会进一步推高其股价。然而,收益增加并不一定带来价值增加。企业通常会利用增加投资来增加收益,但这些投资项目可能并没有超过其要求回报率,在增加盈余的同时并没有带来价值的增加。应当注意,不要为非增值的收益增长买单。

并购是收益增加但价值未增加的最佳例证。在市场看来,并购方多为成长型企业,其市盈倍数较高。若并购方支付公允价值,该并购只是弥补了要求回报率,尽管带来了收益增加,但没有带来价值增加;若并购方支付了高于公允价值的价格,尽管带来了收益增加,但却导致企业价值受损。

20世纪90年代的并购浪潮中,企业并购动因不同,有的出于战略性考虑,有的则是为了增长而增长。例如泰科国际有限公司,其1996年总资产为84.71亿美元,通过并购,其2001年年末总资产飙升到1112.87亿美元;该公司业务遍及电子元件、海底电缆、医疗设备、消防器材、安保系统、流量控制服务及金融服务等各个方面。并购后,该公司一下子成为市场新宠,其股价从1996年的每股10美元飙升到2001年的每股60美元。不过2002年,市场开始质疑其并购价值及并购所产生的收益,其市值巨额蒸发,股价暴跌到每股8美元。并购MCI等企业后,世通公司从密西西比河畔的一家小型企业一跃成为全美第二大电信运营商。尽管其股价最高峰时超过每股60美元,但2002年由于财务舞弊丑闻,其股价暴跌到每股0.25美元,并最终破产。泰科与世通的高管都有浓重的帝国打造野心,通过高额借款实现并购,最终资不抵债。而另一方面,通用电气的并购多是增加价值的并购。

对非增值投资导致的收益增加支付过高价格是非理性的,剩余收益模型有防止这一问题的内在机制:只有超过要求回报率的投资回报才能增加企业价值(见表5.13)。在第1年,企业支付936万美元股利,但发行5000万美元新股,因而净股利为-4064万美元,这一点不同于表5.5的企业。第一年年末账面价值为1.53亿美元。由于发行新股融资,投资回报率10%的投资项目在第2年增加500万美元收益,第3年到第5年收益也相应增加。不过预测的剩余收益并没有变化。因而有:

$$V_0^E = 100 + \frac{2.36}{1.1 - 1.03} = 133.71(百万美元)$$

可见,尽管投资增加了收益,但没有产生价值。

表 5.13　收益、股利与剩余收益预测：例 2

（单位：百万美元。本例中企业在第 1 年发行新股 5 000 万美元，这一点不同于表 5.5 中的企业；投资回报率为 10%；要求回报率为 10%）

	0	预测期				
		1	2	3	4	5
收益	12.00	12.36	17.73	18.61	19.56	20.57
净股利	9.09	(40.64)	9.64	9.93	10.23	10.53
账面价值	100.00	153.00	161.09	168.77	179.10	189.14
RE（要求回报率 10%）		2.36	2.43	2.50	2.58	2.66
剩余收益增长率			3%	3%	3%	3%

避免对会计方法创造的收益支付过高价格

操纵应计项目可以产生收益，少计当期收益能够将企业的收益转移到未来。当预测收益增加时，一些投资者可能就会认为这样的企业更有价值。这是因为他们没有发现收益的增加是靠操纵应计项目实现的。

表 5.14 的企业与表 5.5 中的企业相同。第 0 年该企业注销了 800 万美元存货，导致当年收益和账面价值减少 800 万美元；资产负债表上的存货最终将转换为未来期间已售产品成本。若上述已注销的存货在第 1 年售出，当年已售产品成本相应减少 800 万美元；尽管销售收入没有变化，但当年收益将增加 800 万美元。这样权责发生制会计在第 1 年产生了 800 万元的收益增长（可以根据当年收益 2 036 万美元减去之前预测值 1 236 万美元得到）。尽管分析师会提高其收益预测值，但我们不应当对这样的收益增加支付溢价。

表 5.14　收益、股利与剩余收益预测：例 3

（单位：百万美元。本例中企业在第 0 年注销了 800 万美元的存货，所以第 1 年已售产品成本亦降低 800 万美元，这一点不同于例 2 企业；要求回报率为 10%）

	0	预测期				
		1	2	3	4	5
收益	4.00	20.36	12.73	13.11	13.51	13.91
净股利	9.09	9.36	9.64	9.93	10.23	10.53
账面价值	92.00	103.00	106.09	109.27	112.55	115.93
RE（要求回报率 10%）		11.16	2.43	2.50	2.58	2.66
剩余收益增长率				3%	3%	3%

现在，第 1 年收益为 $20.36 - (0.1 \times 92) = 11.16$（百万美元），而后续年度不受影响（增长率依然为 3%），则价值为：

$$V_0^E = 92 + 11.16/1.1 + \left[\frac{2.43}{(1.1-1.03)}\bigg/1.1\right] = 133.71（百万美元）$$

可见，估值结果不变，与前面计算结果相同。权责发生制会计创造了收益，但没有创造价值，剩余收益模型使我们免于对操纵应计项目产生的收益定价过高。这种内在防护机制是如何实现的呢？其他条件不变时，未来收益的增加以当期账面价值的减少为代价。要增加未来收益预测值,必须相应减少当期账面价值(这里是9 200万美元,而不是1亿美元),这就实现了防护。

当然,注销存货只是将利润转移到未来的手段之一。其他方法还有计提固定资产减值准备(可以减少未来期折旧额)、收入的延迟确认、操纵业务重组费用等。后面我们将进一步介绍这类方法。

剩余收益模型对表外价值的刻画——不受会计方法的影响

剩余收益模型也修正表外价值。第2章我们介绍了资产和负债的计量规则导致账面价值低于实际价值;第3章介绍了基于资产的估值技术无法修正账面价值(资源公司除外)。而剩余收益估值模型根据账面价值预测未来收益,并通过溢价调整而弥补了资产负债表的不足。

通过以上分析我们发现,剩余收益模型是适用于任何会计方法的。例如根据GAAP,企业研发支出必须费用化而不能资本化;培育品牌的广告和促销支出也要费用化(导致资产负债表没有反映品牌资产)。虽然戴尔公司表外无形资产数量较多,但其股价也可以使用情景3的估值模型计算。对研发支出和品牌资产的费用化处理,使得未来不用再摊销,这样未来收益就会较高。若账面价值较低,剩余收益模型中剩余收益就会较高,因此估值模型就实现了对低账面价值的修正。情景3中戴尔公司2001年度剩余收益为每股0.613美元,而ROCE为40.8%,表明其具有较好的盈利能力。不过这也反映了其账面价值较低,因为研发、品牌及其他不符合确认条件的无形资产都没有计入资产负债表。资产负债表中未确认的表外资产越多,市净率就越高,这意味着剩余收益就会越高。

单纯依赖会计数字的估值技术可能是不可靠的。基于此,有人认为应采用现金流折现分析,因为现金流不会受会计方法的影响。不过,从上述探讨和表5.14的例子中可以看出,剩余收益估值模型其实不受会计方法的影响。因为价值依赖于业务活动的经济后果,而不依赖于会计方法本身。不过要注意,会计方法的选择会影响预测期长度,我们在后面章节会讨论这一问题。

剩余收益不受股利分配、股票发行和股票回购的影响

第3章讲述了在有效市场的情况下,股利分配、股票发行和股票回购不创造价值。但是如果剩余价值建立在账面价值(和收益)的基础上,并且那些与股东的交易影响账面价值,那么对剩余收益的预测和定价是否受预期的股利分配、股票发行和股票回购的影响呢?答案是否定的。参见阅读材料5.5。

阅读材料5.5

剩余收益估值与(价值无关的)股票发行和股利分配

我们在第3章看到,如果股票市场是有效的,股票发行、回购和股利分配都不会创造价值。因此,预期以公平价值进行的净股票发行和股利分配不应该改变公司的剩余收益估值结果。但剩余收益预测是通过账面价值预测进行的,账面价值受股票发行(和回购)以及股利分配的影响。那么,价值怎么能不受这些股东交易的影响呢?

下面是一个公司权益估值的例子,该公司账面价值为1 000美元,且没有预期的股利分配

或股票发行,公司预期前两年有正的剩余收益,以后各年剩余收益为0。

无股票发行和股利分配的权益估值

(权益资本成本:10%)

	0	1	2	3
收益		$150	$140	$129
股利		0	0	0
新股发行		0	0	0
账面价值	$1 000	1 150	1 290	1 419
ROCE		15%	12.2%	10%
RE(0.10)		50	25	0
总RE现值	66			
权益价值	$1 066			
发行股数	100			
每股价值	$10.66			

现在预计公司准备在第1年发行新股100美元,第2年发放股利25美元。

预期有发行股票和股利发放情况下的权益估值

(权益资本成本:10%)

	0	1	2	3
收益		$150	$150	$137.5
股利		0	25	0
新股发行		100	0	0
账面价值	$1 000	1 250	1 375	1 512 5
ROCE		15%	12%	10%
RE(0.10)		50	25	0
总RE现值	66			
权益价值	$1 066			
发行股数	100			
每股价值	$10.66			

两种估值的结果相同:预期的股利分配和股票发行确实与估值无关。第1年发行的100美元股票获得了要求回报率10%,从而使第2年要求的回报额增加了10%。但这并不影响剩余收益,因为增加的账面价值也要求得到10%的回报率。当然,如果股票发行收入投入到一个利润率超过10%的项目中,剩余收益会提高,相应地在估值中会出现增值,但股票发行本身并不增加价值。类似地,第3年的股利分配使账面价值而非剩余收益减少,因此对价值没有影响。另外,如果管理层将增值投资(获利率超过10%)变现来支付股利,则价值不会损失,但股利分配将不再与价值无关,剩余收益估值会表明这一点。

这些例子说明了一个基本原则:只有投资产生的回报率超过所要求的回报率,它才能使剩余收益(从而也使价值)增加,股票发行(企业投资)、股票回购及股利分配(负投资)只有在影响公司投资,而且投资回报率与要求回报率不同时,才能影响剩余收益和价值。

我们在第3章看到股票发行、回购和股利分配可能对外传递了关于企业所做投资的价值的信号。如果是这样,那么这一信号将修正对剩余收益的预测,并通过对剩余收益的计算在估值中体现出来。

注：这里可能会有未考虑的杠杆作用，我们将在第13章考察杠杆作用，以表明它对此处的结论没有影响。这里假定企业无杠杆效应。

剩余收益模型遗漏了什么

企业通过利用股东的投资从事经营活动，生产并销售产品或服务给顾客赚取利润以产生价值，剩余收益模型给出了这种预期的价值。然而，我们已经意识到，如果股票发行价格高于它的公平价值，股东也能赚钱。如果市场价格是无效的或者管理者（经营股东的权益）比股票的发行者和购买者拥有更多的信息，这样的情况也会发生。股票回购也可能使某些股东获得收益：如果股票的回购价格低于公平价格，参与回购的股东将损失一部分价值，将这些价值让渡给那些未参与者。简言之，所有者可以通过以不同于公平价值的价格买卖企业来获利（如果管理层以不利的价格回购或发行股票，则所有者也会遭受价值损失）。

在阅读材料5.5有关股票发行的例子中，剩余收益模型的计算得出结论，除非企业投资于超过要求回报率的项目，否则预期按公平价格发行的股票将不会产生增值。股票本身不创造价值，但如果股票预期发行价高于市场价值就不是这样了，现有股东的获益在本模型中没有考虑。在第15章中，我们将看到如何修正这一问题。

5.7 为积极投资而对模型做逆向工程

我们在第3章中看到，基本面筛选方法之一是考察股票的市净率（P/B）。利用 P/B 比率鉴别市场是否定价错误的基本原则是：购买 P/B 比率低的股票，抛售 P/B 比率高的股票。但这种简单的鉴别方法可能会导致错误：比如一个高的 P/B 比率可能是合理的，因为某些股票大量的价值（以及未来的高剩余收益预期）并没有在资产负债表中反映出来，而这种价值的遗漏甚至可能导致股票价格被低估，而不是被高估。剩余收益定价计算就是要计算内在市净率，以验证高或低的 P/B 比率是否真的是源于定价不当。所以，合理的筛选指标是 V/P 比率，其中 V 代表计算出的价值。购买 V/P 比率大于1的股票，卖出 V/P 比率小于1的股票。参见阅读材料5.6。

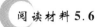

追踪价值价格比率

价值价格比率（value-to-price，V/P）是把计算的价值和当前市场价格进行比较。如果 V/P 比率超过1，就应该买入股票。如果 V/P 比率小于1，就应该卖出股票。

下图列示了美国1975—2002年间所有上市公司的 V/P 比率的中位数。价值是根据分析师两年前的一致预期来估计的，再把它们转化为剩余收益预测（见表5.5），然后再使用GDP 4%的增长率来预测之后剩余收益的增长。

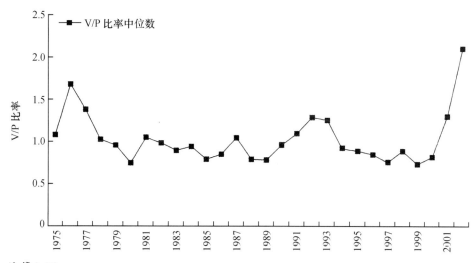

计算如下：

$$V_0^E = B_0 + \frac{RE_1}{\rho} + \frac{RE_2}{\rho^2} + \frac{RE_2 \times g}{\rho^2(\rho - g)}$$

要求回报率 ρ 是无风险利率（美国政府 10 年期长期国债）加上 5% 的风险溢价。这个估值只是近似的计算，因为不同公司的永续价值和要求回报率都会不同。

尽管上述估值只是近似的，但是你可以看到 V/P 比率是围绕着 1 波动的。当 V/P 比率在 1 之上时，意味着股票价格过低，V/P 比率就会随着价格向基本面的回归而向 1 靠近。当 V/P 比率在 1 之下时，意味着价格过高，V/P 比率就会向 1 回归。当然，在 1 周围的波动可能是由于价值评估模型误差，而不是因为错误定价。当然，由于每个公司的价值都有自身的特点，因此 V/P 比率应该根据不同的公司分别计算，但是 V/P 比率的中位数（根据构成标准普尔指数 500 或者道琼斯平均指数公司的证券组合计的 V/P 比率）给出了市场总体的错误定价情况。

上一章介绍的逆向工程法是主动型投资策略中使用的另一种方法。回顾表 5.5 中的例子。假定权益价格为 1.3371 亿美元，一年期收益预测值为 1 236 万美元；要求回报率为 10%，一年期剩余收益预测值为 236 万美元。因此可以根据下式计算 g：

$$P_0 = 133.71 = 100 + 2.36/(1.1 - g)$$

其中 P_0 是权益交易价格，但不一定是其价值 V。当价格为 1.3371 亿美元时，$g = 1.03$。这样我们就根据价格计算出市场的剩余收益内含增长率为 3%。以上结果是根据逆向求解剩余收益模型得到的，有时也称作方程求逆。该方法不是根据对未来的预测值来估值，而是使用当前的市场价值来计算某一未来预测值。

若权益交易价格为 1.472 亿元，可计算得到 $g = 1.05$。我们根据剩余收益模型的逆向求解，认为市场预计剩余收益增速为每年 5%。如果经过分析有足够把握认为其剩余收益增长率不会超过 3%，你可以得到结论：1.472 亿美元的价格高估了企业价值。不过你也可能反问自己，是不是遗漏了什么因素？

也可以利用逆向工程法求解其他项。假定我们有足够把握认为剩余收益增长率不会超过 3%，根据下式我们可以计算相应的 ρ：

$$P_0 = 133.71 = 100 + RE_1/(\rho - 1.03)$$

剩余收益 RE_1 可以根据预期回报得到,即 $RE_1 = 12.36 - (\rho - 1) \times 100$。由此可得 $\rho = 1.0936$,即市场预期购买该股票能获得9.36%的回报率。这称作内含预期回报率。若要求回报率为10%,我们就认为股价被高估了。内含预期回报率可以表示为

$$\rho = 1 + (g - 1)(P_0 - B_0)/P_0 + \text{Earn}_1/P_0 \tag{5.7}$$

主动型投资者可以使用内含预期回报率筛选股票:买入内含预期回报率较高的股票,卖出内含预期回报率较低的股票。当然,这需要更多的分析,因为我们必须对增长率有所了解。本书第二部分会对这一问题继续深入分析。风险差异、错误定价都是预期回报率差异的根源,所以我们必须在给定的风险水平下,使用内含预期回报率筛选股票。第18章将进一步分析。

标准普尔500指数的逆向工程分析

截至2004年年末,标普500股票指数为1 200,大约是该指数成分股账面价值的3倍左右。我们可以问:当价格为账面价值3倍之多时,市场的内含剩余收益增长率预期值是多少? 2004年标普500的ROCE为16%,其贝塔值为1(因为这就是市场组合)。如果无风险利率为4.6%,权益溢价为5%,由资本资产定价模型可得要求回报率为9.6%。根据下式,可以计算出内含剩余收益增长率:

$$P_{2004} = B_{2004} + RE_{2004} \times g/(\rho - g)$$

其中,2004年年末价格是通过资本化2005年预期剩余收益(带增长率的永续折现模型)而得,2005年剩余收益根据2004年剩余收益增长计算而得。市净率为3表明单位账面价值的市价是3美元,因而有:

$$3 = 1 + (0.16 - 0.096) \times g/(1.096 - g)$$

2004年账面价值1美元的剩余收益为:(ROCE − 要求回报率) × 1 = (0.16 − 0.096) = 0.064美元。求解可得 $g = 1.062$,即剩余收益永续增长率为6.2%。可以根据上述公式测算内含预测值对不同资本成本的敏感度。那么标普500的增长率为6.2%合理吗?首先我们要考察基期2004年ROCE的合理性。实际上,1980年以后,平均回报率约为17%。接着我们考察基期以后增长率的合理性。若GDP长期增长率约为4%,那么6.2%的增长率可能有点偏高。不过我们需要更多分析。比如,ROCE和账面价值增长共同决定了剩余收益,我们可以进一步考察标普500指数的ROCE和投资增长的情况。

沪深300指数的逆向工程分析

截至2012年10月31日,标普500股票指数为2 254.82,市净率为1.60。2011年沪深300的ROCE为17.01%,其贝塔值为1(因为这就是市场组合)。如果无风险利率为3.5%(10年前国债收益率),权益溢价为8%,由资本资产定价模型可得要求回报率为11.5%。根据下式,可以计算出内含剩余收益增长率:

$$1.6 = 1 + (0.1701 - 0.115) \times g/(1.115 - g)$$

求解可得 $g = 1.0212$,即剩余收益永续增长率为2.12%。这个增长率是低还是高呢?

根据分析师预测的逆向工程计算

表5.9中我们根据分析师对耐克公司EPS的一致预测,进行了估值。反过来,我们也可以根据耐克公司的市价(75美元)和分析师一致预测来计算模型中其他变量的取值。通常,

分析师对 3—5 年期的增长率预测能力不高,因而我们只关注分析师的 1 年期和 2 年期预测。已知耐克公司 2005 年和 2006 年 EPS 的分析师一致性预测为 4.45 美元和 5.04 美元,相应的剩余收益为 2.633 美元和 2.870 美元,每股账面价值为 18.17 美元,根据下式有:

$$P_{2004} = 75 = 18.17 + 2.633/1.1 + 2.87/1.21 + [2.870 \times g/(1.1 - g)]/1.21$$

可得 $g = 1.052$,即增长率为 5.2%。给定分析师的两年期预测,剩余收益市场内含增长率为 5.2%。

内含盈余预测与内含盈余增长率

剩余收益增长率有点不容易理解,还好可以将其转换为收益增长率。根据内含剩余收益增长率 5.2%,耐克公司 2007 年度剩余收益可以根据 2006 年预期剩余收益计算得到,即有 $2.870 \times 1.052 = 3.09$ 美元。2006 年年底预期账面价值为 25.71 美元,可得 2007 年预期收益为 $25.71 \times 0.1 + 3.019 = 5.59$ 美元。这就是带来剩余收益 3.09 元的相应 2007 年 EPS。根据下式可以计算内含收益为:

$$收益预测值_t = 账面价值_{t-1} \times 要求回报率 + 剩余收益_t \qquad (5.8)$$

内含收益预测可以转换为内含收益增长率。从上面计算中可知,耐克公司 2007 年内含 EPS 为 5.59 美元,2006 年预测值为 5.04 美元,内含 EPS 增长率为 $5.59/5.04 - 1 = 10.91\%$。图 5.8 是根据分析师预测得出的内含增长率年度示意图。假设 2007—2012 年维持现有的股利支付率 20.6% 不变。从中我们可以看出,固定的剩余收益增长率导出的 EPS 增长率是逐年递减的。若预期增长率低于图中增长率曲线,则处于卖出区域,应当将该股票售出;若预期增长率高于图中增长率曲线,则处于买入区域,应当购买该股票。

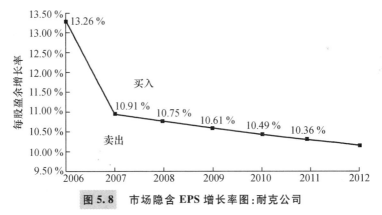

图 5.8　市场隐含 EPS 增长率图:耐克公司

通过逆向工程得到市场隐含的 2007—2012 年预测 EPS 增长率如图中所示。2006 年的增长率是根据分析师预测的 2005 年和 2006 年 EPS 得出的。如果你预测增长率在线上,则表明买入,在线下则表明卖出。

剩余收益估值结果的基本构成

基本面分析师对剩余收益模型中根据已知信息的估值部分和根据投机性预测的估值部分了如指掌。根据股价 75 美元可以使用逆向工程法,求得剩余收益模型中三个基本构成成分的具体值。图 5.9 是这些成分构成估值结果的示意图。

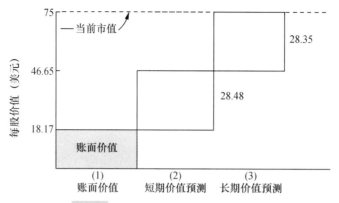

图 5.9 剩余收益估值构成：耐克公司

图中三个模块区分了估值中分析师非常肯定部分和投机部分：(1) 账面价值，确定；(2) 短期（通常是两年）价值预测，通常比较确定；(3) 长期价值预测，最投机和不确定的部分。

第一项账面价值 18.17 美元是已知的，构成了估值模型的基础。

第二项是未来两年期的预测值。我们对其有一定把握，但不如账面价值那么确定。该值是一年期剩余收益现值加两年期剩余收益作为年金的资本化数额。对于耐克公司，有：

$$\text{第二部分的价值} = 1/1.1(2.633 + 2.87/0.1) = 28.48(\text{美元})$$

可以看出，第二项预测值没有考虑之后年度的增长问题。

第三项考虑了增长所带来的价值增加。长期增长率通常不确定，因此该部分是剩余收益模型中最具有投机性的。前两个成分之和为 46.65 美元，由市场价格 75 美元可知，第三项所带来的价值增加值为 28.35 美元。这一部分数值较高。如果对短期预测有充分把握，就可以知晓当前价格中有多少是长期增长率所带来的投机性预测的价值。本书第二部分将继续这一分析。如果分析师预测第三部分数值小于根据价格计算的内含增长价值，分析师会推荐卖出该股票。

本章小结

本章讨论了一种权责发生制会计下的估值模型，这种模型可应用于股票、项目和战略估值，模型运用资产负债表中的信息，计算资产负债表价值和内在价值之差，内在价值是根据预计利润表和资产负债表中的预期收益和预期账面价值计算的。

剩余收益是该模型的核心概念，它所度量的收益是：如果账面价值超出要求回报率得到的回报，超出要求回报的部分就是剩余收益。本章还讨论了剩余收益的特点。剩余收益将投资视作账面价值的一部分，因此如果一项投资预期能够实现要求回报率，则它的剩余收益为零，不影响价值的计算。剩余收益不受股利分配、股票发行和股票回购的影响。因此，使用剩余收益模型得到的价值对股东的这些（与价值无关的）交易并不敏感。剩余收益使用权责发生制会计，它比现金流量更早地确认价值的增加。剩余收益定价模型适用于不同的权责发生制会计方法。剩余收益模型还可以帮助我们避免为增加投资和会计方法创造的收益增长支付过高的对价。

总之，剩余收益模型提供了一种分析企业和企业价值生成的方法。为了对企业估值，它指导我们预测投资盈利能力和投资增长，因为这两个因素决定剩余收益，而且它指导管理层通过增加剩余收益来增加企业价值,而这反过来要求提高 ROCE 和增加投资。

剩余收益估值法历史较长。超额利润法的使用最早可追溯至 19 世纪,并有很长一段时期在税法中得到承认。但客观地讲,直到目前,现金流量法在实务中仍占统治地位。20 世纪 50 年代在通用电气公司的倡导下,剩余收益技术已在管理层业绩评估中得到应用。到了 20 世纪 90 年代,这一技术在咨询、业绩度量、投资咨询和估值实践中得到了应用,绝大部分咨询公司都有它们各自不同的剩余收益模型。

关键概念

预测期溢价(horizon premium):预测期内预期价值与账面价值之差。

隐含预期收益(implied earnings forecast):市场价格所隐含的预期收益。

隐含预期回报率(implied expected return):以当前市场价格购买所隐含的预期回报率。

隐含剩余收益增长率(implied residual earnings growth rate):市场价格所隐含的剩余收益的永续增长率。

正常市净率(normal price-to-book ratio):当价格等于账面价值时,正常市净率为 1.00。

剩余收益(residual earnings):综合收益减去账面价值与要求回报率的乘积,也称为剩余利润、超额利润。

剩余收益动因(residual earnings driver):决定剩余收益的变量,两个主要决定变量是普通股权益回报率(ROCE)和账面价值增长率。

剩余收益模型(residual earnings model):通过预测剩余收益,计算账面价值的增值。

稳定状态(steady-state condition):在预测数中决定永续价值的持续状态。

目标价格(target price):期望未来的价格。

终值溢价(terminal premium):在预测期间终点的溢价(在剩余收益估值中等于永续价值)。

案例连载:金伯利·克拉克公司

自主练习

将分析师的预测转换为估值

在第 1 章案例连载部分对金伯利·克拉克公司的介绍中,给出了 2005 年 3 月分析师做出的一致预期,当时股价为每股 64.81 美元。这些预测是 2005 年和 2006 年的点估计值,以及估计的五年增长率。在当时,每股 1.8 美元的年度股利已经公布,之后的股利增长率为每年 9%。利用第 2 章案例连载中财务报表中提供的账面价值信息,计算该公司 2005 年 3 月份交易价格的市净率。

利用该五年增长率,请预测 2005 年至 2009 年分析师每股盈利(EPS)估计值。并利用这些预测计算相应的普通股权益回报率(ROCE)和剩余收益。你需要用到 2004 年年底的每股账面价值,你可以通过第 2 章案例连载中给出的资产负债表信息计算出该值。对于剩余收益,使用 8.9% 作为权益的要求回报率。

现在继续利用该预测表对 KMB 的股票进行估值。假设 5 年预测期之后的剩余收益长期增长率为 4%,大概等于平均 GDP 增长率。那么,内在市净率是多少?V/P 比率是多少?在进行估值时你做了哪些保留?你会给出买入、持有还是卖出该股票的建议?

逆向工程

利用分析师对 2005 年和 2006 年做出的预测,计算市场隐含的 2006 年后剩余收益增长率。市场对 2007 年至 2010 年每股盈利和每股盈利增长率的预测是多少?请按照图 5.8 的形式对这些增长率进行绘图。

理解不确定性

像图5.9中一样,绘出估值结果构成图。在该估值中你最不确定的部分是哪些?

为什么金伯利·克拉克公司以如此高的市净率交易?在给定它的必要权益回报率仅为8.9%的情况下,为什么它的ROCE如此之高?

使用电子表格工具

当你使用这本书的时候,你会发现大部分的分析可以使用电子表格程序操作。网站上的BYOAP功能会告诉你如何操作,但是你需要等到第7章才能够深入了解它。现在,网页上利用电子表格工具对剩余价值估值的实验对这个章节进行了补充。在电子表格中输入你的预测,并且给出增长率和要求回报率。通过改变预测值、增长率和要求回报率,你会发现估值对这些变量的不确定性是多么敏感。如果你已熟练使用电子表格,你或许可以尝试建立一个用来操作逆向工程的工具。

练习

E5.1 剩余收益定价(简单)

一位分析师让你看了他对2004—2008年收益和股息的预测(如下表所示),并且让你在2003年年底对在市场上的13.8亿股票定价,那时普通股股东的权益为43.1亿元。在计算中使用10%的回报率。

单位:百万元

	2004E	2005E	2006E	2007E	2008E
收益	388.0	570.0	599.0	629.0	660.4
股息	115.0	160.0	349.0	367.0	385.4

a. 预测2004—2008年每年的账面价值、权益收益率和剩余价值。
b. 预测2005—2008年每年的账面价值的增长率和剩余价值的增长值。
c. 根据上表计算每股权益。你称它为情景1、情景2,还是情景3定价?
d. 账面价值溢价是多少?P/B比率呢?

E5.2 剩余收益与价值(简单)

下表为旭日公司每股收益和每股股利的预测值,该公司2011年年底账面价值为每股22元。

	2012E	2013E	2014E	2015E	2016E
EPS	3.90	3.70	3.31	3.59	3.90
DPS	1.00	1.00	1.00	1.00	1.00

公司年权益资本成本为12%。

a. 计算2012—2016年的剩余收益。
b. 2011年年底基于剩余收益定价模型的每股股票的预期价值为多少?
c. 2016年年底每股股票的预期价值是多少?
d. 2016年的溢价预期为多少?
e. 使用股利贴现模型对公司估值。

E5.3 剩余收益估价与股权收益(中等)

金和公司股票的账面价值为每股15.6元,预期权益回报率将永远保持为15%,股利支付比率为100%,权益资本成本为10%。

a. 计算内在市价净值比。
b. 假定公司宣布未来的股利支付比率下降为50%,这对市价净值的计算有何影响?

E5.4 项目的价值增值(中等)

航远公司宣布它将耗资 1.5 亿元投入一项目,预计在未来 5 年中将产生相对期初账面额 15% 的回报率。对该项目的要求回报率为 12%。公司对投资期内的资产实行直线折旧。

a. 这项投资给公司带来多少价值增量?
b. 预测该项目每年的现金流量以及该项目的净现值。

E5.5 运用基于会计的技术测量:一家运行中的企业的价值增值(中等)

大华公司宣布将每年投资建设一个项目,耗资 1.5 亿元。预期所有项目在 5 年间相对期初账面价值将产生 15% 的回报率。该项目的要求回报率为 12%,公司投资资产采用直线折旧法。

a. 这种投资战略下,公司的价值是多少?你要参考情景 1、2、3 中的定价吗?
b. 期初的 1.5 亿元投资将增加多少价值?

E5.6 分析师的预测与估价:惠普(中等)

1999 年 11 月,惠普公司股票的价格达到 83 美元,分析师预期公司将宣布截至 10 月 31 日的财政年度的每股收益为 3.33 美元,每股账面价值 19.36 美元,1999 年每股股利为 0.64 美元。

分析师还预期 2000 年每股收益为 3.75 美元,2001 年为 4.32 美元,此后每年将以 12% 的速度增长。

a. 此时绝大多数分析师建议或强烈建议购买惠普公司股票,这种推荐与预测是否一致?设权益资本成本为 12%。
b. 市场隐含的剩余收益长期增长率是多少?
c. 列出你根据分析师预测回答这些问题所遇到的难点。

E5.7 比较定价:惠普、戴尔和康柏(电脑)(困难)

1996 年 2 月,一家大投资银行的一位分析师给出了三家电脑公司的 EPS 数据:

	1995A	1996E	1997E	随后三年的增长率
惠普	4.63	5.6	6.6	16.00%
戴尔	2.67	3.2	4.15	15.00%
康柏	2.88	4.5	5.75	13.00%

此时惠普、戴尔、康柏三家公司股票的市场价格分别为 95.125 美元、36.75 美元和 47.375 美元,戴尔和康柏均未分配股利,惠普公司于 1995 年每股支付现金股利 0.7 美元。假定三家公司资本成本均为 12%,三家公司 1995 年年底股票的账面价值为:

惠普　　23.22 美元
戴尔　　10.35 美元
康柏　　17.27 美元

a. 分析师推荐持有惠普和戴尔并买入康柏,你是否赞同?
b. 分析师预测 1997 年年底三家公司的市盈率分别为惠普 14、戴尔 12、康柏 8.4,你是否发现该预测与分析师的建议有不一致之处?
c. 假设该分析师的预测代表了市场的看法,则 1995 年至 1997 年市场对三公司的隐含收益率预测有何变化?
d. 假设该分析师的预测代表了市场的看法,则市场预期三家公司 1997 年以后的剩余收益增长率是多少?

E5.8 你为账面价值是否付出得太多?(简单)

考虑如下伟豪公司会计报告中的每股数据:

单位:元

	2000 年	2001 年	2002 年	2003 年
年终账面价值	200	207	230	238
年终股利分配		15	0	15

如果资本的机会成本为 10%,且投资者在 2000 年年初购买该公司股票的价格为 220 元,根据预测你的出价是否合理?

E5.9　剩余收益的隐含增长:可口可乐公司(简单)

可口可乐公司在其 10-K 年度报告的财务综述中报告其"经济利润",经济利润的计算方法类似于剩余收益,会计师在计算"经济利润"时使用的要求回报率为 9%。

1998 年的经济利润为 24.8 亿美元,同期的报告盈余为 35.33 亿美元,股票账面价值为 84.03 亿美元。可口可乐公司的 24.65 亿股票 1998 年年底的每股市价为 66.5 美元。

市场对可口可乐公司经济利润中增长的隐含预期是多少?

E5.10　剩余收益增长、收益增长和溢价变动:惠普公司(中等)

1999 年 10 月,分析师预期惠普公司截至 2000 年 10 月 31 日的 EPS 为 3.75 美元。1999 年同期的每股账面价值为 19.36 美元。分析师预期 2001 年同期的 EPS 为 4.32 美元。公司 1999 年每股发放 0.64 美元的现金股利,并预期未来仍将保持 19% 的股利分配率。假设权益资本成本为 12%。

a. 惠普公司在 2001 年后收益要保持多高的增长,才能保持其剩余收益不变?
b. 在 2001 年后该公司含股利的收益要保持多高的增长,方能保持其剩余收益不变?

E5.11　预测修正和价值重估:惠好公司(中等)

1996 年 3 月 31 日,一位分析师公布了他对惠好公司(一家纸业公司)的如下预测:

	1995A	1996E	1997E	5 年增长率
EPS	3.93	3.40	4.10	10%

该公司 1995 年每股分配现金股利 1.5 美元,并预期在 1996 年和 1997 年每股分配现金股利 1.6 美元,随后分析师调低预期以反映纸价下跌:

	1995A	1996E	1997E
EPS	3.93	2.2	3.25

根据修正的预期,你将如何重新估计该公司的股价?设资本成本为 12%。

微型案例

M5.1　高盛公司的 IPO

经过深思熟虑,高盛公司这一著名的全球性投资银行的合伙人决定于 1999 年将他们之间的关系由合伙制转变为公司制,并进行首次股票公开发行(IPO),该公司是"巨无霸"级投资银行中最后一个上市的。

有人看到了促使 190 名合伙人采取这项动议的重大动因。在退出时,合伙人按照账面价值获得其股份,而在 20 世纪 90 年代的牛市中,其他投资银行公司,如美林、摩根士丹利的市场价值是其账面价值的 3—4 倍。

有人称当前的合伙人为"放长线,钓大鱼"的人,他们声称高盛公司价值的核心在于其合伙制结构——这就能够吸引天才结成牢固的企业文化,增进其人力资本——而且他们还认为公司制环境会导致高盛公司的肌体腐蚀。

Jon Corzme 和 Henry Paulson 是高盛公司提出 IPO 建议时公司的联合主席,他们提出 IPO 战略的理由是:上市将给公司提供一种货币——自身的股份——用于实施兼并。人们担心高盛公司会在该行业的强强联合中落后,如旅行者与花旗集团的合并(包括 Salomon Smith Barney)、摩根士丹利与添惠的合并等。

高盛公司 1999 年 5 月拿出总股本的 15% 进行 IPO,发行价格为每股 70 美元。4.413 亿股本使该公司的市场价值达到 308.91 亿美元,最近的账面价值为 78.5 亿美元。

分析师预测高盛公司截至 1999 年 11 月底的 EPS 为 4.69 美元,2000 年为 4.26 美元,绝大多数分析师推荐持有该股票。有迹象表明高盛公司每股将分配 0.48 美元的现金股利。

a. 依据上述预测(及其他任何你能考虑到的因素)讨论 IPO 的市盈率是否恰当合理,假设要求回报率为 10%。

b. 分析关于高盛公司上市的争论,在 a 的答案中你是否考虑了这些争论?

c. 高盛公司股票的发行价约与美林、摩根两大巨型投资银行的收益和票面价值倍数相同,这种比较是否可证明高盛公司股票的价格是合理的?

M5.2 格力电器

成立于 1991 年的珠海格力电器股份有限公司是目前全球最大的集研发、生产、销售、服务于一体的国有控股专业化空调企业,2011 年实现营业总收入 835.17 亿元,同比增 37.35%;净利润 52.37 亿元,同比增 22.48%;纳税超过 53 亿元,连续 12 年上榜美国《财富》杂志"中国上市公司 100 强"。

2012 年前三季度公司实现营业总收入 771.64 亿元,同比增长 20.43%;净利润 53.32 亿元,同比增长 41.34%,继续保持快速、健康的良好发展态势。

格力电器旗下的"格力"空调,是中国空调业唯一的"世界名牌"产品,业务遍及全球一百多个国家和地区。家用空调年产能超过 6 000 万台(套),商用空调年产能 550 万台(套);2005 年至今,格力空调产销量连续 7 年全球领先。

作为一家专注于空调产品的大型电器制造商,格力电器致力于为全球消费者提供技术领先、品质卓越的空调产品。在全球拥有珠海、重庆、合肥、郑州、武汉、石家庄、巴西、巴基斯坦等 9 大生产基地,8 万多名员工,至今已开发出包括家用空调、商用空调在内的 20 大类、400 个系列、7 000 多个品种规格的产品,能充分满足不同消费群体的各种需求;拥有技术专利 6 000 多项,其中发明专利 1 300 多项,自主研发的超低温数码多联机组、高效直流变频离心式冷水机组、多功能地暖户式中央空调、1 赫兹变频空调、R290 环保冷媒空调、超高效定速压缩机等一系列"国际领先"产品,填补了行业空白。

2011 年,公司每股收益 1.86 元,每股净资产 6.25 元,每股分红利 0.50 元,分红比例为 27%。分析师预测 2012 年公司每股收益 2.30 元,2013 年 2.73 元,2014 年 3.20 元,假设从 2012 年起,每年分红比例为 30%。回答以下问题:

a. 假设要求回报率为 11%,从 2015 年起每年 EPS 增长率为 5%,计算格力电器每股价值。

b. 假设要求回报率为 11%,2015—2018 年每年 EPS 增长率为 10%,从 2019 年起每年 EPS 增长率为 3%,计算格力电器每股价值。

c. 格力电器现在每股价格 23.5 元,假设要求回报率为 11%,从 2015 年起每年 EPS 以固定增长率增长,计算市场价格隐含的增长率。

第6章
权责发生制会计与估值：收益定价

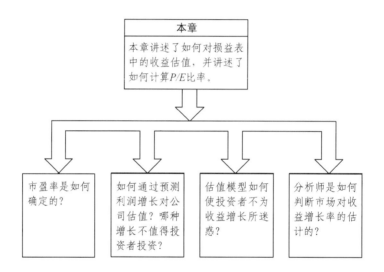

开篇阅读材料

中国证券监督管理委员会公告［2012］10号

为落实党中央、国务院的工作部署，进一步深化改革，完善资本市场功能，更好地服务实体经济需要，我会在对新股发行体制进行深入调查研究并广泛征求意见的基础上，制定了《关于进一步深化新股发行体制改革的指导意见》，现予公布，自公布之日起施行。各有关机构应按照自身职责，制定和完善规则，积极组织落实。市场参与各方应统一认识，周密安排，主动配合，推动改革措施稳步实施，取得实效。

中国证券监督管理委员会
二〇一二年四月二十八日

关于进一步深化新股发行体制改革的指导意见

(节选)

……

三、加强对发行定价的监管,促使发行人及参与各方尽责

(一)招股说明书预先披露后,发行人可向特定询价对象以非公开方式进行初步沟通,征询价格意向,预估发行价格区间,并在发审会召开前向中国证监会提交书面报告。预估的发行定价市盈率高于同行业上市公司平均市盈率的,发行人需在招股说明书及发行公告中补充说明相关风险因素,澄清募集资金数量是否合理,是否由于自身言行误导,并提醒投资者关注相关重点事项。无细分行业平均市盈率的,参考所属板块二级市场平均市盈率。

根据预估的发行价格,如预计募集资金超过募集资金投资项目需要,发行人需在招股说明书中补充说明超募资金用途及其对公司的影响;如募集资金投资项目存在资金缺口,发行人需合理确定资金缺口的解决办法,并在招股说明书中补充披露。

(二)招股说明书正式披露后,根据询价结果确定的发行价格市盈率高于同行业上市公司平均市盈率25%的(采用其他方法定价的比照执行),发行人应召开董事会,结合适合本公司的其他定价方法,分析讨论发行定价的合理性因素和风险性因素,进一步分析预计募集资金的使用对公司主业的贡献和对业绩的影响,尤其是公司绝对和相对业绩指标波动的风险因素,相关信息应补充披露。董事会应就最终定价进行确认,独立董事应对董事会讨论的充分性发表意见。发行人需在董事会召开后两日内刊登公告,披露询价对象报价情况、董事会决议及独立董事的意见。

中国证监会综合考虑补充披露信息等相关情况后,可要求发行人及承销商重新询价,或要求未提供盈利预测的发行人补充提供经会计师事务所审核的盈利预测报告并公告,并在盈利预测公告后重新询价。属于发审会后发生重大事项的,中国证监会将按照有关规定决定是否重新提交发审会审核,须提交发审会审核的应在审核通过后再办理重新询价等事项。

……

分析师核对表

读完本章后你应该理解:
- "超额收益增长"是什么?
- 如何利用预测的超额收益增长计算内在 P/E 比率?
- 正常 P/E 比率意味着什么?
- 除息收益增长和带息收益增长有什么区别?
- 情景1和情景2的超额收益增长估值有什么不同?
- 使用超额收益增长估值模型的优缺点,以及该模型与剩余收益模型的比较。
- 发放股息、发行新股、回购股票对超额收益增长的影响。
- 超额收益增长估值模型如何使投资者避免为收益增长付出太多?
- 超额收益增长估值模型如何使投资者不受因会计方法创造的收益增长的迷惑?
- 如何在逆向工程中使用超额收益增长模型?
- PEG 比率是什么?

读完本章后你应该能做到：
- 计算带息收益。
- 计算超额收益增长。
- 根据预测的收益和股息计算权益价值。
- 计算内在远期 P/E 和既往 P/E。
- 计算超额收益增长模型的持续价值。
- 将分析师预测的每股收益（EPS）转变成定价。
- 根据股票的市场价格计算隐含的收益增长率。
- 评估 PEG 比率。

上一章讲述了如何运用资产负债表中资产的账面价值进行估值。这一章讲述如何运用利润表中的收益信息进行估值。分析师使用市净率来根据净资产的账面价值定价，而市盈率则是根据收益定价。因此，上一章讨论的是人们应该为每一美元账面净资产付出多少的问题，而这一章讨论的是人们应该为每一美元收益付出多少成本的问题。

6.1 隐藏在市盈率之后的概念

市净率异于 1.0 是因为会计师编制的资产负债表中，净资产没有包含资产的全部价值。然而，这些没有在账面上体现出来的价值，最终会在将来创造出收益的时候被确认，并且这些收益是可以被预测的：市净率是由未在资产负债表账面价值中记录的未来收益确定的，并且，未来收益相对于账面价值越高，P/B 比率越高。

类似地，我们再来看 P/E 比率（市盈率）。账面价值是价值存量的度量，而收益是价值变化的度量。在第 2 章中，我们指出账面价值并非价值存量的完美度量，其实，收益也不是股东价值增加的完美度量。当期收益度量了当期销售创造的价值增量，但股票价格的变化包括预期的未来销售所导致的价值变化。因此，P/E 比率是用预期的未来收益的价值（分子）除以当期收益（分母），这就是 P/E 比率的概念。就像 P/B 比率取决于资产负债表中还未记录的预期收益一样，P/E 比率取决于还未被确认为收益的未来收益。当分析师预测未来收益高于当期收益时，P/E 比率就大；反之，当分析师预测未来收益低于当期收益时，P/E 比率就小。简而言之，P/E 比率是对收益增长的定价。

本章将讲授基于市盈率的估值模型，以及如何正确应用这一模型。要谨慎使用这一模型，以避免错误地为收益付出太高的价格。

谨防过分注重收益增长

历史表明，高 P/E 值股票——所谓的高增长股票——在泡沫时期回报率很高：对增长狂热的投资者将价格推高，并推动交易量增长，产生更高的价格和更高的 P/E 比率。但历史也同时显示，整体上，增长预期并未实现：高 P/E 值股票的收益低于低 P/E 值股票，且收益率低于市场指数。第 5 章提出了一些警告：提防收益增长，并使用能够防止因收益增长而支付过多的估值方法。在本章，我们要注意：合理的 P/E 估值是对收益增长定价，但并不会对不产生价值增值的增长赋予价值。

6.2 估值原理

根据收益而非账面价值估值,你需要了解收益是对价值变化的衡量——是流量而非存量。要想把流量转化为存量,我们需要把现金流资本化。收益带来的价值存量为:

价值存量 = 收益/要求回报率

这种收益资本化的方法在第 3 章的阅读材料 3.10 中做了解释。应该这样理解基于收益的估值:

价值 = 资本化的收益 + 预期的收益增长带来的额外价值

要对收益定价,我们总是从资本化的收益出发,然后再确定预测的收益增长可以增加多少价值。

储蓄账户很容易估价,所以我们从这个简单的资产开始,将它作为权益定价的原型。表 6.1 和第 5 章的表 5.1(以及第 2 章的阅读材料 2.8)都给出了相同的储蓄账户:在 2005 年投资 100 美元,2006 年及以后都有 5% 的收入。但展示了两种股利(利息)发放方法:股利(利息)全部发放和完全不发股利(利息)。

表 6.1 2005 年年底对储蓄账户投资 100 美元,年收益为 5%,对该储蓄账户的预测

		预测期				
	2005 年	2006 年	2007 年	2008 年	2009 年	2010 年
股利全部发放						
收益		5	5	5	5	5
股利(利息)		5	5	5	5	5
账面价值	100	100	100	100	100	100
剩余收益		0	0	0	0	0
收益增长率		0	0	0	0	0
带息收益		5	5.25	5.51	5.79	6.08
带息收益增长率			5%	5%	5%	5%
不发放股利						
收益		5	5.25	5.51	5.79	6.08
股利(利息)		0	0	0	0	0
账面价值	100	105	110.25	115.76	121.55	127.63
剩余收益		0	0	0	0	0
收益增长率			5%	5%	5%	5%
带息收益		5	5.25	5.51	5.79	6.08
带息收益增长率			5%	5%	5%	5%

在这两个例子中,预期剩余收益都为零,所以根据剩余收益模型,2005 年该资产定价为 100 美元。资产也可以根据未来 2006 年 5 美元的收益资本化而定价:

储蓄账户的价值 = 未来收益/要求回报率 = 5/0.05 = 100(美元)

因此,储蓄账户不仅可以根据账面价值估值,还可以根据资本化预期收益估值。

在储蓄账户的例子中,预期的收益增长没有溢价。不过,你会注意到,收益增长率在全额支付利息的情景中为零,但在不支付利息的情景中为5%,这两个情景下储蓄账户的价值是一样的。根据我们的计算,我们不用为这5%的增长率付费。这5%的增长率源于再投资,但是再投资收益率仅仅等于要求回报率。定价相等证明了,当投资的收益率仅仅等于要求回报率时,人们不用为收益增长而付出对价,因为那样的投资不增加公司价值。

上面两个情景中的收益增长率看起来不同,但实质上是一样的。利息全付的情景中收益被低估了,因为利息可以再投资到相似的项目从而赚得5%的收益率。因此,2006年支付的5美元可以再投资,在2007年还可赚得5%,即0.25美元,那么,2007年的总期望收益变为5.25美元,与不付利息的情景一样。资产创造的收益有两个来源——资产本身的收益和利息再投资于其他资产上的收益。因此,把每一年的利息都用来再投资,两个情景中的收益就一样了。在不付利息的情景中,收益投资于相同的项目——也就是说,收益被保留;在利息全付的情景中,收益再投资于不同的项目。这两个情景中的收益率都为5%。

一项投资的总收益被称为带息收益,也就是说,包括股息在内的收益。不包括股息再投资的收益被称为除息收益。价值是根据预期带息收益确定的,而 P/E 比率一般也都是根据带息收益的增长计算的,因为我们必须追踪投资收益的所有来源。对任一时期 t:

$$\text{带息收益}_t = \text{收益}_t + (\rho - 1)\text{股息}_{t-1}$$

其中,ρ 是1加上要求的回报率。因此,对于股息全付的储蓄账户,2007年的带息收益为:收益$_{2007}$ + (0.05 × 股息$_{2006}$) = 5 + (0.05 × 5) = 5.25(美元)。

考虑带息的情况后,两个情景的收益增长率相同,都是每年5%,如表6.1所示。然而,在两个情景中,增长的收益不是我们需要付费的收益。我们只为超过要求回报率的收益增长付费。按照要求回报率增长的收益称为正常收益。对任何时期 t:

$$\text{正常收益}_t = \rho \text{收益}_{t-1}$$

因此,对于储蓄账户,2007年的正常收益为 1.05 × 5 = 5.25 美元,也就是说,前一年的收益以5%的比率增长。带息收益增长超过正常收益的部分,被称为超额收益增长:

$$\text{超额收益增长}_t = \text{带息收益}_t - \text{正常收益}_t = [\text{收益}_t + (\rho - 1)\text{股息}_{t-1}] - \rho\text{收益}_{t-1}$$

2007年的带息收益为5.25美元,正常收益也为5.25美元,所以超额收益增长为零。2008年及以后也是一样的情况。我们不用为增长付出对价,因为我们预测只有正常的增长,而不是超额增长。

掌握了基本概念,我们现在就可以从简单的例子过渡到权益估值。下面是对基本概念的总结:

(1) 只有在资产带息收益增长率大于要求回报率时,资产的价值才高于其资本化收益的价值。这提醒人们应该只对能增加价值的增长投资。

(2) 预测收益增长率时,必须注重带息增长率。除息增长率忽略了股利再投资带来的价值增长。

(3) 发放的股利与估值无关,因为带息收益增长率与股利发放无关。

阅读材料6.1解开了有关收益增长的一点迷惑。

> 阅读材料 6.1

一 点 迷 惑

标准普尔的市盈率和收益增长率

历史上标准普尔的平均远期市盈率大约为 13（平均既往市盈率大约为 14），历史上的平均每股收益增长率大约是每年 8.5%。如果股东要求的回报率大约是 10%，那么正常远期市盈率是 10。这些数据会让人产生一个迷惑：如果增长率是 8.5%，小于股东要求的回报率，那预计的市盈率应该小于 10，而不是 13。

这个迷惑可以这样解决。标准普尔 500 公司都会发放股利，历史的股利支付率大约是收益的 45%（尽管在过去的 15 年它已经逐步减少）。8.5% 的增长率是除息后的增长率。如果股利支付率是 45%，那么带息的增长率就是 13%。因此，历史上的收益增长率应该是每年 13%，高于预计的 10% 的要求回报率。这将使远期市盈率高于 10 的正常水平，事实上也正是如此。

正常远期市盈率

你应该记得第 3 章提到的计算远期市盈率与预测下一年的收益有关。对于储蓄账户，2005 年的远期市盈率是 100/5 = 20。这是一个相当特别的 P/E 比率，被称为正常远期市盈率：

$$\text{正常远期市盈率} = 1/\text{要求回报率}$$

也就是说，正常远期市盈率是 1 美元按照要求回报率资本化的金额。对于储蓄账户，远期市盈率是 1/0.05 = 20。

正常市盈率包含了一个适用于所有资产（包括权益投资）的原理。如果预测没有超额收益增长（就像投资于储蓄账户一样），那么远期市盈率应该是 1/要求回报率。也就是说，正常的市盈率暗示，预测收益增长是正常的。对于 10% 的要求回报率，正常远期市盈率为 1/0.10，即 10。如果要求回报率是 12%，正常远期市盈率就是 1/0.12 = 8.33。如果人们预测的带息收益增长率高于要求回报率，市盈率必然高于正常比率：人们为增长付费。如果人们预测的带息收益增长率低于要求回报率，市盈率一定低于正常比率：人们给低增长打折。

正常既往市盈率

第 3 章区分了既往市盈率（当期收益的乘数）和远期市盈率（未来一年预测收益的乘数）的概念。我们通过对远期收益和收益增长率的预测计算出了储蓄账户的价值，当然，这是计算既往市盈率的直截了当的办法：将计算的价值除以利润表中的收益，但是需要做一些调整。

看看表 6.1 中的储蓄账户，假设在 2005 年年初，以 5% 的收益率对该项目投资了 100 美元，那么 2005 年的收益应该是 5 美元，如果把这些收益当成股利发出，2005 年年底账户的价值仍是 100 美元。因此，既往市盈率就应该是 100/5 = 20，与远期市盈率相同。然而，这是错误的。多一年收益的价值怎么能和一年前一样呢？假设 2005 年 5 美元的收益没有发出，因此账户的价值在年底就是 105 美元。市盈率就变成了 105/5 = 21。这才是正确的既往市盈率。

1美元收益的价值——P/E乘数——不应该与股息相关。储蓄账户中5美元的收益使得账户所有者拥有105美元——期初账户中的100美元加上5美元的收益。如果她不动用账户中的钱,她就有105美元;如果她取出收益,她仍然还拥有105美元,即账户中的100美元和钱包里的5美元。既往市盈率是21。因此既往市盈率应该根据带息价格计算:

$$既往市盈率 = (价格 + 股息) / 收益$$

这个公式计算的是调整股利后的市盈率,在第3章中曾经介绍过。由于股息会减少价格(分子)但是却对收益(分母)没有影响,因此这样的调整是必要的。这种调整对于远期市盈率是不必要的,因为当期股息会同时减少价格和预期收益。在财经媒体上公布的市盈率没有经过这样的调整。如果股息很少,它几乎没什么影响,但是对于高股利支付率的公司,公布的市盈率与股息和公司的盈利增长能力都相关。

正常远期市盈率是1/要求回报率,而正常既往市盈率是:

$$正常既往市盈率 = (1 + 要求回报率) / 要求回报率$$

对于储蓄账户而言,正常既往市盈率是1.05/0.05 = 21(远期市盈率是20)。对于10%的要求回报率而言,正常既往市盈率是1.10/0.10 = 11(远期市盈率是10)。对于12%的要求回报率而言,正常既往市盈率是1.12/0.12 = 9.33(远期市盈率是8.33)。正常远期市盈率和正常既往市盈率总是相差1.0,反映了1美元的当期收益按照要求回报率在下一年的回报。

正常远期市盈率表明,一年后预期收益(带息)会按照要求回报率增长。跟它一样,正常既往市盈率表明,当期收益(带息)会按照要求回报率增长。所以,储蓄账户的既往市盈率是21,因为预期收益增长率就是要求的收益率,即5%。

错误的市盈率模型

下面介绍的是一个常见的根据预期收益进行权益定价的模型:

$$股东权益价值 = \frac{收益_1}{\rho_E - g}$$

其中,g是1加上预期的收益增长率(你可能以前见过这个模型,只不过是用r来表示要求回报率,而不是ρ)。这个模型看起来对收益增长做了估值。这个公式对收益资本化的公式(用于储蓄账户)进行了修正;事实上,这个模型通过假设增长是永续的而把第3章中介绍的公式简化了。根据这个模型,远期市盈率是$1/(\rho - g)$。

这个模型虽然简单,但却是错误的。首先,它使用的是对除息增长率而非带息增长率的预测。除息增长率忽略了股利再投资带来的增长,因此,付出的股息越多,该公式忽略的价值就越多。其次,当收益增长率大于要求回报率时,这个公式就不适用,因为那样的话,公式的分母就会为负。因此,该公式只在运用带息收益增长率时才适用,运用除息增长率时就会出现错误。对于储蓄账户,要求回报率是5%,但是预期的带息收益增长率也是5%,因此该公式的分母就变成了零,从而储蓄账户的价值就无穷大了!对于权益,带息增长率一般都高于要求回报率,因此该公式的分母一般为负:这就是阅读材料6.1中标准普尔500的例子。增长率略低于要求回报率会使投资者支付一个很高的价格——为增长付出太多。

这是一个错误的模型。分母问题只是一个数学问题,但隐藏在数学问题后面的是概念问题。我们需要一个防止我们为增长支付太多的估值模型。

6.3 根据收益进行估值的模型

收益增长估值模型首先确定收益资本化后的价值,然后加上预期增长的价值:
权益价值 = 远期收益资本化的价值 + 超额带息收益增长的价值

$$V_0^E = \frac{\text{Earn}_1}{\rho_E - 1} + \frac{1}{\rho_E - 1}\left[\frac{\text{AEG}_2}{\rho_E} + \frac{\text{AEG}_3}{\rho_E^2} + \frac{\text{AEG}_4}{\rho_E^3} + \cdots\right]$$

$$= \frac{1}{\rho_E - 1}\left[\text{Earn}_1 + \frac{\text{AEG}_2}{\rho_E} + \frac{\text{AEG}_3}{\rho_E^2} + \frac{\text{AEG}_4}{\rho_E^3} + \cdots\right] \tag{6.1}$$

AEG 是超额(带息)收益增长(省略号的意思是预期一直持续到未来,对权益来说就是永续的)。从这个公式的第一行可以看出,超额收益增长的折现值提供了高于预期收益的额外价值。用第二年及以后的增长折现到第一年年底,价值就被资本化了(把流量的价值转化为存量)。因为增长的价值和预期的收益都可以被资本化,公式的第二行把计算简化。因此,可通过以下步骤为股票估值:

(1) 预测下一年的收益。
(2) 加上预期的第二年以及以后的超额收益增长的现值(折现到第一年年底)。
(3) 把预期收益和超额收益增长的价值资本化。

图 6.1 引导你从头到尾完成这三个步骤。与剩余收益估值模型一样,收益必须是综合收益,否则,在计算中就会有价值被遗漏。简单地说,这个模型表明,价值依赖于未来的收益,但是要减去正常增长带来的收益。

在这个模型下,远期市盈率是:

$$\frac{V_0^E}{\text{Earn}_1} = \frac{1}{\rho_E - 1} + \frac{1}{\rho_E - 1}\left[\frac{\text{AEG}_2}{\rho_E} + \frac{\text{AEG}_3}{\rho_E^2} + \frac{\text{AEG}_4}{\rho_E^3} + \cdots\right]\Big/\text{Earn}_1 \tag{6.2}$$

所以,远期市盈率可以通过把 1 美元资本化,再加上超额收益增长除以下一期收益的数值来计算。如果预测没有超额收益增长,则:

$$V_0^E = \frac{\text{Earn}_1}{\rho_E - 1}$$

那么市盈率就是正常的,即:

$$\frac{V_0^E}{\text{Earn}_1} = \frac{1}{\rho_E - 1}$$

模型 6.2 中的市盈率就是正常市盈率加上增长溢价。

这个模型被称为超额收益增长模型,或者 Ohlson-Juettner 模型。[①]

---

① 参见 J. A. Ohlson and B. E. Juettner-Nauroth, "Expected EPS and EPS Growth as Determinants of Value," *Review of Accounting Studies*, July—September, 2005, pp.347—364.

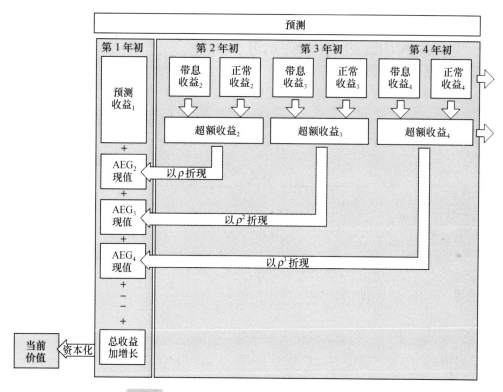

图 6.1 使用超额收益增长模型来计算权益价值

超额收益增长等于带息收益与正常收益的差额。第一年的预测收益与以后各年度超额收益增长的现值相加,得到的总额资本化后就是权益价值。

超额收益$_t$ = 带息收益$_t$ − 正常收益$_t$

带息收益$_t$ = 收益$_t$ + $(\rho_E - 1)$收益$_{t-1}$

正常收益$_t$ = $\rho_E \times$ 收益$_{t-1}$

超额收益增长的度量

超额收益增长(AEG)是指考虑股息再投资的收益与以要求回报率水平增长的收益之差,即有:

$$\begin{aligned}超额收益增长_t &= 考虑股息再投资的收益_t - 正常收益_t \\ &= [收益_t + (\rho_E - 1)d_{t-1}] - \rho_E \times 收益_{t-1}\end{aligned} \quad (6.3)$$

上式可以计算每股超额收益增长,也可以计算公司超额收益增长总额。每股超额收益增长的计算使用每股股利;公司超额收益增长总额的计算使用公司股利总额,其中股利为净股利(股利 + 股票回购 − 新股发行)。表 6.2 是戴尔公司和耐克公司 2005 年超额收益增长的计算过程,要求回报率分别为 11% 和 10%。

表 6.2　戴尔公司和耐克公司 2005 年超额收益增长的计算　　　　　　　　　单位：美元

	戴尔	耐克
2005 年 EPS	1.18	4.45
2004 年 DPS	0	0.74
股利再投资带来的收益	0	0.074
2005 年带息收益	1.18	4.524
根据 2004 数据年计算的正常收益：戴尔 1.03×1.11；耐克 3.59×1.1	1.143	3.949
2005 年超额收益增长	0.037	0.575

戴尔公司 2004 年和 2005 年的每股收益分别为 1.03 美元、1.18 美元；无股利支付，所以其每股收益就是考虑了股利再投资的每股收益。根据 11% 的要求回报率，其 2005 年正常收益为 1.11×1.03 = 1.143 美元（在 2004 年收益基础上增长 11%）。从而其 2005 年超额收益增长为 1.18 - 1.143 = 0.037 美元。耐克公司 2004 年和 2005 年的每股收益分别为 3.59 美元、4.45 美元；与戴尔公司不同的是，2004 年耐克公司每股支付了 0.74 美元的股利，因而考虑股利再投资的 2005 年每股收益为 4.45 + 0.1×0.74 = 4.524 美元。根据 10% 的要求回报率，其 2005 年正常收益为 1.1×3.59 = 3.949 美元，因而其 2005 年超额收益增长为 4.524 - 3.949 = 0.575 美元。

超额收益增长也可以用超过要求回报率的增长率表示：

$$\text{超额收益增长}_t = (G_t - \rho_E) \times \text{收益}_{t-1} \qquad (6.3a)$$

其中 G_t 等于 1 加考虑股利再投资的收益增长率，即超额收益增长是考虑股利再投资收益增速超过要求回报率部分所对应的收益。若 G_t 等于要求回报率，就不存在超额收益增长。根据前面的例子，戴尔公司考虑股利再投资的收益增长率为 1.18/1.03 - 1 = 14.56%，而要求回报率为 11%，所以 2005 年超额收益增长为 (14.56% - 11%)×1.03 = 0.037 美元，与前面计算出的结果相同。同理，耐克公司考虑股利再投资的收益增长率为 26.02%，2005 年超额收益增长为 3.59×(1.2602 - 1.1) = 0.575 美元。

下面我们以海信电器为例，用两种方法计算一下海信电器 2011 年的超额收益增长。

海信电器 2010 年和 2011 年的每股收益分别为 0.96 元和 1.95 元，无股利支付，所以每股收益就是考虑了股利再投资的每股收益。根据 11% 的要求回报率，其 2011 年正常收益为 0.96×(1 + 11%) = 1.0656 元，因此其超额收益增长为 1.95 - 1.0656 = 0.8844 元。

根据第二种方法，海信电器考虑股利再投资的收益增长率为 1.95/0.96 - 1 = 103.125%，而要求回报率为 11%，因此其超额收益增长 = (103.125% - 11%)×0.96 = 0.8844 元。

从以上计算中可以看出，下一年度预期超额收益增长越高，远期市盈率就越高。(6.3a) 式表明，超额收益增长取决于考虑股利再投资的预期收益增长率 G_t。图 6.2 是标准普尔 500 企业 2000 年市盈率（2000 年年底股价除以 2001 年的预期收益）与 2002 年带息收益增长率之间的关系图，这里的收益预测值是分析师的一致预测。该图明确反映了两者之间的正相关关系。不过样本点离散程度仍然较大，这是分析师所致力于解释的。

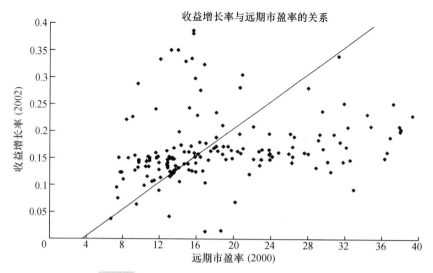

图 6.2 远期市盈率与后续收益增长率关系图

图中描绘了标准普尔 500 企业 2000 年年末远期市盈率与 2002 年带息收益增长率的关系。远期市盈率等于 2000 年年末的每股股价除以分析师对 2001 年 EPS 的一致预期。带息收益增长率根据分析师对 2002 年的预测得出。回归线给出了远期市盈率和两年后收益增长率的关系。

简单的证明

表 6.3 对一家公司使用超额收益增长模型,这家公司的简单原型在第 5 章介绍过。该公司的要求回报率为 10%,而且它的收益预期每年按 3% 的速度增长。3% 的增长率看似很低,但是看到的东西可能是具有欺骗性的,因为该公司有一个较高的股利支付率(占收益的 76%)。

根据对收益和股息的预测及其隐含的预期账面价值,该公司的剩余收益预计将以 3% 的比率增长,如表 6.3 所示。因此可以像情景 3,在该增长率下资本化第一年的剩余收益来估值,就像在第 5 章所介绍的:

$$V_0^E = 100 + \frac{2.36}{1.1 - 1.03} = 133.71(百万美元)$$

为了使用超额收益增长模型,表格预测了超额收益增长。每年的超额收益增长是带息收益减去正常收益。计算过程在例子最后介绍,它是用公式(6.3)和公式(6.3a)来计算的。你可以看到,超额收益增长在第一年后以 3% 的速度增长。因此,第二年的超额收益增长可以用这个增长比例来进行资本化:

$$V_0^E = \frac{1}{0.10} \times \left[12.36 + \frac{0.071}{1.10 - 1.03}\right] = 133.71(百万美元)$$

(允许四舍五入)远期市盈率(P/E)就是 133.71/12.36 = 10.82。比正常市盈率 10 要高。你注意到在案例的最后,带息收益增长率是 10.57%,比要求回报率 10% 要高,所以这里的市盈率比正常的市盈率要高。你也会发现带息收益增长率远高于预计除息收益增长率3%①。你还会发现剩余收益(RE)模型和AEG模型会得出相同的估值结果。

表6.3 对公司的预测,预期收益增长率为3%,要求回报率为10%

单位:百万美元

	\\multicolumn{6}{c}{预测期}					
	0	1	2	3	4	5
剩余收益预测:						
收益	12.00	12.36	12.73	13.11	13.51	13.91
股息	9.09	9.36	9.64	9.93	10.23	10.54
账面价值	100.00	103.00	106.09	109.27	112.55	115.92
剩余收益(RE)		2.360	2.431	2.504	2.579	2.656
RE增长率			3%	3%	3%	3%
超额收益增长预测:						
收益	12.00	12.36	12.73	13.11	13.51	13.19
股息	9.09	9.36	9.64	9.93	10.23	10.53
股息再投资的收益		0.909	0.936	0.964	0.993	1.023
带息收益		13.269	13.667	14.077	14.499	14.934
正常收益		13.200	13.596	14.004	14.424	14.857
超额收益增长(AEG)		0.069	0.071	0.073	0.075	0.077
超额收益增长率			3%	3%	3%	3%
带息收益增长率		10.57%	10.57%	10.57%	10.57%	10.57%
正常收益增长率		10.0%	10.0%	10.0%	10.0%	10.0%

计算过程:
股息再投资的收益即前一年股息按照要求回报率赚得的收益。因此,第2年股息再投资的收益为 $0.10 \times 9.36 = 0.936$。
带息收益是把股息再投资的收益加上预测的除息收益。因此,第2年的带息收益是 $12.73 + (0.10 \times 9.36) = 13.667$。
正常收益是前一年收益按照要求回报率增长的收益。因此,第2年的正常收益是 $12.36 \times 1.10 = 13.596$。
超额收益增长是带息收益减正常收益。因此,第2年的超额收益增长 $= 13.667 - 13.596 = 0.071$。
超额收益增长还是前一年的收益乘以带息收益增长率和要求回报率的差额。因此,第2年的超额收益增长 $= (1.1057 - 1.10) \times 12.36 = 0.071$。

注:小数点四舍五入。

根据当前收益估值

严格来讲,这个例子中估值所用的是未来预期收益而不是财务报表中的当前收益。价值可以根据当前的收益算出:资本化当前的收益值,然后加上第一年及以后预测的AEG。这就是说,可以把这个模型往回推一期来应用。可以看表6.3中所举的例子:

---

① 严格来说,任何年份的带息收益就是当年的收益加上从第一年到当年的所有股息和再投资收益。因此,比如对第三年来说,带息收益就是当年EPS(13.11美元)加上第二年股息再投资收益,再加上第一年股息再投资的收益。不过,由于在计算AEG时,要减去股息收益(按要求回报率计算收益),如果这时我们仅把前一年的股息考虑进带息收益中,估值结果将会是一致的。

$$V_0^E + d_0 = 133.71 + 9.09 = \frac{1.10}{0.1} \times \left[12.00 + \frac{0.069}{1.10 - 1.03}\right] = 142.80(百万美元)$$

这个价值就是对当前收益估值得到的带息价值(股价加股息)。既往市盈率是 142.8/12.00 = 11.90,比正常市盈率 11 要高(相应的要求回报率为 10%)。基期(第 0 年)的每股收益是 12 美元,第一年 AEG 预计为 0.069 美元,预测将以 3% 的比率增长。资本化率是 1.10/0.1,这是正常的既往市盈率(P/E),而正常的远期市盈率是 1/0.1。这个模型的计算如下:

$$V_0^E + d_0 = \frac{\rho_E}{\rho_E - 1}\left[\text{Earn}_0 + \frac{\text{AEG}_1}{\rho_E} + \frac{\text{AEG}_2}{\rho_E^2} + \frac{\text{AEG}_3}{\rho_E^3} + \cdots\right] \tag{6.4}$$

很明显,当前年份之后如果没有 AEG,既往市盈率就是正常的。

锁定当前收益价值就是锁定财务报表上的真实收益,而不是预期收益。但是,总是有各种各样的理由让我们使用这个模型评估预期收益的价值而不是当前收益的价值。因为我们会发现,当我们要分析财务报表时,当前收益经常会包含一些不可持续的部分——比如,非经常事件和一次性费用——它们都影响不到未来。通过关注预期收益和使用当前收益作为预测的依据,我们可以高效地关注当前收益的可持续部分。事实上,本书第二部分财务报表分析的目的就是识别可持续的收益,它是预测未来收益的合理基础。

应用该模型对权益估值

表 6.3 中的例子很像我们储蓄账户的例子,除了该公司有超额收益增长,而储蓄账户那个例子里没有。该公司相对比较特殊,因为其超额收益增长率预测是一个固定的常数。模型 6.1 要求有无限的预测期,因此,为了对股票估值,我们需要用永续价值去缩短预测期。在这个简单的例子里面,只有一年的预测期。

对于永续价值的计算有两种类型。如果预测之后的超额收益增长为 0,则适用情景 1;如果预测之后的超额收益增长率是一个固定的常数,则适用情景 2。

通用电器公司适用于情景 1 的估值,该公司要求回报率为 10%。情景 1 中 EPS 和 DPS 的数据是通用电气 2000—2004 年的真实数据,和上一章用剩余收益法评估 GE 价值所用的数据一样。正如在上一章所讲述的,我们把这些数据视为预测数据来评估通用电器 1999 年年底的价值。回想一下我们在第 4 章试图用现金流折现法来评估 GE 的价值,但是却遇到了很多困难。不过,我们发现我们可以用剩余收益方法来评估它的价值。这里的超额收益增长估值和第 5 章中的剩余收益估值给出了相同的每股价值,都是 13.07 美元。

情景 1 的估值是基于 2004 年之后 AEG 为 0 的预测。虽然分析师预测 2004 年 AEG 为正,但我们发现在 2001—2004 年间平均 AEG 几乎为零,因此预测以后期间的 AEG 均为 0。理所当然,AEG 为 0 意味着带息收益在 2004 年以后将以要求回报率的速度增长。2001—2004 年总的 AEG 折现到 2000 年年底,是每股 0.017 美元。加上 2000 年的预期收益 1.29 美元就可以得到 1.307 美元,当资本化率是 10% 时,每股价值是 13.07 美元。

表 6.4　情景 1：通用电气的例子

（假定 2004 年后其超额收益增长为 0，要求回报率为 10%）

	1999	预测年份				
		2000	2001	2002	2003	2004
DPS		0.57	0.66	0.73	0.77	0.82
EPS		1.29	1.38	1.42	1.50	1.60
DPS 再投资（$0.10 \times DPS_{t-1}$）			0.057	0.066	0.073	0.077
带息收益（EPS + DPS 再投资）			1.437	1.486	1.573	1.677
正常收益（$1.10 \times EPS_{t-1}$）			1.419	1.518	1.562	1.650
超额收益增长（AEG）			0.018	−0.032	0.011	0.027
折现因子（1.10^t）			1.100	1.210	1.331	1.464
AEG 现值			0.016	−0.026	0.008	0.018
AEG 总现值		0.017				
总收益		1.307				
资本化率		0.10				
每股价值 $\left(\dfrac{1.307}{0.10}\right)$	13.07					

注：小数点四舍五入。

表 6.5　情景 2：戴尔公司的例子

（假设 2005 年后其超额收益增长率为 6.5%，要求回报率为 11%）

	2000	预测年份					
		2001	2002	2003	2004	2005	2006
DPS		0.0	0.0	0.0	0.0	0.0	0.0
EPS		0.84	0.48	0.82	1.03	1.18	1.35
DPS 再投资（$0.11 \times DPS_{t-1}$）		—	0.00	0.00	0.00	0.00	0.00
带息收益		0.84	0.48	0.82	1.03	1.108	1.349
正常盈余（$1.11 \times EPS_{t-1}$）			0.932	0.533	0.910	1.143	1.310
超额收益增长			−0.452	0.287	0.120	0.037	0.039
折现因子（1.11^t）			1.110	1.232	1.368	1.518	
AEG 现值			−0.408	0.233	0.088	0.025	
AEG 总现值		−0.062					
永续价值（CV）						0.873	
CV 现值		0.576					
总收益		1.354					
资本化率		0.11					
每股价值 $\left(\dfrac{1.354}{0.11}\right)$	12.31						

永续价值计算过程：

$$CV = \dfrac{0.0393}{1.11 - 1.065} = 0.873$$

CV 现值 $= 0.873/1.5181 = 0.576$

注：小数点四舍五入。

情景 2 的估值是用戴尔公司的数据,其要求回报率为 11%。截至 2005 年的 EPS 和 DPS 数据与我们在第 5 章中用剩余收益法估值时所采用的相同。在第 5 章预测永续价值时,我们预测 2005 年后公司剩余收益会以 6.5% 的速度增长。这里 2006 年的 EPS 数据是我们用增长率计算出的。戴尔公司不支付股利,所以带息收益与收益相同。

情景 2 和情景 1 不同,因为预期 AEG 在预测期后还会增长,因此估值增加了包含这一增长率的永续价值。预测 2006 年的 AEG 会在 2006 年后以 6.5% 的增长率增长,由此得出 2005 年年底戴尔公司的永续价值为每股 0.873 美元。把这个永续价值折现到 2001 年年底,再加上直至 2005 年 AEG 的总现值(-0.062 美元)和 2001 年的预期收益(0.84 美元),等于 1.354 美元,资本化后得到 12.31 美元的每股价值。这和第 5 章中用剩余收益法得出的结果是相同的。

将分析师预测转换为估值

在第 5 章中,我们将分析师对耐克公司的预测转换成了剩余收益法下的估值。这里,我们对耐克的竞争者锐步也进行估值,不过使用的是超额收益增长法。在表 6.6 中,分析师在 2004 年年底对 2005 年和 2006 年 EPS 的一致预测为 3.43 美元和 3.81 美元,2005 年的每股股利为 0.3 美元。分析师对五年期增长率的一致预期为 14%,和耐克公司一样,表中 2007—2009 年的 EPS 是根据该增长率计算出的。

表 6.6 根据分析师预测进行估值:锐步公司(RBK)

(分析师对此后两年 EPS 的预测为 2005 年 3.43 美元和 2006 年 3.81 美元;分析师对五年期增长率的一致预测为 14%,2007—2009 年每股盈余按照该增长率计算;每股股利根据 2005 年 8.7% 的股利支付率计算;要求回报率 10%。)

	2004A	2005E	2006E	2007E	2008E	2009E
DPS		0.30	0.33	0.38	0.43	0.49
EPS		3.43	3.81	4.34	4.95	5.65
DPS 再投资($0.10 \times DPS_{t-1}$)			0.030	0.033	0.038	0.043
考虑股利再投资的收益			3.840	4.373	4.988	5.693
正常收益($1.10 \times EPS_{t-1}$)			3.773	4.191	4.774	5.445
超额收益增长			0.067	0.182	0.214	0.248
带息 EPS 增长率			11.95%	14.78%	14.93%	15.00%
折现因子(1.10^t)			1.100	1.210	1.331	1.464
AEG 现值			0.061	0.150	0.161	0.169
AEG 总现值		0.54				
永续价值(CV)						4.299
CV 现值		2.94				
总收益		6.91				
资本化率		0.10				
每股价值$\left(\dfrac{6.91}{0.10}\right)$	69.10					

永续价值计算过程:
CV = (0.248 × 1.04)/(1.10 - 1.04) = 4.299
CV 现值 = 4.299/1.4641 = 2.94

表中计算过程表明,分析师对 2005 年之后超额收益增长率及带息收益增长率的预测值都高于 10% 的要求回报率。五年之后的情况分析师并没有给出预测,这里我们使用 4% 的长期增长率(GDP 增长率)来计算永续价值。计算得出的每股价值为 69.1 美元。而现在锐步股价只有 41 美元,其价值超过了市场价格。分析师对五年期增长率的一致预期可能略显乐观,不过即使如此,市价也确实有点低了。本章末我们会使用逆向工程法进一步讨论这个问题。

同样,我们可以使用超额收益增长法对中国的上市公司山西汾酒(600809)进行估值。在表 6.7 中,分析师预测 2012、2013、2014 年 EPS 分别为 1.549 元、2.244 元和 2.957 元。假设 2015—2016 年的每股收益增长率为 15%,则 2015 年 EPS 为 3.401 元,2016 年 EPS 为 3.911 元。公司股利支付率保持 28% 不变,要求回报率为 10%。我们使用 4% 的长期增长率来计算永续价值。计算得出的每股价值为 44.68 美元。而 2012 年 11 月 30 日山西汾酒股价为 36.3 元,其价值超过了市场价格。你认为我们和市场观点不一致的地方在哪里?

表 6.7　根据分析师预测进行估值:山西汾酒(600809)

	2011A	2012E	2013E	2014E	2015E	2016E
DPS		0.430	0.622	0.820	0.943	1.085
EPS	1.549	2.244	2.957	3.401	3.911	
DPS 再投资($0.10 \times DPS_{t-1}$)			0.043	0.062	0.082	0.094
考虑股利再投资的收益			2.287	3.020	3.483	4.005
正常收益($1.10 \times EPS_{t-1}$)			1.704	2.468	3.253	3.741
超额收益增长			0.582	0.551	0.230	0.264
折现因子(1.10^t)			1.100	1.210	1.331	1.464
AEG 现值			0.529	0.456	0.173	0.181
AEG 总现值		1.338				
永续价值(CV)						4.582
CV 现值		3.130				
总收益		4.468				
资本化率		0.10				
每股价值		44.68				

永续价值计算过程:
$CV = (0.264 \times 1.04)/(1.10 - 1.04) = 4.582$
CV 现值 $= 4.582/1.464 = 3.13$

6.4　超额收益增长模型的特点

阅读材料 6.2 列出了超额收益增长模型的优缺点,并将它与第 3 章的股息折现模型、第 4 章的现金流折现模型和第 5 章的剩余收益模型进行了比较。

> 阅读材料 6.2

超额收益增长分析

优点

容易理解：投资者从未来收益的角度思考；投资者购买的就是收益。聚焦在最普通的乘数（P/E 比率）上。

使用权责发生制会计：收入与费用匹配，从而计量由于出售商品而增加的价值。

多功能性：可以在多种会计准则下应用（第 16 章）。

与人们的预测相结合：分析师预测收益和收益增长率。

缺点

会计复杂：需要理解权责发生制会计的原理。

概念复杂：需要理解带息收益的概念，也就是说，价值既取决于公司内部赚得的收益，也取决于股息再投资的收益。

对估计的要求回报率很敏感：因为价值完全来源于对预测的收益按要求回报率资本化，所以这种估值方法对要求回报率的估计很敏感。而剩余收益估值结果中部分使用的是账面价值，它与要求回报率无关。

应用于战略评估：没有对收益增长的驱动力进行解释，尤其是资产负债表上的项目；因此，不适用于战略评估。

可疑的会计数据：依赖于收益的数据，但这些数据是可疑的。必须同时对收益质量做分析（第 17 章）。

预测期：预测期比 DCF 分析的预测期短，通常在最近的未来确认较多的价值。但是预测期取决于权责发生制会计的质量（第 16 章）。

我们曾经强调过，AEG 定价方法像剩余收益定价方法一样，可以使投资者避免为收益增长付出太多。在这一部分，我们将讨论这个模型的一些特点。

购买收益

超额收益增长模型接受了"购买收益"的观点，它认为公司的价值是建立在其收益多少的基础上的。由于收益代表着通过在市场上销售产品和服务创造的价值增量，该模型预测了公司与顾客交易而增加的价值，即收入减去匹配的费用后得到的收益。

AEG 模型使用了分析师的语言，P/E 比率的使用率要高于 P/B 比率。分析师经常谈到收益和收益增长率，而不谈论剩余收益和剩余收益增长。因此，相对于剩余收益模型，使用这个模型更容易将分析师的预测转换为估值（但是，华尔街的观点通常没有考虑股息如何影响增长；分析师讨论的都是除息收益增长率，而不是带息收益增长率）。

超额收益增长估值和剩余收益估值

另一方面，AEG 模型没有像剩余收益模型一样详细地解释价值创造。公司投资于资产，然后通过使用资产来增加公司价值。剩余收益模型（RE 模型）确认了对资产的投资，同时也确认只有当收益大于要求的收益时公司的价值才增加。剩余收益模型更能够揭示商业活动如何创造价值,揭示投资的循环和投资的收益。因此,我们没有将 AEG 模型作为战略分析模型(RE 模型是可以用于战略分析的),因为战略分析牵扯到投资。战略分析的核心问题是投资是否增加价值。

RE 模型和 AEG 模型通常都会得到相同的估值结果。阅读材料6.3表明,两个模型的基础概念相差并不大:超额收益增长总是等于剩余收益的变化。

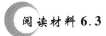

阅读材料 6.3

比较超额收益增长模型与剩余收益模型

AEG 模型和 RE 模型看起来不同,但实际上它们很类似。两种模型都要求预测收益和股息,尽管 RE 模型多了一些根据预测计算账面价值的步骤。因此,两个模型有相同的预测结果。

在结构上,这两个模型也是相似的。RE 模型起始于账面价值,然后再加上预测收益超过账面价值乘以要求回报率的部分带来的价值。AEG 模型起始于收益资本化,然后再加上预测带息收益超过前期收益(而非账面价值)乘以要求回报率的部分带来的价值。

这种结构上的差异仅仅是对输入变量的不同安排,下面的算式可以说明这一点。超额收益增长模型可以写成下面这种形式:

$$AEG_t = [Earn_t + (\rho_E - 1)d_{t-1}] - \rho_E Earn_{t-1} = Earn_t - Earn_{t-1} - (\rho_E - 1)(Earn_{t-1} - d_{t-1})$$

使用存量和流量的关系式计算权益的账面价值(第2章),$B_{t-1} = B_{t-2} + Earn_{t-1} - d_{t-1}$,则 $Earn_{t-1} - d_{t-1} = B_{t-1} - B_{t-2}$。因此,有:

$$AEG_t = Earn_t - Earn_{t-1} - (\rho_E - 1)(B_{t-1} - B_{t-2}) = [Earn_t - (\rho_E - 1)B_{t-1}]$$
$$- [Earn_{t-1} - (\rho_E - 1)B_{t-2}] = RE_t - RE_{t-1}$$

因此,超额收益增长就等于剩余收益的变化,通过比较表6.3中公司剩余收益的变化和 AEG,读者就明白这一点了。

	0	1	2	3	4
剩余收益(RE)	2.360	2.431	2.504	2.579	2.656
剩余收益变化		0.071	0.073	0.075	0.077
超额收益增长(AEG)		0.071	0.073	0.075	0.077

读者也可以比较本章通用电气和戴尔的超额收益增长以及第5章这两个公司的剩余收益。例如,通用电气2003年的剩余收益为0.855美元,比2002年的0.844美元增长了0.011美元,这个值就等于2003年的超额收益增长。

因此,预测有无超额收益增长与预测剩余收益有无变化是没有差别的。或者说,超额收益增长为零意味着带息收益以要求回报率增长,预测这个正常增长率与预测剩余收益没有变化是一样的。同样,预测带息收益增长高于正常水平与预测有剩余收益增长是一样的。因此,一系列的预测给我们提供了两种预测指标。

尽管基本思路相似,但输入变量的不同给出了不同的价值起始点和不同的价值增量定义。AEG估值模型强调,只有收益的增长率高于要求回报率时公司的价值才会增长。在这种情况下,公司的 P/E 比率也会变大。这与公司必须增加剩余收益才能增加它的 P/B 比率是一样的。也就是说,通过投资赚取的收益高于要求的回报时,公司价值才会增加,它既体现为剩余收益的增加,也体现为带息收益增长率高于正常增长率。

如果超额收益增长总是等于剩余收益变化,那么超额收益增长模型6.1可以表述为:

$$V_0^E = \frac{1}{\rho_E - 1}\left[\text{Earn}_1 + \frac{\Delta RE_2}{\rho_E} + \frac{\Delta RE_3}{\rho_E^2} + \frac{\Delta RE_4}{\rho_E^3} + \cdots\right]$$

其中,ΔRE 是剩余收益的变化。因此,对权益估值时,我们需要预测剩余收益。在剩余收益估值法下(决定内在市净率),我们需要在计算中使用剩余收益预测。而在超额收益增长估值法下(决定内在市盈率),我们通常使用剩余收益变化值。因此,同样的预测可以适用于这两种估值方法。

超额收益增长不受股利支付、新股发行和股票回购的影响

第5章中我们讲到,剩余收益模型的估值结果不受股利支付、股票回购和新股发行的影响。超额收益增长估值模型也是如此。

股利对超额收益增长估值模型结果的影响根据表6.3就可以验证。不支付股利,而将股利以10%的回报率再投资到企业中,下一年公司的收益就会增加。考虑股利再投资的收益——企业收益加股息在企业外再投资的回报——恰好等于股东将股利再投资到本企业的收益。所以 AEG 估值结果不变,企业价值也不变。这就像投资者收到了股利,但用现金再次购买股票(该股票能够带来10%的年收益)。实际上,他相当于取消了股利,但并不影响价值。如果表6.3中所列示的回报来自股票回购而非股利支付,那么逻辑也是类似的。

会计方法的选择与估值

剩余收益模型适合于各种会计准则。第5章指出,账面价值和剩余收益共同决定了剩余收益模型的结果。尽管通过会计方法的选择能够"创造"出较高的未来盈余,但这是以当期账面价值的降低为代价的,两者此消彼长之后,当然对估值结果没有任何影响。

从形式上看,AEG 估值模型貌似没有这一性质。管理者可以在本期注销资产来"创造"未来的较高收益,AEG 估值模型貌似没有对账面价值的这一变动进行修正。我们不愿意对非增值的收益增长支付代价,也不愿意对会计方法操纵出来的收益增长支付代价。其实,一旦会计方法"创造"了收益,AEG 模型会内在地抵消掉这一操纵的影响。详见阅读材料6.4。

一定要读一下阅读材料6.4中"对分析师的忠告"这一部分。既往市盈率表示预期未来销售带来的收益与当期销售所确认的收益之比。为了度量销售带来的价值增加,会计方法要求收入与费用配比。如果该配比过程低估了当期费用(比如低估了当期坏账费用),当期收益就会虚增;然而其未来收益就会下降——这一方法只是将未来的收益"暂借"到当期而已。当期收益的高估会降低未来收益估计值,但对价值本身并没有影响,既往市盈率相应下降。未来收益越低,远期市盈率就越高。当期费用高估的情形与此相反。

> **阅读材料6.4**

在会计方法创造收益情况下的超额收益增长估值模型

表6.3反映了利用预期收益和预期收益增长对公司权益估值的过程。假设这家公司的经理决定通过将第0年的存货注销8美元来增加第1年的收益。这种会计调整改变了账面上的数据,但是它并不影响价值。以下是修正后的预测:

用会计方法创造收益:注销存货后修正表6.3

	0	预测年份				
	0	1	2	3	4	5
收益	4.00	20.36	12.73	13.11	13.51	13.91
股利	9.09	9.36	9.64	9.93	10.23	10.54
账面价值	92.00	103.00	106.09	109.27	112.55	115.92
股利再投资收益			0.936	0.964	0.993	1.023
带息收益			13.667	14.077	14.499	14.934
正常收益			22.396	14.004	14.424	14.857
超额收益增长			(8.729)	0.073	0.075	0.077
超额收益增长率					3%	3%

对估值的影响

由于存货注销了8美元,原来第0年报告的12美元收益现在变成4美元(账面价值变成了92美元而不是100美元)。相应地,由于已售产品成本减少了8美元,第1年的预期收益增长了8美元,变成了20.36美元。第2年的带息收益并没有受到影响,但是该收益现在是与22.396美元的正常收益做比较。在第1年20.36美元的高收益基础上,第2年的超额收益增长为-8.729美元。以后的年份不受影响。AEG估值模型在第0年年底为:

$$V_0^E = \frac{1}{0.10} \times \left[20.36 - \frac{8.729}{1.10} + \frac{\frac{0.073}{1.10-1.03}}{1.10} \right] = 133.71(百万美元)$$

这与会计方法变化之前的值相同。虽然第1年的预期收益增加了,但较高的收益(20.36美元)意味着第2年的正常收益也更高,导致收益增长的降低(-8.729美元),结果是价值不变。

对P/E比率的影响

虽然估值不受会计方法的影响,但P/E比率却受影响。该公司的远期P/E现在是133.74/20.36=6.57,而不是之前的10.82。既往(股息调整)P/E现在变成了(133.74+9.09)/4.00=35.71,而不是之前的11.90。把当期收益变成未来收益可以提高既往P/E;现在预测明年有更多的收益增长,而P/E正是对增长定价。然而,把当期收益转变为未来收益降低了远期P/E——第一年后预期的增长减少,收益的价值(分母)不变。

对分析师的忠告

聪明的分析师可以辨别源于会计方法改变的增长和真正的经济因素带来的增长。如果增长是会计方法变化导致的,它会改变P/E比率,但不会改变估值。运用AEG模型(或者是剩余收益估值模型)可以避免对由于会计方法变化产生的收益错误定价。

我们在本章开始的时候告诫过读者,我们不想为不增加收益的增长付费,我们也不想为会计方法创造的增长付费。运用剩余收益模型或超额收益增长模型可以使我们避免犯那样的错误。

6.5 对模型进行逆向工程,构建积极投资策略

与剩余收益模型类似,AEG估值模型同样可以进行逆向工程。再次考虑表6.3的例子,我们已经计算出其价值为1.3371亿美元。假定当前权益交易价格恰好为1.3371亿美元,预期一年后收益为1 236万美元,两年后收益为1 273万美元。要求回报率为10%,这就意味着两年后每股超额收益增长预计为0.071美元。因此使用逆向工程根据下式可求得 g:

$$P_0 = 133.71 = 1/0.1 \times [12.36 + 0.071/(1.1 - g)]$$

此时 $g = 1.03$。这样我们就根据市价计算出来超额盈余的内含增长率了。这就是借助逆向工程法来进行内含预测值计算的过程。至此你已经将市场估值转换成了对未来增长率的预测,而不是预测未来的增长率后再基于其预测估值。

假定当前权益交易价格为1.472亿美元,借助于逆向工程法,可得 $g = 1.07$(四舍五入),即根据超额收益模型的逆向工程求解,市场预测超额收益增长率为7%。如果作为追踪该企业的一名分析师,你认为该企业的超额收益增长率不会超过3%,那么其市值1.472亿美元就过高,需要卖出其股票。不过你仍然需要确认,你是否疏忽了什么因素。

逆向工程法也可以用来求解内含期望回报率。假定我们有充分把握认为该企业超额收益增长率不会高于3%,根据下式即可计算 g:

$$P_0 = 147.2 = 1/(\rho - 1) \times [12.36 + AEG_2/(\rho - 1.03)]$$

AEG_2 的计算需要利用股利再投资的要求回报率,我们将其定义为 $AEG_2 = [12.73 + (\rho - 1) \times 9.36] - (\rho \times 12.36)$。可得 $\rho = 1.0936$,即市场预期购买该股票的回报率为9.36%,这就是市场的内含预期回报率。如果要求回报率为10%,显然该股票定价过高。求解内含期望回报率的逆向工程过程看起来有点复杂,其实只是多考虑了几个数字而已:

$$\rho = 1 + A + \sqrt{A^2 + \frac{盈余_1}{P} \times \left[\frac{盈余_2 - 盈余_1}{盈余_1} - (g - 1)\right]} \quad 其中,A = (g - 1 + 股利_1/P_0)/2$$

积极型投资者不是用过于简单的市盈率筛选股票,而是会用股票的内含期望回报率做筛选:购买内含期望回报较高的股票,售出内含期望回报较低的股票。当然,这需要一定的分析,因为我们必须对超额收益增长率有一定的了解。本书第二部分会对此做分析。

借助逆向工程分析标准普尔500指数

2003年年末,标准普尔500股票指数为1 000,华尔街一著名投行的首席经济学家预测标准普尔500公司2004年和2005年收益分别为53美元和58.2美元,两者与标准普尔500股票指数单位相同,可以计算市盈率为1 000/53 = 18.87。假定股利支付率为31%。假定该首席经济学家预测未来5年市场风险溢价为5%,无风险收益率(10年期国债回报率)为4%。

由于该市场组合的 β 为1,根据CAPM可得要求回报率为9%;相应的正常市盈率为1/0.09 = 11.11,小于之前计算的市盈率18.87,说明市场预计企业会有较高的超额收益增长。

2004 年内含股利支付额为 53×0.31=16.43 美元,这部分股利以 9% 的回报率再投资,根据表 6.8,预测 2005 年超额收益增长为 1.909 美元。

表 6.8　借助逆向工程分析标准普尔 500　　　　　　　　　　　单位:美元

	2004	2005
收益	53.00	58.20
股利(支付率 31%)	16.43	
股利再投资收益(回报率 9%)		1.479
带息收益		59.679
正常收益 (53×1.09)		57.770
AEG		1.909

根据以上条件,对下式做逆向工程:

$$P_{2003} = 1\,000 = [53 + 1.909/(1.09 - g)]/0.09$$

可得 $g=1.039$,即市场内含增长率为 3.9%,这与 GDP 长期增长率很接近。如果我们接受市场组合的长期增长率应等于 GDP 增长率,那么以上计算结果表明,2003 年年末,市场对标准普尔 500 的定价是合理的。

利用分析师预测进行逆向工程

表 6.6 的例子里,我们将分析师对锐步公司 EPS 的一致预期转换为估值分析。由于我们对永续价值计算时使用的长期增长率没有完全把握,因此仍然使用 GDP 增长率。逆向工程法有助于分析市场所使用的内含增长率。分析师的 5 年期预测通常不可靠,此处我们只使用两年期预测。分析师对锐步 2005 年和 2006 年每股收益的预测分别为 3.43 美元和 3.81 美元,2006 年 AEG 为 0.067 美元(已在表 6.6 中进行了计算)。2004 年年末,锐步的股价为 41 美元。在 10% 的要求回报率下,由

$$P_{2004} = 41 = [3.43 + 0.067/(1.10 - g)]/0.1$$

可以计算出 $g=1$,也就是说,市场认为 2006 年后增长率为 0。之前我们使用分析师五年期增长率预测计算的锐步价值为每股 69.1 美元。显然市场内含增长率低于分析师预测的增长率。

表 6.7 的例子里,我们将分析师对山西汾酒 EPS 的一致预期转换为估值分析。同上,我们使用逆向工程法分析市场所使用的内含增长率。此处我们只使用两年期预测。分析师对 2012 年和 2013 年山西汾酒每股收益的预测分别为 1.549 元和 2.244 元,2013 年 AEG 为 0.582 元(已在表 6.7 中进行了计算)。2012 年 11 月 30 日,山西汾酒的股价为 36.3 元。在 10% 的要求回报率下,由

$$P = 36.3 = [1.549 + 0.582/(1.10 - g)]/0.1$$

可以计算出,$g=1.083$,也就是说市场认为 2013 年后增长率为 8.3%。市场内含增长率与分析师预测的增长率哪个更合理呢?

内含收益预测与收益增长率

超额收益增长率不太容易刻画。借助于逆向工程的思路,可以将其转换为收益和收益增长率的预测。

收益预测 = 正常收益预测 + AEG 预测 - 以前年度股利所产生的收益预测　　(6.6)

在锐步公司的例子里,我们计算得到市场隐含的超额收益增长率为0。因而2007年超额收益增长预测值也为0.067美元,等于2006年的预测值。2007年的正常收益为4.191美元,2007年股利再投资的收益为0.033美元。2007年市场预测的内含每股收益为4.191 + 0.067 - 0.033 = 4.225 美元;2007年内含EPS增长率为4.225/3.81 - 1 = 10.89%(要注意,考虑股利再投资的内含增长率为4.25/3.81 - 1 = 11.76%)。

不断重复上述过程,即可得到图6.3所示的每股收益(EPS)增长率曲线。该图明确给出了买入与卖出区域。如果根据分析,你预测增长率在曲线上方,那么就应该"买入";如果你预测的增长率较低,那么就应该"卖出"。

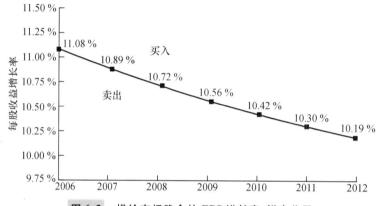

图6.3　描绘市场隐含的EPS增长率:锐步公司

图中描绘了通过逆向工程得到的市场隐含的2007—2012年预期EPS增长率。2006年增长率是通过对分析师2005年和2006年EPS的估计计算得出的。如果预测增长率在曲线上方,表明应买入;在曲线下方,表明应卖出。

超额收益估值结果的构成部分

与上一章将剩余收益估值结果分解成各个构成部分的思路相似,我们也可以将超额收益增长估值结果分解成几个部分,如图6.4所示。

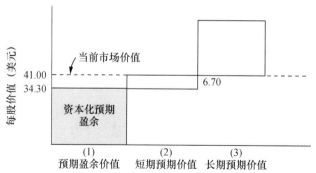

图6.4　超额收益增长估值结果构成部分:锐步公司

图中的构成部分区分了估值中分析师非常肯定的部分和投机的部分:(1)资本化一年期收益的价值,确信的部分;(2)资本化两年期超额收益增长的价值;(3)长期增长率预测带来的价值,估值中最具投机性的部分。

第一部分是一年期收益资本化。锐步例子中该部分价值为 3.43/0.1 = 34.3 美元。我们对该计算结果具有充分把握,除非短期盈余预测相当不靠谱。

第二部分是预测期(两年)所带来的 AEG 增加的价值,以年金形式资本化。锐步公司的例子里,我们将预测的 AEG 0.067 美元按照年金资本化,这一部分价值为 6.7 美元。第一部分和第二部分合计为 41 美元。

第三部分是根据对 AEG 长期增长率的投机性预测得出的。这一部分结果我们通常没有太大把握。表 6.6 的例子里,分析师的预测对这一部分结果影响较大。但市场并没有非理性的定价。市场价格为 41 美元,因此市场认为这一部分价值为 0。这一部分可能有投机性,所以好的分析师可能会问:锐步公司增长率为零正确吗?将这一部分价值视作零正确吗?

收益率筛选

美联储主席格林斯潘 20 世纪 90 年代对股市"非理性繁荣"的批判举世闻名。他用收益率进行了筛选和分析,见阅读材料 6.5(1998 年 *Barron* 杂志上的一篇文章)。

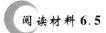
阅读材料 6.5

"格林斯潘模型"

美联储主席格林斯潘今年没有对股市做太多评价,但是他最喜欢的估值模型给出了卖出信号。去年夏天,Deutsche Morgan Grenfell 的经济学家 Edward Yardeni 发现了隐藏在美联储报告中的格林斯潘模型。在美联储出现这样的模型是非常令人关注的,因为美联储的官员一般都不会插手股市。这个模型在一个特殊的时间出现:股市接近高点,格林斯潘模型暗示市场价格水平比它应有的水平高出 20%。

事实证明这是很好的警告。到 1998 年 10 月,股市比夏天的最高点下跌了 15%。年底道琼斯指数上涨到 7 900 点左右,但仍比当年的最高点低 5%。

现在道琼斯指数已经攀升到了 8 600 点,格林斯潘模型再次发出了警示信号。精确地说,格林斯潘模型现在显示股价被高估了 18%。

美联储的模型通过比较 10 年期无风险债券的收益率和根据未来一年的营业收益得到的标准普尔 500 指数的市盈率得到它的结论。该模型将股票和债券置于同样的基础之上,用股票的收益率,即(远期)P/E 比率的倒数进行比较。因此,当 10 年期的无风险债券的收益率为 5.60% 时,远期 P/E 比率为 21,意味着标准普尔 500 的收益率为 4.75%。

从本质上说,美联储模型提出了这样的问题:为什么在人们可以买入收益率为 5.60% 的债券时,却要购买收益率只有 4.75% 的股票?

美联储模型认为标准普尔指数应该在 900 点左右,比目前的 1 070 点低很多。

资料来源:"Is Alan Addled? 'Greenspan Model' Indicates Stocks Today Are Overvalued by About 18%," *Barron's*, March 16, 1998, p. 21.

"格林斯潘模型"将预期收益率与 10 年期的国债收益率相比较,以判断股票价格是否被高估。由"预期收益/价格"所衡量的预期收益率,就是远期市盈率 P/E 的倒数,因此,(新闻报道中的)4.75%的收益率意味着远期市盈率为21.05。国债5.60%的收益率意味着17.86的远期市盈率。格林斯潘模型认为股票的远期市盈率高于国债的远期市盈率时,股票价格就很有可能被高估。这是一个好的筛选方法吗?

格林斯潘模型并不是一个很好的标准。首先,由于二者的风险以及要求的回报率不同,投资者对股票和债券的远期市盈率的预期不同。对债券来说,要求的收益率为5.60%,17.86的远期市盈率是正常的。股票的风险大于债券,若其要求的回报率是10%,那么正常的 P/E 为10,远小于无风险政府债券的 P/E 比率。其次,格林斯潘模型没有明确考虑未来的增长,债券没有超额收益增长(类似于储蓄账户),因此正常的 P/E 是合适的。但如果存在预期的未来超额收益增长,正常 P/E 比率为10的股票其合适的市盈率可以是21。在没有对未来的收益增长进行预测的情况下,无法令人信服地说明21的 P/E 比率是错误的。格林斯潘模型提出了这样的问题:当人们可以购买收益率为5.60%的债券时,谁还会购买收益率为4.75%的股票呢?其实,如果人们看到股票有增长的潜力,人们就会很乐意这样做。收益率筛选太简单了。

在运用格林斯潘模型时遇到的这两个错误——忽略了风险和预期增长的不同——的影响是相反的。股票风险高,因此它应该有一个较低的 P/E,但是如果它具有增长的潜力,它就应该有一个较高的 P/E。通过要求股票的回报率至少不应低于无风险债券的回报率,该模型认为,股票的收益增长不可能高到足以弥补其当期收益率与无风险债券收益率之间的差异。这是一个好的筛选方法吗?

通过股票的收益率与无风险债券收益率的比较可以提醒我们:当利率变化时,股票收益率和 P/E 比率也应该随之变化。参看阅读材料6.6。

P/E 比率和利率

P/E 比率使用要求回报率将未来收益资本化,由于要求回报率随着利率的变化而变化,P/E 比率在利率高时就会较低,在利率低时就会较高。相应地,收益率在利率高时会较高,而在利率低时就变得较低。从图6.5中可以看出历史上 P/E 比率和利率是反方向变化的。

当在20世纪70年代末和80年代初政府规定的利率较高时,P/E 比率就较低;当90年代利率相对较低时,P/E 比率就相对较高。但是 P/E 比率和利率之间的关系并不是很显著。因为未来收益增长的预期比利率对 P/E 比率的影响更大。

当然,我们在解释的时候必须谨慎,因为市场对收益的定价有时是无效的。P/E 比率在20世纪70年代是否太低了,而在90年代又太高了呢?市场在70年代是否低估了未来收益增长,而在90年代又高估了未来收益增长呢?

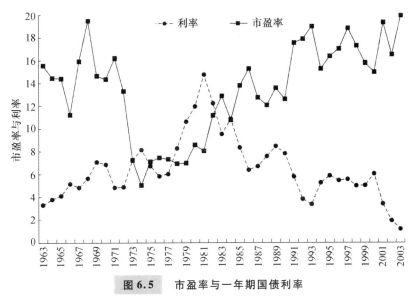

图 6.5　市盈率与一年期国债利率

资料来源：P/E 比率根据标准普尔的 COMPUSTAT 数据计算出来。利率来自联邦储备统计公布的数据（www.federalreserve.gov）。

PEG 比率筛选

近几年来，PEG 比率变得越来越重要。PEG 比率（P/E 比率与收益增长率之比）是将 P/E 比率与下一年的预期收益增长率相比较：

$$\text{PEG 比率} = \frac{P/E}{\text{下一年的收益增长率}}$$

分子中的 P/E 通常都是远期 P/E，但是有时也用既往 P/E。如果使用的是远期 P/E，PEG 比率分母上的增长率应该是在未来第二年增长率的预测值。这个比率将市场上的市盈率（P/E）、市场对第二年收益增长的预期和实际增长预期进行了比较。计算时，通常使用分析师的预测。如果该比率低于 1.0，观察者就得到这样的结论：市场低估了收益增长。如果该比率高于 1.0，观察者就会认为市场对于增长太过乐观。

PEG 比率的基准是 1.0，与本章的分析相一致。如果股票的要求回报率为 10%（从而远期 P/E 为 10），预测收益（带息）将会以 10% 的比率增长，那么市场对股票的定价是正确的。如果分析师确实预测一年后的增长率为 10%，PEG 比率是 10/10 = 1.0（注意：增长率是百分比的形式）。然而，如果分析师预测的增长率为 15%，PEG 比率为 10/15 = 0.67，分析师就可以得到这样的结论：P/E 为 10 时，市场低估了预期增长。

在用 PEG 比率观察时应该谨慎。首先，1.0 的标准仅仅适用于 10% 的要求回报率。其次，在标准计算时（错误地）对除息收益，而不是带息收益用预期增长率进行计算。最后，仅仅根据一年的预期收益增长进行筛选，而忽略了以后的收益增长信息。由于上述原因，一些 PEG 比率的计算使用 5 年期的平均增长率作为分母。2002 年 10 月，福特汽车公司的股票价格为每股 7.20 美元，分析师预测公司 2002 年 12 月结束的财政年度的每股收益为 0.43 美元，P/E 比率为 16.7。分析师们还预测 2003 年的每股收益为 0.65 美元，由于公司表示 2002 年度发放每股 40 美分的股利，假定要求回报率为 10%，2003 年的带息收益预测为 0.69 美元。因此，预测的 2003 年的带息收益率的增长率为 60.5%，福特公司的 PEG 比率是 16.7/60.5 = 0.28。PEG 比率表明福特公司的股票被低估。但 2003 年公司的高增长率可能是相对于福特公司 2002 年很差的经营状况而言的，福特公司以后很可能无法保持 60% 的增长率；2003 年的增长率不适用于长期。事实上，分析师预测的未来 5 年的平均年增长率只有 5%。用这个增长率作为分母，计算出的 PEG 比率为 3.3。

本章小结

本章的估值模型是对第 5 章的补充。模型可以得到内在 P/E 比率而非 P/B 比率。这一估值方法是根据收益（利润）而不是账面价值估值。然而，两者的估值模型形式是相似的。运用 P/B 比率定价，人们将高于正常收益（要求的回报率）得到的价值加到账面价值上；运用 P/E 比率定价，人们把高于正常收益（要求的回报率）的价值加到收益资本化的价值之上。

超额收益增长——收益增长超出正常收益增长的部分——是估值的核心概念。这一概念要求读者明白，当分析师强调收益增长时，讨论的必须是带息收益增长，因为未来收益不仅包含公司内部的收益，还包含股息再投资赚得的收益。

与剩余收益定价模型相同，本章介绍的定价方法的应用可以使投资者避免为收益支付过多，这一方法也可以使投资者不必为因会计方法创造的收益付费。同时，与剩余收益一样，异常收益增长模型有利于逆向工程的应用：分析师可以减少盈余预测并预测股价中隐含的期望回报。

关键概念

超额收益增长（abnormal earnings growth）：超过按照要求的回报率增长的收益增长，与正常收益增长相对。

除息收益（ex-dividend earnings）：不考虑股息可能赚得收益的收益，与带息收益相对。

带息收益（cum-dividend earnings）：包括前期股息赚得收益的收益，与除息收益相对。

隐含超额收益增长率（implied abnormal earnings growth rate）：隐含在股票市场价格中的对超额收益增长率的预测。

隐含预期回报率（implied expected return）：以当前市场价格投资的期望回报率。

隐含收益预测（implied earnings forecast）：隐含在股票市场价格中的对收益的预测。

正常收益增长（normal earnings growth）：按照要求回报率增长的收益。

正常远期 P/E（normal forward P/E）：预测的收益在第一年后以要求回报率增长（带息）时的市盈率，即期望的收益增长是正常收益增长。

正常既往 P/E（normal trailing P/E）：预测的收益在当期后以要求回报率增长（带息）时的市盈率。

案例连载：金伯利·克拉克公司

自主练习

将分析师的预测转换为估值

在第 5 章的金伯利·克拉克公司案例中，你已使用剩余收益法将分析师对收益的预测转换为估值。现在你可以使用超额收益增长法来进行同样的操作。第 1 章表 1.1 对金伯利·克拉克公司的介绍中给出了 2005 年 3 月分析师做出的一致预测，当时股价为每股 64.81 美元。这些预测是对 2005 年和 2006 年的点估计值，以及估计的五年增长率。KMB 在 2004 年支付了每股 1.6 美元的股利，并且当时公司暗示 2005 年会支付每股 1.8 美元的股利。

计算远期市盈率。并且使用第 2 章表 2.2 中的 2004 年财务报表信息来计算 2005 年 3 月的既往市盈率。

已知五年增长率，你能预测并计算分析师对 2005 年至 2009 年每股盈利的估计值。通过这些预测，请预计相应的超额收益增长。在计算中使用 8.9% 作为要求回报率。

现在继续使用预测数据对 KMB 的股票进行估值。你可能需要使用本章节网页中的电子表格工具来进行估值。假定 5 年预测期之后的长期增长率为 4%，你的内在远期市盈率是多少？你的内在既往市盈率是多少？你的计算结果是否和上一章中用剩余收益法计算出的结果相同？

逆向工程

利用分析师对 2005 年和 2006 年做出的预测，计算市场隐含的 2006 年后超额收益增长率。市场对 2007 年至 2010 年 EPS 和 EPS 增长率的预测是多少？请按照图 6.3 的形式对这些增长率绘图。如果你已经熟练使用电子表格，你可以使用程序来绘图。

理解不确定性

绘制一个类似于图 6.4 的构成图。在该估值中你最不确定的部分是哪个？

使用电子表格工具

如第 5 章的连载案例中所示，你可以使用电子表格工具来进行估值。请参考本章的网页补充材料中的工具。

练习

E6.1 根据预期超额收益增长定价（简单）

分析师对 2004—2008 年逸丝公司收益和股息的预测如下表所示，假设股票投资者要求的收益率为 10%，请据此为 2003 年年底 138 万股在市场上流通的股票定价。

单位：百万元

	2004E	2005E	2006E	2007E	2008E
收益	388.0	570.0	599.0	629.0	660.45
股息	115.0	160.0	349.0	367.0	385.40

a. 预测 2005—2008 年每年的收益和带息收益增长率。
b. 预测 2005—2008 年每年的超额收益增长。
c. 计算 2003 年年底股票的每股价值。你认为这是情景 1 还是情景 2 的超额收益增长定价？
d. 该公司的远期 *P/E* 比率是多少？正常 *P/E* 比率呢？

E6.2 超额收益增长和估价（简单）

下表是在 1999 年年底对伟聚公司 2000—2004 年每股收益（EPS）和每股股息（DPS）的预测：

	2000E	2001E	2002E	2003E	2004E
EPS	3.90	3.70	3.31	3.59	3.9
DPS	1.00	1.00	1.00	1.00	1.00

该公司的权益资本成本为 12%。

a. 预测 2001—2004 每年的超额收益增长。

b. 利用超额收益增长定价模型得到的 1999 年年底的股票价值是多少？

c. 2004 年的预期既往 P/E 是多少？

d. 预期 2004 年年底的每股价值是多少？

E6.3 计算带息收益增长：耐克（简单）

2003 年年初，在预期 2003 年每股股利为 56 美分的基础上，分析师们预测 2003 年 3 月底耐克公司的每股收益为 2.77 美元，2004 年为 3.13 美元。假设要求的收益率为 10%，计算 2004 年的带息收益增长与除息收益增长。

E6.4 计算带息收益：通用汽车（简单）

通用汽车报告的 1994—1998 年的利润和股利分配情况如下：

	1994 年	1995 年	1996 年	1997 年	1998 年
基本 EPS	5.22	7.28	6.06	8.70	4.26
DPS	0.80	1.10	1.60	2.00	2.00

假设股息再投资收益率为 10%，计算 1995—1998 年通用汽车公司每年的带息收益。

E6.5 股息转移和估价（中等）

"棉袄"和"小熊"两公司的业务相似，它们在 2012 年年底有相同的账面价值，为 100 元，它们的权益资本成本为 11%。两公司 2013 年的预期收益都为 16.60 元，"棉袄"公司分发了 60% 的股息，预测 2014 年的收益为 17.80 元。"小熊"公司没有分发股息。

a. 你认为"小熊"公司 2014 年的收益是多少？

b. 在 2012 年，相对于"棉袄"公司，"小熊"公司的股价是应该更高还是更低？

E6.6 使用分析师的预测计算 PEG 比率，评估股票价格：通用汽车（中等）

在 2003 年年初，分析师们预测通用汽车 2003 年的每股收益为 4.62 美元，2004 年的每股收益为 6.77 美元。通用汽车预期将在 2003 年发放每股 2 美元的股息。假设要求的收益率为 12%。

a. 计算预测的 2004 年带息收益和带息收益增长率。

b. 计算预测的 2004 年超额收益增长。

c. 通用汽车在 2003 年的股价为 39 美元。计算市场认为该股票的预期 P/E。计算评估该预期 P/E 的 PEG 比率。该 PEG 比率说明了什么？

d. 你认为市场价为每股 39 美元意味着 2004 年的超额收益增长会升、会降，还是不变？

E6.7 远期 P/E 比率和暗含的收益增长：惠普（中等）

惠普公司是计算机的供应商和打印机的生产商，它的股票在 2002 年 9 月以每股 12 美元的价格交易，比 2000 年的每股 67 美元低很多。评论家对惠普兼并没有盈利能力的康柏电脑公司的影响关注很多，康柏电脑公司是生产个人电脑和提供电脑服务的公司。然而，分析师认为在 2003 年该公司将会变得有盈利能力，并且预测在 2003 年 10 月底惠普股票的每股收益将为 1.19 美元。

a. 计算远期 P/E 比率，在 2002 年 10 月市场依据这个给公司定价。

b. 远期 P/E 比率暗含的 2003 年后带息收益增长率是多少？在计算中使用 10% 的资本成本。

c. P/E 比率预测的超额收益增长为多少?

d. 分析师预测惠普在 2003 年将发放股息,每股 32 美分。那么 P/E 预测的 2002 年 10 月的除息收益增长率为多少?

E6.8 使用预期收益增长挑战股票价格:Toro 公司(中等)

Toro 公司是坐落在明尼苏达的一家草坪器械制造商,在 2002 年 10 月以每股 55 美元交易。在过去五年的基础上,该公司保持了 20% 的每股收益的年增长率,分析师们预测该公司在 2003 年 10 月底的每股收益为 5.30 美元,接下来的五年以每年 12% 的增长率增长。在回答下面问题时使用 10% 的要求收益率。

a. 在预期收益仅为 5.30 美元的基础上 Toro 公司的每股价值是什么?

b. Toro 公司坚持以 10% 的收益来发放股息。在预期每股收益增长率为 12% 的基础上,预测 2004—2008 年五年的带息收益。

c. 预测 2004—2008 年的超额收益增长。

d. 你计算的结果表明 Toro 公司的股票是否被合理地定价?

E6.11 Maytag 公司正常远期 P/E 比率合理吗?(简单)

Magtag 公司是一家用具制造商,该公司的股票在 2003 年 1 月以每股 28.80 美元交易。分析师预测该公司 2003 年的每股收益为 2.94 美元,2004 年为 3.03 美元,同时 2003 年可能会发放 72 美分的股息。分析师认为 2004 年后 3—5 年的每股收益增长率为 3.1%。

a. 计算 Maytag 公司正常远期 P/E 比率(资产成本为 10%)。将正常 P/E 与实际交易的 P/E 相比较。

b. 对 2003 年后预测的收益是否表明交易的 P/E 是对公司股票的合理定价?

E6.12 剩余收益和超额收益增长(中等)

下表是建立在 2003 年年初分析师预测基础上的 IBM 公司的报表。

	2003E	2004E	接下来的三年
每股收益	4.32	5.03	以 11% 增长
每股股息	0.60	0.67	以 11% 增长

IBM 的普通股在 2002 年年底的账面价值为 234 亿美元,每股价格为 13.85 美元。股东要求的回报率为 12%。

a. 预测 2003—2007 年每年的剩余收益。

b. 预测 2004—2007 年每年的超额收益增长。

c. 证明超额收益增长等于每年的剩余收益增长。

E6.13 正常 P/E 比率(简单)

当资本成本为 8%、9%、10%、11%、12%、13%、14%、15% 和 16% 时,正常既往 P/E 比率和正常远期 P/E 比率分别是多少?请表示在一个表格中。

E6.14 计算隐含的 P/E 比率:Maytag 公司(中等)

下表是分析师对 Maytag 公司每股收益的预测。这个对 1995 年、1996 年和以后几年的预测是在 1995 年年初做出的。

Maytag 公司
1995 年 1 月的分析师预测(以美元为单位)

	1993A	1994A	1995E	1996E	1997E 和以后
EPS	0.48	1.40	1.55	1.65	以 5%—9% 增长
DPS	0.50	0.50	0.56	0.56	
BPS	5.50	6.82			

a. 在这个预测的基础上，Maytag 公司的股票应该以什么 P/E 比率交易？在计算中使用 10% 的股东要求的收益率。
b. 你会使用正常 P/E 还是非正常 P/E？
c. 预测的带息收益增长为多少？

微型案例

M6.1 伯德斯集团：预测收益的逆向工程应用

伯德斯集团（Borders Group）公司是美国的一家书店，它在英国、澳大利亚设有分公司，在新加坡和新西兰设有商店。伯德斯在美国的大型超级市场的主要竞争对手是巴诺书店，在一些稍小的商场中也有竞争对手，主要是 Waldenbooks 名下的书店。2001 年伯德斯公司在英国的 380 家超级市场和 821 家商场设有销售点，同时开有 35 家独立的书店。

在 1995 年公司开始实施它进入超级市场的战略时，伯德斯与举世闻名的网络书商亚马逊（Amazon.com）的竞争加剧。公司花了很久的时间适应，但是最终还是在 1998 年 3 月，在伯德斯在线的旗下成立了它的网络站点。市场很乐意接受这个战略上的改变，公司的股票价格从六个月前的每股 30 美元上涨到每股 40 美元。然而，网络上的运作并不成功，2001 年 4 月，股票价格跌到每股 17 美元。在 2001 年 1 月结束的会计年度，公司报告的每股收益为 56 美分（一年前为 1.21 美元），不计偶然损失前的每股收益为 92 美分，公司没有发放股息。

2001 年 4 月，分析师看到伯德斯公司正在采取措施解决问题，包括仔细评价它的战略选择。分析师对 2002 年 1 月结束的会计年度的每股收益的预测为 1.28 美元，2003 会计年度为 1.44 美元。

运用你这里得到的信息进行分析，讨论依据 10% 的权益资本成本，公司 2001 年 4 月的每股 17 美元的市价是否合理。

M6.2 国电电力（600795）

国电电力发展股份有限公司（股票代码 600795）是中国国电集团公司控股的全国性上市发电公司，是中国国电集团公司在资本市场的直接融资窗口和实施整体改制的平台。公司于 1992 年经辽宁省经济体制改革委员会批准正式成立，1997 年 3 月 18 日在上海证券交易所挂牌上市，2002 年年底进入中国国电集团公司。截至 2012 年 6 月，公司股本总额 153.95 亿股，其中中国国电集团公司持股 51.78%，社会公众股东持股 48.22%；公司总资产 1 946.24 亿元，净资产 268.57 亿元。

国电电力目前拥有直属及控股企业 64 家，参股企业 20 家，筹建处 7 家。公司资产结构优良，所属企业分布东北、华北、华东、华南、西南、西北等地 24 个省、市、自治区。近年来，国电电力大力推进新能源发展和创新型企业建设，积极转变发展方式，不断加快结构调整和企业转型步伐，形成了突出发电业务、煤炭、煤化工、多晶硅、铁路、金融等相关产业多元发展的模式。截至 2012 年 6 月，公司控股装机容量 3 213.54 万千瓦，其中新能源和清洁可再生能源装机占总装机容量的 28.7%；占有煤炭权益资源储量约 60 亿吨，设计煤矿权益产能 2 200 万吨/年。

但是，由于大盘表现不佳，国电电力股价从 2012 年年初的每股 2.72 元一路下行，2012 年 11 月 30 日，股价为 2.32 元。分析师预测公司 2012 年 EPS 为 0.232 元，2013 年为 0.268 元，2014 年为 0.297 元。假定公司 2012 年及以后维持 20% 的股利支付率不变，永续增长率为 3%。

利用 Excel 的敏感性分析功能，判断在不同的增长率和要求回报率的情况下，2.32 元的股价是否合理。

第二部分 财务报表分析

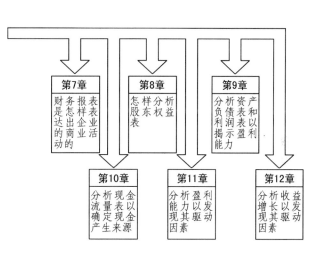

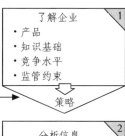

本书第一部分是关于估值的概念,以及建立起估值的理性思路。第二、第三部分则是将此理性思路应用于实务分析。

本书在第3章中列出了关于价值分析的五个步骤,在此处再次列示出来。第3步——预测——是整个过程的核心,本书第三部分将着重讲述预测。但要进行预测,预测者必须首先分析步骤2中的信息。本部分就是进行第2步所要求的财务报表分析,为第3步的预测做好铺垫。

第5、6章中列出的估值模型为预测提供了指导。为了在账面价值之上增加价值(从而确定市净率),我们需要预测未来剩余收益;为了在资本化收益价值之上增加价值(从而确定市盈率),我们需要预测超额收益增长。剩余收益和超额收益增长都是由投资增长和投资的盈利能力驱动的。

因此,本部分的精要就是ROCE分析和增长分析。在分析财务报表时,我们发掘驱动当期ROCE和增长的种种因素,并以此为起点预测未来的ROCE和增长。因此,这种预测也就变成了这样一个问题,即未来的ROCE和增长是如何不同于当期的ROCE和增长的。

估值的步骤1要求分析师在进行步骤2前先了解企业。在开始进行财务报表分析之前,分析师必须首先知道财务报表是如何反映他正在了解的这一企业的。第7章将说明创造价值的企业活动是如何反映在财务报表之中的,以及如何调整财务报表以突出那些活动。这种调整可以使报表更加便于分析。

第8章、第9章和第10章分析财务报表。第8章讨论股东权益表,着重讨论综合收益和综合的ROCE,因为只有分析综合收益,才可能正确地继续下去。第9章分析利润表和资产负债表,这里着重区别公司的经营活动和金融活动,并据以得出两种活动的盈利能力。第10章分析现金流量表,以区分经营活动现金流和融资活动现金流。

第11章、第12章是本部分的重中之重。这两章通过解剖与分析报表来发现ROCE和增长的驱动因素,从而为预测奠定基础。

财务报表分析的目的,就是要发现财务报表的哪些部分能反映决定公司价值的业务的特征。你以前可能进行过某种比率分析——计算诸如流动比率或存货周转率等比率——但在计算之后,你可能会产生疑问:这些比率究竟有什么作用?它们究竟说明了哪些有关公司价值的内容?本部分将简要说明你应该如何系统地分析财务报表以得到上述问题的答案。

第7章
企业活动与财务报表

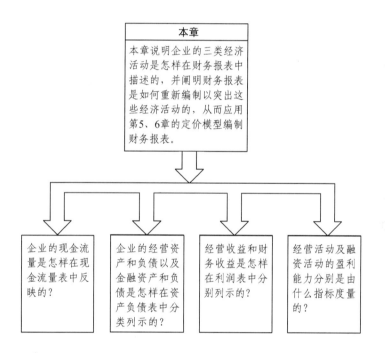

开篇阅读材料

金融危机后国际财务报告准则的重大修改及对中国的影响

2008年国际金融危机发生后,二十国集团领导人会议要求建立全球统一的高质量会计准则体系。为此,国际会计准则理事会启动了系列准则项目的重大修改,并加快推进了与美国准则趋同项目进程。目前,国际会计准则理事会已经发布公允价值计量、合并报表、金融工具分类与计量等多项准则,并计划在今明两年争取完成金融工具(减值和套期会计)、租赁、收入确认、保险合同等重要准则项目。国际财务报告准则的重大修改对中国企业财务报告和经济运行的影响是巨大的,中国应当坚定不移地坚持趋同策略,密切跟踪并深入参与国际准则的修改,实现中国准则与国际准则的持续趋同并符合中国的实际。

一、金融危机后国际财务报告准则的重大修改

……

(二)正在进行的国际准则项目

目前,国际会计准则理事会正在着力完成的项目包括金融工具(减值和套期会计)、保险合同、收入确认及租赁。

……

2. 财务报表列报(第二阶段)

为增强报表之间的内在一致性,国际会计准则理事会启动了财务报表列报综合改进项目,计划对财务报表列报格式进行大幅变动,要求财务状况变动表(资产负债表)、综合收益表(利润表)及现金流量表都按业务活动和筹资活动进行分类列报,业务活动再细分为经营活动和投资活动。同时,企业还应将持续性活动与终止经营分开列报。

……

资料来源:节选自《金融危机后国际财务报告准则的重大修改及对中国的影响》,《中国会计报》,2011年08月19日。

中国不宜直接采用国际会计准则

财政部企业司司长14日在《中国证券报》撰文指出,国际金融危机发生后,国际会计准则理事会启动系列准则项目的重大修改,要求中国直接采用国际准则,这将对中国现有企业财务体系产生重大影响。中国企业会计准则建设必须坚持国际趋同而不能直接采用,更不能照搬照抄。

……

(五)财务报表列报准则第二阶段,完全打乱了我国现有财务报告结构体系,企业偿债能力、营运能力、发展能力等系列财务指标难以计算

理事会目前正在考虑推进的财务报表列报准则改革,完全借鉴美国的做法,将利润表改为综合收益表,将资产负债表改为财务状况表,并且两表的结构参照现金流量表进行调整。所有的财务报表将按业务活动(包含经营和投资活动)和筹资活动分类列示,目的是加强报表间的内在联系,便于财务报表使用者(主要是专业财务分析师)分析企业各类业务活动的财务状况。但事实上,许多企业的筹资活动往往紧密服务于业务活动,许多资产或负债项目涉及多类活动,根本无法区分。

我国列报准则规定了统一的报表格式,有效解决了各行业的列报问题,主要项目的变动都有附表。这套列报格式已被广泛接受和熟悉,能够满足各方需求。如果按照理事会的思路修改我国列报准则,必将打乱我国财务报告体系,各种综合性财务指标将难以计算。而且,采用新的列报格式将大幅增加各类企业培训、软件更新等转换成本。

资料来源:节选自《中国不宜直接采用国际会计准则》,《中国证券报》,2011年10月14日。

分析师核对表

读完本章后你应该理解：
- 公司是如何建立起来以创造价值的？
- 为什么重新编制报表对分析是必要的？
- 经营、投资和融资活动是怎样在重编后的财务报表中反映的？
- 公司的四类现金流。
- 四类现金流间如何关联？
- 重编后的报表是如何将各种存量和流量勾稽起来的？
- 经营活动包括哪些？
- 融资活动包括哪些？
- 股利的决定因素是什么？
- 自由现金流的决定因素是什么？
- 自由现金流是怎样处置的？
- 为什么自由现金流是经营活动给融资活动的股利？
- 财务报表是如何度量股东价值增加的？
- 为什么自由现金流不影响价值增加的会计计量？

读完本章后你应该能做到：
- 应用"财务总监"的规则。
- 列出重新编制的现金流量表、资产负债表及利润表的新格式。
- 解释净经营资产如何随时间而变化。
- 解释净金融负债如何随时间而变化。
- 解释自由现金流是怎样产生的。
- 解释自由现金流是如何处置的。
- 将新的会计关系增添到你的分析师工具中去。
- 根据重新编制的报表计算净经营资产回报率和净借款成本。

每次购买股票事实上就是购买企业，而任何人要购买一个企业就应了解该企业。在第1章中就可看到的这句格言，要求分析师们调查公司的优势是什么，这可以通过参观工厂和采访管理层来实现。但是，我们也可通过财务报表观察该企业。财务报表是观察公司的放大镜，因此我们不仅需要对公司如何运营感兴趣，而且还要知道那些活动是如何体现在财务报表中的。然后，我们就能够明白"数字背后的故事"了。

本章建立在第1章对公司的介绍和第2章财务报表简介的基础上。第2章讲述了财务报表如何描述存量和流量以及这些勾稽的存量和流量说明了什么问题，本章将说明第1章中介绍的三种公司活动——融资、投资和经营活动——是如何通过报表中的存量和流量得到描述的，并进一步说明这种描述如何成为分析企业价值创造的基础。

第2章介绍的财务报表是根据一般公认会计准则和证券交易委员会（SEC）发布的披露规则所要求的格式编制的。该格式不便于我们得到估值所需的信息，为了突出估值重点，我们在本章中将重新编制报表使其存量和流量能够与企业创造价值的活动一一对应。这种报表重编使报表更利于分析随后章节中揭示的剩余收益和超额收益增长的决定因素。

本章强调设计。本章提供了一个重编财务报表和实现报表关联的模板,你可以将模板视作工程练习,没有实例,也没有数字,但在随后的章节中将模板应用到真实公司时,它的分析意义就会表现出来。

当你阅读本章时,考虑一下你可以怎样编制电子表格程序,以便以一种便于分析的方式输入财务报表。在第 2 章中,财务报表的格式是通过一系列会计关系给出的。在这里,重编财务报表的格式也可以通过一系列会计关系给出,这些会计关系告诉你如何编制电子表格程序,结合后续章节可以用来分析财务报表和进行公司估值。在本章的最后,我们会介绍本书网站上这方面的电子表格程序。

7.1 企业活动:现金流

在第 1 章的图 1.1 中,我们描述了公司与其股东及债权人间的交易。然而,公司是处于暗箱之中的,我们仅知道公司从事融资、投资和经营三种活动。我们在这里和随后章节的目标就是要打开这个暗箱。图 7.1 着手构建打开暗箱的分析框架,并将在图 7.2 和图 7.3 中完成这一框架。图 7.1 类似于第 1 章的图 1.1,展现了公司与债权人和股东之间现金流入和流出的关系。来自债权人的现金流入和流向债权人的现金流出,形成了一个净流量,即净债务融资流,在图中用 F 表示。这包括支付给债券持有人、银行和其他贷款人的净现金流,即付给债权人的本息减去向这些贷款人新增借款的差额。同样,支付给股东的净股利(图中的 d)是股利和股票回购减去股东对公司追加投资的差额。这两类利益相关者与公司间的交易就是公司的融资活动——债务融资和权益融资。这种融资活动发生在公司与这两类利益相关者进行交易的资本市场上。

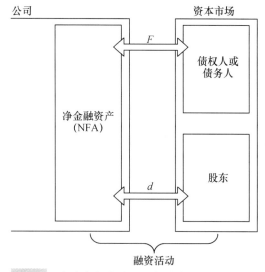

图 7.1 资本市场上公司和权益人之间的现金流

注:F = 债权人或债务人净现金流;d = 股东净现金流;NFA = 净金融资产 = 金融资产 − 金融负债。

来自债权人和股东的现金通过买入债券而(临时)投资于金融资产。付给债权人和股东的现金通过清算变现金融资产(即出售债券)实现。净金融资产是从债权人那里购买的债务,减去发行给债券持有人的债务。净金融资产也可能是负的(即卖给债务人的债券大于所购债券)。

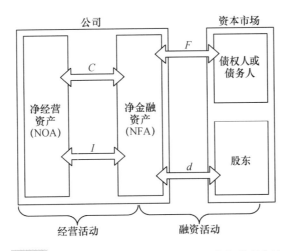

图7.2 流向索取权人的现金流和公司内部的现金流

注：F = 债权人或债务人净现金流；d = 股东净现金流；C = 经营现金流；I = 现金投资；NFA = 净金融资产；NOA = 净经营资产 = 经营资产 − 经营负债。

经营中产生的现金投于净金融资产（即用于购买金融资产或减少金融负债），投入经营的现金则通过减少净金额资产（即通过变现金融资产或发行金融负债）得到。源自经营的现金和投资的现金都可为负（例如，可通过将经营资产变现并将变现所得投资于金融资产）。

债务融资流涉及公司与债务人和债权人之间的现金流。公司总是首先从股东那里获得现金。由于现金是非生产性资产，因此在投入生产经营之前，公司就将这笔现金投资于债券、生息票据或者定期存款，称为"金融资产"，有时候也称为"交易性证券"。这些金融资产在资本市场购自债券发行人——政府（国库券、国债）、银行（生息存款），或其他企业（公司债券或商业票据）。公司要支付现金以换取这些金融资产。就像发行债券一样，购买债券也是一种融资活动。它是借出而非借入，但二者都是买卖债券或其他金融索取权。当公司有多余现金时就可能成为债券购买者；当公司需要现金时就可能成为债券发行者。第一种情况下，公司持有金融资产，本息支付流入公司；在第二种情况下，公司有金融负债（financial obligation）或金融债务（financial liabilities），本息现金流出公司。第一种情况下，净债务融资流 F 是用于购买债券或票据的现金减去出售债券所收到的本息现金；第二种情况下，净债务融资流 F 是利息支付加上债券赎回所付现金减去发行债券（出售本公司债券）所获现金。

公司通常同时既发行债券也持有债券，这样它们就既有金融资产又有金融负债。净债券持有量即净金融资产，等于金融资产减去金融负债，如图7.1所示。如果金融负债大于金融资产，即为净金融负债，相应地，净债务融资流是与借贷相关的现金净流出。

图7.2显示了一幅完整的现金流图。公司通常主要不是购买债券，而是临时持有债券，使用闲置现金进行投资。它们投资于经营资产——土地、工厂及存货等，制造出可供销售的产品，这就是公司的投资活动，其相关现金流称为现金投资或投资活动现金流，在图中以 I 表示。为了投资于经营资产，公司出售金融资产并买入经营资产。在图中箭头是双向的，因为公司也可将经营资产变现（如终止经营）并使用变现所得购买金融资产。经营资产一开始运转就产生净现金流（销售产品的现金流入减去支付工资、租金等的现金流出），这种现金流称为经营活动现金流。这种现金流通过购入债券或偿还公司债务又投资于金融资产，循环一直持续下去。来自经营活动的现金从未在一边歇着，而是投入金融资产生息，直到经营需要时

为止。当需要时,变现金融资产来为经营活动提供现金投资。注意,"投资活动"这一术语专指投资经营资产而非金融资产;事实上,投资于经营资产涉及净金融资产的变现。

经营活动现金流和投资活动现金流曾在第4章介绍过。我们现在谈谈会计上一个很重要的恒等式,即现金恒等式(或现金来源与使用等式),图7.2中的四类现金流永远符合这种关系:

$$\text{自由现金流} = \text{向股东支付的净股利} + \text{对债券持有人或发行人的净支付} \quad (7.1)$$
$$C - I = d + F$$

即源自经营活动的现金流减去对经营活动的现金投资恒等于支付给债权人(或发行人)和股东的净现金流。等式左边的$(C-I)$是自由现金流。如果经营产生的现金多于投资使用的现金,则自由现金流为正;如果经营产生的现金小于投资所需现金,则自由现金流为负。正的自由现金流用于购买债券(F)或发放股利(d),负的自由现金流要求公司发行债券或发行股票,以缓解现金短缺。现金恒等式之所以称为恒等式是因为它永远成立,产生的现金必须进行处置,现金来源必然与现金使用相等。

现在你明白公司为什么可能有金融负债而不是金融资产了(经常会如此)。金融负债只不过是负的金融资产。如果自由现金流是负的,公司就可以卖掉金融资产以得到现金。如果这些资产已经全部出售并且公司选择不减少净股利支付,则公司不得不发行债券来融资,因此公司变成债务人而非债权人,成为净债务持有者而非净金融资产持有者。不管是哪种情况,都只需要在债券市场交易。如果自由现金流为正,公司就使用现金购买自己的债券(回购它们)或其他公司的债券,保持净股利支付不变。如果自由现金流量为负,公司就出售自己的债券或所持有的其他公司的债券。这就是债券融资活动,尽管有时与银行合作进行(如公司可能从银行贷款或在银行存入生息存款),你也可以将之视为债券交易。这样做,公司就可以保证净股利的支付。财务总监的规则可概括如下:

如果$C - I - i > d$,则发放贷款或赎回债务;
如果$C - I - i < d$,则借入贷款或减少放贷。

这里,i为净利息现金流出(利息支付 - 利息收入)。正如在第4章中所讲的一样,净利息是税后的,因为净现金支付是税后的(利息有税盾作用)。参见阅读材料7.1。

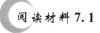

阅读材料7.1

财务总监规则的应用:以微软与通用电气为例

微软:自由现金流为正

2004年第二季度,微软的自由现金流为40.64亿美元,短期交易性金融资产的税后利息收入为3.38亿美元。公司支付股利22.7亿美元,余下21.32亿美元投资于短期生息证券。

2005年第二季度,微软的自由现金流为32亿美元,短期交易性金融资产的税后利息收入为2.42亿美元。公司支付了高达336.72亿美元的股利,导致了现金的短缺,所以其中302.3亿美元由交易性金融资产的出售来提供。

财务总监债务交易的详情如下表:

单位：百万美元

	2004 年第二季度		2005 年第二季度	
经营活动现金流		4 236		3 377
投资于经营活动的现金流		172		177
自由现金流		4 064		3 200
税后利息收入		338		242
可供股东分配的现金		4 402		3 442
净股利：				
现金股利	1 729		33 498	
股票回购	730		969	
新股发行	(189)	2 270	(795)	33 672
金融资产处置（出售）		2 132		(30 230)

通用电气：自由现金流为负

2002 年通用电气的经营活动现金流入为 348 亿美元，投资活动现金流出为 612 亿美元，其中不动产、厂房、设备等资本性支出 77 亿美元，并购支出 216 亿美元，应收账款保理投资 181 亿美元。所以，公司自由现金流为 −264 亿美元。公司当年支付股利 81 亿美元，所以公司必须借入 406 亿美元来弥补自由现金流缺口，并偿还债务利息 61 亿美元。

财务总监债务交易的详情如下表：

单位：百万美元

经营活动现金流		34 848
投资于经营活动的现金流		61 224
自由现金流		(26 379)
税后利息支出		6 082
可供股东分配的现金		(32 461)
净股利：		
现金股利	7 157	
股票回购	985	8 142
债务净增加		40 603

公司还有 578 亿美元债务到期，因此需再发行 984 亿美元新债（债务净增加 406 亿美元）。

重新编制的现金流量表

会计师通过现金流量表对现金流动进行追踪。综合反映图 7.2 中四类现金流量的现金流量表如下（括号内项目表示负数）：

表 7.1　重新编制的现金流量表

重新编制的现金流量表		
经营活动现金流		C
现金投资		(I)
自由现金流		$C - I$
权益融资现金流		
股利支付和股票回购	××	
股票发行	（××）	d
债务融资现金流		
金融资产净购买	××	
金融资产税后利息	（××）	
净债务发行	（××）	
债务税后利息	××	F
总融资活动现金流		$d + F$

该表与前面介绍的 GAAP 现金流量表略有不同。它符合考虑融资需要的财务总监或首席财务官的思维过程，而且我们希望财务报表能反映管理活动。当我们在第 10 章中分析现金流量表时，我们的任务之一将是重新编制财务报表以清楚地区分四种现金流。参见阅读材料 7.2。

阅读材料 7.2

重新编制后的现金流量表：以微软与通用电气为例

下表是根据阅读材料 7.1 重新编制后的现金流量表。其中区分了经营活动现金流和融资活动现金流。由于自由现金流要么支付给股东，要么支付给债权人，该表满足现金流恒等式：$C - I = d + F$。

单位：百万美元

	微软			通用电气
	2004 年 一季度		2005 年 一季度	2002
经营活动现金流（C）	4 236		3 377	34 848
现金投资（I）	(172)		(177)	(61 227)
自由现金流（$C - I$）	4 064		3 200	26 379
权益融资现金流（d）：				
股利支付与股票回购	2 459		34 467	8 142
新股发行	(189)　2 270		(795)　33 672	—　　8 142
债务融资现金流（F）：				
金融资产净购买	2 132		(30 230)	—
金融资产税后利息	(338)		(242)	—
净负债增加				(40 603)
税后利息支付	—		—	6 082
总融资现金流（$d + F$）	4 064		3 200	(26 379)

阅读材料 7.3

上市公司的旁门左道——左手圈钱右手理财

陕鼓动力的董事们又将替公司股东花出一笔银子：近日该公司决议将斥资2.1亿元购买浙商银行的理财产品——又一家上市公司的股东"被理财"。

据不完全统计，截至9月末，今年沪深两市已有48家上市公司购买了理财产品，尚未购买但在公告中表露过有"理财意向"的公司则多达100家，而2011全年仅有87家公司发布过理财公告。若再往前推移，2008、2009年中有理财行为的上市公司不足10家，几年间上市公司的理财热情迅速升温。

即便各家公司均宣称购买理财产品的资金出自企业自有资金，绝不动用募集资金，投资者们还是免不了心生不满：何以确定这笔理财资金的来源？热衷于购买理财产品可有"不务正业"之嫌？理财产品谁都能买，何劳上市公司大驾？

谁有"闲钱"

购买理财产品的上市公司可谓五花八门，涉及零售、房地产开发、计算机应用、中药等26个行业，且数量分布极为分散：多如零售行业，共5家公司；少如中药行业，仅一家入围。整体而言，绝大多数属于弱周期行业企业。

正如投资者有"大户"、"小户"之分，这些上市公司的理财手笔也大小各异：出手阔绰如洋河股份，今年先后认购银行理财产品16次，累计投资额达41.2亿元，甚至占到了其最近一个报告周期净资产的四成左右；或是小打小闹如姚记扑克，仅投资了1 000万元用于理财。

既然是理财行为，那么无论是散户还是上市公司，一些投资准则想必是通用的：若是家境富裕，手有余钱，那么拿出些积蓄用于理财无可厚非；但若已然家徒四壁，居无片瓦，此时再倾家荡产寄望于理财产品就有些说不过去了，更何况上市公司还要向股东负责。

洋河股份今年上半年实现净利润31.7亿元，净利润同比增长75%，货币资金尚存56亿元，且单笔投资大多维持在5亿元以内的水平，再加上白酒行业处于上升期，其理财行为并不会严重影响日常经营。

但一些"困难户"的理财行为恐怕就令人费解了：精伦电子今年上半年亏损0.2亿元，净利润同比降幅高达382%，货币资金更是仅有6 649万元，却9度投资理财产品，累计认购金额达1.53亿元；同样经营不善的伊立浦也不遑多让，即便上半年亏损578万元，净利润同比下降175.19%，仍毅然拿出3 000万元用于理财——共有16家上市公司顶着净利润同比下降的压力投资理财产品，占全部48家公司的33.33%。

这些不合理的理财行为引起了监管部门的重视，上海证券交易所在今年发布的《沪市上市公司2011年委托理财和委托贷款情况分析》（以下简称《分析》）一文中揭示了上市公司委托理财行为的风险，并对部分问题较为突出的上市公司进行了不具名批评，譬如"某公司刚于2011年5月发行了95亿元公司债券，将以1∶1的比例分别用于偿还商业银行贷款与补充公司的流动资金，但6月即决定以40亿元的自有资金投资期限为1—2年的理财产品"。

这家公司正是基建行业的龙头公司——海螺水泥（600585）。值得一提的是，海螺水泥所发行债券的票面利率约为5%，而其今年6月收回的40亿元理财产品的收益率约为3.85%，明显低于公司的债务融资成本。简而言之，赔了。

问责缺失

诚然，囿于经济低迷，许多行业处境艰难，并非增加投资、扩大规模的好时机。以零售行业为例,受累于经济增速下滑导致的需求低迷,大幅上涨的人工、租金成本以及电商的冲击,零售行业上半年的增速同比回落了11.8%,而中药、白色家电等诸多行业的日子也不好过。

"现在经济不景气,若是资金实在找不到出路,上市公司用自有资金适当作一些短期理财可以理解。"长城证券研究总监向威达对《英才》记者表示,"根据规定,募集资金是不能用来购买理财产品的。现在的问题是,很难将自有资金与募集资金彻底区分开。"

上海证券交易所指出,募集资金可能成为委托理财和委托贷款资金来源的一个比较可能的方式是暂时补充流动资金:上市公司可以将闲置募集资金暂时补充流动资金,将其转化为自有资金后,再用于委托理财或委托贷款。这种行为等于上市公司用投资者的银子为自己谋利,而风险却转嫁给了投资者。

"很多理财产品都是有风险的,按理说上市公司应该风险自担,可往往买单的却是普通投资者。"信达证券投资总监吕立新告诉《英才》记者,主业不景气就想买理财产品,这是旁门左道。

另一方面,我国资本市场某些制度上的缺失也加剧了上市公司理财的不规范状况,比如目前对委托理财项目的信息披露要求与其他实业投资项目的披露要求差异较大。

按目前的信息披露规定,一般要求上市公司全面论证投资项目的可行性和盈利性,充分提示风险,并履行严格的决策程序。而部分委托理财项目涉及的金额往往比一般投资项目更大、期限更长,上市公司却通常仅需发布一个简单公告,投资者所能获得用于甄别风险的信息少之又少。这样给上市公司管理层留下了很大的操作空间,同时也增加了委托理财决策的随意性。

"有些公司上市就是为了圈钱,而圈来的钱又不能有效利用,导致这个市场缺乏效率。"向威达认为,从资本市场的本质上讲,上市公司拿了股民的钱,就应该去从事主营业务。若是现在的经济环境与当初融资时相比发生了巨大变化,那么上市公司购买理财产品的行为尚且能够理解;若没有,那就说明某些环节存在问题。"我认为应该对其进行问责。"

资料来源:《英才》,2012年11月20日,作者:胡伟凡。

重新编制的资产负债表

图7.2中的现金流是净资产存量的流入流出量。现金投资也是如此:是净金融资产存量的减少和经营资产存量的增加。资产负债表记录了金融资产及金融负债的存量,所以也报告了净债务。同时资产负债表也记录了经营资产的存量。公司披露的资产负债表列示了资产和负债,通常分为流动和长期两类。这种分类对于信用分析很有用(我们在第19章会看到)。但对权益分析来说,披露的资产负债表重新编制一下更好:将格式改为经营资产和金融资产以及经营负债和金融负债。这样与图7.2对应的重新编制的资产负债表如下:

表 7.2　重新编制的资产负债表

资产负债表			
资产		负债及所有者权益	
经营资产	OA	经营负债	OL
金融资产	FA	金融负债	FO
—		普通股权益	CSE
总资产	OA + FA	总索取权	OL + FO + CSE

金融项目可以是资产或负债,这一点我们已讨论过。但经营项目也可正可负。如果经营项目为正,称为经营资产(OA),反之则称为经营负债(OL)。应收账款是经营资产,因为它是由经营中出售产品而产生的;应付账款则为经营负债,因为它是由经营中买入商品和服务而引起的,应付工资、养老金负债和其他应计费用也是如此。当在第9章分析实际的资产负债表时,我们会更为细致地进行分类并且重新编制资产负债表。现在我们需要注意的是,经营负债是经营活动的一部分,而金融负债则为经营活动筹集所需现金而从事的融资活动的一部分。

为了区分经营活动与融资活动,可考虑在资产负债表中对这些项目重新分组:

表 7.3　对重编后资产负债表项目分组

重新编制的资产负债表			
经营资产		净金融负债及股东权益	
经营资产	OA	金融负债	FO
经营负债	(OL)	金融资产	(FA)
		净金融负债	NFO
	—	普通股权益	CSE
净经营资产	NOA		NFO + CSE

注意下列关系:

$$\text{净经营资产 NOA} = OA - OL$$
$$\text{净金融资产 NFA} = FA - FO$$
$$\text{普通股权益 CSE} = NOA + NFA$$

通常 NFA 为负,这时即为净金融负债(NFO):

$$CSE = NOA - NFO$$

经营资产与经营负债之差即为净经营资产(NOA)。金融资产与金融负债之差即为净金融资产(NFA)。若 NFA 为负,就有净金融负债(NFO),如上述重编报表所示。若 NFA 为正,则位于等式左边。普通股股东权益的账面价值(CSE)此前表示为 B。表下两个等式是标准资产负债表等式(资产 − 负债 = 所有者权益)的变型,只不过以经营活动和融资活动资产的存量净值表示。所有者权益视为在净经营资产和净金融资产上的投资,并且在净金融资产上的投资可以为负。

7.2　企业活动:所有的存量和流量

图 7.2 还不完整:怎样把利润表添进来?公司从资本市场筹集资金投向金融资产,然后转化为经营资产,进而会在经营中使用经营资产。这包括从供应商那里购进投入品(劳动力、原材料等),将其与净经营资产(如厂房、设备等)一起用于生产商品或劳务,并出售给消费者。融资活动涉及资本市场交易。经营活动涉及与顾客和供应商在产品和投入品市场的交易。图 7.3 完成了整幅图示。

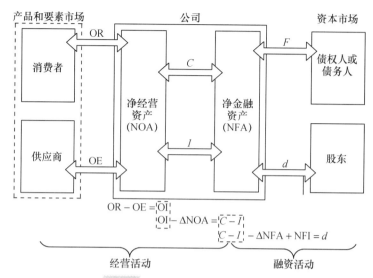

图 7.3 公司的所有存量和流量

净经营资产用于经营,产生经营收入(销售产品和服务给顾客),发生经营费用(从供应商处购买投入品),Δ表示变化。

与供应商的交易涉及资源耗费,这种价值损失称为经营费用(图中的 OE)。购买的商品和劳务之所以有价值,在于它们能够与经营资产结合,生产出产品或服务,这些产品或服务卖给顾客获取经营收入(图中 OR)。经营收入和经营费用的差称为经营收益:OI = OR − OE。如果一切顺利,则经营收益为正,公司价值增加;否则经营收益为负,公司价值减少。

图 7.3 描述三种企业活动——融资、投资和经营活动——涉及的存量和流量。通常,我们将经营和投资活动都作为经营活动(如图所示),因为投资是购买资产用于经营的行为,因此分析师就将经营活动(含投资活动)与融资活动区分开来(如图所示)。

重新编制的利润表

利润表概括了经营活动并报告了经营收益或经营损失。经营收益与源自融资活动的利润或费用相结合,构成总的股东价值增加额,即综合收益或综合利润。

表 7.4 重新编制的利润表

重编后的利润表		
经营收入		OR
经营费用		(OE)
经营收益		OI
财务费用	××	
财务收入	(××)	
净财务费用		(NFE)
		收益

经营收益与净财务费用都是税后的。第 9 章会讨论如何计算税后的金额。经营收入与经营费用不是现金流。它们是由会计决定的价值流入流出量。为得到该价值,会计师在现金

流的基础上增加应计项目,如第 4 章所述。类似地,利息收入和利息费用(及其他财务收入和费用)也并不都是现金流。得到经营收益后,会计师还要使用权责发生制会计决定利息收入和费用应该是多少。例如,贴现债券的现金利息并不代表实际借款成本,会计师需要使用实际利率法调整现金额。实际利息收入(与金融资产相关)与实际利息费用(与金融负债相关)的差称为净财务收益(NFI),如果利息费用大于利息收入,则称为净财务费用(NFE)。

7.3 制约重新编制报表的会计关系

现在我们有三张重新编制的报表,就像标准报表受第 2 章列出的会计关系制约一样,重新编制的报表一样受会计关系的制约。现金流量表和利润表是一段时期的流量——经营流量和融资流量——的报表,而资产负债表是期末存量——经营存量和融资存量——的报表。期间的流量是存量的流入和流出,如图所示,因此存量的变化可通过流量来解释。

流量和存量的变化在图 7.3 底部连接起来。这种存量和流量的关联就是会计关系。会计关系不仅制约报表格式——各部分如何联系在一起——而且也描述了驱动或决定每一部分的因素。财务分析就是研究驱动财务报表的内因,研究利润与账面价值的决定因素。因此,我们要列出这些会计关系,尽管这里以专业术语的形式表述,但它们将在随后的章节中成为实用的分析工具。

自由现金流的来源与自由现金流的处置

自由现金流等于经营活动现金流与现金投资之差。我们还可以从权责发生制会计下的利润表和资产负债表计算自由现金流。从图 7.3 的左边移至右边,我们就能看到自由现金流是怎样产生的:

$$\text{自由现金流} = \text{经营收益} - \text{净经营资产变化} \quad (7.2)$$
$$C - I = OI - \Delta NOA$$

这里希腊字母 Δ 表示变化,经营活动产生经营收益,而自由现金流是经营收益再投资于净经营资产后的剩余部分。某种意义上,自由现金流是来自经营活动的股利,即经营收益提留部分作资产之用后剩下的利润。如果净经营资产投入大于经营收益,则自由现金流为负,这时就需要向经营中注入现金(负的股利)。

图示右边解释了自由现金流的处置:

$$\text{自由现金流} = \text{净金融资产变化} - \text{净财务收益} + \text{净股利} \quad (7.3a)$$
$$C - I = \Delta NFA - NFI + d$$

即自由现金流用于支付净股利,剩下的投资于净金融资产,产生净财务收益。阅读材料 7.1 给出了微软的例子。如果公司有净金融负债,则:

$$\text{自由现金流} = \text{净财务费用} - \text{净金融负债变化} + \text{净股利} \quad (7.3b)$$
$$C - I = NFE - \Delta NFO + d$$

即自由现金流用于净财务费用支付,偿还净债务并支付净股利。

自由现金流的这两个表达式在第 10 章现金流量分析中非常重要。

股利的驱动因素

从左到右看完图 7.3 后,你会看到价值是如何在产品和投入品市场中产生的,并被会计系统记录直至最终以股利形式流至股东处。经营产生的价值(经营收益)投入净经营资产,超出的现金(自由现金流)则投入净金融资产,产生净利息收入,然后这些金融资产变现以支付股利。如果经营活动需要现金(负的自由现金流),则变现金融资产或通过借款增加金融负债。另一种方法就是向股东筹资(负股利),并临时投资于金融资产直到需要弥补负的自由现金流为止。企业如此运转。

关于股利生成的最后一点由图 7.3 右侧的会计关系给出:

$$净股利 = 自由现金流 + 净财务收益 - 净金融资产变化 \quad (7.4a)$$
$$d = C - I + \text{NFI} - \Delta\text{NFA}$$

这是自由现金流关系式(7.3a)的变形,即股利是自由现金流加上金融资产赚取的收益以及出售金融资产的所得。如果自由现金流不足以支付股利,就通过出售金融资产(或发行金融负债)获取现金以支付股利。

如果公司是净债务人,则:

$$净股利 = 自由现金流 - 净财务费用 + 净金融负债变化 \quad (7.4b)$$
$$d = C - I - \text{NFE} + \Delta\text{NFO}$$

这是自由现金流关系式(7.3b)的变形,即股利产生于付息后的自由现金流,但也可通过增加贷款产生。现在你明白为什么股利可能不是企业增值的一个好指标了(至少在短期内是这样):公司可以通过贷款来发放股利(至少在短期内可以)。

在该关系式中,股利指的是净股利。因此,如果扣除净利息后的自由现金流小于净借款(即本期借款与还款之差),则股东将向公司缴入现金。

净经营资产与净负债的驱动因素

通过重排这些会计关系,我们可以解释资产负债表中的变化。根据等式(7.2)有:

$$净经营资产(期末) = 净经营资产(期初) + 经营收益 - 自由现金流 \quad (7.5)$$
$$\text{NOA}_t = \text{NOA}_{t-1} + \text{OI}_t - (C_t - I_t)$$

或

$$净经营资产变化 = 经营收益 - 自由现金流$$
$$\Delta\text{NOA}_t = \text{OI}_t - (C_t - I_t)$$

经营收益是经营活动中的价值增加,而这一价值使净经营资产增加。因此,比如说,赊销就既增加了经营收入也通过应收账款增加了经营资产;而原材料的赊购,则通过应付账款既增加了经营费用又增加了经营负债(在会计中也就是借方和贷方)。当现金从经营活动中抽走而投资于净金融资产时,则自由现金流使净经营资产减少。或者,将净经营资产的变动表示为 $\Delta\text{NOA} = \text{OI} - C + I$,你会看到经营收益和现金投资使净经营资产增加,而将经营中的现金投资于净金融资产,则会使净经营资产减少。

相应地,净金融资产的变化由净金融资产的收益和自由现金流及股利决定:

$$净金融资产(期末) = 净金融资产(期初) + 净财务收益 + 自由现金流 - 净股利$$
$$(7.6a)$$

$$\text{NFA}_t = \text{NFA}_{t-1} + \text{NFI}_t + (C_t - I_t) - d_t$$

或

净金融资产变化 = 净财务收益 + 自由现金流 - 净股利
$$\Delta \text{NFA}_t = \text{NFI}_t + (C_t - I_t) - d_t$$

净金融资产产生的净财务收益增加资产,自由现金流使资产增加(由于经营现金投资于金融资产),而资产可变现用于支付净股利。如果公司持有净金融负债而非净金融资产,则:

净金融负债(期末) = 净金融负债(期初) + 净财务费用 - 自由现金流 + 净股利

(7.6b)

$$\text{NFO}_t = \text{NFO}_{t-1} + \text{NFE}_t - (C_t - I_t) + d_t$$

或

净金融负债变化 = 净财务费用 - 自由现金流 + 净股利
$$\Delta \text{NFO}_t = \text{NFE}_t - (C_t - I_t) + d_t$$

即债务利息使净债务增加,而自由现金流则使净债务减少,而公司则必须借款支付净股利。

这些会计关系说明了决定报表的多方面因素。净经营资产由于经营收益而增加,由于自由现金流而减少,如等式(7.5)。或者换一种表达方式,净经营资产由于经营收入而增加,由于经营费用而减少,由于现金投资而增加,由于经营活动产生的现金而减少(不是闲置不用,而是投资于金融资产)。净金融资产和净金融负债的关系(见等式(7.6a)、(7.6b))解释了借贷需求的决定因素,因此,我们可将财务总监的规则重新表述如下:新债欲购量(在资产负债表中显示)由支付利息和股利后的自由现金流决定。

7.4 为股东合并起来:什么创造价值

图7.4展现了重新编制的财务报表是怎样勾稽的。位于图中间的资产负债表记录了一段时间内净经营资产、净金融负债和普通股东权益的变动,利润表和现金流量表解释了这些变动。经营收益增加了净经营资产(也增加了股东权益),净财务费用增加了净金融负债(同时也减少了股东权益)。自由现金流减少了净经营资产,也减少了净负债。股利是通过净金融负债支付的——通过变现金融资产或发债。简而言之,财务报表记录了企业的经营活动和融资活动的现金流,展示了这些现金流是怎样推动净经营资产、净金融负债和股东权益(因为 $\Delta \text{CSE} = \Delta \text{NOA} - \Delta \text{NFO}$)等存量变动的。净经营资产和净金融负债(或净金融资产)的存量和流量关系与第2章介绍的股东权益存量流量等式在形式上很相似:

$$\text{CSE}_t = \text{CSE}_{t-1} + 收益_t - 净股利_t$$

即普通股权益由综合收益决定,并因净股利支付而减少。净经营资产和净金融负债的表达式(公式(7.5)和(7.6b))也有一项驱动因素和一项"股利"。净经营资产因经营收益而增加,因"股利"而减少,所谓"股利"就是支付给融资活动的自由现金流。净金融负债受经营活动所产生的自由现金流以及财务费用的影响,并且向股东支付股利。

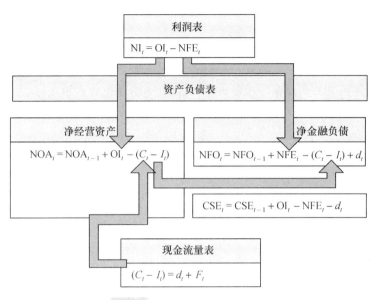

图 7.4　重新编制报表的关联

该图展示了重新编制的利润表、资产负债表和现金流量表是怎样记录企业经营活动和融资活动的,也描述了图 7.3 中的存量和流量是怎样体现在财务报表中的。经营收入的产生增加了净经营资产,而财务费用的产生增加了净金融负债。自由现金流是从经营活动到融资活动的一个"股利":它减少了净经营资产,也减少了净金融负债。支付给股东的净股利是通过净金融负债产生的。

会计系统的目的是记录股东价值的增加。事实上,存流量等式对股东来说是这样的:股东权益由价值增加的度量——综合收益——决定,同时因向股东支付净股利而减少。而普通股权益也就是资产负债表总的净存量,等于净经营资产和净金融负债之差:

$$CSE_t = NOA_t - NFO_t$$

因此,普通股权益变动由导致 NOA 和 NFO 变化的驱动因素决定。图 7.5 描述了普通股权益是如何由 NOA 和 NFO 生成的。第 1 行解释了期初净经营资产的变化,第 2 行解释了净金融负债的变化,第 3 行解释了普通股权益(在净金融负债情况下)的变化。NOA 和 NFO 流量之差(第 1 行减第 2 行)解释了普通股权益的流动。普通股权益变化可以用综合收益减去净股利来解释,但也可由用于解释净经营资产和净金融负债的流量来解释。

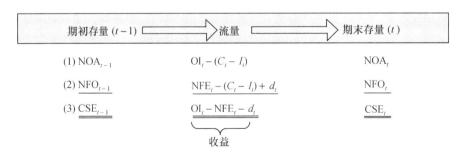

图 7.5　普通股权益变动可由净经营资产(NOA)和净金融负债(NFO)的变动加以解释

用第 1 行减去第 2 行会看到,自由现金流($C - I$)对普通股权益变动并无影响。

你会注意到在普通股权益变化的解释中,尽管自由现金流影响 NOA 和 NFO,但是当解释普通股权益变化时,自由现金流不能解释 NOA 和 NFO 两者之间的差:用第 1 行减去第 2 行得到了第 3 行,与自由现金流无关。会计说明自由现金流并不增加股东价值。由于自由现金流是净金融头寸的驱动因素,而非经营活动的驱动因素,因而自由现金流与股东价值无关。当然,经营活动和融资活动所产生的利润一并构成盈利,使股东财富增加或减少。自由现金流只是经营活动中的过剩现金投入到融资活动的股利,而不是对出售产品的价值增值的度量。自由现金流就像付给股东的股利一样,与价值创造基本无关。

了解这一点是非常有意义的。在阅读材料 7.1 和 7.2 中,微软以及通用电气都为股东增加了巨额价值。微软有大量的正自由现金流,通用电气有大量的负自由现金流。但这并没有关系,权责发生制会计会得到正确的数字。

只有当利润是综合收益时,对 NOA、NFO 和 CSE 变动的解释才有意义。因此,经营收益和净财务费用的会计计量也必须是综合的:我们必须将经营收益和净财务费用中所有相关的流量都包括进去。而且计量必须清楚:我们绝不能把金融流量和经营流量混为一谈,或者把金融资产及负债与经营资产及负债混为一谈。

7.5 存量和流量比率:企业盈利能力

对利润表中经营活动和融资活动的划分区分出两种活动带来的利润流。资产负债表中相应的存量区分了为产生利润流而投入于两种活动的净资产(或负债),流量与存量之比就成为度量盈利能力的比率,即回报率:

$$\text{净经营资产回报率 RNOA}_t = \frac{OI_t}{\frac{1}{2}(NOA_t + NOA_{t-1})}$$

$$\text{净金融资产回报率 RNFA}_t = \frac{FI_t}{\frac{1}{2}(NFA_t + NFA_{t-1})}$$

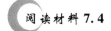

阅读材料 7.4

重编后的资产负债表及勾稽关系:以耐克公司为例

下表是耐克公司重编后的资产负债表和利润表的相关数据,以及其中数据的会计勾稽关系。

有一点很重要,根据重编后的资产负债表和利润表的勾稽关系,我们就不必再对 GAAP 下的现金流量表做调整,而是可以直接得到重编后的自由现金流报表。

<table>
<tr><td colspan="5" align="center">耐克
重编后的资产负债表
（单位：百万美元）</td></tr>
<tr><td></td><td>2004</td><td>2003</td><td></td><td>2004</td><td>2003</td></tr>
<tr><td>经营资产（OA）</td><td>6 728</td><td>6 241</td><td>金融负债（FO）</td><td>879</td><td>883</td></tr>
<tr><td>经营负债（OL）</td><td>2 177</td><td>1 911</td><td>金融资产（FA）</td><td>(1 168)</td><td>(581)</td></tr>
<tr><td></td><td></td><td></td><td>净金融负债（NFO）</td><td>(289)</td><td>302</td></tr>
<tr><td></td><td></td><td></td><td>普通股权益（CSE）</td><td>4 840</td><td>4 028</td></tr>
<tr><td>净经营资产</td><td>4 551</td><td>4 330</td><td>NFO + CSE</td><td>4 551</td><td>4 330</td></tr>
</table>

资产负债表关系式

$$NOA = OA - OL = 6\,728 - 2\,177 = 4\,551$$
$$NFO = FO - FA = 879 - 1\,168 = -289（有净金融资产头寸）$$
$$CSE = NOA - NFO = 4\,551 + 289 = 4\,840$$

<table>
<tr><td colspan="2" align="center">重编后的利润表，2004
（单位：百万美元）</td></tr>
<tr><td>经营收益（OI）</td><td>1 035</td></tr>
<tr><td>净财务费用（NFE）</td><td>16</td></tr>
<tr><td>综合收益（CI）</td><td>1 019</td></tr>
</table>

利润表关系式

$$CI = OI - NFE = 1\,035 - 16 = 1\,019$$

两表间的勾稽关系

权益流量和存量关系式：
$$CSE_{2004} = CSE_{2003} + CI_{2004} - d_{2004} = 4\,028 + 1\,019 - 207 = 4\,840$$

自由现金流产生与处置关系式：
$$C - I = OI - \Delta NOA = 1\,035 - 221 = 814$$
$$C - I = NFE - \Delta NFO + d = 16 - (-591) + 207 = 814$$

经营活动流量存量关系式：
$$NOA_{2004} = NOA_{2003} + OI_{2004} - (C - I)_{2004} = 4\,330 + 1\,035 - 814 = 4\,551$$

融资活动流量存量关系式：
$$NFO_{2004} = NFO_{2003} + NFE_{2004} - (C - I)_{2004} + d_{2004} = 302 + 16 - 814 + 207 = -289$$

根据自由现金流关系式，我们就能够脱离现金流量表而计算自由现金流了。根据现金流恒等式，债务融资现金流 $F = C - I + d$，由此，耐克公司的 $F = 814 - 207 = 607$。

根据以上关系，我们计算出现金流量表的所有项目，重编后的现金流量表如下：

<table>
<tr><td colspan="2" align="center">重编后的现金流量表，2004
（单位：百万美元）</td></tr>
<tr><td>自由现金流</td><td>814</td></tr>
<tr><td>权益融资现金流：</td><td></td></tr>
<tr><td>　向股东支付的净股利（d）</td><td>207</td></tr>
<tr><td>债务融资现金流：</td><td>607</td></tr>
<tr><td>　对债权人的净支付（F）</td><td>814</td></tr>
</table>

这里的金额均为总金额，第9章和第10章详细介绍了这些金额的具体组成部分。

RNOA有时称为投资资本回报率(ROIC),有时也称为ROCE——运用资本回报率(return on capital employed,不同于本书说的ROCE)。RNOA的分母用期初和期末金额的平均值计算。如果企业有净利息费用(即有净金融负债而非净金融资产),融资活动的回报率称为净借款成本(NBC):

$$净借款成本(NBC_t) = \frac{NFE_t}{\frac{1}{2}(NFO_t + NFO_{t-1})}$$

这些比率是我们在财务报表分析中用到的主要比率,因为它们概括了企业活动的两个方面——经营活动和融资活动——的盈利能力,这些都是必须加以分析的。

本章小结

本章框架式地剖析了企业是如何运作的,以及企业行为是如何通过重新编制的财务报表显示的。一系列的会计关系描述了重编报表的驱动因素,并将报表勾稽在一起。应该牢记这些会计关系,并且更重要的是,应该明白其含义。总体来看,这些关系表明了价值是如何以股票形式从股东手中到达公司那里,并且在实现价值增值后(乐观地看),又返回到股东手中。图7.3和图7.4对此做了很好的总结,你应该牢牢记住。

本章实际上是总的框架,这些内容在随后的章节中会得到丰富和补充。大家已经看到了重编后报表的格式,这一格式可以区分企业的经营和融资行为,但这一表格还有待具体填充。两种行为间的区别很关键,正如我们在第3章中所看到的,经营活动通常才是价值增值的源泉,因而当分析企业时,我们必须着重研究经营行为及净经营资产回报率。实际上,当我们进一步分析财务报表时,我们就将依据重新编制的报表而非GAAP报表格式来进行分析。

重编报表中的一系列会计勾稽关系同样也是分析工具,它告诉我们如何分析报表来找到驱动因素。另外,它还告诉我们如何运用报表将一个部分用其他部分来表示。这种关系在此是以严格的技术形式表示的,但它们也会随着分析的进行而变得充满生气。作为一个整体,它们提供了可用以分析重编报表和给企业估值的电子表格的逻辑结构。你后面还会参考它们,而且当你参考它们时,你会发现用六大公式——公式(7.1)至公式(7.6)——对财务报表做的概述,非常清晰地表达了"数字背后的故事"。

关键概念

金融资产(financial asset):为临时储备现金而持有的一种资产,将其变现可投资于经营或支付股利。

财务费用(financial expense):金融负债产生的相关费用。

财务收益(financial income):金融资产的收益。

金融负债(financial obligation):因投资于经营活动或支付股利而筹集现金所引起的负债。

经营资产(operating asset):用于经营活动(通过出售产品或服务获取价值)的资产。

经营费用(operating expense):(经营活动中)出售产品而发生的价值损耗的会计度量。

经营收益(operating income):源自经营活动的价值净增值的会计度量。

经营负债(operating liability):伴随经营活动(通过出售产品或服务获取价值)而发生的债务。

经营收入(operating revenue):(经营活动中)出售产品所得价值的会计度量。

案例连载：金伯利·克拉克公司

自主练习

在第 2 章案例连载的表 2.2 中，我们可以看到金伯利·克拉克 2004 年的财务报表。在之后的三章中，你将会根据本章的内容重新编制这些报表。然后，你将会在第 11 章和第 12 章对重编后的报表进行全面的分析，为本书第三部分中的公司估值做准备。

你可以通过研究公司完整的 2004 年 10-K 报告以获取帮助。从 SEC 的 EDGAR 网页上下载 10-K 报告，并且阅读财务报表的附注。你将会在之后的几章中不断地参看这些附注，所以需要对它们的位置有一些了解。在本阶段细节并不重要，但你务必熟悉大概的内容。在第 2 章的 KMB 案例中已经给出了相关下载的指导。如果由于某些原因，你在下载 10-K 报告的过程中遇到了问题，你可以在本书网站本章的部分找到 10-K 报告。

财务总监的规则

使用第 2 章表 2.2 中 2004 年的现金流量表和从 10-K 报告中获取的其他信息，按顺序列出公司的现金流，以公司财务总监的债务交易为结束事项，如阅读材料 7.1 所示。

现在请将这些信息以现金流量摘要表的形式呈现（如阅读材料 7.2 所示），并且遵守以下等式：自由现金流 = 对股东的分配 + 对净债务人的分配。你需要解决的问题是如何处理在这一年增加的 3.034 亿美元现金。

确认经营活动

对本章财务报表重新编制的基本原理就是将经营活动与融资活动相分离。一般来说，价值都产生于经营活动，如与顾客和供应商进行交易，而非通过融资活动产生价值，因为它仅仅涉及现金在公司与投资者之间的流动。重编报表可以让我们分析增加的价值。你将会在第 9 章对金伯利·克拉克公司的资产负债表和利润表进行重新编制。现在，请浏览表 2.2 中的资产负债表和利润表，并确认哪些事项是经营活动，哪些事项是融资活动。如果你足够自信，你可以继续计算净经营资产、净金融负债、经营收益和净财务费用，如阅读材料 7.4 中所示，但是你最好等到第 9 章再进行这些计算。

练习

E7.1 自由现金流、股利、债务融资及净经营资产增长（简单）

a. 陆丽公司 2011 年自由现金流为 1.43 亿元，付给股东 0.49 亿元股利，付给债权人多少？

b. 该公司 2011 年经营收益为 2.81 亿元，2011 年净经营资产增加多少？

E7.2 应用会计关系（中等）

以下为依据本章给出的方法重新编制的一春公司资产负债表和利润表（单位：万元）：

资产负债表					
	资产			负债及权益	
	2011 年	2010 年		2011 年	2010 年
经营资产	205.3	189.9	经营负债	40.6	34.2
金融资产	45.7	42.0	金融负债	120.4	120.4
			股东权益	90.0	77.3
总计	251.0	231.9	总计	251.0	231.9

利润表,2011年	
经营收入	134.5
经营费用	(112.8)
经营收益	21.7
利息收入	2.5
利息费用	9.6
综合收益	14.6

a. 2011年共支付多少净股利?
b. 2011年的自由现金流为多少?
c. 2011年的净经营资产回报率为多少?
d. 2011年的净借款成本为多少?

E7.3 应用会计关系(中等)

下面为依据本章的方法而重新编制的宇晋公司财务报表(单位:万元)。有几栏未填写,以大写字母标示。

利润表,2011年		
经营收入		A
经营费用		
销售成本	2 453	
研究及开发费用	507	
销售及行政管理费用	2 423	
其他经营费用(含税金)	2 929	B
税后经营收益		850
税后净财务费用		
利息费用	153	
利息收益	C	59
总收益		791

资产负债表,2011年					
资产			负债及权益		
	2011年	2010年		2011年	2010年
经营资产	28 631	30 024	经营负债	G	8 747
金融资产	D	4 238	金融负债	7 424	6 971
			普通股权益	18 470	H
总计	33 088	E	总计	33 088	F

现金流量表,2011年	
经营活动现金流	584
现金投资	I
自由现金流	J
净股利(股利+股票回购-股票发行)	K
向债权人的支付	L
融资活动现金流	M

a. 根据本章所给出的会计关系填写缺失栏目。
b. 2011 年新的经营性应计项目总额为多少？
c. 本期新增净债务为多少？
d. 本期净股利由何而得？

E7.4 应用会计关系（困难）

恒力公司无金融资产或金融负债，2011 年自由现金流为 8 400 万元。2010 年年底其市场价值为 2.24 亿元，1.6 倍于账面价值。2011 年年底，市值升至 2.38 亿元，两倍于账面价值。

a. 2011 年该公司股票投资收益率为多少？
b. 2011 年该公司收益为多少？

E7.5 开发电子表格程序（困难）

本章给出的一系列会计关系提供了电子表格程序的基础，它可以用于分析过去财务报表和预测未来剩余收益、自由现金流及股利。通过下列耐克案例来观察如何做出预测，然后开发一套电子表格程序并重新编制财务报表。预测未来重新编制的财务报表，然后应用会计关系计算剩余收益、自由现金流及股利的预测值。

你可以在读完第 8 章至第 12 章后进行该项工作，那时你会明白，重新编制的财务报表是如何发挥作用以凸显企业最重要的方面，它们会影响剩余收益、自由现金流及股利。本书的网站也可提供帮助，电子表格程序练习的目的是开发你自己的、可用于实战的分析、预测和估值产品。

微型案例

M7.1 会计关系、预测和估值：耐克公司

本章所列公式和会计关系在预测和估值中是很有用的。它可以将对盈利能力的预测转化为估值。这一点在你读完本书后即会明白。本案例向你介绍如何用重新编制的财务报表进行预测。

耐克是运动产品和鞋类生产商，自 20 世纪 90 年代以来日渐家喻户晓，本书后文将对该公司进行更深层次的考察。耐克最畅销的鞋制品是篮球鞋、训练鞋、跑鞋、童鞋，它还出售网球鞋、足球鞋、高尔夫球鞋、棒球鞋、橄榄球鞋、自行车鞋及其他球鞋，当然还有一些辅助用品，如运动背包等。公司通过在美国和世界其他地区大约 18 000 个零售点以及独立经销商和授权经销商出售自己的产品。1996 年耐克公司约 56% 的销售收入来自美国，美国连锁店 Footlocker 占其 1996 年销售收入的 12%。

该公司一直努力从事积极的研发活动来改进产品，公司在美国、亚洲、南美洲有多个生产工厂。在 1996 年约有 17 200 名员工，但生产大部分是通过独立外包供货商进行的。

鞋类市场竞争激烈，其中锐步和阿迪达斯是其主要竞争者。耐克通过与高级别赛事合作、赞助球队和密集的电视及印刷广告维持了较高的品牌认同感。

耐克公司 1995 财年重新编制的资产负债表简表如下（单位：百万美元）：

重新编制的资产负债表，1995 年 5 月 31 日			
经营资产	2 947	经营负债	739
金融资产	196	金融负债	440
		股东权益	1 964
总计	3 143	总计	3 143

1995 年，某分析师对耐克公司 1996—1999 年度净经营资产回报率（RNOA）进行了预测，如下表所示。RNOA 为经营收益与期初净经营资产之比。耐克的借款成本为 6%，预期的金融资产收益率也为 6%。

	1995A	1996E	1997E	1998E	1999E
净经营资产回报率		26.00%	24.80%	23.90%	21.00%
经营资产	2 947	3 191	3 722	4 360	5 128
经营负债	739	629	757	909	1 091
金融资产	196	358	574	836	1 160
金融负债	440	501	599	716	858

根据上表,预测收益、股利、自由现金流、剩余收益和超额盈余增长并对权益进行估值。资本成本为11%,耐克的1.4289亿股在1995年年末每股市价为39美元。

简述你所做预测的特点。你认为该公司下一步会如何发展?

M7.2 东方园林(002310)

北京东方园林股份有限公司成立于1992年,是集设计、施工、苗木、运营、养护全产业链发展的城市景观系统运营商。下辖景观设计、景观工程、苗木产品、养护、主题公园投资等多个业务版块。其中,设计集团拥有EDSA-东方、东方利禾、东方艾地、东方尼塔四个著名设计品牌,景观工程版块拥有北方、华中、西南、度假景观四个事业部。2009年11月27日,东方园林成功登陆A股市场(代码002310),成为中国园林第一股。

请查找并仔细阅读东方园林2011年年报,并回答以下问题(在披露信息不足时,你可以做一些假设或做近似处理):

  a. 计算公司的经营资产、经营负债。
  b. 计算公司的金融资产、金融负债。
  c. 计算公司的经营收益、净财务费用。
  d. 计算公司的净经营资产回报率、净借款成本。
  e. 在上述计算中,你缺少哪些条件?做了哪些假设或近似处理?

第8章
股东权益表分析

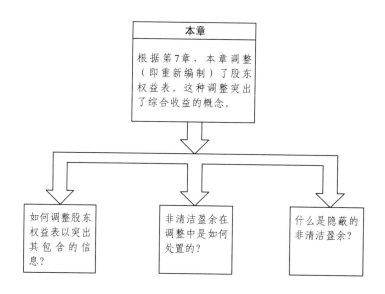

开篇阅读材料

鸡肋还是肥肉？A股之痛：股权激励频现"限制级"

新年伊始，登陆资本市场一年不到的创业板公司美亚柏科，给205名员工戴上了217.8万股激励股票的"金手铐"。然而，5折行权价和最高仅9%的净资产收益率，让市场质疑声四起："这岂非公然给高管送红包？"

公司证券事务代表助理高慧玲回应《金证券》称："要想马儿跑，哪能不吃草，公司推出这样的草案，是不想股权激励成一纸空文。"

伴随着中国股市的跌宕起伏，6年来，上市公司股权激励方案近四成流产；今年以来，5折授予价蔚然成风。南京某券商高管对《金证券》直言："身为舶来品的股权激励，已严重水土不服。"

"白送"的激励

1月20日，美亚柏科推出限制性股票激励计划（草案），拟对高级管理人员、中层管理人员及核心技术(业务)人员共计205人,授予217.8万股股票,授予价格为17.36元/股。

据悉,激励对象申请解锁的公司业绩条件为:2012—2014年加权平均净资产收益率分别不低于8%、8.5%、9%;以2011年度净利润为基数,2012—2014年公司每年净利润不低于基准年净利润的120%、140%、160%。另外,在达到12个月禁售期后的三年中,激励对象可分别解锁40%、30%、30%。

方案甫一推出,美亚柏科立即被投资者口水淹没:"这不就是白送吗?"首先,草案公布当日,公司股价为30.97元,随后股价跟随大盘反弹,更攀升至36元左右,相当于授予价的一倍有余。

另外,2012—2014年公司每年的净利润同比增速分别仅为20%、16%和14%,而2008—2010年的净利润增长率分别达到56.87%、38.77%和43.25%,其2011年业绩也预告同比增长约35%—55%。公司的激励门槛就像过家家,太不拿公众股东当回事了。

昨日,美亚柏科证券事务代表助理高慧玲对《金证券》表示:"2011年下半年,公司就开始酝酿股权激励计划,对授予价格、考核办法都经过了慎重的考虑。"

她说:"去年大盘不好,许多公司推出的激励计划都泡汤了。要想马儿跑,哪能不吃草,推出这样的草案,是不想股权激励成一纸空文。这次的授予条件,只是一个相对保守的增长值,主要是为了防止突发事件发生,并不代表公司对未来业绩的预期。"

疯玩"限制级"

打着如意算盘的,并非美亚柏科一家。

据《金证券》统计,截至2月15日,今年两市共15家公司发布了全新的股权激励草案,其中12家的方案包含限制性股票激励计划,且无一例外地采取5折授予价。九牧王和新宁物流采取的是复合式激励办法,兼具期权与限制性股票激励。记者注意到,去年同期,所有公司采取的都是期权激励计划。

为何现时限制性股票这么吃香?高管拿股成本便宜。

据悉,股票期权行权价不应低于下列价格较高者:股权激励计划草案摘要公布前一个交易日收盘价;草案摘要公布前30个交易日内平均收盘价。而限制性股票的发行,价格不低于定价基准日前20个交易日均价的50%。

鸡肋还是肥肉

二级市场光景与激励方案多寡休戚相关。2010年,由于创业板开闸、"造富运动"盛行,多达91家公司公告股权激励预案。2011年,这一数字降至65家。

值得一提的是,2008—2011年,股权激励方案流产的分别为42家、17家、9家和25家。《金证券》统计发现,股权激励泡汤的原因不外乎两个:一是市场连续下跌,股价大幅跌破行权价,形成潜水期权;二是因为经营下滑,早先制定的行权业绩指标较难实现。

玩不起正规激励的公司于是变着法子降低门槛,甚至不乏借激励之名行利益输送之实。去年的九阳股份、今年的美亚柏科等公司,就因而饱受质疑。

如何设定一套科学合理的业绩考核指标确实是个难题。设得太高,对管理层起不到激励作用,还诱发造假冲动;设得太低,投资者又不答应。另外,有的企业具有明显的行业周期,自身很难掌控,管理层更无法硬性规定业绩指标。

对此,上述券商人士指出:"无论采取何种股权激励方式,从长远看能促进公司业绩发展的,就是好方案,避免将它变成'弃之无用的鸡肋'和'人人皆食的肥肉'。"他还表示,成熟稳定的资本市场也是推行股权激励计划的必要条件。"A股二级市场股价跟企业盈利之间并无太大关联。在此情况下实行股权激励,效果将大打折扣。"

资料来源:《证券市场红周刊》,2012年02月20日。

分析师核对表

读完本章后你应该理解：
- GAAP下的股东权益表是如何列示的？
- 为什么必须重新编制该报表？
- "其他综合收益"包括哪些项目？它在哪里披露？
- 在股东权益表中，会出现哪些"非清洁盈余"项目？
- 股票期权是如何补偿员工的？
- 股票期权和其他或有权益索取权如何导致了隐蔽费用？
- 管理层如何通过股票交易为股东创造价值？

读完本章后你应该能做到：
- 重新编制股东权益表。
- 在权益表中区分价值的创造与价值的分配。
- 计算对股东的净股利支付。
- 从权益表中计算综合收益和综合的普通股权益回报率（ROCE）。
- 计算净股利支付率和留存比率。
- 计算普通股股东权益的增长率并分析其内容。
- 计算股票期权行权导致的费用。
- 计算看跌期权的利得和损失。
- 计算将其他证券转换为普通股带来的损失。

股东权益表通常不被认为是财务报表中最重要的部分，因此在分析中常常被忽视。在美国，对该报表甚至不做要求，但是即使企业不披露该报表，也会被要求在附注中披露股东权益的期初及期末余额。但是，分析师在阅读其他报表之前，应该首先检查股东权益表。股东权益表是总结性报表，它总结了影响股东权益的所有交易。通过分析该报表，分析师可以确认影响股东权益的所有方面均已包含在他的分析中。

在本书的第一部分我们已经知道，当会计收益被用于估值时，它必须是综合收益，否则在计算过程中一定有价值损失。只有当收益是综合收益的时候，上一章的会计关系才成立。在后面的章节里，我们将使用这些关系作为分析工具，但这些工具只有当收益是综合收益时才有效。糟糕的是，大多数国家的利润表中披露的净利润不是综合收益，包括根据美国GAAP和国际会计准则编制的报表。而对股东权益表的分析则修正了上述不足。

在估值理论中我们讨论过，价值是权益所有者在经营过程中产生的，而不是在权益融资活动中产生的。我们在第3章就已看到，在有效资本市场中，以市价发行股票和回购股票并不创造价值。但是发行股票有时是为了在经营活动中交换产品和服务，通常是作为员工的报酬。不幸的是，GAAP下的会计处理有时候混淆了这些交易的融资方面和经营方面，也就是说，它将融资活动中资金筹集与经营活动中发生的费用相混淆。而对股东权益表的分析正可以厘清这些会计处理。

8.1 重新编制股东权益表

股东权益表应该根据第2章中所介绍的存量—流量等式，提供所有者权益的期初及期末余额的变化:所有者权益的变化可以解释为期间的综合收益加上股票发行导致的资本积累,再减去以现金和股票回购形式发放的股利。而 GAAP 下的报表常常——并且是不必要的——比上述复杂,因此分析工作的一部分就是使之简化。理想的股东权益表格式如表 8.1 所示。

表 8.1　重新编制的普通股股东权益表格式

重新编制的普通股股东权益表
普通股权益的期初账面价值
＋与普通股股东交易的净影响
＋资本积累(股票发行)
－股票回购
－股利
＝净现金贡献(负的净股利)
＋经营和非权益融资的影响
＋净收益(来自利润表)
＋其他综合收益
－优先股股利
＝普通股股东享有的综合收益
普通股权益的期末账面价值

关于这个表格,以下三点需要注意:

(1) 我们的目的是对普通股股东的权益估值,因此上述重新编制后的股东权益表排除了优先股权益。在普通股股东看来,优先股股东权益是排在他们之前的一种负债,在重新编制的资产负债表中,这种权益被重分类为金融负债。

(2) 将与股东交易中产生的普通股权益的净增加部分——也就是负的净股利——与经营活动中产生的股东权益的增加部分相分离。

(3) 经营活动和非权益性的融资对于普通股股东的总影响单列为综合收益科目。它有三个组成部分:利润表中披露的净收益、利润表之外披露的其他综合收益,以及优先股股利。由于从普通股股东角度看优先股实际上是一种债务,因此,在计算综合收益时,优先股股利是一种"费用",就像利息费用一样。

阅读材料 8.1

优先股在中国

中国优先股制度最早的雏形出现在 20 世纪 80 年代,当时的股份形式兼具股票和债券的特征,投资者既可以获得固定的投资回报,又可以参与公司盈利的分红。20 世纪 90 年代初,国家出台了《股份有限公司规范意见》,对优先股的基本权益进行了全面的规范。优先股制度在不断的实践中获得了发展,例如 1990 年,深圳发展银行发行优先股 1 148 万股,占总发行股票量的约 24%。然而,由于《公司法》中没有明确规定优先股制度,使得优先股的发展陷入了沉寂。

此前,杭州天目药业股份有限公司在上市前因为股本总额太小,不符合上市条件,为达到要求扩大股本,于1993年6月增扩1890万股法人股,这部分法人股均为优先股。自1993年8月上市至今,天目药业总股本已由当初的5040万股扩大为1.2亿多股,但优先股数量没有发生变化,始终为1890万股。优先股与普通股相对应,是在分配公司盈利及剩余资产等方面比普通股享有优先权的股份。其优先权主要表现在两个方面:优先股有固定的股息,不随公司业绩好坏而波动,并可以先于普通股股东领取股息;当公司破产进行财产清算时,优先股股东对公司剩余财产有先于普通股股东的要求权。根据天目药业的《公司章程》,该公司优先股股东每年享有7.65%的可累计优先分红权。以2005年度数据计算,优先股股东可获得的固定分红占公司当年净利润的近四成。2006年,公司通过决议,将公司1890万优先股转换为普通股。这意味着我国证券市场上沪深两市唯一一家上市公司的优先股也不存在了。

优先股再次在立法中出现,是在2005年11月15日由国家发展和改革委员会等十部委联合发布、于2006年1月1日起实施的《创业投资企业管理暂行办法》。该办法第15条规定,经与被投资企业签订投资协议,创业投资企业可以以股权和优先股、可转换优先股等准股权方式对未上市企业进行投资。

资料来源:《优先股制度的探讨》,中国证监会网站(www.csrc.gov.cn),2012年9月21日。

耐克和锐步的简介

在本章和随后几章关于财务报表的分析都是以耐克公司和锐步公司2004年财务报表为例。这两家公司都是生产运动服装和运动鞋的公司。你会发现像这样逐步完成对这两个公司全面分析的过程是非常有帮助的。上一章中介绍的本书网站上"建立你自己的分析框架"(BYOAP)部分有关于耐克公司1996年到2004年的分析。相应地,阅读了书中和网站上关于耐克的资料,你将会完成对该公司的分析。将本书中关于耐克的分析和BYOAP中介绍的例子作为模板,运用BYOAP中分析和估值的程序,你就可以分析任何一家公司了。

在第1章我们强调对企业分析和估值过程的第一步是了解这个企业。毫无疑问,耐克公司和锐步公司对你来说都应该是非常熟悉的:它们的商标非常显眼地出现在人们穿的衣服和鞋子上,无论是最伟大的体育明星还是很小的孩子。两家公司之间的竞争也是非常激烈的。阅读材料8.2和阅读材料8.3提供了它们的背景资料,但是想对它们了解得更深入,我们必须进行分析。

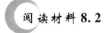
阅读材料8.2

了解公司:耐克

耐克公司(www.nike.com)成立于1968年,总部位于俄勒冈州的毕福顿。和锐步一样,该公司是运动服装和运动鞋市场的领导者。

战略

耐克致力于占领容量为380亿美元的全球职业运动鞋和休闲运动鞋的市场。为实现该目标,它进行了大量的促销活动,如经常使用体育明星代言和赞助大量的体育活动等。

经营活动

耐克的明星产品是篮球鞋、多用途训练鞋、跑步鞋和儿童鞋,同时它也销售供网球、足球、高尔夫球、垒球、橄榄球、自行车运动等运动用鞋,还销售相关配套产品和运动包。耐克的销售网络包括美国本土的零售商和遍布全球的独立分销商及专卖店。2004年,耐克的销售收入有47%是在美国本土实现的。

公司也同时致力于产品研发。在亚洲和南美洲,耐克都有自己的生产工厂,拥有24 700名员工,但是实际上其大部分的生产都是由外包供应商完成的。

在鞋类市场这个高度竞争的市场上,锐步和阿迪达斯是耐克的主要竞争对手。消费者偏好的变化、技术革新和竞争是主要的风险因素。

权益融资

公司的两类普通股在利润分配中占有相等的份额。2004年年末,公司共拥有2.631亿股公开发行的股票。耐克有持续的股票回购计划,同时支付股利。公司有一小部分可赎回的优先股由其亚洲供应商持有。

公司有针对员工的股票期权计划。在2004年,公司授予了对应521.5万股股票的期权,有对应552.6万股股票的期权行权,加权平均行权价为每股42.67美元。

数据总结

单位:美元

	2004	2003	2002
基本每股收益	3.59	1.79	2.48
稀释每股收益	3.51	1.77	2.44
每股股利	0.74	0.54	0.48
每股账面价值	18.17	16.14	13.01
每股股价(年末)	75.00	56.00	55.00

阅读材料 8.3

锐步国际有限公司

锐步公司(www.reebok.com)成立于1979年,总部位于马萨诸塞州。和耐克一样,该公司也是一家在设计、生产运动鞋和休闲鞋市场上具有领导地位的企业。

战略

锐步的战略和耐克非常相似。公司原来是主要集中于健身市场,直到1994年,它在提升竞技市场上的形象方面做了一系列的战略努力,最终树立了锐步在体育用品市场上的品牌。为了达到这个目标,它和顶尖的体育明星合作进行了很多促销活动,并赞助了很多著名的体育活动。除此之外,锐步还将其市场扩大到鞋类之外,如健身音像制品、设备、时尚服装等和体育相关的产品。和耐克一样,锐步同样致力于自己的技术革新。

经营活动

锐步公司通过锐步部门生产和销售类似于耐克的产品。这个部门还销售它的Greg Norman牌服装。公司在广告和促销上投入巨资,并且持续进行研发活动以提升其产品。在锐步部门还把锐步品牌特许给运动手套、录像带、太阳镜、运动手表、制服和婴儿服装等产品。

锐步的Rockport部门生产Rockport牌休闲鞋。Rockport还开发和销售Ralph Lauren和Polo品牌的休闲鞋。

该公司的几乎所有产品都是由独立的制造商生产的,几乎所有产品都在美国以外生产。截至2004年年底,公司拥有9 100名员工。

权益融资

锐步在2004年年底拥有5 920.8万股普通股。公司有股票期权计划,在2004年度授予了对应101.8万股股票的期权,有对应175.1万股股票的期权以加权平均23.46美元的价格行权。

数据总结

单位:美元

	2004	2003	2002
基本每股收益	3.26	2.65	2.12
稀释每股收益	3.05	2.43	1.97
每股股利	0.30	0.15	0.00
每股账面价值	20.60	17.34	14.69
每股股价(年末)	44.00	33.00	28.00

重新编制报表的程序

表8.2和表8.3给出了GAAP下耐克和锐步公司的股东权益表,以及重新编制的两家公司的股东权益表。锐步公司GAAP下的报表以千美元为单位,而它重新编制的股东权益表则以百万美元为单位。GAAP下的股东权益表右侧标明了和股东的交易(T)与综合收益(CI)。

表8.2 耐克公司GAAP股东权益表和重编后股东权益表

会计年度截止日2004年5月31日

重编后的股东权益表将与股东的交易和综合收益分离。GAAP下报表中右侧的标记T表示与股东相关的交易,CI表示综合收益。

耐克
GAAP下股东权益表
(除每股数据外,单位为百万美元)

	普通股				资本公积	递延补偿	累计其他综合损失	留存收益	总计
	A类		B类						
	数量	金额	数量	金额					
2003年5月31日余额	97.8	0.2	165.8	2.6	589.0	(0.6)	(239.7)	3 639.2	3 990.7
股票期权行权			5.5		284.9				284.9(T)
转换为B类普通股	(20.1)	(0.1)	20.2	0.1					
B类普通股回购			(6.4)		(7.6)			(406.7)	(414.3)(T)
普通股股利(0.74)								(194.9)	(194.9)(T)
向员工及其他人发行新股			0.4		23.2	(7.5)			15.7(T)
递延补偿摊销						2.6			2.6
员工股票作废					(1.7)			(0.3)	(2.0)(T)
综合收益(注13):									
净利润								945.6	945.6(CI)
税后其他综合收益(扣除所得税影响69.0):									
外币折算差额							27.5		27.5(CI)
套期保值衍生品调整							125.9		125.9(CI)
综合收益							153.4	945.6	1 099.0(CI)
2004年5月31日余额	77.6	0.1	185.5	2.7	887.8	(5.5)	(86.3)	3 982.9	4 781.7

注:根据耐克公司10-K财务报表附注,2004年年末应付股利为5 260万美元,2003年年末应付股利为3 690万美元。

重编后的股东权益表

2003 年 5 月 31 日余额		4 028.2
与股东的交易		
新股发行	308.1	
股票回购	(416.3)	
普通股股利支付额	(179.2)	(287.4)
综合收益		
报表净利润	945.6	
外币折算利得	27.5	
套期保值利得	125.9	1 099.0
2004 年 5 月 31 日余额		4 839.8

注:重编报表的期初余额计算如下(单位:百万美元):

报表期初余额	3 990.7
应付股利	36.9
递延补偿期初余额	0.6
	4 028.2
期末余额计算如下:	
报表期末余额	4 781.7
应付股利	52.6
递延补偿期末余额	5.5
	4 839.8

表 8.3 锐步公司 GAAP 股东权益表和重编后股东权益表,会计年度截止日 2004 年 12 月 31 日 GAAP 下报表中右侧的标记 T 表示与股东相关的交易,CI 表示综合收益。

锐步
GAAP 下股东权益表
(单位:千美元)

	普通股		资本公积	留存收益	库存股	递延补偿	累计其他综合收益	总计
	股数	面值						
2003 年 12 月 31 日余额	101 081	1 011	0	1 796 321	(740 189)	(1 225)	(22 208)	1 033 710
净利润				192 425				192 425(CI)
外币折算利得							37 691	37 691(CI)
衍生品投资公允价值调整							4 445	4 445(CI)
综合收益								234 561
针对特定员工发行的新股	149	1	6 315			(5 880)		436(T)
递延补偿摊销						1 301		1 301
员工持股计划所发行的新股	110	1	3 351					3 352(T)
股票期权行权新增的股票	1 751	18	41 062					41 080(T)
库存股回购	(1 264)	(13)	(47 788)		(40 321)			(88 122)(T)
股票期权行权抵减所得税费用				11 477				11 477(?)
股利	—	—		(17 839)	—		—	(17 839)(T)
2004 年 12 月 31 日余额	101 827	1 018	0	1 985 324	(780 510)	(5 804)	19 928	1 219 956

重编后股东权益表		单位:百万美元
2003 年 12 月 31 日余额		10 349
与股东的交易		
新股发行	62.3	
股票回购	(88.1)	
普通股股利	(17.8)	(43.6)
综合收益		
报表净利润	192.4	
外币折算利得	37.7	
衍生品利得	4.4	234.5
2004 年 12 月 31 日余额		1 225.8

注:1. 重编后报表的期初余额计算如下:

报表期初余额	1 033.7
递延补偿余额	1.2
	1 034.9
期末余额计算如下:	
报表期末余额	1 220.0
递延补偿余额	5.8
	1 225.8

2. 在重编后的报表中,股票期权行权引起的所得税抵减 1 150 万美元作为股票发行所得处理。

重新编制报表通常按以下三个步骤进行:

1. 重新确定期初和期末余额,剔除不属于普通股股东权益的项目。

a. 优先股:在 GAAP 下,优先股属于股东权益,但是它对普通股股东来说是一项负债,所以需要将优先股从余额中除去(而且在重编后的股东权益表中忽略所有有关优先股的交易)。但是可强制赎回的优先股除外,它在 GAAP 下不是权益的一部分,而是介于负债和权益之间的部分。耐克的优先股是可以赎回的,因此我们不需要调整。

b. 应付股利:GAAP 规定应付普通股股利是一项负债。但是股东不能对自己欠债,而且应付股利也不属于债权融资。应付普通股股利应该算普通股股东权益的一部分。所以我们将其重新分类到股东权益的余额中,而不作为负债处理。参见耐克重编报表的附注。

c. 递延补偿(未实现补偿,股份支付):如果公司以低于市场价的价格发行股票,这对已有股东来说是一种损失。公司通常以市场价 85% 的价格发行股票给它的员工,这样做公司就将一部分价值以补偿的形式从股东转移给了员工。补偿的数额是股票的市场价与员工所付价格之差。锐步在 2004 年发行了价值 2 320 万美元的股票(在股东权益表中显示为向特定员工发行的股票),但是员工仅仅支付了 1 570 万美元。由此产生的 750 万美元差额就是对员工的补偿,在表中显示为递延补偿项目。这项补偿被递延,是因为它与员工未来工作的时间有关,所以在利润表中这将被分摊在整个服务期限内。在本期中,分摊数额为 260 万美元。这样的会计处理是合理的。但是,将递延补偿和权益对立起来是不正确的,它是一项资产,就像其他递延费用一样。或者说,它更像预付工资,所以也应该像预付工资一样归类。在调整的股东权益表里,我们需要以股份支付来增加普通股的期初和期末余额,而将其从期间的其他项目中除去。参见耐克和锐步公司重编报表的附注。

2. 计算与股东的净交易(净股利)。将股利和股票回购从股票发行所获得的现金中除

去,如表所示。股利必须是现金股利(计算公式如下),而不是宣称的应付股利:

$$现金股利 = 报告的股利 + 应付股利的变化$$

对耐克公司来说,已付股利是 194.9 + 36.9 − 52.6 = 179.2(百万美元),这也是现金流量表中现金股利的数额。锐步公司没有应付股利。

3. 计算综合收益。综合收益包含了净利润和其他在股东权益表中列出的收益。除了净收益,耐克和锐步公司 GAAP 下的报表中都有外币折算利得和衍生工具升值利得,这个必须包括在综合收益里。美国 GAAP 要求报告综合收益的金额,所以你可以看到在 GAAP 报表下有综合收益一项。综合收益中,净收益之外的部分称为其他综合收益,所以综合收益等于净收益加其他综合收益(见第 2 章)。注意,其他综合收益中所有项目均为税后净额。

在重新编制的锐步的报表中,我们将税收减免从员工股票期权行权项目转到了发行股票所获得的现金项目。公司通常将由于股票期权的行权而获得的税收减免看成是从股票发行中获得的收入,所以将其作为发行股票所获得的税收利益。事实上,耐克报告的期权行权发行股票所得的 2.849 亿美元中,2.377 亿美元来自员工行权,0.472 亿美元则是税收利益。但是这样的处理是值得质疑的——如锐步的股东权益表中符号(?)标示出的那样。更深层次的问题隐藏在幕后,我们在下文讨论隐蔽的非清洁盈余时会再提到这一问题。

你会注意到,在重新编制报表的过程中,我们并没有使用股票面值和资本公积。因为这对分析股东权益表没有任何用处:了解公司的电话号码都比了解公司股票的面值有用。留存收益是累计盈余、股利、股票回购和股票股利的混合体,它不需要针对性的分析。此外,将一个类别的普通股转换为另一个类别的普通股,如果影响为 0,那么也不会改变权益的账面价值(像耐克公司一样)。股份分割和股票股利也不会影响权益的账面价值,因为它只是改变了股票的股数,而没有改变既有的股东索取权。

8.2 非清洁盈余会计

把收益项目放在权益表中报告,而不是放在利润表中报告,这就叫非清洁盈余会计。一张除利润表中的净利润外没有其他收益的权益报表,就是清洁盈余会计报表。这些术语似有贬义性质,但却很适当。在非清洁盈余会计之下,利润表中的收益就不"清洁"了,即它是不完整的。GAAP 使用的"净"收益实际上属于用词不当。

表 8.4 列示了在美国很容易见到的非清洁盈余项目。在重新编制的利润表中,收益项目设计成经营收益或财务收益(费用),以便分类。其中有些项目你可能并不常见到,最普遍的三个项目是证券的未实现利得和损失、外币折算利得和损失以及衍生品未实现利得和损失。

1. 可供出售证券的未实现利得和损失。财务会计准则委员会的第 115 号公告将证券分为以下三种证券:

- 交易性证券
- 可供出售证券
- 持有至到期证券

表 8.4　非清洁盈余会计：美国 GAAP

所有非清洁盈余项目都以税后净额报告。
经营收益项目
一些会增加收益的会计处理变化（APB 第 20 号意见）
存货改用后进先出法估价的变化
长期合同会计处理的变化
采掘业中改用或弃用全部成本法会计处理的变化
在会计准则中"红线"（即分界线）引起的变化（比如，长期股权投资从成本法转向权益法引起的变化）
与 IPO 或者企业合并相关的第一次的变化
或有事项会计处理的变化（财务会计准则委员会第 11 号公告）
额外最低养老金负债（财务会计准则委员会第 87 号公告）
并购中取得的亏损向后抵免的税收利益（财务会计准则委员会第 109 号公告）
向公司员工持股计划支付股利而获得的税收利益（财务会计准则委员会第 109 号公告）
可供出售权益证券的未实现利得和损失（财务会计准则委员会第 115 号公告）
递延所得税计价备抵的某些调整
财务收益（或费用）项目
优先股股利
可供出售债务证券的未实现利得和损失（财务会计准则委员会第 115 号公告）
经营收益或者财务收益项目
外币折算利得和损失（财务会计准则委员会第 52 号公告）
现金流套期保值衍生工具的利得和损失（财务会计准则委员会第 133 号公告）
需要重新分类的资产负债表项目
与授予员工股票期权和股票相关的递延补偿（APB 第 25 号意见书和财务会计准则委员会第 123 号公告）
应付股利

注：APB 是会计原则委员会（Accounting Principles Board）的简称，它是财务会计准则委员会（FASB）的前身。

交易性证券是在资产组合中易于交易的证券。这种证券在资产负债表中都使用市场价格来计价，而市场价格的变化引起的未实现利得和损失在利润表中报告出来。不太易于交易但在到期日之前可能卖出的证券叫可供出售证券。这种证券用"公平的"市场价格计价，但是其未实现利得和损失被看成是综合收益的一部分。管理层准备一直持有至到期日的证券在资产负债表中以成本价格记录，所以没有未实现利得和损失。所有种类的证券的已实现利得和损失应该在利润表中作为净收益的一部分披露出来。这些规则既适用于负债类证券又适用于权益类证券——后者在被投资企业股权中所占比例小于 20%。请看会计诊所Ⅲ。

会计诊所Ⅲ

证券的会计处理

本书网站上的会计诊所Ⅲ介绍了证券投资会计处理的详细内容。内容涉及公司持有的债券类证券和持股比例少于 20% 的权益类证券。多于 20% 的权益投资的会计处理在会计诊所 V 中有介绍。

2. 外币折算利得和损失。控股的外国子公司的资产和负债如果是用外币计量的,就必须以美元的形式合并入美国母公司的报表中。如果在报告期内汇率有所变化,那么用美元表示的资产和负债的价值也会相应地发生改变。这个过程中产生的利得或损失就是外币折算利得或损失,须与外币交易产生的利得和损失相区别。大多数的交易利得和损失是作为净利润的一部分报告的。外币折算利得和损失是其他综合收益的一部分。折算利得和损失既适用于子公司的经营性及金融性资产,也适用于子公司的经营性及金融性负债,因此折算的收益会影响到经营或财务收益,如表8.4所示。

3. 衍生工具的利得和损失。财务会计准则委员会(FASB)第133号公告要求所有衍生品都必须以"公平的"市场价格在资产负债表中以资产或负债列出。如果这些工具为现有的资产或负债或承诺事项套保——所谓的公允价值套保——那么对衍生工具盯市计价所产生的利得和损失都被记录为净收益的一部分。(在特定情况下,这种利得或损失在利润表中与被套保项目的利得或损失相抵消。)如果这种工具套保的是预期未来某项交易的现金流——所谓现金流套保——那么它的利得和损失计入股东权益表,然后在被套保的交易影响收益的时候从权益表转移到净收益中。①

综合收益报告

1998年以后,财务会计准则委员会(FASB)第130号公告要求在财务报表中确认综合收益。该公告把净收益和其他综合收益区分开来,并且允许上述两者之和,也就是综合收益,按下面三种方式之一进行报告:

1. 通过在股东权益表中把净收益加入权益表中披露的其他综合收益项目来反映综合收益。
2. 把其他综合收益加入利润表中披露的净收益,同时将总的综合收益结转至股东权益之中。
3. 在利润表之外另加上一个独立的其他综合利润表,同时将其他综合利润表连同利润表中的净收益结转至股东权益之中。

绝大多数公司都采取方式1。② 所以你可以看到,非清洁盈余项目加总,得到了"其他综合收益"项目,"其他综合收益"项目和净收益加总,得到了"综合收益总额"项目——都在股东权益表中反映。这样做使得确认综合收益变得容易。但是,从普通股股东的角度看,事实上这并不是真正的"综合",因为它既不包括优先股股利,也不包括某些隐蔽项目(这个会在本章最后讲到)。

中国报表中的综合收益

财政部2009年6月印发的《企业会计准则解释第3号》(财会[2009]8号)中,第七条为

---

① 见 M. A. Trombley, *Accounting for Derivatives and Hedging* (New York: McGraw-Hill/Irwin, 2003),可作为了解衍生交易会计处理的初级读本。

② 以方式3为例,参见证券交易委员会(SEC)EDGER网站上1998年Pentair公司填报10-K表格的例子。

"七、利润表应当作哪些调整?

答:(一)企业应当在利润表"每股收益"项下增列"其他综合收益"项目和"综合收益总额"项目。"其他综合收益"项目,反映企业根据企业会计准则规定未在损益中确认的各项利得和损失扣除所得税影响后的净额。"综合收益总额"项目,反映企业净利润与其他综合收益的合计金额。"其他综合收益"和"综合收益总额"项目的序号在原有基础上顺延。

(二)企业应当在附注中详细披露其他综合收益各项目及其所得税影响,以及原计入其他综合收益、当期转入损益的金额等信息。

(三)企业合并利润表也应按照上述规定进行调整。在"综合收益总额"项目下单独列示"归属于母公司所有者的综合收益总额"项目和"归属于少数股东的综合收益总额"项目。

(四)企业提供前期比较信息时,比较利润表应当按照《企业会计准则第 30 号——财务报表列报》第八条的规定处理。"

中石油 2011 年 3 季报利润表节选	单位:万元人民币
四、营业利润	12 429 000.00
加:营业外收入	698 500.00
减:营业外支出	637 500.00
其中:非流动资产处置净损失	
五、利润总额	12 490 000.00
减:所得税	2 582 900.00
加:未确认的投资损失	
六、净利润	9 907 100.00
减:少数股东损益	1 211 700.00
归属于母公司所有者的净利润	8 695 400.00
加:其他综合收益	198 000.00
七、综合收益总额	10 105 100.00
减:归属于少数股东的综合收益总额	1 244 900.00
归属于母公司普通股东综合收益总额	8 860 200.00

8.3　比率分析

重新编制的股东权益表究竟揭示了什么呢?它给出了在一定时期内权益的增加量。它还能清晰地辨认出由所有者新投资或者抽回投资资本引起的权益的增长和由经营活动产生的权益的增加。相应地,重新编制权益表将价值创造和价值分配区分开来。实际上,不管是普通股权益收益率还是权益增长率——剩余收益的两个驱动因素——都能在报表中识别出来。我们用下面一系列比率来对该报表进行分析。

股利支付率与留存比率

股利支付率和留存比率用来描述股东对投资资本的抽回。标准的股利支付率是收益中用于支付现金股利的比率:

$$\text{股利支付率} = \frac{\text{股利}}{\text{综合收益}}$$

你通常看到的计算公式是用股利除以净利润,而不是除以综合收益。股利支付率包括了以股利形式表示的支出。总支出就是股利加上股票回购。有些公司不支付股利但却常常有股票的回购。总股利支付率为:

$$\text{总股利支付率} = \frac{\text{股利} + \text{股票回购}}{\text{综合收益}}$$

总股利支付率是用总额计算的,而不是用每股金额计算的。这个比率和股利支付率之差就是收益中用于股票回购的百分比。

需注意的是,这里并未涉及股票股利和股票分割。它们只是改变了股票数量,而对每位股东的权利没有影响。有一些股票分割和股票股利涉及留存收益到资本公积的转化,但这对权益价值没有影响。

尽管股利支付率似乎意味着股利是从当期收益中支付的,但它们实际上是从账面价值中支付,也就是从资产中支付的。所以即使公司报告亏损,它仍然可以支付股利。股利支付作为账面价值的一部分,是股东抽回投资资本的比率:

$$\text{股利对账面价值比率} = \frac{\text{股利}}{\text{普通股股东权益的账面价值} + \text{股利}}$$

$$\text{总股利支出对账面价值比率} = \frac{\text{股利} + \text{股票回购}}{\text{普通股股东权益的账面价值} + \text{股利} + \text{股票回购}}$$

通常,在这些计算中分母上是普通股股东权益(CSE)的期末账面价值(不过,股利支出可能是一年中分次支付的,也可以使用平均普通股股东权益)。

留存比率强调的是留存的利润,而不是支付的利润。标准留存比率只涉及现金股利(但是可以修改为包含股票回购的):

$$\text{留存比率} = (\text{综合收益} - \text{股利}) / \text{综合收益}$$
$$= 1 - \text{股利支付率}$$

股东盈利能力

从重新编制的报表中我们可以得到普通股权益回报率(ROCE),该比率就是一段时期内所有者投资的盈利能力。而且,普通股权益回报率是从经营活动中产生的权益的增长。对于耐克公司,2004年的普通股权益回报率(使用该年的平均权益)为:

$$\text{ROCE}_t = \frac{\text{综合收益}}{\frac{1}{2}(\text{CSE}_t + \text{CSE}_{t-1})} = \frac{1\,099}{\frac{1}{2}(4\,028 + 4\,840)} = 24.8\%$$

如果我们用期初普通股权益来计算,这个数字就应该是27.3%。注意计算ROCE时,利润表和资产负债表是不需要的。但是,它们提供了分析ROCE所需的细节。

增长率

股东权益的增加就是期初余额到期末余额的变化。增长率解释了这种增加。

其中,由于与股东的交易而带来的这部分增长率,即净投资率:

$$\text{净投资率} = \frac{\text{与股东的净交易}}{\text{普通股股东权益(CSE)的期初账面价值}}$$

耐克的净投资率为负的7.1%,因为它有对外支付的净现金:股东抽回投资。来自经营活动的那部分增长率,是由 ROCE 引起的(用期初普通股权益账面价值计算),对耐克来说这部分是 27.3%。两种来源——新的股东融资和经营活动——共同得出的所有者权益增长率,就是普通股权益增长率:

$$CSE \text{ 增长率} = CSE \text{ 的变化} / \text{期初 CES}$$
$$= (\text{综合收益} + \text{与股东的净交易}) / \text{期初 CSE}$$

耐克 2004 年的增长率是 20.1%。

如果 ROCE 以 CSE 的期初值作为分母的话,那么:

$$CSE \text{ 的增长率} = ROCE + \text{净投资率}$$

对于耐克来说,普通股权益增长率是 27.3% − 7.1% = 20.1%。(四舍五入)

普通股权益回报率是盈利能力分析所强调的重点,而 CSE 增长率是增长率分析的焦点,这两者共同产生了剩余收益和收益增长。我们第一眼就可以看出增长率是由普通股权益回报率和新投资率驱动的。

8.4 隐蔽的非清洁盈余

重新编制的股东权益表中综合收益和与股东交易的区分,就分开了从资金的筹集中创造的价值和分配给股东的价值。这样做的前提是与股东的交易并不创造价值。当和股东的交易以市场价值为基础时,这样的结论是成立的;但是当公司以低于市场价值的价格发行股票时,股东利益就会受损。但是,这些损失在 GAAP 下的财务报表中并不出现。

经营中股票的发行

我们已经知道,一旦公司以低于市价的价格把股票授予员工,那么市场价格与授予价格之间的差就被看成是对员工的(递延)补偿,最终将作为利润表中的费用被摊销掉。不过更为普遍的情况是,公司并不把股票授予员工,而是把股票期权授予他们,从而股票是后来在期权行权的时候才发行的。

在股票期权奖励中,涉及四种事件:期权的授予、期权的生效、期权的行权、期权的失效。在授予日员工被授予以行权价格行权的权利;生效日是员工可以行使期权的第一天;行权日是员工真正以行权价格行使了期权的日期;失效日是指如果员工选择了不行权则期权失效的日期。当然,如果在期权行权日股票在"实值"(in the money)状态,也就是市场价格远远高于行权价格的话,员工就会行权。

如果看涨期权在授予日当天处于实值状态(行权价格远远低于授予日的市场价格),GAAP 下会把市场价格和行权价格之差计为补偿。就像股票赠与的例子一样,公司记录为递延补偿,随后在有效期内摊销进利润表。但是大多数期权是以"平价"(at the money)状态授予的,就是行权价与授予日当天的市场价相等。随着时间的流逝,股票市场价格会变成"价内"(into the money),此时不必确认补偿费用。而当期权最终行权的时候,补偿费用也不必确认。你看到在耐克和锐步的股东权益表中,记录了行权发行股票的金额,但是,同股票授予不一样,其费用——市场价与发行价之差——没有记录。

合理的会计处理是按市场价格记录股票的发行,并将市场价格和发行价格之差确认为补偿费用。如果没有这一会计处理,就会存在隐蔽的非清洁盈余项目。并不是说费用不是在利润表中而是仅在权益表中反映,而是说费用根本就没有反映。但是这里却的确有对员工的财富分配,而且这种分配是将股东的利益分配给员工。GAAP下把这笔交易只看成是融资活动,实际上,这笔交易既是融资活动——筹集现金,也是经营活动——支付报酬给员工。这种隐蔽的非清洁盈余会计产生了一种隐蔽的费用。阅读材料8.5计算了锐步2004年股票期权行权带来的损失。

一些评论者说,因为期权是在平价的状态下被授予的,因此没有费用。员工——特别是管理层,他们受益最多——认为这样太呆板了。只有当期权未能变成价内期权时才没有费用。他们还认为,期权行权不涉及公司支付现金,所以没有费用的问题。但是,用能行权的股票期权支付给员工来替代现金支付,然后记录费用,就等于是报告了员工补偿的现金等价物:实际上,相当于公司以市场价格发行股票给员工,并且支付给他们一笔相当于市价和行权价差的现金,以帮助其购买股票。从股东的观点看,公司支付给员工现金还是支付给员工股份的价值(股东必须放弃的)是没有区别的。确认这种费用是权责发生制会计核算股东价值的核心,因为权责发生制把现金流和价值流等量齐观,它认为作为工资的有价股票和现金工资没有差别。如果你对把股票补偿作为费用还有所怀疑,设想一下公司用股票支付所有的经营活动——它的原材料、它的广告、它的设备。(事实上一些体育明星就是要求用股票期权来支付代言的报酬!)如果不确认隐蔽的费用,利润表就会只有收益而没有费用了。如果股票期权对员工和管理层提供了激励,那么,它就会为股东创造收入和利润。但是,GAAP下的会计没有将这种期权成本与这些收入和利润相配比。价值增加必须与价值损失相配比。

随着20世纪90年代股票薪酬的大幅增长,隐蔽的费用已经变得非常重要,尤其对于高科技行业来说。财务会计准则委员会对这个问题进行了研究,但是在第123条公告中给出了一个并不令人满意的结论。这个公告要求在授予日确认递延补偿,其金额和期权的价值相等,使用期权定价的公式计价。然后,在服务期内将递延补偿摊销进利润表。公司可以不在报表中报告,但必须在附注中报告这种影响。而2004年发布、2006年生效的123R号公告要求,这种费用必须在报表中报告。国际会计准则也有类似的要求,见IFRS2。这种方法称为授予日会计。但是,只有在确认可能行权的时候,授予期权才会产生费用。如果期权失效了(由于股票没有变成价内),那么就没有任何费用产生。费用只有在期权行权的时候才发生。在期权行权日市场价格和行权价格之差就是股东的损失。这笔费用的确认被称为"行权日会计",参见阅读材料8.5。在2004年,使用授予日会计,锐步在附注中报告了952万美元的税后股票期权费用。阅读材料8.5计算了在2004年中有2 049万美元的期权行权费用。

度量股票期权行权的损失

股票期权损失是指行权日股票市场价格和期权行权价格之差。这是由于没有按照市场价格发行股票而使股东遭受的损失。这一损失可用两种方法计算:

方法1

如果股票期权是非限定性期权(nonqualifying options),公司会因市场价格和行权价格之差而获得税收抵扣(而员工会为此差额缴税)。公司报告从期权行权中获得的税收利益时(或者在权益表中,如锐步;或者在现金流量表中,如耐克),税收抵扣的金额——股票期权费用——可以使用公司税率计算。从锐步财务报表关于税收的附注中,我们得到其所得税率为

35.9%。因此,根据权益表中 1 147.7 万美元的税收利益,我们得到费用是 1 147.7/0.359 = 3 196.9 万美元。因为这项费用可税前抵扣,所以税后期权费用计算如下(单位:千美元):

股票期权费用	11 477/0.359	31 969
税收利益(税率35.9%)		(11 477)
税后股票期权费用		20 492

方法 2

如果没有报告税收利益,我们就必须估计行权日的市场价格。2004 年锐步股票平均股价为 38 美元。共计有 175.1 万份期权行权,计算如下(单位:千美元):

估计的股票发行市场价值	1 751 × 38	66 538
行权(发行)价格(从股东权益表中得到)		41 080
税前股票期权费用		25 458
税收利益(税率35.9%)		(9 139)
税后股票期权费用		16 319

这种计算是试探性的。如果员工行权时股价高于 38 美元(可能性很大),费用会更高。实际上,用方法 2 得出的金额比方法 1 得出的小很多。

如果期权属于激励性期权(incentive option),那么必须使用方法 2,因为此时公司没有税收利益(员工在出售股票之前也不会被征税)。

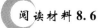

阅读材料 8.6

中国会计准则关于股权激励费用的规定

《企业会计准则第 11 号——股份支付》

……

第四条 以权益结算的股份支付换取职工提供服务或其他方提供类似服务的,应当以授予职工和其他方权益工具的公允价值计量。

第五条 授予后立即可行权的换取职工服务或其他方类似服务的以权益结算的股份支付,应当在授予日按权益工具的公允价值计入相关成本或费用,相应增加资本公积。

授予日,是指股份支付协议获得批准的日期。

第六条 完成等待期内的服务或达到规定业绩条件才可行权的换取职工服务或其他方类似服务的以权益结算的股份支付,在等待期内的每个资产负债表日,应当以对可行权权益工具数量的最佳估计为基础,按照权益工具授予日的公允价值,将当期取得的服务计入相关成本或费用和资本公积。

在资产负债表日,后续信息表明可行权权益工具的数量与以前估计不同的,应当进行调整;在可行权日,调整至实际可行权的权益工具数量。

等待期,是指可行权条件得到满足的期间。

对于可行权条件为规定服务期间的股份支付,等待期为授予日至可行权日的期间;对于可行权条件为规定业绩的股份支付,应当在授予日根据最可能的业绩结果预计等待期的长度。

可行权日,是指可行权条件得到满足、职工和其他方具有从企业取得现金或权益工具权利的日期。

第七条　企业在可行权日之后不再对已确认的相关成本或费用和所有者权益总额进行调整。

……

值得注意的是,美国国内税收总署承认,当期权行权时,确实发生了费用,因此给予公司税收扣除(当特定条件满足时)。公司把这种税收利益计入权益:你可以看一下锐步公司的股东权益表(表8.3),报告了1 147.7万美元的税收利益。因此,这种会计处理确认了费用的税收利益,增加了权益,但是没有确认相关的费用。

期权行权损失是由于期权在当期被执行。但是,它并没有描述由于未来的股票期权而可能发生的股东的预期损失,而这是我们在定价时应该想到的期权的预期成本。锐步公司的期权附注披露,2004年年末有7 705 184份发行的期权,行权价格介于每股7.38美元和48.37美元之间。大部分期权都是价内状态,很可能被执行。在对锐步股票定价的时候,投资者必须考虑到当期权行权时可能遭受的损失。如果忽略了这种损失,那么将会高估公司的价值,为股票付出过高的价格。

我们现在回到估值中股票期权的预期损失问题。我们会计算待决期权(option overhang),一种由于以低于市场价值发行股票而形成的或有负债,我们的估值会考虑该或有负债的影响。

公司使用期权和认股权证支付除工资外的营业费用,请见阅读材料8.7。

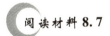

阅读材料8.7

认股权证与独家许可协议:锐步公司的例子

2001年锐步与美式橄榄球联盟(NFL)签署了一项10年期合作许可协议,锐步公司获得设计、生产并销售NFL相关体育产品及周边产品的独家授权,为此锐步公司支付了价值约为1 360万美元的认股权证。该项认股权证赋予美式橄榄球联盟以特定价格购买锐步公司160万股普通股股票的权利,到期日为2012年。

锐步公司将该项许可权记为无形资产,并按使用期10年计提摊销。下表是该公司2003年无形资产附注(单位:千美元):

可摊销的无形资产:	
独家许可权	13 600
其他无形资产	4 492
	18 092
减累计摊销	3 656
	14 436
不可摊销无形资产:	
商标与品牌资产	27 860
	42 296

从表中可以看到，锐步公司将该项许可权确认为无形资产，并与其他无形资产一起计提摊销。这样，在利润表中，许可权费用与美式橄榄球联盟品牌产品所带来的收入相配比。这是一种合理的会计处理方法。

不过，按照GAAP的要求，其认股权证应当在2001年股东权益表中确认为新股发行。这一规定其实不太科学，因为认股权证的发行跟股票期权类似，但绝不是实际的新股发行，而是未来对方行权时，股东所必须支付的一项"债务"。从股东的角度看，认股权证是一项或有负债；而且行权当期，市价高于行权价格的部分，如果超过了已经确认的1360万美元，将是股东的进一步"损失"。

一般来说，股票分析师倾向于认为GAAP的这项规定并没有反映该项交易对股东价值的影响。大部分认股权证的行权价格为每股27.06美元，而2004年年末锐步公司市价为44美元，该认股权证处于实值状态，持有人会行权。通常分析师认为，此时该项交易会侵蚀当期股东价值，因而会在估值过程中考虑这一因素。这就是所谓的认股权待决，待决金额为2004年年末行权时股东所失去的价值，即2004年年末股票市价与行权价格之差 $44 - 27.06 = 16.94$ 美元。如果2012年行权，计算2004年认股权待决金额时需要考虑相应的期权价值，具体见第13章相关论述。

会计诊所Ⅳ

股票报酬的会计处理

美国的GAAP要求股票期权采用授予日会计法。国际会计准则委员会(IASB)也要求采用授予日会计法。会计诊所Ⅳ将介绍这种方法。

会计诊所Ⅳ还会介绍什么是行权日会计法，并将指导你度量股票期权对股东的影响。公司在授予日记录报酬成本，然后在员工工作的期间内在利润表上确认为费用。因此，报酬成本与员工产生的收入相配比。在授予日之后，当期权处于价内状态时，公司会确认进一步的损失。下面是权责发生制下股票期权的会计处理步骤：

1. 在授予日将期权价值确认为预计负债，同时记录递延补偿资产科目。这两个科目在资产负债表上可以抵消。授予日的期权价值根据财务会计准则委员会(FASB)第123号公告关于授予日的会计处理确定。给予员工的授予日价值对员工来说是一项报酬，但是它取决于期权能否成为"价内"状态，所以它是一项发行股份的或有负债。向员工以低于市价的价格发行股票形成的递延报酬资产与上述情况类似。

2. 将这项递延报酬分摊在员工的服务期（通常是期权的等待期）内。

3. 当期权进入"价内"状态时，采用盯市计价法记录或有负债以报告待决期权的价值，同时记录股票期权相应的未实现损失。

4. 在行权日，以（按市场价值）发行股份清算负债。如果期权未行权，则在清算负债的同时确认股票期权意外利得(windfall gain)。

股票期权的行权增加了公开发行的股票，所以将基本每股收益和稀释每股收益（考虑了股票发行）对比可以看到问题的程度。不过，股票期权带来的损失是由现有股东承担，而不是期权行权时的股东，但是稀释每股收益并没有区别这两者。会计诊所Ⅳ概括了稀释每股收益的计算。

关于行权日会计法，请参见本章的网页资料。

融资活动中的股票发行

隐蔽损失不仅会发生在员工股票期权上,也可能发生在所有的或有权益索取权上。涉及公司股票的看涨看跌期权、认股权证、可转换债券和可转换的优先股都是或有权益索取权,一旦行权,就会要求公司以和市场价不同的价格发行(或回购)股票。参见阅读材料8.8。

阅读材料8.8

隐蔽损失和看跌期权的会计处理:戴尔公司

在财政年度截止日为2002年2月1日的股东权益表中,戴尔公司报告了以下内容(单位:百万):

	股数	金额
普通股回购	68	$3 000

这似乎是常规的股票回购。但是通过进一步的调查,我们发现了其他信息。将30亿美元分摊到回购的6 800万股股票上,每股平均的回购价格为44.12美元。但是戴尔的股票在这一年内交易价格没有超过30美元,平均价格是24美元。通过附注,我们了解到戴尔是根据发行的看跌期权被迫以每股44美元的行权价格回购股票的。在之前的年份里,和锐步一样,戴尔由于股票价格在网络泡沫经济中的上涨,所以从看跌期权中获益颇多。但是随着网络泡沫的破灭,戴尔的股票价格下跌(从2000年2月每股60美元的价格高点),股票价格的跳水导致戴尔被股票期权套住。用2002年的平均价格24美元作为回购股票的市场价格,那么这项看跌期权行权带来的损失如下表所示(该损失不能税前扣除,单位:百万美元):

回购股票的市场价格 24×68	1 632
回购股份支付总额	(3 000)
看跌期权行权损失	1 368

回购之前流通股数为26.70亿,每股的损失是0.51美元,和戴尔公司0.48美元的每股收益相比,这个数字非常巨大。戴尔实际上经营了两种业务:一种是计算机业务,2002年为公司带来每股0.48美元的收益,而另一种业务是在自己的股票上进行投机,导致的每股损失是0.51美元。

对于这项损失,投资者是需要注意的,而且要引起警惕。当价格下跌的时候,股东遭受了损失,但是如果公司发行了股票的看跌期权,股东将遭受两次损失,从价格下跌中遭受的损失被放大了。2002年,电子数据系统公司(Electronic Data System Corporation)宣布公司出现了一些会计问题,所以公司的合同收入不会像预期的那么好。这个坏消息使公司股价下降了70%。之后,公司指出股价下跌会引发看跌期权行权,导致股价进一步下跌。

看跌期权有时候也称为看跌权证(put warrants)。公司可以通过远期股票购买协议来做出类似的承诺,回购股票。公司会在附注中披露看跌期权和股票回购协议。2002年如果你买了戴尔的股票,你必须注意待决看跌期权,因为它可能导致未来的股票回购进而导致股东的损失。在 2002 财年末，戴尔有待决看跌期权，对应 5 100 万股股票将在未来以每股 45 美元回购。2002 年 9 月，当这些股票以每股 25 美元的价格交易时，这些期权每股 20 美元属于"价内"，总共价值 10.2 亿美元，这会导致每股 0.39 美元的损失。分析师估计 2003 年每股收益为 0.80 美元，但是这是 GAAP 下的收益。预计的综合收益要少 0.39 美元，只有每股 0.41 美元。请参考 FASB 第 150 号公告。

阅读材料 8.9 讲述了可转换债券和可转换优先股的会计处理，同时指出 GAAP 和 IFRS 的会计处理并没有确认这些工具的总融资成本。所以其会计处理并不是综合的，尽管其中有一个综合收益的科目。

阅读材料 8.9

可转换证券会计

可转换证券，如债券和优先股，是一种在一定条件下可以转换成普通股的证券。本书提供了两种记录可转换债券或可转换优先股转为普通股的方法：

（1）账面价值法以债券或优先股的账面价值记录股票发行。普通股权益增加，长期债务或优先股以相同的数额减少，因此没有产生利得或损失。

（2）市场价值法以发行股票的市场价值记录在转换中的股票发行。该市场价值和债券的账面价值的差作为可转换债券的损失。

在实践中，人们毫无例外地都使用账面价值法。它包含了隐蔽的非清洁净盈余损失。市场价值法则报告了该损失。它对待可转换债券就像对待不可转换债券一样。在到期前赎回不可转换债券，就应该确认损失（或者利得）。可转换债券的唯一不同点在于赎回债券时，使用的是股票而不是现金。对于股东来说，这两种情况下都存在损失。

由于拥有转换选择权，可转换债券比不可转换债券利率要低。GAAP 下只是将利息费用记录为融资成本，因此看上去好像这种融资方式很便宜。但是股东全部的融资成本应该包括由债券向普通股转换的损失——该损失没有入账。

在 20 世纪 90 年代，用可转换优先股融资非常普遍。只有优先股的股利作为融资成本记录在册，而转换的损失则不反映。假如可转换优先股没有股利，但是作为补偿，它为购买者制定了优惠的转换价格，那么，在 GAAP 下，表面看来这次融资就没有成本了。

非有效市场上的股票交易

股票以市场价值发行和回购不创造价值，所以，我们可以认为在有效的股票市场上收回的价值等于放弃的价值，交易的双方都得到了他们应得的回报。以股票的回购为例，公司放弃的和卖方收回的现金就等于股票的价值。

但是我们在第 3 章知道，如果股票市场是非有效的，公司可以以低于股票价值的价格买回股票，也可以以高于股票价值的价格发行股票。交易的另一方——卖出股票的股东或者买入股票的新股东——就会损失价值，但是没有参与交易的现有股东赚到了。这些利得（或者是损失，如果股东在交易中受损的话）并不在会计中反映。

即使股票市场在关于公开的信息方面是有效的,公司的管理层也可能有关于公司股票价值的内幕信息,并以和这些信息公开后的价格不一样的价格发行股票或者回购股票。这样的交易会为现有的股东创造价值(不过在美国,法律上对这种做法是有约束的)。

那些推测市场可能是低效的积极投资者,在和公司进行股票交易时总会非常机警。当他在股票市场中进行交易的时候,会用估计的内在价值来考察市场价格。但是在这样做的时候要特别小心,因为公司的管理层很可能对于内在价值更有把握。

理解股票内在价值的积极投资者也理解股票的价格可能会被高估或者低估,而且他也知道为了公司的利益,管理层可能会故意通过股票定价错误来获利。例如,管理层可能在兼并中使用被高估了的股票,目的是便宜地购买其他公司,因为他看出在收购中使用股票作为货币会产生价值。但是这里有个棘手的问题:如果投资者抬高已经高估的股价,结果会产生价格泡沫。基本面投资者会根据公司收购的可能性和收购战略来做出决策。

而对于管理层来说,他们可以在股票交易中利用错误定价的股票来为股东创造价值。如果他们感到股票价格"太低"了,他们可以选择使用负债为新业务融资而不使用权益融资。但是当价格很高的时候,他们也可以选择执行他们的股票期权——对股东来说是双重打击。他们也有可能发布对于股票发行和回购的误导性消息。参见阅读材料8.10。

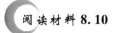

阅读材料8.10

股票回购能够防止股票期权计划中发行股票的稀释效应吗?

戴尔电脑将其看跌期权交易(参见阅读材料8.8)解释为股票回购计划的一部分,以便防止员工持股计划中发行股票带来的稀释效应。这是公司对于这类活动通常的解释。股票期权的行权增加了普通股数量,并稀释了现有股东价值。回购股票则减少了普通股数量,但是真的能防止稀释效应吗?

答案是否定的。如果股票是以市场公允价格购得的,那么对于每股权益的价值没有影响,所以股东也没有获得额外价值以补偿员工持股计划带来的损失。股票回购活动换来的普通股数量不变只是消除稀释效应的表象。

在股票市场泡沫期间,员工在股票价格大涨的时候执行股票期权。公司随后进行股票回购以"管理稀释效应"。但是在泡沫价格上回购股票(即在股票内在价值以上),导致了股东利益损失。股东由此遭受了双重损失:一重损失是员工期权行权带来的,另一重损失则是公司回购股票带来的。有的公司还大量借款回购股票,带来的恶果是当泡沫破灭时,公司陷入了沉重的债务危机中。

重编股东权益表以考虑隐蔽费用

在表8.2、表8.3耐克和锐步公司的例子里,重编后的股东权益表是根据对GAAP报表的调整得到的,并没有考虑非清洁盈余中隐蔽费用的确认问题。此处我们给出戴尔公司报表的完整的重新编制过程,我们在阅读材料8.8中已经讨论了其看跌期权的相关问题。表8.5是对第2章表2.1中戴尔公司2002年股东权益表的重新编制。

表 8.5 重编后的股东权益表:戴尔公司(会计年度截止日 2002 年 2 月 1 日)

重编后的股东权益表包含了戴尔公司股票交易产生的各种非清洁盈余费用:因为员工股票期权行权而发行的股票,以及公司发行的看跌期权所引起的股票回购。

戴尔公司
重编后股东权益表
(单位:百万美元)

2001 年 2 月 2 日余额		5 696
与股东的交易:		
股票期权行权新发行股票(市场价)	1 747	
股票回购	(1 632)	115
综合收益		
报表综合收益	1 222	
员工股票期权行权损失	(1 391)	
员工股票期权损失税收利益	<u>487</u>	(904)
看跌期权损失	(1 368)	(1 050)
其他		<u>(3)</u>
2002 年 2 月 1 日余额		4 758

重新编制股东权益表需要以下几项调整:

1. 戴尔公司报表中"其他"项是递延补偿,因而当前是一项资产而不是权益,其期初和期末金额都要加回到权益账户的期初和期末余额中:

$$\text{调整后期初权益余额} = 5\,622 + 74 = 5\,696(\text{百万美元})$$
$$\text{调整后期末权益余额} = 4\,694 + 64 = 4\,758(\text{百万美元})$$

2. 综合收益。GAAP 下的综合收益为 12.22 亿美元,其中 12.46 亿美元为利润表中的净利润,其他综合收益为 0.24 亿美元的损失。该项损失是由员工持股计划行权引起的,是根据阅读材料 8.5 中方法 1 计算的税后金额。税收利益包含在新股发行中——戴尔公司将该部分税收利益确认为新股发行收益——所以可以从股东权益表中查到。实际上,税收利益 4.87 亿美元反映在了现金流量表中,如果税率为 35%,则根据方法 1 计算如下:

期权行权损失计算	单位:百万美元
期权行权带来的损失:487/0.35	1 391
税收利益(税率35%)	(487)
税后损失	904

根据阅读材料 8.8,看跌期权行权导致 13.68 亿美元损失,也从综合收益中扣除了。因此综合收益为净损失 10.5 亿美元。

3. 新股发行和股票回购均以市场价值记账,即如果交易按市场价格进行,那么会涉及的现金额。股票期权行权所发行的新股市场价值为行权价格加上对原股东来说的行权损失(等于市场价值减去行权价格)。不过,8.43 亿美元行权价格中包含了税收收益,所以 17.47 亿美元的新股发行等于 GAAP 报表中确认的 8.43 亿美元,加上 9.04 亿美元的税后损失(第 2 点中计算的)。类似地,股票回购的市价为买价(30 亿美元)减去 13.68 亿美元的损失(市价与行权价格之间的差额)。尽管会计上认为戴尔新股发行和股票回购都是以市价进行的,但企业支付的现金和股票等价物却对原股东造成了价值上的侵害。

4. "其他"这一行中权益减少300万美元并没有明细,因此保留不变。

调整后2002年综合损失与列报的综合损失有很大不同。我们看到,如果以股票(低于市价发行)支付工资,对股东造成的损失就必须予以反映。戴尔公司2002年涉及两类业务:一类是计算机及周边产品销售,一类是看跌期权交易。这两类业务对综合收益的影响都应考虑到。显然,调整后报表能够更好地反映戴尔公司的这些业务活动对股东的影响。

8.5 股东的角度

财务报表是公司业务的一个透视镜。在权益分析中,这个透视镜应该集中在股东的角度。GAAP对于权益的分析是不足的,因为它没有为股东着想。没有比股东权益表更能体现GAAP没有全心全意体现股东利益的了。

GAAP没有看到现有股东以低于市场价值出售股权是一种损失。如果股东自己被迫做这件事情,他们当然会遭受损失。如果公司强迫他们做这件事情,他们也会遭受损失。GAAP没有看见和股东的现金交易(作为融资方式,筹集现金或者发放不需要的现金)与体现在发行股票中的经营活动带来的价值增加(或减少)是不同的。同时它也没有看到拥有索取权的人们——如可转换债券持有者和普通股股东——之间的交易可能导致普通股股东的损失。

简而言之,虽然公司名义上为股东编制财务报表,公司董事(包括审计委员会)对股东负有信托责任,公司的管理层和审计师在年度会议上会正式向股东提交财务报表,但GAAP下的会计处理没有尊重普通股股东的财产所有权。GAAP并没有将股东看成是公司的主人,所以,股票分析师必须做进一步的会计处理,就像我们本章中讲到的一样。

本章小结

在财务报表中不正确的分类会带来对财务报表的错误分析和错误计算。对报表的重新编制把科目进行了正确的分类。GAAP下的权益表有时候会将经营活动的结果和经营活动的融资混为一谈。这一章对股东权益表进行了重新编制,目的是把公司内部价值的产生和以净股利形式对股东进行的价值分配相区别。这种重新编制辨别出了报表中的非清洁盈余项目,也产生了综合收益和综合的普通股权益回报率。

财务报表中的遗漏是比错误分类更为严重的错误,这一章使得分析者对于经营费用变得敏感起来,因为这些经营费用可能来自行使或有权利,但在GAAP下,它们被隐藏了起来。在预测中如果未能确认这些费用,将会高估公司的价值。

正如我们的一贯做法,在分析权益表的时候必须有一双明亮的眼睛。对于某些几乎没有非清洁盈余的项目,也没有股票报酬的公司,当然发现不了什么东西。很多公司只有两个项目:外币折算利得和损失、证券的未实现利得和损失。而对于更多公司,这些项目的数目是很小的。在美国,有时你甚至瞥一眼报表,就可以剔除非实质性的内容。在其他国家,非清洁盈余会计的使用是非常广泛的。而在美国,在员工报酬中使用股票期权是很普遍的做法。

关键概念

买入期权（call option）：一种要求权，赋予持有人以一定价格（行权价）买入股票的权利（而不是义务）。

清洁盈余会计（clean-surplus accounting）：产生的股东权益表，该表仅包括净利润（来源于利润表）和与股东的交易。

或有权益索求权（contingent equity claim）：一旦满足了某些条件，可以转化成普通股的要求权。例子包括看涨期权以及可转换证券。

可转换证券（convertible securities）：一旦满足了某些条件，可以转换成普通股的证券（比如债券和优先股股票），但还拥有附加的要求权。

稀释（dilution）：（对于现有的股东）发生在当公司以低于市场价值的价格发行新股的时候。

非清洁盈余项目（dirty-surplus item）：在股东权益中的一种会计项目，既不是与股东的交易，也不是从利润表结转而来的收益。

远期股票回购协议（forward share purchase agreement）：一种在未来的某个时间以特定价格回购股票的协议。

隐蔽的非清洁盈余费用（hidden dirty-surplus expense）：一种股票发行导致的但是并没有被反映在财务报表中的费用。

激励期权（incentive options）：一种发行给员工的股票期权，员工行权时是免税的，而发行的公司不能获得税收扣减。

非限定期权（nonqualifying options）：一种发行给员工的股票期权，员工行权需要交税，而发行公司可以获得税收扣减。

期权待决（option overhang）：未执行的期权价值。

股利支付（payout）：支付给股东的金额。这个术语有时候仅指股利，有时候指股利和股票回购，与留存收益相对应。

可赎回证券（redeemable securities）：可以在特定情况下被发行者赎回的证券（比如债券和优先股）。

留存（retention）：不把百分之百的收益支付出去，参照股利支付。

税收利益（tax benefit）：给予特定交易的税收减免或抵扣。

权证（warrant）：与看涨期权类似，但久期更长。看跌权证与看跌期权类似。

案例连载：金伯利·克拉克公司

自主练习

你现在已经准备好对金伯利·克拉克公司的财务报表进行分析了，最后你将会使用这些分析结果对 KMB 的股票估值。

和以前一样，我们先从权益表开始。权益表在第 2 章连载案例的表 2.2 中已经给出。表格的布局和本章中耐克及锐步的报表相似。总计值没有在表中给出，所以先从资产负债表中的股东权益总计账户中确认期初和期末账户总计值。金伯利·克拉克在公司职员行使期权时发行股票，并且还发行限制性股票给员工。公司会回购股票作为库存股，它曾在 2004 年回购了 16.17 亿美元的股票。（公司在 2004 年还支付了每股 1.6 美元的股利，详见之前的连载案例内容。）

重新编制报表

你的任务是重新编制金伯利·克拉克公司 2004 年的权益表，就像本章中重新编制的戴尔公司权益表一样。浏览并且标记出属于与股东交易的事项，以及那些属于综合收益的事项。然后看是否存在任何隐蔽的非清洁盈余费用。思考你应该如何处理 Neenah 纸业的分拆上市。你应该注意到应付股利已经在资产负债表中给出（在第 2 章连载案例中）。金伯利·克拉克公司的税率为 35.6%。

比率分析

请用一到两句话来陈述你重新编制的表格说明了什么。然后进行比率分析以论证你的观点。你认为该公司为什么会向股东支付巨额现金?

为 KMB 建立分析引擎

你可能已经将你重新编制的权益表输入了电子表格。在你学习了本章之后,你可以再加上资产负债表和利润表。然后,在之后的章节中,你可以使用电子表格来分析报表,并且从分析中得到估值结果。本书网站中的 BYOAP 部分将会给你指导。

练习

E8.1 根据股东权益表计算普通股权益回报率(简单)

根据以下信息,计算 2012 年度的普通股东权益回报率(单位:百万元)。

普通股股东权益,2012.1.1	174.8
支付给普通股股东的股利	8.3
2012.12.31 的股票发行	34.4
普通股股东权益,2012.12.31	226.2

E8.2 股东权益表的分析:Sears Roebuck 公司(困难)

重新编制 Sears Roebuck 公司的 1995 年度的所有者权益表,并且计算综合收益。下面的年度报告的脚注会给你提供些帮助:

停止经营部门

在 1994 年 11 月 10 日,公司宣布要将其在 Allstate 公司 80% 的所有者权益以免税股利的方式分配给公司的普通股股东。股东在 1995 年 3 月 31 日的特别股东大会上通过了该分配计划。在 1995 年 6 月 20 日,公司的董事会同意以免税股利方式支付股东股利。1995 年 6 月 30 日时 Sears 的股东们收到了股利,每股 Sears 的普通股获得 0.93 股 Allstate 公司的股票,于 1995 年 6 月 30 日生效。这次交易其实是为 Sears 的股东发放了一次非现金股利,总计 89.8 亿美元。

优先股

A 系列强制性可转换优先股(The Series A Mandatorily Exchangeable Preferred Shares, PERCS)以 2 875 万份的受托股票(depository shares)形式发行,每份受托股票年股利为 3.75 美元,可累积。1995 年 3 月 20 日该公司将 PERCS 转换为普通股。受托股票的持有者们收到了每股 1.24 股普通股。此次转换涉及的普通股总数是 3 570 万股。

利润分享基金

大部分当地员工都具备成为"Sears 员工储蓄与利润分享基金"成员的资格。公司的缴款是合并利润的 6%,其他参与公司的缴款额固定。公司的缴款限制在 70% 的具备资格的员工缴款下。

该基金包括一个员工持股计划,为公司 2004 年的预期缴款的一部分提供资金。公司借给这个员工持股计划 8 亿美元,它用这笔钱购买了 2 590 万股 Sears 的普通股票。这笔借款用员工持股计划股票的股利和公司的缴款偿还。

Sears Roebuck 公司 合并的股东权益表		
	1995年(百万美元)	1995年(千股)
8.88%优先股,第一级别		
余额,年初	325	3 250
本年发行	—	—
余额,年末	325	3 250
PERCS		
余额,年初	1 236	7 188
本年发行		
本年转换为普通股	(1 236)	(7 188)
余额,年末	—	
普通股		
余额,年初	294	392 310
PERCS 的转换	27	35 673
股票期权的行权和其他变化	1	1 700
余额,年末	322	429 683
股本溢价		
余额,年初	2 385	
股票期权的行权和其他变化	40	
PERCS 的转换	1 209	
余额,年末	3 634	
留存收益		
余额,年初	8 918	
净收益	1 801	
优先股股利	(53)	
普通股股利	(475)	
Allstate 公司股票的分配	(7 747)	
余额,年末	2 444	
库存股票(成本)		
余额,年初	(1 690)	(40 570)
在补偿计划下的再发行	56	1 375
余额,年末	(1 634)	(39 195)
最低养老金负债		
余额,年初		
本年最低负债调整	(285)	
余额,年末	(285)	
递延员工持股计划费用		
余额,年初	(558)	
减项	305	
余额,年末	(253)	
未实现的净资本利得		
余额,年初	32	
净增长	1 176	

	1995年(百万美元)	1995年(千股)
Allstate 公司股票的分配	(1 208)	
余额,年末	—	
累计折算调整		
余额,年初	(141)	
本年度末实现净损失	(7)	
Allstate 公司股票的分配	(20)	
余额,年末	(168)	
普通股股东权益和流通在外股份数总计	4 060	390 488
股东权益总额	4 385	

E8.3 一家英国公司股东权益的分析:吉百利·史威士公司(中等)

在英国,公司必须报告利润表(类似于美国的利润表)和股东基金运转表(类似于美国的权益表)。前者报告全部已确认的利得和损失,后者反映了在利润表中不报告的利得和损失。

吉百利·史威士公司(Cadbury Schweppes)是一家饮料和食品制造商,在1998年度的利润表中报告了优先股分红后的利润3.55亿英镑。下面是其全部确认的利得和损失报表以及它对股东基金运转表的调节。

计算该年普通股股东的综合收益。

全部确认的利得和损失表(百万英镑)			
	1998年	1997年	1996年
吉百利·史威士公司	(8)	455	130
附属公司	341	226	199
联营公司	22	10	11
本财务年度的利润	355	691	340
货币折算差额	(15)	(56)	(124)
固定资产的重估增值	(3)	—	—
本年确认利得和损失总额	337	635	216

股东基金运转的调节(百万英镑)			
	1998年	1997年	1996年
本年确认利得和损失总额	337	635	216
普通股股东股利	(194)	(182)	(171)
新股票发行	31	39	33
商誉的重估		(3)	(104)
优先股的赎回		(107)	
其他	—	—	(3)
股东基金的净增长(减少)	174	382	(29)
年初的股东基金	1 669	1 287	1 316
年末的股东基金	1 843	1 669	1 287

E8.4 股票期权的练习：戴尔电脑（中等）

戴尔电脑公司在其 1999 年度财务报表中的一个福利计划附注中报告了以下股票期权活动的摘要：

	股票数（百万）	加权平均的行权价格（百万美元）
年初总额	439	2.25
已授权	60	19.94
已取消	(26)	2.63
已执行	(110)	1.29
年末总额	363	5.40
年末可执行的	103	2.27

戴尔的股票价格从 1999 财政年度的 26 美元涨到了 1999 年年底的 101 美元，这几乎是当年价格的低点和高点。

a. 从这些信息中尽你最大的能力计算在戴尔的 1999 年财政年度中，在股票期权的行权中股东损失的价值。戴尔的边际税率为 35%。

b. 年末未行权期权潜在的未来损失是多少？如果这个损失将在账户中确认出来，该如何表示？

E8.5 股票期权和股东权益表的练习：Genentech 公司（中等）

以下的 Genentech 公司 1998 财政年度的股东权益表报告了从员工股票期权计划中得来的 1 733.2 万美元的税收利益。Genentech 公司的税率是 37%。

a. 从 1999 年度员工股票期权的行权中，你对于股东价值损失的最佳估计是多少？

b. 你是怎样看待把税收利益加入资本公积的会计处理的？

Genentech 公司
合并的股东权益表
（以千为单位）

	股票			普通股	超面额缴入资本	留存收益	其他综合收益	总额
	特种普通股票	普通股	特种普通股					
余额,1997.12.31	47 607	76 621	$952	$1 532	$1 463 768	$511 141	$53 832	$2 031 225
综合收益						181 909		181 909
净收益								
可供出售证券的净未实现利得							5 431	5 431
综合收益								187 340
期权和认股权证行权的股票发行	2 460		49		86 835			86 884
员工股票计划的股票发行	427		9		21 055			21 064
员工股票期权行权中实现的税收利益	—		—		17 332	—	—	17 332
余额,1998.12.31	50 494	76 621	$1 010	$1 532	$1 588 990	$693 050	$59 263	$2 343 845

微型案例

M8.1 看跌期权带来的损失：Household 国际公司

Household 国际公司是美国对有着不良信贷历史的顾客发放贷款的最大公司之一。公司拥有对汽车贷款、万事达卡和维萨卡客户的应收款项，还有大量的个人非信用卡贷款。2002 年 9 月，公司发行了 1 870 万股股票，筹集资金 4 亿美元。这次发行股票，加上公司销售了价值 75 亿美元的应收款项，使得关心流动性和信用评级的分析师欢欣鼓舞。但是，进一步的调查发现，公司可能将所得现金用于其他领域而非补充它的准备金。

公司 2002 年 9 月 30 日第 3 个季度 10-Q 报告的附注中提到：

远期购买协议

2002 年 9 月 30 日，我们同意订立多项远期协议，在未来以每股 52.99 美元的加权平均远期价格购买 490 万股普通股。该批协议将于 2003 年 8 月的多个时点到期。这些协议的条款规定，如果我们的股票价格到达某些特定触发价格，到期日会加速到来。目前，不同的协议拥有不同的触发价格，这些价格介于 12 美元到 16 美元之间。在本季度，通过履行这些远期协议，我们以每股 55.68 美元的平均价格购买了大约 210 万股股票。

在净股票结算协议下，如果普通股的股价跌到远期合同价格之下，我们必须以远期合同的价格和当时股价的差异为基础给予另一方普通股股票，反之则由对方根据价格差异支付给我们普通股股票。根据 2002 年 9 月 30 日股票 28.31 美元的收盘价，在净股份结算方式下，我们需要支付大约 420 万股股票给合同对手方。如果 2002 年 9 月 30 日的股票价格再低 1 美元，我们则需再支付 332 500 股股票。如果 2002 年 9 月 30 日的股票价格高 1 美元，我们则需支付 390 万股股票。不管我们股票的价格如何，这些净股份支付的远期合同在支付股票的数量上是有限制的。2002 年 9 月 30 日，为了结算 490 万股股票的远期购买协议，我们所需支付的最大数量的股票是 2 980 万股。

从 2001 年年初开始，Household 国际公司既进行股票发行也进行股票回购活动。股票发行中获得的最大收益是每股 21.72 美元，而股票回购中由于流动性问题，平均价格为 53.88 美元。

讨论附注中提到的相关信息。GAAP 是怎样处理这些交易的？怎样的会计处理可以更好地反映股东价值？协议是以现金结算还是以股票结算对你的答案有影响吗？

M8.2 伟星股份（002003）期权激励的会计处理

伟星实业发展股份有限公司（以下简称"伟星股份"）专门从事纽扣、拉链、金属制品等服装辅料的研发、制造与销售，年产各类中高档纽扣 50 多亿粒，是世界上最大的纽扣生产企业之一。伟星股份还是中国服装辅料专业委员会副主任委员、副理事长和专家组组长单位，中国拉链协会副理事长单位，中国纽扣行业标准的主要制定单位，也是中国纽扣和拉链行业首家上市公司（证券简称：伟星股份，证券代码：002003）。

伟星股份 2011 年 7 月公布第二期期权激励计划，要点如下：

1. 公司本期股票期权激励计划拟授予激励对象 600 万份股票期权，每份股票期权拥有在计划有效期内的可行权日以行权价格和行权条件购买 1 股公司股票的权利。本期激励计划的股票来源为公司向激励对象定向发行股票。

2. 本期激励计划拟授予的 600 万份股票期权的行权价格为 17.63 元。

3. 行权安排：本期股票期权激励计划的有效期为自股票期权授权日起五年。授予的股票期权自授

权日起满12个月后,按以下安排行权:

行期权	行权时间	可行权数量占获授期权数量比例
第一个行权期	自授权日起12个月后的首个交易日至授权日起24个月内的最后一个交易日当日	30%
第二个行权期	自授权日起24个月后的首个交易日至授权日起36个月内的最后一个交易日当日	30%
第三个行权期	自授权日起36个月后的首个交易日至授权日起48个月内的最后一个交易日当日	40%

4. 行权业绩条件

行期权	业绩指标
第一个行权期	2011年加权平均净资产收益率不低于14%;以2010年扣除非经常性损益的净利润为基数,2011年的净利润增长率不低于10%
第二个行权期	2012年加权平均净资产收益率不低于15%;以2010年扣除非经常性损益的净利润为基数,2012年的净利润增长率不低于25%
第三个行权期	2013年加权平均净资产收益率不低于16%;以2010年扣除非经常性损益的净利润为基数,2013年的净利润增长率不低于35%

5. 确定期权价值的参数

(1) 行权价格:本期计划草案中股票期权的行权价格为17.63元。

(2) 授权日价格:暂按本期激励计划草案公布前一个交易日的收盘价计算,由于公司股票自2011年7月5日起停牌,因此授权日价格为2011年7月4日收盘价17.60元。

(3) 期权有效期:考虑可能存在提早行权,期权有效期采用中点法进行计算,即有效期=(确权期+存续期)/2,各行权期的有效期分别为1.5年、2.5年、3.5年。

(4) 历史波动率:取本期计划草案授权日前三个自然年的历史波动率,数值分别为41.49%、43.29%、48.50%。

(5) 无风险收益率:公司以金融机构人民币存款基准利率为基础,其中1年期存款利率为3.5%,2年期存款利率为4.4%,3年期存款利率为5.0%,5年期存款利率为5.5%。按股票期权有效期的长短不同用内插法计算1.5年、2.5年、3.5年的无风险收益率。第一个行权期的无风险收益率为3.95%,第二个行权期的无风险收益率为4.7%,第三个行权期的无风险收益率为5.13%。

回答以下问题:

a. 期权激励的目的是什么?

b. 期权激励会遏制管理层对报表的调节吗?

c. 期权的价值是多少?

d. 假设期权费用从2011年7月开始在3年内分摊,计算2011年、2012年、2013年、2014年应分摊的期权费用。

e. 公司2011年11月公告,终止了期权激励计划,你认为可能的原因是什么?

f. 假如公司没有终止期权激励计划,但2011年业绩条件未达到行权条件,会计上需如何处理?

g. 假如公司2011年没有终止期权激励计划,2011年业绩条件也达到行权条件,但2012年7月后公司股价一直低于10元。公司认为,鉴于国内证券市场环境发生较大变化,若继续实施本次股权激励计划,将很难真正达到预期的激励效果,决定终止正在实施的股权激励计划。会计上需做何处理?

第9章
资产负债表和利润表分析

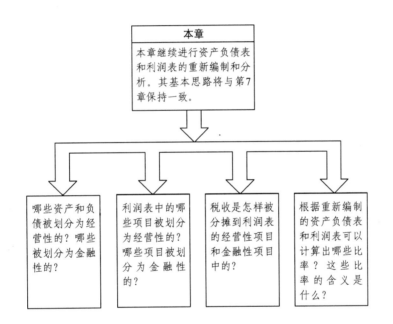

开篇阅读材料

资产负债表比利润表更重要

2011年5月,在伯克希尔股东大会期间,有记者采访巴菲特时问:"如果投资者决定投资个股,他们应该怎样获取更多信息来了解公司?"

巴菲特回答:"投资者先要想清楚他们是否了解得足够多,是否应得高额的回报。投资者应该像我一样多读公司的财务报表,包括年报和季报。但是如果仔细阅读完这些公开文件,还是不太确定是否了解该公司业务,他们最好还是不要投资或者去买指数基金。"

记者又问:"您在阅读财务报表的时候最关心什么内容?最先阅读什么?"

巴菲特回答:"我比大多数人更关注公司的资产负债表,当然公司年报里的所有信息我都不会漏过。通过阅读财务报表,我想尽可能了解公司在三年、五年、十年后可能的盈利能力,然后和现在的市场价格做比较。我必须非常正确地理解公司业务的经济特征,如果不能下一个结论,我是不会购买这个公司的股票的。"

请注意,巴菲特说通过阅读财务报表,希望尽可能了解公司在三年、五年、十年后的盈利能力,所以我认为,巴菲特最先阅读的是利润表,以此来分析公司的盈利能力。但请你特别注意,巴菲特说"我比大多数人更关注公司的资产负债表"。

事实上,看企业年报或季报时,整套财务报表包括利润表、资产负债表、现金流量表,大多数人会首先看利润表,而且大部分时间用在分析利润表上,有些人甚至只看利润表。而经验丰富的专业投资者却会用很多时间来分析资产负债表。

为什么?

第一,对于公司生存来说,资产负债表比利润表更重要。利润表反映的是外部表现,资产负债表反映的是内部支撑。汽车跑的快慢很大程度上取决于发动机的动力和底盘的支撑,公司盈利多少很大程度上取决于资产独特性的强弱和投资规模的大小,而且盈利最终会转化为资产的积累。如果说利润表是水,那么资产负债表就是山;如果说利润表是肉,那么资产负债表就是骨;如果说利润表是软件,那么资产负债表就是硬件;如果说利润表是花,那么资产负债表就是树根和树干。投资最大的风险不是公司发展太慢,而是公司灭亡,让股东血本无归。所以,喜欢长期投资的巴菲特比任何人都更加关注资产负债表。

第二,对于长期股东来说,资产负债表更重要。管理层的业绩主要靠利润来衡量,所以管理层特别重视利润表。但股东的财富主要通过资产负债表来反映,所以股东特别重视资产负债表。

也许有人会说,对于上市公司来说,股价主要和利润相关,每股收益越高,股价自然越高。

错!

这是小股东的思维,是小散户的思维。如果你是大股东,而且是唯一的股东,而且你未来会长期持有公司股份,股价高低对你有何意义?股价只是浮云,实实在在属于股东的资产才是王道。

巴菲特说:"在我们买了股票之后,即使股票市场关闭一两年,我们也一点不会为此心神不宁。对于我们100%控股的See's和H.H.布朗公司,我们并不需要每天的股票报价来证明我们持股的风险大小。那么我们持有可口可乐公司7%的股份时,为什么一定需要股票行情报价来证明我们持股的风险大小?"

巴菲特不会关注公司短期的股价,也就不会关注公司的短期业绩,他关注公司的长期业绩,而长期业绩在很多方面和公司的资产负债相关,资产负债表反映了支撑公司长期发展的财务实力。

第三,利润表只能反映发展快慢,资产负债表才能反映实力大小。利润表反映的是产出,资产负债表反映的是投入。先付出才会得到,先投入才会有产出,最终投入决定产出。利润表反映的是一时的成果,资产负债表反映的是一世的积累,一年赚多少钱远远没有一辈子攒了多少钱重要。利润表反映的是企业一个阶段发展的好坏,资产负债表反映的则是企业生死存亡的根基强弱。资产负债表反映企业财务实力大小,最终实力决定公司竞争优势的大小。

2008年金融危机爆发,AIG等保险巨头倒闭,但巴菲特的伯克希尔公司不但没有发生任何问题,而且还手握巨资大量收购企业和买入股票,其关键的原因之一是巴菲特非常重视资产负债表管理,始终保持公司拥有强大的财务实力。

资料来源:《中国证券报》,2011年8月4日。

分析师核对表

读完本章后你应该理解：
- 为什么分析师要重新编制利润表和资产负债表？
- 对企业业务的了解是如何在重新编制后的报表中体现的？
- 两张报表的经营性和金融性部分是如何定义的？
- 哪些资产和负债应被归为经营性项目？哪些应被归为金融性项目？
- 为何所得税要被分摊到利润表的不同部分？
- 由资产负债表和利润表计算出的比率有何经济含义？

读完本章后你应该能做到：
- 重新编制利润表和资产负债表。
- 把附注信息添加到重新编制后的报表中。
- 以综合收益为基础重新编制利润表。
- 将所得税在经营收益和财务收益（或费用）之间分摊。
- 计算经营活动的实际税率。
- 进行共同比分析，并解释结果。
- 进行趋势分析，并解释结果。
- 计算利润表比率，包括揭示销售盈利能力的比率。
- 计算资产负债表比率，包括财务杠杆比率和经营负债杠杆比率。
- 计算总体盈利能力比率。
- 计算成长能力比率。

上一章讨论的重编后的股东权益表提出了综合收益概念，也就是对普通股股东权益整体回报的度量。这一指标与成长能力一起影响剩余收益和价值。资产负债表和利润表能够详细揭示盈利能力和成长能力的来源。本章对这两张报表的分析有助于为第 11 章和第 12 章分析盈利能力和成长能力奠定基础。

能够产生价值的收益来自企业的经营活动。因此我们首先分析报表的结构，分析中我们遵循第 7 章提出的模式，也就是把经营活动与融资活动区分开来对待。这样做是基于一个原则，那就是我们不能在不了解企业经营业务的情况下去评价企业，而把经营活动与融资活动区分开来需要了解财务报表中的每个项目在企业中的作用，以及对收益率的贡献。另外，重新编制报表还能够将经营活动置于聚光灯下。通过重新编制的报表，我们能够对企业有更深入的理解。重新编制报表还可以帮助我们了解更多财务报表附注中的细节，从而使这种报表比公开披露的报表更能对企业做出详尽的描述。

然而，重新编制资产负债表和利润表的主要目的不在于此，而在于揭示普通股权益回报率（ROCE）和成长率的驱动因素，以便为预测和估值做好准备。通过对报表项目的比率分析以及对企业经营业务的了解，我们可以达到这一目的。这一章主要介绍根据报表项目计算出来的各种比率。这些比率是第 11 章以及第 12 章中盈利能力和成长能力综合分析的一部分。

9.1 重新编制资产负债表

传统的资产负债表通常将资产和负债划分为流动和非流动(即长期)两大类。对于资产来说,这种划分是根据其流动性而定的;而对负债来说,这种划分是根据其到期日而定的,这样做有助于衡量企业偿还债务的能力。第 19 章中有关信用风险的分析将会运用这种划分方式。但在第 7 章中,我们用另一种方式替代它。企业的盈利有两个来源:一是来自经营活动,二是来自融资活动。为了揭示企业产生利润的能力,我们需要重新编制资产负债表,将资产和负债划分为经营性和金融性两部分。

表 9.1 是一张典型的资产负债表。它列示了我们在公开披露的资产负债表中所能看到的标准项目。当然,对于一家企业来说,其资产负债表可能并不包括所有这些项目,而且,有些项目常被合并在一起,用"其他资产"或"其他负债"项目来反映。另外,在有些行业中,你还会看到表 9.1 没有列示的一些特殊项目。

表 9.1 典型的 GAAP 下的资产负债表

资产	负债和所有者权益
流动资产	流动负债
现金	应付账款
现金等价物	应计费用
短期投资(交易性证券)	递延(未确认)收入
保证金和预付账款	预收账款
应收账款(减坏账准备)	担保负债
短期应收票据	短期应付票据
其他应收款	短期借款
存货	递延所得税(流动部分)
预付费用	一年内到期的长期负债
递延所得税(流动部分)	
长期资产	长期负债
长期应收账款	银行贷款
长期债权投资	应付债券
长期股权投资(持股比例小于20%)	长期应付票据
长期股权投资(权益法)	应付租赁款
不动产、厂房、设备(减累计折旧)	担保和或有负债
土地	递延所得税
建筑物	养老金负债(pension liabilities)
设备	退休后负债(postemployment liabilities)
融资租入固定资产	少数股东权益
租入固定资产改良支出	
在建工程	
无形资产	
专利权	
许可权和特许经营权	
著作权和商标权	
商誉	
软件开发成本	
递延所得税(非流动部分)	优先股股东权益
长期待摊费用	普通股股东权益

第7章中我们已经提及,经营性资产和经营性负债是在销售商品或提供服务的过程中涉及的资产和负债,而金融性资产和金融性负债是在为经营活动筹集资金和吸收经营活动产生的额外现金过程中涉及的资产和负债。在重新编制资产负债表以前,首先要明确这样一个问题:这个企业从事的是什么业务?对这个问题的回答是我们定义经营性资产和经营性负债的关键。另外,记住利润表中与之相平行的分类(关于具体内容,以后会详细讨论):经营性资产和经营性负债产生经营利润,金融性资产和金融性负债产生财务收益或发生财务费用。参见阅读材料9.1。

了解企业:企业从事什么业务?

在重新编制资产负债表的过程中,需要区分经营活动(即企业赚取利润的活动)中使用的资产和负债及融资活动(即筹集经营所需资金及暂时储存经营中额外资金的活动)中使用的资产和负债。企业通过向顾客销售商品和提供服务来赚取利润。所以,辨认经营性资产需要了解企业向顾客销售的商品和提供的服务的性质。

在不同企业的资产负债表中,有的资产和负债虽然名称相似,但在一个企业中可能被归为经营性的,在另一个企业中可能被归为金融性的。看下面的例子。

银行

银行主要持有以客户存款、债券、贷款等形式存在的"金融资产"和"金融负债"。它们赚取的利润来自从金融资产中获得的利息和为金融负债支付的利息两者的差额。因此,银行持有的金融资产和金融负债属于经营性资产和经营性负债。

有特殊作用的财务公司

通用汽车和戴姆勒—克莱斯勒等公司将它们附属的财务公司的活动纳入财务报表中。从表面上看来,这些财务公司持有的主要是金融性资产和金融性负债。但是,这些资产和负债是用来支持顾客购买汽车的,而且,公司经常使用一些优惠的信用条款来降低汽车的实际售价。因此,这些财务公司的活动是公司整个经营活动不可分割的一部分,它们所持有的资产和负债也应该看成是经营性的。同时,从这些融资活动中所得到的利息也应该是经营性收益。

提供信用工具的零售商

零售商通过销售商品获利。但另一方面,它们也经常通过给客户提供信贷获利。相应地,它们从发行的信用卡和其他信用工具中得到的利息收入应被归为经营性收益,而产生这些收入的资产为经营性资产。

重新编制资产负债表过程中的相关问题

GAAP下的资产负债表按经营性项目和金融性项目重新编制后,其形式如表9.2所示。该形式与第7章中的模板是一致的。在这里,有些问题需要加以说明。

表 9.2　非金融企业的资产负债表中经营项目和融资项目的划分

（重新编制后的资产负债表）

资产	负债和所有者权益
金融资产：	金融负债：
现金等价物	短期借款
短期投资	一年内到期的长期负债
短期应收票据(？)	短期应付票据(？)
长期债权投资	长期借款（银行贷款、应付债券、应付票据）
	应付融资租赁款
	优先股
经营资产：	经营负债：
所有其他项目	所有其他项目
	少数股东权益
	普通股股东权益

- 现金。营运现金(operating cash)作为支付到期账单的手段，属于经营性资产。它以库存现金或活期存款账户的形式存在，不带利息。就像企业需要投资于厂房、设备开展经营一样，它也需要投资于营运现金。然而，生息的现金等价物（如到期日在三个月以内的短期投资）或者投资于短期证券的现金属于金融资产。这种超额现金的投资满足了流动性的需要。通常，企业将现金与现金等价物合并在一起列报，所以很难将营运现金区分出来。如果分析师非常了解企业的业务，那么可以按一定的方法区分营运现金（如按照销售收入的一定百分比）。但是，因为大部分企业通常将现金放在生息账户中，所以把所有的现金都划为金融性资产还是可以接受的。

阅读材料 9.2

陆京娜以 2005 年至 2007 年在上海证券交易所和深圳证券交易所上市的公司为样本，研究其上市前超额现金持有水平对上市后经营业绩、首日抑价率及长期股票市场表现的影响。研究结果表明，如果一家公司在上市前拥有较高的超额现金持有水平，则其上市后的经营业绩会较差。但是，投资者却并未意识到这一现象。相反，由于超额现金与经营现金流的正相关关系，投资者会将超额现金误读为正面的投资信号，在询价阶段即报以高价，造成上市前超额现金与新股首日抑价负相关、与新股长期累计超额回报正相关的现象。这与优序融资理论所蕴含的预测相符，也反映了资本市场并不是完全有效的。[①]

- 短期应收票据。票据是在商品交易中由顾客签发的，可以带息也可以不带息。也可能是债务人签发的带息票据。如果票据是一种暂时性的投资，应把它视为金融资产。如果签发的是商业票据，应将其视为经营性资产。只有当商业票据的利率是市场利率时，它才被视为金融性资产，因为此时应收票据已经转化成了一种金融上的要求权。但是，如果企业是使用信贷来吸引消费者，那么，应该把应收票据当成经营性资产：因为企业实际上是以一种较低

---

① 参见北京大学光华管理学院会计系陆京娜硕士论文。

的利率取代了商品较低的售价。相应地,利息收入也应被归为经营收入,属于以优惠的信贷条件销售商品获得的收入。融资性应收账款(为产品销售融资)也可归入该类。仍可参见阅读材料9.1。

● 债务投资。对于非金融企业,债券和其他生息投资都属于金融性资产。根据财务会计准则委员会第115号公告的规定,无论长期投资还是短期投资,只要它们是交易性或可供出售的,就应该在资产负债表中以市价列示(盯市计价),这一点我们在前一章已经提到过。只有那些企业想要持有至到期的债券才以历史成本计量(第8章的会计诊所Ⅲ中讨论了证券的会计处理)。报表的附注会列出所有这些项目的历史成本、公允价值,以及相关的未实现利得和损失。这些未实现利得和损失在计算综合收益时也相当于收入和费用。如果涉及的债券是交易性证券组合的一部分,企业的业务很可能就是通过债券交易赚取收益。这时,应把这些债券归为经营性资产。银行通过借贷利差赚钱,所以对于银行而言,债券投资与负债都是经营性项目。

阅读材料9.3

BT、BOT项目资产属于经营性资产还是金融性资产?

主营业务为工程建设的浦东建设(60284)2010年半年报显示,该公司持有至到期的投资科目共104.18亿元,全部为BT项目投资,该科目附注节选如下:

项目名称	回购基数	回购年限	回购率%	2009年12月31日	本期回购基数转入	本期实际利率法确认增加	本期收回	期末调整摊余成本	2010年6月30日
318国道BT项目	104 478 039.00	6	23.74	17 252 888.76					17 252 888.76
嘉桐大道项目	234 885 171.00	3	40.6	76 734 353.27					76 734 353.27
南环路(二期)	66 658 546.97	5	23.74	14 720 935.50		544 341.47	15 265 276.97		
南环路(一期)	62 939 871.16	5	23.74	14 315 083.46		599 366.95	14 914 447.41		
惠山大道北延伸	22 829 258.18	5	23.74	9 936 298.10		693 736.96	10 630 035.06		
南北景观路延伸	11 476 047.28	5	23.74	2 515 723.73		103 487.32	2 619 211.05		
北环路(部分段)	9 502 086.43	5	23.74	2 083 001.56		85 686.77	2 168 688.33		
杨市路延伸	10 630 000.00	5	23.74	6 401 381.94		383 865.98	2 394 939.00		4 390 308.92

主营业务为城市路桥经营、城市基础设施建设、投资的重庆路桥(600106)。2011年年报显示,该公司长期应收款科目24.23亿元,全部为BOT项目收益权,其中,嘉华嘉陵江大桥BOT项目收益权18.34亿元,长寿湖旅游专用高速路BOT项目收益权5.89亿元。

这些资产属于金融性资产还是经营性资产呢?

● 长期股权投资。长期股权投资(持有的其他企业的股权)是对其他企业经营活动的投资,所以划分为经营性资产。持股比例如果小于20%,如果是可供出售类,则在资产负债表中以市价列示;如果是持有至到期类,则以成本计价。如果持股比例大于20%小于50%,则以权益法计价。权益法下长期股权投资的计价需在历史成本的基础上调整,加上被投资公司收益中其相应的份额,减去被投资公司分发的股利和商誉的减值。如果持有的股权比例大于50%,则需要编制合并会计报表,股权投资是不体现在合并会计报表中的。参见会计诊所Ⅴ。

会计诊所 Ⅴ

股权投资和企业合并的会计处理

会计诊所Ⅲ讨论了债务证券和持股比例小于20%的权益证券的会计处理。会计诊所Ⅴ将讨论持股比例为20%—50%的情况,这就涉及权益法的应用。此外,也会讨论取得实际控制(即持股比例超过50%)的情况,这会涉及合并报表的问题。

企业在并购过程中会取得其他企业的(部分或全部)所有权。会计诊所Ⅴ也将涉及这些企业合并的会计处理方法,同时也会讨论商誉的确认、摊销和减值的问题。

对子公司的股权投资中包括了子公司金融资产中母公司享有的份额。因此,这项投资一方面是对子公司经营性资产的投资,另一方面也是对子公司金融性资产和金融性负债的投资。所以,理想情况下,我们需要查看子公司经营性活动和金融性活动的划分情况,以便相应把母公司的股权投资划分为经营性和金融性两部分。但是,如果子公司不是一个公开上市的公司,这样做会很困难。所以为了方便起见,我们把整项投资视为对经营性子公司的投资。

阅读材料 9.4

高尔夫球会员证属于经营性资产还是金融性资产?

为国内移动通信运营商提供室内及室外网络优化覆盖解决方案服务的三维通信(002115),其2012年半年报无形资产中"高尔夫会员资格"这一项的账面余额为95万元。从事软件出口业务的海隆软件(002195)2012年半年报无形资产中包含"高尔夫权证"项目,账面余额达199.63万元。

主营客车产销的金龙汽车(600686)将"东方(厦门)高尔夫乡村俱乐部会员资格"列入公司"长期股权投资"项目,在其2012年半年报中的账面价值为42.3万元。

主营造船业务的广船国际(600685)将"武汉金银湖高尔夫球会员证"列入公司"可供出售金融资产"项目,在其2011年年报中的账面价值为270万元。

- 短期权益投资。我们一般把权益投资划分为经营性资产,而短期交易性权益投资是个例外。如果它们是交易性投资组合的一部分,那么它们是经营性资产。如果它们是暂时利用多余现金的一种手段,那么它们就是金融性资产。这些投资以市价计价。
- 短期应付票据。短期票据的签发能够带来现金,从这个意义上说,它是一种金融性负债。但是,票据的签发有时也是为了商品交易,例如购买存货。如果签发的票据不带息,或者所载利率小于市场上的同类利率,那么它就是经营性负债;如果票据载明的利率为市场利率,则将其划为金融性负债。为达到商品交易目的而签发的票据是由于经营活动产生的,但如果它的利率为市场利率,则该项经营性负债(应付账款)实际上就转化成了金融性负债(应付票据)。在美国,GAAP 要求使用实际利率法来计量长期应付票据(和长期应付款),所以这些项目应被划分为金融性负债。

- 应计费用。该项目包含了各种经营费用所导致的负债,例如租金、保险、工资、税收等。这些负债都是经营性负债,但是金融性负债的应付利息属于融资项目。
- 递延收入。这个项目包括从顾客手中收取的尚未确认为收入的款项(因为企业尚未履行销售义务),还包括完成某项活动的义务,例如质量保证或担保义务。它们属于经营性负债。
- 融资租入固定资产。融资租入固定资产在资产负债表中以资产列示,以租赁合同中规定的预期未来租金支出的净现值计价。租入的资产视为经营性资产,而应付的租赁款则是一项负债,在重新编制的资产负债表中划分为金融性负债。租赁负债产生的利息费用在利润表中与其他利息费用合并反映。资本化并计入资产负债表的租赁称为融资租赁。融资租赁从实质上看是对资产的购买,因为它赋予企业在资产的大部分经济使用年限中使用资产的权利。相应地,既然这是一种实质上的购买,融资租入的固定资产就应与其他不动产、厂房、设备等受到同等对待。而应付融资租赁款也可认为是企业为了购买资产而发生的借款。另外一种租赁是经营性租赁,它不是对资产的实质性购买,因此不出现在资产负债表中,支付的租赁费在利润表的租赁费用项中列示。
- 递延税资产和负债。递延税项的产生通常都是源于经营利润计算中应税利润与会计利润口径的差异。所以,它们属于经营性资产或负债。
- 应付股利。上一章中提到过,应付股利属于所有者权益,而非负债。
- 优先股。从普通股股东的角度看,优先股属于金融性负债。
- 其他项目。资产负债表里通常有一项是"其他资产",还有一项是"其他负债"。其详细内容可以查阅报表附注,有时也可以在管理层讨论与分析(MD&A)中找到。如果这些来源找不到答案,通常将这些项目视为经营性项目。如果"其他负债"中任一项数额较大,企业需要对其单独披露。
- 少数股东权益。从普通股股东的角度来看,子公司中的少数股东权益被视为一种金融性负债,一种必须被满足的权益。但是,少数股东权益并不像普通负债一样,需要通过自由现金流量产生的现金来偿还。实际上,它是一种在合并经营中存在的权益。重编后的报表将它与普通股东权益单独列示在经营性和金融性的资产和负债列表中。带有少数股东权益的重编后的资产负债表满足下面的等式:NOA − NFO = CSE + 少数股东权益。

有人想不通,为何要把经营性负债看成经营活动的一部分而非金融负债的一部分。事实上,你可能在其他书里见过将这些包含在债务和债务比率的计算中。作为对债权人的一种义务,它们是债务,如果我们要衡量企业的信用风险,或者评价其支付债务的能力,我们会把它们包括在相关比率的计算中(见第 19 章)。然而,我们现在的目的是考察经营活动的盈利能力与投入的净资产之间的关系。由于企业持有经营性负债,它减少了对经营活动的净投资,减少了净经营资产。在计算净经营资产回报率(RNOA)时,是将经营利润除以净经营资产投资;由于企业可以要求供应商提供信贷,这就能够减少企业投资,从而增加净经营资产回报率。就像企业通过金融性负债提高权益回报率一样,企业也通过经营性负债提高经营资产回报率。下面的例子能够说明这一点:

- 戴尔公司以一套能使存货投资保持在较低水平的定制系统而在计算机业享有声望。戴尔公司2002年度的资产负债表(见第2章)披露其存货价值为2.78亿美元,仅占销售收入的0.9%。

但同时,报表还披露其应付账款为50.75亿美元。戴尔公司成功地使原材料供应商在供应存货时(或其他更多方面)提供信贷,所以,事实上,戴尔公司的存货投资为负值。这样,股东不需要使用自己的资金去购买存货,这就为股东生产出了价值。实际上,除了存货以外,债权人还为其他经营资产的购买提供了融资。而股东不需要承担利息。

- Oracle公司,一家大型的软件和信息管理企业,在其2004年资产负债表的负债项目中披露有14.97亿美元的预收账款。这是客户在未接受公司提供的服务之前预先支付给公司的款项。这些资金给股东带来了价值,因为股东可以利用这些资金去购买经营性资产,如果没有这笔资金,股东就只能用自有资金。

- 通用汽车,一家汽车制造商,有一项在雇员退休后为其支付健康福利的计划。在这项计划之下,公司2004年的资产负债表披露有281亿美元的负债。这项计划使公司可以在将来支付福利,而不是现在以现金支付较高的工资。这里的负债,就像应付工资一样,来自经营活动。公司还有95亿美元的养老金负债,也是同理。

- Maytag公司,一家家电生产商,在其2005年报表的应计负债中披露了8 060万美元的售后担保负债。这项售后担保负债换取了来自销售的现金和应收账款。

表9.3给出了耐克公司2002—2004年披露的可比资产负债表以及重新编制后的资产负债表。表9.4给出了锐步公司披露的和重新编制后的资产负债表。我们在前一章中已经介绍过这两家公司。关于重新编制的报表,有以下几点需要注意(下面的数字代表报表中标记项目的数字):

1. 重新编制后,资产负债表恒等式依然成立:CSE = NOA − NFO。普通股权益(CSE)余额等于重编后股东权益表的数字(见第8章)。
2. 净经营资产(NOA)等于经营性资产与经营性负债之差。
3. 净金融负债(NFO)等于金融性负债与金融性资产之差。
4. 现金及现金等价物在经营性现金与现金投资间做了划分。经营性现金按照销售收入的0.5%估算。
5. 可赎回优先股属于金融性负债。
6. 应付股利在原资产负债表中列示为应计负债,在重编后报表中属于股东权益(参见第8章重新编制后的股东权益表)。
7. 在锐步公司的资产负债表中,子公司的少数股东权益既不被归为经营性项目,也不被归为金融性项目。但是,由于子公司的少数股东权益在经营性资产和负债及金融性资产和负债中都享有份额,所以在确定锐步公司股东在合并报表中的权益时,要把它从经营性活动和金融性活动的净总值中扣除。如果分析师能够获得子公司的财务报表,就可以在二者之间进行分配,或者如果假定子公司几乎没有净债务,那么少数股东权益就可归为经营性项目,因此就会减少普通股股东对净经营资产的求偿权。
8. 很多信息也已从附注进入了报表正文。

表9.3 耐克公司2002—2004年GAAP下的合并资产负债表与重新编制后的资产负债表

重新编制后的资产负债表对GAAP下的报表进行了修改,将报表分为净经营资产(经营性资产减去经营性负债)、净金融负债(金融性负债减去金融性资产)和普通股东权益(净经营资产减去净金融负债)。重新编制的报表中右边的数字对应正文中的内容。

耐克
GAAP下资产负债表
(单位:百万美元)

	5月31日		
	2004	2003	2002
资产			
流动资产			
现金及现金等价物	828.0	634.0	575.5
短期投资	400.8	—	—
应收账款净值(已减去坏账准备,三年分别为95.3、81.9和77.4)	2 120.2	2 083.9	1 807.1
存货(注2)	1 633.6	1 514.9	1 373.8
递延所得税(注8)	165.0	221.8	140.8
预付费用及其他流动资产	364.4	332.5	260.5
流动资产总计	5 512.0	4 787.1	4 157.7
固定资产净值(注3)	1 586.9	1 620.8	1 614.5
可辨认的无形资产净值(注4)	366.3	118.2	264.2
商誉(注4)	135.4	65.6	173.6
递延所得税资产及其他(注8)	291.0	229.4	233.0
总资产	7 891.6	6 821.1	6 443.0
负债及所有者权益			
流动负债			
一年内到期的长期负债(注7)	6.6	205.7	55.3
应付票据(注6)	146.0	75.4	425.2
应付账款(注6)	763.8	572.7	504.4
应计负债(注5、注16)	974.4	1 036.2	768.3
应付所得税	118.2	130.6	83.0
流动负债总计	2 009.0	2 020.6	1 836.2
长期负债(注7)	682.4	551.6	625.9
递延所得税负债及其他(注8)	418.2	257.9	141.6
承诺及其他预计负债(注14、注16)	—	—	—
可赎回优先股(注9)	0.3	0.3	0.3
所有者权益:			
普通股股本(注10)			
A类可转换普通股(2004年和2003年分别为77.6和97.8)	0.1	0.2	0.2
B类普通股(2004年和2003年分别为185.5和165.8)	2.7	2.6	2.6
资本公积	887.8	589.0	538.7
递延补偿	(5.5)	(0.6)	(5.1)
其他累积综合损益(注13)	(86.3)	(239.7)	(192.4)
留存收益	3 982.9	3 639.2	3 495.0
所有者权益总计	4 781.7	3 990.7	3 839.0
负债及所有者权益	7 891.6	6 821.1	6 443.0

重编后的资产负债表							
（单位：百万美元）							
		2004		2003		2002	
净经营资产							
经营性资产							
经营性现金[1]		61		53		49	(4)
应收账款净值（已减去坏账准备，三年分别为 95、82 和 77）		2 120		2 084		1 807	
存货		1 634		1 515		1 374	
预付费用[6]		370		333		266	
固定资产净值		1 587		1 621		1 615	
商誉		135		66		174	
商标及其他无形资产	400		140		253		(8)
累计摊销	(34)	366	(22)	118	(19)	264	(8)
递延所得税资产及其他资产		456		451		374	
		6 728		6 241		5 921	
经营性负债							
应付账款——无息[2]		720		523		468	
应计负债[3]		921		999		468	(6)
应付所得税		118		131		83	
递延所得税负债及其他负债		418	2 177	258	1 911	142	1 461
			4 551		4 330		4 460	(2)
净金融负债							
现金等价物[1]		(767)		(581)		(527)	(4)
短期投资		(401)		—		—	
一年内到期的长期负债		7		206		55	
应付票据[4]		146		75		425	
应付账款——带息[2]		44		50		36	
长期负债		682		552		626	
可赎回优先股[5]		0	(289)	0	302	0	616	(3)(5)
普通股权益[6]			4 840		4 028		3 844	(1)(6)

[1] 现金及现金等价物在经营性现金与现金投资间做了划分。经营性现金按照销售收入的 0.5% 估算。

[2] 带息应付账款属于金融负债。

[3] 应计费用不考虑应付股利，应付股利属于所有者权益。

[4] 应付票据是带息的。

[5] 优先股不超过 50 万美元。

[6] 递延补偿未计入预付费用中。参见第 8 章。

以上数据皆四舍五入。

表 9.4　锐步公司 2002—2004 年 GAAP 下的资产负债表与重新编制的资产负债表

重新编制的报表中右边的数字对应正文中的内容。

锐步
GAAP 下资产负债表
（单位：千美元）

	12 月 31 日		
	2004	2003	2002
资产			
流动资产			
现金及现金等价物	565 233	693 599	642 367
应收账款净值（已减去坏账准备，2004、2003、2002 年分别为 81 280、70 823 和 60 906）	660 599	532 320	421 750
存货	458 435	352 692	399 664
递延所得税资产	111 516	100 070	117 649
预付费用及其他流动资产	61 730	48 169	32 137
流动资产总计	1 857 513	1 726 850	1 613 567
固定资产净值	183 799	149 765	134 767
其他非流动资产			
商誉净值	124 125	24 690	23 431
无形资产净值	196 138	42 296	43 821
递延所得税资产	44 892	22 478	19 391
其他	34 161	23 663	25 795
总资产	2 440 528	1 989 742	1 860 772
负债及所有者权益			
流动负债			
应付银行票据	63 179	8 055	18 971
一年内到期非流动负债	100 627	163	125
应付账款	183 853	155 904	166 148
应计费用	386 725	374 849	350 019
应付所得税	71 930	27 017	44 657
流动负债总额	806 314	565 988	579 920
长期负债	360 126	353 225	353 329
少数股东权益	8 514	11 657	6 858
其他长期负债	45 718	25 162	36 095
预计负债	—	—	—
股东权益			
普通股（面值 0.01 美元，授权发行 250 000 股，2004、2003 年实际发行分别为 101 827 股和 101 081 股）	1 018	1 011	992
留存收益	1 985 324	1 796 321	1 602 453
减：库存股（以成本计价，2004、2003 年分别为 42 619 和 41 473）	(780 510)	(740 189)	(660 422)
递延补偿	(5 804)	(1 225)	(1 730)
累计其他综合收益	19 928	(22 208)	(56 723)
股东权益合计	1 219 956	1 033 710	884 570
负债及所有者权益合计	2 440 628	1 989 742	1 860 772

重编后的资产负债表
（单位：百万美元）

	2004		2003		2002	
净经营资产						
经营性资产						
现金[1]		19		17		16	(4)
应收账款净值（已减去坏账准备，2004、2003、2002 年分别为 81、71 和 61）		661		532		422	
存货		458		353		400	
递延所得税资产		156		123		137	
预付费用等他流动资产[2]		68		49		34	
固定资产		184		150		135	
商誉		124		25		23	(8)
商标及其他无形资产	200		46		46		(8)
累计摊销	(4)	196	(4)	42	(2)	44	(8)
其他资产[2]		36		24		25	
经营资产合计		1 900		1 314		1 236	
经营性负债						
应付账款		184		156		166	
应计费用		387		375		350	
应付所得税		72		27		45	
其他负债	46	688	25	583	36	597	
		1 212		731		639	(2)
净金融负债[3]						
现金等价物[1]		(546)		(677)		(626)	(4)
应付票据		63		8		19	
一年内到期长期负债		101		0		0	
长期负债		360		353		353	
		(23)		(316)		(254)	(3)
普通股与少数股东权益		1 235		1 047		893	
少数股东权益		9		12		7	(7)
普通股权益[2]		1 226		1 035		886	(1)

[1] 现金及现金等价物在经营性现金与现金投资间做了划分。经营性现金按照销售收入的 0.5% 估算。

[2] 普通股权益中不包含递延补偿（已计入预付费用中）。详见第 8 章重新编制后的股东权益表。

重新编制的资产负债表描绘了以下图景。所有者权益等于净经营资产减净金融负债；净经营资产中不包含经营性负债（如应付款项），因为这类负债实际上减少了股东的经营活动投资；净金融负债中不包含金融性资产，因为金融性资产可以随时偿付债权。如果净金融负债为负，如耐克 2004 年和锐步 2002—2004 年的情况，则说明企业有金融资产净头寸。经过如此分类的资产负债表，有助于分析企业经营活动和融资活动的盈利能力。

表 9.5 中微软公司持有巨额金融资产，包括现金等价物、短期债券、长期债券等。2002

年,其 521.8 亿美元的股东权益,投资于净经营资产 115.74 亿美元,投资于净金融资产 406.06 亿美元。微软具有较强的自由现金流获取能力,所获取的现金多投资于国库券和其他生息证券。这实际上是储备现金,而不是再投资于经营活动,因此重编后的资产负债表中没有将其归入经营资产。此外,股权投资属于经营性资产,债权投资则属于金融性资产。注意,微软对 AT&T 可转换优先债券的投资属于广义上的经营性资产。

表 9.5 微软公司 2002 年重新编制的资产负债表

微软公司
2002 年重新编制的比较资产负债表
（单位：百万美元）

	会计年度截止日 6 月 30 日			
	2002 年		2001 年	
净经营资产				
经营资产				
经营现金[1]		50		50
应收账款净值		5 129		3 671
存货		637		83
递延所得税		2 112		1 522
固定资产净值		2 268		2 309
股权投资		9 151		8 780
可转换优先债券[2]		3 036		3 925
商誉		1 426		1 511
无形资产净值		243		401
其他资产		2 952		3 372
		27 040		25 624
经营负债				
应付账款	1 208		1 188	
应计员工补偿	1 145		742	
应付所得税	2 022		1 468	
递延收入	7 743		5 614	
优先股所得税	398		409	
其他负债	2 950	15 466	2 120	11 541
		11 574		14 083
净金融资产				
现金等价物				
短期投资	2 966		3 872	
长期债务投资	35 636		27 678	
普通股股东权益	2 004	40 606	1 656	33 206
		52 180		47 289

[1] 现金和现金等价物被分为经营现金和金融资产。
[2] AT&T 公司的可转债在广义上与投资相关。

微软持有这些金融资产作何用？该公司没什么负债,因而可以肯定不是用来偿还债务的。其实,如果出现新的投资机会,微软就会处置这些金融资产,然后将资金投入新的经营资产。此外,金融资产也可以用来支付股利。事实上,2004 年微软公司的金融资产高达 600 亿美元,微软用这些金融资产向股东支付了 345 亿美元的特别股利,这是其自成立以来首次支付股利。

9.2 重新编制利润表

利润表报告净经营资产和净金融资产产生的收益和损失。GAAP下的利润表有多种格式,但其基本项目在表9.6中都已列出。

表9.6 典型的GAAP下的利润表

销售收入净额(销售收入减销售折让)
+ 其他收入(特许权收入、租金收入、许可权收入)
− 销售成本
= 销售毛利

− 营销和广告费用
− 一般费用
− 管理费用
± 特殊项目
　重组费用
　兼并费用
　资产销售利得和损失
　资产减值损失
　诉讼费用
　环境保护支出
− 研究和开发费用

+ 利息收入
− 利息(费用)
± 证券已实现利得和损失
± 交易性证券未实现利得和损失
+ 在子公司收益中所占份额
= 税前收益

− 所得税
= 非经常项目和终止经营项目之前的收益

± 终止经营项目
± 非经常项目
　债务重组利得和损失
　经营中的非正常利得和损失
± 会计变更的累计影响
− 少数股东损益
= (净)收益

重新编制后的利润表将这些项目分为经营性和金融性两大类。不过,就像表 9.7 所示,重新编制后的利润表还包含了股东权益表中的非清洁盈余项目。第 7 章中模板所定义的两个部分,"经营收益"以及"净财务费用"都在这里定义了,同时也包含了非清洁盈余和费用(包括在重新编制的股东权益表中发现的隐藏项目)。通过这些经营性和金融性部分,我们可以看到更多的信息。为了分析盈利能力,我们需要分析和顾客交易的盈利能力,因此销售活动带来的经营收益和非销售活动带来的经营收益可以被区分开来。例如,根据权益法确认的子公司收益中的份额是一个净值,即子公司的销售收入减去经营费用,就不是利润表最上方的销售收入产生的。同样,合并费用以及资产转让利得或损失也都不是。最终,重新编制的报表会将税收进行分摊,从而使其中每一部分都是税后净值。

表 9.7　重新编制的综合收益表

(1) 经营项目与金融项目做了区分。(2) 销售活动带来的经营收益与其他经营收益做了区分。(3) 所得税已分摊到报表的各个部分中。

重新编制的综合收益表
净销售收入
－ 为取得销售收入而支出的经营费用
销售活动带来的经营收益(税前)
－ 销售活动带来的经营收益的所得税
+ 报告的所得税
+ 净财务费用的税收利益
－ 分配至其他经营收益的所得税
销售活动带来的经营收益(税后)
± 需要税收分摊的其他经营收益(费用)
重组支出和资产减值
合并支出
资产出售利得和损失
证券交易利得和损失
－ 其他经营收益所得税
± 税后经营性项目
在子公司收益中所分享的份额
非经常收益中的经营项目
表 8.1 中非清洁盈余中的经营项目
<u>隐蔽的非清洁盈余中的经营项目</u>
经营收益(税后)
－ 税后净财务费用
+ 利息费用
<u>－ 利息收入</u>
± 金融资产已实现利得和损失
= 税后净利息费用
± 债务重组利得和损失
± 表 8.1 非清洁盈余中的金融项目(包括优先股股利)
± 隐蔽的非清洁盈余中的金融项目(包括优先股股利)
－ 少数股权收益
<u>**= 综合收益**</u>

税收分摊

所得税在 GAAP 下以两种方式报告。所得税费用在利润表中的净利润之前。当然公司在所得税之后支付的项目也可能要交税，包括权益表中报告的收益。不过，所得税之后的非经常项目和其他项目都是在扣除所得税后入账的，就像非清洁盈余一样。因此，不需要给这些项目分配所得税。这些项目都被列在表 9.7 经营和金融部分中的税后项目部分。

收益的两个部分，经营性收益和金融性收益，都与税收有关。但是利润表中只有所得税这一个数字，所以这一数字必须分摊到两个部分中，使这两个部分都反映税后金额。这一过程称为税收分摊。首先，计算由于债务利息费用而减少的税收额，将其反映在经营收益中。这部分税收利益——有时候也被称为债务的税盾效应——计算如下：

$$税收利益 = 净利息费用 \times 税率$$

税后净利息费用为：

$$税后净利息费用 = 净利息费用 \times (1 - 税率)$$

公司是根据其所得额来确定税率的，如果公司所得税实行超额累进税率，那么我们计算用的税率称为边际税率，也就是在征收所得税时使用的最高税率。利息费用也是在这个税率基础上减少了税收。不要将边际税率与实际税率混淆起来。实际税率是用所得税费用除以利润表中的税前收益得出的值（考虑了公司的各种税收利益）。实际税率在报表附注中列出，但是在税收分摊时不用这个值。在不实行超额累进税率制的美国，边际税率通常为联邦和州所得税的最高法定税率。如果跨国公司在其他国家发行债券，并且因为在他国支付的利息费用而获得了税收利益，则使用该国的法定税率。

如果没有债务的税盾效应，经营收益负担的税收将会提高，因此减少净利息费用的收益被分摊到经营收益中。因此，经营收益对应的所得税为：

$$经营收益的所得税 = 报告的所得税费用 + (净利息费用 \times 税率)$$

如果企业有净利息收益（当金融资产多于金融负债时），那么金融活动使税收增加而不是减少，同时经营活动的税收分摊减少。无论怎么样，我们的目的是计算出与金融活动无关的税后经营收益：如果没有金融活动，税后经营收益将是多少？这么做，很好地度量了在仅考虑从事经营活动引发的税收的情况下，经营活动的盈利能力。

有一种情况不需要做这种计算，即企业出现亏损，所以无法获得利息费用带来的税收利益。在这种情况下，边际所得税率为 0。但这种情况在美国并不普遍。应税的经营净损失可以向前追溯两年，从前两年的应税所得中扣除；或者向后在未来 20 年内抵扣。所以只有当企业的亏损不能向前追溯和向后抵扣时，才会丧失税收利益。

优先股股利通常在计算所得税时不允许税前扣除，因此，它不能带来税收利益。例外的情况是，优先股股利支付给员工持股计划，此时税收利益确认为非清洁盈余而在利润表中反映。在近来的金融创新中，企业设立全资的信托机构发行优先股，然后公司再向信托机构借入发行优先股的所得。如果信托机构与公司合并报告，则公司因为支付给信托机构的利息获得了税负减少的好处，同时确认信托机构支付的优先股股利。这样做，实际上是因为公司支付优先股股利而获得了税负减少的好处。

回到表 9.7，你可以发现我们已经计算了融资活动中增加或减少所得税的项目，但是没有计算未产生税负的项目（比如优先股）或者税后项目。融资活动的税收利益随后会被加到报表所得税之上,以计算经营活动的所得税。经营活动的所得税再分为销售产生的经营收益的所得税和其他经营收益的所得税。这样,税收就被分摊在报表的各种产生所得税的收益中,如果有的部分可以抵税,那么就分配负的所得税。

耐克和锐步的例子简要地说明了所得税的分摊。阅读材料9.5给出了一个简单的实例,并比较了自上而下法和自下而上法。

所得税费用的分摊方法:自上而下法与自下而上法

我们分别采用自上而下法和自下而上法对下表中左侧的简单利润表进行税收分摊,以计算税后经营收益(假定所得税率为35%)。

GAAP下利润表		自上而下法		自下而上法		
收入	4 000	收入	4 000	净利润		350
经营费用	(3 400)	经营费用	(3 400)	利息费用	100	
利息费用	(100)	税前经营收益	600	利息抵税	35	65
税前利润	500	所得税费用:		税后经营收益		415
所得税费用	(150)	报表所得税	150			
净利润	350	利息抵税	35	(185)		
		(100×0.35)				
		税后经营收益		415		

自上而下法从收入开始,调整报表中融资活动所涉及的所得税。自下而上法则从净利润开始,调整净利润中的财务损益,从而计算税后经营收益。

经营收益的实际税率为:

$$\frac{185}{600} = 30.8\%$$

为何小于35%的法定税率?这就体现了经营活动中的抵税收益。研发活动有税收优惠,在特定工业园区设立工厂也有税收优惠,这些都降低了企业的有效税率。但这些税收优惠都是针对经营活动的,融资活动并没有,因此金融收益的税负与法定税率一样。

所得税分摊的结果是得到了针对经营活动的修正的实际税率:

$$\text{经营活动的实际税率} = \frac{\text{经营收益所得税}}{\text{税收、权益收益、非常项目和非常盈余项目之前的经营收益}}$$

税收筹划的利益(例如,使用投资和折旧的税收备抵和税收扣除,利用亏损的向后抵扣)来自经营活动,上述指标是计量这种利益的有效工具。因为对子公司权益投资的收益、非常项目和非清洁盈余项目是以税后金额报告的,所以在前面比率的计算中,分母中未将这些收益项目计算在内。会计诊所Ⅵ将讨论所得税的会计处理问题。

会计诊所 Ⅵ

所得税的会计处理

所得税将税收和产生税收的收益配比在一起,所以分析师都明白收益(或损失)是税后结果。由于收益在披露(在利润表中)时,可能并没有被征税(企业报税时),因此这种配比导致了递延所得税负债和递延所得税资产的产生。

会计诊所Ⅵ会介绍递延所得税会计处理的详细内容,也涉及其他税收问题,比如经营损失的向后结转和递延所得税资产的计价备抵。它还展示了所得税在财务报表中是如何被分摊到收益的不同部分的。

重新编制利润表过程中的相关问题

除了税收分摊外,与资产负债表一样,利润表的重新编制也是一个重新分类的过程。但是,正如资产负债表的重新编制过程一样,分析者必须了解企业的业务。利息收益通常来源于金融资产,但是因向消费者提供信贷而获得的利息收益属于经营收益。在重新编制利润表的过程中,需要注意以下几个问题:

- 披露不充分是个常见的问题。

对子公司权益投资的收益中可能既包括经营收益,也包括财务收益,但这两个部分通常是很难区分的。既然资产负债表中把对子公司的投资作为经营性项目,那么利润表中也应做相应的处理。

将汇兑损益划分为经营性和金融性两部分是相当困难的。

对一些费用进行细分并不容易。尤其是销售费用、管理费用等,它们通常数额较大,但在附注中几乎没有做任何详细解释。

利息收益通常都放入经营活动的"其他收益"中。如果是这种情况,可以通过用期间的平均资产余额乘以利率来估计利息收入。如果金融资产都是流动资产,利率可以用短期利率。

- 非经常项目的非正常利得和损失,与终止经营项目一样,都是属于经营性的,但是非经常项目中的债务重组利得和损失属于金融性项目。

- 根据GAAP,企业为建造固定资产而发生的利息费用应予以资本化,计入资产成本,反映在资产负债表中。这项利息费用就如投入资产中的原材料和劳动力一样,视为建造成本。这种会计处理混淆了经营性和金融性活动;劳动力和原材料成本属于对资产的投资,而利息费用属于为资产进行融资而发生的成本。结果很可能是,相对于资产负债表中的负债而言,利润表中反映的利息费用很少。但是很难使这些资本化的利息恢复原状,因为它已经与其他建造成本一起,以折旧的方式进入利润表中,很难追溯。由于包含了资本化利息的折旧费用属于经营性费用,这种会计处理也就扭曲了经营活动的盈利能力。

- 重新编制后的报表可以根据公司部门来编制(根据报表附注中的内容),这样做可以揭示更多经营活动的信息。

对股东权益表的分析是重新编制利润表的基础,因为重新编制利润表需要确认非清洁盈余——包括隐蔽的非清洁盈余——并将其计入利润表中。表9.8给出了2004年耐克和锐步重新编制的股东权益表,其中包括综合收益——重新编制的利润表必须计入的项目。综合收益包括股票期权行权的损失,在上一章我们讨论过。

表 9.8 耐克公司和锐步公司 2004 年重新编制后的股东权益表(单位:百万美元)

这些报表将员工期权行权的损失列入综合损益中。报表报告,耐克公司的综合收益为 10.19 亿美元,锐步公司的综合收益为 2.14 亿美元。

	耐克			锐步		
2003 年 5 月 31 日余额			4 028			1 035
与股东的交易:						
新股发行(以市价计)	388			83		
股票回购	(416)			(88)		
普通股股利	(179)		(207)	(18)		(23)
综合收益						
报表净利润		946			192	
外币折算利得		28			38	
金融工具套期利得		126			4	
期权行权损失	127			32		
税收利益	(47)	(80)	1 019	12	(20)	214
2004 年 5 月 31 日余额			4 840			1 226

表 9.9 是耐克公司根据 GAAP 编制的 2004 年比较利润表,以及重新编制的利润表。① 表 9.10 重新编制了锐步公司的利润表。对重新编制后的利润表,要注意以下问题(序号分别对应报表中标记的数字):

1. 非清洁盈余项目在报表中得到了反映,因此报表的最后一项是在表 9.8 中计算过的综合收益。

2. 重新编制的报表将经营收益区分为销售收入产生的经营收益和来自销售以外的经营收益。这种区分清晰地度量了销售收入的净利率和经营收益的实际所得税率。其他项目产生的经营收益都按税后净额分别列示。

3. 税收按照联邦和州的法定税率进行了分摊,联邦税率加上州的税率为 35%;该税率可以从报表税收的附注里查到。耐克公司 2004 年来自销售收入的经营收益的实际税率是 34.8%(513/1 474 = 34.8%),而锐步公司的实际税率是 25.3%(73/289 = 25.3%)。

4. 附注中披露了部分费用项的详细内容,但没有披露管理费用和销售费用的详细内容。这种披露不充分的情况很常见。

5. (锐步公司利润表中的)少数股东损益并没有拆分为经营收益和财务收益两部分。如果能得到子公司的财务报表便可以进行这种分摊,这样就可以确定少数股东损益的类型。

---

① 耐克和锐步的报表都包括会计变更的影响。2006 年起,如果会计政策发生自愿变更,美国的公司都必须修正过去的盈余数字,以反映变更的影响。

表 9.9 耐克公司 2002—2004 年 GAAP 下合并利润表与重新编制后的利润表

重编后的利润表将 GAAP 下的报表分为经营收益（经营收入减经营费用）和净财务费用（财务费用减财务收益）两部分,加上了非清洁盈余项目,并做了适当的所得税分摊。重编后利润表中最右边的数字对应于文中相应项目。

耐克
GAAP 下利润表
（单位:百万美元）

	2004	2003	2002
收入	12 253.1	10 697.0	9 893.0
销售成本	7 001.4	6 313.6	6 004.7
销售毛利	5 251.7	4 383.4	3 888.3
销售与管理费用	3 702.0	3 154.1	2 835.8
净利息费用（注 6 和注 7）	25.0	28.8	34.0
其他净费用（注 16）	74.7	77.5	1.2
未考虑会计政策变更的税前利润	1 450.0	1 123.0	1 017.3
所得税费用（注 8）	504.4	382.9	349.0
未考虑会计政策变更前利润	945.6	740.1	668.3
会计政策变更税后影响(3 年分别为 -、- 和 3.0)（注 4,注 1）	—	266.1	5.0
净利润	945.6	474.0	663.3

附注见公司披露报表。参考 2004 年 10-K 报告。

重编后的利润表
（单位:百万美元）

	2004		2003		2002		
经营收入	12 253		10 697		9 893		
销售成本	7 001		6 314		6 005		
销售毛利	5 525		4 383		3 888		
经营费用							
管理费用	2 312		1 983		1 805		
广告支出[1]	1 378		1 167		1 028		(4)
无形资产摊销[1]	12		4		3		(4)
其他费用[2]	75	3 777	78	3 232	1	2 837	
销售收入产生的经营收益（税前）		1 747		1 152		1 051	
所得税							
报表所得税	504		383		349		
金融项目所得税[3]	9	513	11	394	13	362	(3)
销售收入产生的经营收益（税后）		961		758		689	(2)
其他经营收益（税后）							
汇兑损益	28		127		(2)		(1)(2)
员工股票期权行权损失	(80)		(21)		(23)		(1)(2)

（续表）

	2004	2003	2002	
衍生品利得与损失（来自股东权益表）	126	(175)	(96)	(1)(2)
会计政策变更影响（商誉减值）[4]	74 (266)	(335)	52 69	(1)(2)
税后经营收益	1 035	423	620	
财务费用(或收入)				
利息费用	40	43	48	
利息收入[5]	(15) 25	(14) 29	(14) 34	
所得税影响[3]	(9)	(11)	13	(3)
净利息费用	16	18	21	
优先股股利[6]	0	0	0	(1)
	16	18	21	
综合收益	1 019	405	589	(1)

[1] 从销售与管理费用中分解得来。
[2] 其他支出主要是外汇套期净损失。
[3] 2002年、2003年、2004年法定税率分别为37.2%、37.5%、37.1%，包括联邦税和州税。见所得税附注。
[4] 2.66亿美元为根据FASB第142号公告计提的2003年的商誉减值准备；2002年的数字包括了股东权益表报告的5 700万美元影响。
[5] 利息收入为减去利息费用后的净值。
[6] 优先股股利不超过50万美元。
以上数据均四舍五入。

表9.10 锐步公司2002—2004年GAAP下的利润表和重新编制的利润表

重编后利润表中最右边的数字对应于文中相应项目。

锐步
GAAP下利润表
（单位：千美元）

	会计年度截止于12月		
	2002	2004	2003
销售净收入	3 785 284	3 485 316	3 127 872
成本与费用：			
销售成本	2 287 283	2 147 111	1 930 203
销售与管理费用	1 203 654	1 085 841	981 813
利息费用	26 073	25 590	23 848
利息收入	(12 661)	(8 183)	(9 319)
债务提前偿还损失		10 228	
其他净费用	4 911	805	5 940
	3 519 488	3 251 164	2 932 485
所得税、少数股东损益、会计政策变更累计影响前利润	265 796	234 152	195 387

（续表）

	会计年度截止于12月		
	2002	2004	2003
所得税	68 491	72 119	60 570
少数股东损益和会计政策变更累计影响前净利润	197 305	162 033	134 817
少数股东损益	4 880	4 779	3 289
会计政策变更累计影响前净收益	192 425	157 254	131 528
会计政策变更累计影响（税后）	—	—	(5 070)
净利润	192 425	157 254	126 458

重编后的利润表
（单位：百万美元）

	2004		2003		2002		
经营收入	3 785		3 485		3 128		
销售成本	2 287		2 147		1 930		
销售毛利	1 498		1 338		1 198		
经营费用							
管理费用	1 067		936		851		
广告支出[1]	137		150		131		(4)
其他费用	5	1 209	1	1 087	6	988	
来自销售收入的经营收益（税前）		289		251		210	
所得税							
报表所得税	68		72		61		
金融项目所得税[2]	5	73	6	78	5	66	(3)
来自销售收入的经营收益（税后）		216		173		144	(2)
其他经营收益（税后）：							
汇兑利得		38		49		37	(1)(2)
员工股票期权行权损失		(20)		(17)		(7)	(1)(2)
衍生品利得与损失		4		(14)		(23)	(1)(2)
会计政策变化影响		—		22		—	18	(5)	2	(1)(2)
税后经营收益		237		191		146	
财务费用（收益）							
利息费用	26		26		24		
利息收入	(13)		(8)		(9)		
所得税影响[2]	(5)	13	18	(6)	15	(5)	(3)
税后净利息费用		8		12		10	
债务偿还损失		10		—		—	
		18		12		10	
未考虑少数股东损益的综合收益		219		179		136	
少数股东损益		5		5		3	(5)
归属于普通股股东的综合收益		214		174		133	(1)

[1] 来自公司披露的利润表中的销售与管理费用。
[2] 2002年、2003年、2004年边际税率分别为35.5%、35.9%、35.9%，包括联邦税与州税。
以上数据均四舍五入。

耐克公司重新编制的财务报表在本书网站的"BYOAP"部分可以看到。参见阅读材料9.6。

耐克公司,1996—2002年

在本书网站的BYOAP部分,继对耐克公司1996—2003年的情况做了分析之后,又给出了2004年重新编制的财务报表。通过浏览这些内容,你可以追溯更长时期内耐克公司的表现,了解更多的信息以对2004年进行估值。下面是BYOAP上重新编制报表的摘要(单位:百万美元):

	2002	2001	2000	1999	1998	1997	1996
销售收入	9 893	9 789	8 995	8 777	9 553	9 187	6 471
税后经营收益	620	577	557	449	410	797	549
综合收益	599	549	537	430	384	777	535
净经营资产	4 460	4 517	4 402	3 993	4 042	3 674	2 659
净金融负债	616	1 022	1 254	658	780	518	228
普通股股东权益	3 844	3 495	3 148	3 335	3 262	3 156	2 431

表9.11给出了微软公司重新编制的利润表,与表9.5中重新编制的资产负债表相对应。GAAP下的利润表在表的前面给出。在GAAP下的报表中,有一项为经营收益,紧随其后的是权益法下的权益投资损失和投资收益。正如我们在资产负债表中看到的,微软公司有大量的金融资产,且这些资产的利息包含在投资收益中。但是,投资收益也包含了经营性权益投资的利得和损失。根据附注信息,重新编制的报表将收益分成了经营性部分和金融性部分;然后,又将经营收益区分为来自销售收入的经营收益和微软权益投资组合产生的经营收益。当然,重新编制后的报表是以综合收益为基础的,所以权益表中的经营性收益和金融性收益都反映在了重新编制的利润表中。

表9.11 微软公司2001—2002年GAAP下的利润表和重新编制后的利润表

	微软公司 GAAP下的利润表 (单位:百万美元)	
	会计年度截止日6月30日	
	2002	2001
收入	28 365	25 296
经营费用:		
销售成本	5 191	3 455
研发支出	4 307	4 379
销售与营销费用	5 407	4 885
管理费用	<u>1 550</u>	<u>857</u>

(续表)

	会计年度截止日 6 月 30 日	
	2002	2001
经营费用小计	16 455	13 576
经营收益	11 910	11 720
权益投资损失	(92)	(159)
投资收入（损失）	(305)	(36)
税前利润	11 513	11 525
所得税费用	3 684	3 804
考虑会计政策变更前利润	7 829	7 721
会计政策变更累计影响（税后）	—	(375)
净利润	7 829	7 346

重编后的利润表
（单位：百万美元）

	会计年度截止日 6 月 30 日			
	2002		2001	
收入	28 365		25 296	
经营费用：				
销售成本	5 191		3 455	
研发支出	4 307		4 379	
销售与营销费用	5 407		4 885	
管理费用	1 550		857	
	16 455		13 576	
来自销售收入的经营收益（税前）	11 910		11 720	
报告所得税	3 684		3 804	
其他经营收益所得税	872		756	
金融收益所得税	(758)	3 798	(743)	3 817
来自销售收入的经营收益（税后）		8 112		7 903
利润表中的投资收益[1]：				
股利	357		377	
投资出售已实现利得	2 121		3 003	
投资永久性减值	(4 323)		(4 804)	
未实现衍生工具损失	(480)	(2 325)	(592)	(2 016)
投资收益所得税（税率37.5%）[2]	872		756	
		(1 453)		(1 260)
股东权益表中的投资收益（税后）：				
未实现可转债损失	—		(829)	
衍生工具利得和损失	(91)		634	
权益投资未实现损失	(281)		(707)	
投资总收益		(1 825)		(2 162)
子公司权益投资损失		(92)		(159)
外币折算利得及其他		82		(39)
会计政策变更的累计影响		—		(450)

(续表)

	会计年度截止日 6 月 30 日	
	2002	2001
其他收益总额	(1 835)	(2 810)
经营收益总额	6 277	5 093
净金融收入		
利息收入[3]	1 762	1 808
短期投资已实现利得[1]	258	172
	2 020	1 980
所得税(税率37.5%)[4]	758	743
	1 262	1 237
权益投资的金融收入(税后):		
未实现金融资产利得	286	76
金融收入总额	1 548	1 313
综合收益	7 825	6 406

[1] 在 GAAP 利润表中属于投资收益科目,细节详见附注。
[2] 投资损失可以税前抵扣。
[3] 利息收入在 GAAP 利润表中属于投资收益科目。
[4] 净财务收益为正,说明金融活动增加了所得税,而不是减少了所得税。

因为微软有净财务收益(而不是财务费用),其金融活动会引起税收增加(而不是减少税收),这样分摊到经营收益的税收会减少。净的投资损失会带来税收利益,将这种利益分摊回销售收入产生的经营收益,说明如果没有投资损失的话,税收会更高些(来自权益表中的项目是税后净值)。

表 9.11 中重新编制后的报表描绘出了以下图景:微软公司从事软件销售,进行权益组合投资(持股比例小于 20%),并且投资于持股超过 20% 的子公司(被认为能对其经营活动产生相当的影响)。重新编制后的报表确定了上述三项经营活动的税后收益,并且提供了关于投资绩效的更多信息。在 GAAP 利润表中不仅确认了实现的利得和损失,在权益表中还报告了未实现的利得和损失。因此,不管企业是否卖出了投资,我们都能了解到投资组合的整体运行情况[投资者没有被企业的"摘樱桃"(cherry picking)行为所欺骗,"摘樱桃"是指企业卖出价值业已提高的投资来增加净收益,却把未实现的损失留在权益表中]。除了这些经营活动之外,微软公司还将剩余现金投资于金融资产,由这些资产产生的收益也得以确定(而没有与经营收益混淆)。

9.3 资产负债表与利润表的比较分析

为了对企业的业绩做出判断,分析师需要有判断标准。这个标准通常是建立在与其他企业(一般为同行企业)进行比较的基础上,或者建立在与本企业历史数据进行比较的基础上。与其他企业的比较被称为横向分析,与本企业历史数据进行的比较被称为时间序列分析。当对财务报表进行横向比较分析时,通常使用共同比分析;当对不同时期的财务报表进行比较分析时,通常使用趋势分析。

共同比分析

共同比分析是一种消除规模影响的标准化方法。表中的每一项目都表示为某一共同指标的百分比。如果这一共同指标是经过仔细选择的,而且使用了重新编制后的报表,那么,共同比财务报表中的比率数字可以揭示出企业经营活动的相关特点。如果用共同比财务报表来比较不同企业,或不同时期,那么这种分析可能会揭示出一些需要进一步研究的特点。

共同比利润表

表 9.12 是耐克公司 2004 年重新编制后的共同比利润表,并且将该共同比利润表与锐步公司的共同比利润表进行了比较。经营收入、费用以及净综合收益,都是以占经营收入的百分比来表示的。

表 9.12 耐克公司和锐步公司 2004 年共同比利润表

(以百万美元为单位,百分比为与每美元销售收入之比)

共同比利润表反映了销售活动的盈利能力,以及每个费用项目对销售活动盈利能力的影响。

	耐克		锐步	
	金额	比重(%)	金额	比重(%)
收入	12 253	100.00	3 785	100.0
销售成本	7 001	57.1	2 287	60.4
销售毛利	5 252	42.9	1 498	39.6
经营费用				
管理费用	2 312	18.9	1 067	28.4
广告支出	1 378	11.2	137	3.6
摊销及其他	87	0.7	5	0.1
来自销售收入的经营收益(税前)	1 474	12.0	289	7.6
来自销售收入的经营收益所得税	513	4.2	73	1.9
来自销售收入的经营收益(税后)	961	7.8	216	5.7
其他经营收益	74	0.6	22	0.5
经营收益(税后)	1 035	8.4	237	6.3
净财务费用(收入)	16	0.1	18	0.5
归属于普通股股东的综合收益	1 019	8.3	214	5.7

比较性共同比利润表能够揭示两方面的问题:

• 不同的企业在开展业务活动时有何不同,从而导致的收入和费用的结构有何不同。这两个公司有着相似的收入和费用来源,所以是很好的比较对象。耐克公司每美元销售收入的成本最低(57.1%),管理费用占销售收入的比例也最低(18.9%),但是其广告费用较高(11.2%)。

• 销售产生的经营回报率。既然在共同比报表中每个经营性项目都除以销售收入,那么报表中的共同比数字就能够指出这些项目在每单位销售收入中所占的比例。因此,报表中的经营费用数字实际上指的是销售收入中被费用吸收的比例,而经营收益项目实际上指的是销售收入中收益所占的比例。后一数字非常重要:

来自销售收入的回报率(销售净利率) = 来自销售收入的经营收益(税后) / 销售收入

耐克公司的销售净利率为 7.8%，而锐步公司的销售净利率为 5.7%。另外，也可以像表中那样，计算税前经营收益和费用总额占销售收入的比率。回顾一下表中的费用比率，则不难看出，锐步公司的销售净利率之所以比耐克公司低，主要是由于其销售成本和销售费用、管理费用较高。这些差异凸显了公司业务的不同特点，同时也引导分析师去发现能够解释这些差异的信息，从而解释为什么对这些公司的估值不同。

最后得出的以占销售收入百分比形式表示的综合收益数据是（综合的）净利率。将这一数据与销售净利率相比较，就会明白企业的利润中有多少是融资活动取得的。耐克公司每美元销售收入赚得 8.3 美分的净利润，而锐步公司是 5.7 美分。

共同比资产负债表

共同比资产负债表通常以总资产为基准，但如果用重新编制后的资产负债表，那么就要用其他方法来确定共同比：对经营资产项目，以经营资产总额为共同比；对经营负债项目，以经营负债总额为共同比。两家企业的共同比资产负债表的经营部分见表 9.13。表中的百分比描述了投入经营净资产的各个组成部分的相对比例。当资产负债表以这种形式列示时，你很容易发现两个企业间的差异。试着比较两个企业投资于应收账款、存货、不动产、厂房和设备等资产的相对数额。

表 9.13 耐克公司和锐步公司 2004 年比较性的共同比资产负债表

共同比资产负债表反映了构成经营资产、经营负债、金融资产和金融负债的各项目的相对比重。

	耐克		锐步	
	金额（百万美元）	比重（%）	金额（百万美元）	比重（%）
经营资产				
经营现金	61	0.9	19	1.0
应收账款	2 120	31.5	661	34.8
存货	1 634	24.3	458	24.1
预付费用	370	5.5	68	3.6
固定资产(不动产、厂房和设备)	1 587	23.6	184	9.7
商誉	135	2.0	124	6.5
商标等无形资产	400	5.9	200	10.5
累计摊销	(34)	(0.5)	(4)	(0.2)
递延所得税及其他资产	456	6.8	190	10.0
	6 729	100.0	1 900	100.0
经营负债				
应付账款	720	33.1	184	26.7
应计负债	921	42.3	387	56.3
应交所得税	118	5.4	72	10.5
递延所得税及其他负债	418	19.2	46	6.7
	2 177	100.0	688	100.0
净经营资产	4 551		1 212	

趋势分析

表9.14给出了耐克公司2000—2004年的趋势数据。参见阅读材料9.6。趋势分析中，报表反映的是各项目相对基年数额的指数。对耐克公司而言，以1999年为基年，其相应的指数为100。

表9.14 耐克公司2000—2004年部分财务报表项目的趋势分析（以1999年为基年，基数为100）

趋势分析能够反映财务报表项目随时间增长或下降的情况。

	2004	2003	2002	2001	2000	基年1999（百万美元）
销售收入	139.6	121.9	112.7	108.1	102.5	8 777
销售成本	127.4	114.9	109.3	105.3	98.4	5 494
销售毛利	160.0	133.5	118.4	112.8	109.4	3 283
经营费用	153.5	131.3	115.3	111.3	107.4	2 461
来自销售收入的经营收益（税前）	179.3	140.1	127.9	117.5	115.3	822
来自销售收入的经营收益（税后）	193.0	152.2	138.4	124.1	119.9	498
经营收益	202.4	192.4	147.9	128.5	124.1	449
归属于普通股股东的综合收益	237.0	94.2	139.3	127.6	124.9	430
资产负债表						
应收账款	137.7	135.3	117.3	105.3	101.8	1 540
存货	139.5	129.4	117.3	121.6	123.5	1 171
固定资产（不动产、厂房和设备）	125.3	128.0	127.5	127.1	125.1	1 266
经营资产	132.0	122.4	116.1	109.8	111.4	5 099
应付账款	151.9	110.3	98.7	91.1	114.8	474
应计负债	166.5	180.7	138.9	85.4	112.5	553
经营负债	196.7	172.6	132.0	92.9	115.3	1 107
净经营资产	114.0	108.5	111.7	114.6	110.3	3 992
净金融负债	-43.9	45.9	93.6	162.5	191.6	658
普通股权益	145.1	120.8	115.3	105.1	94.4	3 335

趋势分析刻画了财务报表项目是如何随着时间而变化的。净经营资产指数反映了企业是否有增加经营投资的趋势，以什么比率在增加，或者企业是否正在变现经营资产。普通股权益指数揭示了历年来股东投资的增加或减少。净金融负债指数则表明了净债务的变动情况。同样，利润表中的指数也能够反映损益及其影响因素的变动趋势。其中，特别引起关注的是销售收入、经营收益和综合收益项目。

对耐克公司而言，这五年间，其销售收入开始增长较慢，随后快速增长，相应引起了来自销售收入的税后经营收益共增长93%，综合收益共增长137%。某些项目的指数说明了这一增长由何处产生，而每年的变化则说明了对收益增长贡献最显著的时期。对耐克公司来说，整个时期内，销售成本的增长慢于销售收入的增长，从而导致销售毛利的增长快于销售收入的增长。从资产负债表反映的趋势上看，我们发现净经营资产的增长比销售收入的增长稍微慢一点，这反映出随着时间的推移，投入这些资产的每单位美元所获得的销售收入更多了。

报表中指数的年度间变化反映了相关项目的年度增长率。举例来说，耐克公司2004年销售收入的增长率为(139.6 - 121.9)/121.9,即14.5%。而其2003年的增长率为(121.9 - 112.7)/121.9,即8.2%。通过比较,分析师可以找出问题所在。在2000年,销售收入增长了2.5%,但是存货却增长得很快,增长了23.5%。为什么?存货的积压是因为耐克公司在存货流动上出现了困难吗?是不是表明未来需求和销售收入会降低?或者是耐克公司在备货以应对未来的大量需求?为什么2000年经营费用比销售收益增长得快?这样的问题会引导分析师进一步的调查分析。

共同比分析和趋势分析可以合二为一:根据共同比来编制趋势性的报表,这便于相似企业间的趋势比较。

9.4 比率分析

根据重新编制后的报表,我们可以计算出第7章介绍过的两个比率,借以分析经营活动和融资活动的盈利能力:净经营资产回报率(RNOA),即税后经营收益除以净经营资产;净借款成本(NBC),即税后净财务费用除以净金融负债。

以耐克公司为例,其2004年净经营资产回报率计算如下:

$$RNOA = \frac{1\,035}{\frac{1}{2}(4\,551 + 4\,330)} = 23.3\%$$

耐克公司2003年的净借款成本为:

$$NBC = \frac{18}{\frac{1}{2}(302 + 616)} = 3.9\%$$

对微软公司来说,其2002年RNOA计算如下:

$$RNOA = \frac{6\,277}{\frac{1}{2}(11\,574 + 14\,083)} = 48.9\%$$

因为其净财务费用为负,所以净金融资产的回报率为:

$$RNFA = \frac{1\,548}{\frac{1}{2}(40\,606 + 33\,206)} = 4.2\%$$

当然,计算出的这些回报率都是税后的(且考虑了债务的税盾效应)。计算时,分母用了期初和期末余额的平均值。如果资产负债表项目变化较大,这样做可能是不太准确的。净借款成本在很大程度上受债务大规模变化的时间的影响。所以,人们经常将NBC与有关债务的附注中报告的债务成本做比较,以进行查对。

这些盈利能力比率会在第11章中详细分析。报表的共同比分析给出了一些将在以后的分析中用到的比率,阅读材料9.7和阅读材料9.8总结了这些比率。

> 阅读材料9.7

利润表比率

销售净利率

销售净利率指的是销售收入中利润的占比。

$$经营活动销售净利率(PM) = \frac{经营收益(税后)}{销售收入}$$

该比率是以金融项目之前的总经营收益为基础计算的。它可以分为两部分:销售收入带来的销售净利率和其他活动产生的销售净利率,即:

$$销售活动的销售净利率 = \frac{销售收入带来的经营收益(税后)}{销售收入}$$

$$其他项目的销售净利率 = \frac{其他项目带来的经营收益(税后)}{销售收入}$$

这两个净利率加起来等于经营活动销售净利率。利润表中,最常见的其他项目是所分享的子公司利润(或亏损)的份额。这部分利润来自子公司的销售活动,而不是来自母公司利润表中报告的销售活动。如果将这部分利润包含在对母公司利润表销售活动的收益率分析当中,会导致对销售净利率的估计错误。在表9.11中可以看到耐克公司的销售活动的销售净利率(销售PM)为7.8%,其他项目的销售净利率为0.6%,而总的经营活动的销售净利率为8.4%。

综合收益的销售净利率为:

$$净(综合)收益销售净利率 = \frac{综合收益}{销售收入}$$

耐克公司2004年的综合收益的销售净利率为8.3%。

费用比率

费用比率用于计算销售收入中被费用吸收的部分,即:

$$费用比率 = \frac{费用}{销售收入}$$

销售收入带来的经营收益前的各项费用都可以计算出相应的这一比率,所以有:

$$1 - 销售净利率 = 各项费用比率之和$$

费用比率在表9.12中已经给出。对锐步公司来说,其产品销售成本占了销售收入的60.4%。公司的税前总费用比率为92.5%,税后总费用比率为94.3%,剩下的5.7%是税后经营收益。

资产负债表比率

结构比率

共同比资产负债表中列出的比率(如表9.13所示)即为结构比率:

$$经营资产结构比率 = \frac{经营资产}{总经营资产}$$

$$经营负债结构比率 = \frac{经营负债}{总经营负债}$$

同类项目的相应比率相加,等于100%。

经营负债杠杆

通过计算经营负债与净经营资产之比,可以对净经营资产的组成有进一步的认识:

$$经营负债杠杆(OLLEV) = \frac{经营负债}{净经营资产}$$

OLLEV比率刻画了对净经营资产的投资是如何被经营负债所减少的。这一比率被称为杠杆比率,是因为它能够减小计算净经营资产回报率(RNOA)时的分母值,从而提高净经营资产回报率。对耐克公司来说,2004年其经营负债杠杆比率为47.8%,而锐步公司为56.8%。经营负债结构比率可以揭示哪些负债对经营负债杠杆做了贡献。

财务杠杆

另一个比率也能够反映净金融资产或负债在公司中的相对比重:财务杠杆比率。耐克公司2003年有净债务,而微软公司和锐步公司则持有净金融资产。公司间的这种差异可以通过计算净经营资产和净金融负债与股东权益的比率来反映。这些比率的计算公式如下:

$$资本化比率 = 净经营资产 / 普通股权益$$

$$财务杠杆比率(FLEV) = 净金融负债 / 普通股权益$$

如果企业持有正的净金融资产,那么财务杠杆比率为负。财务杠杆描述了净经营资产在多大程度上是由普通股来融资的。下列等式总是成立:

$$资本化比率 - 财务杠杆比率 = 1.0$$

因此,无论是资本化比率还是财务杠杆比率,都可以用来度量净经营资产在多大程度上是由普通股或净金融债务来融资的。但是一般人们都用财务杠杆比率。这一比率被称为杠杆比率,是因为借款将会提高或降低ROCE的数额,这一点我们将在第11章中详述。

耐克公司2003年的资本化比率为107.5%,财务杠杆比率为7.5%;但其2004年的金融杠杆为负,所以资本化比率为94%,而财务杠杆比率为-6%。微软公司2002年的财务杠杆比率为-77.8%,资本化比率为22.2%。

收益率和增长率都有助于预测剩余收益。反映历史增长率的趋势分析给出了一系列增长率指标,这些指标将在第12章的增长率分析中用到。参见阅读材料9.9。

阅读材料9.9

增长比率

趋势分析能够揭示增长率。在涉及估值的增长率指标中,有四个年度增长率指标尤为重要:

$$销售收入增长率 = 销售收入的变化 / 前期销售收入$$

$$经营收益增长率 = 税后经营收益的变化 / 前期经营收益$$

$$净经营资产增长率 = 净经营资产的变化 / 期初净经营资产$$

$$普通股权益增长率 = 普通股权益的变化 / 期初普通股权益$$

阅读材料 9.10 和阅读材料 9.11 给出了趋势分析和共同比分析的两个示例。

阅读材料 9.10

万科公司趋势分析，2005—2011 年

万科公司利润表主要科目趋势分析，2005—2011 年

	2011	2010	2009	2008	2007	2006	基期 2005（亿元）
营业收入	679.8%	480.3%	462.9%	388.2%	336.5%	169.7%	105.59
营业成本	627.9%	436.8%	501.3%	363.2%	299.3%	166.2%	68.85
营业税金及附加	1 213.6%	877.4%	562.1%	707.3%	642.1%	246.5%	6.41
销售费用	548.7%	446.1%	324.9%	399.1%	256.4%	134.3%	4.66
管理费用	495.8%	355.0%	277.3%	294.4%	339.2%	165.2%	5.20
财务费用	3 187.5%	3 150.0%	3 587.5%	4 106.3%	2 250.0%	875.0%	0.16
营业利润	805.1%	607.5%	443.6%	325.1%	390.9%	175.0%	19.58
所得税	774.6%	571.1%	402.8%	309.8%	428.7%	186.2%	5.43
归属于母公司所有者的净利润	713.0%	539.5%	394.8%	298.7%	358.8%	170.2%	13.50

万科公司资产负债表主要科目趋势分析，2005—2011 年

	2011	2010	2009	2008	2007	2006	基期 2005（亿元）
货币资金	1 053.9%	1 164.0%	708.0%	614.9%	524.7%	330.7%	32.49
应收账款	401.9%	422.8%	189.1%	244.8%	229.4%	96.8%	3.77
预付款项	2 861.5%	2 537.4%	1 242.7%	449.6%	1 178.4%	329.2%	7.03
其他应收款	2 615.7%	2 118.9%	1 104.4%	495.9%	392.1%	95.2%	7.05
存货	1 403.0%	897.9%	606.7%	578.5%	447.7%	230.1%	148.49
流动资产合计	1 421.4%	1 033.5%	655.4%	570.6%	479.9%	242.7%	198.85
长期股权投资	348.5%	243.7%	193.3%	134.8%	132.3%	44.5%	18.44
固定资产	735.5%	562.2%	624.9%	582.9%	265.0%	230.4%	2.17
在建工程	3 530.0%	3 820.0%	2 965.0%	945.0%	1 355.0%	15.0%	0.20
非流动资产合计	643.7%	480.2%	345.8%	274.3%	221.3%	78.6%	21.07
资产总计	1 346.9%	980.5%	625.7%	542.2%	455.1%	227.0%	219.92
短期借款	191.6%	164.2%	132.0%	511.3%	122.8%	301.7%	9.00
应付账款	896.2%	509.9%	491.1%	388.6%	334.6%	179.3%	33.19
预收款项	2 382.1%	1 595.3%	680.4%	513.4%	463.6%	189.5%	46.64
其他应付款	2 495.2%	1 388.4%	764.6%	823.1%	487.8%	238.9%	12.11
一年内到期的非流动负债	3 295.0%	2 308.6%	1 122.2%	2 000.6%	1 129.6%	164.4%	6.63
流动负债合计	1 848.3%	1 193.8%	626.7%	594.4%	449.1%	202.7%	108.60
长期借款	1 755.0%	2 074.5%	1 464.7%	767.7%	1 369.2%	791.0%	11.95
应付债券	661.0%	657.7%	654.7%	651.8%	0.0%	0.0%	8.85

(续表)

	2011	2010	2009	2008	2007	2006	基期2005（亿元）
非流动负债合计	1 084.0%	1 230.9%	946.4%	621.9%	682.1%	409.6%	25.51
负债合计	1 702.9%	1 200.9%	687.5%	599.6%	493.4%	242.1%	134.11
实收资本（或股本）	295.3%	295.3%	295.3%	295.3%	184.6%	117.4%	37.23
资本公积金	821.8%	816.8%	795.4%	729.8%	1 192.4%	494.0%	10.76
盈余公积金	471.6%	365.9%	301.9%	227.4%	186.4%	152.1%	28.94
未分配利润	3 083.9%	2 193.8%	1 434.5%	1 007.2%	656.8%	135.3%	6.14
归属于母公司所有者权益合计	637.4%	532.3%	449.8%	383.8%	352.3%	179.7%	83.10
所有者权益合计	790.5%	636.1%	529.2%	452.4%	395.3%	203.4%	85.81
负债和所有者权益总计	1 346.9%	980.5%	625.7%	542.2%	455.1%	227.0%	219.92

阅读材料 9.11

共同比分析：三一重工 VS 中联重科

三一重工 VS 中联重科：2011年利润表主要科目共同比分析

	三一重工(600031)		中联重科(000157)	
	金额（亿元）	百分比(%)	金额（亿元）	百分比(%)
营业收入	507.76	100.00	463.23	100.00
营业成本	322.52	63.52	313.16	67.60
营业税金及附加	2.60	0.51	2.64	0.57
销售费用	42.16	8.30	31.60	6.82
管理费用	30.63	6.03	17.56	3.79
财务费用	8.07	1.59	1.11	0.24
资产减值损失	4.04	0.80	2.57	0.55
营业利润	98.47	19.39	95.14	20.54
营业外收入	10.22	2.01	2.27	0.49
营业外支出	0.77	0.15	1.39	0.30
利润总额	107.92	21.25	96.02	20.73
所得税	14.31	2.82	14.29	3.08
净利润	93.62	18.44	81.73	17.64
归属于母公司普通股东综合收益总额	86.16	16.97	80.51	17.38

三一重工 VS 中联重科：2011年资产负债表主要科目共同比分析

	三一重工(600031)		中联重科(000157)	
	金额(亿元)	百分比(%)	金额(亿元)	百分比(%)
货币资金	102.47	20.0	177.45	24.8
应收票据	10.51	2.0	11.39	1.6
应收账款	113.05	22.0	116.58	16.3
预付款项	19.77	3.9	7.33	1.0
存货	81.34	15.9	96.55	13.5
固定资产	105.29	20.5	41.02	5.7
在建工程	31.42	6.1	7.84	1.1
无形资产	21.60	4.2	26.06	3.6
资产总计	513.07	100.0	715.82	100.0
短期借款	95.02	18.5	45.24	6.3
应付票据	26.03	5.1	49.67	6.9
应付账款	40.67	7.9	71.36	10.0
应交税费	10.06	2.0	30.20	4.2
其他应付款	30.85	6.0	37.43	5.2
长期借款	66.80	13.0	59.57	8.3
实收资本(或股本)	75.94	14.8	77.06	10.8
资本公积金	0.10	0.0	146.74	20.5
盈余公积金	18.35	3.6	19.63	2.7
未分配利润	103.59	20.2	111.85	15.6
所有者权益合计	207.54	40.5	356.35	49.8
负债和所有者权益总计	513.07	100.0	715.82	100.0

本章小结

我们可以通过列出财务报表分析中的八个步骤，来概括这一章所涉及的内容：

1. 在综合收益的基础上重新编制股东权益表。
2. 根据重新编制后的股东权益表计算出普通股权益综合回报率(ROCE)以及权益增长率。
3. 重新编制资产负债表，区分经营性资产和负债与金融性资产和负债。
4. 在综合收益的基础上重新编制利润表，区分经营性和金融性的收益。
5. 利用共同比分析和趋势分析，比较不同企业重新编制后的资产负债表和利润表。
6. 重新编制现金流量表。
7. 进行ROCE分析。
8. 进行增长率分析。

第8章完成了前两个步骤。本章涵盖了步骤3—5，下一章涉及步骤6，而关于ROCE和增长率的分析将在第11章和第12章中讲述。

为了计算出能够正确衡量企业活动的各项比率，重新编制资产负债表和利润表是很有必要的。如果金融性项目被错误地划分为经营性项目,那么我们对经营活动收益率(RNOA)和金融活动收益率(NBC 或 RNFA)的计量都将是不准确的。这一章讲述了重新编制的全过程。重新编制报表看起来像一项机械化的活动,但是它需要对企业业务有很深的了解,需要了解企业是如何赚钱的。事实上,重新编制报表促使分析师更好地去了解企业业务,去钻研报表附注和管理层讨论和分析,以便更好地了解 GAAP 下的报表和重新编制后的报表。有了一套重新编制后的报表以及共同比报表和趋势分析报表,分析师便能够开展收益率和增长率分析,这将在第 11 章和第 12 章详述。

有时候你会发现,由于信息披露的缺乏,要想正确划分经营性项目和金融性项目并不容易。如果盈余的很大一部分来自权益法下(当企业持有小于 50% 的子公司权益时)计算的子公司投资收益,这个问题将会比较严重。重建合并报表,或者编制分部报表,有助于解决这个问题。但是在披露不充分的情况下,收益率的度量将会不太精确。而如果披露——例如,关于各业务板块的收益率——是充分的,那么分析的质量将会提高。

关键概念

融资租赁(capital lease):对资产的一种租赁。这种租赁几乎覆盖了资产的全部使用年限。被租赁的资产以及租赁负债反映在资产负债表中。

合并报表(consolidation accounting):一种将一个或几个相关企业的财务报表合并成一张报表的会计方法。

实际税率(effective tax rate):利润的平均税率。

财务杠杆(financial leverage):净经营资产由净金融负债融资的程度。

边际税率(marginal tax rate):对最后一美元收益征税的税率。

经营现金(operating cash):用于经营活动中的现金(区别于投资于金融资产中的现金)。

少数股东权益(minority interest):母公司的普通股股东在子公司中不享有的权益。

经营租赁(operating lease):对资产的另一种租赁。承租人无权在资产的整个使用年限内使用该项资产。因此,其相关的资产和负债不反映在资产负债表中。

经营负债杠杆(operating liability leverage):对净经营资产的投资由经营性债权人提供的程度。

法定税率(staturoty tax rate):法律规定的企业所得税率。

税收分摊(tax allocation):将所得税分摊到与其相应的应税收益部分。

税盾效应(tax shield):债务利息能够减少公司所得税的效应。

趋势分析(trend analysis):将财务报表中的项目以相对基年数据比例的方式来描述。

案例连载:金伯利·克拉克公司

自主练习

在第 8 章中重新编制了金伯利·克拉克公司 2004 年的权益表之后,你现在可以转移到资产负债表和利润表。这些表已经在第 2 章连载案例的表 2.2 中给出。你应该将重新编制的权益表放在你身边,并且确认综合收益中的所有事项已经包括在了重新编制的(综合)收益表中。

现在你有必要认真阅读一下 10-K 报告。管理层讨论与分析,以及财务摘要能够提供大量的细节来帮助你判断哪些事项是经营活动,哪些事项是融资活动。如果你还没有下载 10-K 报告,现在就下载,或者在第 7 章的网页补充内容中进行检索。

重新编制报表

你的任务是重新编制金伯利·克拉克公司 2002 年、2003 年和 2004 年的资产负债表,以及 2003 年和2004年的利润表,就像本章中重新编制的耐克、戴尔和微软公司的相关报表一样。浏览并且标记出那些你认为属于经营活动的事项以及那些你认为属于金融活动的事项。当你阅读10-K报表时,请注意那些能够运用至报表并使报表更加翔实的细节信息。例如,你将会发现公司2002年、2003年和2004年的广告费用分别是4.002亿美元、4.019亿美元和4.213亿美元,并且研发费用分别为2.874亿美元、2.791亿美元和2.797亿美元。

为了重新编制2003年的综合收益表,你需要分析2003年的权益表并确认其他综合收益。为了解决这个问题,2003年的综合收益已经在下面给出,同时包括股票期权行权所带来的隐蔽损失:

2003年综合收益(百万美元)	
净收益	1 694.2
外币折算利得	742.8
养老金负债调整	(146.2)
现金流套期损失	(4.3)
股票期权补偿费用(税后)	(13.6)
综合收益	2 272.9

对于资产负债表,假定每年经营现金项目为2 000万美元。确认你已经识别出利润表上所有相关的部分,区分出来自销售收入的经营收益和其他经营收益,并且做出合理的税收分摊。金伯利·克拉克公司的法定税率为35.6%。

比率分析

请用一到两句话来陈述你重新编制的报表说明了什么。然后计算出2003年和2004年的净经营资产回报率以及净借款成本。请对利润表进行共同比分析,以揭示有关经营活动盈利能力的信息,并且计算财务杠杆和经营负债杠杆。

为KMB建立分析引擎

你可能已经在上一章将重新编制的报表输入了电子表格。当你学习第11章和第12章的时候,你将需要在电子表格中分析这些报表。本书网页中的BYOAP部分将会给你指导。

练习

E9.1 检验重新编制后的利润表项目间的关系(简单)

下面是基皇公司重新编制后的利润表,请将大写字母标明的缺失项填上。单位为百万美元。企业的边际税率为35%。

经营收入		5 523
产品销售成本	3 121	
其他经营费用	1 429	
税前经营收益		A
所得税	B	
利息费用的抵税额	C	
税后经营收益		D
税前利息费用	E	
税收利益	(F)	
税后利息费用		42
综合收益		610

企业经营收益的实际税率为多少?

E9.2 利润来自哪里? 惠普(中等)

20 世纪 90 年代中期,惠普公司报告的收益以每年 20% 的速度在持续增长。在 20 世纪 90 年代末,增长率开始下降。1998 财年 3 季度的收益与上一年同期相比,没有多大变化。惠普公司 1998 财年第 3 季度的利润表如下:

	截至 7 月 31 日的季度	
	1998 年	1997 年
销售收入净额		
产品	9 213	8 900
服务	1 766	1 571
	10 979	10 471
成本和费用		
产品销售、服务提供的成本	7 505	7 053
研究和开发成本	815	777
销售、行政和管理费用	1 885	1 816
	10 205	9 646
来自经营活动的收益	774	825
利息收益及其他(净额)	154	109
利息费用	54	53
税前收益	874	881
所得税	253	264
净收益	621	617
每股净收益		
基本的	0.60	0.60
稀释的	0.58	0.58

a. 1998 财年 3 季度的收益较前一年没有变化。这一说法错在哪儿?

b. 你估计 1998 年 7 月结束的季度较 1997 年 7 月结束的季度,其自由现金流会有多少变化?

E9.3 经营性负债还是金融性负债? 耐克公司(中等)

耐克公司,一家运动和休闲鞋的生产商,在其 1999 年的资产负债表中报告了以下的流动负债情况:

流动负债	
一年内到期的长期负债(注5)	1.0
应付票据(注4)	419.1
应付账款(注4)	373.2
应计负债	653.9
流动负债总额	1 466.9

注 4 是与资产负债表相关的,其具体内容如下:

注 4——短期借款和赊销额度

应付银行票据和带息的应付 Nissho Iwai American Corporation(NIAC)账款概括如下:

	1999年5月31日	
	借款（单位：百万美元）	利率
银行		
非国内经营的	239.8	3.87%
国内经营的	179.3	4.85%
	419.3	
NIAC	98.0	5.30%

公司通过NIAC购买了几乎所有它从非国内供应商手中获得的运动鞋和运动服装。应付NIAC的账款在货物从外国港口运出后的120天内到期。这些应付账款的利息从发票开出日所属的月初开始计算，利率采用伦敦银行间拆借利率（LIBOR）加0.3%。

利用这一附注信息，将流动负债中的每一项划分为经营性或金融性的。

E9.4　实际税率：家得宝公司（中等）

家得宝公司是美国最大的家居用品零售商。

以下是其1999年的利润表，以及有关税收的附注。据此计算公司经营收益的实际税率。

家得宝公司及其子公司
合并利润表
（单位：百万美元，每股数据除外）

	财政年度截至1999年1月31日
销售收入净额	30 219
商品销售成本	21 614
毛利	8 605
经营费用	
销售和存储费用	5 341
	88
管理费用	515
经营费用总额	5 944
经营收益	2 661
利息收益（费用）	
利息和投资收益	30
利息费用	(37)
利息，净额	(7)
税前收益	2 654
所得税（注3）	1 040
净收益	1 614
基本每股收益	1.10
流通在外的加权平均股数	1 471
稀释的每股收益	1.06
考虑了稀释因素后的流通加权平均股数	1 547

所得税由以下几部分构成（单位：百万美元）：

	财政年度		
	1999年1月31日	1998年2月1日	1997年2月2日
当期			
政府	523	$653	486
州	150	98	72
国外	20	15	10
	993	766	568
递延			
政府	46	(31)	23
州	(1)	1	6
国外	2	2	
	47	(28)	29
总额	1 040	738	597

考虑了税收优惠的影响后,公司加总政府、州和国外的税收,其总的实际税率1998年、1997年、1996年三年分别近似等于39.2%、38.9%、38.9%。各年对所得税费用进行调整,将其从政府法定税率35%调整到实际应纳的所得税额的过程如下(单位:百万美元):

	1999年1月31日	1998年2月1日	1997年2月2日
政府法定税率下应交所得税	929	664	537
考虑了政府所得税收益后的州所得税	96	65	51
国外税率差异	—	2	2
其他,净额	15	7	7
总额	1 040	738	597

E9.5 经营活动的收益率:西南航空公司(中等)

以下是西南航空公司1990—1994年的利润表和资产负债表的主要内容。除了利润表项目之外,公司这些年没有其他利润来源。下面的计算使用35%的边际税率。

a. 计算西南航空公司从1991—1994年每年产生的净现金流。
b. 计算这五年来经营活动收益率的变化。
c. 计算每年的借款成本。
d. 关于西南航空公司的收益率和净现金流,你有什么发现?

西南航空公司
利润表,1990—1994年

	1990年	1991年	1992年	1993年	1994年
收入					
来自乘客的	1 144.4	1 267.9	1 623.8	2 216.3	2 533.8
其他	42.5	45.8	61.5	80.2	94.0
	1 186.9	1 313.7	1 685.3	2 296.5	2 627.8
经营费用					
工资和福利	357.4	408.0	501.9	641.7	762.8

(续表)

	1990年	1991年	1992年	1993年	1994年
燃料和油料	242.0	225.5	243.5	304.4	319.9
维护费	82.9	97.6	120.6	163.4	192.4
佣金	72.1	81.2	106.4	144.9	154.2
飞机租金	26.1	49.2	64.2	107.9	127.0
登陆和其他费用	61.2	83.2	102.7	129.2	150.9
折旧	79.4	86.2	101.2	119.3	138.8
其他经营费用	183.9	219.9	262.1	382.0	433.0
	1 105.0	1 250.8	1 502.6	1 993.7	2 279.0
经营收益	81.9	62.9	182.7	302.8	348.8
利息费用	20.0	28.6	43.6	40.7	28.3
投资收益	9.3	10.6	10.3	11.1	6.9
其他项目	3.5	(1.0)	(2.5)	(13.5)	6.1
	7.2	19.0	35.8	43.1	21.3
税前收益	74.7	43.9	146.9	259.7	327.5
所得税	27.7	16.9	55.8	105.4	129.7
净收益	47.1	27.0	91.1	154.3	197.8

西南航空公司
资产负债表,1990—1994年

资产	1990年	1991年	1992年	1993年	1994年
流动资产					
现金和现金等价物	87 507	260 856	437 989	295 571	174 538
应收账款	43 887	47 507	57 355	70 484	75 692
零件和供应品存货	15 460	23 036	30 758	31 707	37 565
递延所得税				10 475	9 822
预付费用和其他流动资产	10 973	8 602	15 792	23 787	17 281
流动资产总额	157 827	340 001	541 894	432 024	314 898
财产和设备(成本)					
飞行设备	1 369 324	1 551 519	1 874 085	2 257 809	2 564 551
地面财产和设备	194 118	218 522	294 458	329 605	384 501
飞行设备购买合同抵押物	153 201	182 932	214 584	242 230	393 749
减:累计折旧	406 106	458 779	559 034	688 280	837 838
财产和设备,净额	1 310 537	1 494 194	1 824 093	2 141 364	2 504 963
其他资产	2 774	3 096	2 869	2 649	3 210
资产总额	1 471 138	1 837 291	2 368 856	2 576 037	2 923 071
流动负债					
应付账款	51 172	54 970	82 023	94 040	117 599

(续表)

资产	1990年	1991年	1992年	1993年	1994年
应计负债	112 296	155 895	208 357	265 333	288 979
空中航线(Air traffic)负值	38 562	42 069	65 934	96 146	106 139
应付所得税	9 716	377	6 744	7 025	
一年内到期的长期负债	13 612	6 583	16 234	16 068	9 553
流动负债总额	225 358	259 894	379 292	478 612	522 270
长期借款减去一年内到期的部分	326 956	617 016	735 754	639 136	583 071
递延所得税	109 273	105 757	136 462	183 616	232 850
销售和回租飞机获取的递延利得	202 002	222 818	224 645	199 362	217 677
其他递延负债	2 698	3 285	13 167	21 292	28 497
股东权益					
普通股,面值1.00美元	42 412	42 438	96 047	142 756	143 256
股本溢价	81 447	81 987	177 647	141 168	151 746
留存收益	484 559	507 259	605 928	770 095	943 704
减:库存股(成本)	3 567	3 163	86	—	—
股东权益总额	604 851	628 521	879 523	1 054 019	1 238 706
负债和股东权益总额	1 471 138	1 837 291	2 368 856	2 576 037	2 823 071

微型案例

M9.1 雅戈尔(600177)

雅戈尔公司系1993年经宁波市体改委以"甬体改(1993)28号"文批准,由宁波盛达发展公司和宁波青春服装厂等发起并以定向募集方式设立的股份有限公司。1998年10月12日,经中国证券监督管理委员会以"证监发字(1998)253号"文批准,公司向社会公众公开发行境内上市内资股(A股)股票5 500万股并上市交易。

公司网址: http://www.youngor.com。

查找并阅读公司2009—2011年年报,并回答以下问题:

a. 公司披露,主营业务包括服装、纺织、地产、电力,根据这些信息,重新编制公司2009—2011年的资产负债表、利润表,划分经营性项目和金融性项目。

b. 公司2009—2011年归属于母公司所有者的净利润和归属于母公司普通股股东的综合收益为何相差极大?

c. 公司三年的净经营资产回报率和净金融资产回报率各是多少?

d. 你认为公司应该继续做金融资产上的投资吗?

第10章
现金流量表分析

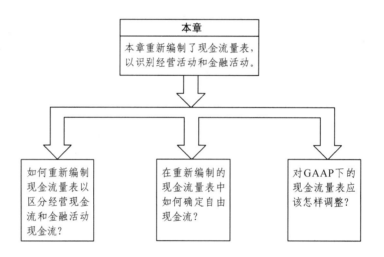

开篇阅读材料

郁亮称房地产进入冬天 现金流比利润重要

"万科已经进入冬天模式,在这个模式下首先就是现金为王,现金流比利润更为重要;其次就是积极卖房,不囤地;再次,更慎重地买地,买地是最浪费钱的,不能买错地。"万科总裁郁亮日前在一次媒体交流会上这样表示。

而数据也显示,中国十大标杆房企(保利、富力、恒大、华润、金地、绿城、万科、雅居乐、招商、中海)前10个月的购地金额仅占销售款的21%,创出历史最低,并且这一比例甚至不及处于金融危机漩涡中的2008年。

资料来源:证券日报——资本证券网,2011年11月15日。

马国强:现金流量比企业利润更重要

和讯股票消息2009年4月29日下午14:00,宝钢股份召开2009年一季度网上业绩发布会。总经理马国强和董秘陈缨在网上平台回答网友问题。

【网友】马总你好,祝贺您当选宝钢总经理。我想问您的问题是,一季度我们利润很少,您对宝钢的全年盈利水平的判断是怎样的?原因是什么?

【马国强】谢谢。企业利润非常重要,但我个人认为现金流量更重要,如果仔细分析宝钢一季度的经营结果可以看出,公司除实现会计利润之外创造了145亿元人民币现金流量。

分析师核对表

读完本章后你应该理解:
- 如何利用重新编制的利润表和资产负债表而不用现金流量表来计算自由现金流。
- 现金恒等式是怎样把现金流量表中的自由现金流和融资活动现金流联系起来的。
- 经营活动现金流计算的直接法和间接法有何区别。
- 根据 GAAP 下的现金流量表分析现金流会出现什么问题。
- 重新编制的现金流量表告诉了你什么。
- 如何检查经营活动现金流的质量。

读完本章后你应该能做到:
- 根据重新编制的利润表和资产负债表来计算自由现金流。
- 通过调整 GAAP 下现金流量表计算自由现金流。
- 重新编制 GAAP 下现金流量,确认经营活动、投资活动和融资活动现金流。
- 对来自 GAAP 报表中的自由现金流和从重新编制的利润表和资产负债表中计算得出的自由现金流进行(近似的)调整。

本章通过重新编制现金流量表完成了对财务报表进行分析的准备。现金流量表主要描述的是公司运营中现金如何产生的问题,而重新编制的现金流量表凸显了那些在分析中比较重要的现金流。

如果股票分析师采用会计基础估值法,那么他就会更加关注盈利能力而不是现金流,因而其关注的焦点在于能据以计算出盈利能力指标的资产负债表和利润表。但是,他不能忽视现金流量表。第 5 章中的剩余收益估值法和第 6 章中的超额收益增长估值法依赖于权责发生制会计下的数字,而权责发生制会计下的数字可能是被歪曲的。权责发生制会计收益和经营活动现金流之间的差额是一条"红色警戒线",这一"红色警戒线"可能意味着会计操纵,所以分析师除了仔细检查权责发生制会计收益外,还必须关注现金流。在第 17 章的收益质量分析中,我们将会对会计收益与现金流进行比较。

如果股票分析师选择使用现金流折现(DCF)进行分析(正如在第 4 章中讨论的那样),则关注的焦点就变为现金流量表。这时分析师的主要任务是预测自由现金流,为了进行这种预测,我们必须对现金流量表有很好的理解。

权益估值问题姑且不谈,现金流量表分析对于流动性分析和财务计划(这将在本书第五部分加以论述)是很有必要的。流动性分析包含在债务风险的评价中,因为流动性(现金)对于偿债来说是必需的。所以流动性分析是信用分析师的必备工具。财务计划是财务人员的一项工具,财务人员必须保证融资能满足诸如投资、分配股利以及偿债的现金需求。而为了估算现金需求,他就必须分析公司产生现金的能力。像估值分析一样,流动性分析和财务计划也具有预测性质,信用分析和财务人员同样关注公司在未来产生现金的能力。他们利用当期财务报表来预测未来的现金流量表,在这里所进行的分析正如其他报表分析一样,为你进行预测提供了工具。第 19 章会完成这一任务。

遗憾的是,GAAP 下现金流量表与我们分析中所使用的"现金流"含义并不一样。实际上,GAAP 下对现金流的分类有错误。它混淆了经营活动现金流与融资活动现金流。本章对报表的重新编制就是为了对现金流进行恰当的划分。重新编制报表对于预测未来现金流量表,进而进行 DCF 分析、流动性分析和财务计划是非常重要的。如果分析师预测的是 GAAP 下的现金流,则 DCF 估值将是不准确的,并会误导对流动性和融资需求的分析。

从本章中得到一个重要结论,即通过预测重新编制的利润表和资产负债表,可以很好地预测自由现金流。如果不首先对经营活动的盈利能力进行预测而直接预测现金流量表将是非常困难的,而经营活动的盈利能力预测又离不开对重新编制的利润表和资产负债表的分析。或者说,正像本章第一部分所表述的那样,一旦这些报表被预测出来,自由现金流就可以通过计算直接得出。而 GAAP 下的现金流量表是不清晰的,正像本章第二部分所表述的那样,分析它们需要进行大量的调整。

10.1 自由现金流的计算

自由现金流——经营活动现金流与投资于经营活动现金之差——是进行 DCF 分析、流动性分析和财务计划的主要焦点。自由现金流是企业经营活动产生的净现金流,它可以决定企业偿债和满足股东索取权的能力。

如果分析师对第 9 章中的资产负债表和利润表进行了详细分析,则他不需要现金流量表也可以得到自由现金流。如果这些报表是准确编制的,则可以很快计算得到自由现金流。在第 7 章中,我们有:

$$C - I = OI - \Delta NOA \tag{10.1}$$

也就是说,自由现金流是经营收益(在重新编制的利润表中)减去资产负债表中净经营资产的变化额。

这只是一个简单易算的公式,当然,经营收益必须是综合收益。正像综合收益和股东权益账面价值的变化可以解释为分配给股东的股利一样,综合收益和净经营资产账面价值的变化也可以解释为经营活动给金融活动的"股利"——自由现金流。

由第 9 章中的表 9.3 和表 9.8 得出的耐克公司的经营收益和净经营资产值在阅读材料 10.1 中给出,其中也展示了用这些数值和方法 1 计算出的自由现金流。耐克公司从经营活动中得到了 10.35 亿美元的收益,但它在净经营资产中追加的投资为 2.21 亿美元,于是得到自由现金流为 8.14 亿美元。

还有另一种根据重新编制的财务报表计算自由现金流的方法。在第 7 章中,我们也看到自由现金流可以从下面的公式得到:

自由现金流 = 净财务费用 - 净金融负债的变化额 + 净股利

$$C - I = NFE - \Delta NFO + d \tag{10.2}$$

这就是说,自由现金流是用以支付财务费用、偿还债务和偿付股利的。如果涉及少数股东权益,则公式变为:

$$C - I = NFE - \Delta NFO + d + 少数股东损益 - 资产负债表中少数股东权益变化额$$

$$\tag{10.2a}$$

同样,净财务费用必须是综合的(比如,包括金融资产未实现利得或损失,并考虑利息费用的税收利益)。在阅读材料10.1中给出了耐克公司用第二种方法计算出的结果,其中净股利的数字来源于第9章表9.8中重新编制的普通股股东权益表。

阅读材料 10.1

耐克:计算2004年自由现金流　　　　　　　　　　　　　单位:百万美元

方法1:	1. $C - I = OI - \Delta NOA$			
	经营收益	2004		1 035
	净经营资产	2004	4 551	
	净经营资产	2003	4 330	(221)
	自由现金流	2004		814
方法2:	2. $C - I = NFE - \Delta NFO + d$			
	净财务费用	2004		16
	净金融负债	2004	(289)	
	净金融负债	2003	302	591
	净股利	2004		207
	自由现金流	2004		814

如果权益表的重新编制是在综合收益的基础上进行的,则两种方法的结果必然一致。阅读材料10.2中的计算是以第9章表9.4和表9.9中锐步公司重新编制的报表为基础的,而净股利的部分是以第8章表8.2中重新编制的股东权益表为基础的。注意锐步公司有少数股东损益项目。

阅读材料 10.2

锐步:计算2004年自由现金流　　　　　　　　　　　　　单位:百万美元

方法1:	$C - I = OI - \Delta NOA$			
	经营收益	2004		237
	净经营资产	2004	1 212	
	净经营资产	2003	731	481
	自由现金流	2004		(244)
方法2:	$C - I = NFE - \Delta NFO + d +$ 少数股东损益 - 资产负债表少数股东权益变化额			
	净财务费用	2004		18
	净金融负债	2004	(23)	
	净金融负债	2003	(316)	(293)
	净股利	2004		23
	少数股东损益	2004		5
	资产负债中少数股东权益变化	2004		3
	自由现金流	2004		(244)

如果利润表和资产负债表已被重新编制,这些计算便是直截了当的,这些方法也比第4章中的七步法要简单得多。但如果只是简单地看看现金流量表中的现金流是不是足够,这也许不是想象中的那么简单。

10.2 GAAP下的现金流量表和重新编制的现金流量表

为了预测现金流,我们需要把经营活动产生的现金流量(自由现金流)与那些涉及支付给公司要求权人的现金流清晰地区分开来。如果经营中使用现金(这样就有负的自由现金流),我们还需要把这些负的自由现金流与那些要求权人交付给公司以减少自由现金流赤字的现金流加以区分。进行现金流折现分析的分析师预测自由现金流时绝不可以把自由现金流与融资现金流混淆起来。而财务人员预测公司现金需求时,必须预测现金盈余或赤字,但这与融资现金流截然不同:融资现金流处置现金盈余或用于弥补现金赤字。

像重新编制的利润表和资产负债表那样,第 7 章还告诉我们如何重新编制现金流量表来确定现金流。在继续本章内容的学习之前,我们首先回顾一下第 7 章,重点看图 7.3。图 7.3 定义了四种类型的现金流,其中有两种是企业内部经营活动产生的现金流:经营活动现金流(C)和对这些活动的现金投资(I),另两种涉及企业和企业之外要求权人之间的融资活动:支付给股东的净股利(d)和对债权人和债券发行人的净支付(F)。重新编制的现金流量表列出了这四类现金流的详细信息。

根据第 7 章中介绍的现金恒等式,可以把这四类现金流联系起来:

自由现金流 = 对股东的净支付 + 对债权人和债券发行人的净支付

$$C - I = d + F$$

来自经营活动的自由现金流(左边)用于(右边)对股东的支付(如净股利 d)和对债权人和债券发行者的支付(如利息和本金支付 F)。自由现金流可能是负的,在这种情况下,对要求权人的融资流必定是负的。负的融资现金流既可以来自于股票发行,也可能来自于举债,或者出售金融资产。

GAAP下的现金流量表表面上给出了自由现金流和融资活动现金流,但它在某种程度上将二者混淆了起来。表 10.1 给出了这种现金流量表的形式,同时也给出了遵循现金恒等式的重新编制的报表。

表 10.1 GAAP下现金流量表和重新编制后的现金流量表

GAAP下现金流量表
经营活动现金流
－投资活动现金流
＋融资活动现金流
＝现金及现金等价物变化

重新编制后的现金流量表
经营活动现金流
－现金投资
＝经营活动<u>自由现金流</u>
向股东支付的现金
＋向债权人支付的现金
＝融资活动现金流

GAAP 下的现金流量表有两种形式,一种使用直接法,另一种使用间接法。阅读材料 10.3 解释了直接法与间接法。

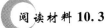

阅读材料 10.3

直接法和间接法下的现金流量表

直接法和间接法下的现金流量表在表述经营活动现金流上有所区别。

直接法

直接法以下列的形式列示了在经营活动中现金流入和现金流出的各项来源:

现金流入
 来自销售收入的现金
 来自租赁收入的现金
 来自特许经营权收入的现金
 收到的现金利息
现金流出
 支付给供应商的现金
 支付给职工的现金
 其他营业活动使用的现金
 支付的现金利息
 支付的现金所得税

现金流入和现金流出的差额就是经营活动现金流。

Northrop Grumman 公司(防务承包商)2002 年度比较现金流量表中来自经营活动现金流采用了直接法:

	会计年度截止日 12 月 31 日 单位:百万美元	
	2001	2002
经营活动现金流入		
销售商品、提供服务收到的现金		
分期付款销售收款额	3 102	1 438
其他	11 148	7 003
利息收入	17	17
税费返还	23	15
其他现金收入	244	10
经营活动现金流入	14 534	8 483
经营活动现金流出		
购买商品、接受劳务所支付的现金	13 251	7 250
利息支出	333	165
所得税支出	126	57
其他现金支出	7	1
经营活动现金流出	13 171	7 473
经营活动净现金流	817	1 010

第 10 章 现金流量表分析 335

间接法

间接法通过从净利润中减去应计(非现金)部分来计算经营活动现金流:

$$净利润 - 应计项目(\text{Accruals}) = 经营活动现金流$$

例子见表10.2。

间接法的特征是考虑了计算净利润时涉及的应计项目,并将净利润调整为现金流。但直接法的优点是列示了产生净现金流的每一项现金流,所以提供了有关现金流来源的更全面的信息。(如果使用直接法,则必须在附注中披露间接法,把净利润调整为经营活动现金流。)大多数公司采用了间接法。

重新划分现金交易

表10.2给出了耐克公司2004年度的比较现金流量表,该表使用的是间接法。从报表中可以看到,耐克公司2004年经营活动现金流为15.144亿美元,现金投资为9.465亿美元,于是我们可以得出自由现金流等于其差额约5.679亿美元。这个数字与我们早先在阅读材料10.1中计算出的8.14亿美元不一致。哪一个正确呢?

GAAP下的现金流量表是根据FASB 95号公告编制的,这种报表在权益分析时有多种缺陷,其中包括对现金流明显的错误分类。这就是我们在试图从GAAP报表中计算自由现金流时所遇到的主要问题[①],有一些在第4章的讨论中就曾经遇到过。

表10.2　2002—2004年度耐克公司GAAP下的合并现金流量表

(注意:右边的数字对应教材中调整内容说明的编号)

耐克
GAAP现金流量表
单位:百万美元

	会计年度截止日5月31日			
	2004	2003	2002	
经营活动现金流:	945.6	474.0	663.3	(3)(4)
净利润				
不影响现金流的净利润项目:				
会计政策变更的累计影响	—	226.1	5.0	
折旧	252.1	239.3	223.5	
递延所得税	19.0	55.0	15.9	
摊销及其他	58.3	23.2	48.1	
股票期权行权的所得税利益	47.2	12.5	13.9	
营运资本变化:				
应收账款的增加	82.5	(136.3)	(135.2)	
存货的减少	(55.9)	(102.8)	55.4	
预付款和其他流动资产的减少	(103.5)	60.9	16.9	
应付账款,应计负债和应付所得税的增加	269.1	30.1	175.4	

[①] 更详细的论述请参考H. Nurnberg, "Inconsistencies and Ambiguities in Cash Flow Statements under FASB Statement No. 95", *Accounting Horizons*, June 1993. pp.60—75。

(续表)

	会计年度截止日 5 月 31 日			
	2004	2003	2002	
经营活动现金流	1 514.4	922.0	1 082.2	
投资活动现金流				
购买短期投资	(400.8)	—	—	(2)
固定资产的增加	(213.9)	(185.9)	(282.8)	
固定资产处置	11.6	14.8	15.6	
其他资产的增加	(53.4)	(46.3)	(28.7)	
其他负债的增加	(0.9)	1.8	(6.9)	
并购子公司净现金支出(扣除并购中取得的现金)	(289.1)	—	—	
投资活动现金流	(946.5)	(215.6)	(302.8)	
融资活动现金流				
发行长期债务收到的现金	153.8	90.4	329.9	
长期负债的偿付支出	(206.6)	(55.9)	(80.3)	
应付票据的减少	(0.3)	(351.1)	(433.1)	
股票期权行权及其他股票发行所得	253.6	44.2	59.5	
股票回购	(419.8)	(196.3)	(226.9)	
普通股股利	(179.2)	(137.8)	(128.9)	
融资活动现金流	(398.5)	(606.5)	(479.8)	
汇兑损益	24.6	(41.4)	(28.1)	
现金及现金等价物净增加	194.0	58.5	271.5	(1)
期初现金及现金等价物	634.0	575.5	304.0	
期末现金及现金等价物	828.0	634.0	575.5	
现金流量表补充信息:现金支出				
利息支出(已扣除资本化利息)	37.8	38.9	54.2	(3)(4)
所得税支出	418.6	330.2	262.0	

1. 现金和现金等价物的变化。GAAP下的现金流量表是为了解释现金及现金等价物变化的(在耐克公司报表中标示为1),但产生的现金总会有一定的用途。经营活动所需现金的变化(经营现金)是对经营资产的投资,应当包含在现金投资部分中。可带来利息的现金等价物的变化是剩余现金(超过经营所需现金)在金融资产方面的投资,应当包含在债务融资部分中。

现金的变化:耐克公司

耐克公司的现金和现金等价物在2004年增加了1.94亿美元,在重新编制的资产负债表(表9.3)中我们把这种情况归结于现金等价物(金融资产)投资增加了1.86亿美元和经营现金增加了800万美元。所以须做出重新划分,把800万美元归为经营现金投资,把1.86亿美元归于债务融资流,购买金融资产。

2. 金融资产交易。金融资产投资,如短期交易性证券和长期债券,都属于GAAP报表的投资部分而不是融资部分。表10.2中,耐克公司在金融资产上的投资为4.008亿美元(已标记)。但这些投资是自由现金流的配置而不是自由现金流的减少。如果企业把来自经营活动的富余自由现金流投资于金融资产,那么GAAP的分类似乎表明该公司在进一步减少它的自由现金流。类似地,在GAAP报表中把用于经营活动(或支付股利)的金融资产销售所得现金划分为投资活动现金流而不是融资活动现金流,但这些销售所得只是用于满足自由现金流的短缺而不能创造自由现金流。因此,GAAP下的报表可能会错误估计公司的流动性。参见本部分中朗讯科技公司的例子。

金融资产交易:朗讯科技

朗讯科技公司是1996年由AT&T公司分拆出的电信网络供应商。该公司拥有原贝尔实验室的研究能力。随着20世纪90年代末电信行业的兴盛而进行了大量的网络投资,朗讯公司成为一只热门股票,其股价到1999年年底涨到了每股60美元,市盈率52倍。该公司是高科技行业分析师的宠儿,但一些人担心该公司经营活动现金流会下降。净利润和经营活动产生的现金由下表给出(1997年至1999年),同时还给出了该公司现金流量表的投资部分(单位:百万美元)。

	会计年度截止日为9月30日		
	1999	1998	1997
净利润	4 766	1 035	449
应计项	(5 042)	825	1 680
经营活动现金流	(276)	1 860	2 129
投资活动现金流:			
资本性支出	(2 215)	(1 791)	(1 744)
固定资产处置利得	97	57	108
权益投资支出	(307)	(212)	(149)
权益投资处置收入	156	71	12
证券投资支出	(450)	(1 082)	(483)
证券投资处置或到期收入	1 132	686	356
业务剥离收入	72	329	181
并购支出(已减去并购获得的现金)	(264)	(1 078)	(1 584)
并购获得的现金	61	—	—
其他净投资	(69)	(80)	(68)
投资活动净现金流	(1 787)	(3 100)	(3 371)

尽管利润在增长,但自由现金流(经营活动现金流与投资活动现金流之差)在三年中似乎都是负值。如果企业正在增加其投资以获得利润,那么并不罕见。但是,在投资之前,朗讯公司公布了其经营活动产生的现金短缺,1999年为2.76亿美元(在加回了税后净利息支付后短缺值为1.91亿美元)。1999年现金投资也减少了,但是17.87亿美元这个数字令人疑惑。报表的投资部分显示,这是卖出了生息投资11.32亿美元之后的数额。公司还购买了4.50亿美元的证券投资,所以投资产生的净利是6.82亿美元。因此,经营活动的实际投资是17.87亿美元+6.82亿美元=24.69亿美元,而不是17.87亿美元。报告的经营活动现金流和对经营活动的实际投资间现金缺口为27.45亿美元。

用 GAAP 报表数字计算出的自由现金流可能会误导别人。像朗讯公司这样的企业，面对现金流的短缺，可以出售证券来弥补短缺。根据 GAAP 原则进行披露时，这样做似乎增加了自由现金流，使情况看起来不那么严重。GAAP 的披露将现金流赤字与处理赤字的方法混为一谈。

补充说明：朗讯公司 1999 年的负现金流具有指示作用。随着电信泡沫的破裂，朗讯公司的每股价格到 2003 年跌到了 2 美元以下。

3. 净现金利息。融资活动中的现金利息支付和收入包括在了经营现金流中，而不是归于融资流。在耐克公司的报表中它们属于经营活动现金流，因为它们属于净利润的范畴（应计利息被从中扣除），见所附阅读材料中更多极端的例子。

将净利息放在经营活动中的一个例外是在建工程的利息资本化。这部分利息不恰当地划分为现金投资，因为它是由资产建设投资所引起的（见表 10.2 中耐克公司的现金流量表中对利息支付的附注），但在建工程融资的利息不是建设成本的一部分，因而应被划为融资活动现金流。遗憾的是披露常常不足以将其划分开来。

利息支付：Westinghouse 公司与 Turner 广播系统

利息支付扭曲经营活动现金流的极端的例子出现在 1991 年 Westinghouse 公司的现金流量表中。呈报的现金流是 7.03 亿美元，但那是支付 10.06 亿美元利息之后的数字。如果这些利息支付被划分为融资活动的现金流出，则税前经营现金流的数值将变为 17.09 美元，比以前提高了 243%。

把利息看成经营活动现金流的特殊情形在零息或折扣负债情况下可以见到。以面值支付本金是一种融资活动现金流，但 GAAP 要求把面值和发行价（折价）之间的差额看成一种到期的经营活动现金流而非本金支付的一部分，所以债务偿还减少了经营现金流。相应地，1990 年 Turner 广播系统在计算经营活动现金流（2 580 万美元）时扣除了零息优先债券偿还中的发行折价（2.061 亿美元）。按照 GAAP，这是一种正确的会计处理方法，但呈报的经营活动现金流对真实数据（2.319 亿美元）的歪曲达 89%。

4. 净利息的所得税。正像来自利息收入和利息费用的现金与经营活动现金流相混淆一样，融资收益的所得税与经营收益的所得税也是如此。所有的税收现金流都包含在经营活动现金流中，即使某些税款是财务收益的所得税或者由于财务费用而得以扣减。我们尝试着把税后经营活动现金流和税后融资活动现金流分开，但 GAAP 报表混淆了这种区别。下面的阅读材料计算了耐克公司的税后净利息以调整 GAAP 下的经营活动现金流。

净利息支付的税收：耐克公司

耐克2004年的税后净利息支付如下所示（百万美元）：

利息支付	37.8
利息收入	(15.0)
税前净利息支付	22.8
税收利益（37.1%）	8.5
税后净利息支付	14.3

在重新编制的报表中，税后净利息支付1 430万美元属于融资活动现金流，是对债权人的利息支付；所以，经营活动现金流中也加回了相应的金额。

注意利息支出（通常在现金流量表附注中披露）和利润表中的利息费用并不一样，后者包括应计利息。

公司必须在附注中披露现金利息支付，耐克公司的利息支付在表10.2中现金流量表的最下方披露，并需要按边际税率转化为税后金额。现金利息收入通常并不披露，所以我们只能用利润表中权责发生制下的利息收入来代替现金利息收入，只有当期初与期末的应收利息数相等时，这个数字才等于现金利息数。

5. 非现金交易。耐克公司2004年没有非现金交易，但在2000年披露了非现金交易。参见后面的阅读材料。在非现金交易中，资产的获得或费用的发生是通过承担债务（例如，开一张应付票据）或发行股票形成的。以股票换取（并购）另一个企业就是一项非现金交易。融资性租赁被同时记录为资产和负债，但这种资产的采购不涉及现金流。非现金交易可以包括资产置换（用一种资产换得另一种资产）、债务交换或者将债务转化为股权（或相反）。在经营活动及融资活动中，除了资产置换和债务交换外，其他的非现金交易都影响自由现金流计算的方法1和方法2，因为它们影响NOA或NFO。这类交易好像就是用销售某物所得现金立即买入另外一种东西。GAAP报表认为这些交易不包含现金流，严格地说这当然是正确的，但是它遮掩（忽视）了投资活动和融资活动，而"隐含"（as if）的现金流会计则把这些揭示出来。考虑如下例子：

• 在GAAP报表中债转股并不是一种债务的偿还（融资部分），可是在借款时借款所得的现金却记录在现金流量表中。

• 如果公司通过开立票据获得资产，票据款的偿还会在随后的年度记录，但当期取得的原始本金却没有记录。

• 对于租赁，租赁开始时没有任何记录，但随后的租赁款支付却被划分为利息支付和本金支付，并分别记录在GAAP报表的经营部分和融资部分，公司似乎要支付一笔虚构的贷款。

• 对于厂房资产的分期购买，只有首付款被划作投资，随后的支付款被划作融资活动现金流。然而，当公司卖掉一项资产时，所有的分期款都被视为来自清算的投资活动现金流，要了解这些详细情况是很困难的。

以上陈述无非是表明我们无法看到公司投资活动和融资活动的全景，在非现金交易的所有情况下，"隐含"现金在附注披露部分必须予以呈报，使我们可以重新构建隐含的现金流。

非现金交易:耐克公司(2000年)和四川长虹(2006年)

在2000年现金流量表的附注里,耐克公司报告了以下内容:
为获得不动产、厂房和设备所承担的长期负债为1.089亿美元。

这一交易并没有出现在GAAP下的现金流量表中。要进行报表的调整,需在现金投资中加上1.089亿美元,并在融资活动发行债务中加上1.089亿美元。

2006年12月4日,四川长虹电器股份有限公司(四川长虹,600836.SH)发布公告称拟与大股东长虹集团进行资产转换,具体内容为:公司以拥有的对Apex公司的债权4亿元及经评估价值为10.06亿元(含税交易价格为11.77亿元)的部分存货资产,与长虹集团所拥有的评估价值为23.97亿元的长虹商标,及长虹集团所拥有的经评估价值为1.94亿元的土地使用权按照合计15.77亿元的价格进行资产置换,资产置换的差额部分437万元由长虹集团以现金补齐。其中,长虹商标整体评估价值为23.97亿元,按长虹集团对长虹商标的价值贡献所分摊的57.50%比例即13.78亿元进行交易作价。

四川长虹的非现金交易应当如何调整现金流量表呢?

综述

阅读材料10.4概括了必须对GAAP现金流量表所进行的调整,并调整了耐克公司的报表。项目旁边标注的数字分别对应前面所述的五项调整。

阅读材料10.4

调整GAAP下现金流量表:总结与示例

重新编制GAAP下现金流量表	
GAAP自由现金流	
－经营现金的增加	1
＋金融资产的购买	2
－金融资产的出售	2
＋净现金利息流出(税后)	3,4
－非现金投资	5
＝自由现金流	
GAAP融资活动现金流	
＋现金等价物的增加	1
＋金融资产的购买	2
－金融资产的出售	2
＋净现金利息流出(税后)	3,4
－非现金融资	5
＝融资活动现金流	

耐克
重新编制后的现金流量表,2004

单位:百万美元

	自由现金流		
	报告的经营活动现金流		1 514
3,4	税后净利息支付		14
			1 528
	报告的投资活动现金流	947	
1	经营现金投资	8	
2	金融资产投资	(401)	554
	自由现金流		974
	融资活动现金流		
	债务融资:		
	举借长期债务	(154)	
	偿还长期债务	207	
2	金融资产投资	401	
3,4	税后净利息支付	14	
1	现金等价物投资(扣除汇兑损益对现金的影响)	161	629
	股权融资:		
	新股发行	(254)	
	股票回购	420	
	股利支付	179	345
	融资活动现金流总计		974

在耐克公司重新编制的报表中自由现金流为9.74亿美元,这与使用方法1和方法2(见阅读材料10.1)计算得出的8.14亿美元不同。由于披露不完整,这种情况会经常发生。在会计实务中,要使现金流量表与利润表和资产负债表精确一致通常是不可能的。计算结果不同的可能原因有:

- "其他资产"和"其他负债"无法被恰当地划入经营项目和融资项目,在这些"其他"的项目中应收利息和应付利息(融资项目)无法与经营项目区分开来。
- 如果(现金流量表中的)现金股利不同于所有者权益表中的股利,那么很可能存在应付股利(因为它可能被归入"其他负债")。
- 如果股票发行中所收到的现金(现金流量表中)不同于所有者权益表中发行股票的金额,则差额表明存在部分应收项目(股票发行中尚未收到现金)未披露。
- 对上述3、4、5点的调整非常困难。注意并购中可能以股份支付对价而不是支付现金。
- 当把国外子公司也包括进来时,资产负债表项目可能以期初和期末的汇率转换为美元,而现金流量表项目则以平均汇率转换。这会导致资产负债表项目的变化与现金流量表相应科目间存在差异。
- 由于股票期权行权而发行普通股的税收利益,其对应的现金流在GAAP中被归类为经营活动现金流而不是融资活动现金流。这个数字,在耐克的经营活动现金流中,解释了4 700万美元的差别。2005年后,GAAP要求公司必须在融资活动现金流中报告这项内容。

- 方法1和方法2在计算中将员工股票期权行权时公司付给员工的股权成本当作"隐含"现金流:市价和行权价之差实际上是现金补偿,这和直接付给员工现金然后再以市价向员工发行股票没有任何区别。严格来讲,这里没有现金流出,并且信用分析师可能会这样处理。但是股票分析师应该理解,公司已经放弃了等额的现金价值,放弃了那些股东本可以拥有的现金。耐克2004年因为期权行权产生的损失是8000万美元,这项内容和4700万美元的税收利益一起解释了9.74亿美元自由现金流和阅读材料10.1中所计算的8.14亿美元自由现金流的差别。

而两个数字的吻合不仅仅意味着得到了一个正确的自由现金流数字。任何对经营资产、负债和融资资产、负债的错误分类都会产生差异,并会影响经营活动盈利能力(RNOA)和净借款成本(NBC)的计算结果。所以,运用不同方法计算自由现金流的练习确实有助于对利润表和资产负债表分析的合理性检验。在重新编制利润表和资产负债表的过程中,一个错误就可能导致两种方法计算的自由现金流产生差异。同样,错误也会导致比率计算错误(在估值时会用到比率),所以这里的分析是第11章和第12章中进行正确的比率分析的前提。

但我们不要只见树木不见森林。除了考虑计算结果外,我们在这儿还应当考虑什么?根据重新编制的报表,耐克公司在经营活动中得到的自由现金流为9.74亿美元,现金投资少于经营活动所得现金。公司使用这笔现金支付了6.29亿美元给债权人,并且净支付给股东3.45亿美元。

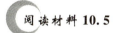

阅读材料10.5

定期存款扰乱现金流

在《方大炭素:有钱分红吗?》一文中,我们曾经讨论过方大炭素(600516)的定期存款问题。方大炭素将2.7亿元定期存单计入了"支付的其他与经营活动有关的现金",在这种情况下,投资者以"经营活动产生的现金流量净额/净利润"这一指标会低估其盈利质量。

在阅读其他上市公司2008年年报的过程中,笔者发现对定期存款至少还存在两种不同的处理方法,这使得不同上市公司现金流之间的横向比较也将受到影响。一种方法是将定期存款计入投资活动。以张裕(000869)为例,2008年投资活动现金流出7.76亿元,其中"购买三个月以上的定期存款支付的现金"为4.89亿元,而"购建固定资产、无形资产和其他长期资产支付的现金"只有2.86亿元。第二种方法是不将定期存款计入任何现金流。

无论是将定期存款计入经营活动现金流出还是投资活动现金流出,共同点是不认为定期存款是现金及现金等价物。以上海莱士(002252)为例,这家公司的"货币资金"(资产负债表项目)和"期末现金及现金等价物余额"(现金流量表项目)相同,均为5.58亿元。然而,根据上海莱士《关于募集资金年度使用及存放情况的专项报告》,公司2008年年末有3.67亿元资金存放在募集资金专户中,其中2.9亿元为定期存款。

作为对比,方大炭素2008年年末"货币资金"余额为16.05亿元,而"现金及现金等价物余额"9.87亿元;张裕的两项数字分别为17.49亿元和7.93亿元。

显然,三种处理方法下的现金流数据是不可比的。按上海莱士的方法,经营活动产生的现金流量净额和自由现金流指标看上去都会比较好;按方大炭素的方法,经营活动产生的现金流量净额会减少;按张裕的方法,投资活动产生的现金流量净额会减少。

如果我们以经营活动产生的现金流量净额加上投资活动产生的现金流量净额计算上市公司的自由现金流，方大炭素和张裕都将受到负面影响。

与资产负债表和利润表相比，上市公司现金流量表的编制水平、编制方法差异较大，这使得本来极其客观的现金流信息反映到报表中有了相当的主观成分。对此，投资者以具体情况具体分析为宜。

以烟台万华（600309）为例，2008年一季度，其经营活动产生的现金流量净额为2528万元，而2009年一季度为5亿元。但是，切勿过早地高兴！如果看过公司的解释就知道这未必是好事，"经营活动产生的现金流量净额较上年同期增加47497万元，增长1878.87%，主要为受公司收账政策影响，上年同期公司应收票据增加较多，而本期公司贴现部分应收票据，导致上年同期收到的经营活动现金低于本年度。"

从上述解释来看，烟台万华很有可能将贴现应收票据获得的现金计入经营活动流入。这种处理方法是否合理是值得讨论的，这意味着公司可以在相当大的程度上主观决定其某一会计期间的经营活动现金流——只要适当增减应收票据的贴现量就可以了。

在这种处理方法下，经营活动现金流的多少在某种程度上或许是资金充裕状况的反向指标。如果资金充裕，公司可以多以应收票据方式结算，并且将应收票据持有到期，报表上经营现金流会很差；而如果资金紧张或者预计未来将有大笔的资金支出，公司就会大量贴现应收票据，报表上现金流反倒会很好。当然，投资者仍需作更深入的分析判断自己的猜测可能性有多大。

资料来源：《证券市场周刊》，2009年06月01日，作者孙旭东（有节选）。

10.3 经营活动现金流

我们按照方法1和方法2计算得到了自由现金流，但在自由现金流数字中它并没有把来自经营活动的现金流和现金投资这两个组成部分加以区分，为此我们需要现金流量表。然而，我们又遇到报表方面的问题，原因是：某些我们可能将其视为投资流的现金流包括在GAAP报表的经营活动现金流中。例如，研发方面的投资列为经营活动现金流而非投资活动现金流，而短期资产投资被划为经营活动现金流。再考虑一下存货，存货投资对于经营活动是非常必要的，就像厂房和设备投资一样，但是，正如已售存货的现金支出降低了GAAP下经营活动现金流一样，存货备货的现金支出也同样减少了GAAP下的经营活动现金流。

事实上，我们还可以对经营活动现金流做进一步的调整。对于大多数分析任务而言，需要的是自由现金流，把投资活动现金流误划为经营活动现金流并不影响这个数值。因为研发费用（这是一项长期投资）在财务报表中被划为经营所得现金的减少，所以研发费用应被加回来以计算正确的经营所得现金。但是错误的划分并不影响报表中自由现金流的计算。同样，对通过广告进行品牌投资（它也减少了GAAP下的经营现金流）的处理也是类似的。

经营活动现金流被视为对权责发生制会计的最佳质疑工具。我们将会在第17章中讲述这个内容。显然，分析师必须小心处理"经营活动现金流"。参见阅读材料10.6。

阅读材料 10.6

从经营数字看现金流的质量

评论家有时以经营活动现金流为依据来判断企业的经营业绩。但是,基本面分析师对此并不认同。

现金流和非付现费用

经营活动现金流通常被认为是比收益更为可靠的数字,因为它排除了诸如折旧等非付现费用。分析师通常认为这些费用来自于不会影响现金的会计政策。但是,忽略折旧是非常冒险的。折旧并不是其计提期间的现金流,但它一定源自更早时候投资所导致的现金流出,并且这些投资对产生经营活动现金流来说是必要的。如果使用现金流数字而不是收益数字,则必须用净现金流——经营活动现金流减去为取得经营现金流而进行的现金投资,当然,这就是指自由现金流。

在 2001 年,出售计算机系统的电子数据系统公司(EDS),公布了 17.22 亿美元的经营活动现金流。这个数字比公布的收益数 13.63 亿美元要大。但是,这个数字是通过在收益上加回 14.82 亿美元的厂房折旧与软件费用摊销得到的。观察现金流量表的投资部分,分析师会发现当期的厂房和软件支出为 15.79 亿美元。这些费用对于未来维持经营活动现金流是必要的。使用未考虑用于实现经营现金流的现金支出(或折旧)的数字,会导致对企业经营产生现金能力的错误评价。

推迟支付

企业可以简单地通过推迟支付应付账款和其他经营负债来增加现金流。这种推迟支付不影响收益。通过调整财务政策操纵现金流量,比较常见的方式就是:延长向供货商支付货款的期限,从而减少会计期间内的经营性现金支付,改善经营活动产生的现金净流量。比如,美国家得宝公司(Home Depot)在 2002 会计年度披露了 59.42 亿美元的经营活动现金流,高于前一年的 29.77 亿美元。但是 2002 年披露的数字里有 16.43 亿美元来自应付账款和应交税费的增加。究其原因,公司 2002 年应付账款的支付期限为 41 天,高于 2001 年财政年度的 34 天和 2000 年度的 22 天,分析师指出此举使该公司 2002 年度的经营性现金流增加了 8 亿美元,占当年 48 亿美元经营性现金流的 17%。从某种意义来说,这不失为一种良好的经营管理手段。但是这种利用延长支付期限来改善现金流的方法,一般只能奏效一次。之后,公司只有通过不断提高营业能力来获得持续增长的现金流了。中国的上市公司在运用类似方法时更加直接。中牧股份(600195) 2003 年度实现净利润 2 296 万元,经营活动产生的现金流量净额为 35 206 万元,后者是前者的 14.33 倍。该公司现金流量表揭示的本年度业绩大大超过了利润表列报的利润。不过,资产负债表显示,年末公司各项应付款均有不同程度的增加,其中应付票据余额 16 276 万元,与年初余额 2 762 万元相比增加了 13 514 万元,主要是应付关联方中牧集团鱼粉采购款 14 327 万元。进入 2004 年 1 月,公司全额偿还了这笔鱼粉采购款。显然,如果该等应付票据项下的关联方采购款项在报告期内支付,必将大大减少经营活动产生的现金流量净额。

广告和研究与开发费用

在 GAAP 下,广告和研究与开发费用是作为经营活动现金流处理的,而不是现金投资,所以可以通过减少这些费用(将来会导致负面结果)来增加经营活动现金流。

应收账款的提前收取

企业可以通过出售或证券化应收账款来增加现金流。但是,这并不能代表企业通过产品销售创造现金流的能力。在 2001 年,TRW 公司的收益从 2000 年的 4.38 亿美元下降到了 0.68 亿美元,但经营活动现金流却增加了 3.38 亿美元。经营活动现金流增长主要源于公司出售了 3.27 亿美元的应收账款。2003 年,美国哈里巴顿工程公司(Haliburton)出售了应收账款,使其经营性现金流增加了 1.8 亿美元,占了公司当年 16 亿美元经营性现金流的 11%,很好地掩盖了公司在石棉生意上的巨额赤字。但在 2004 年上半年,该公司没有进行任何的应收账款证券化交易,因此其经营性现金流也从上年同期的 6.2 亿美元跌至 -2.13 亿美元。需要特别指出的是,与国外公司相比,中国公司应收账款的证券化交易比较少,更多的是进行应收票据的贴现。而许多公司为了掩饰筹资行为的实质,往往用有追索权的应收票据向银行贴现。这种行为表面是票据贴现,实质上是一种短期的抵押贷款融资。

非现金交易

企业可以通过承担债务或发行股票的形式来支付所获得的服务,进而增加经营活动现金流。用应付工资或养老金承诺的方式来递延工资的支付也可以增加经营活动现金流,以股票期权而非现金支付员工薪酬也是如此。

结构化融资

在友好的银行家的帮助下,公司可能会粉饰借款从而使得借款所得现金更像经营现金流而不是融资现金流。安然就是这样一个例子:通过表外的层层构造,借款被伪装成了安然和银行间的天然气交易,而这些借款的现金收入被报告为经营活动现金流。

资本化政策影响经营活动现金

如果一项现金流出被作为一项投资并因此在资产负债上被资本化,它将会被计入现金流量表中的投资而不是经营部分。因此,如果一家公司很激进地将经营费用资本化,它将增加其经营活动现金流。例如,常规的维修费用可能会被计入固定资产。一些公司会通过这种方法,蓄意调整经营活动的现金支出,使经营活动产生的现金净流量更好看,从而欺骗和误导报表使用者,产生公司经营良好、经营活动创造现金能力很强的假象。如在世界通信事件中,世通的高管人员以"预付容量"为借口,要求分支机构将原已确认为经营费用的线路成本冲回,转至固定资产等资本支出账户,以此降低经营费用,调高经营利润,从而虚增固定资产 38.52 亿美元,低估经营成本 38.52 亿美元,税前利润也被相应虚增 38.52 亿美元。这种造假手法在现金流量表上反映为:使大量本应列入经营性支出的资金流,错误地列为投资性支出,从而虚增了世通经营活动现金流,严重误导了投资者、债权人等报表使用者对世通现金流量创造能力的判断。

不配比

经营活动现金流最基本的问题是它没有将现金流入和现金流出很好地匹配起来。你可以在上面 EDS 的例子中看到这个问题。另一个例子是,并购方利用被并购的子公司增加经营活动现金流。但是,取得这些现金流的成本并不在现金流量表经营活动现金流中。

资料来源:部分内容引自《解读现金流量表舞弊案》,http://blog.sina.com.cn/s/blog_4c46ac400100n94v.html。

本章小结

分析师关注现金流量表的目的是评价公司产生现金的能力。自由现金流是重中之重,因为自由现金流对于预测未来的流动性和融资需求是很有必要的。如果分析师使用现金流折现的方法估值,自由现金流预测同样是必要的。随后涉及预测现金的章节将依赖于本章的分析。

遗憾的是,GAAP下的现金流量表有点含糊不清。但是,利润表和资产负债表若恰当地加以重新编制的话,自由现金流由本章列出的方法1和方法2就可计算得出。所以我们将在本书的预测部分看到,一旦(重新编制的)利润表和资产负债表被预测出来,那么预测自由现金流仅是涉及这些报表的简单计算。如果那些报表是经过重新编制的,那么自由现金流的预测将会轻而易举。这是一个非常有效的预测方法。

如果我们希望从GAAP的现金流量表中读出自由现金流,则本章对GAAP报表的调整内容将是必需的。重新编制报表过程中的调整对现金流做了正确的分类,结果是自由现金流被单列出来,等于融资流。

关键概念

财务计划(financial planning):为满足商业中的现金流需求而进行的融资安排。

流动性分析(1iquidity analysis):对与现金求偿相关的当前和未来现金进行的分析。

非现金交易(noncash transaction):通过承担债务或发行股票进行的资产购买或费用承担,没有涉及任何现金。

案例连载:金伯利·克拉克公司

自主练习

在第8章和第9章里我们完成了对权益表、资产负债表和利润表的重新编制,现在需要做的就是重新编制现金流量表。

从资产负债表和利润表得到自由现金流

在重新编制现金流量表之前,请你根据在上一章重新编制的资产负债表和综合收益表计算出2003年和2004年的自由现金流。分别使用方法1和方法2。

重新编制现金流量表

现在重新编制2004年的现金流量表。你可以继续接着第4章完成的工作编制。请注意在第4章给出的关于2004年已付利息和税率的信息。

你会发现从重新编制的现金流量表中得到的自由现金流与你从资产负债表和利润表中获得的自由现金流不相同。为什么会出现这种情况?在10-K报告中寻找可能的解释。

用几句话陈述重新编制的现金流量表说明了什么,基本信息是什么。

练习

E10.1 分析现金流(中等)

分析下面广厦公司的比较资产负债表。

单位:元

	12月31日	
	2010年	2011年
经营现金	435 000	50 000
应收账款	40 000	0
存货	100 000	0
土地(未摊销成本)	400 000	800 000
固定资产	200 000	200 000
减:累计折旧	(100 000)	0
	1 075 000	1 050 000
应付账款	25 000	0
股本	1 050 000	1 050 000
	1 075 000	1 050 000

公司在2011年度支付股利15万元,且没有任何股票发行或股票回购。

a. 计算2011年度该公司产生的自由现金流。

b. 现金增长来自哪里?

c. 如果公司将现金投资于短期储蓄账户而不是支付股利,则a部分的计算结果将发生怎样的变化?

E10.2 纯权益公司的自由现金流(简单)

下列信息来源于志远公司,公司为纯权益公司(即没有净债务),以百万元人民币为单位:

2010年12月31日的普通股股东权益	174.8
2011年12月支付的普通股股利	8.3
2011年12月31日普通股发行	34.4
2011年12月31日的普通股股东权益	226.2

2011年公司没有回购股票。

计算2011年公司的自由现金流。

E10.3 净债务公司的自由现金流(简单)

下列信息来源于腾飞公司,公司在其资产负债表上有净债务,以百万元人民币为单位:

2010年12月31日的普通股股东权益	174.8
2011年12月支付的普通股股利	8.3
2011年12月普通股发行	34.4
2011年12月31日普通股东权益	226.2
2010年12月31日的净债务	54.3
2011年12月31日的净债务	37.4

公司在2011年没有进行股票回购,公司在其2011年利润表中报告了400万元的税后净利息,且这种利息以现金支付。

计算该公司2011年的自由现金流。

E10.4　使用现金流关系式(简单)

全景公司的年报中自由现金流为4.3亿元,经营收益为3.9亿元:

a. 其净经营资产在此期间发生了多大的变化?

b. 在此期间,公司在新的经营资产方面投资了2 900万元现金,其经营性应计项目为多少?

c. 公司发生了4 300万元的税后净财务费用,支付了2 000万元股利,通过股票发行筹集了3 300万元。在此期间公司的净债务有何变化?

E10.5　使用现金流关系式(中等)

一位分析师重新编制了2010年度和2011年度辉腾公司的资产负债表,如下所示(单位:百万元):

	2011年	2010年
经营资产	640	590
金融资产	250	110
	890	700
金融负债	170	130
经营负债	20	30
普通股东权益	700	540
	890	700

公司报告2011年有1亿元的综合收益,但没有净财务收益或费用。

a. 计算2011年的自由现金流。

b. 自由现金流是如何处置的?

c. 拥有金融资产和金融负债的公司为什么没有净财务收益或费用?

E10.6　分析自由现金流的变化:沃尔玛连锁店(中等)

下面是沃尔玛公司现金流量表的节选,其中表明自由现金流从1996年9.49亿美元的赤字增加到1997年38.62亿美元的盈余。然而,净利润只增加了3.16亿美元。

单位:百万美元

	结束于1月31日的会计年度	
	1997年	1996年
经营活动现金流		
净利润	3 056	2 740
将净利润(损失)调整为经营活动产生的净现金		
折旧与摊销	1 463	1 304
应收账款的增加	(58)	(61)
存货的增加(减少)	99	(1 850)
应付账款的增加	1 208	448
应计负债的增加	430	29
递延所得税	180	76
其他	(88)	(303)
经营活动提供的净现金	5 930	2 383
投资活动现金流		
取得财产、厂房、设备所支付的现金	(2 643)	(3 566)
出售照相冲印厂所得现金	464	
其他投资活动	111	234
投资活动使用的净现金	(2 068)	(3 332)

解释从1996—1997年报告的自由现金流变化的原因。

E10.7 盈利能力分析和现金流:昆腾公司(Quantum)(中等)

昆腾公司是个人计算机、笔记本电脑和工作站的硬盘驱动器的主要供应商和录音装置的制造商。

下面是昆腾公司的资产负债表和利润表,这些表经过重新编制,转化成以综合收益为基础的报表,并区分了经营活动和金融活动,单位为百万美元。

昆腾公司 资产负债表				
	1993年	1994年	1995年	1996年
净经营资产				
应收账款(净值)	266 992	324 376	497 887	711 107
存货	223 107	194 083	324 650	459 538
递延所得税	37 479	32 821	44 054	109 625
其他流动资产	13 094	14 365	35 580	81 472
不动产、厂房和设备净值	74 698	85 874	280 099	364 111
购买的无形资产	—	1 295	95 818	66 313
其他资产	19 034	14 585	15 187	18 437
应付账款	(215 909)	(267 189)	(355 117)	(498 829)
应计担保费用	(42 410)	(55 617)	(57 001)	(62 289)
应付工资	(14 178)	(15 315)	(54 917)	—
应付所得税	(19 020)	—	(17 566)	(11 232)
应计退出及重组成本	—	—	(32 213)	(103 165)
其他应计负债	(21 825)	(35 531)	(77 227)	(152 734)
净经营资产	318 051	293 733	699 234	982 354
净金融负债				
现金和现金等价物	(121 898)	(217 531)	(187 753)	(164 752)
经营性证券	(170 751)	(112 508)	—	—
短期负债	—	—	50 000	4 125
次级债券	212 500	212 500	212 500	374 283
长期负债	—	—	115 000	223 875
净金融负债	(80 149)	(117 539)	189 747	437 531
普通股权益	398 200	411 272	509 487	544 823

利润表				
	1993年	1994年	1995年	1996年
核心经营收益				
销售收入	1 697 240	2 131 054	3 367 984	4 422 726
销售成本	(1 374 422)	(1 892 211)	(2 804 271)	(3 880 309)
经营费用				
研发费用	(63 019)	(89 837)	(169 282)	(239 116)
营销费用	(77 085)	(74 015)	(108 290)	(142 413)
管理费用	(33 849)	(41 910)	(52 134)	(65 145)

（续表）

	1993 年	1994 年	1995 年	1996 年
经营成本及费用	(173 953)	(205 762)	(329 706)	(446 674)
经营收益	148 865	33 081	234 007	95 743
核心收益所得税	(53 408)	(9 226)	(88 551)	(15 501)
税后核心经营收益	95 457	23 855	145 456	80 242
非经常性经营收益	—	(16 382)	(52 520)	(150 568)
经营收益	95 457	7 473	92 936	(70 326)
净财务费用	(1 646)	(4 799)	(11 345)	(20 130)
归属于普通股股东的净收益	93 811	2 674	81 591	(90 456)

a. 比较从 1994 年到 1996 年该公司的经营活动盈利能力和金融活动盈利能力。
b. 计算 1994 年、1995 年、1996 年的自由现金流，并解释自由现金流的变化。
c. 解释从 1994 年到 1996 年公司是怎样从净债权人变为净债务人的。

微型案例

M10.1 现金流分析：戴尔公司

戴尔公司是一家非常成功的公司，它从经营活动中赚得了大量的现金流。

戴尔公司 2002 年度的财务报表在第 2 章表 2.1 中给出。

a. 重新编制利润表和资产负债表以区分经营活动和金融活动，并从这些报表中计算自由现金流。把这个计算结果与直接从现金流报表中计算得出的自由现金流相比较。注意，在你计算过程中，戴尔公司的交易性证券基本上都是债券，戴尔公司的边际税率是 35%。你能推测是什么原因导致了这两种计算结果之间的差异吗？

b. 1999 年，戴尔公司开始报告由于员工期权计划税收节约而带来的现金利益，并把它作为来自经营活动的现金流。以前，这些税收利益一直作为融资活动现金流报告。对于来自员工股票计划的税收利益，你认为合适的分类是什么？戴尔公司的划分如何影响问题 A 中两种现金流计算结果的一致性？

c. 戴尔公司在其 2002 年现金流量表中报告：来自普通股发行的现金收入为 2.95 亿美元。然而，在它的 2002 年股东权益表中，股票发行收入为 8.53 亿美元。你能解释这两个数字的差异吗？

d. 你对现金流的研究能得出有关戴尔公司财务报表质量的什么特征？

M10.2 现金流分析：保利地产(600048)

保利地产前身为广州保利房地产开发公司，是由中国保利集团公司（以下简称"保利集团"）全资子公司保利南方集团有限公司（原名为"保利科技南方公司"，以下简称"保利南方"）于 1992 年 9 月 14 日在广州市注册成立的全民所有制企业，2002 年 8 月 22 日，公司改制为股份有限公司，名称变更为"保利房地产股份有限公司"。2006 年 3 月，公司更名为"保利房地产（集团）股份有限公司"。经中国证券监督管理委员会证监发行字[2006]30 号文核准，公司于 2006 年 7 月 19 日首次公开发行人民币普通股(A 股)15 000 万股，每股面值 1 元。2006 年 7 月 31 日，本司股票在上海证券交易所上市交易，证券代码 600048，股票简称"保利地产"。

公司的经营范围包括：一级房地产开发、出租本公司开发商品房、房屋工程设计、旧楼拆迁、道路与上方工程施工、室内装修、冷气工程及管理安装、物业管理、酒店管理、批发和零售贸易（国家专营专控商品除外）。公司网址为 http://www.polycn.com，www.gzpoly.com。

请查找并仔细阅读 2008—2011 年公司的财务报表,回答以下问题:

a. 重新编制公司 2011 年的利润表和资产负债表,区分金融活动和经营活动。

b. 计算 2011 年自由现金流,并与直接从现金流量表中计算得出的自由现金流相比较。

c. 2011 年现金流量表上披露的利息支出为多少?(提示:请先查找股利分配的数据。)利润表上披露的利息费用为多少?两者之间的差别在哪里?在资产负债表哪个科目的附注里可以找到原因?

d. 公司 2008—2011 年现金流量表中,经营活动现金流一直为负,为什么会出现这种情况?这种情况正常吗?哪些行业可能会出现这种情况?

第 11 章
盈利能力分析

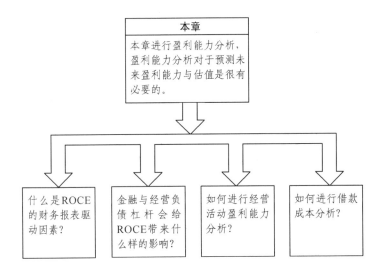

> 开篇阅读材料

团购盈利能力横向对比 拉手网模式胜几成?

5月24日消息,近期,国内超人气团购网站拉手网率先提出将盈利时间表提前至今年6月份。随后,第一阵营的几家大型团购网站也纷纷亮出各自的盈利计划。而团购鼻祖Groupon第一季度漂亮的财报表现更是提振整个团购行业。

进入2012年,经过深度整合后,整个团购市场资源更加集中,强者恒强的趋势已经非常明显,第一阵营团购网站纷纷追求盈利,由此前的资金、流量驱动演变成产品、服务驱动,这是市场回归理性发展的标志。对于领先的几家团购网站,谁将率先实现盈利?

产品"造血"能力:卖服务卖产品哪个更赚钱?

打开几家主流团购网站的页面不难发现,团购行业正在逐渐调整以提供服务为主的经营策略,向实物类产品团购发展的趋势越加明显。就连一直"坚守"本地生活服务的美团网,也悄然上单了40几款产品。原因很简单,单纯的服务类团购难以维持网站生存。据团购业内人士透露,国内纯本地服务平均毛利率不到10%,在3.5%—5%左右,很多单子为了冲流量甚至是平进平出0毛利。

毫无疑问,实物类团购凭借高利润已经成为团购网站增长的主要动力。目前,拉手网在深耕本地服务的基础上更偏重实物销售。拉手商城每天上线产品保持在3 000单,其中大部分皆为精选的高毛利率产品,利润贡献相当可观。窝窝团提倡将B2C与O2O结合,但窝窝商城未成规模,仍依赖本地服务类团购,而其他团购网站也都开始尝试实物类产品。

无论是卖服务还是卖产品,在资本市场冷却的当下,"活下去"是各大团购网站面临的最重要命题,开拓符合市场发展的产品、最大化满足用户需求是网站健康发展的最佳出路。

运营"造血"能力:要效率还是要规模?

Groupon在美国团购市场一家独大,规模效应是其实现盈利的一个重要原因。国内团购市场,在快速抢占市场的第一阶段,拉手网覆盖500所城市,连续两年全销售额蝉联第一,占据了最大的市场份额。

进入第二阶段,精细化运营成主流。通过人员优化、配套IT系统、完善服务体系等举措来提高内部运营效率,纵向深挖现有用户价值、提升用户黏度变得更为重要。自2012年以来,各大网站都开始进入调整阶段。

拉手网仍旧保持了"一马当先"的先发优势,与IBM合作上线ERP系统,优化内部资源配置;全国联网12315绿色通道、搭建金字塔服务体系;严格绩效考核、广纳高端人才。透过这一系列举措,可以看出国内团购企业正在逐步走向成熟。规模与效率兼顾,才能牢牢把握市场。

近期,拉手网和中国最大的B2C电子商务网站京东商城达成合作,这也是对拉手网运营能力的又一肯定。京东商场利用其资源优势主攻实物类团购,本地服务团购则借助更擅长获取资源的拉手网来突破需求。同时,拉手网通过京东这一平台获得更多用户和流量资源,双方合作开创了一个强强联合、互补共赢的局面。

作为面向生活服务的一种创新商业模式,团购带来了产业链条的整合与重构,在为人们提供便利的同时,也成为推动产业与经济发展的重要途径和手段,实现盈利是行业发展的必然。目前,"千团大战"的硝烟仍未散去,以拉手网为代表的各大团购网站只有找到适合的盈利模式,精细化运作,发展为具有高度黏性的网购平台,才能最先实现盈利,获得持续和长远的发展。

资料来源:比特网,2012年5月24日。

分析师核对表

读完本章后你应该理解:
- 如何用各种比率综合地解释普通股权益回报率(ROCE)。
- 经济因素是如何决定各种比率的。
- 财务杠杆如何影响ROCE。
- 经营负债杠杆如何影响ROCE。
- 净营业资产回报率(RNOA)与资产回报率(ROA)有何区别。
- 净利率、资产周转率和它们的复合比率如何影响RNOA。

- 如何分析借款成本。
- 如何运用盈利能力分析更深刻地看待一些公司经营活动的问题。

读完本章后你应该能做到：
- 计算驱动 ROCE 的各种比率。
- 证明各种比率是怎样综合得到 ROCE 的。
- 根据重新编制的财务报表，做出完整的盈利能力分析。
- 以本章中的设计为基础，编制电子数据表格程序。
- 利用本章的分析回答假设性问题（"What-If"）。

第 5 章的市净率估值模型告诉我们如何通过预测未来的剩余收益来对权益估值，第 6 章的市盈率估值模型又告诉了我们如何去预测超额收益增长。剩余收益是由股东投资的盈利能力，也就是普通股权益回报率（ROCE）和投资增长所共同决定的，收益增长也是由投资增长以及该投资自身的盈利能力决定的。所以，预测将涉及预测盈利能力和增长两个部分。为了预测，我们需要知道 ROCE 和股权投资增长的驱动因素是什么。对 ROCE 的驱动因素的分析称为盈利能力分析，对投资增长的分析称为成长性分析。这一章主要讲盈利能力分析，下一章主要讲成长性分析。

前面几章对财务报表的重新编制，为盈利能力分析和成长性分析打下了基础，这一章和下一章将完成财务报表分析。

盈利能力分析确定了公司目前所处的位置，它揭示了当期 ROCE 的驱动因素。然后，根据对当前情况的了解，分析师通过探讨未来 ROCE 如何异于当期 ROCE 来做出预测（这一点我们将在本书第三部分看到）。分析师的目的是预测 ROCE，但为此必须首先预测在本章中我们所要讨论的 ROCE 的驱动因素。这种预测反过来在很大程度上决定估值，因此在本章中有时将盈利能力驱动因素看成是价值驱动因素。

当然，价值是由经济因素所引起的。会计计量在理解盈利能力驱动因素时，认识到决定这些驱动因素的各种公司活动是十分重要的。这又属于"了解企业"的部分。当你分析盈利能力驱动因素时，你就会学到有关企业的更多知识。盈利能力分析有机械的一面，事实上，这里的分析可以转换成电子数据表格，只要在设计好的表格里输入数据，就会得到各种比率。但这种方法却难以了解价值产生背后的经济奥秘。所以，在运用这些电子数据表格的时候，必须不断思考产生这些比率的公司的相关营运活动。盈利能力分析就聚焦于公司的商业活动。

基于上述思想，盈利能力分析就成了管理层计划、战略分析、决策制定以及估值的一种工具。当管理层认识到产生更高的盈利能力便创造了价值的时候，他们就会问：什么是盈利能力的驱动因素？某个特定决策是如何导致盈利能力发生改变的？盈利能力的这种变化又如何进一步转化为对股东的价值创造？如果零售商决定降低广告费用而采取"常客"（frequent buyer）策略，将如何影响 ROCE 和权益价值？如果零售店扩大店面，其影响又是什么？如果收购另一家企业呢？

分析的目的是得到此类问题的答案，所以在本章你会发现许多"What-If"之类的问题，而且你会看到盈利能力分析是如何回答这些问题的。

11.1 剖析经营活动的核心：盈利能力分析

正如我们前面所看到的，普通股股东权益（CSE）的回报是由以下公式计算的：

$$\text{普通股权益回报率（ROCE）} = \text{综合收益} / \text{平均 CSE}$$

按照 ROCE 的驱动因素，可从三个层次对其进行分析，这三个层次列示于图 11.1 中。我们在分析过程中会一直运用这张图。所使用的简写和缩写定义在图例中。

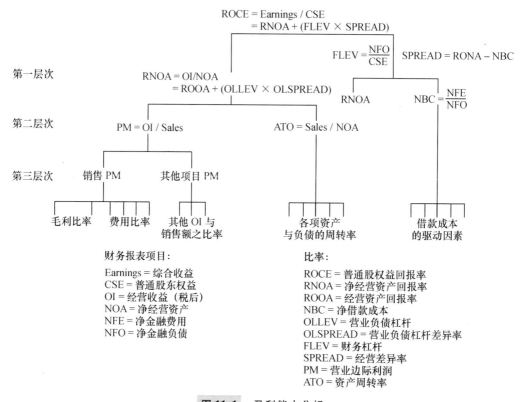

图 11.1 盈利能力分析

普通股权益回报率可以按其驱动因素分解为三个层次来分析。第一个层次确认了财务杠杆和经营负债杠杆的影响；第二个层次确认了净利率和资产周转率对经营活动盈利能力的影响；第三个层次确认了净利率、资产周转率和净借款成本的驱动因素。

11.2 第一层次的分解：区分融资活动、经营活动和杠杆作用

我们已经看到经营活动（产生经营收益）和融资活动（产生财务收益或财务费用）影响普通股权益回报率。ROCE 第一层次的分解就是要区分这两种活动的盈利能力，同时还区分了通过负债使得 ROCE 增加或者减少的财务杠杆效应。

财务杠杆

财务杠杆反映了净经营资产在多大程度上是由净金融负债或普通股权益融资形成的。在第 9 章中介绍的指标"财务杠杆 = 净金融负债/普通股股东权益"表达了财务杠杆作用。净经营资产由净金融负债融资的程度会使权益回报率受到影响。通常公司的 FLEV 约为 0.4，但公司间有很大差别。

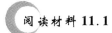

阅读材料 11.1

ROCE 由经营活动盈利能力、财务杠杆和经营差异率决定

$$ROCE = 综合收益/平均 CSE$$

位于等式右边分子位置上的综合收益是由经营收益和净财务费用构成的，这一点已在重新编制的利润表中提到过。位于分母位置上的普通股股东权益（CSE）等于净经营资产减去净金融负债，即：

$$ROCE = (OI - NFE)/(NOA - NFO)$$

（取自资产负债表的数字为一年期平均数字。）经营收益（OI）由净经营资产（NOA）产生，RNOA 给出了净经营资产回报率的百分比。净财务费用（NFE）由净金融负债（NFO）产生，而二者之比恰是净借款成本（NBC）。所以，ROCE 可以表达为：

$$ROCE = \left(\frac{NOA}{CSE} \times RNOA\right) - \left(\frac{NFO}{CSE} \times NBC\right)$$

这里需要提醒的是：RNOA = OI/NOA 和 NBC = 净财务费用/NFO。ROCE 的这种表述可以看成是经营活动回报率和（负的）融资活动回报率的加权平均。

重排表达式，我们可以得到更深刻的了解：

$$ROCE = RNOA + \left[\frac{NFO}{CSE} \times (RNOA - NBC)\right]$$
$$= RNOA + (财务杠杆 \times 经营差异率)$$
$$= RNOA + (FLEV \times SPAEAD)$$

财务杠杆对 ROCE 的影响如下（见阅读材料 11.1）：

$$普通股权益回报率 = 净经营资产回报率 + (财务杠杆 \times 经营差异率) \quad (11.1)$$

即：

$$ROCE = RNOA + FLEV \times (RNOA - NBC)$$

ROCE 的这个表达式表明 ROCE 可以分解为三个驱动因素：

1. 净经营资产回报率（RNOA = OI/NOA）；
2. 财务杠杆（FLEV = NFO/CSE）；
3. 净经营资产回报率和净借款成本的差额，即经营差异率（SPREAD = RNOA − NBC）。

经营收益和净财务费用必须是税后的，而且必须是考虑所有部分的综合收益，关于这一点在第 9 章重新编制的利润表中有相关陈述，否则，这种分解将是无用的。

该公式表明:如果公司有财务杠杆且公司的经营回报率大于借款成本,则 ROCE 就会超过经营回报率;如果净经营资产由净债务来融资,则公司的权益回报率会更高,当然须假定资产回报率超过债务成本。

图 11.2 描述了依据公式,ROCE 和 RNOA 之间的差额是如何随财务杠杆变化的。如果公司没有财务杠杆,那么公式 11.1 就表明 ROCE 等于 RNOA;如果公司有财务杠杆,那么,ROCE 和 RNOA 之间的差额就由财务杠杆率和经营差异率来决定,经营差异率为 RNOA 与净借款成本之差。我们把经营差异率简称为 SPREAD。如果一个公司的 RNOA 大于其税后净借款成本,就表明这个公司有有利的财务杠杆,即 RNOA 由于杠杆作用被大大地提高了,产生了较高的 ROCE。如果经营差异率是负的,杠杆作用就是不利的。参见阅读材料 11.2 中通用磨坊公司的例子。这充分说明了财务杠杆是一把"双刃剑":如果公司经营资产回报率高于其借款成本,那么财务杠杆就会为股东产生更高的回报;反之,财务杠杆就会给股东带来不利影响。因而就像我们将要在第 13 章看到的那样,财务杠杆既是权益风险,也是盈利能力的构成因素。同时,我们还将会提出如下问题:公司可否通过利用财务杠杆提高其 ROCE 来增加其权益价值,或者是否会因为风险的增加而降低其权益价值?

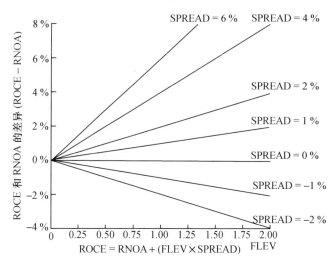

图 11.2 在不同的经营差异率下,财务杠杆是如何影响 ROCE 和 RNOA 二者之间差异的

FLEV 是财务杠杆,SPREAD 是 RNOA 和净借款成本之差。

阅读材料 11.2

财务杠杆的影响:通用磨坊公司

通用磨坊公司是一家大型包装食品制造商,多年来回购了大量股票,杠杆率极高。2004 年,它的净经营资产平均为 125.78 亿美元,但普通股权益平均只有 47.12 亿美元。根据资产负债表中列示的平均数据,可计算出它的财务杠杆率为 1.670。

公司 2004 年度的 ROCE 为 26.5%,进一步分析发现这种高回报是由高杠杆率引起的:

$$\text{ROCE} = \text{RNOA} + [\text{FLEV} \times (\text{RNOA} - \text{NBC})]$$
$$26.5\% = 12.5\% + [1.670 \times (12.5\% - 4.1\%)]$$

ROCE能放大潜在的经营活动盈利能力:RNOA只有12.5%,但是由于较高的财务杠杆,加上较低的借款成本(4.1%)带来的经营差异率,结果使ROCE被极大地提高了。所以当公司自诩具有很高的ROCE时,(分析者)要具有辨别意识:这是否是由高财务杠杆率引起的?

一个"What-If"问题

如果通用磨坊公司的RNOA降到2%,则会给ROCE带来什么样的影响呢?

答案是ROCE将会降到-1.5%:

$$-1.5\% = 2.0\% + [1.670 \times (2.0\% - 4.1\%)]$$

虽然RNOA为正,但杠杆作用不利的一面最终使得ROCE变为负数。

如果公司像阅读材料11.3中微软公司那样有净金融资产(NFA)而不是净金融负债(NFO),分析会发生怎样的变化?在这种情况下,金融收益将大于财务费用,公司便会有正的金融活动回报而不是净借款成本。此时普通股权益回报率和净经营资产回报率关系如下:

即:
$$\text{ROCE} = \text{RNOA} - \left[\frac{\text{NFA}}{\text{CSE}} \times (\text{RNOA} - \text{RNFA})\right] \quad (11.2)$$

其中,RNFA为净金融资产回报率,RNFA=净金融收益/NFA。此处正的差异率降低了ROCE:部分普通股权益投资于金融资产,并且如果金融资产收益少于经营资产收益,ROCE将低于RONA。

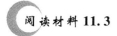
阅读材料11.3

负财务杠杆的影响:微软公司

微软的盈利能力很好。从第9章中公司2002财年重新编制的财务报表(表9.5和表9.11)来看,平均普通股权益回报率达15.7%,其普通股权益价值为497.35亿美元。可公司无任何金融负债,通过经营活动产生的现金使公司积累了达369.06亿美元的大量金融资产,从而平均财务杠杆为负值:-0.742。平均净金融资产回报率为4.2%。

报告中的ROCE掩盖了其经营收益率为48.9%的事实:

$$\text{ROCE} = \text{RNOA} - \left[\left(\frac{\text{NFA}}{\text{CSE}}\right) \times (\text{RNOA} - \text{RNFA})\right]$$

$$15.7\% = 48.9\% - [0.742 \times (48.9\% - 4.2\%)]$$

RNOA为48.9%,而较低的金融活动回报率使ROCE降低了。

一个"What-If"问题

2004财年公司动用了330亿美元的金融资产以支付特别股利。如果公司2002年就支付这些股利,ROCE将是多少?

答案是,如果金融资产和普通股权益少330亿美元,NFA与CSE的比率将变成-0.233而不是-0.742。ROCE将变为:

$$38.5\% = 48.9\% - [0.233 \times (48.9\% - 4.2\%)]$$

股票回购(以及股利)提高了ROCE。

经营负债杠杆

正如金融负债能够提高普通股权益回报率一样,经营负债也能提高净经营资产回报率。经营负债是在经营活动中发生的债务,它不同于为经营活动融资而发生的金融负债。第9章曾给出一个公式,度量净经营资产(NOA)在多大程度上由经营负债(OL)构成。经营负债杠杆是:

经营负债杠杆(OLLEV) = 经营负债(OL)/净经营资产(NOA)

通常 OLLEV 的值为0.4。经营负债会使使用中的净经营资产减少,这样就会使净经营资产回报率增加。一个公司能在多大程度上获得无息信用用于营业活动,它就能在多大程度上减少其在净经营资产上的投资,从而提高其 RNOA。但信用是有代价的,提供无息信用的人会为其提供的服务和商品索要比公司即付现金时更高的价格。因此,像财务杠杆一样,经营负债杠杆也是一把"双刃剑"。

为了测定杠杆效应的大小,我们必须首先利用公司的短期借款利率估计供应商提供信用的隐含利息:

经营负债隐含利息 = 短期借款利率(税后) × 经营负债

然后计算假设无经营负债时的经营资产回报率(ROOA):

经营资产回报率(ROOA) = (经营收益 + 隐含利息(税后))/经营资产

净经营资产回报率是由经营负债杠杆驱动的,如下所示:

净经营资产回报率 = 经营资产回报率
　　　　　　　　+ (经营负债杠杆 × 经营负债杠杆差异率)
$$RONA = ROOA + (OLLEV \times OLSPREAD) \tag{11.3}$$

这里的 OLSPREAD 指经营负债杠杆差异率,它是经营资产回报率和税后短期借款利率的差额,即:

OLSPREAD = ROOA − 短期借款利率(税后)

该净经营资产回报率的杠杆表达式在形式上类似于 ROCE 的财务杠杆表达式:如果没有经营负债杠杆,RNOA 就由经营资产回报率所决定;如果存在经营负债杠杆,RNOA 就等于在 ROOA 的基础上加上杠杆溢价,而杠杆溢价是由经营负债杠杆(OLLEV)的大小及经营负债杠杆差异率(OLSPREAD)所决定的。如果经营资产回报率大于短期借款利率,那么杠杆的作用就可能是有利的;反之,则杠杆的作用就可能会变得不利。

在计算经营负债杠杆和隐含利息时,有些负债不计入内,如养老金,会计上已将其隐含利息包括在营业费用中。还有一类负债,它本身没有隐含利息,比如递延所得税负债,因为政府不对这些负债计收利息。参见阅读材料11.4。

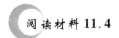

经营负债杠杆的影响:通用磨坊公司

通用磨坊公司2004财年平均净经营资产为125.78亿美元,经营负债为30.68亿美元,这些负债不包括递延所得税负债。这样它的经营负债杠杆率为0.224。它的短期应付票据利率为2.5%,税后为1.6%。公司经营收益为15.75亿美元,将经营负债(不包括递延所得税负债)与税后短期借款利率相乘,得到的公司经营收益中包括了隐含的税后利息费用0.491亿美元,所以:

$$ROOA = \frac{15.75 + 0.491}{156.46} = 10.4\%$$

经营负债杠杆效应是有利的:

$$\text{RNOA} = 12.5\% = 10.4\% + [0.244 \times (10.4\% - 1.6\%)]$$

一个"What-If"问题

如果供应商对公司的应付账款计收2.5%的短期借款利率,则会对ROCE造成什么样的影响?

答案可能是没有影响。利息是一种额外费用。但为了保持竞争优势,供应商不得不相应降低商品价格以使公司支付的总费用保持不变。但供应商市场可能不像这种假设那样有效,所以公司可以利用经营负债杠杆。参见阅读材料11.5。

经营负债杠杆可以增加企业股东权益,所以判断分析师在分析的过程中是否发现了价值产生的源头是非常重要的。一家公司在拥有4亿美元存货的同时又在账面上有4亿美元对供货商的应付账款,实际上它存货的净投资为零。供应商对存货进行了投资,而股东就不必对存货投资了(而是可以投资到其他产生回报的地方)。参见阅读材料11.5。

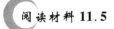

阅读材料11.5

极端经营负债杠杆的案例:戴尔公司

戴尔公司是电脑生产和销售中的创新者。它的"直接面向顾客销售"(direct-to-customer)的方法减少了零售分销层次,可以更快地对消费者需求做出响应。它的"适时制存货系统"(just-in-time inventory system)保证其存货几乎为零,所以戴尔不仅存货投资极少,而且当电脑的价格波动或是技术更新时,它的存货风险也较低。同时,由于生产外包,戴尔厂房设备的投资也较低。戴尔对它的供应商采用先货后款的方式结算。所以,它的应付账款相对存货和厂房设备的投资较高。

戴尔公司2002年重新编制的资产负债表(第2章表2.1)中给出了净经营资产的各个组成部分(单位:百万美元):

经营资产		
经营现金		25
应收账款		2 269
存货		278
不动产、厂房和设备		826
其他资产		1 875
		5 273
经营负债		
应付账款	5 075	
应计负债	2 444	
其他负债	802	8 321
净经营资产		(3 048)
净金融资产		7 742
股东权益		4 694

戴尔在金融资产上的投资有77.42亿美元,但是股东的经营投资却是为负(尤其是对于

制造商而言):净经营资产为 -30.48 亿美元。戴尔销售额为 311.68 亿美元,但只有 2.78 亿美元的存货和 8.26 亿美元的不动产、厂房和设备。由于有 50.75 亿美元的应付账款,以及因为接受服务而产生的 24.44 亿美元的应计负债,经营负债已经超过了经营资产:是债权人而非股东在为经营活动提供投资。戴尔有着极大的经营负债杠杆。

这种杠杆结构能不能带来价值增加呢?当然可以。戴尔对供应商非常强势。戴尔从 2002 年经营活动中取得了 12.84 亿美元的收益。在 -30.48 亿美元负经营投资的基础上(要求回报率为 9%),经营活动的剩余收益为:

$$剩余收益 = 12.84 - 0.09 \times (-30.48) = 15.58 (亿美元)$$

在要求回报率下,负投资使剩余收益大于收益。股东可以通过两个途径有效地增加权益价值:一是 12.84 亿美元的经营收益;二是 30.48 亿美元的投资。如果供应商不提供该项投资的话,股东就必须将这笔资金投入到公司经营中。供应商提供了"浮桥"(float),从而股东可以投资于其他地方。剩余收益的计算同时考虑了这两个因素。

注意:你可能会注意到,因为戴尔公司净经营资产为负,所以 RNOA 无法计算。这种情况极少发生。但是从估值的角度讲,并没有太大的影响:估值涉及预测未来的剩余收益,而就像上边阐述的一样,经营活动的剩余收益是可以计算的。

总结财务杠杆和经营负债杠杆对股东盈利能力的影响

股东盈利能力 ROCE 受到财务杠杆和经营负债杠杆的双重影响。如果没有其中任何一种影响,ROCE 实际上就等于 ROOA,即经营资产回报率。经营负债杠杆使得 RNOA 大于 ROOA,财务杠杆使得 ROCE 大于 RNOA:

$$ROCE = ROOA + (RNOA - ROOA) + (ROCE - RNOA)$$

所以,对于阅读材料 11.2 及 11.4 中通用磨坊公司的例子来说,ROCE 为 26.5% 是这样得出的:

$$26.5\% = 10.4\% + (12.5\% - 10.4\%) + (26.5\% - 12.5\%)$$

表 11.1 以耐克和锐步为例,分析了杠杆对股东盈利能力的影响,使用的是重新编制后的财务报表(表 9.3 和表 9.4 为重编后的资产负债表,表 9.10 和表 9.11 是重编后的利润表)。表 11.1 对比了两公司 2003 年和 2004 年的盈利能力,同时也给出了财务杠杆和经营负债杠杆是如何影响其盈利能力的。2004 年耐克公司只有少量金融负债,所以其 ROCE 与 RNOA 大体相等;而 2003 年耐克公司 RNOA 为 9.6%,净负债财务杠杆作用使 ROCE 达到 10.3%。两者对比,可以看出 2003 年 0.117 的财务杠杆是如何通过财务杠杆公式起作用的。锐步公司 2003 年度和 2004 年度持有净金融资产,其 ROCE 低于 RNOA。耐克和锐步都通过经营负债杠杆提高了 RNOA,表 11.1 的计算显示了锐步是如何在 2004 年通过经营负债杠杆公式做到这一点的。

表 11.1 第一层次分解:耐克公司与锐步公司

	2004		2003	
	耐克	锐步	耐克	锐步
ROCE	23.0%	18.9%	10.3%	18.1%
扣除少数股东损益前 ROCE		19.2%		18.5%
RNOA	23.3%	24.4%	9.6%	27.9%

（续表）

耐克公司2003年财务杠杆分析：
ROCE = 收益/平均股东权益 = 405/3 936 = 10.29%
RNOA = 经营收益/平均净经营资产 = 423/4 395 = 9.62%
财务杠杆 FLEV = 平均净金融负债/平均股东权益 = 459/3 936 = 0.117
净借款成本 NBC = 净利息/平均净金融负债 = 18/459 = 3.92%
经营差异率 SPREAD = RNOA − NBC = 9.62% − 3.92% = 5.70%
ROCE = RNOA + FLEV × SPREAD
10.29% = 9.62% + 0.117 × 5.7%

锐步公司2004年经营负债杠杆分析：
RNOA = 经营收益/平均净经营资产 = 237/971.5 = 24.4%
短期借款利率（税后） = 5% × (1 − 0.36) = 3.2%
6.36亿美元经营负债的隐含利息 = 6.36 × 0.032 = 0.204亿美元
经营资产净利率 ROOA = (经营收益 + 20.4)/平均经营资产 = (237 + 20.4)/(971.5 + 636)
 = 16.01%
经营负债杠杆 OLLEV = 平均经营负债/平均净经营资产 = 636/971.5 = 0.655
经营负债杠杆差异率 OLSPREAD = ROOA − 短期借款利率 = 16.01% − 3.2% = 12.81%
RNOA = ROOA + OLLEV × OLSPREAD
24.4% = 16.01% + 0.655 × 12.81%

杠杆效果分析需要考虑几个问题。第一，对少数股东权益的调整，详见阅读材料11.6。第二，可能存在如下情况：净借款接近于零，利润表中列示了净利息费用（利息费用高于利息收入），而资产负债表中却列报了平均金融资产净头寸。锐步公司就是这样的。此时由于净金融负债数额很小，导致计算出来的净债务成本虚高（因为净金融负债接近于零）。这是因为，平均净金融负债应该按天计算，而不只是用期初期末余额平均。但是分析师拿不到这些数据，不过，季度数据平均在一定程度上减少了该问题。必须注意到这一点，当净金融负债近似为零时，杠杆效果分析实际上就不太有价值了。

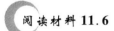
阅读材料11.6

处理少数股东权益问题

少数股东权益的出现要求对于财务杠杆影响的计算方法稍做修正。少数股东权益不同于债权人权益，它不影响普通股的总体盈利能力、杠杆率及差异率，它只影响报酬在不同股东之间的分配。像大多数普通股一样，少数股东也分享杠杆的收益和成本。所以，对少数股东权益(MI)的处理就是要把合并报表中来自所有要求权人的ROCE与来自母公司（多数）普通股东的ROCE加以区分：

ROCE = MI之前的ROCE × MI分享率

这里，ROCE是来自母公司（多数）普通股东的回报率，并且有：

MI之前的ROCE = MI之前的综合收益/(CSE + MI)

少数股东权益分享率 = (综合收益/MI之前的综合收益)/[CSE/(CSE + MI)]

这里，第一个比率给出了所有普通股权益（包括少数股东权益及多数股东权益）的回报率,见表 11.1 锐步的例子。第二个比率给出了回报的分享比率。当使用财务杠杆公式 11.1 时,使用 MI 之前的 ROCE。

计算的过程是相当烦琐的,不过,如果子公司中少数股东权益的经营资产及负债的份额、金融资产及负债的份额、收入所占的份额能被区分列明的话,那么这些项目就可以在重新编制的资产负债表的相关项目中减去,从而避免上述烦琐的计算。少数股东损益(少数股东权益)在美国通常较少,可以近似地在合并报表中视为经营收益和净经营资产的抵减项。

净经营资产回报率与资产回报率

经营活动盈利能力常用的度量指标是资产回报率(ROA),即:

$$ROA = [净收益 + 利息费用(税后)]/平均总资产$$

(如果有少数股东损益的话,将它加到分子上。)分子上的净收益通常是公司报告的净收益而不是综合收益。但是,除此之外,ROA 的计算过程中把融资活动与经营活动混淆起来了。利息收益(融资活动的一部分)包括于分子之中。总资产也是经营资产和金融资产的总和,所以金融资产也包括在分母中。因此,这个指标就把经营活动产生的回报和来自金融资产的剩余现金投资回报(通常比经营活动回报低)糅合在一起。分母中未考虑经营负债。这样,在计算中分子包含有经营负债成本,但分母不包括经营负债的杠杆利益。而 RNOA 的计算恰当地把经营项目和金融项目区分开来。由于生息金融资产就是负的金融负债,所以它们不影响经营回报率的计算。假定存在经营负债杠杆,则经营负债降低了对经营资产的必要投资,所以它们应当从分母中扣除掉。

所以,ROA 通常低于 RNOA。从 1963 年到 2004 年所有美国非金融公司 ROA 的中值为 6.8%,这个比率低于我们预期的回报:它看起来更像一个债券利率。而 RNOA 的中值为 10.4%,和我们所预期的公司运营的典型回报率是一致的。ROA 并非是经营活动盈利能力的理想指标。

表 11.2 比较了 1996 年部分公司的 ROA 和 RNOA,对许多公司来说那是盈利状况非常好的一年。从表中可以看出那些高科技公司业绩卓著。由于有利的经营负债杠杆,我们预期在盈利较好的年份 RNOA 和 ROA 的差将会较大,这一点对于表中所有的公司都是适用的。事实上,你能看到 ROA 低估了经营活动的盈利能力。典型的例子是埃克森和雪佛龙公司。这些公司的 ROA 看起来很一般,甚至低于我们对资本成本的预期,但另一方面,它们的 RNOA 是很高的。而且,净经营资产回报率指标使我们能够发现微软、甲骨文和思科公司等真正杰出的公司。

表 11.2 1996 年财年部分公司的净经营资产回报率(RNOA)和资产回报率(ROA)

ROA 往往低估了公司经营活动的盈利能力,因为它没有考虑经营负债杠杆,同时把金融资产的盈利能力也包括进来。

行业和公司	RNOA(%)	ROA(%)	经营负债杠杆 (OLLEV)	金融资产/ 总资产(%)
生物技术				
Genentech, Inc.	11.2	5.7	0.37	52.8
Amgen, Inc.	63.5	26.2	0.51	41.0
Chiron Corp.	6.2	3.8	0.31	10.3
高科技				
微软	197.0	25.4	1.69	64.7
甲骨文	68.4	21.0	1.52	26.5
思科	121.8	32.5	0.87	48.5
零售				
沃尔玛	12.7	9.3	0.35	1.0
凯玛特	0.5	0.4	0.35	4.1
The Gap, Inc.	39.7	30.1	0.56	24.1
石油生产与精炼				
埃克森	14.8	8.3	0.73	1.9
雪佛龙	13.9	8.2	0.64	4.4
鞋类和服装生产				
耐克	22.6	16.3	0.37	6.1
锐步	14.1	9.8	0.32	7.2

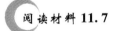

阅读材料 11.7

供应商资金支起国美、苏宁的连锁王国

财务数据显示,国美、苏宁都没有从银行进行短期借款,而其负债又以短期负债为主,因此可推测两家公司新增门店资金主要来源于占用供应商资金。

数据显示,国美、苏宁的债务主要为短期负债,没有长期负债。而在短期债务中,应付账款和应付票据又是债务的主体。与苏宁欠供应商的货款主要体现在应付账款不同的是,国美电器欠供应商的货款主要体现在应付票据这一科目,这实际上体现了二者在占用供应商资金时间上存在较大差异。原因在于按照行业经验,应付账款一般仅延期 3—4 个月,而采用应付票据支付方式,货款可延期到 6 个月后支付。这表明国美电器对供应商的控制能力更强,其资金链比苏宁电器较为宽裕,而造成两家公司在对供应商资金占用上时间长短不同的根本原因,我们认为是二者渠道价值存在差异。

而且,国美、苏宁的短期负债规模与其销售规模呈正相关关系。年报数据显示,苏宁电器主营业务收入 2001 年为 16.64 亿元,2004 年达 91.07 亿元;相应地,其短期借款+应付账款+应付票据由 2001 年年末的 5.07 亿元增加到 2004 年年末的 9.32 亿元。国美电器主营收入由 2001 年的 38.73 亿元,增加到 2004 年的 119.31 亿元,相应地,短期负债+应付账款+应付票据同步增长,由 2001 年年末的 7.73 亿元增加到 2004 年年末的 30.12 亿元。

为了更清晰地了解国美、苏宁占用供应商资金的现实和了解其资金用途,我们还重点分析了两家公司的流动资产及负债结构,分析货币现金/流动资产、(应付账款+应付票据+预收账款)/销售收入、(应付账款+应付票据+预收账款)/流动资产以及财务费用与流动负债匹配情况等指标,结果显示,两家公司在规模扩张过程中占用了供应商的资金。

货币现金/流动资产。2001—2004 年期间,两家公司账面上的现金及现金等价物/流动资产的比例均快速上升,其中,2004 年,国美、苏宁两家公司现金及现金等价物对流动资产的比例分别达到 33.38% 和 29.18%,这实际表明零售商账面现金随着其收入增长而迅速提高。

(应付账款+应付票据+预收账款)/销售收入、(应付账款+应付票据+预收账款)/流动资产。这两个指标实际反映了零售商对资金占用的能力。从国美和苏宁历年两项指标表现看,国美 2004 年这两项指标分别达到 27.86% 和 70.88%,而苏宁这两项指标分别为 11.03% 和 55.22%,这表明两家公司占用供应商资金的现象较为突出,也印证了我们国美电器占用供应商资金能力要高于苏宁电器的判断。

资料来源:《国美苏宁类金融生存解读》,《新财富》,2005 年 09 月 20 日,作者吴红光、李凌。

经营负债杠杆(OLLEV)和金融资产占总资产的比例解释了 RNOA 和 ROA 之间的差异,在表中你能看到这两个比率差额最大的公司上述比率(经营负债杠杆和金融资产占总资产的比例)都很高。微软在 1996 年的 RNOA 是 197%,但金融资产(占总资产的 64.7%)的存在以及经营负债杠杆(1.69)的影响使 ROA 减少到 25.4%。

通过这些事实,我们得出了两个观点,即为了有效地分析盈利能力,必须遵循两条规则:
1. 收益计算必须以综合收益为基础。
2. 在利润表和资产负债表中经营项目和金融项目之间必须有明确的区分。

只有把这两个因素考虑进来,你才能得到清晰的计量,从而能看到你在这一章和前几章中工作的成果。

财务杠杆与债务权益比率

财务杠杆的一个常用度量指标是债务权益比率,由总债务除以股东权益计算得出。债务权益比率对于债务分析(见第 19 章)是很有用的,但在盈利能力分析中,它混淆了经营负债(其创造了经营负债杠杆)和金融负债(其创造了财务杠杆),而且,通常来说,它没有计算金融负债扣除金融资产的净额。

差别可能是相当大的:从 1963 年到 2004 年美国所有公司的债务权益比率中值为 1.22,而财务杠杆中值是 0.43。微软 2002 年年底的金融资产占总资产的 60.0%,其经营负债杠杆是 0.428,而且没有任何金融负债。它的债务权益比率是 0.22,但在债务权益比率中所有债务都是经营负债。所以把公司的债务权益比率作为财务杠杆的"指示器"将是非常错误的:微软的财务杠杆率为 -0.742(将金融资产视作负的金融负债)。

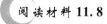

中美成长股对比:未来 ROE 提升依重财务杠杆

最能与国内创业板对照的莫过于美国纳斯达克市场。目前整个纳斯达克分三个层次:纳斯达克全球精选市场(NASDAQ-GS)、纳斯达克全球市场(NASDAQ-GM)以及纳斯达克资本市场。为了方便比较,我们以纳斯达克100指数作为纳斯达克成长性股的代表。该指数成分股多数来自成长性股集中的全球精选市场,大多数具有高科技、高成长和非金融的特点,包括苹果、微软、谷歌、思科、英特尔等诸多知名公司。由于风险溢价、利率等国别因素的存在,比较中美两国企业的成长性用市盈率指标显得稍有不妥。而从企业层面看,评判一个企业的好坏就是能否为企业创造价值,这在中美股市都适用,所以净资产收益率(ROE)仍是个不错的评判指标。

整体来看,创业板近三年ROE水平只有纳斯达克100指数的三分之一,两者相差甚远。我们认为,主要有以下几方面的原因:首先,创业板推出时间较短,上市初期净资产暴增但是业绩并没那么快反应出来,收益回收需要一个时间过程;其次,纳斯达克100指数成本股基本都是业绩良好的高成长性股票,存在一定的盈利能力溢价;最后,中美对于企业价值创造可能有认识上的差异——欧美国家更重视股东价值的最大化。

分指标看,创业板在2009年的销售净利率曾一度超过纳斯达克100指数,但随后一路向下。而纳斯达克100指数则稳步提高,纳斯达克100指数的权重股都是跨国高科技企业,在产品定价、成本控制和管理效率上均比国内创业板公司略胜一筹。而在税赋上,这些公司也通过某些手段进行了合理避税,如2011财年苹果公司全球342亿美元利润中总共缴纳了33亿美元的现金税费,税率不到10%,比国内创业板公司的平均税赋还低6个百分点。资产周转率上,国内创业板公司的资产使用效率只有纳斯达克100指数的60%—70%,且呈向下趋势,与目前创业板公司总资产中现金资产占比较高有关。虽然从整个A股来看,较高的负债水平支撑了ROE值,但国内创业板不同,开板才刚刚三年,负债基本没有,所以目前创业板公司的财务杠杆还只有纳斯达克100指数的一半。事实上纳斯达克100指数的杠杆比例与国内中小板公司比较类似,两者的均值分别在1.7和1.9附近,且最近几年比较稳定。

未来几年创业板ROE的走势如何?这个不妨看下工程机械领域三一重工和卡特彼勒近十年的比较。三一重工于2003年7月上市,上市前一年的营业收入只有9.85亿元。而彼时卡特彼勒已是国际排名第一的工程机械巨头,营业收入超过200亿美元。8年后的2011年,两家公司的营业收入分别达到了508亿元人民币、601亿美元,净资产收益率则分别提高了86.5%和118.5%,均取得了不错的业绩增长。但从杜邦分析拆分看,两家ROE提升的动力完全不同:三一重工ROE的提升主要来源于杠杆比例和资产周转率的改善;而卡特彼勒则来自净利率的提升。对于创业板ROE的走势判断,我们的回答是进入确定性上升通道,但更多的是来自权益乘数的提高,而非销售净利率的改善。

资料来源:《证券时报》,2012年11月2日,作者:孙金钜、王稹。

11.3　第二层次的分解:经营活动盈利能力的驱动因素

在第一层次的分解中,RNOA作为ROCE的一个重要的驱动因素被单列出来。RNOA按其驱动因素可进行进一步分解,结果是:

$$\text{ROCE} = \text{RNOA} + [\text{FLEV} \times (\text{RNOA} - \text{NBC})]$$
$$= (\text{PM} \times \text{ATO}) + [\text{FLEV} \times (\text{RNOA} - \text{NBC})] \quad (11.4)$$

RNOA的两个驱动因素是:

(1) 销售净利率(PM)。

$$PM = OI(税后)/销售额$$

在第 9 章中我们把它作为共同比比率加以计算。销售净利率揭示了每一美元销售收入的盈利能力。

(2) 资产周转率(ATO)。

$$ATO = 销售额/NOA$$

资产周转率揭示了每一美元净经营资产可带来的销售收入。它反映的是净经营资产产生销售收入的能力。有时用它的倒数作参考:$1/ATO = NOA/销售收入$,它表示的是产生每一美元销售收入所用的 NOA 金额:如果 ATO 等于 2.0,那么公司平均使用 50 美分的净经营资产便可产生一美元的销售收入。

经营活动盈利能力的这种分解被称为"杜邦模型",它表明经营活动中的盈利来自于两个方面:第一,每一美元销售收入带来的经营收益越多,RNOA 就越高;第二,净经营资产产生的销售收入越多,RNOA 就越高。第一方面是盈利能力度量,第二方面是运营效率度量。公司可以通过提高销售净利率提高盈利能力,还可以通过更有效地使用经营资产和经营负债来产生更多销售收入,从而增加利润。

一般来说,平均销售净利率大约是 5.3%,平均资产周转率大约是 2.0。很明显,相对较高的销售净利率但相对较低的周转率,或相对较高的周转率与相对较低的销售净利率,都会产生给定水平的 RNOA。图 11.3 为 1963 年到 1996 年的 238 个行业的 PM 和 ATO 中值的散点图,从图中能看出低资产周转率的行业通常销售净利率较高,而有高资产周转率的行业则其销售净利率往往较低。我们可以绘制一条曲线——向右下方倾斜,这条曲线把那些由不同 PM 和 ATO 组合而成的但却拥有等 RNOA 的点连接起来。拥有 10% 销售净利率、1.0 ATO 的行业和拥有 3.33% 销售净利率、3.0 ATO 的行业,它们的 RNOA 是一样的,都等于 10%。

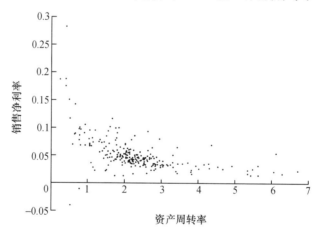

图 11.3 1963—1996 年 238 个行业销售净利率与资产周转率的组合

高销售净利率的行业资产周转率通常较低,低销售净利率的行业资产周转率通常较高。

表 11.3 列出了许多行业 RNOA、PM 和 ATO 的中值,它依据这些行业 ROCE 的中值大小对其排序,而且还给出了它们的财务杠杆(FLEV)中值和经营负债杠杆(OLLEV)中值,此表会使你对这些指标的典型值有所了解。所有行业中 ROCE 中值是 12.2%,RNOA 中值是 10.3%,二者之间的差是由财务杠杆和正的 SPREAD 引起的。所有行业中 FLEV 中值是 0.403,但其方差很大,

尤其表现在财务杠杆上。你会发现某些行业(如管道业、公用事业、酒店业)的ROCE是通过极高的财务杠杆产生的,而另一些行业(如商业服务业、印刷出版业、化工行业)虽然ROCE也很高,但几乎没有使用财务杠杆。某些行业(如商业服务业)是使用经营负债杠杆而不是财务杠杆来提高ROCE,而其他一些行业(如运输业和航空业)则两种形式的杠杆都使用。

表 11.3 1963—1996年部分行业的ROCE、财务杠杆(FLEV)、经营负债杠杆(OLLEV)、净经营资产回报率(RNOA)、销售净利率(PM)和资产周转率(ATO)中值

行业	ROCE(%)	FLEV	OLLEV	RNOA(%)	PM(%)	ATO
管道业	17.1	1.093	0.154	12.0	27.8	0.40
烟草行业	15.8	0.307	0.272	14.0	9.3	1.70
餐饮业	15.6	0.313	0.306	14.2	5.0	2.83
印刷出版业	14.6	0.154	0.374	13.6	6.5	2.20
商业服务业	14.6	0.056	0.488	13.5	5.2	2.95
化工行业	14.3	0.198	0.352	13.4	7.1	1.91
食品仓储业	13.8	0.364	0.559	12.0	1.7	7.39
运输业	13.8	0.641	0.419	10.1	3.8	2.88
食品制造业	13.7	0.414	0.350	12.1	4.4	2.74
通信业	13.4	0.743	0.284	9.1	12.5	0.76
一般仓储业	13.2	0.389	0.457	11.1	3.5	3.55
炼油业	12.6	0.359	0.487	11.2	6.0	1.96
运输设备业	12.5	0.369	0.422	11.2	4.5	2.47
航空业	12.4	0.841	0.516	9.0	4.3	1.99
公用事业	12.4	1.434	0.272	8.2	14.5	0.59
批发业(非耐用品)	12.2	0.584	0.461	10.2	2.3	3.72
造纸业	11.8	0.436	0.296	10.2	5.9	1.74
木材业	11.7	0.312	0.384	10.4	4.0	2.60
服装行业	11.6	0.408	0.317	10.1	4.0	2.55
旅馆业	11.5	1.054	0.201	8.5	8.2	1.04
海运业	11.4	0.793	0.205	9.1	12.6	0.61
娱乐业	11.4	0.598	0.203	10.1	9.5	1.10
建筑业	11.4	0.439	0.409	10.6	4.5	2.06
批发业(耐用品)	11.2	0.448	0.354	9.9	3.4	2.84
纺织行业	10.4	0.423	0.266	9.3	4.3	2.09
初级产品加工业	9.9	0.424	0.338	9.4	5.0	1.80
石油、天然气采集业	9.1	0.395	0.263	8.3	13.0	0.57
铁路业	7.3	0.556	0.362	7.1	9.7	0.78

资料来源:标准普尔的Compustat®数据。

从表中可以很清楚地看出PM和ATO存在替代效应。一些行业——印刷出版业和化工行业——使用高利润率和高资产周转率产生出高于平均水平的RNOA,但高利润率的行业通常周转率较低,反之亦然。比较一下管道业和食品仓储业就会发现,它们的RNOA很接近,但利润率和周转率极其不同。一些资本密集型的行业,像管道业、海运业、公用事业和通信事业,它们的周转率很低但利润率很高。一些竞争性行业如食品仓储业、批发业、服装业、一般

零售业利润率很低,但能通过较高的周转率产生 RNOA。

销售净利率和周转率反映了产品配送的技术。巨额资本投资的商业,像通信业,周转率很低但边际利润率很高。需要利用广告吸引顾客的行业,像服装制造商,通常销售净利率较低(扣除广告费用后),但由于广告效应周转率很高。销售净利率和周转率也反映竞争状况。一些可以达到很高周转率的行业——如食品仓储业,其每平方英尺的零售空间能产生大量销售额——这势必会吸引竞争。因此,如果没有进入障碍,竞争就会使销售价格下降,以维持周转率,最终使销售净利率降低(比如食品仓储业)。

表 11.4 为我国上市公司 2011 年 ROE、ROA、PM、ATO 及债务权益比的数据。行业为中信证券行业分类,各行业数据计算方法均为整体法。

表 11.4 我国上市公司 2011 年 ROE、ROA、PM、ATO 及债务权益比数据

板块名称	净资产收益率(%)	总资产净利率(%)	销售净利率(%)	总资产周转率	负债合计/归属母公司股东的权益
CS 石油石化	14.28	7.70	4.95	1.56	1.00
CS 煤炭	19.47	10.36	13.38	0.77	0.97
CS 有色金属	12.03	5.94	5.13	1.16	1.32
CS 电力及公用事业	7.38	2.02	5.62	0.36	3.05
CS 钢铁	3.87	1.49	1.30	1.15	1.83
CS 基础化工	9.80	4.57	5.53	0.83	1.19
CS 建筑	13.82	2.85	2.86	1.00	4.33
CS 建材	17.22	7.33	13.31	0.55	1.42
CS 轻工制造	6.66	2.95	4.73	0.62	1.37
CS 机械	15.14	6.62	8.04	0.83	1.38
CS 电力设备	8.38	3.63	6.11	0.60	1.42
CS 国防军工	9.10	3.73	6.05	0.62	1.86
CS 汽车	16.23	7.96	6.36	1.25	1.52
CS 商贸零售	14.13	5.19	2.98	1.74	1.93
CS 餐饮旅游	8.73	5.89	9.47	0.62	0.63
CS 家电	17.48	5.87	4.54	1.29	2.17
CS 纺织服装	11.76	6.02	8.09	0.75	0.99
CS 医药	13.57	8.13	9.01	0.90	0.71
CS 食品饮料	23.22	13.51	13.31	1.02	0.78
CS 农林牧渔	9.31	4.77	4.36	1.10	1.02
CS 银行	21.35	1.28	39.50	0.03	15.66
CS 非银行金融	10.31	1.62	8.16	0.20	6.18
CS 房地产	14.61	4.09	15.75	0.26	2.97
CS 交通运输	8.68	3.94	8.28	0.48	1.41
CS 电子元器件	9.28	5.48	8.20	0.67	0.76
CS 通信	5.91	1.95	3.12	0.62	2.30
CS 计算机	10.70	6.36	6.34	1.00	0.69
CS 传媒	11.68	7.65	13.35	0.57	0.59
CS 综合	11.31	5.24	12.69	0.41	1.28

11.4 第三层次的分解

销售净利率的驱动因素

第 9 章中对利润表的共同比分析把销售净利率分解为两个部分：

$$PM = 销售 PM + 其他项目 PM \tag{11.5}$$

在利润表中的其他项目包括对子公司的投资收益、非经常项目、利得及损失。这些收益来源不是利润表最上端的销售收入。所以，把这些项目包括进来计算 PM 就歪曲了销售活动的盈利能力。根据其他项目之前的经营收益计算销售收入产生的 PM，只涉及产生销售收入的费用，因此可以单独计量销售活动的盈利能力。

销售净利率的两个组成部分可以进一步分解为：

$$销售边际利润率 = 毛利率 - 费用率 = \frac{毛利率}{销售额} - \frac{管理费用}{销售额} - \frac{销售费用}{销售额}$$

$$- \frac{研发费用}{销售额} - \frac{营业税}{销售额} \tag{11.6}$$

$$其他经营项目边际利润率 = \frac{子公司收益}{销售额} + \frac{其他股权收益}{销售额}$$

$$+ \frac{非常项目}{销售额} + \frac{其他利得及损失}{销售额} \tag{11.7}$$

这些构成比率被称为"销售净利率驱动因素"。管理会计和成本会计教材主要就是分析这些驱动因素的。如果公司披露分部信息，还可以利用分部信息对这些驱动因素进行更深入的分析。显而易见，通过提高毛利率（即降低销售成本），增加其他项目收益和降低销售费用率便可以提高销售净利率。

周转率的驱动因素

净经营资产是由许多经营资产和经营负债构成的，因此，总 ATO 可以被分解为个别资产和负债的比率，即：

$$\frac{1}{ATO} = \frac{现金}{销售额} + \frac{应收账款}{销售额} + \frac{存货}{销售额} + \cdots + \frac{财产、厂房和设备}{销售额}$$

$$+ \cdots - \frac{应付账款}{销售额} - \frac{养老金负债}{销售额} \tag{11.8}$$

而且，资产负债表数字采用全年平均数字。这里周转率被表达成 ATO 的倒数，ATO 指的是为了得到一美元的销售额需要多少净经营资产。个别资产周转率的含义也是如此，因此可以很方便地通过个别资产求得总周转率。不过，习惯上个别资产周转率被表达成在某种资产上每一美元投资所产生的销售额，例如：

$$应收账款周转率 = 销售额 / 应收账款（净值）$$

$$PPE 周转率 = 销售额 / 财产、厂房和设备（净值）$$

（这个比率有时称为固定资产周转率。）

一个公司可以通过把其经营资产降到最低限度并增加销售额来提高其周转率（从而提高

RNOA),但周转率也受到经营负债周转率的影响。当然,这也反映了经营负债杠杆的特性:如果经营负债杠杆是有利的,那么经营负债杠杆可以提高 ATO 进而提高 RNOA。

周转率有时被称为作业比率或资产利用率。有些作业比率可以用多种方法计算,但实质上表达的是同一概念。例如:

$$应收账款周转天数 = 365/应收账款周转率$$

这个比率(有时被称为销售在外天数)给出了从销售到现金回收通常所需要的天数。它表明了通过加速现金回收可以提高效率,并可以作为评价收账部门工作效率的指标。

存货周转率有时以如下公式计量:

$$存货周转率 = 销货成本/存货$$

由于它不受边际利润率变化的影响,因此其表达式也不同于"销售收入/存货"的计算公式。使用此定义,有时按照持有存货的平均天数来表示存货管理效率,即:

$$存货周转天数 = 365/存货周转期$$

这个比率最适用于批发或零售商店,在这些商店里只有一种类型的存货,即产成品存货。在生产企业里,存货包括原材料和在产品,这些原材料和在产品要变成制成品需要花费不同的时间。有时附注将存货分为产成品存货和其他存货,在这种情况下,就可以计算产成品存货周转率。

通过延长供应商信用期可以获得经营负债杠杆的好处,评价这种能力的一个指标是:

$$应付账款周转天数 = 365 \times 应付账款/采购额$$

其中:

$$采购额 = 销货成本 + 存货变化额$$

周转率驱动因素可以归纳为两个总括性因素:经营性营运资本驱动因素和长期净经营资产驱动因素:

$$\frac{1}{ATO} = \frac{经营营运资本}{销售额} + \frac{长期 NOA}{销售额}$$

营运资本通常被定义为流动资产减去流动负债,但这也许会包括那些不产生销售收入的金融项目。所以,经营性营运资本 = 流动资产 − 流动负债 − 流动性金融资产 + 流动性金融负债。当然,长期净经营资产也不包括金融项目,它通常由不动产、厂房、设备、无形资产和对子公司投资等构成。

表 11.5 给出了耐克和锐步的销售净利率和周转率以及它们的驱动因素。销售净利率驱动因素加总便会形成总 PM,周转率驱动因素的倒数加总便是总 ATO 的倒数,如公式 11.5、11.6 和 11.8 所示。然后看看两个公司 RNOA 不同的来源:锐步 2003—2004 年较高的 RNOA 是由于较高的资产周转率,而非销售净利率。事实上,耐克有较高的毛利率(较低的生产成本)和较低的管理费用率,这表明耐克从销售收入中榨取利润更为有效。尽管耐克的广告费用率比锐步高,但耐克通过广告使它的销售毛利率更高。在 2003 年,耐克公司较低的销售净利率是因为"其他项目"的原因,并不是因为销售利润率的缘故。锐步的高资产周转率得益于其每一美元销售收入对应的应收项目和存货账面价值较低,以及用来支持销售收入的固定资产的账面价值极低。另一方面,耐克公司应付账款较高,尽管总体上和锐步相比经营负债杠杆较低。

表 11.5　耐克公司、锐步公司的第二层次和第三层次分解

	2004		2003	
	耐克	锐步	耐克	锐步
第二层次分解				
RNOA	23.31%	24.40%	9.62%	25.88%
销售净利率	8.45%	6.26%	3.95%	5.48%
资产周转率	2.759	3.896	2.434	5.088
第三层次分解				
销售净利率驱动因素分析（%）				
销售毛利率	42.9	39.6	41.0	38.4
管理费用率	(18.9)	(28.2)	(18.5)	(26.9)
广告费用率	(11.2)	(3.6)	(10.9)	(4.3)
摊销费用率	(0.7)	(0.1)	(0.8)	(0.0)
税前来自销售活动的 PM	12.0	7.6	10.8	7.2
所得税率	(4.2)	(1.9)	(3.7)	(2.2)
来自销售活动的 PM	7.8	5.7	10.8	7.2
其他项目 PM	0.6　8.45	0.6　6.26	(3.1)　3.95	0.5　5.48
资产周转率驱动因素（倒数）				
现金周转率	0.005	0.005	0.005	0.005
应收账款周转率	0.172	0.158	0.182	0.137
存货周转率	0.128	0.107	0.136	0.108
预付费用周转率	0.029	0.015	0.075	0.012
固定资产周转率	0.131	0.044	0.151	0.041
无形资产周转率	0.028	0.051	0.029	0.019
其他资产周转率	0.037	0.049	0.039	0.042
经营资产周转率	0.529	0.425	0.568	0.366
应付账款周转率	(0.051)	(0.045)	(0.046)	(0.046)
应计费用周转率	(0.078)	(0.101)	(0.083)	(0.104)
应付税费周转率	(0.010)	(0.013)	(0.010)	(0.010)
其他负债周转率	(0.028)　0.362	(0.009)　0.257	(0.019)　0.411	(0.009)　0.917

注：四舍五入。

在解释这些计算结果时须记住，资产周转率计算可能受到资产计量方法的影响。例如，在其他条件不变的情况下，使用 LIFO 计量存货的公司比使用 FIFO 计量存货的公司存货周转率要高。加速折旧法会导致 PPE 周转率更高。所以，我们可能会提出疑问：锐步较高的资产周转率，是否源自其会计政策，而不是它配置资产和优化经营负债的效率。不过，耐克和锐步都使用 FIFO 存货计价方法，所以存货周转率是可比的。本书第四部分讨论了会计问题以及它们对于盈利能力分析和估值的影响。

到此为止，分析还没有结束。实际上，计算仅仅是一种分析的工具，分析师利用这些工具，进而提出"What-If"的问题，最终求得答案。见阅读材料 11.9。

阅读材料 11.9

What-If 问题：耐克公司和锐步公司

问题：如果耐克将其应收账款周转率从 5.83 提高到锐步公司的 6.35，而维持当前的销售收入不变，RNOA 将会出现怎样的变化？

答案：这种增加将会导致平均应收账款减少 1.72 亿美元到 19.3 亿美元；总 ATO 将会从 2.76 增加到 2.87，RNOA 将会从 23.31% 增加到 24.25%。然而，只有客户账期的减少对销售收入和毛利没有影响时这种情况才会发生。完整的敏感性分析会追溯所有 RNOA 的决定因素。

问题：如果由于较高的生产成本，耐克公司 2004 年 42.9% 的毛利率下降到 2003 年的 41.0%，将会出现怎样的情形？

答案：毛利率减少 1.9% 就相当于税后（税率为 37.1%）净利率减少 1.2%，这导致税后 PM 从 8.45% 下降到 7.25%，RNOA 从 23.31% 下降到 20.0%。

问题：如果锐步将其广告费增加到 11.67 亿美元（提高 1 亿美元），使得在同样毛利率下销售收入又额外提高了 5 亿美元，将会出现怎样的情形？

答案：增加广告将导致在当前 39.6% 的毛利率水平下毛利增加 1.98 亿美元。扣除新增 1 亿美元的广告费用，新增的税前收益是 0.98 亿美元，税后收益为 0.628 亿美元。因此，PM 比率将会增加到 7%。如果存货、应收账款和资产与销售收入成比例地增加，ATO 将保持不变，因此 RNOA 会增加到 7% × 3.896 = 27.27%。很显然，如果广告引起的销量增加降低了毛利，那么 RNOA 将会少一些。

借款成本的驱动因素

ROCE 分析的最终组成部分是经营差异率，它等于 RNOA 减去 NBC。由于我们已经分析了经营差异率的前一组成部分 RNOA，所以接下来我们进行净借款成本的分析，或者在净金融资产的情况下分析净金融资产回报率。

净借款成本是不同来源净融资的加权平均成本，可按如下公式进行计算：

$$NBC = \left[\frac{FO}{NFO} \times \frac{金融负债（FO）的税后利息}{FO}\right] - \left[\frac{FA}{NFO} \times \frac{金融资产（FA）的税后利息}{FA}\right]$$

$$- \left[\frac{FA}{NFO} \times \frac{金融资产的未实现利得}{FA}\right] + \left[\frac{优先股}{NFO} \times \frac{优先股股利}{优先股}\right] + \cdots$$

耐克 2003 年的税后借款成本为 3.92%（见表 11.1 中），是由利息费用和利息收益两部分构成的（可以再次参见表 9.3 和表 9.9 中重新编制的财务报表，极小的优先股股利并不重要），如下所示：

$$NBC = \left[\frac{1\,013}{459} \times \frac{43 \times (1-0.375)}{1\,013}\right] - \left[\frac{554}{459} \times \frac{14 \times (1-0.375)}{554}\right]$$

$$= \left(\frac{1\,013}{459} \times 2.65\%\right) - \left(\frac{554}{459} \times 1.58\%\right) = 3.92\%（四舍五入）$$

权数由平均 NFO（4.59 亿美元）、平均金融负债（10.13 亿美元）和平均金融资产（5.54 亿美元）计算得出（优先股忽略不计，因为它所占份额极小）。这一计算将负债的税后借款成本（2.65%）和金融资产回报（1.58%）区分开来。

比借款利率更低的金融资产回报率提高了在负债上的综合净借款成本（在这里为3.92%对2.65%），两个组成部分比率的差被称为借贷利率差（这里为-1.07%）。银行就是通过高贷款利率和低借款（存款）利率来赚钱的，因此，如果银行经营顺利，它们的净金融资产回报率（RNFA）就会高于借款利率。耐克有负的借贷利率差（非金融业公司的典型状态），如果它能卖掉一部分金融资产并减少金融负债，就会提高财务活动对ROCE的整体贡献。或者耐克也可以卖掉其金融资产而买进经营资产，通过RNOA的驱动因素来提高ROCE。

耐克公司的盈利能力分析在本书网站中的Build Your Own Analysis Product(BYOAP)中继续进行，见阅读材料11.10。

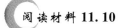

追溯耐克公司的盈利能力：1996—2004

耐克公司的盈利能力分析在本书网站中的Build Your Own Analysis Product(BYOAP)中继续进行，网站提供了耐克公司1996—2004年完整的盈利分析。这里给出一些重要的数据：

	1996	1997	1998	1999	2000	2001	2002	2003	2004
销售收入（10亿美元）	6.5	9.2	9.6	8.8	9.0	9.5	9.9	10.7	12.3
盈利能力：									
普通股权益回报率（%）	24.3	27.8	12.0	13.0	16.6	16.5	17.0	10.3	23.0
净经营资产回报率（%）	22.6	25.0	10.6	11.2	13.3	12.9	14.4	9.6	23.3
销售净利率（%）	8.5	8.7	4.3	5.1	6.2	6.1	6.5	4.0	8.5
资产周转率	2.7	2.9	2.5	2.2	2.1	2.1	2.2	2.4	2.8
净借款成本（%）	5.9	5.1	4.4	2.6	2.1	2.5	2.7	3.9	—
杠杆分析：									
财务杠杆	0.107	0.140	0.202	0.218	0.295	0.342	0.216	0.117	0.001
经营负债杠杆	0.369	0.369	0.315	0.277	0.290	0.258	0.283	0.384	0.46

由上表可以看出，1996年以来，尽管财务杠杆增加，净借款成本下降（由于利息率下降），耐克公司的普通股权益回报率（ROCE）却有所下降。其原因当然是净经营资产回报率（RNOA）的下降，这是由净利率、资产周转率、经营负债杠杆的下降引起的。

第12章将对盈利能力的提高或降低进行深层次的分析，同时也阐述了盈利能力的变动和投资的增长如何共同影响收益及剩余收益的增长。

和所有的计算一样，我们也应核对这些数字的合理性。财务报表的附注往往给出一些借款的利率作为参考值。如果你计算的借款成本似乎"不合常规"，也许是由于你把经营项目和金融项目作了错误的划分（这意味着你的RNOA也是不正确的）；也许是报表披露不足使我们无法做出明确的区分。如果问题比较严重，那么它不仅会影响净借款成本，而且也会影响财务杠杆和经营杠杆的计算。不能明确计算资本化利息会导致错误。而如果资产负债表的平均数值并没有反映整个会计周期内相关数值的变动时间，也会导致计算错误。

本章小结

本章进行了盈利能力分析,分析方法概括在图 11.1 中。分析方法是有次序的——较低层次的分析蕴含在较高层次的分析中,而且这种分析也从低层向高层的 ROCE 逐渐聚拢,所以它可以用于简单编程。一旦重新编制的利润表及资产负债表进入了类似于图 11.1 的电子表格程序,电脑就可以进行分析了。

分析揭示了普通股权益回报率的财务报表驱动因素,但每种驱动因素只涉及商业活动的一个方面。这里的分析是深入洞察财务报表的一种方法,它也是系统化你的商业知识和理解商业活动对价值影响的一种方法。要把握商业活动怎样影响财务报表驱动因素,意味着分析师要懂得商业活动如何影响 ROCE,以及商业活动怎样影响剩余收益和企业价值。例如,分析师要懂得销售净利率或资产周转率的变化如何影响剩余收益。分析师(或企业经理)可能会提一些"What-If"的问题,比如 ROCE 和公司价值会如何随预期或非预期的销售净利率和周转率的变化而变化。

本章为 ROCE、RNOA、财务杠杆(FLEV)、经营负债杠杆(OLLEV)、销售净利率、资产周转率和更多的内容提供了典型数据。要记住这些典型数据,因为它们为我们将来在预测时提供了非常有用的标准。

关键概念

有利的财务杠杆(favorable financial leverage):由借款所引起的,它可以通过 RNOA 来提高 ROCE,与不利的财务杠杆相对。

有利的经营负债杠杆(favorable operating liability leverage):由经营负债所引起的,它可以通过经营资产回报率来提高净经营资产回报率。

成长性分析(growth analysis):分析剩余收益增长的决定性因素。

经营负债杠杆差异率(operating liability leverage spread):经营资产回报率和经营负债所引起的隐含借款利息之间的差额。

经营差异率(operating spread):经营活动盈利能力和净借款成本之间的差额。

盈利能力分析(profitability analysis):分析普通股权益回报(ROCE)的决定性因素。

差异率(spread):两种回报率之间的差额。例如经营差异率、经营负债杠杆差异率和借贷利率之间的差异率。

借贷利率之间的差异率(spread between borrowing and lending rates):金融负债回报率和金融资产回报率之间的差额。

案例连载:金伯利·克拉克公司

自主练习

在第 9 章的连载案例中,你重新编制了金伯利·克拉克公司的资产负债表和利润表。这些重新编制的报表为你在本章将要进行的分析做了充分的准备。

盈利能力分析

开始对金伯利·克拉克公司 2003 年和 2004 年的盈利能力进行综合性分析。使用本章的表 11.1 作为指导,进行三个层次的分析。请区别经营活动的盈利性与筹资活动造成的影响,然后从细节上对经营活动进行分析。展示财务杠杆和经营负债杠杆是如何起作用的。之后的计算中设定短期的税前借贷利率为 3.5%。

分析结果说明了什么?

在完成必需的计算之后,请陈述这一串数字说明了什么。如果你是一个正在和顾客进行交流的分析师,你会如何评价该公司的表现?

敏感性分析:如果……会怎样?

在完成以上分析之后,请提出一些假设性的问题(如果…会怎样)并且做出回答。探究利润和周转率的改变对盈利能力的影响。如果净利润下降会怎样?如果广告产生的成效变小会怎样?如果个别的资产周转率改变又会怎样?

建立分析引擎

如果你已经在第9章将重新编制的表格输入了电子表格,你可以将盈利能力分析加入到电子表格中。本书的网页上的 BYOAP 特性将会给你指导。同时请阅读本章网页上的盈利能力分析引擎。如果你已经将分析程序自动化了,你就能将它运用到敏感性分析中去,让它提供之前提出的"如果……会怎样"的问题答案。只需改变输入的数据(重新编制的报表),程序就会在你按下键后提供相应的答案。

之后当你进入第11章和第12章的时候,你将会需要在电子表格中分析这些报表。本书网页中的 BYOAP 特性将会给你指导。

练习

E 11.1 杠杆方程式(简单)

以下信息来源于重新编制的麦记公司的财务报表(单位:百万元):

	2010	2011
经营资产	2 000	2 700
交易性金融资产	400	100
经营负债	(100)	(300)
应付债券	(1 400)	(1 300)
账面价值(净值)	900	1 200
销售收入		2 100
营业费用		(1 677)
利息收入		27
利息费用		(137)
税费(税率=34%)		(106)
收益(净值)		207

a. (1) 计算 2011 年公司的股利。

(2) 计算公司 2011 年的 ROCE:在分母中使用平均账面价值净额。

(3) 计算公司 2011 年的 RNOA:在分母中使用平均净经营资产。

(4) 给出下述公式中的数据:

$$ROCE = PM \times ATO + [财务杠杆 \times (RNOA - 借款成本)]$$

b. 公司的短期借款利息是税后 4.5%,给出下述公式中的数据:

$$RNOA = ROOA + (OLLEV \times OLSPREAD)$$

c. 利用如下信息重做 a 部分的练习（单位：百万元）：

	2010	2011
经营资产	2 000	2 700
交易性金融资产	800	1 000
经营负债	(100)	(300)
账面价值（净值）	2 700	3 400
销售收入		2 100
经营费用		(1 677)
利息收入		90
税费（税率=34%）		(174)
盈余		339

E11.2 财务报表的第一层次分析（简单）

2011年12月31日保福公司股票交易价格是其账面价值的3倍，财务报表（单位：百万元）见后。公司的边际税率为33%，在资产负债表中无非清洁盈余（dirty-surplus）项目。

a. 2011年度公司既没有支付股利，也没有发行股票，但是它回购了股票，请计算股票回购额。

b. 计算下列指标：普通股权益回报率（ROCE）、净经营资产回报率（RNOA）、财务杠杆（FLEV）、经营差异率（SPREAD）、自由现金流。

c. 企业的股票以账面价值的3倍进行交易合理吗？

			资产负债表（2011年12月31日）		
资产	2011年	2010年	负债与所有者权益	2011年	2010年
经营现金	50	20	应付账款	215	205
交易性金融资产	150	150	长期负债	450	450
应收账款	300	250			
存货	420	470	普通股东权益	1 095	1 025
固定资产净值	840	790			
	1 760	1 680		1 760	1 680

利润表（2011年12月31日）		
销售收入		3 295
利息收益		9
经营费用	3 048	
利息费用	36	
所得税费用	61	(3 145)
净利润		159

E11.3 回报率和杠杆率的关系（中等）

a. 贝利公司普通股权益回报率为13.4%，净税后借款成本为4.5%，净经营资产价值为4.05亿元，净经营资产回报率为11.2%，那么企业的财务杠杆是多少？

b. 贝利公司税后短期借款利率为4.0%，经营资产回报率为8.5%，贝利公司的经营负债杠杆是多少？

c. 贝利公司总资产为7.15亿元,为贝利公司编制资产负债表,要求区分经营资产和负债与金融资产和负债。

E11.4　销售净利率、资产周转率、净经营资产回报率(一个"What-If"问题)(中等)

流星公司的销售额为4.35亿元,销售净利率为3.8%,公司使用的净经营资产价值为1.5亿元。该公司现在正考虑增加另一条生产线,这条生产线的销售净利率为4.8%,资产周转率为2.3。

增加新的生产线后对企业的净经营资产回报率有何影响?

E11.5　一个"What-If"问题:食品零售商(中级)

在20世纪90年代后期,许多食品超市从仓储式销售转向别的销售方式,比如发行折扣会员卡或会员积分卡,这颇像航空公司实行的"常客"计划。

年销售额为12 000万美元、资产周转率为6.0的超市连锁店Ponders考虑是否设立顾客会员制计划。目前它的销售净利率为1.6%,市场调查表明顾客会员制计划将增加销售额2 500万美元,同时需要存货方面的额外投资为200万美元,但不需要增加零售点。实行会员制计划的成本(包括提供给会员的折扣)将使销售净利率减少至1.5%。

如果采纳了顾客会员制计划,将对企业的净经营资产回报率有何影响?

微型案例

M11.1　普通股回报分析和一些"What-If"问题:VF公司

这个案例要求你对于VF公司1998年的财务报表进行分析,然后在一系列的"What-If"问题基础上对一些主要的财务比率进行敏感性分析。像往常一样,分析前必须先了解该公司的运营情况。

VF公司成立于1899年,是世界最大的服装制造商。请访问公司的网址:http://www.vfc.com,以寻找关于公司更多的详细信息。

1. 通过分析公司的财务报表来揭示1998年普通股权益盈利能力的来源,进行必要的计算并且表述你对盈利能力驱动因素的看法。
2. 利用你的财务分析来回答以下一些"What-If"问题:

　　a. 在哪一点处VF公司的财务杠杆将变得不利?

　　b. 如果VF公司在期末将4 800万美元的现金等价物用于还债,那么净经营资产回报率(RNOA)将会出现什么变化?如果交易在期初已经发生的话,情况又如何?

　　c. 在问题b中交易对普通股权益回报率(ROCE)的影响是什么?

　　d. 如果4 800万美元现金在期初被用于股票回购,则对普通股权益回报的影响又是什么?

　　e. 如果VF公司不能获得来自卖方的信用,也就是说如果应付账款为零,那么对经营盈利能力的影响将是什么?

　　f. 在问题e的情况下对普通股权益回报率的影响是什么?

　　g. 如果VF公司通过降低原料成本使其毛利率增加1%,那么对VF公司净经营资产回报率的税后影响将是什么?

　　h. 在问题g中边际利润率变化会给普通股权益回报带来什么样的影响?使用剩余收益的定价模型估算对VF公司市价的影响?

　　i. VF公司的广告费用从1997年到1998年下降了,如果在保持销售额不变的情况下广告费用保持在1997年的水平,那么它的净经营资产回报率将会发生怎样的变化?关于1998年净经营资产回报率的质量,这又说明了什么?

3. 进一步讨论可以进入分析的问题,这些问题会如何给出摆在管理部门面前的战略性问题的答案。

M11.2 三一重工(600031)

三一重工(600031)是由三一重工业集团有限公司依法变更而设立的股份有限公司。经中国证券监督管理委员会证监发行字[2003]55号文核准,该公司于2003年6月18日向社会公开发行人民币普通股(A股)6 000万股,每股面值1.00元,每股发行价15.56元,并于2003年7月3日在上海证券交易所上市交易。

三一集团是全球工程机械制造商50强、全球最大的混凝土机械制造商、中国企业500强、工程机械行业综合效益和竞争力最强企业、福布斯"中国顶尖企业",中国最具成长力自主品牌、中国最具竞争力品牌、中国工程机械行业标志性品牌、亚洲品牌500强。2012年1月,三一重工与世界混凝土巨头德国普茨迈斯特(Putzmeister)在德国宣布,两家公司已达成正式协议,将在通过监管部门审核之后正式完成合并。2012年10月,在美国风电项目受阻,三一重工宣布起诉奥巴马政府,引起各方关注。2012年11月,三一集团宣布总部迁址北京,再度引发社会广泛关注。

查找并仔细阅读公司2011年年报,重新编制公司报表,并对公司的盈利能力进行全面分析。

第 12 章
增长与持续收益分析

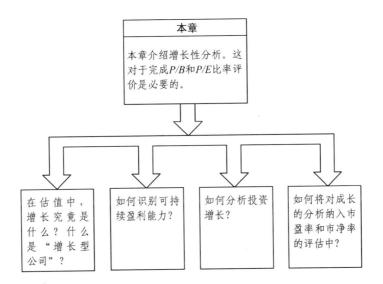

> **开篇阅读材料**

上市公司非经营性收益占比大幅提升

截至 3 月 5 日,沪深两市已有 276 家 A 股公司披露了年报,仅在本周两市就有 67 家上市公司披露年报。从本周披露的年报分析,上市公司 2009 年全年收益质量并没有因经济复苏出现向好变化,从四大指标来看,收益质量同比略有下降,并且"投资收益"救驾的现象比较明显。

收益质量决定公司成长性

据记者观察,上市公司财务质量分析主要包括资产质量、资本结构质量、收益质量、现金流量质量及企业成长性等内容,其中收益质量居于中心地位。有分析人士认为,因为公司的发展最终取决于收益的增加和收益的质量,企业的收益质量最终会转化为资产质量和资本结构质量,有了好的收益质量,才能保证企业的健康成长。因此,只有充分研究公司收益质量,才能更好地揭示其财务质量。

其实,收益质量一词,在20世纪30年代开始使用,一直局限于证券分析行业,直到60年代末才引起其他行业和学术界的重视。最初提出收益质量的原因,是证券分析人员注意到这样的现象:同一行业的两家公司从报表上看具有相同的收益和预计收益增长率,按照股利折价模型,它们的股价应该相同,但是实际上二者却相差很多。如果市场是有效的,这只能用收益质量不同来解释。收益质量用来衡量报告收益在多大程度上反映了企业过去、现在和未来的经济价值创造能力,即衡量报告收益是否真实反映了企业过去和现在的收益。显然,公司收益质量分析是其财务质量分析的重要组成部分,只有客观揭示公司收益的质量,才能正确把握其总体财务状况。

四大指标印证同一结果

本报从"经营活动净收益/利润总额"、"价值变动净收益/利润总额"、"营业外收支净额/利润总额"、"扣除非经常损益后的净利润/净利润"四大指标去衡量上市公司2009年的收益质量。根据Wind统计,在本周披露年报的可比公司中,2009年经营活动净收益/利润总额平均比值为71.47%;而2008年,这一比值为82.6%。显然,经营活动净收益在利润总额中的比重下降了11.13个百分点。而"价值变动净收益/利润总额"、"营业外收支净额/利润总额"两个比值的不断提升恰恰又印证了这一点。统计显示,2009年可比公司价值变动净收益/利润总额平均比值为18%,而2008年这一比值为82.6%;2009年可比公司营业外收支净额/利润总额平均比值为15.49%,而2008年这一比值为13.14%。

简单来讲,公司利润总额是由营业利润、投资收益、补贴收入和营业外收支净额四部分主要内容构成。在正常情况下,公司的营业利润应是其利润的主要来源,营业利润的持续、稳定增长,意味着公司具有较好的盈利前景。而在上市公司2009年的利润总额中,价值变动净收益和营业外收支净额所占比重有着明显的提升,为投资者最关注的经营活动净收益在利润总额中的比重出现明显下降。不得不说,上市公司在2009年获取利润能力有所变化,盈利能力在一定程度上还不及2008年,并且"投资收益"救驾的现象比较明显。尽管对外投资收益、补贴收入或营业外收支净额不是上市公司盈利的主要来源,但公司正常经营活动或多或少存在一些问题是不争的事实。

我们再从另一指标"扣除非经常损益后的净利润/净利润"去考察上市公司的收益质量。净利润分为扣除非经常性损益前和扣除非经常性损益后。非经常性损益是指公司发生的与经营业务无直接关系,以及虽与经营业务相关,但由于其性质、金额或发生频率,影响了真实、公允地反映公司正常盈利能力的各项收入、支出。我国证券市场中,上市公司大量弄虚作假、采用非正常手段来进行会计报表粉饰,极大地扰乱了市场经济秩序,中国证监会出于公众谨慎性思想的要求,对会计学收益做出了稳健诠释——将会计学收益中的利得和损失项目予以扣除,"扣除非经营经常性损益的净利润"指标得以产生和披露。"扣除非经常损益后的净利润/净利润"的比例关系,较好地反映了上市公司的真实盈利水平。数据显示,本周披露的年报中,可比的55家公司2009年扣除非经常损益后的净利润/净利润平均比值为79.75%,而2008年这一比值为85%。这一比例再次印证了上市公司2009年真实盈利能力下降的结论。

四因素影响公司收益质量

2009年,我国经济快速复苏,是什么原因令上市公司盈利能力不增反减呢?证券分析人士对此表示,影响上市公司收益质量的因素主要有四个,无论哪个因素,其产生的效果都是一样的,即损害了报表收益的真实性或持续性。

首先,不排除利润操纵的可能性。上市公司为了保持配股资格,为了保证能够从投资者那里源源不断地得到资金,就要保持一定的增长率。而企业利润的增长具有不确定性,当无法达到预计增长比率时,就有可能通过递延成本、提前确认收入、少提折旧或构建虚假交易等方法操纵利润,降低收益质量。

其次,企业环境可能发生变化。企业内部环境主要涉及企业的治理结构是否合理,企业的资源配置是否有效,产品分布是否合理,核心产品的竞争力能否保持等,而外部环境主要涉及经济形势的改变,消费者偏好的变化,新技术的应用等,这些都会对企业收益的持续性产生影响,影响收益质量。

再次,会计准则还有不够完善的地方。对于相同的交易,可以采用不同的方法进行处理。其原本目的是更好地反映交易实质,但同时也增加了企业的选择余地,掺入了主观因素,当企业选择方法不当时,就降低了收益质量。

最后,市场转暖,投资收益迅猛增加。2009年,A股市场先于经济转暖,上市公司股价大幅提升,拉动了投资收益对业绩的贡献率。有数据显示,目前涉及投资收益的上市公司中,2009年实现投资收益92.83亿元,同比增长46.95%,为上市公司利润贡献13.88%,且有40多家公司的投资收益占净利润的比重超过20%。显然,投资收益过高的贡献率令经营活动净收益占比有所下降,必然导致上市公司年报利润结构的重大变化。

资料来源:《证券日报》,2010年3月6日。

分析师核对表

读完本章后你应该理解:
- 增长分析对估值的重要性。
- 为何增长分析中更多关注剩余收益和超额收益的增长,而不是收益的增长?
- 何时超额收益增长等于剩余收益的增长?
- 什么是成长型企业?
- 持续性收益由什么组成?
- 何为暂时性收益?
- "收益质量"的含义是什么?
- 销售收入变化时,经营杠杆是如何影响收益的?
- 借款是如何影响普通股权益回报率的?
- 普通股东权益增长的驱动因素是什么?
- P/E 和 P/B 之间存在什么关系?

读完本章后你应该能做到:
- 分析净经营资产回报率(RNOA)的变化。
- 分析普通股权益回报率(ROCE)的变化。
- 分析权益资本增长。
- 分析剩余收益增长。
- 识别利润表中持续性收益(核心收益)。
- 识别利润表中非经常性或暂时性项目。
- 分析财务杠杆变化对普通股权益回报率的影响。
- 分析经营杠杆对经营收益和净经营资产回报率的影响。
- 确定核心净借债成本。

第 5 章的 P/B 估值模型表明企业剩余收益的增加会使 P/B 值变大。第 6 章的 P/E 估值模型表明企业超额收益的增加会使 P/E 值变大。显而易见,企业估值中,增长能力起着非常关键的作用。本章将分析增长问题。

在谈论企业收益成长性时,分析师们往往提到增长这一概念。这里需要提醒读者注意的是,有时候根据收益增长来估值可能不太科学。第 5、6 章中我们提到过,即使企业收益增长,其价值也可能不变。更确切地说,剩余收益增长和超额收益增长才是估值模型的相关变量。剩余收益增长和超额收益增长是 P/B 分析和 P/E 分析的最终落脚点。

剩余收益的增长是普通股权益回报率(ROCE)提高和权益投资增长的共同结果。因此,评价 P/B 比率时采用的增长分析,实际上就是考察普通股权益回报率和投资的变化情况。因为投资乘以投资回报率就得到了所谓的收益额。剩余收益增长的决定因素也同时决定了超额收益增长的情况。增长分析就是为了解释这些因素。

在当前收益的基础上,未来收益会发生多大变化?这个问题相当于:根据当前收益能否推测未来收益?或者说,当前收益的某些成分是不是在未来不可持续?例如,罢工冲击所带来的暂时性收益波动是不会持续到未来的;特殊订单所带来的收益、重组费用所减少的收益,都不会在未来持续出现。能够预测企业长期盈利能力的收益称为持续性收益、持久收益或核心收益。受暂时性因素影响的收益称为非经常性收益或暂时性收益。持续性收益是预测增长的基础,所以本章将区分持续性收益和暂时性收益。

第 9 章的共同比分析是第 11 章盈利能力分析的前提,而趋势分析则是本章增长分析的前提,因为趋势分析利用了诸如普通股权益、净经营资产及经营收益等历史增长率,并利用其各自组成部分的增长率解释了其自身的增长。增长分析旨在揭示 P/B 和 P/E 比率的内在决定因素,所以本章先介绍与其相关的知识,在本章结尾部分,我们仍然回到这些比率上,以便为本书第三部分的预测和估值作铺垫。

12.1 增长是什么?

单独使用增长一词容易造成歧义,因其通常有不止一个含义。当说一家企业是成长型企业,应当为成长型企业支付更高对价的时候,这里的真实含义并不明确。有时候增长是指销售收入的增长,有时候是指收益的增长,有时候又是指资产的增长。一般来说,增长是能够创造价值的正能量。那么,什么是增长呢?什么是成长型企业呢?

只要回顾第 5 章和第 6 章介绍的估值模型,就会发现问题的答案。

我们在第 5 章介绍了,之所以支付高于账面价值的溢价,是因为其创造剩余收益(RE)的能力,而剩余收益是收益和必要回报之间的差。对任一期 t,我们有:

$$剩余收益_t(RE_t) = 收益_t - [(\rho_E - 1) \times 普通股股东权益_{t-1}]$$

其中,$\rho_E - 1$ 是权益要求的回报率。股东投资于企业,其权益的账面价值——也就是企业的净资产——就代表了其投资额。企业在经营中使用这些净资产,从而为股东创造价值。剩余收益度量的就是在考虑了必要资本回报之后账面价值的价值增加额。因此,一个可行的办法就是使用剩余收益增长来刻画那些能够创造价值的增长,即所谓的成长型企业就是那些能够持续创造剩余收益的企业。

第 6 章指出,可以对超额收益增长(AEG)较高的企业支付较多溢价,这里的超额收益是指考虑了股利再投资的收益与前期收益和要求回报率乘积之间的差额。对任一期 t:

$$\text{超额收益增长}_t(\text{AEG}_t) = [\text{收益}_t + (\rho_E - 1)d_{t-1}] - \rho_E \times \text{收益}_{t-1}$$

其中,d_{t-1}是第$t-1$期净股利。如果企业收益增长只等于要求增长率,其P/E就不可能变化。只有收益增长率超过要求增长率,也就是有超额收益增长时,该增长才能带来价值增加。因此,只有带来超额收益增长的那些增长才会增加企业价值,可以用超额收益增长反映企业的价值创造能力。

在第5、6章,我们曾经提醒过读者,要避免对单纯收益增长支付过高对价。收益增长本身并不能很好地反映价值增加,因为通过过度投资(并不带来增值)和会计政策变更(也不带来增值)可以很容易地使收益增长。而剩余收益增长和超额收益增长可以很好地区分收益增长中的增值部分和非增值部分。从收益中扣除必要收益——剩余收益模型中账面价值所要求的收益、超额收益模型中上一年度收益所要求的收益——可以保护投资者避免支付过高对价。简言之,剩余收益增长和超额收益增长是估值中必须关心的增长指标。

P/B估值时,剩余收益增长是增长的相关指标;P/E估值时,超额收益增长是增长的相关指标。而且,第6章阅读材料6.3指出这两个指标是同一对象的不同表现形式,超额收益增长与剩余收益增长是相等的。剩余收益增长为零的企业,其超额收益增长也为零,此时企业为零增长企业;剩余收益实现了增长的企业,会有相应的超额收益增长,此时企业为成长型企业。由于引起剩余收益增长的因素同时也会带来超额收益增长,因此本章主要讨论剩余收益增长。剩余收益增长分析中需要考虑资产负债表项目和利润表项目,对其分析可以更好地理解增长的驱动因素。

阅读材料12.1介绍了成长型企业和非成长型企业的一些例子。应当注意,每一个例子中,剩余收益增长都是等于超额收益增长的。

成长型企业和非成长型企业

成长型企业:通用电气

单位:百万美元

	2002	2001	2000	1999	1998	1997	1996	1995
销售收入	131 698	125 913	129 853	111 630	100 469	90 840	79 179	70 028
销售收入增长率	4.6%	(3.0%)	16.3%	11.1%	10.6%	14.7%	13.1%	16.5%
股东权益	63 706	54 824	50 492	42 557	38 880	34 438	31 125	29 609
股东权益增长率	16.2%	8.6%	18.6%	9.5%	12.9%	10.6%	5.1%	16.7%
ROCE	25.8%	27.1%	29.9%	27.6%	26.2%	27.2%	22.5%	23.9%
剩余收益(12%)	7 539	7 625	7 628	6 065	5 221	4 994	3 190	3 273
超额收益增长(12%)	(86)	(3)	1 563	844	227	1 804	(83)	1 620

从表中看出,通用电气销售收入、普通股权益回报率和投资幅度一直呈现增长态势。到2000年其剩余收益除1996年略降外,均呈现增长态势,相应的超额收益增长也多为正值;2000年之后增长率有所下降。2002年之后增长趋势见第5章情景2的估值。通用电气的增长在未来能够持续吗?

成长型企业：耐克

单位：百万美元

	2004	2003	2002	2001	2000	1999	1998
销售收入	12 253	10 697	9 893	9 489	8 995	8 777	9 553
销售收入增长率	14.6%	8.1%	4.3%	5.5%	2.5%	-8.1%	4.0%
股东权益	4 840	4 028	3 839	3 495	3 136	3 335	3 262
股东权益增长率	19.8%	4.0%	9.8%	11.4%	-6.0%	2.2%	3.4%
ROCE	23.0%	10.3%	19.1%	18.8%	17.4%	13.0%	12.0%
剩余收益(11.1%)	642	(71)	280	241	210	64	28
超额收益增长(11.1%)	572	(209)	39	31	146	36	—

除2003年外，耐克公司销售收入持续增长，普通股权益回报率极高，投资水平、剩余收益不断增加，超额收益增长为正。耐克的增长在未来能继续吗？

非成长型企业：锐步

单位：百万美元

	2001	2000	1999	1998	1997	1996	1995	1994
销售收入	2 993	2 865	2 900	3 225	3 644	3 479	3 481	3 280
销售收入增长率	4.5%	-1.2%	-10.1%	-11.5%	4.7%	-0.1%	6.1%	13.3%
股东权益	720	608	529	524	507	381	941	999
股东权益增长率	18.4%	14.9%	1.0%	3.4%	33.1%	-59.5%	-5.8%	16.7%
ROCE	16.9%	15.3%	2.1%	5.8%	24.3%	17.6%	18.6%	28.7%
剩余收益(12%)	30	17	(52)	(32)	55	43	64	155
超额收益增长(12%)	13	69	(20)	(87)	12	(21)	(91)	39

20世纪90年代初期，锐步公司的剩余收益和超额收益增长一度为正，但由于销售收入和普通股权益回报率的下降导致剩余收益和超额收益增长最终由正转负。1995—2000年锐步公司剩余收益增长幅度较低，普通股权益回报率和投资增长也不高，导致同期超额收益增长也多为负值。本章后续会介绍锐步公司2002—2004年重回增长之路。

周期性增长：美国航空

单位：百万美元

	2000	1999	1998	1997	1996	1995	1994	1993
销售收入	19 703	17 730	16 299	15 856	15 136	15 610	14 837	14 731
销售收入增长率	11.1%	8.8%	2.8%	4.8%	-3.0%	5.2%	0.7%	8.5%
股东权益	7 176	6 858	6 428	5 354	4 528	3 646	3 233	3 168
股东权益增长率	4.6%	6.7%	20.1%	18.2%	24.2%	12.8%	2.1%	1.4%
ROCE	11.9%	15.3%	18.0%	16.2%	16.7%	6.0%	8.4%	0.7%
剩余收益(14%)	(147)	85	238	107	112	(274)	(180)	(397)
超额收益增长(14%)	(232)	(153)	131	(5)	386	(94)	217	—

1996—1998年美国航空公司剩余收益不断增长(因为航空业为高风险行业,所以要求回报率为14%),之前和之后增长率都很低,因而呈现一定的周期性增长。销售收入增长幅度不大,但变动幅度很大。普通股权益回报率在1996—1998年间增幅不大;1998年之后呈现下降态势,同期收入不断增加,剩余收益却在下降。

增长分析中,很重要的一点是估计未来情况:企业未来剩余收益会继续增加吗?过去的增长只是未来增长的一个参考指标,因而当我们说美国航空、锐步、耐克、通用电气是否属于不断增长的企业的时候,我们其实是在说它们过去的态势是否会持续到未来。

(注:由于无风险利率和企业β会发生变化,因而剩余收益计算中所使用的要求回报率其实应当是变动的。采用同一要求回报率的目的在于更好地反映会计指标的选择对剩余收益的影响。其他条件不变,当无风险利率下降时,企业剩余收益是会增加的。阅读材料12.2给出了要求回报率下降时,耐克和锐步2003年及2004年剩余收益的情况。)

12.2 增长分析导论

为研究当期盈余的持续性,分析者需要关注增长的驱动因素。耐克公司1999年销售收入下降了8.1%,却实现了剩余收益的增长(阅读材料12.1),其原因何在?2003年,其销售收入增加了8.1%,但剩余收益却下降了,分析中是否需要对不同年份的增长赋予不同权重?到底什么影响了增长的持续性?

剩余收益是由普通股权益回报率(ROCE)、普通股股东投资总额(CSE)以及资本成本决定的:

$$剩余收益_t = (ROCE_t - 权益资本成本_t) \times CSE_{t-1}$$

因此,普通股权益回报率的变化、权益资本成本的变动以及普通股股东权益的变化都会带来剩余收益的改变。下一章及本书第五部分再来讨论资本成本的问题,在这里我们只分析普通股权益回报率和普通股股东权益的变化所带来的影响。

阅读材料12.2列示了剩余收益增长的三大组成部分。这里我们沿用上一章耐克公司和锐步公司的例子。2004年耐克公司与锐步公司都通过提高普通股权益回报率和普通股股东权益实现了剩余收益的增长。

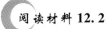

阅读材料12.2

剩余收益增长分析:以耐克和锐步为例

剩余收益增长有两个基本要素,即普通股权益回报率和资本成本的变动、普通股权益变动。第0期到第1期时,剩余收益变化为

剩余收益变动额 = 普通股权益回报率与资本成本差额变动引起的变动额
　　　　　　　+ 普通股权益变动引起的变动额

即有

$$\Delta RE_1 = [\Delta(ROCE - 资本成本)_1 \times CSE_0]$$

$$+ [\Delta CSE_1 \times (ROCE - 资本成本)_1]$$

Δ 表示变动。由于超额收益变动额等于剩余收益变动额,因此上式也可以用来解释超额收益增长。

耐克公司

上一章提到了耐克公司的例子,下表是相关数据(单位为百万美元,资产负债表数据均为当年的平均数据):

	2004	2003
净经营资产	4 441	4 395
净金融负债	7	459
普通股股东权益	4 434	3 936
销售收入	12 253	10 697
营业利润	1 035	423
普通股权益回报率(ROCE)	22.98%	10.29%
净经营资产回报率(RNOA)	23.31%	9.62%
销售净利率(PM)	8.45%	3.95%
资产周转率(ATO)	2.76	3.90
财务杠杆(FLEV)	0.001	0.117

2004 年耐克公司剩余收益为 6.42 亿美元(假定普通股权益回报率为 22.98%,要求回报率 8.5%;根据平均普通股权益计算)。

$$剩余收益_{2004} = (22.98\% - 8.5\%) \times 44.34 = 6.42(亿美元)$$

2003 年,耐克公司的剩余收益为:

$$剩余收益_{2003} = (10.29\% - 8.5\%) \times 39.36 = 0.705(亿美元)$$

剩余收益增加的 5.715 亿美元恰好是 2004 年超额收益的增加额。资本成本不变的情况下,普通股权益回报率增加了 12.69%(从 10.29% 增加到 22.98%),普通股权益变动为 4.98 亿美元,因而

$$\Delta RE_{2004} = [12.69\% \times 39.36] + [4.98 \times (22.98\% - 8.5\%)]$$
$$= 4.995 + 0.721 = 5.715(亿美元)$$

耐克公司的剩余收益和超额收益的增加缘于两个因素:其中 4.995 亿美元是 2003 年普通股权益以 22.98% 的回报率所获得的收益,0.721 亿美元是增加的普通股权益 4.98 亿美元以 22.98% 获得的收益。

锐步公司

锐步公司相关数据见下表:

	2004	2003
净经营资产	972	685
净金融负债	(170)	(286)
少数股东权益	11	10
普通股权益	1 131	961
销售收入	3 785	3 485
经营收益	237	191
普通股权益回报率（ROCE）	18.93%	18.12%
普通股权益回报率（少数股东权益前）	19.19%	18.45%
净经营资产净利率（RNOA）	24.40%	27.88%
销售净利率（PM）	6.26%	5.48%
资产周转率（ATO）	3.90	5.09
财务杠杆（FLEV）	-0.149	-0.294

锐步公司2004年剩余收益远低于耐克公司。

$$剩余收益_{2004} = (18.93\% - 9\%) \times 11.31 = 1.123(亿美元)$$

其2003年剩余收益为

$$剩余收益_{2003} = (18.12\% - 9\%) \times 9.61 = 0.876(亿美元)$$

其中，根据资本资产定价模型计算得资本成本为9%，假定该成本不变。锐步公司剩余收益增加0.247亿美元，增长率为28.7%。超额收益增加为0.247亿美元，这是因为普通股权益回报率上升0.81%，普通股权益增加1.7亿美元，因而

$$\Delta RE_{2004} = [0.81\% \times 9.61] + [1.7 \times (18.93\% - 9\%)]$$
$$= 0.078 + 0.169 = 0.247(亿美元)$$

现在我们来看反映盈利能力的普通股权益回报率和普通股股东权益的变化。

12.3 盈利能力和持续性收益的变化分析

企业的经营活动和融资活动都会影响普通股权益回报率（ROCE）。因此，ROCE的变化可以分解为经营活动盈利能力的变化和融资活动的变化。

图12.1描述了这两种因素变化的分析。该图与图11.1相对应，不同的是，该图告诉我们应关注普通股权益回报率的变化而不是它的大小。我们从三个层面上考察经营活动盈利能力和融资的变化。上一章我们提到，企业盈利能力的变化缘于企业业务活动，所以我们需要识别出那些导致报表驱动因素发生变化的业务活动。

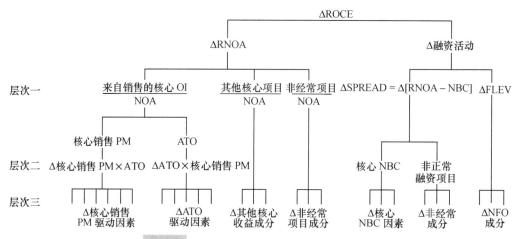

图 12.1 普通股股东权益回报率的变动分析

ROCE 的变化可分解为经营活动盈利能力的变化(ΔRNOA)和融资活动的变化两部分。我们分别从三个层面上分析这两大变化。

经营变化分析

RNOA 的变化分析是按照图 12.1 的三个层次进行的。

层次 1. 区分 RNOA 的核心部分与非经常部分

某一期间盈利能力的变化可以分解为经营收益变化和不可再现部分的变化。一般来说,不可再现的部分称为非经常项目(unusual items,UI)或暂时性项目;可再现的部分则称为核心收益、持续性收益、可持续收益或基本收益,即:

$$\text{净经营资产回报率} = \text{核心 RNOA} + \text{净经营资产的非经常项目回报率}$$

$$\text{RNOA} = \frac{\text{核心 OI}}{\text{NOA}} + \frac{\text{UI}}{\text{NOA}}$$

第一个成分是核心 RNOA。在核心 RNOA 中,再将来自销售收入的收益与其他经营收益区分开。

$$\text{RNOA} = \frac{\text{来自销售的核心 OI}}{\text{NOA}} + \frac{\text{其他核心 OI}}{\text{NOA}} + \frac{\text{UI}}{\text{NOA}}$$

非经常项目和暂时性项目所带来的 RNOA 通常是"低质量"的,其持续性不高。计算出来的核心收益有时也被称为"正常化的收益",因为其不受一次性收益波动的影响。

表 12.1 是重编后利润表的一部分,是从第 9 章利润表中改造而来。该表将核心经营收益(持续性的)和非经常性经营收益区分开来。这里罗列了常见的非经常性项目,尽管不太完全。标准利润表中的"异常项目"(extraordinary)多是非经常的。不过,有时候非经常项目也会出现在标准利润表的经常项目里。你可能会发现一次特殊的订货或一次罢工,对销售毛利的影响通常不具有持续性,在未来不会重复发生。这时就需要阅读"管理层讨论与分析"部分了,参见阅读材料 12.3。对企业业务了解程度越深,就越容易识别出企业的非经常项目,见阅读材料 12.4。

表 12.1　重编后利润表的经营收益部分：有助于区分核心项目和非经常项目

重编后的经营收益部分

核心经营收益
　核心销售收入
　− <u>核心销售成本</u>
　= 核心销售毛利
　− <u>核心经营费用</u>
　= 来自销售活动的核心税前经营收益
　− 来自销售活动的核心经营收益所得税
　　+ 报告的税额
　　+ 净财务费用的税收利益
　　− 其他核心经营收益所得税
　　− 非经常项目所得税
　= 来自销售活动的核心经营收益
　+ 其他核心经营收益
　　+ 子企业的权益投资收益
　　+ 养老金资产的收益
　　+ 非销售活动带来的其他收益
　　− <u>其他核心经营收益所得税</u>
　= 核心经营收益
± 非经常项目
　− 特殊费用
　− 特殊应计负债
　± 不可重现项目
　− 资产减值
　± 估计的变化(changes in estimates)
　− 开办成本
　± 资产出售的利润和损失
　− 重组费用
　± 停业部门的利润和损失
　± 异常经营项目
　± 会计变化
　± 权益投资未实现的利得和损失
　+ 子企业股票发行利得
　± 货币折算利得和损失
　± 衍生工具利得和损失（营业活动）
　− <u>非经常项目所得税</u>
= 综合经营收益

阅读材料 12.3

阅读"管理层讨论与分析"

　　管理层讨论与分析（MD&A）是管理层关于业务和前景的报告。有时它过于乐观，忽略了一些问题。但是，它可以发现业务中非经常的要素。事实上，SEC 要求 MD&A "描述所有可能对企业持续经营收益产生影响的非经常或偶然的事件或交易,或重大的经济变化,并且在每种情况下,还要描述收益受影响的程度。"

在讨论非经常收益的同时,MD&A 也经常报告管理层对于将来的计划,从中可以看出企业的业务将如何变化,相应地,当前业务的某些特点就不会一直维持下去了。

要重点关注"经营活动结果"部分。它将最近三年与后续变化的讨论进行了比较。尤其要注意销售毛利变化的讨论,因为毛利很小的变化也会对净收益产生较大的影响。

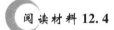
阅读材料 12.4

了解核心业务战略

同所有分析一样,了解企业业务对于确认核心收益很有必要。企业的核心业务是由其公司战略定义的,因此,分析师在给利润表项目分类之前,必须要了解企业的业务模型。

新业务的开办成本在利润表中体现为费用,属于一次性支出。但是,对于像 Gap 这样的服装零售商,或是星巴克咖啡店,这些企业都将不停地开新店作为经营战略,它们的开办成本就是持续的。

某一特殊项目的研究与开发(R&D)费用可能是一次性的支出,但是在像默克公司这样一个药品企业中,作为一个持续的开发项目的一部分的研发费用就是持久的。

研发费用的分析:默克公司

单位:10 亿美元

	2004	2003	2002
销售收入	22.9	22.5	21.4
研发费用	4.0	3.3	2.7
研发费用/销售收入	17.5%	14.7%	12.5%
销售收入增长率	2.0%	4.8%	1.2%
持续经营部门收入	9.1	9.7	9.9

默克公司的销售增长率很低。研究与开发费用是持久的且不断增长,它们在销售中占的百分比也在上升。分析员将研发费用看成是核心支出,但是将研发费用在销售收入中所占的比率逐渐下降看成是危险信号(red flag)。作为销售收入比重的研发费用会回到 2004 年前的水平吗?研发费用在生产新产品方面是成功的吗?2004 年较低的营业收入是由于未来会降低的暂时较高的研发费用吗?

广告成本的分析:可口可乐公司

营销是很多企业核心战略的重要部分。像可口可乐这样的企业,不惜重金投资广告以保持其品牌。一次性营销行动可能是暂时的项目,但是对于像可口可乐这样的企业来说,重复的广告就是持久性的了。

	2004	2003	2002
销售收入	22.0	21.0	19.6
销货成本	7.6	7.8	7.1
毛利润	14.4	13.2	12.5
销售、管理及一般费用	8.7	8.0	7.0
营业利润	5.7	5.2	5.5
广告费用	2.2	1.8	1.7
广告费用/销售收入	10.0%	8.6%	8.7%

单位:10亿美元

可口可乐企业的利润表是高度综合的,只有两个营业费用项目。广告费用包括在销售、管理及一般费用之中,仅仅在附注中详细列出。广告费用是销售收入的一个合理的常数百分比,大约为8.6%,因此分析员可能使用这个比率来预测将来的广告费用。跟研发费用一样,分析员必须对广告费用/销售收入比率的变动非常敏感。2004年其增长到10.0%是不是暂时的?是因为更高的广告费用还是更低的销售收入增长?如果是后者,为什么销售收入会随着广告费用的增加而减少?

为了更好地进行预测,我们必须识别出那些与未来没有联系的成分。这样,非经常项目就不应该仅仅包括将来不能重复的项目了,而且要包括那些每期都出现但却无法预测的项目。外币折算利得和损失以及一般企业衍生工具交易产生的利得和损失都是这类例子。我们一般认为,这些都是日常经营中正常的项目,但是我们无法预测它们的结果:在未来有可能发生损失,也有可能得到收益,但是我们不知道哪种情况会发生,所以它们的期望收益为零。我们认为外币折算利得或损失是暂时性项目,它没有持续性。同样,这一思路也适用于资产负债表上盯市计价项目所产生的利润表项目,因为市场价值的变化是难以预测的。我们要将这些损益与当前的核心收益区分开来,否则核心收益就会受到未来不可重现因素的影响。因此,我们给出了核心经营收益指标,而这是预测未来经营收益的基础。当然,如果企业的主营业务就是货币交易或者证券交易,那么这些利得或损失项目就应该成为核心收益的一部分:企业试图用更低的交易成本,或利用市场的错误定价来赚钱。

鉴别持久性收益的一些问题

下面是在鉴别持久性经营收益时遇到的一些主要问题:

1. 重组费用、资产减值和特殊支出。多数重组费用是非经常性的,但是要注意公司可以有重复性的建设费用。柯达摄影公司1992—2003年一直报告它的重组费用,原因是其一直为了数码时代的到来调整技术,并在2004年指出超过15亿美元的费用会在2004—2006年产生。

重组费用和资产减值损失一定要仔细计量,因为它们的影响可能不只在当期。如果一个企业冲减了存货价值,未来的销货成本在产品售出时可能会减少。如果一个企业冲减了固定资产的价值,未来的折旧费用肯定会降低。更少的费用意味着更高的未来核心收益,有远见的分析师会确认这一点并调整他的相应预期。更糟糕的是,如果一个公司高估了一项重组费用,它一定会转回到未来的核心收益中从而创造利润,见阅读材料12.5。这里做一个提醒,第5章和第6章的基于会计的估值模型防止了我们在因这些冲减而产生的利润上损失过重,但分析师一定要在他的预测中识别出多期的影响。

阅读材料 12.5

重组费用的提取

当公司决定重组时,经常会在实际重组开始前冲销其重组费用,抵减收益,并将其确认为相关负债或"重组准备金",准备金项目会随着重组费用的发生而减少。如果稍后公司发现此项目原来估计的数目过多的话,为了改正就要增加收益项。这个做法被称为从收益中"抽回"。

自从20世纪90年代初把商务中心从计算机硬件转移到信息技术以后,IBM凭借重组费用冲销了相当一部分收益——1991—1993年分别为37亿美元、116亿美元和89亿美元。通过考察公司随后几年的现金流量表可以看出,在计算经营产生的现金收益时,下列项目可以看成是对净收益的调整项目。

	1994年	1995年	1996年	1997年	1998年
重组费用的影响(百万美元)	(2 772)	(2 119)	(1 491)	(445)	(355)

这些数字都是负值,也就是说它们是税收的抵消项从而得到经营的现金收益。相应地,它们都是收入而非费用。在利润表中,IBM回收了早期的充足成本来增加经营收益。这个收益,就像原始建立费用一样必须被当成非经常收益,从而当前活动的收益就不会受到其"污染"。

当一个新的管理层到达公司的时候,他们往往会尝试重组公司以显示他们的创新能力。市场往往把重组视为好的信号。如果经理过高地估计了重组费用,他们就能够得到更多额外的好处。他们可以利用未来的现金流回收并同时报告他们任职期收益的增长,这是实现收益增长的一种方案。用心的分析师能够理解这些方案。

另一个方案就是当公司进行收购兼并时,利用兼并费用的估计值。如果这些费用被过高估计,并且这些费用随后被回收到兼并后发生的收益里的话,它们就可以减少当期收益,增加未来收益。因此,兼并产生的收益使得兼并看起来非常成功。

用心的分析师能够很好地协调这些不同的方案。

并购所产生的合并费用同样有着严格的入账要求。公司将营业费用混入其中了吗?公司是不是高估了费用来增加未来收入,从而使得并购看上去更成功?

2. 研发费用。减少研发费用增加了当前的收益,但是可能对未来的收益有不利的影响。要注意研发费用的变化是否是暂时性的,见阅读材料12.4。

3. 广告费用。同样,广告费用支出的减少可能对当前收益有增长作用,却无益于未来收益。要考察广告费用变化是否是暂时性的,见阅读材料12.4。

4. 养老金费用。如果企业有养老金的固定收益计划,那么企业应该将其视为经营费用的一部分。养老金费用是一个复杂的概念,分析师必须清楚它的组成。下面是IBM公司2001—2004年养老金情况的附注。

IBM 公司 2001—2004 年养老金情况

IBM 公司
养老金费用（2001—2004 年，单位：百万美元）

	2004	2003	2002	2001
员工服务成本	1 263	1 113	1 155	1 076
利息费用	4 071	3 995	3 861	3 774
养老金资产预期回报	(5 987)	(5 931)	(6 253)	(6 264)
过渡资产摊销	(82)	(159)	(156)	(153)
前期服务成本摊销	66	78	89	80
精算损失（或利得）	764	101	105	(24)
养老金净费用	95	(803)	(1 199)	(1 511)

在 IBM 公司的报表中可以看到养老金费用有六个组成部分：

• 员工服务成本。由精算师计算的由于当前员工服务，从而要在未来付出的养老金成本的现值。该成本实际上就是员工退休之后，以养老金收益支付给员工的工资。

• 利息费用。养老金负债会造成利息费用，离养老金给付时点越近，货币时间价值影响就越大，养老金负债的净现值就越高。

• 养老金资产的预期回报率。养老金资产所带来的回报降低了养老金计划的成本。养老金资产的预期收益是资产市值乘以期望回报率得到的。为了保持财务报表中养老金支出的相对稳定性，计算养老金费用的时候通常扣除养老金资产的预期回报，而不是实际损益。当累计实际损益与预期损益之间的差异超过某一阈值时，才将其差额摊销到养老金支出中（未出现在 IBM 的养老金费用中）。

• 前期服务成本摊销。在启动或者修改养老金计划之前的服务期间养老金成本的摊销。当出现变化时，在预计剩余服务年份内进行摊销。

• 过渡资产或负债的摊销。首次采用养老金会计时所产生的初始养老金资产和养老金负债的摊销。

• 精算利得与损失。当精算师对于员工寿命长短、离职率估计发生变化，或者当养老金资产实际回报率与预期回报率不一致时，养老金负债的变化。

服务成本是付给员工的核心成本的一部分。利息费用也是核心成本的一部分，这也是支付给员工的成本，是为了补偿员工货币时间价值损失的，因为将部分工资递延到未来以养老金的形式支付对员工来讲是一种损失。像服务成本和利息费用都是重复性的。而前期服务成本以及过渡资产和负债的摊销会抵消这些项目，虽然最终会消失，但是这种抵消作用在相当长的一段时间里起作用，所以它们应该被当成重复性的项目而不是非经常项目。类似的做法也适用于精算利得与损失项目。

然而，处理和对待养老金资产的期望回报时就要格外小心了。你会发现在 2001—2003 年，IBM 的净养老金费用为负（也就是有利得），就是该项目造成的。这些养老金资产的收益减少了 IBM 的养老金负债，因而成为净利润的组成部分。然而，它们并不是核心业务的收益（核心业务对于 IBM 来说就是销售电脑和技术）。分析师必须相当仔细地区分这些收益，把它们作为养老金基金的盈利能力，而不是作为整个企业的盈利能力来对待。所以在表 12.1 中，我们将其排除在销售活动带来的经营收益之外。养老金费用中可能忽略的其他问题可以参见阅读材料 12.6。

阅读材料 12.6

注意养老金资产的回报

必须小心地处理养老金资产的期望回报,要注意以下三个方面。

1. 养老金资产的回报可能成为收益的一个相当大的组成部分

养老金资产的期望收益会减少养老金支出,而资产的期望收益当然是以基金资产金额为基础确定的。养老金资产在 20 世纪 90 年代的牛市期间投资于股票,而股票的价格大幅上涨,这导致养老金资产价值增加,资产的预期收益也增加。这就是当时一些企业增长的原因:养老金资产的预期收益减少了养老金费用,这构成了企业收益的重要组成部分。

通用电气

通用电气为其员工设立了多个养老金计划,2001 年其养老金科目的附注中报告了有 8.84 亿美元的服务成本,不过公司还报告了养老金计划资产的预期收益为 43.27 亿美元,此外还有 20.65 亿美元养老金负债产生的利息。净养老金支出(考虑了所有因素)实际上是 20.95 亿美元的利得。利润表中养老金利得还要减掉一些其他费用。养老金计划资产的 43.27 亿美元的预期收益占税前收益的 22.0%。

IBM

IBM 1998 年的养老金服务成本为 9.31 亿美元,但其计划资产的预期收益为 48.62 亿美元,同时还有 34.74 亿美元的养老金负债产生的利息,计划资产的预期收益占税前经营收益的 53.1%。IBM 企业 1999—2001 年计划资产的预期收益分别是公司税前收益的 45.9%、51.5% 和 57.2%(见正文)。

养老金计划资产收益是来自于养老金基金的运营活动,而非提供产品和服务的收益。因此,我们应将养老金计划资产预期收益列为核心收益的单独部分。在计算净利率时不要考虑这个因素,见表 12.1。

2. 养老金资产的收益会产生"连锁信"(chain letter)现象

考虑下面一种情况:在一个过度狂热的股票市场上,养老基金的资产将超过其内在价值。因而,为员工设立养老基金的企业的收益就会增加,因为养老金的期望收益会减少所需支付的费用。分析师会认为由于收益的增加,这些企业的股价上涨是合理的。上涨的股价自身又强化了这种作用,"连锁信"的现象就产生了。

考虑在牛市期间企业的情况。如果这个企业拥有养老金基金,并且此基金仅投资于本企业的股票(员工可以共同分享企业的成功),那么这个企业的收益可能会由于企业股价的上涨而产生的养老基金收益而被高估。分析师会分析收益以确定企业股票的价值与市场价格之间的关系。但是,如果收益也反映了股票的市场价格的话,那么这种分析很可能是循环论证。分析师必须找出企业收益的来源,并且要理解股票价格是以企业核心业务收益为基础的,而非股价的升值。

美国的养老金基金只允许将资产的 10% 投资于设立它的企业,但是它们仍然可以持有和企业股票高度相关的其他股票,从而产生同样的效应。

3. 注意养老金资产的预期回报率

养老金资产的预期回报等于预期回报率乘以资产的市价。对于预期回报率的估计常常会出现偏差。在 20 世纪 90 年代末期,企业用 10% 或者更高的数字作为预期回报率,这大大高于20世纪80年代初所用的7%。这看起来雄心勃勃的回报率——也许是受到20世纪90年代泡沫的影响——乘以高的养老金资产价值后在收益中产生了更高的养老金利得。

紧接着泡沫的破灭就导致了回报的下降——而且是非常大的负回报——企业开始修正并调低了预期回报率。结果2002年养老金利得变得非常低。部分是由于资产价格的下降，部分是由于预期回报率的下降。事实上，在许多企业采取了养老金的固定收益计划以后，发现它们的养老金负债资金不足，并且在检查中发现，它们过去包含在养老金利得中的收益被夸大了。懂得养老金会计处理方法的分析师应该能够在泡沫时期预测到该种情况。

企业应该在过热的股票市场中降低它们计划资产的预期回报吗？——也就是预测未来价格下降，回报下降。如果企业的答案是否定的，那么分析师应该考虑这样去做。

会计诊所Ⅶ会帮助你大致了解养老金的会计处理方法。

会计诊所Ⅶ

处理养老金的会计方法

本书网站的"会计诊所Ⅶ"将会对于养老金的会计处理方法给予全面详尽的叙述。在"诊所"里会解释养老金计划是怎样运作的，包括"养老金的固定收益计划"和最普遍的"养老金的固定缴款计划"的不同之处。"诊所"里还会解释资产负债表中的养老金负债的计算方法，以及如果利润表提供更多关于养老金费用信息的话，应该怎样去计算。本章的网站部分给出了波音公司的养老金费用计算过程。

5. 估计的变化。一些费用，诸如坏账、担保费用、折旧和应计费用等，都是估计值。当发现以前年度的估计值不准确时，在当年应进行修正。坏账准备通常是可能变成坏账的应收账款的一个估计百分比。如果发现（比如说）去年的估计值过高，即没有预期那么多的坏账，那么在本年的坏账费用中就要进行修正。这样，报告的费用并不反映本期销售的信贷成本。同样，企业可能改变应收租赁款的剩余价值的估计。这些估计变化的影响应被视为非经常项目，而核心费用是用来反映当前的营业活动。不幸的是，公司发布的报告通常没有提供我们需要的细节。估计费用的重大的负向变化可能是由于重组活动变化引起的。参见阅读材料12.5。

6. 实现的利得和损失。很多利得和损失（比如说，资产销售）在利润表中没有详尽列出，但是，我们可以在现金流量表中将净利润调整为经营活动现金流量的部分找到它们。参见阅读材料12.7。

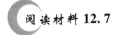

股份出售的利得和损失

在20世纪90年代股票市场中价格上涨的时候，企业所拥有的权益资产就增值了。出售股份有时就能产生很大的利润。

英特尔

在 1999 年的第三季度报告中,英特尔公布了 14.58 亿美元的净收益,没有非经常项目。然而,它的现金流量表公布了 5.56 亿美元投资出售的利得和工厂报废的损失 1.61 亿美元。

Delta 航空企业

Delta 企业在 1999 年第三季度的经营收益(税前)为 3.50 亿美元;然而,报表的附注显示,这些收益包括卖掉它在新加坡航空公司和 Pricetine.Com 公司获得的 2.52 亿美元的利得。

IBM

IBM 公布它在 1999 年 6 月结束的季度税前经营收益为 40.85 亿美元,然而,附注说明了收益中包括了将 IBM 全球网络卖给 AT&T 交易的利得 34.30 亿美元。这一利得冲减了利润表中的销售、一般及管理费用。

你可以看到这些利得的披露经常是不透明的。分析师必须小心地寻找那些在现金流量表或附注中披露的利得,并把它们与来自核心经营活动的核心收益区分开。只有当这个企业是一个资产组合管理企业时,这些利得或损失才应该是核心收益。观察拥有大规模权益投资组合的企业:微软在 2002 年年初拥有权益投资 90 亿美元,一旦经营活动盈利能力下降,它就能将权益投资利得变为收益。

像从养老金计划资产中获利一样,从股票增值中获利也会引起价格偏离,甚至产生股价泡沫。当企业感到股票在市场被高估的时候,他们会卖掉股份。如果分析师错误地将包括这些利得的利润当成是持久性经营收益的话,他将高估企业的价值。但是,如果获利本身就是由于偏离的价格产生的话,股份将更加被高估。因而,股价的偏离也有自我强化的效应。

警惕利润粉饰

在股权价值变化的时候,持有可供出售股权投资的企业在股东权益表中确认未实现利得和损失作为综合收益的一部分。在股份卖出的时候,它们同样在利润表中确认这部分收益。再次回到会计诊所Ⅲ。尤其是在利润下降的时候,卖掉高价股份来增加利润表收入是有诱惑力的,同时保持跌价的股票不卖出,并把相应损益报告在股东权益表中。这种行为就被称为"利润粉饰"。警惕具有大额投资的公司,像英特尔和微软。警惕持有大额投资的保险公司的此种行为。

这个经验是显然的:投资组合一定要在综合收益的基础上进行评估,从而利得(尤其是粉饰后的利得)可以扣除全部费用。合适的重新编制的利润表解决了这个问题:表 9.11 中微软的例子就是一个很好的重新编制的示范,在综合收益的基础上揭示了投资组合的表现。

7. 权益投资的未实现利得和损失。这一条主要针对持股比例低于 20% 的情况,这是因为它们在资产负债表中以市值计价。权益投资的市价能够反映其价值,但市值是服从"随机游走"的,因此,市值的当前变化并不能预测将来市值的变化。我们不得不把这些未实现利得和损失当成是暂时性的。

8. 所得税。非经常项目的所得税费用,如一次性或过期的税收抵免和亏损向后结转抵税均列示在所得税附注中。

9. 其他收益。可以参看一下附注中"其他收益"中的细节部分,如果提供的话。

通常,利息收益和经营收益一起被包括在"其他收益"项目当中。

股东权益表中其他综合收益列报的经营项目多是非经常项目。尽管重编后的报表中,需要剔除这些项目,但基于三方面的原因,我们必须考虑其他综合收益。第一,识别并区分不同的利润来源非常重要,否则可能会造成某些项目的忽略。例如,要清晰评价经理人业绩,必须确定非清洁盈余费用;必须分析综合收益才能发现阅读材料12.7所提到的利润粉饰行为。第二,只有收益为综合收益时,财务报表间的钩稽关系才成立。例如,第11章介绍的财务杠杆公式就需要使用综合收益,第10章提到的自由现金流的简化计算方法也需要根据综合收益来计算。第三,在本书第三部分,我们会发现,未来收益预测的准确性依赖于综合收益基础的报表。

表12.2和表12.3给出了耐克和锐步公司重编后的利润表(根据表12.1的模板)。对于耐克和锐步,所有的非经常项目在第9章表9.9和表9.10中重编后的报表中被确认为其他经营收益。因而,这两个企业中,核心经营收益就是销售活动产生的经营收益,而其他经营收益是非经常收益。所以,此处的报表只是将第9章中的报表项目重新命名而已。

表12.2 核心收益与非经常收益相分离的利润表:2002—2004年耐克公司的数据

单位:百万美元

	2004		2003		2002	
核心经营收益		12 253		10 697		9 893
销售成本		7 001		6 314		6 005
销售毛利		5 252		4 383		3 888
核心经营费用						
管理费用	2 312		1 983		1 805	
广告支出	1 378		1 167		1 028	
无形资产摊销	12		4		3	
其他费用	75	3 777	78	3 232	1	2 837
税前核心经营利润		1 474		1 152		1 051
所得税						
报表所得税	504		383		349	
金融项目所得税	9	513	11	394	13	362
税后核心经营利润		961		758		689
非经常项目						
汇兑损益	28		127		(2)	
员工股票期权损失	(80)		(21)		(23)	
衍生品利得与损失	126		(175)		(96)	
会计变动(商誉减值)影响	—	74	(266)	(335)	52	69
税后经营利润		1 035		423		620
核心融资费用(收入)						
利息费用	40		43		48	
利息收入	(15)	25	(14)	29	(14)	34
税收效应①		(9)		(11)		13
净利息费用		16		18		21
优先股股利②		0		0		0
		16		18		21
综合收益		1 019		405		599

注:① 2002年、2003年、2004年法定税率分别为37.2%、37.5%、37.1%,包括联邦税收和州税收。
② 优先股股利不超过50万美元。

表 12.3　核心收益与非经常收益相分离的利润表:2002—2004 年锐步公司的数据

单位:百万美元

	2004		2003		2002	
核心经营收益		3 785		3 485		3 128
销售成本		2 287		2 147		1 930
销售毛利		1 498		1 338		1 198
核心经营费用						
管理费用	1 067		936		851	
广告支出	137		150		131	
其他费用	5	1 209	1	1 087	6	988
税前核心经营利润		289		251		210
所得税						
报表所得税	68		72		61	
金融项目所得税	5	73	6	78	5	66
税后核心经营利润		216		173		144
非经常项目						
汇兑损益		38		49		37
员工股票期权损失		(20)		(17)		(7)
衍生品利得与损失		4		(14)		(23)
会计变动(商誉减值)影响		22		18		(5)
税后经营利润		237		191		146
核心融资费用(收入)						
利息费用	26		26		24	
利息收入	(13)	13	(8)	18	(9)	15
税收效应①		(5)		(6)		(5)
核心净融资费用		8		12		10
非经常融资费用						
清偿损失		10		—		—
		18		12		10
少数权益前综合收益		219		179		136
少数股东损益		5		5		3
归属于股东的综合收益		214		174		133

注:① 2002 年、2003 年、2004 年边际税率分别为 35.5%、35.9%、35.9%,包括联邦税收和州税收。

耐克 2004 年的核心 RNOA(税后)为 21.6%:核心 OI/平均 NOA = 961/4 441 = 21.64%。公司整体 RNOA 为 23.3%。锐步的核心 RNOA 为 22.2%,公司整体 RNOA 为 24.2%。2003 年,耐克公司整体 RNOA(9.6%)和核心 RNOA(17.2%)差距极大,主要是非经常项目所致。

为有效估计利润表各组成部分的盈利能力,所得税必须分配到影响所得税费用的收益中,见表 12.1。所得税费用不仅在经营活动和融资活动间分配,还要在经营活动内部分配。可以看到,在耐克和锐步的重编后利润表中,非经常项目都是税后值,因此所得税费用不需再分配。非经常项目涉及所得税时的分配问题,参见阅读材料 12.8。

阅读材料 12.8

综合税收分配

如果利润表需要重新编制来鉴别不同来源的收入,每类收入都应该与相应的所得税配比,从而每种收入的税后贡献可以被识别。GAAP下的利润表是像下表中一样被重新编制的。这家公司适用35%的法定税率。

单位:美元

GAAP 利润表		调整后利润表		
收入	4 000	核心经营收益		4 000
经营费用	(3 400)	核心经营费用		(3 400)
重组费用	(300)	税前经营利润		600
利息费用	(100)	所得税:		
税前利润	200	报表所得税	45	
所得税	45	利息费用抵税	35	
净利润	155	非经常项目所得税	105	185
		税后经营净利润		415
		非经常项目:		
		重组费用	300	
		税收抵免	105	195
		经营净利		220
		利息费用	100	
		利息抵税	(35)	65
		净利润		155

净利润在税收分配前后当然是一样的。重组费用,比如利息费用,可享受税收抵免,因此税后的非经常项目为195美元。重组收费的税收增加了一定的收益,就像利息费用会调整报告的税费从而在计算中影响经营利润。相应的,总的营业收入税是185美元,也就是说,如果公司没有重组费用和利息费用的税收抵免本应缴纳的税额。注意税后的经营利润与阅读材料9.5中无非经常项目的情况一样。

层次2. 分析核心销售净利率和周转率的变化

确认了核心RNOA之后,将其分解成净利率和周转率两部分:

$$RNOA = (核心销售 PM \times ATO) + \frac{其他核心 OI}{NOA} + \frac{UI}{NOA}$$

其中:

$$核心销售 PM = \frac{来自销售的核心 OI}{Sales}$$

核心销售收入净利率给出了没有受到非经常项目影响的净利率,因而它最接近于企业销售收入产生利润的能力。

现在,我们准备开始解释RNOA的变化。在阅读材料12.9中,我们分析了耐克和锐步的经营活动盈利能力的变化。上式给出了RNOA变化的公式。RNOA变化的第一个部分是受第一年核心销售净利率变化的影响。为了将利润率影响从资产周转率(ATO)影响中分离出来,我们假定 ATO 保持在第 0 年的水平上不变,来估计核心销售净利率变化的影响。第二个部分是在假定第一年核心销售净利率不变的情况下,由于 ATO 变化带来的影响。第三个部分和第四个部分是其他核心经营利润和非经常项目变化的影响。这些变化可以根据业务情况加以分析。

阅读材料 12.9

净经营资产回报率变化分析:耐克和锐步

RNOA 的变化 = 过去资产周转率水平上核心销售净利率的变化 + 资产周转率变化引起的变化
+ 其他核心收益变化引起的变化 + 非经常项目变化引起的变化

$$\Delta RNOA_{2004} = (\Delta 核心销售 PM_{2004} \times ATO_{2003}) + (\Delta ATO_{2004} \times 核心销售 PM_{2004})$$
$$+ \Delta \left(\frac{其他核心 OI}{NOA}\right) + \Delta \left(\frac{UI}{NOA}\right)$$

耐克公司

耐克的 RNOA 从 2003 年的 9.62% 上升到 2004 年的 23.31%,增长了 13.69 个百分点,可以由下式解释:

$$\Delta RNOA_{2004} = 13.69\% = (0.75\% \times 2.43) + (0.33 \times 7.84\%) + 0 + \left(\frac{74}{4441} + \frac{335}{4395}\right)$$

(四舍五入)。你可以看到,核心净利率增加了 0.75%,因而引起了 RNOA 1.82% 的增长。周转率的增长也产生了 2.59% 的增长。所以,公司的核心盈利能力增长了 4.4%。RNOA 中其他部分的增长是非经常项目引起的。我们的预测应当基于 21.64 的核心 RNOA,而非 23.31% 的 RNOA。

锐步公司

锐步的 RNOA 从 2003 年的 27.88% 下降到 2004 年的 24.40%,下降了 3.48%,可以解释为:

$$\Delta RNOA_{2004} = -3.48\% = (0.74\% \times 5.09) + [(-1.19) \times 5.71\%] + 0 + \left[\frac{22}{972} - \frac{18}{685}\right]$$

这里核心业务盈利能力显著下降(从 25.3% 到 22.2%)是 RNOA 下降的主要原因。核心净利率的上升使核心 RNOA 上升了 3.77%,但周转率的下降使 RNOA 下降了 6.80%。非经常项目对盈利能力影响甚微。

层次 3. 分析销售净利率、总资产周转率、其他收益和非经常项目变化的驱动因素

核心盈利能力的变化可以由核心 PM 和 ATO 的变化来解释。在 2003 年和 2004 年,耐克和锐步的驱动因素在第 11 章第二层次分解(表 11.5)中进行了比较。耐克核心盈利能力的增加是由于核心毛利的增加,应收账款、存货和固定资产周转率的下降,以及应付账款相对销售收入的增加。在识别出了这些增长来源之后,分析师会问:核心毛利率和资产周转率的增加可持续吗?耐克的毛利率会回到之前的水平吗?它的周转率会回到之前的水平吗?锐步在核心净利率上的增长则是因为毛利的上升大于管理费用的增加。2004 年锐步净利率的下降,主要是由于其资产周转率的下降,而资产周转率的下降则是由于应收账款以及无形资产相对销售收入的增加。这是暂时性的还是永久性的呢?应收账款的增长会得到控制吗?无形资产(专利和许可)会在将来带来更多的销售收入吗?

你可以看到财务分析并没有完成分析师的调查。事实上,这个分析是为了提出疑问,以便进行更深入的调查。它聚焦在企业价值创造的方面。

经营杠杆

核心销售 PM 的变化是由成本如何随销售收入变化决定的。有些成本是固定成本,它们不随销售收入变化而变化。其他的成本为可变成本,它们随销售收入变化而变化。折旧、摊销和很多的管理费用是固定成本,而大多数已售产品成本中的工资和材料成本是可变成本。销售收入和可变成本的差额被称为边际贡献,因为这部分可以弥补固定成本并带来利润。因此:

$$销售\ PM = \frac{销售额 - 可变成本 - 固定成本}{销售额} = \frac{边际贡献}{销售额} - \frac{固定成本}{销售额}$$

上式中第一项是边际贡献率。有时这也可以这样计算:

$$边际贡献率 = 1 - \frac{可变成本}{销售额} = \frac{边际贡献}{销售额}$$

这个比率衡量了每一美元销售收入的变化引起的收益的变化。对于可变成本占销售收入的75%的企业来说,边际贡献率是25%,即每一美元销售收入的增加可以增加25美分的收益(固定成本并不能解释净利率的变化)。

收益对销售收入的敏感度称为经营杠杆(不要与经营负债杠杆混淆)。经营杠杆有时候用固定费用与可变费用的比率衡量,也可以用下式衡量:

$$OLEV = \frac{边际贡献}{经营收益} = \frac{边际贡献率}{边际利润}$$

(再次提醒不要将 OLLEV 与 OLEV 混淆!)如果你要分析的是核心收益,那么上述计算中就只包括核心项目。如果存在固定成本,OLEV 将大于"1"。该指标对企业来说不是绝对的,而是随着销售收入的变化而变化的。然而,在某一销售水平情况下,它可以考察销售收入变化对经营收益的影响。在核心业务分析中:

$$核心\ OI\ 变化的百分比 = OLEV \times 核心销售收入变化的百分比$$

区分固定成本和变动成本,对于企业内部的分析师而言是相对容易的事情,但是年度财务报表的读者会发现很难。固定成本中的折旧和摊销必须在财务报告中公布,它也可以在现金流量表中找到。但是,其他的固定成本,如固定工资、房租和管理费用,在利润表的不同项目中与可变成本混合在一起。

融资变化分析

RNOA 的变化解释了 ROCE 的部分变化,融资行为可以解释剩余部分的变化。其步骤列示于图 12.1 的右侧。

层次 1. 计算财务杠杆和经营差异率

财务杠杆(FLEV)和经营差异率(SPREAD)解释了 ROCE 和 RNOA 的不同。上一章讲到,FLEV = NFO/CSE,而经营差异率是 RNOA 和净借款成本(NBC)之差:SPREAD = RNOA - NBC。阅读材料 12.10 分析了财务杠杆的变化和经营差异率的变化是如何影响 ROCE 的。我们以锐步为例,但要注意,公司在1996年进行了大额的股票回购。

层次2. 解释净借款成本的变化

前面解释了 RNOA 的变化,差异率的变化则由净借款成本的变化来解释。像经营盈利能力一样,要将核心财务支出和非经常财务支出分开:

净借款成本 = 核心净借款成本 + 非经常借款成本

$$NBC = \frac{核心净财务支出}{NFO} + \frac{非经常财务支出}{NFO}$$

第一项是核心净借款成本。跟以前一样,非正常财务项目是在将来不会重复的和不可预测的部分,它们包括财务项目上实现的利得和损失,还有非经常的利息收益和支出。金融收入和费用是企业借、贷款的利率。因此,核心借款成本的变化可以反映这些利率的变化,而且,由于这些利率是税后的,这一变化就包括了税率变化所引起的变化。对于净金融资产的情况也是如此。

层次3. 解释财务杠杆的变化

这一步主要分析 NFO/CSE 的变化,这是融资类型的变化(长短期债务和优先股的变化)的根源。

由于财务杠杆一般不会变化很大,因此,经营差异率的变化是杠杆作用的很重要的方面。通常,借款成本的变化是很小的,因此,RNOA 的变化是影响杠杆效应的很重要的因素。如果 ΔFLEV 和 ΔNBC 都较小的话,一个有用的等式是:

$$\Delta ROCE_1 = \Delta RNOA_1 \times (1 + 平均\ FLEV_1)$$

应当注意,ΔFLEV 和 ΔNBC 较大时,不能使用上式。如果杠杆变化很大,在不改变营业的盈利能力的前提下,企业可以通过借债创造 ROCE,见阅读材料12.10。

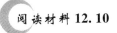

分析融资行为对 ROCE 影响时应当注意的问题

1996年锐步公司融资结构发生了重大变化,其举借了6亿美元债务,为其股票回购提供资金。这引起净金融负债大幅度增加,股东权益减少,如下表所示,从而导致财务杠杆从0.187激增到0.515。

锐步
重编后资产负债表
(单位:百万美元)

	1996	1995
净经营资产	1 135	1 220
净金融负债	720	287
普通股权益	415	933
ROCE	18.9%	19.2%
RNOA	14.4%	16.9%
净借款成本(NBC)	4.9%	4.8%
财务杠杆(FLEV)	0.515	0.187

1996年锐步的ROCE微降0.3%，但经营活动净利率下降了2.8%。ROCE之所以没怎么减少，是因为净债务增加了。如果锐步维持其1995年财务杠杆0.187，在RNOA为14.1%的情况下，其ROCE为：

$$ROCE = RNOA + (FLEV \times SPREAD)$$
$$ROCE_{1996} = 14.1 + [0.187 \times (14.1 - 4.9)] = 15.8\%$$

但其1996年实际的普通股权益回报率为18.9%。

对大部分企业来说，债务融资本身并不会增加企业价值，因为债权的买卖价格通常为公允价值；只有经营活动才会增加企业价值。但财务杠杆能够使ROCE超过RNOA。因此，公司可以通过债务融资创造ROCE。所以，要小心ROCE的增长。要具体分析ROCE增长的原因，是核心经营活动驱动的还是杠杆驱动的。

企业总爱标榜致力于增加普通股回报，但单纯增加普通股权益回报率是不够的。只有最大化净经营资产回报率，从而提升普通股权益回报率才是我们所希望看到的（这种增长是来自于经营活动的）。根据普通股权益回报率来计算管理者薪酬可能不太科学，因为举借新债可以增加管理层薪酬。

剩余收益增长能够增加企业价值，但剩余收益是由普通股权益回报率驱动的，而举债能够增加普通股权益回报率，貌似我们陷入了一个难解的谜题，下一章将解决这一问题。

财务杠杆变化对普通股权益回报率的影响分析

普通股权益回报率变化分析如下：

$$\Delta ROCE = \Delta RNOA + 财务杠杆不变情况下经营差异率变化所引起的变化$$
$$+ 财务杠杆变化引起的变化$$
$$\Delta ROCE_{2004} = \Delta RNOA_{2004} + \Delta SPREAD_{2004} \times FLEV_{2003}$$
$$+ \Delta FLEV_{2004} \times SPREAD_{2004}$$

锐步公司1996年普通股权益回报率变化为

$$\Delta ROCE_{1996} = -0.3\% = -2.8\% + (-2.9\% \times 0.187) + (0.328 \times 9.2\%)$$
$$= -2.8\% - 0.54\% + 3.02\%$$

新债发行所引起的财务杠杆变化，使得普通股权益回报率的下跌幅度低于净经营资产回报率的下跌幅度。实际上，财务杠杆使得普通股权益回报率增加了3.02%。经营差异率的变化对普通股权益回报率的影响为-0.54%，净借款成本从1995年的4.8%上升到1996年的4.9%，所以经营差异率的变化主要缘于净经营资产回报率的变化。

注意金融资产处置对普通股权益回报率的影响

不但举借新债会增加普通股权益回报率，处置金融资产也会增加普通股权益回报率。金融资产实际上是负的金融负债，因而其减少会增加净金融负债，从而提高财务杠杆。但是，国库券的处置价格通常为市价，因此并没有增加企业价值。当企业净经营资产回报率下降时，要注意那些处置金融资产的公司，它们会粉饰经营活动盈利能力的下降。GAAP现金流量表中，处置金融资产会增加自由现金流，因为GAAP认为金融资产的处置会减少对经营活动投资所需的现金。详见第10章朗讯科技的例子。

当然金融资产处置所带来的影响取决于所获现金的用途。如果该部分资金投入经营资产，将会提高盈利能力，而且是经营活动而非金融活动的盈利能力。如果该部分资金用来偿还债务，实际上对财务杠杆没有影响。如果用来支付股利，会提高财务杠杆。

12.4 股东权益增长分析

第 8 章股东权益表的分析指出了普通股权益增长的两个驱动因素：ROCE 和权益净投资率。而且，我们可以如图 12.2 做进一步分析。净经营资产的增加引起净投资的增加，而净金融负债可以为净投资提供资金，相应地，净投资所需的普通股东权益就减少了：

$$\Delta CSE = \Delta NOA - \Delta NFO$$

由于 ATO = 销售额/NOA：

$$NOA = 销售额 \times \frac{1}{ATO}$$

因此：

$$\Delta CSE = \Delta \left[销售额 \times \frac{1}{ATO} \right] - \Delta NFO$$

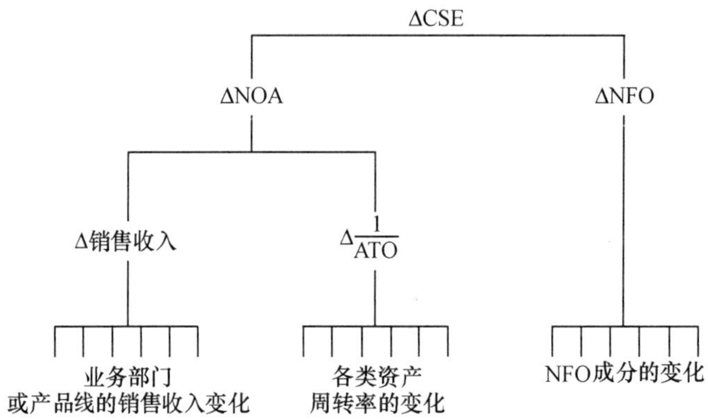

```
                              ΔCSE
                ┌──────────────┴──────────────┐
              ΔNOA                          ΔNFO
        ┌──────┴──────┐                       │
     Δ销售收入      Δ(1/ATO)                   │
        │             │                       │
   业务部门        各类资产                NFO成分的变化
或产品线的销售     周转率的变化
收入变化
```

图 12.2 普通股权益变化分析

普通股权益变化是由净经营资产的变化（ΔNOA）和净金融负债的变化（ΔNFO）引起的。净金融负债可以为净投资提供资金。净经营资产变化是由销售收入变化和净经营资产周转率变化引起的。

销售收入的增加需要提高净经营资产投资，资产周转率的倒数 1/ATO 是企业经营活动中产生 1 美元销售收入所需的净经营资产数量。耐克 2004 年的 ATO 是 2.76，因此，产生 1 美元销售收入的 NOA 为 1/2.76 或者 36.2 美分。CSE 的变化可以由以下三个成分解释：

1. 销售收入增长。
2. 单位收入所需要的净经营资产变化。
3. 股东权益之外，单位净经营资产变化所需要的净金融负债变化。

销售收入增长是最主要的驱动因素。但是，销售收入增长需要投资更多的净经营资产，而净经营资产的增加需要股东权益增加或者净金融负债增加来提供相应资金。

阅读材料 12.11 分析了耐克和锐步公司普通股权益的增长，前半部分计算考虑了增长的三个成分。耐克的普通权益在 2004 年增长了 12.7%，锐步增长了 17.7%。作为基准，注意从 1963 年到 2000 年纽约证券交易所和美国证券交易所上市公司的普通股权益年增长率的中位数是 9.0%。

> 阅读材料 12.11

普通股东权益增长分析：耐克和锐步

普通股权益变化 = 过去资产周转率水平下销售变化引起的变化 + 资产周转率变化引起的变化 − 财务杠杆变化

$$\Delta CSE_{2004} = \left[\Delta 销售额_{2004} \times \frac{1}{ATO_{2003}}\right] + \left[\Delta \frac{1}{ATO_{2004}} \times 销售额\right] - \Delta NFO_{2004}$$

耐克公司

耐克的平均普通股股东权益在2004年增长了4.98亿美元。该增长是由于销售收入增长15.56亿美元，资产周转率从2.43增长到2.76，以及平均净金融负债减少4.53亿美元。

$$\Delta CSE_{2004} = (15.56 \times 0.411) + (-0.0485 \times 122.53) + 4.53$$
$$= 6.39 - 5.94 + 4.53 = 4.98(亿美元)$$

CSE的增加主要是用来支持销售收入的增长和减少净负债，但是资产周转率的增加则意味着需要更少的权益来支持销售。

锐步公司

锐步的平均普通股权益在2004年增长了1.7亿美元。由于销售收入在2004年增加了3亿美元，资产周转率从5.09降到3.90，权益的变化为：

$$\Delta CSE_{2004} = (3 \times 0.197) + (0.0601 \times 37.85) - 2.25$$
$$= 0.59 + 2.28 - 1.17 = 1.70(亿美元)$$

销售收入的增长需要更多的权益投资。而资产周转率的下降则需要更多的权益投资和借款的增加。（由于在合并的资产负债表中净经营资产的变化是由少数股东权益以及净债务和普通股权益共同融资的，因此，少数股东损益的变化在这里就包括在了净金融负债的变化之中。）

销售收入是增长的动力。当企业经理想要为创造价值而产生增长的时候，他就要增加销售收入。销售需要投资，而投资通过ROCE和影响ROCE的因素来实现回报。简言之，投资和ROCE驱动剩余收益和超额收益增长。经理会感到有增加CSE的压力。权益投资可以简单地通过发行新股和减少股利来增加。但是，新的权益可能没有得到有效的利用。它可能被投资在低RNOA项目上，或者回报率很低的金融资产上，导致ROCE下降，剩余收益下降，价值受损。这就是重视剩余收益而非ROCE或投资的原因所在，因为需要同时考虑ROCE和投资。经理想要增加投资，但是也想在每一美元销售收入中少投资（ATO较高）、单位经营收益的投资额较低（即RNOA较高）。经理的目的是最大化剩余收益，这需要两个方面的努力，即增长的ROCE（通过RNOA）和增长的投资。要做到这一点，他需要既实现销售收入增长，又降低单位收入所需投资额（1/ATO），并最大化单位销售收入的经营收益（PM）。

12.5 增长、持续收益及 P/B 和 P/E 比率估值

分析当期和历史增长是为了预测未来增长，从而估计 P/E 和 P/B 比率。接下来，我们就介绍预测增长。其中两个比率是我们定价的基础：P/B 比率和 P/E 比率。在开始预测和估值

之前,应该搞清这两个比率之间的相互关系。本节我们会介绍这两个比率之间的相互关系,并通过对比分析得到一些启示。

记住,超额收益增长(AEG)为零意味着剩余收益增长(RE)也为零;正的 AEG 意味着剩余收益有正增长。为了突出这一点,阅读材料 12.12 介绍了惠而浦公司这个实例,该公司有正常的远期 P/E 和正常的既往 P/E 比率。当预计超额收益或剩余收益增长为零时,就可以考虑使用正常 P/E 比率估值了。

阅读材料 12.12

分析师预测隐含正常市盈率:惠而浦公司的数据

下表列示了分析师对惠而浦公司 1995—1997 年的收益预测及相应的剩余收益预测值。预测均在 1994 年年底做出。

	惠而浦公司 分析师预测(1994 年 12 月) 要求回报率 10%				单位:美元/股
	1993A	1994A	1995E	1996E	1997E
EPS		4.43	4.75	5.08	5.45
DPS		1.22	1.28	1.34	1.41
BPS	22.85	25.83	29.30	33.04	37.07
RE		2.15	2.17	2.15	2.15
考虑股利再投资的收益			4.87	5.21	5.58
正常收益			4.87	5.23	5.58
AEG			0.00	(0.02)	(0.00)

根据未来剩余收益的估值

由于惠而浦公司 1995 年的剩余收益预测值与此后几年的预测值近乎不变,因此可以将预测值资本化,得其股票价值为(要求回报率为 10%):

$$V^E_{1994} = \text{CSF}_{1994} + \text{RE}_{1995}/(\rho_E - 1) = 25.83 + \frac{2.17}{0.10} = 47.53(\text{美元})$$

这与当时惠而浦公司股票的市场价格 47.25 美元很接近。

根据未来收益的估值

从预测的情况看,1995 年之后,惠而浦公司的剩余收益增幅近乎为零,这意味着其超额收益近似为零。因此,其股票价值可以根据市盈率对未来预测收益予以资本化求得(假定要求回报率为 10%;正常远期市盈率必定为 10 倍)。

$$V^E_{1994} = 4.75/0.1 = 47.5(\text{美元})(\text{或 } 4.75 \times 10)$$

根据当期(既往)剩余收益的估值

1994 年剩余收益为 $4.43 - (0.1 \times 22.85) = 2.15$ 美元,未来预测值和 1994 年近似。因此,预测的剩余收益增长为零,我们可以通过将 1994 年剩余收益资本化来对公司估值,有

$$V^E_{1994} = 25.83 + 2.15/0.1 = 47.33(\text{美元})$$

根据既往收益的估值

从基期开始,剩余收益增长近似为零,超额收益增长也近似为零,因此可以根据既往收益资本化来估值,要求回报率为10%,含息的正常既往市盈率必定为11倍。

$$V_{1994}^E + d_{1994} = 11 \times 4.43 = 48.73(美元)$$

由于股利为1.22美元,除息后价值为47.51美元。

该公司的既往市盈率和远期市盈率是正常的,但市净率不是正常的。

P/B 比率和既往 P/E 比率之间的相互关系

上例中,惠而浦公司的 P/E 值为正常值,但其 P/B 值不是正常的。关注 P/E 和 P/B 之间的相互关系,需要考虑以下问题:高 P/B 企业的 P/E 值也一定高吗?有没有高 P/B、低 P/E 的企业呢?

表12.4反映了两者之间的经验关系,按照美国企业1963—2001年市净率和既往市盈率对企业进行分类:具有高市净率(高于中位数)和高市盈率(高于中位数)的企业,以及具有低市净率(低于中位数)和低市盈率(低于中位数)的企业等。从中可以看出市净率和市盈率是正相关的:具有高市净率的企业一般具有高市盈率;具有低市净率的企业一般具有低市盈率。2/3 的企业落在这条对角线上。而另外1/3的企业落在另外一条对角线上:公司股票具有高市净率和低市盈率,或具有高市盈率和低市净率。用什么来解释企业会落在这些格子中的某个特定的格子里呢?

表 12.4 1963—2001 年市净率、市盈率分布图

市盈率(P/E)	市净率(P/B)	
	高	低
高	23 146 34.0%	10 848 16.0%
低	10 849 16.0%	23 147 34.1%

为了回答这个问题,让我们考虑一下表12.5所示的关于市净率和市盈率的高、低、正常三种情形。记住正常的市净率为1.0,正常的既往市盈率为 $\rho_E/(\rho_E - 1)$。表中有九个格子,分别从 A 到 I,我们想要做的是使每一个格子和一种情形对应起来,使每个企业都会被归入某一特定的格子。从最中间的格子 E 开始,我们知道由于市净率是正常的,所以预期的未来剩余收益必须为零;又由于市盈率是正常的,所以预期的未来剩余收益一定与本期保持一致。如果我们将未来的剩余收益表示为 $\overline{RE}$,并把本期的剩余收益表示为 RE_0,就一定有 $\overline{RE} = RE_0 = 0$。也就是说,如果市盈率和市净率都是正常值,企业的预期未来剩余收益必须为零,而且本期剩余收益也为零(也就是说,本期和未来的普通股权益回报率等于资本成本)。这种情形就是格子 E(表12.6)。

表 12.5 市净率—市盈率关系分析

市盈率(P/E)	市净率(P/B)		
	高	正常	低
高	A	B	C
正常	D	E	F
低	G	H	I

表 12.6 市净率和市盈率关系分析:更详细的说明

市盈率	市净率		
	高($\overline{RE} > 0$)	正常($\overline{RE} = 0$)	低($\overline{RE} < 0$)
高	A $\overline{RE} > RE_0$	B $\overline{RE} > RE_0$ $RE_0 < 0$	C $\overline{RE} > RE_0$ $RE_0 < 0$
正常	D $\overline{RE} = RE_0$ $RE_0 > 0$	E $\overline{RE} = RE_0$ $RE_0 = 0$	F $\overline{RE} = RE_0$ $RE_0 < 0$
低	G $\overline{RE} < RE_0$ $RE_0 > 0$	H $\overline{RE} < RE_0$ $RE_0 > 0$	I $\overline{RE} < RE_0$

注:$\overline{RE}$代表预期未来剩余收益;RE_0代表本期剩余收益。

现在看其他具有正常市净率的格子:格子 B 和 H,它们的预期未来 RE 必定为零。但格子 B 中的市盈率较高,所以预测的未来剩余收益必定高于本期(预测的 AEG 为正)。因此,RE_0 必定小于零(本期普通股权益回报率必定小于资本成本)。相应地,对于处在 H 格中的企业应以正常的市净率和较低的市盈率进行交易,因为在 H 中,本期剩余收益大于零(本期的普通权益回报率大于资本成本)。在其他有着正常市盈率的格子(D 和 F)中,预期的未来 RE 必定等于本期剩余收益,但是它们的市净率是不正常的,所以本期和未来剩余收益必定同时大于零(格子 D)或小于零(格子 F)。惠而浦公司就在格子 D 中。

四个角上的格子的情形也遵循同样的逻辑,公司如果同时具有高市盈率和高市净率(格子 A),则预期的未来剩余收益必须大于零,而且剩余收益必须大于本期剩余收益。企业也可能同时具有高市净率和低市盈率,格子 G 就属这种情况。在这种情况下,预期的未来剩余收益是正的,但低于本期剩余收益。企业还可能同时具有高市盈率和低市净率,格子 C 属这种情况。在这种情况下,预期未来剩余收益是负的,但本期剩余收益更低。最后一个格子 I 代表的企业预期未来有负的剩余收益,但是当期的剩余收益比长期水平要高一些。

总之,市净率取决于企业未来所产生的剩余收益,而市盈率取决于本期剩余收益与未来剩余收益的差,也就是剩余收益在目前水平上的增长。

阅读材料 12.13 列示了可归入不同格子的企业的情形。看起来好像市场对企业进行了合适的分类,我们可以运用这种分析来筛选出错误定价的企业。市盈率、市净率、当期剩余收益和预期剩余收益的某些组合已经被排除,如果出现这些组合,那我们就发现了错误定价。如果公司具有高的普通股权益回报率和剩余收益,而且根据分析师的可靠预测,将来会有一个正的剩余收益,那么我们预期股票的市净率会高于 1.0。如果根据分析师预测,发现当期 RE 特别高,而且未来 RE 会下降,此时我们预期 P/E 低于正常值,因此将其归类为 G 格中。如果公司的 P/E 和 P/B 均较高,就可能出现了错误定价(当然,也可能是市场预测期长于分析师预测期造成的)。

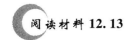

单元归类事例

A. 高市净率—高市盈率

耐克公司,市场在2005年给它4.1倍的市净率和21倍的市盈率,两者都比正常的高。公司当前的剩余收益是6.42亿美元,并且分析师预测将来还会有较高的剩余收益(和正的超额收益增长),这样的企业称为A型企业。

B. 正常的市净率—较高的市盈率

Westcorp,是一个金融服务公司,其1998年报告的收益是每股0.65美元,普通股权益收益率为5.4%。分析师1999年预测收益在1999年可达1.72美元,在2000年可达2美元,这将使普通股权益回报率分别达到13.6%和14.1%。预测的ROCE大概等于(估计的)资本成本,但是由目前水平开始增长,这样的企业就是B型企业。市场给它的市净率是1.10倍,市盈率为24倍。

C. 较低的市净率—较高的市盈率

Rocky Shoes & Boots公司,类似于耐克公司,也是一个鞋类制造商。该公司在1998年ROCE为1.8%,每股收益为0.21美元。分析师预计其ROCE在1999年将达到6.2%,在2000年达到7.8%,相应的每股收益分别是0.72美元和0.95美元。市场给该公司0.6倍的市净率和33倍的市盈率,这种情况适用于ROCE低于资本成本,但ROCE却在增长的企业。

D. 较高的市净率—正常的市盈率

惠而浦公司,在1994年是一个D型企业,它有正的稳定的剩余收益。正如我们在阅读材料12.12里面看到的,惠而浦的市盈率(带息的)是11倍,市净率是1.8倍。

E. 正常的市净率—正常市盈率

Horizon金融公司,在1999财年的ROCE为10.3%。分析师预测ROCE在2000年及以后大致都将保持在10.6%的水平上。如果权益资本成本是10%,那么该企业就应该保持正常的市净率和市盈率。该股票的市盈率是11倍,市净率是1倍。

F. 较低的市净率—正常的市盈率

Rainforest café公司,经营主题餐馆(在野生环境下吃饭),预计1999年的每股收益为0.62美元,2000年的每股收益为0.71美元,ROCE分别为6.8%和7.2%。股票的市净率为0.6倍,表明预计的ROCE较低。公司1998年的ROCE是6.5%。由于1998年的盈利能力和预计的盈利能力相似,该股票应该按正常的P/E比率交易。事实的确如此:当时的市盈率是11。

G. 高市净率—低市盈率

美国航空公司集团,在1998年的ROCE为81%。分析师认为,1998年是比较特殊的年份,并且预计1999年和2000年的ROCE分别为29%和33%。股票交易价格是账面价值的12.6倍,与未来的高ROCE相吻合,但是市盈率仅是4倍。

H. 正常的市净率—较低的市盈率

America West holdings公司,是America West Airlines公司的股东,在1998年其ROCE达到了15%。分析师在1999年预测ROCE在2000年将下降到11.7%。在1999年市场给企业

的市净率是1倍,预计 ROCE 等于资本成本。但是市盈率只有7倍,与 ROCE 的预期下降相吻合。

I. 较低的市净率—较低的市盈率

联合航空公司,在1999年中期的市净率是0.7,市盈率是6。公司1998年的 ROCE 为29.2%,但分析师预测1999年 ROCE 为10.6%,2000年将继续下降至9.1%。

你可以这样总结股权分析并基于分析采取行动:基于对 RE 的预测,把一个公司的数据放在对应的单元格内,之后比较你的分类和市场的情况。在20世纪90年代后期,市场把很多企业放在了格子 A 中。一些人认为那时企业的盈余格外高所以不能持续,就将企业放在了格子 G 中。哪个是正确的呢?历史证明是后者。

既往市盈率和增长

具有高市盈率的股票通常被认为是成长股,但这种想法正确吗?我们知道高市盈率意味着未来收益的高增长,但我们刚刚进行的分析使我们觉得"把每个具有高市盈率的股票都称为成长股"这一说法值得商榷。一家具有高市盈率的企业可能会归入 C 类企业(如阅读材料12.13中的 Rocky Shoes & Boots 公司),预期在未来有较低的剩余收益(普通股权益回报率小于资本成本),但是它的市盈率很高,这只是因为本期的剩余收益比预期的还要低。C 格中的 Rocky Shoes & Boots 不是 A 格中的耐克,它不是一个能在账面价值的基础上产生大量利润的企业。诚然,它的收益在增长,但是盈利能力不高。相反,G 类企业(比如美国航空)预期在未来会产生相对较高的剩余收益,但是它本期的剩余收益更高,使得市盈率较低。那么 C 类企业和 G 类企业哪一个是成长型企业呢?当然,这只是一个定义问题,但我们不妨用专用名词"成长型企业"特指那些能在未来产生剩余收益增长和超额收益增长的企业。

既往市盈率与暂时性盈余

既往市盈率反映了当期盈利能力与未来盈利能力之间的差别,因此它受到当期盈利能力的影响。如果预计企业未来普通股权益回报率较高,而且当期收益也特别高,其市盈率会较低,落入表12.6的 G 格中(如美国航空);如果未来业绩预期不佳,而当期收益特别差,其市盈率会较高,落入表12.6的 C 格中(如 Rocky Shoes)。收益特别高或特别差会受到暂时性因素或非经常项目的影响。

暂时性盈余对市盈率的影响通常被称作 Molodovsky 效应,以纪念首位发现该现象的分析师 Nicholas Molodovsky。表12.7列示了 Molodovsky 效应,从表中可以看出既往市盈率与收益增长的关系。高市盈率组的平均市盈率为49.8倍,中市盈率组的平均市盈率为13.1,低市盈率组的平均市盈率为6.5。同时,该表按年度给出了考虑股利再投资的每股收益增长率,基期为按市盈率分组的当年。高市盈率组在预测期第一年增幅较高;低市盈率组在预测期第一年增幅较低;中等市盈率组从基期到预测期年增速在13%—15%。所以,数据证明市盈率预示着未来收益的增长情况。

表12.7　不同市盈率水平下后续的收益增长情况：1968—2004年

与市盈率较低的企业相比较，市盈率较高的企业后续考虑股利再投资的收益增长越快，但市盈率与当期增长之间是负相关的。

		以第0年为基年				
P/E 水平	P/E	0	1	2	3	4
按市盈率分组后带息 EPS 增长率						
高	49.8	−35.8%	54.1%	16.6%	19.1%	17.2%
中	13.1	18.4%	14.8%	13.1%	14.8%	15.6%
低	6.5	23.9%	2.2%	7.1%	11.5%	14.4%

注：收益增长率为 EPS 之差除以上一年度 EPS，这里的每股盈余已经考虑了股利再投资，股利再投资回报率假设为10%。

资料来源：标准普尔公司的 Compustat® 数据。

我们看一下基期增长率。尽管市盈率与未来增长率正相关，但与基期增长率是负相关的。高市盈率企业当期收益大幅度下跌，然后在未来期间反弹；低市盈率的企业当期收益大幅度上升，但并没有持续到未来。总之，暂时性当期收益会对市盈率产生较大影响。

市盈率和持续性收益分析

本章所介绍的持续性收益分析有助于识别当前收益中的暂时性成分，同时能够帮助我们确定 Molodovsky 效应对当前市盈率的影响。如果收益暂时性偏高（非持续性），市盈率就应该低。相反的，如果收益是持久性的，或者收益因为暂时性被压低而之后会增长的话，市盈率就应该高。持续性收益的分析重点在未来——实际上投资者购买的是未来收益——从而可以帮助投资者对非持续性的收益做出合理的估值。

投资者购买的是未来收益，评价市盈率时重点关注远期市盈率，并借此对未来收益及其增长予以合理定价。暂时性项目对未来持续收益的影响较小，从而对持续增长率影响也较小。根据远期 P/E 进行估值需要考虑收益的持续性，而根据当期收益预测未来收益需要识别当期收益中的可持续性部分。

尽管分析师关注更多的还是既往市盈率，但他们逐渐认识到远期市盈率的重要性。从本书讨论中可以发现，这一转变是非常有意义的。本书第三部分的估值分析多集中在远期市盈率上。

本章小结

企业随着时间变迁而变化，其财务报表也随之变化。本章着重分析了估值相关的财务报表项目。具体说来，我们着重讨论了剩余收益和价值的三大驱动因素：剩余收益变化、普通股股东权益回报率变化和净投资增长。应当注意，剩余收益增长与超额收益增长是相等的。

图12.1 和图12.2 概括反映了本章增长分析全貌。ROCE 的变化是由经营活动盈利能力（RNOA 变化）和企业融资活动变化所引起。同时我们也指出，核心收益，或者说持续性收益与暂时性、非经常性收益是不同的，暂时性项目在未来不会再现。因此，分析师要注意抓住核心收益这一中心。权益投资增长会带来剩余收益的增加。而销售收入的增长则会带来投资的增长；当然，由销售收入增长所造成的净经营资产的增加和融资结构的变化也会影响投资。

到这里,我们就可以很好地回答本章开头提出的问题,即什么是成长型企业。所谓的成长型企业是指这样的企业,其普通股股东权益回报率高于其资本成本,此时普通股股东权益回报率的增长或投资的增长都带来了剩余收益的增长。本章给出了分析成长型企业所需的工具,即影响 ROCE 和投资增长的因素。成长型企业具有以下特征:

1. 可持续的销售收入增长(净投资也相应增加)。
2. 由核心业务创造的较高的或增长的盈利能力。

同时我们也介绍了在增长分析中,需要识别单纯财务杠杆变动所带来的增长。下一章会继续该问题的分析。

增长分析有助于理解剩余收益的当期和历史变动,从而更好地理解超额收益的增长动力。当然,它也是预测工具。未来会有何不同?增长分析给出了驱动未来变化的相关因素,当然可以当作预测工具、战略分析工具和估值工具,下一章将详细介绍这些内容。本章最后部分介绍了增长分析在确定 P/B 比率和既往及远期 P/E 比率中的重要性。

关键概念

转回(bleeding back):将前些年的费用转回来增加当年度的收益。

固定成本(fixed cost):不随销售收入变化而变化的成本,与可变成本相对。

成长型企业(growth firm):剩余收益增长、有超额收益增长的企业。

莫洛多夫斯基效应(Molodovsky effect):暂时性收入对于市盈率的影响。

收益正常化(normalizing earnings):排除收益中暂时性和非经常性的部分。

持续性收益(sustainable earnings):也叫持久收益(persistent earnings)、核心收益(core earnings)和基础收益(underlying earnings),是指在将来可能保持的当期收益,与暂时性收益相对。

暂时性项目(transitory items):也叫非经常性项目(unusual items),是指在将来不会重复出现的当期收益,与持续收益相区别

可变成本(variable costs):随销售收入变化而变化的成本,与固定成本相对。

案例连载:金伯利·克拉克公司

自主练习

在第 11 章的案例中,你已经根据第 9 章重新编制后的财务报表对金伯利·克拉克公司 2003 年和 2004 年的盈利能力做出了全面的分析。现在来对这两年的盈利能力进行比较分析。

对 KMB 公司盈利能力的变化进行分析

参照表 12.1 和图 12.1,你可以确定金伯利·克拉克公司的核心收益,并明确什么因素导致公司 2003 年到 2004 年盈利能力的变化。图 12.1 中的模版将你在第 9 章中重新编制后的报表进一步深入,以区分经营收益中的核心部分。从前面重编报表的过程中,我们可以很明显地看到非核心收益的一些组成部分。而另外一些,你可以从现金流量表中将净收益调整为经营活动现金流的部分中发现。下面是可以帮助你提高分析质量的其他信息。

非经营费用

10-K 报表的附注表明,利润表中的非经营费用来自于合成燃料业务中的少数股东损益。下面是相关的附注:

2003年4月,公司从一家生产合成燃料的合伙企业购入49.5%的少数股东损益。2004年10月,公司又从另外一家生产合成燃料的合伙企业购入49%的少数股东损益。根据FIN 46R条款,这两家合伙企业是可变利益实体(variable interest entity)。虽然这两家企业是可变利益实体,但是公司并不是主要受益者,实体也并没有被合并报表。直到2007年,生产的合成燃料都符合合成燃料税收抵免的条件。

合成燃料的生产导致了税前的亏损。2004年和2003年的税前亏损额分别为1.584亿美元和1.055亿美元,并在公司的利润表中列为非经营性费用。合成燃料税收抵免和非经营性亏损的税前扣除减少了公司的所得税费用。2004年和2003年,公司因对合成燃料业务的参与而分别形成了1.444亿美元和0.941亿美元的税收抵免;另外,非经营性亏损分别产生了额外的0.554亿美元和0.372亿美元的税收利益,而这两个因素共同导致公司所得税分别减少了1.998亿美元和1.313亿美元。这些利益导致2004年公司净收益增加4140万美元、每股增加0.08美元,2003年净收益增加2580万美元、每股增加0.05美元。这些税收抵免的影响披露在附注14中:"公司将美国法定税率调整为实际所得税税率。"

由于这些合伙企业从美国国税局收到了有利的私人信函裁决,并且合伙企业的检验程序符合美国国税局的要求,所以公司投资合成燃料合伙制企业的损失非常少。FIN 46R的应用对公司的合并财务报表没有任何影响。

固定收益退休金计划

来自退休金附注的以下内容给出了利润表中净退休金费用的构成(单位:百万美元):

	2004	2003	2002
服务成本	87.4	76.1	67.7
利息成本	296.2	288.0	272.1
计划资产的预期回报	(324.0)	(286.3)	(330.7)
前期服务成本的摊销	7.3	8.7	5.8
确认的净精算损失(利得)	83.3	74.0	14.4
其他	4.6	5.4	2.4
期间净成本	154.8	165.9	31.7

练习

E12.1 计算核心边际利润率(简单)

飞翔公司在利润表中报告了税前收益7340万元,销售收入6.673亿元。在支付了2050万元的利息和1830万元的税款之后,其净收益为3460万元。以下项目是包含在经营收益中的项目:

新企业的开办费用	430万元
并购相关费用	1340万元
工厂变卖利得	390万元

该企业还报告其他综合收益中有外币折算利得890万元。

计算企业的核心经营收益(税后)和核心净利率。该企业的边际税率是39%。

E12.2 解释盈利能力的变化(中等)

腾达公司报表如下:

资产负债表			
	2009年	2010年	2011年
现金	100	100	120
短期投资	300	300	330
应收账款	900	1 000	1 250
存货	2 000	1 900	1 850
固定资产净值	8 200	9 000	10 500
总资产	11 500	12 300	14 050
应计负债	600	500	550
应付账款	900	1 000	1 100
银行贷款	0	0	3 210
应付债券	4 300	4 300	1 000
递延所得税负债	490	500	600
总负债	6 290	6 300	6 460
优先股(股利为8%)	1 000	1 000	1 000
普通股	1 400	2 000	2 000
留存收益	2 810	3 000	4 590
所有者权益	5 210	6 000	7 590

利润表		
	2010年	2011年
销售收入	22 000	24 000
销货成本	(13 000)	(13 100)
销售和管理费用	(8 000)	(8 250)
重组费用	(190)	0
利息收益	24	25
利息支出	(430)	(430)
非经常项目及所得税前收益	404	2 245
所得税费用	(134)	(675)
非经常项目前收益	270	1 570
债券赎回(retirement of bonds)税后净利得	0	100
净收益	270	1 670

解释公司从2010年到2011年ROCE的变化。假设边际税率是34%,支付的优先股股利不能抵税。

E12.3 解释收益的变化:美国航空(困难)

美国航空集团——美国航空的控股公司,公布了1997年和1998年如下所示的利润表(以百万美元计):

	1998 年	1997 年
营业收入		
旅客运输	7 826	7 712
货物运输	168	181
其他	694	621
总营业收入	8 688	8 514
经营费用		
员工成本	3 101	3 179
航空燃料	623	805
佣金	519	595
飞机租金	440	475
其他租金和着陆费用	417	420
飞机维护	448	451
其他销售费用	342	346
折旧和摊销	318	401
其他	1 466	1 258
总经营费用	7 674	7 930
经营收益	1 014	584
其他收益(费用)		
利息收益	111	108
利息费用	(223)	(256)
资本化利息	3	13
子公司收益中的份额	1	30
子公司权益出售利得		180
其他,净值	(4)	13
其他收益(费用),净值	(112)	88
税前收益	902	672
所得税费用	364	(353)
净收益	538	1 025
要求的优先股股利	(6)	(64)
归属于普通股股东的收益	532	961
每股收益(美元)	5.75	12.32
基本每股收益(美元)	5.60	9.87

a. 报告的息税前经营收益 1998 年比 1997 年增长了 73.6%,而同期营业收入只增长了 2.0%。为什么?

b. 虽然经营收益增加了,但是归属于普通股股东的净收益却下降了 44.6%。为什么?

c. 如何解释 1997 年负的所得税费用？下面的所得税附注可能会对你有帮助。

	单位:千美元	
	1997 年	1996 年
递延所得税资产		
租赁交易	170 966	154 732
购买/销售的税收利益	31 352	43 441
售后回租利得	125 169	135 308
员工福利	683 416	608 948
净经营损失向前结转	193 575	540 495
可选最小税收抵免	158 441	33 459
向前结转(carry forwards)		
投资税收抵免向前结转	17 841	49 802
其他递延所得税资产	94 640	82 744
毛递延税资产总计	1 475 400	1 648 929
减:计价备抵	(1 377)	(643 546)
净递延所得税资产	1 474 023	1 005 383
递延所得税负债		
设备折旧和摊销	940 784	966 874
其他递延所得税负债	62 791	45 415
总递延所得税负债	1 003 575	1 012 289
净递延所得税负债(资产)	(470 448)	6 906

d. 如果你要预测 1999 年的净收益,你会不会用 1998 年或者 1997 年的净收益作为"持续"收益的预测依据?

E12.4　经营杠杆作用分析:美国航空(中等)

根据练习题 E12.3 美国航空集团 1998 年的利润表,在 7 674 百万美元的总经营费用中,假设下面的数据是固定成本(单位:百万美元):

员工工资	2 040
飞机租金	440
其他租金	350
折旧和摊销	318
其他	890
总计	4 038

a. 计算企业的经营杠杆。
b. 如果销售收入增长 1%,税前销售活动带来的核心经营收益将增加多少?
c. 销售收入达到什么程度时,企业将遭受经营损失?

E12.5　资产周转率为常数的企业普通股权益增长的分析(简单)

分析师给出了猎豹公司如下信息(以百万元计):

	2011 年	2010 年	2009 年
普通股股东权益	4 725	4 394	4 124
净金融负债	2 193	2 193	2 193
净经营资产	2 532	2 201	1 931
销售收入	7 100	6 198	5 939

分析 2011 年该公司普通股股东权益的增长情况。

E12.6 剩余收益增长分析:Kmart 公司(中等)

分析师调整了打折零售商 Kmart 公司 1990 年和 1991 年的利润表,如下所示(以百万美元计):

	1991 年		1990 年	
核心经营收益				
收入		32 452		29 898
经营费用		(30 907)		(28 387)
经营收益		1 545		1 511
非清洁盈余		(5)		(32)
税前经营收益		1 540		1 479
所得税	390		192	
税盾效应	144		128	
非核心收益所得税	0	(534)	230	(550)
税后核心经营收益		1 006		929
非经常经营收益				
重组费用				(640)
税收利益		—		230
经营收益		1 006		519
净财务费用				
利息费用	409		380	
利息收益	(10)		(24)	
	399		356	
所得税	(144)	255	(128)	228
综合收益		751		291

分析师同样给出了 1990 年和 1991 年的平均资产负债表数据的小结,如下所示:

	1991	1990
净经营资产	8 972	8 578
净金融负债	3 794	3 606
普通股股东权益	5 178	4 972

分析 Kmart 公司 1990 年到 1991 年平均普通股股东的剩余收益增长情况。使用 10% 的权益成本计算剩余收益。

E12.7 解释经营盈利能力的变化:昆腾公司(简单)

在第 10 章的练习 E10.7 中给出了昆腾公司重新编制的可比财务报表。分析昆腾公司从 1994 年到 1996 年经营活动盈利能力的变化。

微型案例

M12.1 增长问题:微软公司

到 2005 年为止,微软公司,计算机时代一流的软件公司,已经成长为一家知名的公司。然而,成熟经常带来的是较低的增长,而很多观察者也指出微软已经开始出现这样的现象。在其围绕 Windows 操作系统及其像 Microsoft Office 相关应用的主要业务之外,微软公司努力地想在新产品和新服务上做出突破。特别是,在基于因特网而产生订购、广告和交易收入的服务业务上,微软落后于竞争对手,如谷歌和雅虎。苹果最近发布的 iTune 音乐服务及其 IPod 的成功使得微软显得有点跟不上潮流了。

在 2005 年 7 月 28 日与分析师的年度会议上,总裁比尔·盖茨承认微软"在搜索上需要奋起直追",不过他还说,在三年内,微软会在目前的技术条件上实现重大的进展。首席执行官史蒂夫·鲍尔默宣布了通过拓展进入互联网服务来形成增长的新焦点。他坚持认为,软件行业正"从传递比特转变为传递比特和服务。互联网对软件行业的革命性影响才刚刚开始"。从软件到服务的转变被当作是形成增长的一个新的业务模式。新的领域将涉及沟通、基于网页的储存以及让工人合作更佳的工具。分析师们建议慎重行事。在会议上提供的该新计划的细节甚少,而且微软在提出网页服务方案时强调了其超凡脱俗的结果。

尽管有关于微软增长能力的质疑,媒体发布的其 2005 财年的结果却表明了相反的状况。"我们以第四季度所有客户群和渠道的健康且全面的需求驱动的收入的强劲增长结束了一个创纪录的会计年度,"微软的财务总监克里斯·里德尔说,"在继续投资该项业务的同时,我们在该财年还通过股票回购和股利的形式向投资者做出了 440 亿美元回报。这些业绩将为进入 2006 年提供强劲的势头,而 2006 年也势必会成为一个高增长和高投资的年度。我们预期下一年的收入增长会达到两位数,形成公司历史上多年来最强的产品线。"

下面给出了微软 2002—2005 年的利润表和 2001—2005 年的资产负债表。权益表中的投资收益和其他综合收益的细节对利润表做了补充说明。明确区分经营活动和融资活动以及经营活动中微软关键业务收入和其投资组合收入的同时,调整这些报表。对此,可以参考第 9 章表 9.5 和表 9.11 所展示的微软 2002 年的调整报表(尽管下面给出的关于投资收益的细节较少)。公司的法定税率是 37%。

讨论下面问题。如果计算需要,使用 9% 的要求回报率。

A. 依据已有的评定方法,你将采取什么措施来评价微软 2002—2005 年的增长状况?关注其关键业务而非投资收入。你觉得微软是一个成长型公司吗?有迹象表明其增长在减慢吗?

B. 对普通股权益收益率(ROCE)在 2004 年到 2005 年的变化做出解释。

C. 在 2005 年微软支付了 440 亿美元给其投资者,包括一项重大的特殊的总值为 335 亿美元的股利。解释一下这样一大笔支付是怎样影响普通股权益收益率的。如果 2004 年的财务杠杆与 2005 年年末相同,其普通股权益收益率将会是多少?公司可以通过出售其国库券的方式增加其普通股权益收益率,这种说法正确吗?

D. 微软有大量的未实现收入。分析师担心微软会利用这些延期收入来实现增长。这个怎么实现?

E. 观察微软的投资收入。关于选出最有利的投资,你有什么建议?

微软结束于 6 月 30 日的 2001—2005 财年的简易财务报表

年度利润表
(单位:十亿美元)

	2005	2004	2003	2002
收入	39.79	36.83	32.19	28.36
经营性费用				
销售成本	6.20	6.72	6.06	5.70
研发费用	6.18	7.78	6.60	6.30
销售费用	8.68	8.30	7.55	6.25
管理费用	4.17	5.00	2.43	1.84
	25.23	27.80	22.64	20.09

（续表）

	2005	2004	2003	2002
营业收入	14.56	9.03	9.55	8.27
投资收入	2.07	3.17	1.50	(0.40)
税前收益	16.63	12.20	11.05	7.87
所得税	4.38	4.03	3.52	2.51
净收益	12.25	8.17	7.53	5.36
投资收入组成：				
利息收入	1.27	1.67	1.70	1.76
股息收入	0.19	0.20	0.18	0.27
投资重组利得（损失）	0.61	1.30	(0.38)	(2.43)
	2.07	3.17	1.50	(0.40)
其他综合收入（来自权益表）				
衍生金融产品利得（损失）	(0.06)	0.10	(0.10)	(0.09)
未实现投资利得（损失）	0.37	(0.87)	1.24	0.01
汇兑损益	0.00	0.05	0.12	0.08
	0.31	(0.72)	1.26	0.00

年度资产负债表
（单位：十亿美元）

	2005	2004	2003	2002	2001
现金及现金等价物	4.85	15.98	6.44	3.02	3.92
短期投资	32.90	44.61	42.61	35.64	27.68
应收账款	7.18	5.89	5.20	5.13	3.67
存货	0.49	0.42	0.64	0.67	0.08
递延税款	1.70	2.10	2.51	2.11	1.52
其他	1.62	1.57	1.57	2.01	2.34
流动资产总额	48.74	70.57	58.97	48.58	39.21
财产与设备	2.35	2.33	2.22	2.27	2.31
权益投资	10.10	10.73	11.83	12.19	12.70
债务投资	0.90	1.48	1.86	2.00	1.66
商誉	3.31	3.12	3.13	1.43	1.51
无形资产	0.50	0.57	0.38	0.24	0.40
递延税款	3.62	1.83	2.16	—	—
其他长期资产	1.30	1.76	1.18	0.94	1.04
资产总额	70.82	92.39	81.73	67.65	58.83
应付账款	2.09	1.72	1.57	1.21	1.19
应付工资	1.66	1.34	1.42	1.15	0.74
应付所得税	2.02	3.48	2.04	2.02	1.47
短期未实现收入	7.50	6.51	7.23	5.92	4.40
其他负债	3.61	1.92	1.71	2.45	1.45

（续表）

	2005	2004	2003	2002	2001
流动负债总额	16.88	14.97	13.97	12.75	9.25
长期未实现收入	1.67	1.66	1.79	1.82	1.22
其他长期负债	4.15	0.93	1.06	0.90	1.07
	22.70	17.56	16.82	15.47	11.54
所有者权益	48.12	74.83	64.91	52.18	47.29
	70.82	92.39	81.73	67.65	58.83

注：2001—2002年,递延税款是一项净负债,包含在其他债务中。

第三部分 预测与估值分析

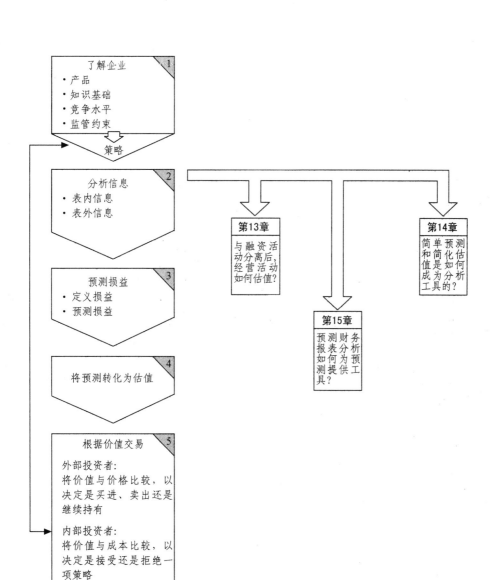

本书第二部分分析了财务报表,为预测做好了准备。

这一部分讨论如何利用预测对企业及其权益和战略给以估值。涵盖基本面分析的第3、第4步骤。

预测是逐步展开的,以使读者能够清楚地了解这一过程。这样做也是为了给出简单的预测框架,使工作变得更加容易。第13章首先指出,如果资产负债表上净金融负债的金额等于其市场价值,则预测可以简化,可以忽略金融活动的影响。这样做除了可以简化预测以外,还有很多好处:如果可以忽略财务杠杆,分析师就无须关心由于杠杆变化引起的权益资本成本的频繁变化。他只需关心企业的经营活动和经营活动的风险,这使得他只要评估经营活动的市净率和市盈率即可,而不必考虑权益的市净率和市盈率。

分析师在开始繁重的分析工作之前,首先要寻找好的、迅捷的近似值。第14章给出了以分析当前财务报表中经营活动为基础的简单的预测框架。这些简单的预测通常只能给出仅具有近似意义的简单估值,这种做法投入不多,但却是所评估价值的很好的开始。这些简单的预测和估值方法同样可以提供一些有用的分析手段,如问一些"What-If"问题,采用逆向工程,促使分析师寻找更丰富的信息以得到更好的预测和更准确的估值。

第15章给出了使用分析师关于公司活动的全部知识进行预测、估值和战略分析的综合框架。我们建立了一系列预测分析模块,使它们可以统一用于标准电子表格分析。

本书第二部分的财务报表分析,明确了企业当前的状态。预测包括编制预计财务报表以描述企业未来的发展前景。预测的问题是:剩余收益和收益增长的驱动因素未来会与现在有多大的不同?

第13章
企业营运价值与市净率、市盈率评估

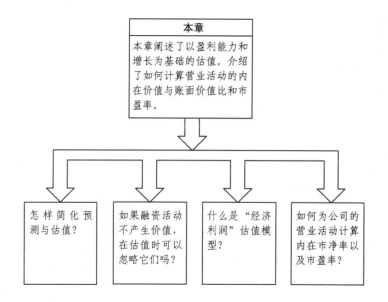

开篇阅读材料

国航股价本可达3.70元 市净率法暗伤估值

国际通行的EV/EBITDAR估值方法下本应3.70元的国航,却被国内机构的市净率估值法所"伤"。

两个吉利的日子并没有给中国国航(601111,0753.HK)带来好运。8月8日,中国国航大幅缩减A股筹资规模,将发行总规模调低至16.39亿股。而随后的8月18日,中国国航上市当天即以2.78元的开盘跌破了2.8元的发行价。

中国国航,这个国内航空领域的龙头老大,一不小心在国内资本市场上创造了诸多"尴尬"的纪录,中国国航在回归A股的路上很"受伤",尤其是在中信证券、中金公司、银河证券三大国内顶尖投行的护航下仍是如此结局,确实出人意料。

中国国航的挥泪大甩卖竟然也无人喝彩,而机构投资者究竟该如何确定中国国航的价值可能才是整个事件中最为核心的问题,其中关键的问题是该选用何种估值方法。

迷失的估值方法

对于航空业上市公司,最常用的市盈率指标却失灵了。由于近年来航空业不景气,燃油价格的上涨导致很多航空公司的收益为负,市盈率指标丧失了用武之地。而且,即便航空公司收益不为负,市盈率也不应是中国国航估值的合理估值指标。

由于收益指标受公司的资本结构影响很大,市盈率指标必须在资本结构近似的公司之间使用。而国内各航空公司均处于发展期,各个航空公司之间以及航空公司各个年份之间资本结构差异巨大,在这种情况下市盈率指标并不适用。

中国国航上市后,国内各券商纷纷对中国国航进行了估值,包括G证券、D证券、F证券、H证券等几乎所有研究员都清一色地使用市净率法作为主要估值方法。

按照他们给出的市净率对比数据,航空类上市公司A股市场市净率平均为1.59倍,H股平均市净率0.99倍,而对于管理水平较高、盈利能力较强的公司,市场给予较高的市净率,如美国西南航空的市净率达到了2.01。此前,中国国航H股市净率为1.34倍。

研究员们预计,中国国航发行A股后,预计2006年的每股净资产将达到2.45元左右,参考其他航空类上市公司的市净率水平,如果给予中国国航1.1—1.3倍的市净率,则其上市后股价波动区间将在2.70—3.20元。

至于为何使用市净率估值方法,研究员大都归结为:市净率为国际上最常用的、衡量航空公司的最好指标。

事情并非如此,就国外市场估值而言,市净率其实是不得已而为之的估值指标。市净率为股价与账面净资产的比值,其假设条件是股价和公司的账面净资产高度相关,这是一个非常严格的假设。企业不是资产的堆积,其所以有投资价值并不是因为它拥有资产,而是能够有效地利用资产去创造收益。因此,一般来说企业资产价值和企业价值的估值相关程度很小。

同时,会计上采用的历史成本法以及会计政策等方面的差异,使得资产的账面价值与真实价值相去甚远。因而,在估值时市净率法并不经常作为主要方法加以使用。

客座率、票价、油价、盈利水平是影响航空类上市公司价值的主要因素,各航空公司资本结构差距甚远,即使两家经营状况完全相同的公司,净资产也未必相同,其多少取决于财务杠杆的利用程度,而与其绩效无关。在这种情况下使用市净率法对航空企业进行估值,得出的结论显然非常荒唐。

被当作"国际上最常用、最好指标"的市净率为许多研究员广泛采用的原因仅在于它解决了行业亏损、市盈率为负的问题——航空业公司净资产一般不会为负。对他们来说,市净率是市盈率失效后最简单、最直观的指标,而国际上航空业估值的通常做法是采用市盈率或EV/EBITDAR,用市净率法进行检验。

新估值法提升价值

在市盈率失效的情况下,如果抛开现金流贴现法,在其他可比方法中,对于资本结构差异巨大的行业,一般选用财务费用之前,也就是不受财务费用影响的收益指标,常用方法为EV/EBITDA倍数法(EV指企业价值,既包括股权价值也包括债权价值,即公司股本加总债项减现金结余,而EBITDA为扣除利息、税项、折旧、摊销及重组成本前盈利,这两个指标并不受公司资本结构的影响)。

具体到航空业，由于其一个突出特征就是航空公司可以通过自置、融资租赁和经营租赁等多种手段获取固定资产，而自置和融资租赁的飞机在会计处理时将会体现在固定资产、长期负债、财务费用和折旧等科目中，经营租赁则直接影响费用科目。

因此，即便两家航空公司拥有同样的飞机数量且运营绩效完全相同，但由于固定资产获取手段的不同（国内航空公司在这方面差异巨大），也将造成公司之间 EBITDA 指标的巨大差异。

由于航空业经营租赁对费用科目的影响，国际上目前普遍采用 EBITDAR 作为价值评估的主要方法，即在 EBITDA 中加回经营租赁的租金费用，从而还原企业的真实经营绩效。只有在这种指标下，各航空公司之间才真正具有可比性。

在中国国航海外上市之初，其招股书里已对此作了清晰的说明："就航空业独有的性质而言，EBITDAR 是有用的基准。" 不知言必称市净率为 "国际通用" 的研究员是故意糊弄，还是水平确实业余。在采用 EV/EBITDAR 对中国国航估值下，其公允价值为 3.70 元/股，高于市净率方法下的估值水平。

事实上，无论是市盈率、市净率、EV/EBITDA，还是在航空业公司估值中衍生出的 EV/EBITDAR，作为价值评估的不同方法，各有其适用条件和局限性。更重要的是，估值绝不仅是得到一个关于股价的数字，更重要的是分析公司创造价值的核心动力和源泉，这才是研究分析的精神实质。

资料来源：改编自《证券市场周刊》，2006 年 8 月 28 日。

分析师核对表

读完本章后你应该理解：
- 为何资产负债表中价值为市价的资产，其预期未来的剩余收益必定为零。
- 以预测经营活动剩余收益为基础的估值和以预测全面收益为基础的剩余收益估值有何不同。
- 为什么金融资产和负债的预测剩余收益（或费用）一定是零。
- 净经营资产回报率和净经营资产增长为什么是剩余经营收益的两个驱动因素。
- 以预测超额经营收益增长为基础的估值与以预测超额收益增长为基础的估值有何不同。
- 经营活动要求回报率和权益要求回报率是怎样联系起来的。
- 权益投资要求回报率是如何分解为经营风险溢价和财务风险溢价的。
- 财务杠杆如何影响 ROCE、收益增长和权益要求回报率的。
- 财务杠杆如何影响估值。
- 为什么杠杆创造的收益增长不在估值中考虑。
- 企业（无杠杆）价格乘数和有杠杆乘数的区别。

读完本章后你应该能做到：
- 计算剩余经营收益。
- 计算超额经营收益增长。
- 用剩余经营收益模型和超额经营收益增长模型为企业估值。

- 确定剩余经营收益的驱动因素。
- 使用重新编制后的资产负债表为企业的融资活动估值。
- 分析财务杠杆变化对于企业价值的影响。
- 分析财务杠杆对 ROCE、收益增长、权益资本成本、市净率和市盈率的影响。
- 利用债务和权益的市场价值计算加权平均资本成本。
- 利用企业资本成本和债务成本计算权益资本成本。
- 解释有杠杆和无杠杆市净率的区别。
- 解释有杠杆和无杠杆市盈率的区别。
- 将有杠杆乘数转换为无杠杆乘数。
- 利用剩余经营收益模型计算无杠杆市净率。

第 5 章的剩余收益模型和第 6 章的超额收益增长模型,为我们提供了根据报表项目对权益估值的两种方法:为账面价值定价或者为收益定价。本书第二部分分析了财务报表,该分析有助于我们理解剩余收益和收益增长的驱动因素。我们现在就要通过剩余收益模型和超额收益增长模型,用第二部分中使用过的分析工具为权益估值。

为了估值,我们需要预测能够产生价值的业务的各个方面。在本书的第二部分,我们努力将经营活动与融资活动区分开来,并指出只有经营活动才产生价值。本章将介绍如何在估值预测中做出这种区分,指出如果这种净金融负债(financial obligation)在资产负债表中以市价计量,那么融资行为就可以在预测中忽略。读者将发现这样就使得预测变得更加简单。特别是,由财务杠杆产生的对剩余收益、超额收益增长以及资本成本的影响都可以忽略掉。这种简化使得我们只需要注意经营活动的收益,而不必考虑财务收入和财务费用带来的收益,并且使我们把注意力集中在资产负债表中与经营活动有关的资产而不是普通股权益上。

对企业经营活动的分析要求我们关注无杠杆的(企业)市净率和市盈率,而不是传统的有杠杆的市净率和市盈率。如果金融资产和负债在资产负债表中是以市场价值度量的话,那么它们就没有产生高于账面价值的溢价,所以准确地说是净经营资产决定了溢价。企业市净率反映了市场对企业净经营资产的定价水平,反映了表外价值,特别是那些能够带来企业价值增加的因素的价值。类似地,企业市盈率反映了市场对企业经营收益的定价水平,反映了企业的价值创造能力。

13.1 对剩余收益预测的修正:剩余经营收益

回忆一下权益估值的剩余收益模型:

$$V_0^E = \text{CSE}_0 + \text{预测剩余收益现值}$$

$$= \text{CSE}_0 + \frac{\text{RE}_1}{\rho_E} + \frac{\text{RE}_2}{\rho_E^2} + \frac{\text{RE}_3}{\rho_E^3} + \cdots \quad (13.1)$$

其中: 剩余收益(RE) = 收益 - 权益账面价值的要求收益

$$\text{RE}_t = \text{Earn}_t - (\rho_E - 1)\text{CSE}_{t-1}$$

剩余收益模型告诉我们,权益估值时首先要确定其账面价值,然后加入预测的超过账面价值要求收益部分的收益的价值,这里要求回报率就是权益的资本成本($\rho_E - 1$)。

从这个模型中我们不难看出,如果预测一项资产只能带来预期回报,其预测的剩余收益就将为零,同时这项资产的价值将等于账面价值。相应地,如果一项资产的账面价值等于其内在价值,那么预期它将产生的剩余收益为零。即使权益的账面价值不等于它本身的价值,我们仍然可以利用这一性质来为权益定价。如果一些资产在资产负债表上是按照市值来计量,同时市值又等于其内在价值的话,我们也不需预测其可能产生的剩余收益;它们的剩余收益将是零。我们只需对没有用市场价值衡量的资产产生的剩余收益进行预测。因此,我们可以按照下式计算权益的价值:

$$V_0^E = \text{CSE}_0 + \text{对未按市值衡量的净资产预测的剩余收益的现值}$$

为了使用这个公式进行估值,我们需要区分来自用市值衡量和未按市值衡量的资产或负债的收益。来自于经营资产的收益通常是同时使用这两类资产而获取的,这就增加了区分的难度。但是,我们通常可以将经营收益(由净经营资产产生)与净财务费用(由净金融负债产生)区分出来。净金融负债在资产负债表上通常是按照市值衡量的。

在第二部分中,重编后的财务报表列示了收益的两个组成部分,表13.1列示了这两个部分及其对应的资产负债表项目。为了度量剩余收益,收益的每个组成部分都要与相应的资产负债表科目相配比,同时用该科目的要求回报率(资本成本)进行计算。我们将在下一节中讨论资本成本,但是现在需要明确的是,不同来源收益的要求回报率由该项活动的风险决定。注意,ρ_D 等于1加上净债务的资本成本(或者也有可能是对金融资产的预期回报率),ρ_F 等于1加上经营活动的资本成本。通常,剩余收益就等于收益减去资产负债表上的资产(或负债)项目在相应资本成本下要求的收益(或者费用)。

表13.1　收益和账面价值的成分及相应的剩余收益指标

净收益成分	账面价值成分	剩余收益指标
经营收益(OI)	净经营资产(NOA)	剩余经营收益 $\text{OI}_t - (\rho_F - 1)\text{NOA}_{t-1}$
净财务费用(NFE)	净金融负债(NFO)	剩余净财务费用 $\text{NFE}_t - (\rho_D - 1)\text{NFO}_{t-1}$
收益	普通股东权益(CSE)	剩余收益 $\text{Earn}_t - (\rho_E - 1)\text{CSE}_{t-1}$

由净经营资产产生的收益被称为剩余经营收益,用 ReOI 表示:

$$\text{剩余经营收益} = \text{经营收益(税后)} - \text{净经营资产的要求收益}$$

$$\text{ReOI}_t = \text{OI}_t - (\rho_F - 1)\text{NOA}_{t-1}$$

剩余经营收益是扣除使用净经营资产的费用之后的经营收益。剩余经营收益又被称为"经济利润"或者"经济附加值",经济附加值已经被其创始人申请注册为商标。耐克公司2004年税后经营收益为10.35亿美元,年初净经营资产为43.3亿美元,因此2004年剩余经营收益 $\text{ReOI}_{2004} = 10.35 - (0.086 \times 43.3) = 6.626$ 亿美元(要求回报率8.6%)。锐步公司2004年税后经营收益为23.7亿美元,期初净经营资产为73.1亿美元,那么其2004年剩余经营收益 $\text{ReOI}_{2004} = 23.7 - (0.09 \times 73.1) = 1.712$ 亿美元(要求回报率9%)。

类似地,扣除净金融负债成本之后的剩余收益为剩余净财务费用,即有 $\text{ReNFE} = \text{NFE}_t - (\rho_D - 1)\text{NFO}_{t-1}$,或者当企业有净金融资产头寸时为剩余净财务收益。其实,剩余净财务费用就是净财务费用扣除净债务的要求回报。

有了对 ReOI 和 ReNFE 的预测,我们就可以对 NOA 和 NFO 进行估值了。在时刻 T 到期的净金融负债的价值(V_0^{NFO})等于:

NFO 的价值 = NFO + 预期剩余净财务费用的现值

$$V_0^{\text{NFO}} = \text{NFO} + \frac{\text{ReNFE}_1}{\rho_D} + \frac{\text{ReNFE}_2}{\rho_D^2} + \frac{\text{ReNFE}_3}{\rho_D^3} + \cdots + \frac{\text{ReNFE}_T}{\rho_D^T} \tag{13.2}$$

如果 NFO 以市值衡量,那么它的 ReNFE 预测值便是零:对于年利率为 5% 的 1 亿美元负债,其利息费用为 500 万美元,ReNFE = 5 − (0.05×100) = 0。于是 V_0^{NFO} = NFO,净金融负债的账面价值就是它们的价值。

净经营资产的价值(V_0^{NOA})等于:

企业价值 = 净经营资产 + 预期剩余经营收益的现值

$$V_0^{\text{NOA}} = \text{NOA}_0 + \frac{\text{ReOI}_1}{\rho_F} + \frac{\text{ReOI}_2}{\rho_F^2} + \frac{\text{ReOI}_3}{\rho_F^3} + \cdots + \frac{\text{ReOI}_T}{\rho_F^T} + \frac{\text{CV}_T}{\rho_F^T} \tag{13.3}$$

也就是说,这个价值等于 NOA 的账面价值,加上预测期内这些资产带来的预期剩余经营收益的现值,加上永续价值,即预测期后产生的剩余经营收益的价值。这个模型与剩余收益模型有相同的形式,但是使用的是经营资产,而不是普通股东权益。永续价值体现了分析师对企业未来表现的预期。当分析师预测公司的绩效表现呈现出稳定的形式时,就可以计算永续价值。

与第 5 章介绍的剩余收益模型的三种情形相对应,永续价值的计算也有以下三种情形:

情形 1:$\text{CV}_T = 0$

情形 2:$\text{CV}_T = \dfrac{\text{ReOI}_{T+1}}{\rho_F - 1}$

情形 3:$\text{CV}_T = \dfrac{\text{ReOI}_{T+1}}{\rho_F - g}$

情形 1 假定剩余经营收益为零,届时净经营资产以要求回报率产生收益;情形 2 假定永续期剩余经营收益为常数,情形 3 假定永续期剩余经营收益增长率为常数 g。此时,分析师要做的就是估计剩余经营收益水平,或对预测期剩余经营收益增长率做出估计。

经营活动价值也称为公司价值,有时也称为企业价值。权益的价值等于 $V_0^E = V_0^{\text{NOA}} - V_0^{\text{NFO}}$。所以如果 NFO 在资产负债表上是用市值衡量的,即预期剩余净财务费用(ReNFE)等于 0,则权益的价值等于(注意,NOA − NFO = CSE):

普通股权益价值 = 普通股权益的账面价值 + 预期剩余经营收益的现值

$$V_0^E = \text{CSE}_0 + \frac{\text{ReOI}_1}{\rho_F} + \frac{\text{ReOI}_2}{\rho_F^2} + \frac{\text{ReOI}_3}{\rho_F^3} + \cdots + \frac{\text{ReOI}_T}{\rho_F^T} + \frac{\text{CV}_T}{\rho_F^T} \tag{13.4}$$

该模型即为剩余经营收益模型。

表 13.2 使用该模型估计了耐克公司的价值。这里用到的是经营收益和净经营资产,而不是总收益和普通股权益;利润表和资产负债表中的金融项目不用考虑。截至 2008 年,其盈利能力是下降的,但净经营资产回报率表明公司依然处于正常状态。2008 年后,剩余收益的预计增长率为 4%(与 GDP 增长率相等)。根据这一增长率,可以计算出企业价值为 205.87 亿美元,权益价值为 208.76 亿美元(考虑 2004 年净金融资产之后),每股价值为 79.35 美元,当时耐克公司市价为 75 美元。如果经过分析,我们发现未来剩余经营收益会更高,我

们就可以认为耐克公司被低估了(在8.6%的要求回报率下)。

表13.2 耐克公司的剩余经营收益法估值

企业要求回报率是8.6%(除每股金额,其他单位均为百万美元)

	2004A	2005E	2006E	2007E	2008E
经营收益(OI)		1 170	1 204	1 246	1 327
净经营资产(NOA)	4 551	4 815	5 248	5 820	5 951
RNOA(%)		25.7%	25.0%	23.7%	22.8%
剩余经营收益(ReOI)		778.6	789.9	794.7	826.5
折现率(1.086^t)		1.086	1.179	1.281	1.391
剩余经营收益现值		716.9	670.0	620.5	594.2
总剩余经营收益现值	2 602				
永续价值(CV)					18 686
永续价值现值	13 434				
企业价值	20 587				
净金融资产账面价值	289				
普通股权益价值	20 876				
每股价值(2.631亿股股票)	79.35				

永续价值的计算

$$CV = \frac{826.5 \times 1.04}{1.086 - 1.04} = 18\,686$$

永续价值的现值 $= \frac{18\,686}{1.391} = 13\,434$

剩余经营收益(ReOI)等于 $OI_t - (\rho_F - 1)NOA_{t-1}$。因此,在2006年,
ReOI = 1 204 - (0.086 × 4 815) = 789.9

注:四舍五入。

剩余经营收益的驱动因素分析

我们在第5章曾指出,剩余收益可以分为两部分:

剩余收益 = (ROCE - 权益要求回报率) × 普通股权益

$$RE_t = \underbrace{[ROCE_t - (\rho_E - 1)]}_{(1)} \underbrace{CSE_{t-1}}_{(2)}$$

我们把ROCE和账面价值这两个部分作为剩余收益驱动因素:剩余收益由股东投资和扣除权益资本成本的投资回报率共同驱动的。剩余经营收益同样可以分成两个部分:

剩余经营收益 = (RNOA - 经营活动的要求回报率) × 净经营资产

$$ReOI_t = \underbrace{[RNOA_t - (\rho_F - 1)]}_{(1)} \underbrace{NOA_{t-1}}_{(2)}$$

ReOI有两个组成部分:RNOA和净经营资产,它们是剩余经营收益的驱动因素,ReOI是

由经营中净经营资产和这些资产超出资本成本的盈利能力这两个因素驱动的。表13.2中对耐克公司的估值就涉及对RNOA和净经营资产增长情况的预测。

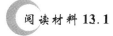

阅读材料 13.1

资产负债表中以市值计价的权益投资

持股比例低于20%、可供出售的权益投资是以市值计入资产负债表中的。在资产负债表中按成本计价的"持有至到期"的权益投资,其附注中也会披露市场价值。微软公司1999年的资产负债表中记录了如下权益投资:

权益证券(单位:百万美元)	成本	利得	市值
报表中按市值列示:			
Comcast Corporation—普通股	500	1 394	1 894
MCI Worldcom, Inc.—普通股	14	1 088	1 102
其他	849	1 102	1 951
未实现套期损失		(785)	(785)
报表中按成本列示:	3 845	—	6 100
	5 208		10 262

分析师可以将这些权益投资的市值作为它们的价值,从而大大减轻估值工作的负担。

但是,如果这些证券在市场上的定价不合理会出现什么情况?微软投资的价格比成本高出了很多。这些投资是在"热门"的科技和电信股票上的投资。如果像微软这样的高科技企业股价被高估的话,其他高科技企业的股价同样可能被高估。因此,按照这些股票的市价计算微软的内在价值可能是不合适的。事实上,微软的这些投资在后来出现了亏损。

要考虑这些问题,分析师就要去调查权益的市场价值背后的价值,分析师要像用基本分析方法来分析微软的价值那样,用基本面分析方法来分析微软的投资以得出这些投资的价值。

剩余净财务费用(或收益)也可以分解成两个因素:
$$剩余净财务费用 = (净借债成本 - 净债务成本) \times 净债务$$
$$ReNFE_t = [NBC_t - (\rho_D - 1)]NFO_{t-1}$$
这样,ReNFE由净金融负债的数量和净借款成本减去债务成本的利差驱动。对于一个发行债务融资的企业来说,期望的借债成本等于债务成本。因此,不论实际有多少债务,通过这两个因素的影响并不能增加企业价值,期望的ReNFE为零。

事实上,账面价值增值是通过经营活动增加的,我们的分析说明,通过将资本投入到能够获取比经营资本成本更高的RNOA的资产,企业的价值将增加。同时,我们需要预测两个驱动因素:未来的RNOA和NOA。我们将在下面两章中讨论如何进行这些预测分析。

在这里,大家可以思考一个问题:为什么我们在购买股票时,都是说按多少倍市净率买入,但是在购买公募基金公司的开放式基金时,通常是以净值买入?

13.2 对超额收益增长预测的修正：经营收益中的超额增长

让我们来回忆一下用于权益估值的超额收益增长模型：

$V_0^E = [$未来收益 + 超额收益增长的现值$]$的资本化值

$$= \frac{1}{\rho_E - 1} \left[\text{Earn}_1 + \frac{\text{AEG}_2}{\rho_E} + \frac{\text{AEG}_3}{\rho_E^2} + \frac{\text{AEG}_4}{\rho_E^3} + \cdots \right] \tag{13.5}$$

其中：

超额收益增长$_t$（AEG$_t$）= 考虑股利再投资的收益$_t$ − 正常收益$_t$

$= [$收益$_t + (\rho_E - 1)d_{t-1}] - \rho_E$ 收益$_{t-1}$

$= [G_t - \rho_E] \times$ 收益$_{t-1}$

G_t是考虑股利再投资的当期收益增长率。AEG模型让我们先预测未来收益（1年期），然后加上考虑股利再投资的收益超过正常收益的部分，正常收益根据权益资本要求回报率计算。预测的收益包括股利再投资收益，因为公司带来的收益有两个渠道：一是公司本身的收益，二是企业股利再投资所获的收益。从模型中可以发现，收入增长本身并不增加价值，只有要求的增长以外的超额增长才会带来价值增加。如果超额收益增长预期为0，权益的价值就可以根据未来一年期收益的资本化值来计算。

现在来考虑一下超额增长从何而来。融资活动不会带来增长。为了证实这一点，可以回顾一下第6章介绍的储蓄类账户，其中的超额收益增长就总是为0。负债投资和债务就像是一个储蓄账户：负债的回报总是按照其要求回报率计算的收益（或者费用），调整应计利息后，净财务费用只会以与要求回报率相同的速率增长。从另一个角度来看，我们已经指出，如果净金融负债在资产负债表的入账价值等于其市值，那么金融活动中的剩余收益预期为0。所以预期剩余收益从一期到另一期的变动总是为0，而且超额收益增长总是等于剩余收益的变动额。

超额收益增长由经营活动产生。这再次说明了只有经营活动才能创造价值。正是由于金融活动不影响超过要求回报率的增长，所以我们只需关注经营收益中的超额增长。

经营收益的超额增长和经营活动中的"股利"

在第6章中介绍收益增长时，我们指出收益（除息后）的增长——分析师预测的增长——并不是我们要关注的增长。股利支付越多，收益的增长率就越低，而股利再投资会带来相应收益，从而提高总的增长率。所以增长分析中不能忽视考虑股利再投资收益的增长。分析收益中经营收益的增长时，也不能忽视本来用作经营活动的现金被分配后的再投资收益。股利是分配给股东的现金收益（股东可以把其用于再投资）。经营活动派发的（可以用于任何一种投资的）现金是什么呢？也就是说，什么是经营活动的"股利"？

我们在第7章中描述的商业活动可以回答这个问题。图7.3总结了经营活动，图7.4列示了这些活动如何反映在重编后的财务报表中。净股利d是金融活动中给予股东的股利。给予债券持有人和债权人的净支付F是金融活动带给他们的"股利"。而经营活动给予融活动的"股利"是自由现金流。也就是说,经营活动以现金股利形式支付"股利"给融资活动,融资活动再把这笔现金以"股利"的方式派发给外部债权人。事实上,重编后现金流量表列示了企业活动产生的"股利"(自由现金流)以及这些"股利"如何在债权人和股东之间进行分配：$C - I = d + F$。

从而,超额经营收益增长可以按下式计算：

$$\text{超额经营收益增长}_t (\text{AOIG}_t) = \text{考虑股利再投资的经营收益}_t - \text{正常经营收益}_t$$
$$= [\text{经营收益}_t + (\rho_F - 1)\text{FCF}_{t-1}] - \rho_F \text{经营收益}_{t-1}$$

这里,自由现金流(FCF)等于经营活动现金流减去现金净投资($C - I$)。比较一下它与之前的超额收益增长概念。其中经营收益替代了净收益,自由现金流替代了股利。由于此时的收益从经营活动中产生,决定正常增长的要求回报率就是经营活动的要求回报率了。当经营收益的增长——考虑股利再投资,即考虑再投资后的自由现金流——比经营活动正常的要求增长率高时,公司就实现了超额经营收益增长。

正如 AEG 可以用超过要求回报率的考虑股利再投资的增长率来表达,超额经营收益增长也可以用相同的方法表示：

$$\text{超额经营收益增长}_t (\text{AOIG}_t) = [G_t - \rho_F] \times \text{经营收益}_{t-1}$$

这里 G_t 表示的是考虑股利再投资经营收益增长率而不是收益增长率。

表 13.3 给出了与收益中经营活动和融资活动相对应的超额收益增长的指标,这与表 13.1 中对剩余收益的划分是一样的。为展现全貌,我们同时列示了净财务费用的超额增长计算,不过我们并不使用该指标,因其超额增长为零。(注意,这里债权融资的"股利"是支付给债权人的现金 F)。

表 13.3 收益的组成部分与对应的超额收益增长指标

收益组成部分	超额收益增长指标
经营收益(OI)	超额经营收益增长： $[\text{OI}_t + (\rho_F - 1)\text{FCF}_{t-1}] - \rho_F \text{OI}_{t-1}$ $[G_t - \rho_F] \times \text{OI}_{t-1}$
净财务费用(NFE)	超额净财务费用增长： $[\text{NFE}_t + (\rho_D - 1)F_{t-1}] - \rho_D \text{NFE}_{t-1}$
收益	超额收益增长 $[\text{Earn}_t + (\rho_E - 1)d_{t-1}] - \rho_E \text{Earn}_{t-1}$ $[G_t^E - \rho_E] \times \text{Earn}_{t-1}$

根据经营收益的超额增长,我们可以使用超额经营收益增长模型来为权益估值。根据预测的超额经营收益增长可以得出企业价值,正如根据预测的剩余收益增长可以得出企业价值是一样的。企业价值减去净金融负债就得到了权益的价值,如果净金融负债在资产负债表中是以市值衡量的,那么账面价值就是它们的价值了：

普通股权益的价值 = [未来经营收益 + 超额经营收益增长现值]的资本化金额 - 净金融负债

$$V_0^E = \frac{1}{\rho_F - 1}\left[\text{OI}_1 + \frac{\text{AOIG}_2}{\rho_F} + \frac{\text{AOIG}_3}{\rho_F^2} + \frac{\text{AOIG}_4}{\rho_F^3} + \cdots\right] - \text{NFO}_0 \qquad (13.6)$$

读者可以看到这与 AEG 模型的形式是一样的(等式 13.5),只不过经营收益替代了收益,企业资本成本替代了权益资本成本。如同 ReOI 模型一样,AOIG 模型简化了估值的过程,因为我们只需要预测经营收益,而不用考虑未来融资方面的影响。因为这个模型是在减去净金融负债以前为企业或者公司估值,它(与 ReOI 模型一样)也被称为企业估值模型或者公司估值模型。

表 13.4 运用这个模型为耐克公司估值,与表 13.2 类似。该表格与第 6 章的超额收益增长估值是一样的。与 ReOI 模型一样,需要预测经营收益和净经营资产,然后根据净经营资产的预测值预测自由现金流:$C - I = OI - \Delta NOA$,与第 10 章中方法 1 的计算是一样的。自由现金流的预测不需要其他更多的预测了——仅用上述预测就可以直接得出。预期超额经营收益增长由对经营收益和自由现金流的预测计算得出,就像在表格底部描述的那样,根据模型将这些预测转化为估值。注意,就像 AEG 总是等于剩余收益的变动额(RE)一样,AOIG 等于 ReOI 在每一期的变动额(见表 13.2)。估值结果当然也与使用 ReOI 模型得到的一样。

表 13.4 超额经营收益增长估值模型:以耐克为例(假定要求回报率为 **8.6%**)
(除每股数据外,单位均为百万美元)

	2004A	2005E	2006E	2007E	2008E
经营收益(OI)		1 170	1 204	1 246	1 327
净经营资产(NOA)	4 551	4 815	5 248	5 820	5 951
自由现金流($C - I = OI - \Delta NOA$)		906	771	674	1 196
自由现金流再投资收益(以 8.6% 计)			77.9	66.3	58.0
考虑股利再投资的 OI			1 281.9	1 312.3	1 385.0
正常 OI			1 270.6	1 307.5	1 353.2
AOIG			11.3	4.8	31.8
折现因子			1.086	1.179	1.281
AOIG 现值			10.4	4.1	24.8
AOIG 总现值		39.3			
永续价值					719
永续价值现值		561.3			
2005 年预期 OI		1 170.0			
		1 770.6			
资本化率		0.086			
企业价值	20 587				
净金融资产账面价值		289			
股东权益价值	20 876				
每股价值(2.631 亿股)		79.35			
考虑股利再投资的 OI 增长率			9.57%	9.00%	11.16%

永续价值计算

$$CV = \frac{31.8 \times 1.04}{1.086 - 1.04} = 719.0$$

$$CV \text{ 的现值} = \frac{719.0}{1.281} = 561.3$$

(续表)

自由现金流再投资收益指上年自由现金流在8.6%要求回报率下所获得的收益。因此,2006年自由现金流再投资收益为 $0.086 \times 906 = 77.9$。

考虑股利再投资的经营收益是考虑了自由现金流再投资收益的经营收益。因此,2006年考虑股利再投资的经营收益为 $1\,204 + 77.9 = 1\,281.9$。

正常经营收益是上年经营收益按要求回报率增长后的金额。因此,2006年正常经营收益为 $1\,170 \times 1.086 = 1\,270.6$。

超额经营收益增长定义为考虑股利再投资的经营收益减正常经营收益。因此,2006年超额经营收益增长为 $1\,281.9 - 1\,270.6 = 11.3$。此外,超额经营收益增长也可以按照经营收益$_{t-1}$×(预期增长率$_t$ - 要求回报率)计算,则2006年为 $(1.0957 - 1.086) \times 1\,170 = 11.3$。

13.3 资本成本与估值

基本面分析的第4步利用第3步得到的预测数据和资本成本来进行估值,下面的模型说明如何进行这种估值。但我们面对三种资本成本:权益资本成本 ρ_E、债务资本成本 ρ_D 和企业资本成本 ρ_F。在这里我们不计算这些资本成本,但要知道,我们需要利用在所有公司财务教材中讲到的(本书第3章附录也讲到的)beta技术来计算这些资本成本(在第18章我们要分析基本面风险是怎样影响资本成本的)。在这里,读者必须对这些概念有深刻的理解,因为这可以使预测和估值变得简单。我们可以看到,就像剩余收益可以被分解为经营活动收益和融资活动收益一样,权益资本成本也是一样;同时,我们可以看到,权益资本成本的融资因素是如何在估值中被省略的。

企业资本成本

剩余收益是权益所有者的收益。因此,要用权益资本成本 ρ_E 对其进行计算和折现。剩余经营收益是企业活动收益,因而要使用企业资本成本对其计算和折现。现金流量必须按照能够反映其风险的利率折现。企业风险与权益风险不同。企业活动中的风险称为经营活动风险或企业风险。损害企业盈利能力的因素会引起企业风险。销售收入和经营费用对经济衰退及其他冲击的敏感度决定了企业风险。航空业有相对较高的企业风险,因为经济衰退时人们很少坐飞机;燃料成本也随着石油价格而波动,能补偿这一风险的要求回报率称为经营活动资本成本或企业资本成本,这就是符号 ρ_F 的意思(F 代表企业)。

如果你已经学习了公司财务课程,你应该非常熟悉这一概念。企业资本成本有时被称为加权平均资本成本或WACC,由下式表示:

企业资本成本 = 权益成本和净债务成本的加权平均

$$= \left(\frac{\text{权益价值}}{\text{企业价值}} \times \text{权益资本成本}\right) + \left(\frac{\text{债务价值}}{\text{企业价值}} \times \text{债务资本成本}\right)$$

(13.7)

$$\rho_F = \frac{V_0^E}{V_0^{\text{NOA}}} \cdot \rho_E + \frac{V_0^D}{V_0^{\text{NOA}}} \cdot \rho_D$$

也就是说,企业投资的要求回报率是股东要求回报率和净债务成本的加权平均,权数由权益和债务在企业总价值中的比例决定,参见阅读材料13.2。

阅读材料 13.2

企业的资本成本:IBM、戴尔、耐克和锐步公司的数据

经营活动资本成本(也称作企业资本成本)定义为权益资本成本和净债务资本成本的加权平均,其常被称为加权平均资本成本(WACC)。其计算步骤为:

第一步,根据资本资产定价模型估计权益资本成本。这里需要无风险利率、企业权益β、市场风险溢价。

第二步,根据公式13.7计算WACC,其中权数原则上是由权益的(内在)价值和净金融负债的价值决定的。但由于权益价值未知,可以使用权益市值来代替。净金融负债的价值与其市价接近。

假定10年期国债利率为4.5%,市场风险溢价为5%,权益β由专业的金融信息公司提供,IBM、戴尔、耐克、锐步四家公司2005年WACC计算见下表。根据不同净负债利率及净负债金额(从报表附注中得到)计算出净负债成本,然后结合金融资产回报率求得加权平均债务资本成本。企业的市场价值(以百万美元计)等于权益市值加上净金融负债账面价值。

	IBM	戴尔	耐克	锐步
权益β	1.7	1.5	0.8	0.9
权益资本成本	13.0%	12.0%	8.5%	9.0%
税后债务成本	4.8%	3.2%	3.2%	3.2%
权益市值	135 100	98 200	19 733	2 429
净金融负债	12 410	(4 130)	(289)	(23)
企业市场价值	147 510	94 070	19 444	2 406
企业资本成本	12.3%	12.4%	8.6%	9.0%

净金融负债的存在使得IBM公司资本成本小于权益资本成本,而戴尔、耐克、锐步公司持有净金融资产使得企业资本成本大于权益资本成本。不过应当注意,给定企业风险,持有金融资产的企业权益资本成本低于有负债的企业。

IBM公司加权平均资本成本为:

$$\left(\frac{135\,100}{147\,510} \times 13\%\right) + \left(\frac{12\,410}{147\,510} \times 4.8\%\right) = 12.31\%$$

戴尔公司的加权平均资本成本为:

$$\frac{98\,200}{94\,070} \times 12\% + \frac{-4\,130}{94\,070} \times 3.2\% = 12.39\%$$

计算时要小心,参见阅读材料13.3。

债务资本成本

债务资本成本是净金融负债的所有成分的加权平均,包括优先股和金融资产。它主要是

指债务资本成本,但最好把它当成所有净金融负债的资本成本。

在第9章,我们将所得税在利润表中的经营部分和融资部分做了区分,重新计算了税后净财务费用。净债务成本也要以税后值进行计算,计算如下:

$$税后净债务成本(\rho_D) = 净债务名义成本 \times (1-t)$$

这里 t 是我们在第9章中使用的边际所得税税率。IBM公司在其财务报表附注中注明其2004年债务的平均借债成本是每年7.5%,适用36%的税率,得到4.8%的税后利率。税后债务成本有时被称为实际债务成本,就像NFE是实际财务费用一样。原因是企业实际支付的利息不是名义额而是名义额减去税盾。因而,当我们用 ρ_D 来表示债务成本的时候,注意这是净金融负债的实际资本成本。

由于NFE和债务成本都是税后的,所以剩余净财务费用也是税后的。如果NFO以市值计算,则预测的ReNFE就是零。

经营风险、融资风险和权益资本成本

在公式13.7中关于加权平均资本成本的计算容易引起误解,因为这看起来仿佛企业资本成本是由债务成本和权益成本决定的。虽然经营确实有其内在的风险,但这种风险是经营活动本身造成的,而不是如何为经营活动融资造成的。这就是著名的莫迪里安尼和米勒定理所讨论的,企业的资本成本并不受融资中债务或权益多少的影响。企业要求的回报率不是由权益和债务的资本成本决定的,相反,权益和债务投资者要求的回报率是由企业风险决定的。企业活动有风险,这种风险也同样落在权益和债务投资者身上。要理解这一点需要注意权益资本是由下式决定的。这是公式13.7加权平均资本成本的变形,将权益资本成本而不是企业资本成本放在公式的左边。

$$权益要求回报率 = 企业要求回报率 + (市场杠杆 \times 要求回报率之差) \quad (13.8)$$

$$\rho_E = \rho_F + \frac{V_0^D}{V_0^E}(\rho_F - \rho_D)$$

$$\qquad\qquad (1) \qquad (2)$$

对IBM公司来说,权益资本成本为 12.3% + [12 410/135 100 × (12.3% − 4.8)] = 13%(四舍五入),耐克公司的计算与此类似。对股东的支付分为两部分:经营性的和融资性的。为取得这些收入而投资的要求回报率也分为相应的两部分:经营风险和融资风险。第(1)部分是在经营中由股东承担的风险,其要求回报率是企业资本成本。如果企业没有净债务,权益资本成本就等于企业资本成本,即 $\rho_E = \rho_F$。如果IBM公司没有净债务,那么根据CAPM的计算股东要求回报率将为12.3%。这种情况有时被称为完全权益企业。但是,如果有融资活动,第(2)部分就要起作用了,这就是由于发生融资风险而增加的权益的要求回报率。读者可以看到,这种融资风险的补偿取决于债务总额与权益总额的比(财务杠杆)和企业资本成本与债务成本之差。这意味着:融资风险由于财务杠杆的出现和财务杠杆可能产生负面影响而产生。当企业回报率小于债务成本时,财务杠杆将带来不良影响,即此时负债越高、企业资本成本与债务资本成本之间差额越大,权益的风险越大。在阅读材料13.2中,IBM公司根据CAPM得到的企业要求回报率低于戴尔公司。但IBM公司的股东比戴尔公司的股东要求更高的回报率,因为IBM公司的财务杠杆更高。对IBM公司来说,融资风险溢价是0.7%(13% − 12.3%),而戴尔公司仅为 −0.4%(12.0% − 12.4%)。

这里的杠杆是用债务与权益的市场价值的比计算的,被称为市场杠杆,以区别于第8章讨论的账面杠杆(FLEV)。

如果企业有净金融资产而不是净债务(如戴尔),则:

权益资本成本 = 企业加权平均资本成本 + 净金融资产要求回报率 (13.9)

$$\rho_E = \frac{V_0^{\text{NOA}}}{V_0^E}\rho_F + \frac{V_0^{\text{NFA}}}{V_0^E}\rho_{\text{NFA}}$$

这里 ρ_{NFA} 是净金融资产要求回报率(到期收益),由于金融资产的风险一般低于企业的风险,因此在这种情况下,权益资本成本一般小于企业资本成本。作为练习,请大家用公式13.8的形式重新表述公式13.9。

阅读材料13.3、13.4给出了在基本面分析中使用资本成本的一些警告。

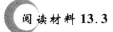

对资本成本的进一步说明

基本面分析(在第2章中讨论过)的一个基本原则是分析师需要时刻注意区分他知道的信息和他对不知道的信息所进行的推测。基本面分析的结果用来与推测的股票价格相比较,所以必须避免在计算中使用任何推测数据。不幸的是,标准的资本成本度量是推测得出的,所以必须小心处理。

推测权益风险溢价

使用资本资产定价模型的资本成本度量方法——如同阅读材料13.2中运用于戴尔和IBM公司的模型——要求估计市场风险溢价。我们使用的是5%的风险溢价,但是在课本中和学术研究中其预测的范围是3.0%—9.2%。在这个范围内,IBM权益的资本成本(贝塔值为1.70)为9.6%—20.1%。贝塔值大的公司,这个变化范围将更大。

而实际上权益的风险溢价只是一个推测的数据。在贝塔值到底是多少的疑问上再加入这样一个不确定性,我们最终得到的资本成本就具有很大程度的主观性。把这样一个主观的数据带到估值模型中得到的将是主观的定价。

在加权平均资本成本计算中使用推测价格

我们已经警告不要在估值中使用(或许是推测的)股票价格。例如,我们已经在第12章中警告过要注意收益中推测的养老金收益,然后在本章阅读材料13.1中警告了不要依靠资产负债表中的(或许是推测的)权益价格。

公式13.7中使用的WACC计算法根据权益和负债各自(内在)价值对其赋予权重。标准的做法是用市值代替其内在价值来赋予权重,就像在阅读材料13.2中对IBM和戴尔的计算做的那样。这样做的依据是假设市场价格是有效的。但是我们要使用基本面分析来质疑市场价格是否有效。如果我们在计算中使用了可能无效的价格,那将危及检验这些价格的能力。

实际上,读者可以在公式13.7中发现WACC计算是循环的:我们希望通过估测资本成本从而估测出权益价值,但是这个估测竟然要求我们知道权益价值!我们需要找到打破循环的方法——不需要涉及推测的市场价格。我们将在第18章中讨论这个问题。

就像在所有存在着不确定性的情况中一样,我们通过敏感性分析可以感受到不确定性是如何影响估值的。敏感性分析是第18章中资本成本分析的特征,同时也是第15章中用于估值的预计分析的特征之一。

阅读材料 13.4

风险溢价与贝塔值的估算

在估算风险溢价时,首先是观察期的选择。一种学派认为最好使用尽可能长时期的历史收益来估计未来收益,理由是获得的数据越多,其判断越精确。但是,如果股票平均预期收益随时间改变,那么使用长期历史数据平均值的可信性就值得怀疑了。如果经济状况变化使得预期收益不断发生变化,那么使用短期数据进行估计可能比使用长期数据要好得多。而运用短期平均收益的缺点是每年股票收益的高度变化,使得它们在估计预期收益时会产生大量的误差。比如,美国不同学者通过对不同历史阶段(即1802—1998年、1889—2000年、1926—2000年、1947—2000年四个阶段)的市场指数和无风险资产实际收益来进行股权风险溢价水平的研究,测出四个阶段的风险溢价水平分别为4.1%、6.9%、8.0%和7.8%。由此我们可以看到,周期的选择会对股权风险溢价水平产生巨大的影响,即使在美国这样成熟的资本市场,周期不同,股权风险溢价水平也显著不同。

其次是计算方法的选择。一般而言,收益率的计算有两种计算方法:算术平均数收益率和几何平均数收益率。分别用算术平均数和几何平均数计算的1926—1961年和1962—1997年的美国股票市场风险溢价结果为:与国库券收益报酬相比的股权溢价,算术平均值为10.4%和5.2%,几何平均值为7.6%和4.0%;股票市场每年收益率为24.2%和15.9%,长期国债收益报酬为0.6%和2.3%,长期国债的全部收益率为5.3%和11.6%(资料来源:Ibbotson and Sinquefield)。从1926年到1997年美国的股权风险溢价分析可以看到,收益溢价的几何(复合)平均值一般要小于其算术平均值。那么在计算风险溢价时采用算术平均数还是几何平均数?使用算术平均数依赖于以下假设:① 各类数据是独立的;② 市场收益的分配稳定。在这些假设下,算术平均值给出了预期未来收益的无偏估计。

值得注意的是,贝塔值在计算时,选择不同的时间区间,也会得出不同的结果,下表显示了我国部分A股上市公司在不同区间下计算出的贝塔值:

证券代码	证券简称	贝塔值 (最近100周)	贝塔值 (最近24个月)	贝塔值 (最近60个月)
600050.SH	中国联通	0.86	0.31	0.77
600028.SH	中国石化	0.59	0.54	1.17
600019.SH	宝钢股份	0.69	0.94	1.33
600585.SH	海螺水泥	1.78	2.32	1.34
600547.SH	山东黄金	1.19	1.78	1.07
600519.SH	贵州茅台	0.67	0.41	0.62
600489.SH	中金黄金	1.24	1.96	1.35
601328.SH	交通银行	0.66	0.71	1.04
600256.SH	广汇能源	1.31	0.85	1.10
601398.SH	工商银行	0.46	0.45	0.67

资料来源:百度百科 http://baike.baidu.com/view/1340732.htm 及 Wind 资讯。

13.4 融资风险、收益与权益的估值

杠杆与剩余收益估值

读者可能已经注意到公式13.8关于权益的要求回报率与第11章的ROCE驱动因素的表达式相似。以下列出了这两个公式,可以对其进行比较:

权益回报率 = 净经营资产回报率 + 账面杠杆 × 经营差异率

$$ROCE = RNOA + \left[\frac{NFO}{CSE} \times (RNOA - NBC)\right]$$

权益要求回报率 = 企业要求回报率 + 市场杠杆 × 要求回报率之差(差异率)

$$\rho_E = \rho_F + \frac{V_0^D}{V_0^E}(\rho_F - \rho_D)$$

这两种情况下的权益回报都可以分解为企业活动回报加上融资活动的溢价,而后者是由财务杠杆和要求回报率之差构成的。唯一的不同是,第二个公式是要求回报率而不是会计回报率,其财务杠杆是市场杠杆而不是账面价值杠杆。

这种比较是很有意义的。就像我们在第11章中看到的那样,如果经营差异率为正,则财务杠杆就可以增加ROCE(从而增加剩余收益)。这是财务杠杆的"利好消息"。但如果经营差异率为负,由于得到更低ROCE的风险增加,权益的要求回报率将增大。这是财务杠杆的"利空消息"。"风险越大,要求的回报就越大"这一古老的格言是正确的。在剩余收益估值模型中可以看到:权益价值是由预测的剩余收益和剩余收益的折现率决定的。ROCE产生了剩余收益。如果RNOA和净借债成本之间有正的利差,财务杠杆将产生一个更高的ROCE,这样就可以产生更高的剩余收益,这将使现值增大。但同时折现率会随财务杠杆的增大而增大,这反映了增加的财务风险,使现值减小。那么,财务杠杆对于价值的净影响是什么呢?

金融中的一个基本概念是杠杆的这两个影响是完全抵消的,因而财务杠杆对权益的价值没有影响。表13.5讨论了这个问题。第一种估值方法(A)假设净经营资产为常数,预测未来所有年度的经营收益均为13 500万美元,据此估计了权益的价值。对预期永续的1 800万美元的剩余经营收益(ReOI)用9%的企业资本成本折现,得到的股票价格为每股2.00美元(6亿股)。表13.5接着给出了用剩余收益(RE)模型对权益的估值(B)。剩余收益使用10%的权益资本成本而不是9%的企业资本成本进行折现,当然,得到的估值结果是相同的。付息后的自由现金流量作为现金股利发放,简单地说,用自由现金流量回购债务不会导致财务杠杆的变化。而最后一种估值方法(C)使财务杠杆发生了变化。这是对同一公司剩余收益的估值,它进行了债务与权益的互换。在这一互换中,以每股2.00美元的价格回购2亿股股票,减少了4亿美元的权益,增加了4亿美元的债务(净经营资产没变)。财务杠杆变化的结果导致股东要求回报率增加,由10%增加到12.5%,以补偿增加的融资风险。这同样也使ROCE从12%增加到了16.7%,剩余收益从2 000万美元增加到了2 500万美元。但这并没有改变每股的权益估值。

表 13.5　权益估值中杠杆的效果：剩余收益估值　　　单位：百万美元

	0	1	2	3
A. ReOI 估值：9% 的企业资本成本和 5% 的税后债务成本				
净经营资产	1 300	1 300	1 300	1 300→
净金融负债	300	300	300	300→
普通股权益	1 000	1 000	1 000	1 000→
经营收益		135	135	135→
净财务费用（300×0.05）		15	15	15→
收益		120	120	120→
剩余经营收益 ReOI[135－(0.09×1 300)]		18	18	18→
ReOI 现值（18/0.09）	200			
普通股权益价值	1 200			
每股价值（6 亿股）	2.00			
$P/B = 1\,200/1\,000 = 1.2$				
B. 同一企业的 RE 估值：权益资本成本 ＝ 9.0% ＋[300/1 200×(9.0%－5.0%)]＝10.0%				
净经营资产	1 300	1 300	1 300	1 300→
净金融负债	300	300	300	300
普通股权益	1 000	1 000	1 000	1 000
收益		120	120	120
ROCE		12%	12%	12%→
剩余收益 RE[120－(0.10×1 000)]		20	20	20→
RE 现值（20/0.10）	200			
普通股权益价值	1 200			
每股价值（6 亿股）	2.00			
$P/B = 1\,200/1\,000 = 1.2$				
C. 同一企业债务权益互换后的 RE 估值：权益资本成本 ＝ 9% ＋[700/800×(9%－5%)]＝12.5%				
净经营资产	1 300	1 300	1 300	1 300→
净金融负债	700	700	700	700→
普通股权益	600	600	600	600→
经营收益		135	135	135→
净财务费用（700×0.05）		35	35	35→
收益		100	100	100→
ROCE		16.7%	16.7%	16.7%→
剩余收益 RE[100－(0.125×600)]		25	25	25→
RE 的现值（25/0.125）	200			
普通股权益价值	800			
每股价值（4 亿股）	2.00			
$P/B = 800/600 = 1.33$				

在第 12 章(阅读材料 12.10)中我们看到,锐步公司剩余收益的变化和 1996 年的 ROCE 很大程度是由财务杠杆的变化引起的,现在看一下阅读材料 13.5,它分析了锐步公司大量股票回购对企业价值和权益价值的影响。读者会发现,在这种交易中财务杠杆巨大的变化导致 ROCE 有很大的增长,企业可以通过杠杆来增加 ROCE。但是,增加的 ROCE 对于企业的价值毫无影响。

阅读材料 13.5

股票回购、举借新债对公司价值和权益价值的影响分析:以锐步公司为例

荷兰式拍卖自报价方法下的股票回购

1996 年 7 月 28 日,锐步公司董事会授权公司以荷兰式拍卖自报价方法回购 2 400 万股普通股股票。回购要约价格为每股 30—36 美元。自报价要约开始时间为 1996 年 7 月 30 日,到期日为 1996 年 8 月 27 日。最终公司以每股 36 美元的价格回购了近 1 700 万股股票。要约收购前,锐步发行在外的普通股股数为 7 250 万股;回购当年年末发行在外普通股股数为 5 580 万股。与此同时,锐步还与银团签订了贷款协议。

为以每股 36 美元的价格回购 1 670 万股股票,锐步公司支付了 6.012 亿美元,这部分资金由按照市场利率的借款提供。因此,锐步权益减少、负债增加,财务杠杆飙升。下表是 1996 年锐步股票回购和举借新债后资产负债表和无资本运作情况下的资产负债表对照表(单位:百万美元):

	1996 年资产负债表实际值 (股票回购后)	1996 年资产负债表 (如果未进行股票回购)
净经营资产	1 135	1 135
净金融负债	720	119
总权益	415	1 016
少数股东权益	34	34
普通股权益	381	982
财务杠杆(FLEV)	1.73	0.12

下表是 1997 年分析师给出的锐步公司利润表的一致预期情况,对照的是没有股票回购也没有举借新债的情形。

	1997 年利润表 (股票回购后)	1997 年利润表 (如果未进行股票回购)
经营收益	187	187
净财务费用	(29)	(5)
净收益中的少数股东损益	(15)	(15)
净收益预测值	143	167
发行在外普通股股数(百万股)	55.840	72.540
EPS 预测值	2.56	2.30
对 1997 年的预测值		
RNOA	16.5%	16.5%
SPREAD	12.5%	12.5%
ROCE	37.5%	17.0%

由于企业净经营资产没有变化,因此预测的经营收益没有变化;净经营资产回报率和经营差异率也没有发生变化。但财务杠杆的变化引起了ROCE的较大幅度变动。

前面我们已经提到过,借助财务杠杆,企业可以很容易地增加ROCE。但财务杠杆的提高对经营活动的盈利能力没有什么影响。下表是锐步实际权益价值与假定没有进行上述融资活动的价值对比:

	股票回购后估值	假定没有股票回购的估值
NOA 价值	3 472	3 472
NFO 账面价值	720	119
权益价值	2 752	3 353
少数股东权益价值	210	210
普通股股东权益价值	2 542	3 143
每股价值	45.52	43.33

该项融资活动并不影响企业价值。不过,根据上表,貌似每股价值提高了。但是应当看到,每股45.52美元的估值是根据分析师1996年预测得到的,接近于当时的市价。然而1996年8月份的回购价格是每股36美元。如果这1 670万股股票回购价格是每股43.33美元(根据回购最近一期分析师预测计算),那么回购加举借新债与假定没有资本运作的对照表如下:

	按每股43.33美元回购后估值	假定没有股票回购的估值
NOA 价值	3 472	3 472
NFO 账面价值	843	119
权益价值	2 629	3 353
少数股东权益价值	210	210
普通股股东权益价值	2 419	3 143
每股价值	43.33	43.33

以上估值是根据1996年年末假定没有回购也没有举借新债的估值结果。回购后的估值降低额恰好等于回购额7.24亿美元(43.33美元/每股×1 670万股),而且债务增加额也是这么多。第3章我们就指出,以市价发行或回购股票不会影响每股股价,这里的计算结果再次证明了这一点。同理,以市价举借新债也不会影响每股价值。因此,单纯的杠杆变动不会影响每股价值。

不过应当注意的是,股票回购后,继续持股的股东确实会从中获利。尽管每股36美元是公允价格,但后来其价值增加了,根据我们的计算,每股价值增加到45.52美元,这与1997年初市价是比较接近的。如果没有股票回购,根据分析师修正后净收益预测,锐步每股价值也会从36美元增加到43.33美元。但每股价值实际增加到45.52美元。其中2.19美元被1996年8月份每股36美元时持有并且没有参加到回购中的股东瓜分;以每股36美元转让股票给公司的投资者承担了这部分损失。

若经过分析,发现锐步股票被低估,能否通过股票回购来修正这一问题?锐步公司股票价格从每股36美元上升到1997年年初的每股43美元,是参与股票转让的投资者承担了这部分损失。所以股票回购是以牺牲股票转让者利益为代价的。所以在回答能否通过股票回购提高股价时,要看站在哪个角度分析。

表13.5指出我们可以使用RE或者ReOI预测来为权益估值。但是RE估值相对要复杂一些。这个例子只考虑一次杠杆变化。在现实中,随着收益、股利、债务发行和债务到期改变权益和负债,预测的杠杆每期都会变动。因此,我们不得不每期都调整折现率。这个过程增加了工作量,但是并不会使计算的价值更准确。但是如果使用剩余经营收益估值,我们就不需要考虑这些融资活动了。经营收益法可以更有效地用于运算。它不仅预期来自于净金融资产的剩余收益为0,而且也将RE和杠杆带来的权益资本成本变化当作估值无关的因素。因此,不产生价值的融资活动就不用考虑了,我们只需关注价值产生的根源——经营活动。

杠杆与超额收益增长估值

读者会注意到,在阅读材料13.5中,当财务杠杆随着锐步公司的股票回购增加时,预测的每股收益也同时增加——从回购前的2.30美元增加到了回购后的2.56美元。就像财务杠杆可以增加ROCE(假设经营差异率为正),财务杠杆也可以增加每股收益。伴随着股票回购的杠杆增加可以使每股收益增加更多。在超额收益增长估值中,我们需要对收益增长给予更多关注。但是我们需要关注由杠杆引起的每股收益的增长吗?表13.6显示,答案是"不需要"。

表13.6 杠杆对权益价值的影响:超额收益增长估值 单位:百万美元

	0	1	2	3
A. 用AOIG模型对公司估值:企业资本成本9%,税后债务成本5%				
经营收益		135	135	135→
净财务费用(300×0.05)		15	15	15→
收益		120	120	120→
每股收益(6亿股)(单位:美元)		0.20	0.20	0.20→
自由现金流($C-I = OI - \Delta NOA$)		135	135	135→
自由现金流再投资回报(9%)			12	12→
考虑再投资的自由现金流			147	147→
正常经营收益(9%)			147	147→
超额经营收益增长(AOIG)			0	0→
企业价值(135/0.09)	1 500			
净金融负债	300			
权益价值	1 200			
每股价值(6亿股)(单位:美元)	2.00			
远期市盈率 $P/E = 2.00/0.20 = 10$				
B. 用AEG模型对同一公司估值:权益资本成本 = 9% + [300/1 200 × (9% − 5%)] = 10%				
经营收益		135	135	135→
净财务费用(300×0.05)		15	15	15→

（续表）

	0	1	2	3
收益		120	120	120→
每股收益（6亿股）（单位：美元）		0.20	0.20	0.20→
股利（$d = Earn - \Delta CSE$）		120	120	120→
股利再投资（10%）			12	12→
考虑股利再投资的收益			132	132→
正常收益（10%）			132	132→
超额收益增长（AEG）			0	0→
权益价值（120/0.10）		1 200		
每股价值（6亿股）（单位：美元）		200		
远期市盈率 $P/E = 2.00/0.20 = 10$				
C. 用 AEG 模型对同一公司估值：公司在债务权益互换后权益资本成本 = 9% + [700/800(9% - 5%)] = 12.5%				
经营收益		135	135	135→
净财务费用（700×0.05）		35	35	35→
收益		100	100	100→
每股收益（4亿股）（单位：美元）		0.25	0.25	0.25→
股息（$d = Earn - \Delta CSE$）		100	100	100→
股利再投资（12.5%）			12.5	12.5→
考虑股利再投资的收益			112.5	112.5→
正常收益			112.5	112.5→
超额收益增长（AEG）			0	0→
权益价值（100/0.125）		800		
每股价值（4亿股）（单位：美元）		2.00		
远期市盈率 $P/E = 2.00/0.25 = 8$				

该表运用了超额收益增长模型来对表13.5中相同的公司进行估值。第一种估值方法（A）运用了本章中的AOIG模型。保持净经营资产不变，自由现金流与经营收益相同，预测考虑股利再投资的经营收益（把自由现金流再投资）将等于正常经营收益。这样超额经营收益增长从第2年开始的预测值为0，因此企业价值等于未来经营收益（1.35亿美元）用9%的企业要求回报率资本化的价值，即15亿美元。减去净金融负债之后，权益的价值等于12亿美元，即每股2.00美元，和用ReOI模型计算出来的结果相同。

估值（B）使用AEG方法，而不是AOIG方法估值。这里需要考虑净收益和股利再投资，而不是经营收益和自由现金流。由于净收益全部用来派发股利，所以股利与净收益相等。现在，权益资本成本是10%，所以第一年后的超额收益增长预测为0。因此，权益的价值等于1.2亿美元的未来收益按10%要求回报率资本化，得12亿美元。每股价值为2美元，等于用10%的要求回报率资本化0.2美元每股收益。

估值（C）与在表13.5中一样经过债务—权益互换。财务杠杆的变动使净收益减少（经营收益不变但利息支出增加),但每股收益增加到 0.25 美元。估值结果表明,这种每股收益的增加并没有改变权益的每股价值,因为权益资本成本也随着杠杆的增加而增加到了 12.5%,抵消了每股收益的增长。权益价值——未来每股收益 0.25 美元用 12.5% 的权益资本成本资本化——仍然是 2.00 美元不变。

这个例子证实我们可以使用 AEG 或者 AOIG 模型估值法来为收益增长定价。但是它也表明基于经营活动收益增长的 AOIG 方法会更好一些。实务中,杠杆每期都在变动,如果我们用 AEG 方法估值,我们就必须每期调整权益资本成本。不考虑杠杆而只关注企业活动会使估值更容易一点。融资活动不产生超额收益,所以为什么要让不产生超额收益的杠杆使估值变得复杂呢?

企业不可能因按公允价值发行债券而增加企业价值,因此可以忽略融资活动:这些事项的净现值为零(同时净财务费用也是零)。如果你预测公司将来要发行债券从而改变杠杆——而且债券发行是 0 净现值的——现在的价值不可能受到影响。同样,如果股票回购是在公允价值上进行的,为股票回购而增加的债务就不会影响价值。

杠杆创造收益的增长

表 13.6 提醒我们,对杠杆创造的收益增长要十分谨慎。杠杆会带来收益的增长,但不是超额收益增长,所以杠杆创造的增长不能带来价值。阅读材料 13.6 给出了一个详尽的解释。

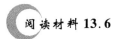
阅读材料 13.6

警惕财务杠杆变动带来的收益增长

在介绍市净率和市盈率估值模型时,第 5、6 两章提到了不能过分依赖收益和收益增长。要注意分析非增值的盲目投资所带来的收益暂时性增加,要注意利用会计方法选择所"制造"出来的收益,因为两者都不能增加价值。这里我们提醒分析师注意,要对操纵财务杠杆所带来的增长保持清醒的头脑,即有:
- 小心投资制造的收益增长;
- 小心会计方法选择所制造的收益增长;
- 小心财务杠杆所制造的收益增长。

正如估值模型可以使分析师避免为前两种来源的收益增长支付过多一样,我们这里所介绍的模型可以使分析师避免为杠杆带来的收益增长支付过多。

表 13.6 列示了财务杠杆一次性变化的后果。实际上,财务杠杆是动态变化的,如果每期财务杠杆都增加,收益及每股收益的预测值就会持续增加。应注意区分这种增长。下表是两家业务相同的公司收益增长与企业价值情况对照表,其中一家负债经营。尽管负债经营的企业收益增速较高,但其价值与无负债经营的企业相同。

无负债企业的收益增长

下表给出了纯权益企业(无金融负债企业)收益和每股收益增长幅度的预测,其发行在外流通股股数为 1 000 万股,该预测在基期做出(第 0 年末)。没有股利支付,要求回报率为 10%。单位为百万美元,每股数据除外。

	0	1	2	3	4
净经营资产	100.00	110.00	121.00	133.10	146.41
股东权益	100.00	110.00	121.00	133.10	146.41
经营收益（等于综合收益）		10.00	11.00	12.10	13.31
EPS		1.00	1.10	1.21	1.33
EPS 增长率			10%	10%	10%
RNOA		10%	10%	10%	10%
ROCE		10%	10%	10%	10%
剩余经营收益		0	0	0	0
自由现金流（OI − ΔNOA）		0	0	0	0
考虑股利再投资的 OI			11.00	12.10	13.31
正常 OI			11.00	12.10	13.31
超额 OI 增长			0	0	0
权益价值	100.00				
每股价值	10.00				
远期市盈率	10.00				
市净率	1.00				

　　预测净经营资产回报率也是10%，因此剩余经营收益为0。由于预测的剩余收益为0，因此在基期，该公司价值等于其账面价值1亿美元，每股价值为10美元，市净率为1，是正常市净率。

　　根据经营收益和自由现金流的预测，可以得出超额经营收益增长为零。因而企业价值（也就是权益价值）可以根据一期后的经营收益按照10%要求回报率资本化求得，即1亿美元，每股价值为10美元，远期市盈率为10倍，相对10%的资本成本，这是一个正常市盈率。

　　由于预测收益增长率和每股收益增长率均为10%，而要求回报率也是10%，所以超额收益增长为零。

负债企业的收益增长

　　下表所示的企业与刚才例子中的企业相同，唯一不同的是，该企业经营资产中有5 000万美元来源于债务，5 000万美元来源于权益（目前发行在外股数为500万股），税后债务资本成本5%。单位为百万美元，每股数据除外。

	0	1	2	3	4
净经营资产	100.00	110.00	121.00	133.10	146.41
净金融负债	50.00	52.50	55.12	57.88	60.77
股东权益	50.00	57.50	65.88	75.22	85.64
经营收益		10.00	11.00	12.10	13.31
净财务费用		2.50	2.63	2.76	2.89
综合收益		7.50	8.37	9.34	10.42
EPS(500万股)		1.50	1.68	1.87	2.08
EPS 增长率			11.67%	11.57%	11.48%

（续表）

	0	1	2	3	4
RNOA		10%	10%	10%	10%
ROCE		15.0%	14.6%	14.2%	13.9%
剩余经营收益		0	0	0	0
自由现金流（=OI−NOA）		0	0	0	0
考虑股利再投资的OI			11.00	12.10	13.31
正常OI			11.00	12.10	13.31
超额OI增长			0	0	0
权益价值	50.00				
每股价值（500万股）	10.00				
远期市盈率	6.67				
市净率	1.00				

可以看出，该企业收益低于纯权益企业，但每股收益高于纯权益企业，收益增长幅度和每股收益增长幅度也高于纯权益企业。分析师对该企业增长率的一致预期为11%，高于对纯权益企业增长率的预期。实际上，剩余经营收益和超额经营收益增长的估值结果均为每股10美元，与前例企业相等。尽管该企业ROCE和增长率较高，但在估值过程中被抵消了。

尽管估值结果相同，但市盈率是不同的。现在公司的远期市盈率为6.67倍，而不是10倍；不过预期超额收益增长还是零。下一节会对此进行详细分析，这里只要知道市盈率不但受到增长率影响，还受到资本成本影响，而随着债务增加，权益资本成本是会上升的。

在20世纪90年代，许多企业大规模地实施了股票回购，同时也增加了负债。这样带来了每股收益的增加。表13.7是IBM的一些数据。

表13.7　股票回购与财务杠杆：以IBM公司为例

IBM 股票回购与财务杠杆：1995—2000年						
	2000	1999	1998	1997	1996	1995
股票净回购（10亿美元）	6.10	6.60	6.30	6.30	5.00	4.70
净债务变动（10亿美元）	2.40	1.20	4.40	4.60	0.80	2.30
财务杠杆（FLEV）	1.21	1.10	1.22	0.98	0.68	0.62
每股收益（美元）	4.58	4.25	3.38	3.09	2.56	1.81

显然，20世纪90年代，IBM每股收益呈增长趋势。我们在第12章看到其增长的很大一部分是来自于养老金资产的收益、资产剥离和重组收益。如此巨额的股票回购和财务杠杆的猛增，使得我们更加怀疑IBM每股收益的质量。

20世纪90年代公司债务的增加带来了公司净收益的强劲增长，对此，市场给予了很高的市盈率倍数。图13.1是1963—2001年美国公司的财务杠杆（FLEV）和每股收益状况关系图。从IBM相关数据来看，其财务杠杆起到了积极作用。但不应忽视的是，债务也会带来净收益的下行风险,这一下行风险使得要求回报率更高,此时财务杠杆会引起每股收益的大幅下跌。到 21 世纪初,巨额的财务费用使得很多公司承受了下行风险,极大地损害了股东价值。Vivendi、Quest 和美国航空公司都是典型的例子。多数情况下,债务融资支撑的企业并购能够带来净收益的增加。分析师一定要注意这一类净收益增长,当然股票回购也会带来类似地净收益增加,参见阅读材料 13.7。2011 年以来,多家中国上市公司也进行了股票回购,参见阅读材料 13.8,这些公司股票回购会对业绩产生哪些影响,又会对股价产生哪些影响呢?

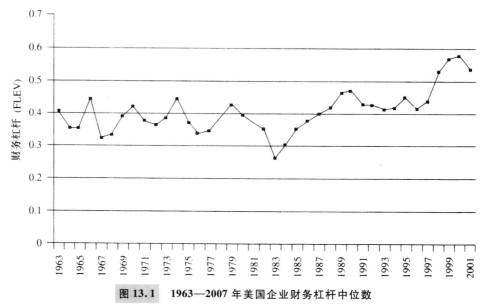

图 13.1 1963—2007 年美国企业财务杠杆中位数

此处的财务杠杆根据净金融负债与股东权益比值确定。
资料来源:标准普尔的 Compustat® 数据。

阅读材料 13.7

企业缘何回购股票

股票回购的理由很多,其中之一是认为这是向股东支付现金的方式。当企业持有大量金融资产却没有好的投资机会和投资项目时,应当将该部分资金支付给股东,或许股东会有更好的投资机会。至少股东境况不会变差,因为他们至少可以将这部分资金投到与企业所持金融资产回报率相同的资产上。

不过,要小心对待股票回购。通过金融资产的出售获得资金,然后以股票市价回购,将前述资金转移给股东,这个过程并没有创造价值,与举借新债来回购股票的结果类似。当然,管理者也有其他理由:

1. 有人曾于 2003 年做过一项针对管理者的问卷调查,76% 的受访者认为通过股票回购提高每股收益是很重要的一个原因。股票回购的确能够提高每股收益,但这样的每股收益增加并没有提高企业价值。特别是当管理层薪酬与每股收益挂钩时,我们就很容易理解他们为何如此青睐回购股票。

2. 该项问卷调查中,68%的受访者认为,股票回购是为了减少股票期权行权所带来的稀释效应。但是我们早在第8章阅读材料8.10就分析过,其实并没有这样的效果。

3. 有时,股票回购可能只是为了表明本企业"不差钱"。于是股票回购便和股价上升形成了互动。尽管股票回购能够增加每股收益,但回购价格过高的股票确会损害股东价值。特别是股价由每股收益驱动时,管理者可能会通过股票回购推升每股收益,接着会进一步推高股价,这就是价格泡沫的形成。

4. 管理者可以通过对回购时机的主动选择来创造价值:价低时买入不仅适用于投资者,也适用于企业。但管理者应当注意其回购或发行新股时点的企业内在价值。前面提到的问卷调查发现,大约86.4%的受访者表示当他们认为市价合理时才进行股票回购。

管理者动用股东资金回购股票时,SEC会针对可能涉及的内幕交易进行调查,管理层所持有的股票在该项回购中是如何变动的?特别是股价在高位运行时,更要特别注意这点。

2004年,作为搜索引擎提供商的谷歌上市,其IPO价格仅为每股90美元,但不到一年的时间,其股价飙升到每股超过300美元,其远期市盈率高达90倍。接着,谷歌宣布了一项金额为40亿美元的新股发行计划。谷歌的账面金融资产达300多万美元,具有很好的现金流,没有新的投资计划,谷歌此举招致了评论家很多质疑:为何要再次融资?是不是谷歌管理层觉得90倍的市盈率是一个"圈钱"的好机会?

资料来源:A. Brav, J. Graham, R. Campbell, and R. Michaely, "Payout Policy in the 21st Century," Unpublished paper, Duke University, 2004.

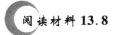

大股东回购增持悄然升温　A股涌动回购增持潮

继宝钢股份打响蓝筹股回购第一枪后,中国南车大股东8月29日以增持方式力挺自家股票47.1万股。业内人士分析,宝钢回购有望打破市场对蓝筹股的价值忽视,有助于改变蓝筹股持续低迷的格局。

8月以来,上市公司及其大股东回购增持悄然升温。除了宝钢股份、中国南车之外,江淮汽车、广汽集团、首开股份、中国中冶等多家公司或其大股东相继发布回购增持公告。

江淮汽车9月14日发布拟以不超过3亿元的自有资金回购公司股份,预计回购股份约5 769.23万股,占公司总股本约4.48%,这家自主品牌车企近年来业绩、股价均表现不佳,选择在二级市场采取防御措施。广汽集团也在同日宣布,大股东广汽工业集团将在A+H股增持公司股票。

有着国企背景的首开股份,其控股股东首开集团于8月29日通过上交所证券交易系统增持348.57万股。首开集团表示,此举是基于对中国资本市场长远发展的乐观判断及公司未来持续稳定发展的信心。

中国中冶9月22日公告,管理层启动了公司有史以来最为"庞大"的一次增持行动,包括公司董事长在内的258人在近期合计增持了公司逾1 100万股股份。

业内人士认为,在市场低迷的行情下,大股东回购能提振股价,而低价蓝筹股将会出现一波由回购带来的行情。也有业内人士将大股东回购当成低价蓝筹股的重大利好。

据统计,A股历史上发生过30多次回购情况,其中2006年发生24次,从2008年之后A股上市公司增持不断,但回购罕见,只有健康元、宁波华翔两家公司在2008年实施过回购方案。

实际上,今年以来B股回购潮更为明显。9月21日,晨鸣纸业停牌拟筹划回购B股。南玻B股在7月20日公告将利用公司自有资金回购2亿股B股。7月12日,鲁泰B股公告称,12个月内回购不超过1亿股B股股份。

当股价过低时回购股票,在发达资本市场并不罕见。回购股票既显示了上市公司对未来发展的信心,也引导了市场价值的投资方向。近期市场对破净公司回购股票可能性的关注度明显提升。

统计显示,截至9月23日,沪深两市共有82家上市公司"破净",破净公司主要集中在钢铁、建筑、高速公路、银行、汽车等行业,其中银行股平均市盈率为5倍左右。未来宣布回购股份的公司很可能就在"破净"大军中,但相对于回购意向,上市公司是否具备回购的能力更为关键。

目前破净的银行股有华夏银行、浦发银行、平安银行、中信银行、北京银行、交通银行、南京银行、中国银行和兴业银行9只。而整车上市企业市净率更低,不足2倍,A股市场股价接近破净的就有上汽集团、一汽轿车、中国重汽等,东风汽车、海马汽车已经破净。

资料来源:《中国证券报》,2012年9月24日。

债务和所得税费用

有人认为,公司支付利息是可以产生税收抵免的,而个人支付利息则没有这种税收抵免,这就是公司举债的税盾作用。股东可以通过个人借债来产生权益投资的杠杆效应,同样,他们也可以通过公司借债来产生杠杆效应。如果他们通过公司借债来产生财务杠杆效应,可以得到税盾的好处,从而增加公司价值。

这种观点存在着争议。第一,(在美国)利息支出是可以与股东的个人账户中相应投资收益配比而进行税收抵免的。第二,公司在支付利息时可以有税收抵免,但是债权人收到利息时需要纳税,因而他们会要求更高的利率来补偿交税带来的损失,这样就减弱了公司负债带来的税盾作用。免税债(如市政债)与公司债的利差就是证明。第三,自由现金流要么用来减小公司负债净额,要么分发给股东:$C - I = d + F$。这两者都有税务方面的影响。如果现金流用于归还负债,股东就失去了负债带来的税收利益;如果公司希望保持负债状况,就必须把现金流分发给股东,股东会因此而交纳个人所得税。无论哪种用途,自由现金流都会被征税,股东不可能在不交纳个人所得税的同时享受到债务的税收优惠。

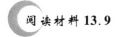
阅读材料 13.9

负债对股东价值的影响

前面我们反复强调,单纯的债务融资并不能创造价值:当债务融资以公允价值成交时,其净现值为零,或者说其对净财务费用的影响为零。不过银行和其他金融机构通常会赚取借贷利差,因此其债务增加会实现价值的增加。当然,债券交易商可以根据债券价格判断是否出现定价错误,并通过对定价错误债券的买卖活动创造价值。但对于依靠债务融资的企业来讲,其债务融资并不会增加企业价值。

以下两个情形属例外:

1. 考虑这样的情形,企业债券当前评级为AAB级,相应的到期收益率为8%。现在由于企业进入了新的风险更高的项目,企业债券评级被下调为BBB级,到期收益率上升到11%。因此企业赎回自身债券,并获得相应利得。

通过以上方式,就实现了财富由债权人向股东的转移。因此债券持有人通常会与企业签订保护性协议,以避免这一情形出现。但股东仍然知道这是侵占债权人利益的一条路子;分析师也知道,这么做能够"创造"价值。可以根据剩余收益模型计算出其价值。此时,一旦企业赎回其债券,分析师就会认可这一利得。

2. 与管理者选择回购和发行新股的时机一样,管理者也可以通过债券发行和回购时机的选择来创造价值。如果管理者认为企业债券被高估——通常因为市场低估了其违约概率——就可以利用市场错误定价来发行新债券。相应的,债券价值的低估会导致债券回购。

13.5 盯市计价的会计处理:估值中对股票期权成本的考虑

经营活动和融资活动是不同的,因此我们有两种估值方法。我们可以根据资产负债表项目预测未来收益,我们也可以按照市价计量资产负债表项目。盯市计价的会计可以减轻预测的负担,但只有在市场价值是对公允价值可靠的衡量时才可以实施。金融资产和金融负债的市场价值符合这个标准,所以我们就不需要预测融资活动带来的收益和费用了。

第8章探讨了员工股票期权行权时会给股东带来损失这一事实,但是GAAP会计处理方法中并没有确认该损失。在该章中,我们发现,股票期权行权的损失反映在综合收益中。但是麻烦还没有完。虽然综合收益确认了期权行权对当期收益的影响,但它并没有考虑发行的期权未来可能行权,进而减少未来综合收益。因此,若基于GAAP经营收益预测估值,会高估公司的价值,使投资者面临高价买入股票的风险。分析师必须做出调整。有人可能会想通过预测期权的未来行权损失,以减少预测的GAAP下收益来解决这一问题。确实,这是一种解决办法。但是预测这些损失是很困难的:因为这个损失是行权日市场价值与行权价格之差,不仅需要预测行权日,还需要预测行权日当天股价。

盯市计价的会计处理是该问题的另一解决方案。根据期权定价模型,可以估算出已发行期权的公允价值。耐克公司的股票期权附注详列了其2004年年末的发行在外期权:

表 13.8　耐克公司 2004 年年末发行在外的期权

行权价格（美元）	发行在外总期权			可行权期权	
	发行在外期权份数（千份）	加权平均行权价格（美元）	加权平均期限（年）	可行权数量（千份）	加权平均行权价格（美元）
14.94—27.67	1 771	26.87	5.20	1 754	26.86
28.13—42.36	3 223	42.26	7.05	1 216	42.14
42.50—48.44	1 870	47.57	3.93	1 828	47.62
48.65—48.98	4 332	48.98	8.12	762	48.98
49.01—52.24	5 008	52.19	9.02	135	50.62
52.44—74.88	2 605	55.90	4.80	2 483	55.71

当时耐克股票市价为 75 美元,从上表所列示的行权价格来看,1 880.9 万份期权处于实值状态。这些期权的公允价值实际上形成了企业股东的一项预计负债,其行权时,股东需要按照低于市价的价格支付股票,性质上与产品质量保证、弃置费用等类似,计算权益价值时需要将该项扣除。

根据期权定价模型,可以计算出该预计负债的价值,然后将其从表 13.2 和表 13.4 中根据 GAAP 收益算出的估值结果中扣除,如表 13.9 所示(除每股价值单位为美元外,其余单位为百万美元):

表 13.9　待决期权对权益估值的影响

考虑待决期权之前的权益价值(来自表 13.2 和表 13.4)		20 876
待决期权负债:		
Black-Scholes 模型对期权的估值:18.809×38.20	719	
税收利益(税率为 37.1%)	(267)	
期权负债,税后		452
权益价值		20 424
每股价值(263.1 百万股)		77.63

此处待决期权成本是全部发行在外期权公允价值的加权平均价值,这里为每份 38.20 美元。由于期权行权损失具有抵税效应,这里计算期权价值时,应当扣除其税收利益。在表 13.2 和表 13.4 中可以看到,确认待决期权成本使得耐克公司价值从每股 79.35 美元下降到每股 77.63 美元。

上例中的调整只是一种估计。这是因为:第一,Black-Scholes 期权定价模型的估值结果本身就是估计的结果。员工期权与标准的交易性期权性质不同,员工期权可能没有等待期,也可能失效日之前就被行权了。因此,在估值过程中,需要进行一定的修正,导致只能得到近似结果。第二,当市价恰好等于股票内在价值时,以市价计算的期权成本是最佳的,但市价一般不等于股票内在价值。分析师往往致力于寻找股票的内在价值,这一价值是独立于市价的,但股票内在价值往往受到已发行期权的影响。换言之,股票价值和期权成本是联动的,相互影响的。当然可以使用迭代法来解决这一问题:首先,计算权益在不考虑期权时的内在价值,并将其作为期权成本的初始值;然后,不断改变权益内在价值和期权成本,直到收敛为止。

当然,也可以使用权证定价法来计算期权成本。期权定价模型没考虑行权的稀释作用,权证定价模型则可以弥补这一不足。第三,公允价值会计下,期权成本的计算仍然需要对未来进行预测。尽管期权授予日是可预计的,但授予日期权价值及计入利润表的金额仍然需要估计。当然如果企业自愿于授予日确认期权费用,或者 FASB、IASB 要求于授予日确认期权费用,那么 GAAP 利润表中确认金额就能够合理预计,此时分析师的任务只是将未决期权盯市计价即可。

盯市计价的会计处理实质上是对资产负债表项目账面价值的调整。或有负债的确认中通常采用盯市计价的会计处理方法。该方法有助于在估值中合理考虑发行在外的看跌期权、认股权、可转债等因素的影响。未决诉讼所带来的预计负债是根据其未来可能的损失折现计算的。财务报告中预计负债附注会详细列示其具体内容。

13.6 企业估值倍数

表 13.5 杠杆效应的例子中,P/B 比率随着杠杆效应的增加而增加,从 1.2 增加到 1.33。而 P/E 比率在表 13.6 中随着杠杆效应的增加而减小,从 10 减少到 8。这两个例子中,权益的价值没有改变。这说明我们应该仔细考虑杠杆效应与 P/E 和 P/B 比率的关系。

企业市净率

权益价值是企业价值减去净金融负债价值。因此,我们计算的内在市净率(P/B)可以表示为:

$$\frac{V_0^E}{\text{CSE}_0} = \frac{V_0^{\text{NOA}} - V_0^{\text{NFO}}}{\text{NOA} - \text{NFO}}$$

如果净金融负债以市价计量,则其对超出账面价值的溢价没有贡献。市价和账面价值的差是由非市值计量的净经营资产产生的。然而,这里的表达式告诉我们,随着净金融负债相对于经营资产的变化,市净率也在变化。也就是说,该比率对于杠杆是敏感的。因此,即使负债项目的市价与账面价值相等,企业的市净率也会随融资活动而变化。

为避免这种混淆,我们主要讨论企业价值与其账面价值之比。净经营资产的价值与其账面价值之比被称为企业市净率,或无杠杆市净率:

$$\text{企业市净率} = \frac{\text{净经营资产价值}}{\text{净经营资产}} = \frac{V_0^{\text{NOA}}}{\text{NOA}_0}$$

净经营资产的价值等于权益价值加上净金融负债。因此,计算上市公司的 P/B 值,只要在权益的市场价值上加上净金融负债即可。

标准的权益账面价值比率是指有杠杆市净率,两种市净率的关系是:

有杠杆市净率 = 无杠杆市净率(企业市净率) + [财务杠杆 × (无杠杆市净率 - 1)]

(13.10)

$$\frac{V_0^E}{\text{CSE}_0} = \frac{V_0^{\text{NOA}}}{\text{NOA}_0} + \text{FLEV}\left(\frac{V_0^{\text{NOA}}}{\text{NOA}_0} - 1\right)$$

与以前一样,这里 FLEV 是账面财务杠杆(NFO/CSE)。随着无杠杆市净率与 1.0 的偏离,杠杆越大,两个市净率的差距也越大。不管杠杆是多少,如果无杠杆市净率等于 1.0,有杠杆市净率也为1.0。图13.2A显示了在不同的无杠杆市净率水平上,有杠杆市净率是如何随着杠杆的变化而变化的。图13.2B显示了与不同有杠杆市净率相对应的无杠杆市净率。

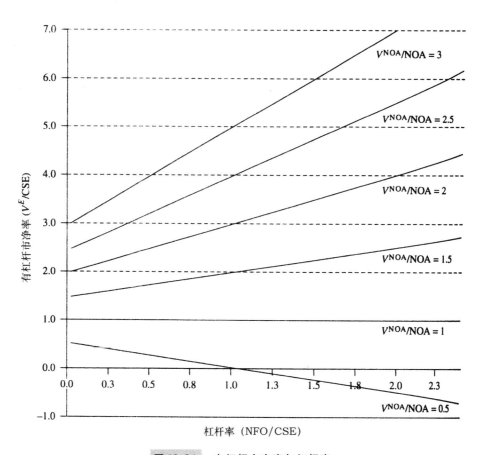

图 13.2A 有杠杆市净率与杠杆率

本图反映了在不同的无杠杆市净率(V^{NOA}/NOA)下,有杠杆市净率(V^E/CSE)是如何随着财务杠杆变化而变化的。

图13.3给出了美国企业1963—2003年有杠杆市净率和无杠杆市净率的中值。当无杠杆市净率在20世纪70年代中期大约为1.0时,有杠杆市净率也大致相同。但是当无杠杆市净率大于1.0时,有杠杆市净率大于无杠杆市净率,无杠杆市净率越高越是如此。

企业市盈率

市盈率是指股票价格与扣除净利息费用后的收益之比,所以这是一个有杠杆比率。有杠杆市盈率预示着净收益有增长,但净收益的增长受杠杆影响,而且财务杠杆带来的未来净收益增长是不产生价值的。所以从经营收益增长的角度来考虑市盈率是有意义的。企业市盈率或无杠杆市盈率都是在预期经营收益增长的基础上来对经营收益估值的。

远期企业市盈率是企业价值与预测的一年后经营收益的比值:

$$远期企业市盈率 = \frac{企业价值}{未来经营收益} = \frac{V_0^{NOA}}{OI_1}$$

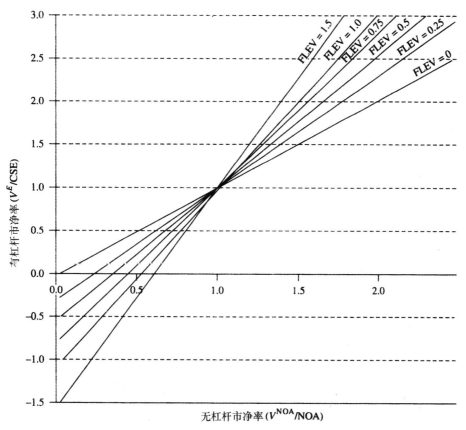

图 13.2B 有杠杆市净率与无杠杆市净率

本图反映了在不同的财务杠杆水平下,有杠杆市净率是如何随着无杠杆市净率的变化而变化的。

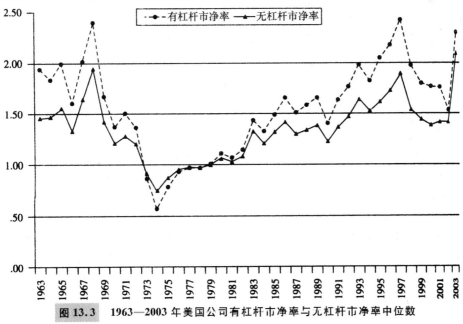

图 13.3 1963—2003 年美国公司有杠杆市净率与无杠杆市净率中位数

资料来源:标准普尔公司的 Compustat® 数据。

第 13 章 企业营运价值与市净率、市盈率评估 ▶ *457*

企业价值是权益价值加上净金融负债。在表13.6中,企业市盈率是15亿美元的企业价值与1.35亿美元的经营收益之比,为11.11。这个市盈率并不随着杠杆的增加而改变。尽管经营收益没有增加,但是有杠杆市盈率从10降到8。有杠杆市盈率的变化反映了由于杠杆效应而应该增加的净收益,但没有改变我们应该为增长支付的价值。

在表13.6中的企业市盈率是正常市盈率,因为下一年超额经营收益增长的预期为零。实际上,对于要求9%回报率的正常远期市盈率为1/0.09 = 11.11。只有当预测经营收益有超额增长时,投资者才会支付高于远期收益11.11倍的价格。由于预测有超额收益增长,所以耐克公司的远期企业市盈率(表13.4)为20 587/1 170 = 17.6,高于8.6%的企业要求回报率所对应的正常市盈率(11.6)。锐步股票回购产生的财务杠杆的变化使未来每股收益从2.30增加到2.56(阅读材料13.5),同时使远期市盈率从18.8下降到16.9,但这对每股价格没有影响,企业市盈率没有改变。

既往企业市盈率是企业价值和当期经营收益的比,但是有一个调整。正如有杠杆市盈率必须是含股利的(在分子上加上分配的现金股利),无杠杆市盈率也必须这样做。企业活动的"股利"是自由现金流,所以:

$$\text{既往企业市盈率} = \frac{\text{营业价值} + \text{自由现金流}}{\text{当期经营收益}} = \frac{V_0^{\text{NOA}} + \text{FCF}_0}{\text{OI}_0}$$

企业价值由于自由现金流减少(支付给融资活动)而减少,所以,当经营收益的价值与对外支付的现金流无关时,自由现金流必须被加回到分子上。

远期有杠杆市盈率和无杠杆市盈率如下:

远期有杠杆市盈率 P/E = 有杠杆市盈率 + [收益杠杆 × (无杠杆市盈率 − 1/净借贷成本)]

$$\frac{V_0^E}{\text{Earn}_1} = \frac{V_0^{\text{NOA}}}{\text{OI}_1} + \text{ELEV}_1 \left(\frac{V_0^{\text{NOA}}}{\text{OI}_1} - \frac{1}{\text{NBC}_1} \right) \quad (13.11)$$

收益杠杆是净财务费用对收益的影响:ELEV = NFE/收益,NBC是净借贷成本。考虑括号中经营收益和净借贷成本的倒数。如果经营收益高于借贷成本,财务杠杆会对收益产生正向效应,而且有杠杆市盈率会低于无杠杆市盈率,两者数值上的差异取决于收益杠杆ELEV的大小。当经营收益与净借贷成本相等时,有杠杆市盈率和无杠杆市盈率是相同的。

既往市盈率的关系也是类似的:

$$\frac{V_0^E + d_0}{\text{Earn}_0} = \frac{V_0^{\text{NOA}} + \text{FCF}_0}{\text{OI}_0} + \text{ELEV}_0 \left(\frac{V_0^{\text{NOA}} + \text{FCF}_0}{\text{OI}_0} - \frac{1}{\text{NBC}_0} - 1 \right) \quad (13.12)$$

给定借贷成本,我们可以像图13.2A和图13.2B的企业市净率和有杠杆市净率一样,绘出相应的市盈率关系图。

图13.4给出了1963—2003年的有杠杆既往市盈率和无杠杆既往市盈率的中位数。通常,有杠杆市盈率要小于无杠杆市盈率。在图13.4中较早和较晚的期间里,无杠杆市盈率比较高,有杠杆市盈率低于无杠杆市盈率:经营收益高于借贷成本。在20世纪80年代和20世纪90年代初期,当利率(也即借贷成本)较高或收益较低时,这个关系就颠倒过来了。

有杠杆市净率和无杠杆市净率的关系与有杠杆市盈率和无杠杆市盈率的关系形式是相似的:有杠杆比率的数值等于无杠杆比率的数值加上与杠杆大小和收益成本差额有关的杠杆溢价。我们在有杠杆和无杠杆会计回报率与要求回报率之间也可以看到这一关系。表13.10总结了我们在这一章里讨论过的杠杆效应。

图 13.4 1963—2003 年美国公司有杠杆既往市盈率与无杠杆既往市盈率中位数

资料来源：标准普尔公司的 Compustat® 数据。

表 13.10 有杠杆指标和无杠杆指标的关系

概念	有杠杆指标	无杠杆指标	关系
盈利能力	ROCE	RNOA	ROCE = RNOA + FLEV(RNOA − NBC)
资本成本	ρ_E	ρ_F	$\rho_E = \rho_F + \dfrac{V_0^D}{V_0^E}(\rho_F - \rho_D)$
市净率	V_0^E/CSE_0	$V_0^{\text{NOA}}/\text{NOA}_0$	$\dfrac{V_0^E}{\text{CSE}_0} = \dfrac{V_0^{\text{NOA}}}{\text{NOA}_0} + \dfrac{\text{NFO}_0}{\text{CSE}_0}\left(\dfrac{V_0^{\text{NOA}}}{\text{NOA}_0} - 1\right)$
远期市盈率	V_0^E/Earn_1	$V_0^{\text{NOA}}/\text{OI}_1$	$\dfrac{V_0^E}{\text{Earn}_1} = \dfrac{V_0^{\text{NOA}}}{\text{OI}_1} + \text{ELEV}_1\left(\dfrac{V_0^{\text{NOA}}}{\text{OI}_1} - \dfrac{1}{\text{NBC}_1}\right)$
既往市盈率	$\dfrac{V_0^E + d_0}{\text{Earn}_0}$	$\dfrac{V_0^{\text{NOA}} + \text{FCF}_0}{\text{OI}_0}$	$\dfrac{V_0^E + d_0}{\text{Earn}_0} = \dfrac{V_0^{\text{NOA}} + \text{FCF}_0}{\text{OI}_0} + \text{ELEV}_0\left(\dfrac{V_0^{\text{NOA}} + \text{FCF}_0}{\text{OI}_0} - \dfrac{1}{\text{NBC}_0} - 1\right)$

本章小结

只要会计人员给出的资产负债表是正确的，就无须分析师估值；如果资产负债表是完美的，其列示的权益面值即是权益价值，此时，会计人员本身就已经完成了估值，不需要分析师做进一步工作。显然，我们的资产负债表是不完美的，分析师需要根据预测值来发现定价错误。如果资产负债表给出相应的预测值，分析师就可以直接使用该预测值。

本章介绍的估值方法，认为资产负债表中金融项目的账面价值接近其市场价值。要注意的是，资产负债表中净经营资产的价值并不等于账面价值。因此，估值需要借助于对未来剩余收益或超额收益增长的预测。该估值给出的是企业价值，扣除净金融负债账面价值之后，就可以得到权益价值。

如果资产负债表列示的净金融负债价值与公允价值差别不大，根据无杠杆市净率或企业市净率等估值倍数来估值就比较合适了。本章介绍了无杠杆市净率的计算，并讨论了无杠杆市净率与有杠杆市净率之间的关系。

本章还讨论了企业市盈率。文中指出标准市盈率——有杠杆市盈率——是基于未来收益增长的，财务杠杆的变动可能带来未来收益增长。但是，由财务杠杆产生的收益增长是不增加价值的。尽管财务杠杆不影响股东权益的价值，但杠杆市盈率的数值会随着财务杠杆的大小而改变。因此，分析师是利用企业市盈率即无杠杆市盈率来对经营收益增长估值的。

我们总是希望有效地进行估值，剩余经营收益估值方法和超额经营收益增长估值方法都可以减少预测的工作，我们在接下来的两章将讨论这一问题。需要预测的只有两部分——综合收益中的经营收益部分和资产负债表中的净经营资产部分。此外，根据要求回报率对上述预测估值时，可以不用考虑财务杠杆变动所引起的要求回报率的变化。

关键概念

账面杠杆（book leverage）：净金融负债的账面价值与普通股权益账面价值的比例。

实际债务成本（effective cost of debt）：税后借款成本。

企业价值（enterprise value）：经营活动的价值。

融资风险（financing risk）：股东在借贷活动中面临遭受损失的风险。

有杠杆市净率（levered price-to-book ratio）：普通权益的价格乘数。与无杠杆市净率相对。

有杠杆市盈率（levered price-earnings ratio）：为（净）收益定价的价格乘数。与无杠杆市盈率相对。

市场杠杆（market leverage）：净金融负债的价值与普通股权益价值的比例。

经营风险（operating risk）：股东和债权人在经营过程中可能遭受的损失。

纯权益公司（pure equity firm）：没有净负债的公司。

无杠杆市净率（unlevered price-to-book ratio）或企业市净率（enterprise price-to-book ratio）：净经营资产的价格乘数。与有杠杆市净率相对。

无杠杆市盈率（unlevered price-earnings ratio）或者企业市盈率（enterprise price-earnings ratio）：净经营收益的价格乘数。与有杠杆市盈率相对。

案例连载：金伯利·克拉克公司

自主练习

在下一章你将根据目前的分析工作开始对金伯利·克拉克公司的股票进行估值。作为准备工作，将你对收入的分析由两年扩展为六年。2002年到2004年这三年的利润表在第2章的案例连载中，并且在第9章到第12章你也已经充分分析了2003年到2004年的利润表。下面是1999年到2001年的利润表，还有关于公司这些年净退休金费用和现金流量表中经营活动现金流部分。下面还给出了公司1998年到2001年的净经营资产和净金融负债。

你要做的是了解金伯利·克拉克公司1999年到2004年的剩余经营收益，并计算这些年的超额经营收益增长。这些历史纪录会使你了解企业未来可能的发展方向。为了实现这一目标，你需要确定这些年的税后经营收益，还要估计公司的资本成本。

公司的资本成本

按照阅读材料13.2中的程序来计算。严格地讲，我们应该每年重新估计资本成本。不过这是一个非常稳定的公司，所以对2004年进行计算，然后将其应用到其他各年即可。根据2005年年初每股股价64.81美元计算权益的市场价值（参见第1章的案例连载）。在第3章的案例连载中，你已经根据0.88

的贝塔值计算出了权益资本成本。公司债务的附注显示了加权平均的借款利率为5.77%（税前）。要以怀疑的态度来看待这些计算值。参见阅读材料13.3。

了解剩余经营收益的驱动因素

这些年剩余经营收益的变化中有多少是源于盈利能力（净经营资产回报率），又有多少是源于净经营资产的增长呢？考察销售收入增长的影响。有多少经营收益是来自核心经营业务的？比较核心经营收益的增长和每股收益的增长。它们为什么不同？

2005年的股票回购

2004年16亿美元的股票回购是一个重大事项。这会对未来的经营活动盈利能力、普通股权益回报率和每股收益增长产生什么影响？股票回购会对每股价值产生什么影响？

待决期权

股票期权附注表明2004年年底公司有3 172万份流通的员工股票期权，这些期权的加权平均行权价格为55.57美元。这些期权的加权平均价值估计为16.25美元。计算税后的待决期权价值。

企业的市盈率和市净率

计算2005年年初当股价为64.81美元时的有杠杆市净率和企业市净率，同时也计算一下有杠杆市盈率和既往市盈率。（金伯利公司2004年派发股息为每股1.6美元。）证明有杠杆乘数和无杠杆乘数在标准公式下可以互相换算。

合并利润表

（除了每股金额之外，都以百万美元为单位）	截至当年12月31日		
	2001	2000	1999
净销售收入	14 524.4	13 982.00	13 006.80
销售成本	8 615.5	8 228.5	7 681.6
毛利	5 908.9	5 753.5	5 325.2
销售费用	2 334.4	2 122.7	2 097.8
研发费用	295.3	277.4	249.8
一般经营费用	767.9	742.1	707.4
商誉价值摊销	89.4	81.7	41.8
其他净支出（收入）	83.7	(104.2)	(207.0)
经营利润	2 338.2	2 633.8	2 435.4
利息收入	17.8	24.0	29.4
利息支出	(191.6)	(221.8)	(213.1)
税前利润	2 164.4	2 436.0	2 251.7
所得税	645.7	758.5	730.2
子投资收益前利润	1 518.7	1 677.5	1 521.5
子公司投资收益	154.4	186.4	189.6
少数股东损益	(63.2)	(63.3)	(43.0)
净收益	1 609.9	1 800.6	1 668.1
每股收益			
基本每股收益	3.04	3.34	3.11
稀释每股收益	3.02	3.31	3.09

合并现金流量表（经营活动现金流部分）

（百万美元）	2001	2000	1999
经营活动现金流			
净收入	1 609.9	1 800.6	1 668.1
折旧	650.2	591.7	586.2
商誉价值摊销	89.4	81.7	41.8
递延所得税	39.7	84.1	126.2
资产处置损失（收益）净额	102.0	19.3	(143.9)
子公司收益超过分红部分	(39.1)	(67.0)	(78.7)
少数股东净收益	63.2	63.3	43.0
营运资本增加	(232.6)	(338.3)	(61.5)
退休后福利	(54.7)	(121.9)	(43.1)
其他	25.8	19.7	1.8
经营活动现金流	2 253.8	2 133.2	2 139.9

净养老金费用

（百万美元）	养老金福利		
	2001	2000	1999
净期间费用的组成部分			
养老金成本			
服务成本	65.4	63.4	73.3
利息费用	266.8	263.6	251.1
计划资产的预期收益	(368.1)	(397.6)	(352.8)
前期服务成本摊销	8.6	9.1	9.5
养老金的跨期摊销	(4.4)	(4.4)	(4.6)
实现的净精算损失（收入）	4.5	(20.2)	4.8
扣减	(1.4)	—	18.0
其他	9.0	1.0	6.1
净期间养老金成本	(19.6)	(85.1)	(5.4)

资产负债简表

	2001	2000	1999	1998
净经营资产	9 769	9 354	7 745	6 814
净金融负债	4 122	3 587	2 652	2 782
普通股股东权益	5 647	5 767	5 093	4 032

少数股东权益包含在净金融负债中。

练习

E13.1 在资产负债表中使用市场价值:Pennzoil（简单）

Pennzoil（现在叫 PennzEnergY 公司）是一家石油公司,持有另外一家石油公司 Chevron 公司的大量股份。但是,其拥有的股权（1998年年末为710万股）少于 Chevron 公司股份的20%。Chevron 公司的股份在 Pennzoil 公司的资产负债表上属于可供出售金融资产,因此以公允价值记账,其收益就是所获股利加上投资未实现的收益或损失。

Pennzoil 公司1998年的有关数据如下（单位:千美元）:

股利收入	34 026
证券未实现的利得	36 373

在它关于公允价值的附注中,公司给出了如下的信息（单位:千美元）:

	成本	估计的公允价值	累计未实现收益
在 Chevron 公司的投资	238 847	588 228	349 381

在对 PennzEnergy 公司的估值中你将如何使用上述数据。

E13.2 权益投资的价值的质量:SunTrust 银行（简单）

在1993年,亚特兰大 SunTrust 银行资产负债表中报告了106.44亿美元的证券投资,高于1992年的87.15亿美元。报告附注里披露,大部分证券是有息债券。然而,1993年的投资中10.77亿美元的可口可乐公司股票是按市值计价的。而在1992年的报表中,银行是按股票的历史成本1.1亿美元记录和报告的。

哪个方法更好地体现了可口可乐公司股票的价值,历史成本还是市值?

E13.3 有杠杆市净率和无杠杆市净率:通用食品公司（简单）

通用食品公司是一家包装食品生产商,其1999年8月29日结束的季度资产负债表如下（单位:百万美元）:

	1999年8月29日
资产	
流动资产	
现金和现金等价物	46.0
应收账款	522.0
存货	
以先进先出记价	228.0
以后进先出记价（先进先出法下比后进先出法多3 400万美元）	282.0
预付费用和其他流动资产	77.4
递延所得税资产	98.3
总流动资产	1 253.8
土地、建筑和设备,以成本计	2 810.1
减累积折旧	(1 459.2)

(续表)

	1999年8月29日
土地、建筑和设备净值	1 350.9
无形资产	838.6
其他资产	1 061.0
总资产	4 504.3
负债和权益	
流动负债	
应付账款	678.1
长期债务的本期应付部分	129.6
应付票据	751.1
应交税金	184.7
其他流动负债	274.8
总流动负债	2 018.3
长期债券	1 687.3
递延所得税	293.6
递延所得税——课税租赁	111.5
其他负债	177.3
总负债	4 288.0
总股东权益	216.3
总负债和权益	4 504.3

应付债券是有利息的。现金和现金等价物被认为是金融资产。

a. 1999年8月 General Mill 的股票为每股42美元。计算公司有杠杆市净率和无杠杆市净率。你认为上述两个比率哪一个更重要？

b. 请用数字解释上述两个指标的差异。

E13.4　计算剩余经营收益：戴尔公司（简单）

戴尔公司2002财政年度报告其税后经营净利为13.25亿美元，同年平均经营资产为55.53亿美元，平均经营负债为79.3亿美元。

当公司资本成本为12%时，计算戴尔公司的剩余经营收益。说明戴尔公司这一年是如何创造价值的。

E13.5　增长、资本成本与正常市盈率（困难）

本章阅读材料13.5论证了股票回购和财务杠杆变动如何能提高每股收益增长额。考虑股票回购的影响，回答以下问题：

a. 为什么股票回购对权益的每股价值没有影响？

b. 为什么预测第一年的收益从1 000万美元下降到了750万美元？

c. 为什么第一年预测的收益下降，但预测的每股收益却上升了？

d. 股票回购前的要求回报率是10%。股票回购后的要求回报率是多少？

e. 股票回购后第一年预期（权益的）剩余收益是多少？

f. 预测有杠杆和无杠杆两种情况下第一年年末权益的价值。

g. 预测有杠杆和无杠杆两种情况下第一年年末的市盈率。为什么它们不同？

E13.6 有杠杆与无杠杆的市盈率和市净率(简单)

飞龙公司资产负债表和利润表摘要如下(单位:百万美元):

净经营资产	469
净金融负债	236
普通股权益	233
经营收益	70
净财务费用	14
收益	56

在报告的这一年里,该公司净金融负债金额始终不变。其权益以2.9倍的市净率进行交易。公司没有派发股利。

a. 计算该公司有杠杆的市盈率。
b. 计算企业市净率和企业市盈率。

E13.7 有杠杆和无杠杆的市盈率(中等)

下面是2011年年底对雄鹰公司的预测(单位:百万元):

	2011A	2012E	2013E	2014E
净经营资产	1 300	1 300	1 300	1 300
净金融负债	300	300	300	300
普通股权益	1 000	1 000	1 000	1 000
经营收益		135	135	135
净财务费用		15	15	15
收益		120	120	120

公司要求的经营活动回报率为9%,税后债务成本为5%。2014年后的预计财务报表与2014年的情况相似。

a. 预测在2012年到2014年年底的企业价值和权益价值。
b. 预测2012年到2014年年底的有杠杆和无杠杆市盈率。对于上述两种比率,计算预期的既往市盈率和远期市盈率。
c. 你能够通过有杠杆市盈率计算出权益的要求回报率吗?

微型案例

M13.1 内含经营活动价值为0的公司:Comverse技术公司

Comverse技术公司设计和生产多媒体通信需要的计算机和电信系统。公司的子公司为Comverse公司、Verint系统公司和Ulticom公司。公司产品的应用领域非常广阔,包括无线和有线电信网络运营商和服务提供商、呼叫中心以及其他公共和商业组织。

当电信业泡沫于2001年和2002年破灭时,公司销售收入和利润大幅下降。截至2002年7月31日的第二个季度,公司的收益仅为每股2美分,而前一年同期为15美分。季度的资产负债表如下表所示。

Comverse 技术公司和子公司
合并资产负债表节选（单位：千美元，除每股数据外）

	2002年1月31日	2002年7月31日
资产		
流动资产：		
现金及现金等价物	1 361 862	1 391 705
银行定期存款及短期投资	530 622	415 294
应收账款净值	371 928	291 169
存货	56 024	51 055
预付费用和其他流动资产	76 667	69 344
流动资产合计	2 397 103	2 218 567
固定资产净值	181 761	175 667
其他资产	125 299	139 581
资产总计	2 704 163	2 533 815
负债及股东权益		
流动负债：		
应付账款及其他应计费用	322 402	255 998
预收账款	39 576	44 563
其他流动负债	4 875	47 051
流动负债合计	366 853	347 612
可转换债券	600 000	434 000
员工离职金负债	9 772	9 421
其他负债	49 827	9 997
负债总计	1 026 452	801 030
少数股东权益	61 303	80 139
股东权益：		
普通股，面值0.1美元，已授权600 000 000股，发行在外分别为186 248 350股和186 981 198股	18 625	18 698
资本公积	1 018 232	1 073 681
留存收益	574 763	555 110
累计其他综合收益	4 788	5 157
所有者权益总计	1 616 408	1 652 646
负债及所有者权益总计	2 704 163	2 533 815

    二季度报告公布后，公司股票的价格为7美元。根据公司2002年7月份公布的资产负债表，计算以下数据：

    a. 每股账面价值；

    b. 每股净金融资产；

    c. 无杠杆市净率；

    d. 权益价格与净金融资产的比例。

市场对公司经营活动的估值是多少？你会发现股票交易价格低于公司持有的现金。分析师通常认为这是价值的低估。在你决定买这家公司的股票之前，你还需要了解哪些信息？

M13.2 公司估值：海信电器（600060）

阅读海信公司 2011 年的资产负债表，计算其净经营资产、净金融资产和普通股权益。分析师预测 2012 年的每股收益为 1.16 元。海信公司税后净金融资产回报率为 1.1%，公司要求的回报率为 9%。

a. 分析人员预测中隐含的 2012 年的净经营资产回报率（RNOA）是多少？

b. 假设预测的 2012 年 RNOA 会永远持续下去，且剩余经营收益（ReOI）和净经营资产仍然以每年 4% 的速度增长，那么海信公司股票的每股价值是多少？

c. 用预测的超额经营收益重新估值。

d. 如果预期 RNOA 在未来保持不变，剩余经营收益将如何增长？

e. 计算海信公司的有杠杆市净率和企业市净率。

f. 计算海信公司的有杠杆远期市盈率和企业远期市盈率。

第 14 章
简单预测与简化估值

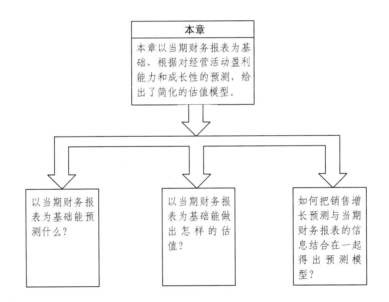

开篇阅读材料

分析师称新浪微博估值为 7.5 亿美元

北京时间 7 月 15 日晚间消息,据国外媒体报道,投资银行 SIG 周四在一份调研报告中称,新浪微博服务在过去的 9 个月中突飞猛进,所取得的成就令人吃惊。到 2012 年,新浪微博用户数量有望达到 1.2 亿。该公司对新浪微博目前的估值为 7.5 亿美元。

以下为 SIG 报告的主要内容:

新浪微博在过去 9 个月中突飞猛进

新浪去年秋季推出微博服务,经过三个季度的运营,截至 2010 年上半年,用户数量已经达到 1 500 万—2 000 万。我们预计,到 2010 年年底,新浪微博用户数量将达到 5 000 万,而 2012 年有望达到 1.2 亿。

什么是新浪微博？

微博就是微型博客，新浪微博与美国微型博客网站 Twitter 相似。

那么新浪如何通过新浪微博如此庞大的用户群来盈利呢？看看腾讯就知道了。当前，互联网基本上有两种业务模式：向个人收费和向企业收费。

新浪传统门户网站主要向广告主收费，但新浪微博则可以通过广告、游戏、娱乐内容和应用同时向个人和企业用户收费。此外，新浪微博还包括社交购物和社交搜索，这意味着新浪将来可以提供电子商务和付费搜索服务。

实时、实名、真价值

新浪微博采用用户实名制，评论家、商界精英、名人、记者和企业员工等均使用真实姓名，其结果就是使新浪微博成为一个强大、可信的高质量平台。与网名制相比，实名制社交网络更具黏性和持续性。

微博信息是实时更新的，由于用户频繁访问主页，微博的 PV 访问量可堪比内容频道。同时，微博的共享功能还可能刺激传统门户内容的流量。我们认为，这种传媒社交网络对商业用户极具吸引力，可以帮助它们打造品牌形象，推广产品和服务。据统计，截至 6 月 30 日，已经有 500 多家企业成为新浪微博的商业用户。

给新浪微博估值

与给谷歌 Android 平台估值一样，给新浪微博估值也是一个具有挑战性的问题。由于在短期内还不可能带来太多营业收入，我们不能使用传统评估方法。我们采用的是 2012 年每位用户的价值乘以 2012 年的 1.2 亿用户，然后再换算到当前价值。具体而言，我们以腾讯作为参照。2004 年年底，腾讯的活跃用户数量为 1.35 亿，估值为人民币 80.9 亿元。

这意味着当时腾讯每位用户的价值为人民币 60 元。如前所述，新浪微博的用户价值与腾讯用户价值相同。因此，1.2 亿（2012 年新浪微博用户数量）乘以 60 等于人民币 72 亿元（约合 10.6 亿美元）。按照 30 个月 15% 的折现率，新浪微博当前的估值应该是 7.5 亿美元。

资料来源：新浪科技，2010 年 7 月 16 日。

分析师核对表

读完本章后你应该理解：
- 简单预测如何简化估值工作。
- 简单预测如何给出简化估值模型。
- 如何根据当期报表预测。
- 综合利用资产负债表和利润表得到相应预测值。
- 如何将销售收入预测和财务报表结合起来给出简单预测。
- 什么时候简单预测和简化估值模型是一种合理的近似。
- 利用简单预测进行敏感性分析。
- 简化估值模型在"逆向工程"中是如何运用的。
- 简化估值模型如何改进筛选分析。

读完本章后你应该能做到：
- 构造以当期财务报表为基础的三个简单预测模型：SF1、SF2 和 SF3。
- 将销售收入预测整合到简单预测模型当中去。

- 根据简单预测进行简化估值。
- 根据简单预测计算企业市净率和市盈率。
- 运用长短期的增长预测进行公司估值。
- 运用简化估值模型进行敏感性分析。
- 运用简化估值模型进行"逆向工程"分析,与市场预期进行比较。
- 运用简化估值模型筛选股票。

为简化分析,估值时分析师通常略去经营活动中所有不产生价值的项目。如果与价值有关的某些因素相对另一些因素更为重要,分析师会更关注重要的因素。在进行更完整、更复杂的估值之前,他们会寻求简单的估值模型作为基准模型。

比如,上一章剩余经营收益模型就剔除了融资活动的预测,是一个简化的估值模型。如果资产负债表如实反映了净金融负债的价值,上述模型就是适用的。简化模型减少了预测工作量,分析师可以不考虑财务杠杆导致的贴现率变化。

简化模型仅需要较少的预测因素,同时也减少了预测所需要的信息。实际上,预测的时候需要各种信息:战略规划、营销调研、生产成本分析、研究与开发能力评估等。如果有限的、较少的信息能够大体反映所要研究的对象特征,并能近似得到合理估值,就可以大大节省劳力。如果简单信息分析的收益高于其成本,简化分析方法就是可行的。

本章主要探讨建立在有限信息集上的简化估值问题,同时为下一章利用完整信息集进行预测做准备。我们把关注重点放在可以从"财务报表"中获取的信息上。多数情况下,特别是成熟企业,财务报表确实综合了大量信息,这些信息预示了企业的未来情况。比如,如果当前报表中的销售净利率、资产周转率能够较好地反映未来销售净利率、资产周转率的话,当前财务报表的信息价值就很高。本章将讨论如何根据财务报表提供的信息进行预测和估值。通过本章学习,读者会发现,财务报表不仅具有反映历史状况的功能,还具有一定的预测功能。当然,我们也会介绍财务报表的不足。本书第二部分主要探讨如何根据财务报告获取预测所需的信息,这里强调的是核心经营收益的重要性。

财务报表信息在基本面分析中占有重要地位。基本面分析师遵守不把自己已知的东西和推测的东西混淆起来的原则。预测确实包含了不少的推测,尤其是在进行"长期"预测的时候(比如永续价值计算)。财务报表信息是我们对当前情况的了解(当然这与会计工作的质量有关)。为了确保不把这些有价值的信息与那些推测性强的"软信息"混淆起来,需要把它们单独分离出来。参考图5.9和图6.4(在第5、6章)的估值构成图。下一章我们会考虑推测性信息,但是现在还必须仔细区分预测中的"硬信息"和"软信息",并格外重视前者。比如,在对泡沫时代的网络公司进行预测时,过分追求未来可能的美好而轻视当前的损失,往往带来惨败。

简化估值是一种近似估计,但有时候并不容易实现,这种简化只是一种形式上的简化。不过,简化估值仍不失为一个有效的分析工具。本章将介绍根据简化估值模型的"逆向工程"分析,分析师就可以对比市场价格隐含的盈利能力和未来增长预测值与从财务报表出发的预测值之间的差异。市场预测可能使用了更多信息,但市场的估值也是对财务报表预测值的推测而已,是需要检验的。

14.1 利用财务报表进行简单预测与简化估值

分析当期财务报表可以反映当期盈利能力和增长情况。简单预测及由此得到的简化估值模型,都假定当期盈利能力和增长在未来会继续下去。我们将在下面的三个部分分别介绍三种简单预测模式。

以账面价值为基础的预测:SF1 预测

通过将要求回报率与资产负债表的相关项目结合,可以得到资产负债表中所隐含的预测。要求回报就是账面价值(净资产)按要求回报率投资所能得到的未来期望收益。表 14.1 给出了资产负债表各项目对应净收益的一年期预测。我们把这种简单预测模式叫作 SF1 预测。其中,用企业要求回报率和预测净经营资产相乘作为经营收益的预测值;用预测净金融负债与净债务成本的乘积作为净财务费用的预测值;用预测普通股股东权益乘以要求回报率作为综合收益的预测值。这些预测也可以重新表述为剩余收益预测,在表中亦给出了该项目。SF1 对剩余收益的各个相关组成成分的预测值总为零。

表 14.1　从账面价值出发的简单预测(SF1)

收益的组成成分	收益组成部分的预测值(以相关资产负债表成分的要求回报率来预测)	剩余收益的预测值(剩余收益及其组成成分的预测值为零)
经营	$OI_1 = (p_F - 1)NOA_0$	$OI_1 - (p_F - 1)NOA_0 = 0$
融资	$NFE_1 = (p_D - 1)NFO_0$	$NFE_1 - (p_D - 1)NFO_0 = 0$
收益	$Earn_1 = (p_E - 1)CSE_0$	$Earn_1 - (p_E - 1)CSE_0 = 0$

根据上一章的分析,当资产负债表项目按公允价值列报时,这些 SF1 预测就比较准确。所以,SF1 对融资活动的预测就比较可靠,而相应的经营活动预测就不那么令人满意了。

为更好地理解这些 SF1 预测之间的关系,我们来看 MS 公司第 1 年的预计利润表。MS 公司是一家股票投资基金公司,其净经营资产(权益投资)以市场价值计入资产负债表。使用 SF1 预测,其预计利润表以及第 0 年的资产负债表如表 14.2 所示:

表 14.2　MS 公司资产负债表及利润表

MS 公司 资产负债表,第 0 年			
资产		负债及所有者权益	
可供出售的权益投资(市价)	23.4	长期负债(NFO)(10%)	7.7
		普通股东权益(CSE)	15.7
净经营资产(NOA)	23.4		23.4
预计利润表,第 1 年			
经营收益			2.654
净财务费用:0.10×7.7			(0.770)
(净)收益:0.12×15.7			1.884

如果权益投资和负债的价值都是公允市场价值,该公司权益的价值就是其账面价值 15.7,公司的价值为 23.4。这是公允价值下的资产负债表。

假定所有者权益的要求回报率是 12%,那么我们可以预测第 1 年净收益为 188.4 万美元。预测的净财务费用是利息率 10% 与债务账面价值的乘积。预测经营收益为 265.4 万美元,读者可能想知道我们是如何得到这些预测值的。也许你会说,这不过是个猜想,因为净财务费用预计为 77 万美元,所以经营收益一定为 188.4 万美元 + 77 万美元。但是,它不仅仅是个猜想。预测经营收益是第 1 年年初的股票投资额 2 340 万美元的 11.34%。这个 11.34% 是 MS 公司营业资本的经营活动的要求回报率,我们通过对该公司的加权平均资本成本的计算可以得到。① 知道了资本成本,我们就可以对第 1 年的经营收益进行预测:$0.1134 \times 23.4 = 2.654$。预测第 1 年的利润表如表 14.3 所示:

表 14.3　MS 公司 SF1 预计利润表

收益的组成成分	MS 公司 SF1 预计利润表,第 1 年	
	要求回报率 × 资产负债表相关项目	
经营收益	0.1134×23.4	2.654
净财务费用	0.10×7.7	(0.770)
(净)收益	0.12×15.7	1.884

因此,读者可以发现,收益的每一个成分的预测都是根据资产负债表的期初值与相应的要求回报率相乘得到的,这些预测值的加总就得到收益的预测值,它可以通过期初普通股东权益的数额与要求回报率相乘得到。

SF1 预测未来各年的剩余收益均为零。由此,从该预测得到的普通股估值公式为:

$$\text{普通股权益的价值} = \text{普通股权益的账面价值} \qquad (14.1)$$
$$V_0^E = \text{CSE}_0$$

这与 MS 公司的资产负债表是一致的。并且,企业价值就是净经营资产的账面价值。

SF1 预测通常比较适合于融资活动的相关预测。但是,如果资产负债表上经营项目的价值不等于市场价值,SF1 预测的结果就不那么理想了。可惜的是,这是经常的情况。甚至对于 MS 公司那样的投资公司也是如此,虽然其投资按市场价值记账,但如果记账当时的市场价格不是有效价格的话,资产负债表上的市场价值仍然无法很好地反映未来收益(或价值)。确实,对于不断寻找被低估资产的主动型基金而言,其市场价格会比实际价值低,其价值应该在账面价值上有所溢价。

以收益和账面价值为基础的预测:SF2 预测

既然资产负债表不是一个完美的预测工具,我们可以利用利润表上的当期收益来进行预测。如果当期收益能够较好地反映未来收益,我们就可以预期下一年的收益等于当期收益。但是,这样想可能太傻太天真了。为了做出预测,我们必须考虑能增加收益的所有新投资。基于此,表 14.4 给出了根据当期利润表和资产负债表做出的对收益的组成成分和剩余收益

---

① 把权益成本(12%)和债务成本(10%)按它们各自的价值加权就可以得到要求回报率了,根据资产负债表中的数额可得出:企业的要求回报率 $= 15.7/23.4 \times 12\% + 7.7/23.4 \times 10\% = 11.34\%$。

的组成成分的简单预测。我们将这些预测称为 SF2 预测。因为 SF1 预测已经能够对融资活动做出较好的预测,我们只将 SF2 预测应用于对经营收益和总收益的预测中。

表 14.4　净收益与账面价值的简单预测(SF2)

收益组成部分	经营收益与收益的预测(假定未来收益与基期相等,按要求回报率根据资产负债表变化做出调整)	剩余收益预测(假定与基期相等)	超额收益增长预测(预测超额收益增长为零)
经营收益	$OI_1 = OI_0 + (\rho_F - 1) \times \Delta NOA_0$	$ReOI_1 = ReOI_0$ $RE_1 = RE_0$	$AOIG = 0$ $AEG = 0$
(净)收益	$Earn_1 = Earn_0 + (\rho_E - 1) \times \Delta CSE_0$		

SF2 预测认为经营收益的预测值等于当期值,但是如果当期的净经营资产有增长的话,经营收益也会增长,假定所增加的投资将仍按照要求回报率获得收益。如果当期普通股权益增加,按照要求回报率,则预测的综合收益会增加。

我们现在利用 PPE 公司的财务报表来演示 SF2 预测。作为一个制造企业,该公司的资产仅限于不动产(property)、厂房(plant)和设备(equipment),PPE 由此得名。它的现金流量表从利润表和资产负债表中得出,你需要确定自己能够完成这个工作。①

在第 2 章中,我们讨论了会计师无法编制出完美的资产负债表的原因,这也是为什么 PPE 公司比 MS 公司更具有代表性。PPE 公司看起来很简单,但是更具有代表性。一般来说,企业要么拥有更多的净经营资产,要么拥有更多的净金融负债。净金融负债是用其市场价值来估值的,但多数净经营资产却不是。许多经营资产是用历史成本折旧的方式来估值的,就如这里的 PPE;由于没有考虑智力资本和其他无形资产,某些经营资产被估值为零。因此,我们必须根据预测剩余收益或超额收益增长来估算权益价值。

表 14.5　PPE 公司财务报表　　　　　　　　　　　　　　　　　　单位:百万美元

PPE 公司
资产负债表,第 0 年

资产	第 0 年	前一年	负债及所有者权益	第 0 年	前一年
不动产、厂房和设备(历史成本减累计折旧)	74.4	69.9	长期负债(NFO)	7.7	7.0
			普通股东权益(CSE)	66.7	62.9
净经营资产(NOA)	74.4	69.9		74.4	69.9

利润表,第 0 年

经营收益		
销售收入		124.9
销售成本(包括折旧 2 140 万美元)		(114.6)
		10.3

---

①　自由现金流 = OI − ΔNOA = 9.8 − 4.5 = 5.3。净股利支付也要从股东权益的变化中减去,利用等式:分红 = 收益 − Δ 普通股东权益 = 5.3。对 PPE 的投资是资产负债表中 PPE 的变化(450 万美元)加上 PPE 的折旧(2 140 万美元)。

（续表）

其他经营费用		(0.5)
		9.8
净财务费用:0.10×7.0		(0.7)
（净）收益		9.1

现金流量表　第0年

经营活动现金流		
经营收益	9.8	
折旧	21.4	31.2
投资活动现金流		
固定资产投资(21.4+4.5)		(25.9)
自由现金流		5.3
融资活动现金流		
净股利支付		5.3

为了利用 SF2 预测 PPE 公司第 1 年的利润表,假设该公司经营活动的资本成本与 MS 公司相同,也为 11.34%:

表 14.6　PPE 公司 SF2 预计利润表

PPE 公司 SF2 预计利润表,第 1 年		
收益的组成成分	当期收益+（要求回报率×资产负债表相关项目的变化）	
经营收益	9.8+(0.1134×4.5)	10.310
净财务费用(SF1)	0.10×7.7	(0.770)
（净）收益	9.1+(?×3.8)	9.540

这里所说的"资产负债表相关项目的变化"是指同一项目第 0 年和下一年之间的变化。（净）收益的预测值是经营收益的预测值与利息费用的预测值之差。除非我们知道权益资本的成本（上述预计利润表的问号处），否则,无法根据当期收益和当期权益的变化得到预测的收益。而如果我们不知道所有者权益的价值,也就无法计算它的成本（利用前一章中公式 13.8 的市场杠杆）。

用 SF2 方法对收益各组成成分的预测与表 14.4① 中间列给出的关于剩余收益下一年的预期值等于其当期值是一致的。对于 PPE 公司,其第 1 年经营收益的预测值为 10.310,这意味着其第 1 年的 ReOI 为 10.310-(0.1134×74.4)=1.873,等于其第 0 年的 ReOI,即 9.8-(0.1134×69.9)=1.873。

在对未来的预测方面,SF2 预测认为剩余收益在未来永远是相同的。利用剩余经营收益

---

① 从代数上来看:$OI_1 = OI_0 + (\rho_F - 1)\Delta NOA_{-1}$
等价于:$OI_1 = OI_0 + (\rho_F - 1)NOA_0 - (\rho_F - 1)NOA_{-1}$
即:$OI_1 - (\rho_F - 1)NOA_0 = OI_0 - (\rho_F - 1)NOA_{-1}$
其他部分以此类推。

模型,以当期 ReOI 为基础的权益估值公式为:

普通股权益的价值 = 普通股权益的账面价值 + 当期 ReOI 的资本化值　　(14.2)

$$V_0^E = \text{CSE}_0 + \frac{\text{ReOI}_0}{\rho_F - 1}$$

对于 PPE 公司而言,股票价值为:$66.7 + 1.873/0.1134 = 83.22$,有杠杆的市净率为:$83.22/66.7 = 1.25$。正如 SF1 预测给了我们一个估值基准($V_0^E = \text{CSE}_0$)一样,SF2 预测也给我们提供了一个估值基准。净经营资产的价值为:$V_0^{\text{NOA}} = 83.22 + 7.7 = 90.92$,企业市净率为:$90.92/74.4 = 1.22$。净经营资产的价值也可以通过下面的公式计算出来:

$$V_0^{\text{NOA}} = \text{NOA}_0 + \frac{\text{OI}_1 - (\rho_F - 1)}{\rho_F - 1}\text{NOA}_0$$

除以 ρ_{F-1} 后,可以得到一个更简单的算法:

企业价值 = 下一年经营收益预测值的资本化价值

$$V_0^{\text{NOA}} = \frac{\text{OI}_1}{\rho_F - 1} \quad (14.2\text{a})$$

也就是说,将 SF2 预测的下一年的经营收益资本化。再看 PPE 公司,用上述公式计算为:$10.310/0.1134 = 90.92$,与前面计算的结果一致。

公式 14.2a 的估值看起来比较熟悉:如果可以通过未来经营收益资本化的方式来计算价值,超额经营收益增长(AOIG)就一定是 0。确实,表 14.4 展示的 SF2 预测中超额收益增长的确为 0。对于 PPE 公司而言,预期的第 1 年超额经营收益增长(从第 0 年 9.8 的经营收益和 5.3 的自由现金流可以计算出)等于 $[10.31 + (0.1134 \times 5.3)] - (1.1134 \times 9.8) = 0$。

因此,SF2 预测法非常重要。SF1 预测法反映了正常市净率,SF2 预测法反映了正常市盈率。根据 SF2 预测法得到市盈率才能判断公司的市盈率是否应当是正常市盈率。

根据这一点,我们可以根据股票的价值,利用上一章中的公式 13.8 计算出权益资本成本:

权益资本成本 = $0.1134 + [7.7/83.22 \times (0.1134 - 0.10)] = 0.1146$

现在我们可以直接利用上面求出的资本成本得出预测收益,从而完成第 1 年的 SF2 预计利润表:预测第 1 年的(净)收益为:$9.1 + (0.1146 \times 3.8) = 9.54$。注意,计算权益价值时无须用这里的权益资本成本。

阅读材料 14.1 给出了用 SF2 对耐克公司的估值。这里只做了一处调整。对于未来经营收益、ReOI 和 AOIG 的预测是以当期核心经营收益为基础的,也就是说,这里的经营收益剔除了非经常项目。如果非经常项目在未来不重复出现,我们在预测时就应该将它们排除在外。核心收益的概念就是为了给我们一个对于未来经营收益更好的预测。在预测中我们应该总是使用核心收益。

> 阅读材料 14.1

耐克公司 SF2 估值

单位:百万美元

要求回报率		8.6%
核心经营收益	2004	961.0
净经营资产	2003	4 330.0
	2004	4 551.0
核心剩余经营收益	2004:961 − (0.086 × 4 330)	588.6
SF2 经营收益预测	2005:961 + (0.086 × 221)	980.0
SF2 ReOI 预测	2005:980 − (0.086 × 4 551)	588.6
SF2 AOIG 预测(ReOI 变化)	2006	0

普通股权益价值

$V_{2004}^E = \text{CSE}_{2004} + \text{ReOI}_{2004}/0.086 = 4\,840 + 588.6/0.086$ 11 684

每股价值(共 2.631 亿普通股,单位:美元)   44.41

企业价值的 ReOI 估值

$V_{2004}^{\text{NOA}} = V_{2004}^E + \text{NFO}_{2004} = 11\,684 − 289$ 11 395

$V_{2004}^{\text{NOA}} = \text{NOA}_{2004} + \text{ReOI}_{2004}/0.086 = 4\,551 + 588.6/0.086$ 11 395

企业价值的 AOIG 估值

$V_{2004}^{\text{NOA}} = \text{OI}_{2004}/0.086 = 980/0.086$ 11 395

耐克 2004 财年末股价为 75 美元。

以会计回报率为基础的预测:SF3 预测

SF2 预测下,当期期初资产会以当期回报率继续带来收益,而当期新增资产则以要求回报率带来收益。SF3 预测则假定,所有资产,不管是期初已经存在的还是当期增加的,其回报率都是当期回报率。就是说,SF3 预测假定当期回报率会持续到未来。表 14.7 总结了 SF3 预测。

表 14.7 基于当期会计回报率的简单预测(SF3)

收益组成部分	经营收益与收益的预测(预测相关资产负债表项目盈利能力与当期会计回报率一致)	剩余收益预测(预测剩余收益会发生变化,但不是由于盈利能力变化,而是由于相关资产负债表科目发生变化)
经营收益	$\text{OI}_1 = \text{RNOA}_0 \times \text{NOA}_0$	$[\text{RNOA}_1 − (\rho_F − 1)]\text{NOA}_0 = [\text{RNOA}_0 − (\rho_F − 1)]\text{NOA}_0$
(净)收益	$\text{Earn}_1 = \text{ROCE}_0 \times \text{CSE}_0$	$[\text{ROCE}_1 − (\rho_E − 1)]\text{CSE}_0 = [\text{ROCE}_0 − (\rho_E − 1)]\text{CSE}_0$

SF3 预测经营收益时,假定第 1 年期初的净经营资产(第 0 年末的,即 NOA_0)在第 1 年的回报率为当期的 RNOA_0。如果当期出现非经常项目,就应该用核心 RNOA_0 计算。类似地,对

综合收益的预测就是把当前的 $ROCE_0$ 与第 1 年期初的普通股权益(CSE_0)相乘。

以 PPE 公司为例,其当期(第 0 年)的核心 RNOA、NBC 和 ROCE(以资产负债表的年初值作为分母)分别为 14.2%、10.00% 和 14.47%[①]。下面给出 SF3 预计利润表:

表 14.8　PPE 公司 SF3 预计利润表

PPE 公司 SF3 预计利润表,第 1 年		
收益的组成成分	当期收益率×资产负债表相应成分	
经营收益	0.1402×74.4	10.431
净财务费用(SF_1)	0.10×7.7	0.770
(净)收益	(?×66.7)	9.661

预测的经营收益(OI)减去利息费用等于 9.661,但这个收益不等于当期 ROCE 乘以 CSE。PPE 公司第 0 年的 ROCE 为 14.47%,所以预测第 1 年的收益为 0.1447×66.7=9.651,而不是 9.661(因此相应的 ROCE 在上述利润表中以问号表示)。那么是什么地方出错了呢?财务杠杆会影响 ROCE。在第 0 年以年初的 CSE 为基础的 ROCE 为 14.47%,而考虑财务杠杆作用后的 RNOA 为 14.02%。但是从第 0 年年初到第 1 年年初的财务杠杆发生了变化。所以我们尽管预测 RNOA 不变,但预测的 ROCE 是会发生变化的。我们可以根据财务杠杆来调整 ROCE:

$$杠杆调整后的 ROCE_0 = RNOA_0 + \frac{NFO_0(年末)}{CSE_0(年末)}(RNOA_0 - NBC_0)$$

上面的财务杠杆中 NFO_0/CSE_0 为第 1 年的年初值。当使用这个 ROCE 进行预测时,RNOA 将与第 0 年的值相等,但由于杠杆的变化 ROCE 将不等。对于 PPE 公司:

$$杠杆调整后的 ROCE_0 = 0.1402 + \left[\frac{7.7}{66.7} \times (0.1402 - 0.10)\right] = 0.1448$$

因此,预测第 1 年的收益为 0.1448×66.7=9.661(四舍五入)。这就正好等于预计利润表中 OI 的预测值与 NFE 的预测值之差。在这里调整不会造成较大的差异,通常可以忽略。但如果财务杠杆有较大的变化,则不能忽略。需要再次提醒读者注意,我们无须用到权益资本成本。

SF3 预测法也可以像 SF2 预测法一样预测剩余收益和超额收益增长。净经营资产回报率和对净经营资产的投资带来了剩余经营收益的变化。所以 1 年后的剩余经营收益 $ReOI_1 = [RNOA_1 - (\rho_F - 1)]NOA_0$。但是,如果我们预测将来的 RNOA 会与当前的核心 RNOA 相同,即 $RNOA_1 = 核心 RNOA_0$,则:

$$SF3 预测 ReOI_1 = [核心 RNOA_0 - (\rho_F - 1)]NOA_0$$

对于剩余收益(RE)的预测也类似,如表 14.7 所示。对于 PPE 公司而言,第 1 年 ReOI 的预测值为 10.431-(0.1134×74.4)=1.994,这也等于第 0 年 14.02% 的 RNOA 与第 0 年 74.4 的净经营资产的共同作用:(0.1402-0.1134)×74.4=1.994。这个值大于当前的剩余收益

[①]　如果以平均值作为分母,这些回报率分别为 13.58%、9.52% 和 14.04%。在第 11 章所使用的就是平均值,它们对于计算回报率更为适用,应当用它们乘上已有的资产。我们在这里使用年初值作为分母是为了使计算清晰。当进行预测时,考虑未来时期期初的资产和负债要比考虑它们的平均值更容易些。通常这不会造成太大的差别。

值 1.873,所以 SF3 预测了增长。事实上,超额经营收益增长(AOIG)就是 ReOI 的增长,但是 SF2 预测出的 AOIG 是 0,SF3 却预测出了 0.121 的值。

根据 SF3 预测,净经营资产的当前增长可以用来预测增长。1 加上 ReOI 从第 0 年到第 1 年的增长率为:

$$\text{ReOI}_1 \text{ 的增长率} = \frac{[\text{RNOA}_1 - (\rho_F - 1)]\text{NOA}_0}{[\text{RNOA}_0 - (\rho_F - 1)]\text{NOA}_{-1}}$$

但是,如果我们按 SF3 预测一样认为 $\text{RNOA}_1 = \text{RNOA}_0$ 的话,其增长率为:

$$\text{ReOI}_1 \text{ 的增长率} = \frac{\text{NOA}_0}{\text{NOA}_{-1}}$$

也就是说,预期下一年 ReOI 的增长等于当期 NOA 的增长。对于增长可以根据资产负债表中的信息进行预测。

现在假设我们用 SF3 对未来的所有期间进行预测,即我们预期 RNOA 将在未来各期永远等于当期的核心 RNOA,而 NOA 投资将持续以当期的速率增长。同时,ReOI 也将以此速率无限期增长。视 ReOI 为一个永久增长年金,将 SF3 对 ReOI 第 1 年的预测资本化:

$$V_0^E = \text{CSE}_0 + \frac{[\text{Core RNOA}_0 - (\rho_F - 1)]\text{NOA}_0}{\rho_F - g} \tag{14.3}$$

增长率是预期 ReOI 从第 1 年开始的增长率,但是在这里它等于 NOA 以当期速率增长的预期值 $\text{NOA}_0 / \text{NOA}_{-1}$。对 PPE 公司而言,我们预测 ReOI_1 为 1.994,而当期 NOA 相对前一年的增长率为:74.4/69.9 = 1.0644。因此,用 SF3 预测的所有者权益的价值为:66.7 + 1.994/(1.1134 - 1.0644) = 107.39,其有杠杆的市净率为 1.61。企业价值为:107.39 + 7.7 = 115.09,无杠杆市净率为 1.55。企业价值还可以由下面的公式得出:

$$V_0^{\text{NOA}} = \text{NOA}_0 + \frac{[\text{Core RNOA}_0 - (\rho_F - 1)]\text{NOA}_0}{\rho_F - g}$$

进行一点小调整:

$$V_0^{\text{NOA}} = \text{NOA}_0 \times \frac{\text{Core RNOA}_0 - (g - 1)}{\rho_F - g} \tag{14.3a}$$

这里的乘数就是企业市净率。这个乘数把 RNOA 与增长率(分子)和要求回报率与增长率(分母)进行了比较。读者可以看到 ReOI 的两个驱动因素(RNOA 和 NOA)在这里是联系在一起的。请注意这里的 g 是 1 加上增长率,因此实际的增长率为 $g - 1$。如果 RNOA 高于企业的要求回报率,市值将更多地超过账面价值,RNOA 超过增长率也就越多。当然增长率也有它的贡献:给定 RNOA(高于要求回报率),增长率越高价值越大。如果 RNOA 等于要求回报率,企业的市净率就是正常的。

相应地,超额经营收益增长估值将乘数用到 SF3 预测未来第一年经营收益上:

$$V_0^{\text{NOA}} = \text{OI}_1 \times \frac{1}{\rho_F - 1}\left[1 + \frac{G_2 - \rho_F}{\rho_F - g}\right] \tag{14.4}$$

这里的 G_2 是 1 + 第 2 年经营收益的带息增长率(将第 1 年的自由现金流股利用来再投资),g 仍然是预测的净经营资产增长率。这个乘数是远期企业市盈率。它与净经营资产乘数的形式类似:分子把经营收益带息增长率与要求回报率进行比较,分母把要求回报率与增长率进行比较。

公式 14.4 要求知道第 2 年的预计报表,以预测 G_2。对于 PPE 公司而言,该数值为 1.1257

(增长了 12.57 个百分点)①。未来经营收益乘数为：

$$\frac{1}{0.1134}\left[1+\frac{1.1257-1.1134}{1.1134-1.0644}\right]=11.03$$

把这个乘数运用于 SF3 预测的第 1 年经营收益 10.431，企业价值为 $10.431 \times 11.03 = 115.09$，和以前一样。

阅读材料 14.2 给出了对于耐克公司的 SF3 预测。计算后的价值为每股 82.64 美元，只比每股 75 美元的市场价值高了一点。财务报表很好地解释了市场价格(当然，价格也可能出现错误)。在任何情况下，SF3 预测确立了分析师的基准：和现在的财务报表相比，其他信息能告诉我们未来的盈利能力和增长能力会有什么变化。对于完整的估值，我们还需要加入别的模块，但是我们现在可以固定其中一个最重要的部分。

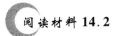

耐克公司 SF3 估值

相关资料如下：		
公司资本成本		8.6%
核心 RNOA	2004	21.6%
净经营资产增长率	2004	5.1%
净经营资产(百万美元)	2004	4 551
SF3 经营收益预测值(百万美元)	$2005:4\,551 \times 21.6\%$	983
SF3 ReOI 预测值(百万美元)	$2005:(0.216-0.086) \times 4\,551$	591.6
SF3 增长率预测(对 2006 年)		11.67%

普通股价值(百万美元)

$V^E_{2004} = \text{CSE}_{2004} + \text{ReOI}_{2005}/(1.086-1.051) = 4\,840 + 591.6/0.035$ 21 743

每股价值(共 2.631 亿股普通股)(美元)   82.64

公司价值的剩余经营收益估值(百万美元)

$V^{\text{NOA}}_{2004} = V^E_{2004} + \text{NFO}_{2004} = 21\,473 - 289$ 21 454

$V^{\text{NOA}}_{2004} = \text{NOA}_{2004} + (\text{RNOA}_{2004} - 0.086) \times \text{NOA}_{2004}/(1.086-1.051)$
$= 4\,551 + (0.216-0.086) \times 4\,551/0.035$ 21 454

$V^{\text{NOA}}_{2004} = \text{NOA}_{2004} \times [\text{RNOA}_{2004} - (g-1)]/(1.086-1.051) = 4\,551 \times (0.216-0.051)/0.035$ 21 454

---

① 对于 PPE 公司而言，预测步骤如下：

 预测 $\text{NOA}_1 = \text{NOA}_0 \times g = 74.4 \times 1.0644 = 79.191$

 预测 $\text{OI}_2 = \text{NOA}_1 \times \text{RNOA}_0 = 79.191 \times 0.1402 =$ 11.103

 $\text{FCF}_1 = \text{OI}_1 - \Delta\text{NOA}_1 = 10.431 - 4.791 = 5.64$

 再投资 $\text{FCF} = 5.64 \times 0.1134 =$ 0.640

 带息 OI   11.743

G_2 (OI 在第 2 年的带息增长率) $= 11.743/10.431 = 1.1257$。

公司价值的超额收益增长估值(百万美元)

$V_0^{NOA} = OI_1/0.086 \times [1 + (G_2 - 1.086)/(1.086 - g)]$
$= 983/0.086 \times [1 + (1.1167 - 1.086)/(1.086 - 1.051)]$ 21 454

公司2004年年末股价为每股75美元。

表14.9中总结了SF1、SF2、SF3三个简单预测和它们产生的简化估值结果。这些估值仅仅用到了财务报表中的信息。它们应该被看成是近似估计,可以作为一个更具有综合性的估计的起点。SF2和SF3预测对于亏损的公司是不适用的。SF3预测只适用于有正剩余收益的公司。

表14.9 简单预测与简化估值模型

简单预测	所有者权益简化估值	公司简化估值
SF1	$V_0^E = CSE_0$	$V_0^{NOA} = NOA_0$
SF2	$V_0^E = CSE_0 + \dfrac{Re\,OI_0}{\rho_F - 1}$	$V_0^{NOA} = NOA_0 + \dfrac{ReOI_0}{\rho_F - 1} = \dfrac{OI_1}{\rho_F - 1}$
SF3	$V_0^E = CSE_0 + \dfrac{[Core\,RNOA_0 - (\rho_F - 1)]NOA_0}{\rho_F - g}$	$V_0^{NOA} = NOA_0 + \dfrac{[Core\,RNOA_0 - (\rho_F - 1)]NOA_0}{\rho_F - g}$
		$NOA_0 \times \dfrac{Core\,RNOA_0 - (g - 1)}{\rho_F - g}$
		$V_0^{NOA} = OI_1 \times \dfrac{1}{\rho_F - 1}\left[1 + \dfrac{G_2 - \rho_F}{\rho_F - g}\right]$

14.2 简单预测:加入财务报表信息外的推测信息

SF3预测是建立在财务报表信息基础上的。财务报表信息通常是可靠的,但却是有限的。为了提高预测质量,分析师会推测未来与当前财务报表中所反映的情况有何不同。

公式14.3和公式14.4中的ReOI和AOIG模型基于历史净经营资产的增长对未来增长进行了预测。对耐克公司而言,净经营资产在2004年增长了5.1%,在阅读材料14.2中SF3估值用到了这个数据。但是,当前净经营资产增长率有时高于要求回报率,有时则是负的,因此无法作为未来的增长率。有人也许会用过去3—5年的平均增长率来代替,或者干脆对未来的增长率推测一个值。SF3模型可以用于增长率有明确值的各种计算:使g等于预测的增长率。此公式也适用于推测的未来回报率:把模型中的当前核心RNOA替换为对未来RNOA的预测。这样一来,就可以减少对财务报表信息的依赖而走向对未来的推测了。

对销售收入增长的简单预测

要预测增长,就需要对公司业务的发展方向有所把握。我们将在下一章给出更多的工具进行预测。这里我们先介绍预测净经营资产增长的简便方法。净经营资产等于销售收入乘以资产周转率的倒数:NOA = 销售收入 × 1/ATO。如果预期ATO在未来是一个常数,那么预测 NOA 的增长就等于预测销售收入的增长。因此在这一简单预测中,可以把销售收入增长率当成 NOA 增长率的近似。显然,预测销售收入要比预测 NOA 简单得多。

还应该看到,RNOA = 销售净利率 × ATO。因此,如果我们预计 ATO 和销售净利率都保持不变的话,在 SF3 预测中的 RNOA 也将保持不变。因此,SF3 估值模型更适合于销售净利率、资产周转率不变和销售收入增长率稳定的企业。许多零售商具有这样的特征:根据当期 RNOA 和预期销售增长率计算的企业价值与其内在价值十分相近。请参看阅读材料 14.3 对可口可乐公司的估值。而另一方面,业务发生变化的企业(销售收入增长率、销售净利率、资产周转率均发生变化)则不适合用 SF3 估值模型估值。下一章将进一步讨论这些情形。

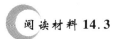

使用简化估值质疑股价:以可口可乐公司为例

1993—1997 年,可口可乐公司股价从每股 22 美元上涨到每股 67 美元,同期股利支付额从每股 0.34 美元上涨到每股 0.56 美元。20 世纪 90 年代可口可乐公司股票是典型的明星股,其 1997 年市净率高达 23 倍。其 1997 年 10-K 报表如下:

	1997	1996	1995	1994	1993
资本回报率[1]	39.4%	36.7%	34.9%	32.7%	31.2%
销售净利率(税后)	17.2%	13.6%	14.4%	14.5%	14.4%
资产周转率	2.3	2.7	2.4	2.3	2.2
五年期销售收入增长率					
1993—1997:7.5%					
净资本[1]			11 186 百万美元		
生息负债			3 875 百万美元		
股东权益			7 311 百万美元		

[1] 可口可乐公司的净资本定义为权益加生息负债,因此近似于净经营资产(只是将金融资产作为经营性项目处理),因此资本回报率近似等于 RNOA。

从表中可以发现,可口可乐资产周转率几乎为常数,如果未来依然如此,则其估值结果取决于销售收入增长率的预测(资产周转率不变时,该增长率就是净经营资产增长率)。假定 1993—1997 年间销售收入增长率为 7.5%,1997 年资本回报率(RNOA)为 39.4%,资本成本为 10%,那么可口可乐 1997 年年底的价值如下:

$$V_{1997}^{NOA} = 11\,186 + \frac{(0.394 - 0.10) \times 11\,186}{1.10 - 1.075}$$

	= 142 733 百万美元
债务	3 875 百万美元
V_{1997}^{E}	138 858 百万美元
每股价值(2 471 百万股)	56.20 美元

这一估值看起来是合理的。实际上也许你可能会认为其价值有点高。因为1997年资本回报率和净利率均高于历史值,这能持续吗?资本成本的假定并不高。销售增长收入率可能略显乐观:1993—1997年可口可乐的销售收入增长率在下降,1996年增长率为3%,1997年仅增长了1%。分析师普遍质疑可口可乐公司维持销售增长的能力。哪有那么多爱喝可乐的人?

1997年年末,可口可乐公司股价上升到67美元,您可能会进一步质疑,该股票是否定价过高了?我们可以根据敏感性分析,来考察市价隐含的对其销售收入增长率和资本回报率的预测是否合理。是不是简化模型的估值确实遗漏了重要的信息?(2003年初期可口可乐的股价已经下跌到了每股40美元)。

由此,我们可以看出,在发现市场不合理定价上,简化估值是能起到作用的。不过我们要注意另一点。可口可乐公司具有良好的品牌价值,但其品牌资产并没有反映在资产负债表中。许多人认为由于存在表外资产,要实现对这类企业的准确估值是比较困难的。事实并非如此。我们介绍的估值方法不但考虑了资产负债表项目,还考虑了利润表项目,而且两个报表的相关项目都可轻松获得。简化模型看起来有点天真,不过,修正未来RNOA及其增长率之后,估值结果就会更接近真实情况,即使是资产负债表信息不够完整时。

14.3 简化估值模型的实用性

SF1、SF2和SF3估值模型只需简单分析未来即可实现估值,它们假定未来与现在非常相似。我们可以从当期财务报表中得到这些估值模型所需信息,只是有时会考虑销售收入增长的预测,而不需要分析财务报表以外的信息。这些方法快速但不精确,是进行更为彻底分析的出发点和基准。我们将会看到,更深入的分析需要更多的工作;如果放弃未来盈利能力和账面价值增长率都与当期保持一致这一假定,需要多少额外投入?更为深入的分析会给分析师带来多少竞争优势吗?哪些企业不适用简化模型估值?

当期RNOA有助于解释公司市净率的差异。图14.1是244个行业2003年企业市净率与RNOA的关系图。其他年份的关系也类似:平均而言,RNOA高的行业无杠杆市净率也较高。当然图中拟合线尚有改进空间,这也正是我们需要分析的地方。不过,如果由此认为市净率依赖于当期RNOA那就错了。这里我们不再讨论RNOA的计算。

图14.2显示了简化估值模型的实用性。三张图分别是1964—1999年纽交所和美交所5年期ReOI、RNOA和净经营资产增长率的趋势图。每张图都是根据基期变量划分为10组,最高的10%放入最高组,最低10%放入最低组,然后跟踪每组中值五年,并标记为1、2、3、4、5年。三幅图勾勒了三个指标随时间变动的情况。可以阅读图中解释文字做进一步了解。

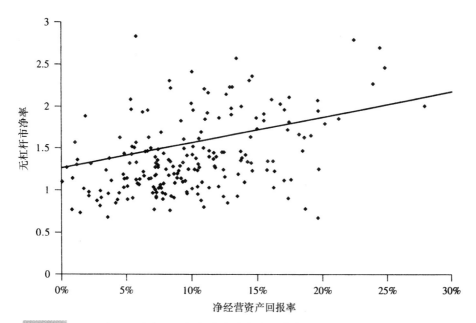

图 14.1 2003 年 244 个行业无杠杆市净率与净经营资产回报率(RNOA)关系散点图
图中直线为两者关系的拟合线。
资料来源:标准普尔公司的 Compustat® 数据。

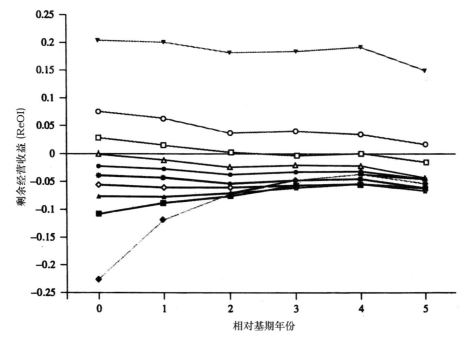

(a) 剩余经营收益(ReOI)示意图。当期(第 0 年)剩余经营收益相对较高的企业,未来五年持续获得相对较高的剩余经营收益;当期剩余经营收益相对较低的企业,未来五年剩余经营收益也相对较低。不过,所有组在未来五年都向零靠近(剩余经营收益以第 0 年净经营资产标准化)。

第 14 章　简单预测与简化估值　▶ **483**

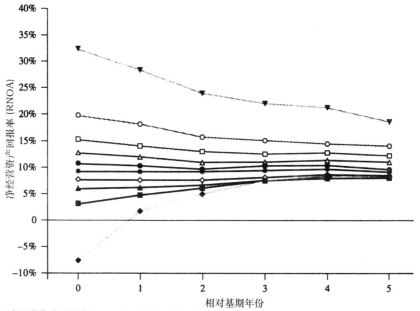

（b）净经营资产回报率（RNOA）示意图。净经营资产回报率也呈现向共同水平收敛的趋势，不过当期净经营资产回报率相对较高的那些企业，未来五年该值也相对较高；当期净经营资产回报率相对较低的那些企业，未来五年也相对较低。

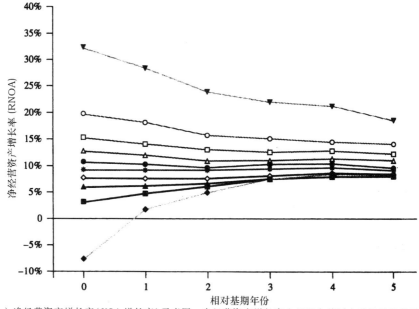

（c）净经营资产增长率（NOA 增长率）示意图。净经营资产增长率也呈现向共同水平收敛的趋势，不过当期净经营资产增长率相对较高的那些企业，未来五年该值也相对较高；当期净经营资产增长率相对较低的那些企业，未来五年也相对较低。

图 14.2 纽交所和美交所上市公司 1964—1999 年剩余经营收益（a）、净经营资产回报率（b）与净经营资产增长率（c）五年期变化示意图

资料来源：D. Nissim and S. Penman, "Ratio Analysis and Equity Valuation: From Research to Practice," *Review of Accounting Studies*, March 2001, pp. 109—154.

许多会计变量都会表现出这样的特征:随着时间演进,表现极端的(极高或极低)一定会向平均水平演进。从图14.2(b)中可以看出,RNOA在基期上差异很大,其值在[−7.5%,33%]之间,但五年之后,它们之间的差异程度大大缩小,分布在[8%,19%]之间,且大多落在[8%,15%]之间。由此我们认为,五年之后,RNOA基本上会落在[8%,15%]之间。可以运用同样的逻辑分析图14.2(a)和14.2(c)。

我们通常将这种向平均水平收敛的趋势叫作均值回归,即随时间迁移,极端值会向平均水平渐进。这表明极高或极低的ReOI、RNOA和净经营资产增长率都是暂时性的。财务报表分析的目的就是要识别出这种暂时性变化。

有时候,分析师将此图称作衰减图。在对个体企业预测时,分析师通常以该图作为分析出发点,下一章我们将详细说明均值回归的原因,第16章将探讨回归过程中会计方法所发挥的作用。我们在这里给出该图主要是说明简化估值模型的实用性。通常SF1估值效果不太理想,SF2估值方法由于预测ReOI为常数,所以对于ReOI和RNOA处在均值水平上的公司估值结果比较理想(图14.2(a)和14.2(b)中的中间组),但对RNOA或经营净资产增长率极高或极低的公司估值效果不理想。对这些公司,需要对未来RNOA和净经营资产增长率的情况做进一步预测。SF3估值中,以当期增长率作为净经营资产增长率,且假定净经营资产净利率为RNOA常数,适用于RNOA和净经营资产增长率处于均值水平的公司,因此该方法对图14.2(b)和14.2(c)中间组的估值效果比较理想。因为落在这个区域的企业RNOA和净经营资产增长率通常都较为稳定。如阅读材料14.3所示,当销售净利率、资产周转率基本不变,销售收入增长率保持稳定时,SF3的估值效果也比较理想。

的确,稳定状态对简化估值至关重要。如果企业RNOA处于稳定状态,净经营资产增长率或销售收入增长率能很好地勾勒未来,那么这些指标的当期水平就是估值的重要依据。当然,如果以上条件不满足,简化估值效果就欠佳,甚至出现错误结果。要记住一点,简化模型只是完全信息估值的起点。

中国上市公司的盈利能力指标同样存在着均值回归的特性,表14.10列示了中国上市公司1992—2004年间IPO后五年内股东权益回报率的变化情况。

表14.10 中国上市公司1992—2004年间IPO后五年内股东权益回报率的变化情况

		IPO	IPO+1	IPO+2	IPO+3	IPO+4	IPO+5
1992	均值	0.156	0.196	0.122	0.074	0.051	0.014
	中位数	0.107	0.161	0.123	0.071	0.065	0.063
1993	均值	0.135	0.141	0.093	0.066	0.056	0.052
	中位数	0.117	0.133	0.091	0.083	0.102	0.086
1994	均值	0.132	0.101	0.083	0.066	0.027	0.042
	中位数	0.126	0.101	0.098	0.107	0.087	0.070
1995	均值	0.138	0.105	0.086	0.062	0.028	0.040
	中位数	0.117	0.113	0.106	0.108	0.079	0.067
1996	均值	0.138	0.139	0.076	0.071	0.043	0.024
	中位数	0.127	0.129	0.117	0.092	0.083	0.058
1997	均值	0.129	0.126	0.093	0.062	0.041	0.017
	中位数	0.118	0.119	0.100	0.086	0.062	0.045

(续表)

		IPO	IPO+1	IPO+2	IPO+3	IPO+4	IPO+5
1998	均值	0.113	0.114	0.105	0.056	0.028	0.035
	中位数	0.107	0.114	0.103	0.072	0.061	0.062
1999	均值	0.093	0.096	0.054	0.037	0.015	0.028
	中位数	0.092	0.098	0.071	0.061	0.047	0.038
2000	均值	0.077	0.075	0.056	0.064	0.056	
	中位数	0.073	0.070	0.064	0.061	0.062	
2001	均值	0.069	0.053	0.056	0.045		
	中位数	0.066	0.065	0.063	0.055		
2002	均值	0.077	0.075	0.072			
	中位数	0.072	0.081	0.100			
2003	均值	0.077	0.078				
	中位数	0.070	0.073				
2004	均值	0.083					
	中位数	0.074					
平均	均值	0.111	0.110	0.080	0.061	0.040	0.030
	中位数	0.104	0.110	0.093	0.077	0.068	0.061

资料来源：牛建军、岳衡、姜国华，2007，"中国上市公司盈利状况分析：1992—2004"，《中国会计评论》，第 2 期，第 165—180 页。

14.4 两阶段增长的简化估值

上述的简单预测都是建立在永续增长率基础之上，假定长期增长率会保持一个稳定水平。通常，我们预期企业会在短期内保持一个高增长率，但是长期的增长率会因产业竞争而相对低一些。比如说，在耐克的案例中，1996 年销售收入的高增长率（35.9%）一直持续了好几年，但是在 21 世纪早期跌落至 4%—5%。

基于此，两阶段增长的简化估值模型不仅更贴近事实，而且减少了估值中的推测性成分。长期的增长率有很强的不确定性，是所有估值模型中最具推测性的部分。感觉永续价值（长期）难以计算是可以理解的。分析师通常对短期预测更有信心。他们通常做一两年的点估计，然后才设定接下来 3—5 年的增长率。虽然这些增长率被称为"长期"增长率，但是它们最多只是未来 5 年期的。而且即使只有 5 年，这些增长率通常也不被采信。人们很少估计多于 5 年的长期增长率。

修改后的简化估值模型可以设定一个短期增长率、一个长期增长率。考虑未来一年期收益、两年期收益和长期增长率后，修改后的 AOIG 估值模型可以表示为：

$$V_0^{\text{NOA}} = \text{OI}_1 \times \frac{1}{\rho_F - 1}\left[\frac{G_2 - G_{\text{Long}}}{\rho_F - G_{\text{Long}}}\right] \quad (14.5)$$

OI_1 是对未来一年经营收益的预测，它乘上一个由两个增长率构成的乘数。G_2 是（1 加）

未来两年考虑股利再投资的经营收益增长率，G_{long}是上述指标的长期增长率。① 使用该模型时，短期增长率必须比长期增长率高，实际情况中也经常如此，参见第6章的图6.3。阅读材料14.4把这个两阶段增长模型应用到了耐克公司的例子中。

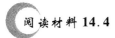
阅读材料 14.4

耐克公司两阶段增长估值

2005年早期耐克公司的分析师预测公司2005年和2006年EPS分别为3.43美元和3.81美元（2004年实际EPS为3.59美元）。调整净利息之后，这意味着其经营收益分别为8.92亿美元和9.91亿美元。预计2005年净经营资产为47.83亿美元，两阶段估值如下（单位：百万美元）：

	2004	2005	2006
经营收益		892	991
净经营资产	4 551	4 783	
自由现金流（OI − ΔNOA）		660	
自由现金流再投资（8.6%）			57
考虑股利再投资的经营收益			1 048
考虑股利再投资的经营收益增长率 1 048/892			17.49%

估值参数中 $G_2 = 1.1749$，$G_{long} = 1.04$（GDP增长率），$\rho_F = 1.086$。
公司价值为：

$$V_{2004}^{NOA} = 892 \times 1/0.086 \times [(1.1749 - 1.04)/(1.086 - 1.04)] = 30\,415 \text{（百万美元）}$$

$$V_{2004}^E = V_{2004}^{NOA} + NFA_{2004} = 30\,145 + 289 = 30\,704 \text{（百万美元）}$$

公司共2.631亿股，每股价值为116.7美元。

公司当时股价为75美元。因此，要么股票被低估了，要么分析师预测太乐观了（即未来长期增长率过高），或者是该公司短期增长模式到长期增长模式的变化并非逐渐衰减。最可能的解释是分析师过分乐观了（通过比较此处与阅读材料14.2中的G_2即可得到结论）。

14.5 以简化估值模型作为分析工具

尽管简化估值模型只能大体预测公司价值，但已成为分析师的一项重要工具，可用来进行"逆向工程"分析、股票筛选、敏感性分析等。

---

① 两阶段增长预测模型由 Ohlson 和 Juettner-Nauroth 提出。参见 J. Ohlson and B. Juettner-Nauroth, "Expected EPS and EPS Growth as Determinants of Value," *Review of Accounting Studies*, July-September 2005, pp. 347—364。

逆向工程

第5、6两章展示了估值模型可用来计算市价中内含的增长率和内含的预期回报率。在介绍有杠杆估值模型时,我们也使用了逆向工程方法。此处,我们首先从估值模型中分离出公司价值增值部分,然后寻找其驱动因素,以此来进一步精炼我们的分析。接下来,我们根据我们所知道的(财务报表信息)来辨别市价高低。

前面已讲到,公司价值恰好等于权益市值加净金融负债。V_0^{NOA} 表示基期公司内在价值,P_0^{NOA} 为市价,由 SF3 模型 14.3a 和 14.4 可知,$P_0^{NOA} = V_0^{NOA}$。显然,根据财务报表可以计算出核心 RNOA,假定净经营资产增长率为 g,结合市价,我们就可以求得投资的内含期望回报率。如果该内含期望回报率高于考虑了风险溢价的合理回报,就说明股价被高估;如果内含期望回报率低于考虑了风险溢价的合理回报,就说明股价被低估。当然,如果已知要求回报率,我们也可以计算出内含增长率 g,根据其与合理增长率的比较可以得出相应结论。

2004年年末耐克公司权益市价为 $75 \times 2.631 = 197.33$ 亿美元,其中净金融资产为 2.89 亿美元,所以公司价值为 194.44 亿美元。SF3 估值模型中,预测未来核心 RNOA 为 21.6%,剩余经营收益增长率为 5.1%(参见阅读材料 14.2),根据 SF3 剩余收益模型 14.3a 的逆向工程,有:

$$P_{2004}^{NOA} = 19\,444 = 4\,551 \times [(0.216 - 0.051)/(\rho_F - 1.051)]$$

因此 ρ_F 为 1.0896,即内含要求回报率为 8.96%。如果要求回报率为 8.6%,那么耐克公司的定价基本合理(尽管略微低估)。内含期望回报率计算公式如下:

$$\rho_F = \left[\frac{NOA}{P^{NOA}} \times (预测核心\ RNOA_1 - (g - 1))\right] + g$$

其中,$\frac{NOA}{P^{NOA}}$ 是公司市净率的倒数。我们可以根据"逆向工程"方法对各种预测的未来盈利能力指标和增长率进行计算:假定核心 RNOA 为 23%,增长率为 6%,由此可以计算相应的期望回报率。

实际上,AOIG 模型 14.4 也可以进行"逆向工程"分析。假定分析师对未来一期经营收益的预计值为 8.92 亿美元,短期增长率 G_2 为 17.49%,长期增长率 G_{long} 为 4%(参见阅读材料 14.4),根据模型 14.5 有:

$$P_{2004}^{NOA} = 19\,444 = 892/(\rho_F - 1) \times [(1.1749 - 1.04)/(\rho_F - 1.04)]$$

可得 ρ_F 为 1.1012,即内含回报率为 10.12%。如果我们认为要求回报率约为 8.6%,而且假定分析师预测是可靠的,那么我们就应当购买该公司股票。

借助于这些技巧,我们实际上将购买股票的期望回报率作为回报率,而不是单纯用资本成本。如果股价高估,那么内含回报率会较低;如果股价低估,那么内含回报率会较高。该指标不但考虑了正常的回报,而且考虑了预期超额回报。在基本面分析师看来,最大的风险是买价过高卖价过低。内含回报率的计算结果有助于避免这一风险。

类似地,我们也可以设定要求回报率,然后计算内含增长率 g。甚至可以根据逆向工程计算结果构建内含的经营收益增长率衰减图,类似第5章图5.8与第6章图6.3,然后就可以判断出相应的卖出区域和买入区域;由此分析师可以将市场预测与自己的预测进行比较。

提高股票筛选能力

第3章我们提到过根据市盈率、市净率、市销率及其他乘数排序,然后买低卖高,以此作为股票选择依据。不过当时我们也指出,以上指标没有考虑未来信息,我们可能因为没有知悉别人已经拥有的信息而做出错误决策。因此,我们需要根据这些乘数的未来变化做出筛选,或者更进一步,我们可以借助于估值模型来大体确定未来变化对估值的影响。简化估值模型也能胜任这一筛选任务。

具体说来,首先计算每只股票市价的内含期望回报率,然后根据内含期望回报率排序,买入期望回报率比较高的公司,卖出期望回报率比较低的公司。当然,也可以根据内含增长率进行筛选。尽管简化估值模型没有利用所有的信息,但其确实能够提高我们对股票的筛选能力。

敏感性分析

在对耐克公司 SF3 估值中,我们假定核心 RNOA 为 21.6%,净经营资产增长率为 5.1%。其实,简化模型中,我们可以改变未来盈利能力和增长速度的具体取值,然后计算估值结果的变动情况。

这种通过设定不同数值来比较目标值变动情况的方法通常称作敏感性分析。该项分析主要是在模型变量发生变化的情况下,测试估值结果对不同情形的敏感程度。SF3 估值模型已经给出了敏感性分析的大体形式。这一方法的美中不足在于其假定未来 RNOA 和净经营资产增长率为常数。不过为简化起见,我们使用 RNOA 和净经营资产增长率的均值作为变动基础。应当记住,我们只要找到近似值就可以了,并不需要非常精确。

前面已经提到,敏感性分析是通过改变 RNOA 和增长率,来考察其变化对估值结果的影响。如果未来 RNOA 为 19% 而不是 21.6%,耐克公司的 SF3 估值结果会怎样?如果未来增长率为 7% 而不是 5.1%,相应结果又怎样?借助模型 14.3a,我们可以绘制表 14.11:

表 14.11 耐克公司估值敏感性分析表(公司要求回报率为 8.6%):

NOA 增长率 \ RNOA	15%	20%	23%	25%
0%	31.27	41.33	47.36	51.38
3%	38.16	53.61	62.88	69.05
4%	42.46	61.26	72.55	80.07
5%	49.15	73.17	87.59	97.20
6%	60.97	94.24	114.20	127.50

当然,也可以考虑不同的要求回报率,构建三维估值图。此处估值矩阵给出了不同 RNOA 和不同净经营资产增长率下的每股价格。如果预计未来资产周转率不变,可以用销售收入增长率代替净经营资产增长率。

该估值矩阵较好地回答了"如果怎样,会如何"的问题。由于我们并不能完全确定耐克公司的未来盈利能力,估值矩阵给出了不同情形下的估值结果:在特定情形下,股票价值是上升还是下降?

此外,估值矩阵还给出了市价中隐含的 RNOA 和净经营资产增长率的组合是什么样的。例如,未来 RNOA 为 20%,净经营资产增长率为 5% 时,股票价值为 73.17 美元;未来 RNOA 为 23%,净经营资产增长率为 4% 时,股票价值为 72.55 美元;两者都可以论证市价 75 美元的合理性。如果我们认为耐克公司增长率肯定不会超过 5%,那么其净经营资产回报率至少要达到 23%。

本章小结

本杰明·格雷厄姆(Benjemin Graham),史上最著名的基本面分析大师,告诫我们在使用估值模型应当注意:

> 在未来前景——特别是未来持续增长率——这一概念指引下,我们使用高等数学知识建立相关公式,然后计算净现值。这些公式都是很精确的,但实务中,其计算数据却是靠假设得到的,精确的公式和假设的数据糅合在一起,可以得到(或证实)分析师想要的任何结果,不论结果大小。[①]

我们要牢记这一忠告。计算出来的结果可以论证任何价格的合理性,比如 IPO、并购和诉讼中的尽职调查。格雷厄姆特别提出,由于很容易在公式中加入未来增长率 g,因此要特别小心其使用。定价是否合理取决于基本面事实,应当多关注现在,而减少对未来推测性增长的依赖程度。

也有人说,20 世纪后半期遵从了格雷厄姆原则的投资者,必然会丧失 IBM 等高速增长公司所带来的价值。我们当然可以使用增长来定价,但凡事皆有度。我们在第 5、6 两章介绍估值模型的基本要素时,就很好地分离了"我们所知道的"(现有的信息)和"我们所不知道的"(对未来的推测)两个要素,当然,那里我们也考虑了增长。本章强调的是我们从财务报表中所获得的信息以及估值模型所暗含的信息。这是基本要素之一。下一章,我们将介绍估值模型的另一基本要素——对未来的推测性信息;不过我们将这一基本要素限定在一定范围内,以免出现投机倾向。

根据历史和当期财务报表即可得到本章三个简单预测模型,在得到这些预测值的时候,我们使用了本书第二部分介绍的财务报表分析工具。我们从分析中得到核心盈利能力,并假定其在未来依然持续;然后在核心盈利的基础上加上增长率的预测值,就可以实现简单预测模型(SF3 预测法)估值了。当资产周转率为常数时,可持续增长率可以根据预测的销售收入增长率得出。

根据本章三个简单预测模型可以很快得到简化估值结果,然后可以计算相应的企业市净率和企业市盈率。不需要太多工作,就可以根据上述结果提升我们的股票筛选工作。

关键概念

均值回归(mean reversion):指标随着时间的推移逐渐向该指标的平均值或正常水平靠近的趋势。

敏感性分析(sensitivity analysis):检测在不同的未来预测值或不同要求回报率的指标下,价值是如何变化的。

简单预测(simple forecasting):通过当期财务报表的各个指标进行的预测。

简化估值模型(simple valuations):以简单预测指标为基础进行的估值。

[①] B. Graham. *The Intelligent Investor*, 4th rev. ed. (New York: Harper & Row, 1973), pp.315—316.

案例连载:金伯利·克拉克公司

自主练习

你最终到了可以评估金伯利·克拉克公司股票价值的时候了。在这一章,根据你从财务报表分析中得到的信息,你将做简单的估值。而后,在下一章,你将进行全面的预测和估值。

股价和公司价值历史

1999 年年末,金伯利·克拉克公司股票的交易价格为每股 60 美元。随后的年度股利和股票价格如下表所示(单位:美元)。

	2000	2001	2002	2003	2004
每股股利	1.08	1.12	1.20	1.36	1.60
年末股价	69.50	59.30	47.80	59.00	65.00

计算五年里持有金伯利·克拉克公司股票所获得的总回报以及年平均回报率。这一计算结果与你在案例连载中所使用的要求回报率相比如何?

现在来看看你在第 13 章案例连载中所计算的这些年的剩余收益的数值。你认为股价反映了你计算的价值增值吗? 在 1999 年年末,金伯利·克拉克公司披露了 77.45 亿美元的净经营资产和 50.93 亿美元的普通股股东权益,流通在外的股票数为 5.406 亿股。你认为公司后来挣得的来自经营活动的剩余收益是否表明当时的企业市净率是正确的?

简化估值

利用你在前面计算的公司要求回报率,进行简化估值。你所能利用的信息只有你在当前和过去的财务报表中获得的信息。根据这些信息计算企业市净率和企业市盈率。这一信息意味着 2004 年年末股价会怎样? 不要忘记减去你在第 13 章案例连载中已经计算过的待决期权。你的估值结果与每股 64.81 美元的市场价格(2005 年 3 月)相比如何?

逆向工程和敏感性分析

市场价格蕴含了对未来增长的预期。假定金伯利·克拉克公司能够将未来经营活动盈利能力保持在目前的核心 RNOA 水平上,那么市场对未来剩余收益增长做出了怎样的预期? 根据历史数据判断,你认为这种预期合理吗? 为了进行更深入的分析你可能会用到什么工具? 例如,你可以参见图 5.8。

现在开始进行试验。哪些情境可以证明市场价格是合理的? 你认为这些情境是合理的吗? 你能发现显示该股票价格被低估或是高估的情境吗? 你的这些猜想和你从过去财务报表中获得的信息一致吗?

练习

E14.1 两阶段增长估值

分析师在 2012 年年末对南方公司作出如下估计(单位:万元):

	2012A	2013E	2014E
经营收益		782	868
净经营资产	6 400	6 848	7 190
净金融负债	756		
普通股权益	5 644		

南方公司经营活动要求回报率为9%。
a. 预测2014年带息经营收益增长率。
b. 假设长期增长率为4%,使用两阶段增长模型14.5对权益进行估值。
c. 公司远期企业市盈率为多少?

E14.2 逆向工程(简单)

2012年年末,北方公司披露,净经营资产为37.21亿元,净金融负债为5.6亿元。其1.05亿流通股股价为53元。预测公司未来会维持当前18.6%的核心净经营资产回报率,并且其净经营资产也将以每年4%的速度增长。投资这只股票你的回报率是多少?

E14.3 两阶段增长率的逆向工程(中等)

分析师在2012年年末对东方公司作出以下估计(单位:万元):

	2012A	2013E	2014E
经营收益		782	868
净经营资产	6 400	6 848	7 190
净金融负债	756		
普通股权益	5 644		

a. 假设现金流再投资回报率为9%,预测东方公司2014年带息的经营收益增长率。
b. 你认为9%的现金流再投资回报率对于东方公司来说是合理的,并且认为合理的长期增长率为4%。公司4.5亿股股票以每股32元进行交易。你认为这一价格是高还是低?

E14.4 销售增长率的简化估值(中等)

分析师预测,西方公司当前15.5%的核心净经营资产回报率在未来5%的年销售收入增长率下将远远保持下去。分析师还预测西方公司当前2.2的资产周转率也将持续。如果公司要求的回报率为9.5%,计算企业市净率。

E14.5 基于超额经营收益增长的简化估值:可口可乐公司(中等)

这一章的阅读材料14.3中利用剩余经营收益的方法对可口可乐公司进行了简单的估值。利用同样的7.5%的预计收入增长率,使用超额经营收益增长的方法进行简单估值。

E14.6 具有短期和长期增长率的简化估值:思科公司(简单)

2002年后期,分析师预测思科公司2003财年和2004财年的每股收益分别为0.54美元和0.61美元。当时思科的股票以每股15美元的价格进行交易。假设长期增长率为国民生产总值的平均增长率4%,利用这一章的公式14.5中的模型对思科进行估值。将这一公式应用于收益而不是经营收益,并且使用9%的要求权益回报率。

E14.7 闲置能力和价值(困难)

太极公司目前只使用了其50%的产能。它的资产负债表摘要如下(单位:百万元):

应收账款	1.0
存货	4.3
厂房	10.7
	16.0
金融负债	4.0
普通股权益	12.0

太极公司从其当前的生产中可获得3 200万元的销售收入,税后销售净利率为5.6%。

a. 计算太极公司的净经营资产回报率、应收账款周转率、存货周转率和总资产周转率。

b. 假定太极公司的要求回报率为10%。如果其当期盈利能力将保持不变,没有任何增长,请给该公司估值。

c. 假定太极公司使用其厂房的全部生产能力进行生产,在价格及销售净利率不变的情况下,其总收入为6 400万元。应收账款和存货将按之前的应收账款周转率和存货周转率增加。计算该公司如果持续使用全部能力进行生产和销售的价值。确定经营中使公司价值超过b中计算的公司价值的因素。

E14.8 价值和销售增长:沃尔玛(中等)

1999年1月31日,零售商沃尔玛报告其利润率为3.65%,资产周转率为4.66,净经营资产为299亿美元。公司的金融负债为80亿美元。

在前些年,沃尔玛公司的销售增长率为每年12%—16%,但是分析师预期其未来的平均销售增长率为8%。分析师还预期其利润率和资产周转率将保持1999年的水平。

a. 根据分析师的预测,给出1999年的所有者权益估值。资本成本为11%。

b. 在1999财年末,沃尔玛公司股票的市价总值为2 000亿美元。如果利润率和资产周转率将保持其1999年的水平,市场对沃尔玛公司2004年销售额的预期为多少(未来5年)?

微型案例

M14.1 简单预测、简化估值和敏感性分析:家得宝公司

家得宝公司是一家家居建材用品零售商,2000年年初的总市值为1 222亿美元,在所有同类公司里排第16位。股票的市场价格为每股83美元,其12个月滚动市盈率为53,市净率为10.7,市销率为4.1。在此之前的12个月家得宝公司的股票价格已经上升了45%。公司被视为下一个沃尔玛,大家预测公司会在全球范围内开拓市场。但是,进入新世纪后,公司原本迅猛发展的势头有所减缓。2003年,公司股价跌至20美元。

家得宝公司是一家概念零售商。它由Bernard Marcus和Arthur Blank在1978年创立,它的战略是以自己动手爱好者为目标市场,为他们的家庭装修工作提供所需的帮助和安全保证,以较低的竞争价格提供高质量、可信赖的产品,以最小化他们的挫折感,提升其完成任务的满意度。大多数存货都储存在零售商店里,从而给消费者一种价格低廉的感觉并鼓励他们自己动手。

仓储商店给客户提供很大的折扣。由于折扣会影响毛利,公司必须仔细控制它的销售成本、存储成本和服务成本。家得宝公司已经在提供高质量服务、高品质低价格的产品方面取得了显著的成功。其销售收入从1979年的700万美元增长到1986年的7.5亿美元,1996年的200亿美元和1999年的300亿美元。

由于面临的竞争越来越激烈——特别是Lowe's家居建材用品店——创始人2000年聘用了Bob Nardelli来运营家得宝,他是GE公司Jack Welsh继任人选的竞争者之一。他认为公司的商业模式已经过时了,所以他投资于门店的现代化,提高技术含量,开发了管理层的培训体系。他制定了雄心勃勃的目标:2005年收入达到1 000亿美元。到那时,家得宝将有1 890家门店,主要分布在美国、加拿大和墨西哥,1999年其门店数为878家。2004年6月,家得宝公司宣布要进军中国。

当家得宝(股票代码HD)2005财年财务报表公布时,股价为42美元。财务报表如下。

家得宝公司及其分公司
合并利润表
（除了每股金额之外，都以百万美元为单位）

	财政年度截止日		
	2005年1月30日	2004年2月1日	2003年2月2日
净销售收入	73 094	64 816	58 247
销售成本	48 664	44 236	40 139
毛利润	24 430	20 580	18 108
经营费用			
销售和存储	15 105	12 588	11 276
管理费用	1 399	1 146	1 002
总经营费用	16 504	13 734	12 278
经营收益	7 926	6 846	5 830
利息收入（支出）			
利息和投资收入	56	59	79
利息支出	(70)	(62)	(37)
净利息	(14)	(3)	42
所得税前收益	7 912	6 843	5 872
所得税	2 911	2 539	2 208
净收益	5 001	4 304	3 664
加权平均普通股股数	2 207	2 283	2 336
基本每股收益	2.27	1.88	1.57
稀释加权平均普通股股数	2 216	2 289	2 344
稀释每股收益	2.26	1.88	1.56

合并资产负债表
单位：百万美元

	2005年1月30日	2004年2月1日	2003年2月2日	2002年2月2日
资产				
流动资产：				
现金及现金等价物	506	1 103	2 188	2 477
短期投资	1 659	1 749	65	69
应收账款净额	1 499	1 097	1 072	920
库存商品	10 076	9 076	8 338	6 725
其他流动资产	450	303	254	170
总流动资产	14 190	13 328	11 917	10 361
不动产和设备（以成本计价）：				
土地	6 932	6 397	5 560	4 972
建筑物	12 325	10 920	9 197	7 698
设施与设备	6 195	5 163	4 074	3 403

(续表)

	2005年1月30日	2004年2月1日	2003年2月2日	2002年2月2日
租赁资产改良投资	1 191	942	872	750
在建工程	1 404	820	724	1 049
融资租赁资产	390	352	306	257
	28 437	24 594	20 733	18 129
减累计折旧和摊销	5 711	4 531	3 565	2 754
净不动产和设备	22 726	20 063	17 168	15 375
应收票据	369	84	107	83
收购资产中成本超过公允价值部分,减累计摊销	1 394	833	575	419
其他资产	228	129	244	156
总资产	38 907	34 437	30 011	26 394
负债及所有者权益				
流动负债:				
应付账款	5 766	5 159	4 560	3 436
应付职工薪酬和相关费用	1 055	801	809	717
应付销售税	412	419	307	348
递延收入	1 546	1 281	998	851
应付所得税	161	175	227	211
一年内到期的非流动负债	11	509	7	—
其他应计费用	1 578	1 210	1 127	938
总流动负债	10 529	9 554	8 035	6 501
长期负债(扣除一年内到期的)	2 148	856	1 321	1 250
其他长期负债	763	653	491	372
递延所得税负债	1 309	967	362	189
所有者权益:				
普通股,面值0.05美元,额定股数10 000,2005年1月30日发行2 385股,2004年2月1日发行2 373股;2005年1月30日流通2 185股,2004年2月1日流通2 257股	119	119	118	117
资本公积	6 650	6 184	5 858	5 412
留存收益	23 962	19 680	15 971	12 799
其他综合收益累计额	227	90	(82)	(220)
递延补偿	(108)	(76)	(63)	(26)
库存股,以成本计价:2005年1月30日,200股;2004年2月1日,116股	(6 692)	(3 590)	(2 000)	—
所有者权益合计	24 158	22 407	19 802	18 082
负债及所有者权益合计	38 907	34 437	30 011	26 394

a. 根据这些财务报表,对家得宝公司进行预测以便能够为它的所有者权益估值。家得宝联邦及州所得税合并税率为37.7%。

b. 分析师预测2006年每股收益为2.59美元,2007年为2.93美元。你根据财务报表做出的预测和分析师的预测相比有没有不同?

c. 以你的预测为基础为其所有者权益估值。假设公司的要求回报率为9%。

d. 在进行预测和估值中你遇到了什么问题?你认为家得宝公司是否适用于简单预测和简化估值模型?为解决这些问题你需要什么样的附加信息?

e. 使用逆向工程、敏感性分析等各种根据质疑42美元的股价。

M14.2 贵州茅台(600519)

贵州茅台(600519)是根据贵州省人民政府黔府函〔1999〕291号文《关于同意设立贵州茅台酒股份有限公司的批复》,由中国贵州茅台酒厂有限责任公司作为主发起人,联合贵州茅台酒厂技术开发公司、贵州省轻纺集体工业联社、深圳清华大学研究院、中国食品发酵工业研究院、北京市糖业烟酒公司、江苏省糖烟酒总公司、上海捷强烟草糖酒(集团)有限公司于1999年11月20日共同发起设立的股份有限公司。经中国证监会证监发行字〔2001〕41号文核准并按照财政部企〔2001〕56号文件的批复,公司于2001年7月31日在上海证券交易所公开发行7150万(其中,国有股存量发行650万股)A股股票。

公司的主要业务为:贵州茅台酒系列产品的生产与销售;饮料、食品、包装材料的生产与销售;防伪技术开发;信息产业相关产品的研制、开发。

公开资料显示,贵州茅台2001年8月27日上市,发行价31.39元,发行7150万股,总股本25 000万股,首日开盘价34.51元。2012年7月贵州茅台复权价超过1 200元。上市10年,股价累计上涨40余倍,平均每年上涨4倍多。

请查找并阅读2011年贵州茅台的年报,使用本章介绍的SF2和SF3方法对茅台公司进行估值。估值中,假设公司要求回报率为10%。对估值中用到的假设进行敏感性测试,看一看估值结果对哪个变量的变化最为敏感。

第 15 章
完全信息预测、估值与企业战略分析

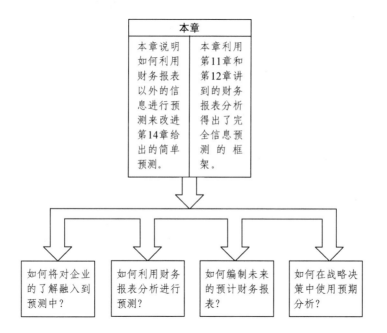

开篇阅读材料

一份完整的公司投资价值研究报告所涵盖的内容:
正文
——公司概况
——行业分析
——公司分析
  ——策略
  ——经营

——管理
——财务
——风险
——盈利预测

公司概况
——公司的主要经营业务是什么？
——公司产生的主要产品是什么？
——从收入、利润或资产等方面，描述这些业务的相对规模。
——主要/控股股东是谁？
——从市场份额和市场定位方面，描述公司业务的市场地位如何。
——主要竞争对手都有哪些？
——借助法律赋予的特权、经营规模、专有技术、品牌优势或者其他原因，公司是否具有垄断能力/控制市场的能力？（只有在该公司的确拥有这样的竞争优势时才加入这方面的内容）

行业分析（进行分析的目的是清楚地确定行业增长的潜力）
——从销售量方面来看需求前景如何？
——为什么会预期这样的需求前景？列出你的理由。
——这些因素是否持续、稳定？为什么？
——价格走势是什么？为什么？
——目前行业供应/产能状况和前景如何？
——行业的产能利用率如何？
——行业主要成本的前景如何？
——行业内竞争方面的主要问题是什么？说明行业竞争的结构（五种竞争力：与供应商的议价能力，与买方的议价能力，现有对手之间的竞争，来自新进入者的威胁，以及来自替代者的威胁）。
——以后这些竞争方面的问题将如何变化/发展？为什么？
——这些问题将可能怎样影响行业参与者？
——取消行业管制将导致多少更大的竞争/产生多少更多的机会？
——政治环境或者政府政策的改变将如何影响行业的前景？
——新技术将以何种方式在多大程度上推动行业的发展？

公司分析（这一部分应清楚地解释和评价公司的目标、策略、前景、相对的竞争优势及弱势）
——策略
——经营
——管理
——财务
——风险
——盈利预测

策略方面的问题
—公司经营的主要目标是什么？（公司想做什么？）
—公司如何实现这些目标？比如，公司的策略是什么？
—公司的资本支出计划是什么？（资本支出金额、用途、地点、时间）
—近期是否有重大资产的收购、变卖事项？这些收购、变卖资产的事项是如何让公司实现其战略目标的？
—你如何评价公司的策略？这些策略的优点和缺点是什么？
—公司扩大规模以保持竞争力是否很重要？为什么？

策略方面的问题
—增加的市场在什么样的程度上是一个合适的策略？如何最好地实现/保护这个策略？同时提供数字、现有市场份额以及增长率。
—在哪种程度上/为什么垂直/水平整合是一个好的战略？该战略将如何实施？
—在哪种程度上把重点放在盈利能力上是一个好的战略？在这样的战略中收入增加/成本控制的相对重要性是什么？
—公司是否拥有"转悠"技术？这些技术的竞争优势如何重要？

经营方面的问题
—盈利增长的推动力是哪些？
—公司每一项主营业务/每一种主要产品的收入前景如何？

经营方面的问题——销量
—公司主要产品的销售量增长的决定因素是什么？
—增长前景是什么（增长幅度和时间）？
—支持这一增长前景的因素是什么？
—这些因素是否是持续性的？
—与公司的主要竞争对手以及行业平均水平相比，该销量增长前景怎么样？

经营方面的问题——售价
—决定公司主要产品销售价格的因素有哪些？
—销售价格走势如何（变化时间和幅度）？
—与公司的主要竞争对手以及行业平均水平相比，该价格走势怎么样？
—支持这一价格走势的因素有哪些？
—这些因素是否是持续性的？

经营方面的问题——销售策略：公司为了提高收入采取了哪些措施？例如：
—公司是否积极参与价格战中？
—公司是否是一家垄断供应商，可以通过减少供应量抬高价格？如果是，该策略将持续多长时间？
—公司改变了其产品组合吗？
—公司是否准备推出新产品？如果是这样的话，这些新的产品是什么？前景如何？为什么？

——公司是否根据产品、市场段或地理位置来细分新市场？如果是,请提供详细情况。

经营方面的问题——成本
——公司的主要成本有哪些？（公司的成本结构是什么？）
——公司主要的成本削减措施是什么？
——主要成本项的前景如何？
——支持该前景的因素有哪些？
——这些因素是否是持续性的？

经营方面的问题——产能
——近期,公司是否还有/可能有多少的剩余生产能力？（多少产能？到什么时候？）
——公司寻求如何安排这些剩余的生产能力？（多少产能？到什么时候？）
——公司的产能扩张计划是什么？（多少产能？到什么时候？）

管理方面的问题
——经营效率的重要度量工具有哪些？
——与公司的主要竞争对手以及行业平均水平相比,公司的效率如何？
——这样的运行效率的前景如何？
——支持这一经营效率前景的因素有哪些？
——经营杠杆对公司的盈亏结果的影响如何关键？

财务方面的问题——对现金流量表和资产负债表进行分析,以评价公司的财务实力以及公司的风险,你可能会提出的重点应包括：
——过多的财务借债。
——资助将来的资本支出的结构的现金来源。
——维持公司经营满足债务偿还义务的足够的现金流。
——过多的现金余额,这可能意味着：
    a. 可能有一项特别股息支付;
    b. 资本的无效率使用,例如低于票面 ROCE（已利用资本回报率）;
    c. 可能要进行收购;
    d. 冒险把现金转移到集团内部其他公司。
——应收账款和存货的变动情况。

盈利预测
——在你的盈利模型中,列出主要的假设。
——明确指出今后三年的预期。
——支持所有未来年份预测的假设都可以一并列出来,除非有特别的原因需要突出任何特殊年份(例如,在未来5—6年将有很大产能下线)。
——只要合适/相关,计算预测期间的复合平均增长率,并把它与公司的竞争对手的复合平均增长率进行比较。
——盈利能力的度量工具包括净资产回报率（ROE）、已利用资本回报率（ROCE）以及各种利润等应在此着重指出并进行分析。

——进行敏感性分析,指出关键因素变化的影响。

风险因素
——行业风险
——政策;
——行业周期;
——需求和供给。
——公司风险
——经营风险;
——财务风险。

资料来源:节选自《公司深度报告构思及写作指引》,作者潘建平,中信证券研究部董事总经理,产品质量组、制造及 TMT 组组长。

分析师核对表

读完本章后你应该理解:
- 根据财务报告分析未来情况就是预测。
- 财务报表驱动因素是如何将经济因素转换为估值的。
- 驱动因素的变化趋势及其背后的经济力量。
- 怎样确定关键驱动因素。
- 如何进行完全信息的报表预计分析。
- 报表预计分析的 13 个步骤。
- 预测剩余经营收益和超额经营收益增长的 7 个步骤。
- 兼并与收购中的估值。
- 管理层收购的估值。
- 总量预测与每股数据预测的差别。
- 战略分析中报表预计分析的作用。

读完本章后你应该能做到:
- 编制未来的预计利润表和预计资产负债表。
- 根据预计报表,计算未来剩余经营收益、超额经营收益增长和自由现金流。
- 从预计财务报表中计算企业估值结果。
- 计算某一驱动因素变化对预计财务报表和估值结果造成多大影响。
- 使用报表预计分析法进行敏感性分析。
- 计算并购方案对每股价值的影响。
- 根据预计报表分析结果评估战略环境。

上一章的简单预测模型涵盖了估值的所有概念,但并未充分利用可靠估值所需的信息。简单预测模型主要考察经营收益和净经营资产增长率,且依赖于当期值。完全信息预测模型使用了更多信息,影响经营收益和净经营资产的所有要素都要预测,然后根据这些预测值,计算剩余收益和超额收益增长的预测值,之后再估值。

第 11 章、第 12 章给出的影响企业盈利能力和增长速度的因素,为我们分析当期财务报表提供了基础。同时,这些因素也会影响企业未来盈利能力和增长速度,因而根据这些因素就可以建立起预测的基本框架,即分析者需要预测这些要素——未来核心销售净利率、资产周转率等——来得到估值模型所需的变量。财务报表分析充分挖掘历史信息和当期信息,为预测未来提供信息支持。通过本章学习,您会发现,预测不过是对财务报表未来情况所做的分析。本章使用的分析多数与第11、12章方法相似,只是推进到了未来而已。

公司经营中真实的经济状况驱动着企业的盈利能力和增长能力,因此了解公司经营活动的实质,是探索完全信息预测所需信息的第一步。通过本章学习,您将发现,财务报表分析是对经营活动各个方面的一种可预测化的阐释。了解公司战略是预测分析的前提,本章也将阐述财务报表分析是如何解析公司战略的,您将看到,报表预测用到的很多方法与管理者战略决策的评价方法是一致的。

本章将给出预测分析的通用模式。该模式综合考虑了商业活动的所有相关因素,忽略了所有无关信息;该模式综合性高、条理性强,不会遗漏重要因素。此外,该模式促使分析师有条理地预测,在一定程度上减少了估值中的推测性成分。

上一章的简单预测模型立足于当期盈利能力和净经营资产增长率,是进行完全信息预测的基础。完全信息预测则探求盈利能力和增长率未来会发生怎样的变化,如果通过分析更多信息,我们发现未来情况确实将发生变化,那么就要修正简单预测模型和简化估值模型。

15.1 财务报表分析——基于商业活动的分析

我们一再强调,只有对商业活动理解透彻,分析师才能做出准确的估值。理解商业活动是估值和战略分析的先决条件——基本面分析的第一步。请回顾第1章的"商业活动分析"部分,那里我们讨论了决定公司成功的主要因素。分析师必须了解公司商业模式和可供选择的战略举措,必须理解公司的产品、产品生产及营销、企业的知识资本等;必须了解企业面临的竞争环境、公司的竞争优势及优势的持续性;必须了解与企业相关的法律、监管和政治因素。

了解这些经济因素是进行预测的前提,而且我们还必须将这些信息转化为能够进行估值的可度量信息。我们必须了解公司的产品、行业竞争情况、公司进行产品创新的能力等,而且我们必须以便于估值的方式解释这些信息。经济因素通常是以定性的概念表述的,虽然提供了信息,但不是具体的金额数字。我们可能发现一个公司具有垄断力,但这对其价值有何影响呢?我们也许发现一个公司正"面临竞争的威胁",这对其价值又有什么影响呢?应当如何为"成长机会"定价呢?

第11章、第12章介绍的基于会计信息的估值模型和财务报表分析提供了定性信息向定量信息转化的方式。市场垄断力带来较高净利率,而竞争则会降低净利率。产品营销能力反映在资产周转率的提升中。净利率和资产周转率正是估值基础——剩余收益的驱动因素。财务报表分析框架是对我们所观察到的商业情况的解释,它聚焦于商业。单纯依赖那些定性的词语,如"市场垄断"、"竞争优势"、"技术突破"、"大数据"等,而不具体分析其含义是十分危险的。投资者会被这些话语所激发起的热情驱动,导致股票价格泡沫。在财务报表分析框架之内的预测能够约束投资者,使其不至于非理性地乐观或悲观,将乐观的投资者和悲观的投资者都引导到基本面价值上来。

根据商业活动进行估值分析需要考虑以下四个方面。

关注剩余经营收益及其驱动因素

在市盈率估值中,公司估值的重点是 AOIG;在市净率估值中,公司估值的重点是 ReOI。不过,我们已经指出,AOIG 就是 ReOI 的变动额。因此,可以从对 ReOI 的影响上来解读商业活动。ReOI 是根据净经营资产回报率(RNOA)和净经营资产(NOA)增长来计算的。而净经营资产回报率(RNOA)可以分解为四个因素:

$$RNOA = (核心销售净利率 \times ATO) + \frac{核心其他经营收益}{NOA} + \frac{非经常项目}{NOA}$$

将 RNOA 的这些驱动因素和 NOA 增长结合起来,我们可以用一个包含五个驱动因素的表达式将剩余经营收益表示出来:

$$ReOI = 销售收入 \times \left[核心销售净利率 - \frac{公司要求回报率}{ATO} \right] \\ + 核心其他经营收益 + 非经常项目 \tag{15.1}$$

(通常情况下,对非经常项目的预期为零。)ATO 是单位净经营资产销售收入。公司要求回报率与 ATO 的比值是运营效率的指标,表示单位净经营资产产生的销售收入与这些资产要求回报率之间的比例。我们称其为资产周转率效率比率,这个比率越小,产生的 ReOI 越大。上式还包括 RNOA 的其他驱动因素:核心销售净利率、资产周转率、核心其他经营收益和非经常性项目。NOA 的增长包含在驱动因素中:既然 NOA 带来销售,因此 NOA 可以由销售收入和 1/ATO 表示,也就是由销售收入和单位销售收入所需要的净经营资产来表示。

为了预测剩余经营收益,必须预测这些驱动因素。因而,为了估值,应把对公司活动的各种观察转化为对下面五个驱动因素的预测:
- 销售收入
- 核心销售净利率
- 资产周转率
- 核心其他经营收益
- 非经常项目

销售收入是主要的驱动因素,因为如果没有消费者和销售收入,就不会产生公司价值。我们对商业活动的理解,包括产品、营销、研发、品牌管理等都应当用来预测销售。根据基本经济学原理,销售收入等于产品价格乘以销售数量。预计价格和数量需要分析消费者偏好、消费者的需求价格弹性、替代品、生产技术、行业竞争状况、政府监管等。但公式 15.1 告诉我们,只有当销售净利率为正时,我们才能得到正的 ReOI,进一步讲,只有当净利率大于资产周转效率比率时销售收入才能产生正的 ReOI。

作为商业分析的第一步,我们要了解 ReOI 驱动因素背后的经济因素。什么因素决定了企业产品价格和销量?这一问题的答案可以从竞争状况、产品替代性、品牌、知识产权保护等角度考虑。什么因素决定了销售净利率?这一问题的答案可以从生产技术、学习效应及规模经济、劳动力市场和产品市场的供求情况等角度考虑。

关注变化

公司当期的驱动因素可以通过财务报表分析找到。预测涉及对这些驱动因素未来值的预测,所以要考虑可能会影响当前 ReOI 驱动因素的商业活动。分析这些驱动因素的变化需要考虑收益的持续性,或者更严格地说是 ReOI 的持续性。驱动因素变化分析需要以下三步:

步骤 A:了解该行业典型的驱动模式

在上一章的图 14.2 中给出的历史模式是预测的出发点。图中显示了 ReOI、RNOA 和 NOA 增长率在长期趋向于平均水平的均值回归趋势。这一趋势是 NYSE 和 AMEX 的所有上市公司共有的。根据历史数据可以对每个行业画出类似的图示。同样,这一图示还可以扩展到核心销售净利率、资产周转率和 ReOI 其他驱动因素上。

这些驱动模式由两个因素决定:

1. 驱动因素当前值与可比公司组该驱动因素一般值(中值)之间的差异。
2. 向长期稳定水平的收敛速度。

因素 1 可以通过对当期财务报表的分析得到,因素 2 是预测的主要内容。向长期水平的收敛速度有时称为衰减率或持续率。有的分析师宣称,他们分析报告的核心就是分析衰减率。非正常水平的 ReOI 和非正常水平的 ReOI 驱动因素,收敛到其长期一般水平需要多久?非正常水平将持续多长时间?

同一行业内部的经济因素影响公司的方式很相似,因此最好分行业绘制驱动模式图。通常,行业是根据市场上交易的产品来定义的。现有的一些标准分类方法,比如标准行业分类(SIC)系统,它把公司按照四个数字一组的行业代码分类。在一个行业内的公司随着时间的推移趋向于彼此很相似,或者它们走向破产。因此,分析师们所述的 ReOI 和它的驱动因素所趋近的水平是这个行业中的一般水平。某些公司可能会拥有暂时性的优势,如有新的想法或创新使之区别于其他公司,但是竞争的力量、现有企业的能力和新进入企业的模仿都会使这些暂时优势逐渐消失。如果这些竞争力量较弱,则我们期望其驱动模式比竞争激烈的产业更具有持久性。由于竞争程度影响衰减速度,一些分析师将一个驱动因素衰减到一般水平的期间称为竞争优势期间。

图 15.1 给出了 1964—1999 年 NYSE 和 AMEX 所有上市公司的核心 RNOA 驱动因素 5 年期的历史变动模式,也给出了其他核心经营收益(除以 NOA 后的值)和非经常项目(除以 NOA 后的值)的历史变动模式。[①] 同上章中一样,图中公司按照其驱动因素在基年(第 0 年)的不同水平被分为 10 组,每组对应一条曲线。这些图称为衰减图。最高的一组包括了所有公司在基年中驱动因素最高的 10%;最低的一组包括了所有公司在基年中驱动因素最低的 10%。正如你预料到的,非经常项目(图 15.1c)很快失去影响——它们只是过渡性的因素;而核心 RNOA(图 15.1a)和其他核心经营收益(图 15.1b)同样趋向中心值,表现在:位于图中上方的高盈利能力公司组的曲线下降,位于图中下方的低盈利能力公司组的曲线上升。该图显示,竞争的力量会促使核心 RNOA 趋向于一般水平。最高 10% 的公司其当期核心 RNOA 的平均值为 29%,5 期之后衰减为 18%。但是预测时要注意,核心 RNOA 是存在长期差别的:具有较高的当期核心 RNOA 的公司以后也倾向于具有较高的核心 RNOA,但与其他组核心 RNOA 的差别将会下降。在第四部分中我们将会看到会计可以部分地解释这些永久性差异。

[①] 如同第 14 章的图 14.2,这里图中的模式是把上市公司按照核心 RNOA 驱动因素在 1964、1969、1974、1979、1984、1989 和 1994 年进行分组,然后取其指标的平均值并且画出折线图。

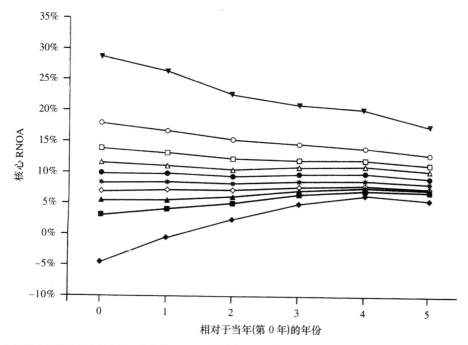

（a）核心 RNOA 变动趋势图。当期核心 RNOA 较高的组，后续五年核心 RNOA 会下降；当期核心 RNOA 较低的组，后续五年核心 RNOA 会上升；但总趋势是向稳定水平收敛。

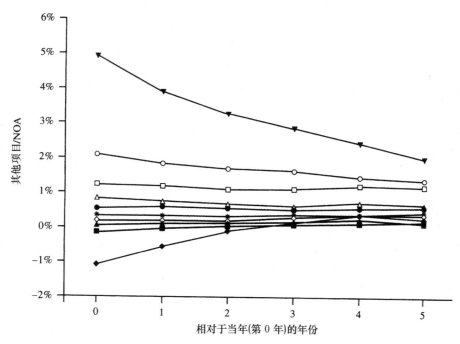

（b）核心其他经营收益/NOA 变动趋势图。当期该指标较高的组，后续五年会逐渐下降；当期该指标较低的组，后续五年会逐步上升；但总趋势依然是向稳定水平收敛。

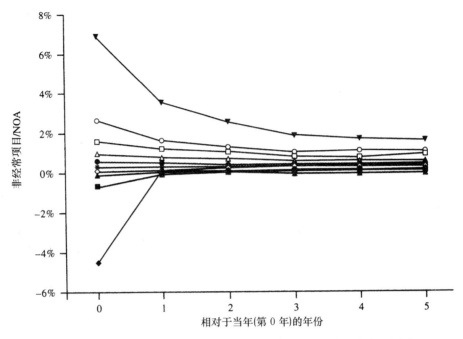

(c) 非经常经营项目/NOA 变动趋势图。非经常项目是暂时性的,所以消失的非常快。

图 15.1 核心 RNOA、其他核心经营收益及非经常经营项目变动趋势图:
1964—1999 年美交所和纽交所上市公司

本图描绘了按照基期数据划分的 10 组企业,后续五年该组指标中值的变化趋势。当期较高组后续五年该值也较高,当期较低组后续五年该值也相应较低。

我们在第 12 章增长率分析中分析的驱动因素的变化也可以建立如上面所示的驱动模式。图 15.2 给出了销售收入增长率、核心销售净利率变化和资产周转率变化的历史变动模式。这些模式图显示了驱动因素增长或下降的稳定性。销售收入增长率(如图 15.2a 所示)具有较强的均值回归性:具有高销售收入增长率的公司其未来的增长率趋于下降。而较高或较低的核心销售净利率变化(如图 15.2b 所示)和资产周转率变化也都是暂时的。这两个因素的平均变化(第 0 年处由上向下数第五组)接近于零,而所有组的变化值随时间的推移都趋近于这个平均值。

逆向股票选择策略(第 3 章)卖空销售收入和利润增长率较高的股票而买进低增长率的股票。这种逆向投资策略的使用者认识到了这些变化模式并认为市场没有看到这一点。他们认为市场在短期内由于高销售收入和利润增长变得过于兴奋,相信增长会继续下去而不会衰减,他们还认为市场并不理解销售收入和利润的下降通常是暂时的。中国上市公司财务指标衰减的情况,参见阅读材料 15.1。

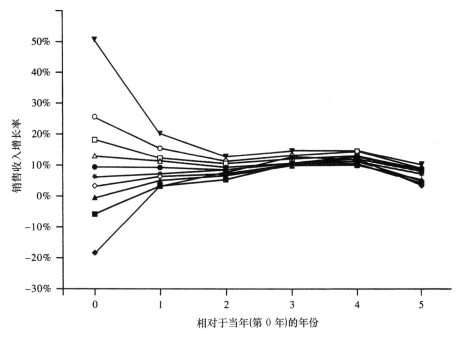

（a）销售收入增长率。销售收入增长率收敛速度很快：当期销售收入增长率较高的组，后续增长率会下降；当期销售收入增长率较低的组，后续增长率会提高。

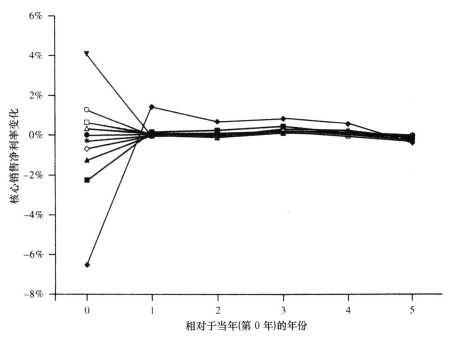

（b）核心销售净利率变化。核心销售净利率变化会很快收敛到平均水平——零。

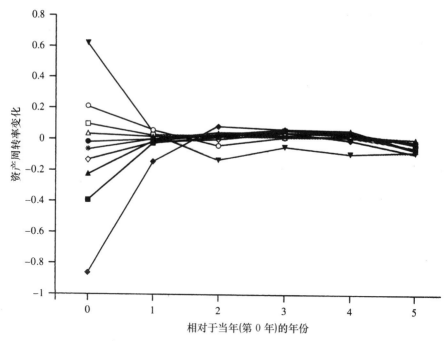

(c) 资产周转率变化。资产周转率变化也呈现出向稳定水平收敛的趋势。资产周转率大幅增长是暂时性的，资产周转率大幅下降也是如此。

图15.2 销售收入增长率、核心销售净利率变化、资产周转率变化趋势图：1964—1999年美交所和纽交所上市公司

阅读材料15.1

中国上市公司财务指标的衰减图

中国上市公司各类财务指标同样具有均值回归的特点。牛建军、岳衡、姜国华把所有样本公司在1993年到2004年中的每一年按照某一个会计指标（如股东权益回报率）的大小排序，然后把这些公司分成十组。第一组为这个会计指标最低的组，第十组为这个会计指标最高的组。其他八组按该指标从小到大为二至九组。然后计算每一组公司当年（$t+0$年）、之后第一年（$t+1$年）、之后第二年（$t+2$年）、之后第三年（$t+3$年）、之后第四年（$t+4$年）和之后第五年（$t+5$年）的这个会计指标的平均值。这样的组合分析每年重复一次，共12次，所以得到12个$t+0$年到$t+5$年的平均值。最后对$t+0$年到$t+5$年各自的中位数取均值，得到$t+0$年到$t+5$年六年中会计指标的平均变化趋势。随后根据会计指标的平均变化趋势来观察其是否存在均值回归的特点。完成的衰减图如下。

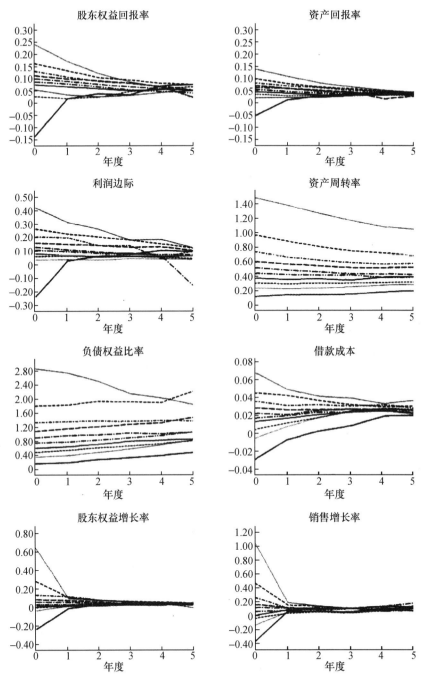

资料来源：《中国上市公司盈利状况分析：1992—2004》，《中国会计评论》，第5卷第2期，2007年6月，作者牛建军、岳衡、姜国华。

步骤B：根据经济情况和行业特征修改典型驱动模式

如果未来和过去非常相似，那么历史的行业模式是一个很好的出发点，但是迹象也许恰恰相反。政府或贸易的统计数据也许揭示了全球经济或某一行业发展方向的变化。经济萧条、GDP增长率下降也许表明相对于过去，未来将发生变化。人口构成或消费者偏好的变化可能预示着产品需求的增加。了解企业要求我们了解行业的发展趋势以及行业对宏观经济环境变化的敏感性。

根据宏观经济和行业预测调整后,历史驱动模式可以改进上一章讲过的简单预测模型,把驱动因素的当期水平与一般衰减率结合起来,以这两者的结合作为预测的基础。

步骤C:预测公司的驱动因素与典型模式如何不同

理解行业的典型驱动因素可以规范投机性的预测。但是公司所独有的特征使得其驱动因素肯定不同于行业模式。因此,弄清楚公司的未来驱动因素与行业典型模式的差异,完全信息预测就完成了。

决定衰减率的主要因素是竞争和公司对竞争的反应。竞争会引起超额RNOA的衰减,而公司对竞争压力的反击能力则可以把RNOA长期维持在高于行业平均值的水平。所有的公司都既要制造竞争压力又要应对竞争压力。它们挑战其他公司的方式有(以具体的公司或行业为例):

- 降低产品价格(沃尔玛、家得宝和其他折扣零售商)。
- 产品创新(软件开发商、制药企业)。
- 产品配送创新(戴尔计算机、电子商务)。
- 低生产成本(服装制造商将生产转移到人工成本较低的国家)。
- 模仿成功的公司(PC制造商模仿IBM;模仿戴尔的存货和分销系统)。
- 进入那些公司能获得超额利润的行业(软件、生物技术)。

公司应对竞争压力的方式有(以具体的公司或行业为例):

- 创造并维持品牌优势;特许经营(可口可乐、麦当劳)。
- 知识产权保护(制药企业)。
- 消费者期望管理(啤酒和葡萄酒营销)。
- 与竞争者、供应商和具有相关技术的公司结成联盟和签订协议(航空公司联盟、电信公司联盟)。
- 利用先发优势(沃尔玛、亚马逊、互联网门户网站)。
- 合并(银行、金融服务)。
- 创造更先进的生产和营销技术(戴尔计算机)。
- 保持在技术知识和生产学习曲线的前沿(英特尔公司)。
- 创造规模经济,使得较难被复制(电信网络、银行网络)。
- 制定技术标准或网络以锁定消费者和其他公司(微软)。
- 政府保护(农业)。

了解竞争力量和应对竞争力量之间的对比对于预测衰减率是极为重要的。公司的很多挑战和应对竞争的行动会创造出暂时的优势,但这些优势通常会随时间而消失。产品创新会吸引消费者,但如果没有专利权保护最终会被模仿。除非具有自然的或政府强制设置的进入壁垒,否则成功会吸引大量的模仿者。这些因素都会引起收益递减(用经济学家的话来说)。公司会努力维持收益或创造递增的收益。如果公司可以创造技术标准(如微软公司的Windows)从而锁定它的消费者,那么它就可以拥有可持续的甚至是增长的ReOI。产品需求极大并受专利权保护的制药企业(Genentech),通过建立品牌创造了消费者需求的公司(可口可乐)均如此。

政府政策试图平衡竞争力量和应对竞争的力量,因此必须理解政府政策的含义。政府是打算实行自由贸易和竞争,还是打算实行贸易保护?是出于政治偏好吗?反托拉斯(垄断)法是什么?贸易法和国际贸易条约是什么?

驱动模式图不仅表明高盈利能力趋于下降,还表明低盈利能力趋于增长。下方趋势线上的公司可能刚新进入一个行业或刚开发出新产品,它们的初始盈利能力通常较低,但会逐渐提高。预测就是要确定新产品或创新成功的可能性。由于产品换代、竞争挑战或工人罢工而使得核心收益暂时下降的公司,其盈利能力也趋于上升而非下降。这对于预测的挑战就是要确定目前较低的盈利能力在多大程度上确实是暂时的(因此将会提高),抑或在多大程度上是永久的。这里的模式图是根据历史的实际数据绘制的,因此这些模式适用于那些在未来还会存在的公司。而对于低盈利能力的公司,重要的是要预测其能否生存和恢复:竞争压力会使得无法长期维持ReOI的公司破产。第19章讨论了破产预测。

均值回归(上升或下降)是一种典型的模式,但是许多其他的驱动模式也是有可能的。一个可能的模式就是维持高的RNOA,没有任何衰减,并且由于净经营资产的增长导致ReOI的增长。这样的公司成功地应对了竞争。可口可乐就是一个很好的例子,它通过品牌管理使得ReOI不断增长,参见阅读材料15.2。

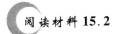
阅读材料15.2

可口可乐公司:一家知名品牌公司的驱动因素

可口可乐公司主要生产浓缩浆和糖浆,并把它们运送给灌装厂,然后制成软饮料分销。可口可乐公司通过保密的可乐配方、谨慎的质量控制和维持并提升其品牌价值,实现了销售收入和利润持续的增长。

在可口可乐公司向美国证券交易委员会提交的10-K报告"管理层讨论与分析"部分中提到"我们的使命就是不断创造股东价值"。为了做到这一点,它们把重点放在提升它们所谓的经济利润(类似于剩余经营收益)上。下面是可口可乐公司在1990—1997年提交给美国证券交易委员会的10-K报告中所提到的经济利润指标及其驱动因素和股票价格。

	1990	1991	1992	1993	1994	1995	1996	1997
净收入(百万美元)	10 261	11 599	13 119	14 030	16 264	18 127	18 673	18 868
资本回报率[1](%)	26.8	27.5	29.4	31.2	32.7	34.9	36.7	39.4
销售净利率(%)	13.1	13.5	14.4	15.2	15.4	15.3	15.9	18.0
资产周转率	2.0	2.0	2.0	2.1	2.1	2.3	2.3	2.2
经济利润(百万美元)	920	1 073	1 300	1 549	1 896	2 291	2 718	3 325
经济利润增长率(%)		16.6	21.2	19.2	22.4	20.8	18.6	22.3
每股股票价格(美元)	12	20	21	22	26	37	53	67

注:1. 可口可乐公司对资本回报率的定义类似于RNOA,可以参见第14章阅读材料14.3。

随着经济利润(ReOI)的增加,可口可乐公司的股票价格在这几年里增长了近5.6倍。经济利润的增长是由销售收入的增长和利润率来驱动的,这是一个增长趋势,不是一个衰退趋势。可口可乐公司可以按照这一趋势持续增长下去吗?

以关键驱动因素为重点

对于一些公司来说,有些特殊的驱动因素比其他因素更重要。很多驱动因素的变化可能都是微小的,而有一到两个驱动因素的变化可能是重大的。需要特别重视的驱动因素称为关键驱动因素。对于可口可乐公司(如阅读材料15.2所示),销售收入和净利率就是关键驱动因素。简单预测模型可以满足非关键驱动因素的需要,而关键驱动因素则需要对影响它们的因素进行更深入的调查。在零售业,净利率通常是相当稳定的,因此预测的重点应放在更具有不确定性的销售收入和ATO上。因为销售收入和ATO由每平方英尺的销售收入决定,零售分析师将首先分析这方面的数据。

阅读材料15.3给出了一些行业的关键经济因素及与之相关的ReOI关键驱动因素,同时还给出了对航空业关键驱动因素的分析。

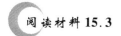
阅读材料 15.3

关键驱动因素

部分行业

行业	关键经济因素	关键 ReOI 驱动因素
汽车	模型设计和生产效率	销售收入和净利率
饮料	品牌管理和产品创新	销售收入
移动电话	人口覆盖率(POP)和顾客流失率	销售收入和资产周转率
商业地产	建筑面积和入住率	销售收入和资产周转率
计算机	技术路径和竞争	销售收入和净利率
流行服装	品牌管理和设计	销售收入,广告费用/销售收入
电子商务	每小时点击量	销售收入和资产周转率
非流行服装	生产效率	净利率
制药	研究和开发能力	销售收入
零售	零售店面和每平方英尺销售收入	销售收入和资产周转率

航空业

至少从短期看,约束航空公司运营情况的主要因素是飞机数量和机场可供分配的机位数量。而飞机所产生的成本主要是固定成本,因而收入是其获利能力最大的驱动因素。下面是美国最大的十家航空公司1994年到1996年的运营统计数据。

美国行业统计数据	1994	变化情况	1995	变化情况	1996	变化情况
收入座位英里数(RMS)(单位:千)	499 715	4.34%	512 612	2.58%	546 896	6.69%
可用座位英里数(ASM)(单位:千)	752 841	1.16%	762 550	1.29%	784 502	2.88%
载客率	66.38%	3.14%	67.22%	1.27%	69.71%	3.70%
收益(美分/RMS)	12.47	-1.88%	12.84	2.93%	13.08	1.90%
收入(百万美元)						
载客收入	62 332	2.38%	65 816	5.59%	71 553	8.72%
载货和其他收入	7 572	-0.88%	7 653	1.07%	7 767	1.49%
合计	69 904	2.02%	73 469	5.10%	79 320	7.96%
成本(百万美元)						
人工成本	24 171	2.36%	24 093	-0.32%	25 507	5.87%
燃料费	8 099	-8.35%	8 193	1.16%	10 275	25.41%
佣金	6 386	-0.05%	6 308	-1.22%	6 307	-0.02%
租赁和着陆费	7 501	1.54%	7 824	4.31%	7 739	-1.09%
维修费	3 210	4.36%	2 989	-6.88%	3 485	16.59%
折旧和摊销	3 840	1.61%	3 791	-1.28%	3 825	0.09%
其他	14 741	3.92%	15 061	2.17%	15 767	4.69%
总成本	67 948	1.01%	68 259	0.46%	72 905	6.81%
佣金率	10.2%	-2.86%	9.6%	-5.88%	8.8%	-8.33%
燃料价格/加仑(美元)	56.7	-8.55%	57.4	1.23%	70	21.95%
平均薪酬(百万美元)	58 147	6.47%	59 849	2.93%	61 773	3.21%
劳动生产率[1]	1 811	5.22%	1 894	4.59%	1 900	0.30%
单位劳动成本/ASM	3.21	1.19%	3.16	-1.59%	3.25	2.91%

注:行业数据包括如下十家航空公司,阿拉斯加、美国西部、美国、大陆、德尔塔、西北、西南、环球、联合、美国航空。

1. 平均每个员工所提供的可用座位英里数(单位:千)。

　　航空公司的飞机数量和机位数量决定了可用座位英里数(ASM)。载客率决定了收入座位英里(RSM),同时机票价格决定了收入每座位英里产生的收益。这个收益率和收入座位英里(RSM)是共同驱动收入的因素。对于给定的可用座位英里数,载客率和收益是航空公司的关键驱动因素。于是,分析师可以只关注以上驱动因素;当然,如果公司有了新的航线和新的机位,分析师会发现公司对可用座位英里数(ASR)的变化也表现得较为敏感。其他的驱动因素,如劳动生产率、人工成本、对代理机构的佣金率以及每英里燃料费(在上面的表格中已经给出)也需要关注。

度假酒店

　　像希尔顿、马里奥特和喜达屋这样的度假酒店公司,其运营需要大量的固定资产费用和额外的人工成本(固定成本和变动成本)。入住率是一个重要的驱动因素,但是这是由房间价格决定的。单位可用房间收入是一个混合驱动因素,它影响了驱动盈利能力的一系列因素。这些因素是:

- 现有产权物业中的单位可用房间收入(REVPAR),它是根据入住率和日均价格水平

（ADR）计算出来的。
- 新酒店的建造和效益不佳酒店的处置。
- 签订新的酒店管理或特许经营协议。
- 通过加强信息技术水平实现流程优化并降低成本。

喜达屋度假酒店（它管理着威斯汀饭店、喜来登、瑞吉度假村和其他）报告了其2001—2004年的单位可用房间收入（REVPAR）：

单位：美元

	2004	2003	2002	2001
全世界（138家酒店，将近49 000间房间）				
单位可用房间收入	110.81	98.03	95.46	101.44
日均价格水平（ADR）	161.74	151.49	150.42	155.77
入住率	68.5%	64.7%	63.5%	65.1%
北美（93家酒店，将近36 000间房间）				
单位可用房间收入	110.13	98.21	94.40	100.42
日均价格水平（ADR）	156.65	147.15	145.61	152.39
入住率	70.3%	66.7%	64.8%	65.9%
国外（45家酒店，将近13 000间房间）				
单位可用房间收入	112.72	97.53	98.65	104.55
日均价格水平（ADR）	177.57	165.37	166.35	166.55
入住率	63.5%	59.0%	59.3%	62.8%
年末股票价格	59.5	37.60	26.01	30.59

你可以发现股票价格是随着单位可用房间收入的变化而变化的。北美酒店的入住率在2011年"9·11"后开始下降；国外酒店的入住率在2003年SARS爆发之后开始下降。

分析师有时会根据各公司的关键驱动因素将其分成不同的价值类型。因此，可口可乐是一家品牌管理型公司，其价值来自于对品牌的开发利用。利润率和资产周转率迅速趋向于平均水平的公司被称为平均型公司。公司的价值来自于销售收入和净经营资产增长的公司被称为成长型公司。具有大量固定成本需要被弥补的公司，当弥补了固定成本之后，其销售收入基本就变成了净利润（可变成本较少），如电信业，这样的公司被称为销售驱动型公司（当销售收入增长时，这类公司的ATO也增长）。产品尚未明确的公司，如新成立的生物技术公司，被称为投机型公司。这些名称对于找到重点是有帮助的，但是通常显得过于简化。要注意给公司分类时别做过多的假设。

关注不同条件下的不同选择

经济因素和ReOI驱动因素可能以两种方式变动。它们要么由公司所在环境的变化所决定，要么受管理层的决策影响。政府法规和税率是由公司外部因素决定的（尽管公司可以试图影响法规的制定）。产品价格通常由市场决定。行业内的竞争程度通常也是在管理层的控制范围之外的。这些是公司运营所必须面临的商业条件。但是其他因素却是战略选择造成的结果。管理层可以选择产品，可以选择生产过程的地点和形式，可以选择产品质量,可以决定研发计划,或者与其他公司建立联盟。这些选择构成的整体就是公司的战略。

了解商业条件和公司战略是进行合理预测和估值的先决条件。当进行预测时,分析师会问商业条件如何变化,管理层的战略如何变化——也许是对商业条件变化的反应。但是战略作为一种选择,其本身就是估值分析的主题。

15.2 完全信息预测和预期分析

完全信息预测可以通过对驱动因素的预测编制预计未来财务报表。这必须通过规范的方式完成,以保证没有忽略任何因素。

这一预测系统的逻辑非常直观:首先是销售收入预测(出发点),然后预测净利率,净利率与销售收入相乘得到经营收益的预测。接下来预测ATO,将其与销售收入相乘可得到NOA的预测,并完成ReOI的计算。

我们将对PPE公司使用这一系统。PPE公司是我们在上一章介绍简单预测模型时的一家销售公司。这里给出了PPE公司第0年财务报表的相关数字(单位:百万美元):

PPE公司第0年财务报表	
销售收入	124.90
经营收益	9.80
净经营资产	74.42

这些数据表明,销售净利率为7.85%,资产周转率(ATO)为1.68。假定我们根据营销分析预测PPE公司的销售收入以每年5%的速率增长,再假定我们预测的核心销售净利率在未来将与其当期值(7.85%)保持一致,并且不会有其他经营收益或非经常项目。为了获得销售收入,在每年年初公司都会对净经营资产投资(更多的不动产、厂房和设备),每美元销售收入需要投资56.75美分。这正好是预测ATO的倒数,因此预测ATO为1.762。

在这些预测的基础上,我们可以得到如表15.1所示的预计财务报表。从表中可以看到,销售收入以预测5%的速率增长。将预测的销售净利率与每年的销售收入相乘得到经营收益:OI=销售收入×净利率。将预测的ATO与销售收入相除得到年初净经营资产的预测值:NOA=销售收入/ATO。由此我们得到了剩余经营收益的组成成分:OI和NOA(有四舍五入)。表15.1给出了预测ReOI,它以每年5%的速率增长。由此,给定PPE公司的要求回报率为11.34%,其所有者权益的价值为:

$$V_0^E = CSE_0 + \frac{\overline{ReOI_1}}{(\rho_F - g)} = 66.72 + \frac{1.855}{1.1134 - 1.05} = 95.98(百万美元)$$

其内在的有杠杆市净率为1.44。公司价值为10 368万美元,无杠杆市净率为1.39。总流通股数为10 000万股,每股价值为0.96美元。

表 15.1　PPE 公司预计财务报表（经营活动）

PPE 公司
预计财务报表，经营活动
（单位：百万美元，要求的经营回报率为 11.34%）

	−1 年	0 年	1 年	2 年	3 年	4 年	5 年
利润表							
销售收入		124.90	131.15	137.70	144.59	151.82	159.41
核心经营费用		115.10	120.86	126.89	133.24	139.90	146.89
核心经营收益		9.80	10.29	10.81	11.35	11.92	12.51
财务收入（费用）		(0.70)					
净收益		9.10					
资产负债表							
净经营资产	69.90	74.42	78.14	82.05	86.15	90.46	94.98
净金融资产	(7.00)	(7.70)					
普通股权益	62.90	66.72					
（1 亿股）							
现金流量表							
OI		9.80	10.29	10.81	11.35	11.92	12.51
ΔNOA		4.52	3.72	3.91	4.10	4.31	4.52
自由现金流（C − I）		5.28	6.57	6.90	7.25	7.61	7.99
RNOA（%）		14.02	13.83	13.83	13.83	13.83	13.83
净利率（%）		7.85	7.85	7.85	7.85	7.85	7.85
资产周转率		1.787	1.762	1.762	1.762	1.762	1.762
NOA 增长率（%）		6.5	5.0	5.0	5.0	5.0	5.0
剩余 OI(0.1134)		1.87	1.855	1.948	2.046	2.148	2.256
ReOI 增长率（%）			5.0	5.0	5.0	5.0	5.0
超额 OI 增长（AOIG）				0.093	0.097	0.102	0.107
AOIG 增长率（%）				5.0	5.0	5.0	5.0

注：有四舍五入。

在预计财务报表中给出了 ReOI 的驱动因素。RNOA 在所有年份的值都与其在第 1 年的预测值一致。这是因为它的驱动因素——销售净利率（PM）和资产周转率（ATO）预测保持不变：公司盈利能力保持稳定，不过对 NOA 的投资持续增长。但是这里的预测与估值不同于 SF3 预测，因为 ATO 和 NOA 增长率的预测值与当期水平不同。此外，增长率不是给定的，而是由预期销售收入和创造销售的因素（反映在 ATO 中）预测得到的。

表 15.1 同时预测了超额经营收益增长（AOIG）。我们注意到 AOIG 就是 ReOI 的变化量，这就避免了用预测带息经营收益和自由现金流来计算它。我们预测 AOIG 每年将增长 5%，AOIG 权益估值为：

$$V_0^{\text{CSE}} = \frac{1}{0.1134}\left[10.295 + \frac{0.093}{1.1134 - 1.05}\right] - 7.70 = 95.98 \text{（百万美元）}$$

或每股 0.96 美元（尾数四舍五入）。也就是说，权益的价值等于公司的价值减去净金融负债。

预测的 OI 和 NOA 也是自由现金流（C − I = OI − ΔNOA）的驱动因素，因此在预计财务报表中可以立即得到对现金流的预测。① 在这种情况下,这些自由现金流的预测可以通过用折现现金流分析来对公司估值。第 1 年以后每年自由现金流预测的增长率为 5%,则所有者权益的价值为:

$$V_0^E = \frac{\text{自由现金流}_1}{\rho_E - g} - NFO_0 = \frac{6.574}{1.1134 - 1.05} - 7.70 = 95.98(\text{百万美元})$$

或每股 0.96 美元(尾数四舍五入)。

这是一个简单的例子,但是它强调了预测的要素。资产周转率和净经营资产增长相对于其当期水平的变化可能伴随着净利率的变化,但总是销售收入、销售净利率和 ATO 这三个预测值加上其他经营收益和非经常项目,决定产生剩余经营收益的 RNOA 和 NOA 增长。你可以把 PPE 公司的例子放在 EXCEL 中,看一看对于驱动因素的不同预测值,估值是如何变化的。

预计财务报表还没有完成,我们需要用另外两个预测值来填上财务报表余下的部分,一个是净现金股利,另一个是债务成本。预计财务报表给出了自由现金流的预测,因此,如果给出对股利和债务成本的预测,我们就能够对净金融负债和费用做出预测并完成利润表和资产负债表:

$$NFO_t = NFO_{t-1} - (C-I)_t + NFE_t + d_t; \quad NFE_t = (\rho_D - 1)NFO_{t-1}$$

假定债务成本为 10%,未来的现金股利为净收益的 40%(40% 的股利发放率)。表 15.2 给出了预计财务报表。

表 15.2　PPE 公司预计财务报表(全部活动)

PPE 公司 预计财务报表,全部活动 (单位:百万美元)							
	−1 年	0 年	1 年	2 年	3 年	4 年	5 年
利润表							
销售收入		124.90	131.15	137.70	144.59	151.82	159.41
核心经营费用		115.10	120.86	126.89	133.24	139.90	146.89
核心经营收益		9.80	10.29	10.81	11.35	11.92	12.51
财务收入(费用)		(0.70)	(0.77)	(0.57)	(0.35)	(0.10)	(0.18)
净收益		9.10	9.52	10.24	11.00	11.82	12.69

---

① 通过对自由现金流的预测,我们可以预测超额经营收益增长(AOIG),如下所示:

	第一年	第二年	第三年	第四年	第五年
经营收益	10.295	10.810	11.351	11.918	12.514
自由现金流	6.570	6.900	7.250	7.610	7.990
自由现金流再投资		0.745	0.782	0.822	0.863
带息经营收益		11.555	12.133	12.740	13.377
正常经营收益		11.462	12.036	12.638	13.270
超额经营收益增长		0.093	0.097	0.102	0.107

根据剩余经营收益(ReOI)的变化来预测超额经营收益增长(AOIG)是一个很高效的预测方法,因为它避免了很多计算。

(续表)

PPE 公司
预计财务报表,全部活动
(单位:百万美元)

	-1 年	0 年	1 年	2 年	3 年	4 年	5 年
资产负债表							
净经营资产	69.90	74.42	78.14	82.05	86.15	90.46	94.98
净金融资产	(7.00)	(7.70)	(5.71)	(3.47)	(0.97)	1.81	4.91
普通股东权益	62.90	66.72	72.44	78.58	85.19	92.27	99.89
(1亿股)							
现金流量表							
OI		9.80	10.29	10.81	11.35	11.92	12.51
ΔNOA		4.52	3.72	3.91	4.10	4.31	4.52
自由现金流($C-I$)		5.28	6.57	6.90	7.25	7.61	7.99
股利(发放率:40%)		5.28	3.81	4.10	4.40	4.73	5.08
债务融资		0.00	2.76	2.80	2.85	2.88	2.91
融资活动现金流总额		5.28	6.57	6.90	7.25	7.61	7.99

注:有四舍五入。

利润表中每个期间期初发生的净金融负债利率为10%,而净金融负债的变化总是由公司财务总监决定的:借债用以弥补自由现金流对于利息和股利支出的不足。在此例中则是有剩余,如预计现金流量表中债务融资现金流所示。这用于购买公司债券,在第3年之前先是回购公司自己的债券,在第3年以后买其他公司的债券,所产生的就是净金融资产而非负债。根据 NOA 和 NFO 的预测值,我们可以预测普通股东权益:CSE = NOA − NFO。

这个预测系统可以更为深入、详细,增加的预测细节可以在预计财务报表中增加科目。不仅预测净利率,还可以更详细地预测毛利率及各费用比率,从而在预计利润表中增加科目。同理,不仅要预测(总)资产周转率,更详细的预测要预测各类资产和债务的周转率,从而在预计资产负债表中增加的项目。当然,预测者要考虑到调查更多信息的成本,由此决定预测应该到何种详细程度。阅读材料15.4给出了对耐克公司的详细预测。

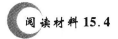

阅读材料 15.4

耐克公司的完全信息预测

在重编了耐克公司2004年的财务报表之后,为了评估耐克的股权价值,分析师对其做了预测。通过对耐克公司业务、顾客和运动鞋前景的全面了解,分析师首先做出了销量预测。然后,通过对产品生产流程和已售商品成本构成的深入分析,分析师预测出从销售收入中可以获得多少毛利。另外是一些费用比率的预测(特别是作为最重要的驱动因素的广告费用,它占销售收入的比率预测),分析师根据他预测的销售收入和这些比率完成了利润表的预测工作。分析师接着预测资产负债表中的应收项目、存货、PPE和其他净经营资产的数额,对这些项目的预测主要是根据分析师估计的这些项目的周转率并结合前面销售收入的预测计算出来的。

分析师给出的预测数据如下:

利润表的预测:

1. 预测2005年的销售收入可以达到135亿美元,2006年可以达到146亿美元。2007—2009年,预计销售收入将以每年9%的速度增长。

2. 毛利率在2004年是42.9%,由于海外制造业务的成熟,其盈利能力也将上升,因此预测2005年和2006年毛利率将达到44.5%,但是由于劳动力成本的上升和高成本高端运动鞋进入市场等因素的影响,2007年毛利率将下降到42%,随后下降到41%。

3. 在2004年广告费用占销售收入的比例为11.25%,为了维持目标销售收入的增长率,这一比率将上升到11.6%。为提升品牌知名度而签约体育明星也会增加广告费用。

4. 其他的税前费用预计将会达到销售收入的19.6%,和2004年保持在同一水平上。

5. 经营收益的实际税率将达到34.6%。

6. 预测没有非经常项目或者它们的预测值为0。

资产负债表预测:

1. 为了维持销售收入,存货账面价值占销售收入的12.38%(存货周转率为8.08)。

2. 应收账款占销售收入的16.5%(应收账款周转率为6.06)。

3. PPE占销售收入的比例将从2004年的13.1%下降到2005和2006年的12.8%,这主要是因为现有工厂产生的销售收入越来越多。当然,为了支持销售收入的增长水平,耐克将会使用新的生产线,新生产线将会产生较高的建设成本,因而PPE占销售收入的比例将增长到13.9%(周转率为7.19)。

4. 公司持有的其他净经营资产主要是经营负债,占销售收入的-6.0%。

5. 确认一项金额为4.52亿美元的或有负债(具体计算在13章)。

根据这些预测数据,得到下面的预计财务报表(单位:百万美元):

	2004A	2005E	2006E	2007E	2008E	2009E
利润表						
销售收入	12 253	13 500	14 600	15 914	17 346	18 907
销售成本	7 001	7 492	8 103	9 230	10 234	11 155
毛利	5 252	6 008	6 497	6 684	7 112	7 752
广告费用	1 378	1 566	1 694	1 846	2 012	2 193
经营费用	2 400	2 646	2 862	3 119	3 400	3 706
税前经营收益	1 474	1 796	1 941	1 719	1 700	1 853
所得税(34.6%)	513	621	672	595	588	641
税后经营收益	961	1 175	1 269	1 124	1 112	1 212
核心销售净利率	7.84%	8.69%	8.69%	7.06%	6.41%	6.41%
资产负债表						
应收账款	2 120	2 228	2 409	2 626	2 862	3 120
存货	1 634	1 671	1 807	1 970	2 147	2 341
PPE	1 587	1 728	1 869	2 212	2 411	2 628
其他净经营资产	(790)	(810)	(876)	(955)	(1 041)	(1 134)

	2004A	2005E	2006E	2007E	2008E	2009E
净经营资产	4 551	4 817	5 209	5 853	6 379	6 955
资产周转率(ATO)		2.803	2.803	2.719	2.719	2.719
经营收益		1 175	1 269	1 124	1 112	1 212
NOA 的变化		266	392	644	526	576
自由现金流		909	877	480	586	636
RNOA(根据年初的 NOA 计算)		25.82%	26.34%	21.58%	19.00%	19.00%
ReOI(按8.6%的要求回报率)		783.6	854.7	676.0	608.6	633.4
ReOI 的现值		721.5	724.7	527.8	437.5	439.2
至 2009 的总现值	2 851					
持续价值(CV)*	12 809					19 349
企业价值	20 211					
净金融资产	289					
	20 500					
待决期权	452					
普通股价值	20 048					
2.631 亿股份的每份股票价值为 76.20 美元						

$^*\mathrm{CV}=\dfrac{663.4\times1.05}{1.086-1.05}=19.349$

分析师对未来五年的预测感觉比较有把握,但是他对长期增长率的估计依然很不确定。考虑到耐克公司是一家较为特别的公司,有良好的长期发展前景,分析师预测长期增长率为5%,高于目前的 GDP 平均增长速度。在这个增长率的假定下,每股价值可以达到 76.20 美元,比每股市场价格 75 美元高出一点点。由于考虑到利率的上升(这将会导致公司要求回报率的上升),因此,分析师决定给该股票卖出的评级。

耐克公司的预测模型是在电子表格里做成的,因此当分析师获得新的信息时他会随时调整预计的财务报表。耐克公布的 2005 年实际经营结果显示,实际税后经营收益为 12.09 亿美元,比其预测的数据要高。因此,分析师根据这些信息修订了以后年度的预测并计算出每股价值为 82 美元,而耐克股票的市场价格则涨到了每股 87 美元。

分析师也可以通过改变这些预测数值来模拟未来的各种情景,进而发现股票价值对未来各种不同情境的敏感性如何,分析师有一个专门做敏感性分析的工具,同时也有一个做风险分析的工具,参见第 18 章的内容。

预测模板

我们可以将所有这些预测步骤放在一起,放入电子表格中形成模板。

步骤1:销售收入预测

销售收入预测是出发点,它通常需要大量的调查。对于销售收入增长率的简单推断是一种方式,但完整的分析需要对企业有更深入的理解。下面的问题必须考虑:

1. 公司战略。公司处在什么行业?有什么新产品?产品质量战略是什么?公司处在产品生命周期的哪一个环节上？公司的收购和兼并战略是什么？

2. 产品市场。消费者行为将如何变化？产品的需求弹性是多少？有没有替代品进入？

3. 公司的营销计划。有没有新开发的市场？有什么样的定价计划？有什么样的促销和广告计划？公司是否有能力开发和维持其品牌？

步骤2：预测资产周转率并计算净经营资产

利用预期的资产周转率和销售收入可得到NOA：NOA = 销售收入/ATO。预测整体的ATO包括预测它的构成因素：应收账款周转率、存货周转率、PPE周转率等。预测者可以在预测资产负债表中分别预测应收账款、存货、PPE，从而加总得到NOA。

ATO的预测使我们思考：什么样的资产能够产生预期销售收入？这当然需要一些生产技术方面的知识：需要建什么样的厂房？为维持预期销售收入需要保持什么样的存货和应收账款水平？此外，还需要一些成本预测：建造厂房的成本为多少？在美国、在亚洲，还是在欧洲？

对于PPE公司，我们预测其资产总额将与销售收入成比例，但这可能是不切实际的。因为厂房不会总是以同一产能水平运转，如果以现有的厂房而获得了更多的销售收入或预测需求下降造成产能闲置，就算技术上没有任何变化，ATO也会改变。ATO预测涉及闲置产能的成本（价值损失）和通过现有产能产生的销售收入所获得的价值。如果已经达到了产能的上限，公司将会建造新厂房，而这又有可能造成新的闲置产能。阅读材料15.4中对耐克的预测既涉及PPE周转率的上升（预测前期现有产能充分利用），又涉及PPE周转率的下降（预测后期新厂房投入使用后）。

步骤3：修正销售收入预测

产能约束会限制销售。根据预测的ATO可以得到净经营资产。但如果某些资产不能产生销售收入，则销售收入预测必须经过修正。

步骤4：预测核心销售净利率

核心销售经营收益 = 销售收入 × 核心销售净利率，因此接下来要预测核心销售净利率。这涉及预测它的所有组成成分：毛利率和各种费用率。这也要求分析师具有良好的商业知识。生产成本将是多少？在生产过程中是否有学习曲线效应？技术创新能否降低成本？劳动力成本或原材料价格是否会发生变化？广告预算是多少？研发支出是多少？

具有经营杠杆的公司，其净利率和费用率，如ATO，可能并不是销售收入的固定比例。变动成本可能会按销售收入的一个不变的百分比增加，但如果某些成本在预期的某一销售收入范围内是固定的，那么销售收入在这个范围内增长，毛利率就会增加。当然，随着销售收入的继续增长，所有成本都变成变动成本，为了支持销售会有新的固定成本发生，但是这些固定成本是跳跃式增加的，而不是连续的。

步骤5：预测其他经营收益

这里主要是子公司的经营收益，需要分析子公司的经营情况并预测其盈利能力。

步骤6：预测非经常项目

它们通常无法预测（预期值为零）。但若能估计未来重组费用或某一项特殊费用，就要考虑将其从核心经营收益中扣除，以计算总经营收益。

步骤7：计算ReOI和AOIG

根据经营收益、预期净经营资产和公司资本成本，可以计算剩余经营收益：$OI_t = (\rho_F - 1)NOA_{t-1}$。快速计算公式如下：

$$\text{ReOI} = \text{销售额} \times \left(\text{核心销售 PM} - \frac{\text{公司要求回报率}}{\text{ATO}}\right) \times \text{其他核心 OI} + \text{UI}$$

超额经营收益增长是过去时期间内 ReOI 的变化。

至此整个估值完成了。在 PPE 公司的例子中,我们预测资本成本将保持不变。如果我们预测资本成本发生改变,我们可以在每一期使用不同的比率。

步骤 8:计算自由现金流

可以计算如下: $C - I = \text{OI} - \Delta\text{NOA}$

步骤 9:预测净股利支付

股利支付政策是什么样的?有没有预期的股票回购?股票发行将获得多少新的融资?记住净股利是指发放的股利减去净股票发行收入。

步骤 10:预测财务费用或财务收益

预测出每年年初的 NFO 后,用预期的借款利率可以计算下一年的预期 NFE: $\text{NFE}_t = (\rho_D - 1)\text{NFO}_{t-1}$,同样可以通过净金融资产计算财务收益。记住 NFE 是税后的,所以也是债务资本的成本。

步骤 11:计算净金融负债或金融资产

这也可以通过公式计算: $\Delta\text{NFO}_t = \text{NFE}_t - (C_t - I_t) + d_t$,其中净股利是关键。因为它会增加借债需求。相应地,如果通过股票发行获得资金,借债需求会减少。净金融负债的总额可能与公司政策有关:公司有目标杠杆比率。如果是这样的话,净股利发放将由杠杆政策来决定。

步骤 12:计算综合收益

$$\text{收益} = \text{OI} - \text{NFE}$$

步骤 13:计算普通股股东权益

$$\text{CSE}_t = \text{NOA}_t - \text{NFO}_t = \text{CSE}_t + \text{收益}_t - d_t$$

步骤 14:根据股票待决期权调整估值

见第 13 章相关步骤。

步骤 15:根据少数股东权益调整估值

步骤 14 计算出的价值是权益价值,它包含两部分,一部分是归属于母公司的普通股股东权益,另一部分是子公司的少数股东权益。这里涉及子公司的估值以及扣除少数股东权益的工作。通常少数股东权益价值是很小的,对其估值用简单的近似法就可以。用步骤 14 计算出的权益价值减去少数股东损益(在利润表里面)乘以前面计算的内在市盈率就可以得到普通股的价值,或者减去少数股东权益(在资产负债表里面)乘以前面计算出的市净率即可得到普通股的价值。

步骤 1—6 和步骤 9—10 都需要预测,步骤 14 以前的其他步骤都是根据第 7 章的会计关系计算预测出来的(步骤 7 也涉及公司资本成本变化的预测)。只有步骤 1—7 对于估值是必需的(在调整股票期权和少数股东权益之前)。是的,就是这七步。图 15.3 描述了这七步。

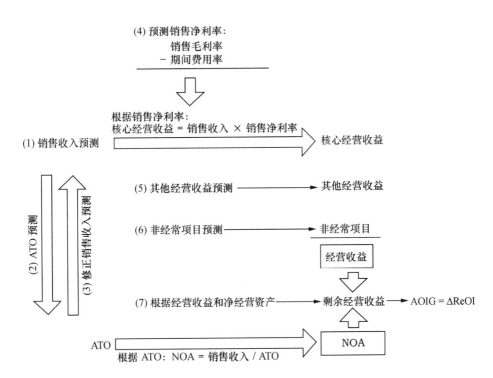

图 15.3 剩余经营收益(ReOI)与超额经营收益增长(AOIG)的预测示意图

本图对预测模板做了概括:从销售预测开始,经过七个步骤,可以得到相应的剩余经营收益。超额经营收益增长是剩余经营收益的变化值。

分析师可以使用附加的步骤来检测预计财务报表:

1. 确保步骤 13 中对 CSE 的两种计算结果一致。这可以表明预计财务报表是系统的整体。这样我们就知道我们已经做得很完整,没有在估值中遗漏任何因素。注意到:

$$CSE = 销售收入 \times \frac{NOA}{销售收入} \times \frac{CSE}{NOA} = 销售收入 \times \frac{1}{ATO} \times \frac{1}{1+FLEV}$$

2. 对预计财务报表进行共同比分析,检测数值与行业一般情况的差别,观察它们是否合理。它们是否与你对该公司的衰减率与行业衰减率差异的预测一致?

3. 观察金融资产增加的情况。如果预测企业会产生正的自由现金流,金融负债将会减少,最终会产生金融资产,如 PPE 公司那样。这不能无限地继续下去。你不得不问:他们将用这些金融资产做什么?他们是否会发放股利?或者管理层是否有新的投资战略而被我们忽视了?这些问题与预测开始之前需要回答的问题相关联:公司的战略是什么?当得出预期金融资产增加的结果后再次考虑公司战略,会促使你修正预计财务报表。

你现在已经掌握了构建分析和估值报告的所有必备工具。参见阅读材料 15.5。

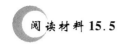

构建您自己的分析报告(BYOAP)

通过学习本书第二部分财务报表分析和第三部分预测和估值分析,您现在已经掌握了进行综合分析和估值的所有工具。本书网站上关于BYOAP的内容将帮助您构建您自己的分析报告。网站上的示例是对耐克公司的估值。

您将发现构建一个报告产品是非常有成就感的。本书中的概念和工具在您的应用过程中获得了生命。这个过程也将帮助您更好地理解它们的作用。您将使用一种完备的工具,这种工具有着坚实的基本面分析基础,并且遵守会计关系。进而,通过这种分析,在您的权益投资中可以避免对某一股票出价过高。您可以把这个报告产品运用于自己的职业生活和个人投资中。您将从中受益匪浅。

以会计为基础的估值模型的特征

预计财务报表分析指出了通过预测ReOI对所有者权益估值的一系列重要特征:

1. 该方法是有效率的。它只需要对几个驱动因素,即销售收入、PM、ATO和它们的组成成分进行预测。

2. 重点放在经营活动上。该方法将重点放在经营活动上,这是能增加公司价值的部分。

3. 股利是不相关的。估值对于股利发放并不敏感。这符合我们在第4章对于股利不相关性的讨论。我们对PPE公司估值时并没有预测股利。在预测中,股利的预测是在步骤7之后,而在步骤7估值已经完成。事实上,您可以改变例子中的股利发放额,您将看到估值并不受影响。根据财务学原理,更多的股利发放只是意味着用以赎回公司债券的现金更少。因此,只有净金融资产受影响,净经营资产或经营收益都不受影响。再次说明,ReOI也不受影响。

4. 融资方式是不相关的。估值对于融资方式是不敏感的。买卖债务和债务的利率并不影响经营收益或净经营资产。我们可以预测PPE公司发行股票来减少债务或购买金融资产,但这对估值是没有影响的。这补充了上面的第2点。重点放在价值增加上,因此估值模型忽视了零净现值(0-ReNFE)的融资活动。①

5. 不增加价值的投资不会影响估值。为论证这一点,假定我们修改PPE公司的NOA预测值,预测在第2年年底PPE将以10%的债务成本通过债务融资,在经营活动上增加投资5 000万美元。这一投资预期将以与资本成本相同的回报率11.34%获得收益,从而第3年起将使预测OI增长5.67%。ReOI当然不会被新债务或其产生的利息影响,而且它也不会被该投资影响。该投资在第3年引起的预期ReOI的增加额为 $5.67 - (0.1134 \times 50) = 0$,对AOIG(ReOI的变化)的影响也是0,在该投资持续的年份中都是如此。因此,根据ReOI现值计算的公司价值不会被新的投资所影响。在现金流折现(DCF)分析中这被称为零净现值投资,在这里就是0-ReOI投资。预测ReOI只会受回报率不同于资本成本的投资的影响。

---

① 如果公司债务可以带来税收利益,或者支付现金股利在税收上会产生不利影响,那么可以通过对这些税收影响的现值分析来对估值进行调整。

6. 产生价值的投资不能被忽略,要确认价值产生的来源。和第 5 点同理,通过预计财务报表分析可以发现那些能够产生或减少价值的正 ReOI 或负 ReOI 的投资。除此之外,预计财务报表还揭示了影响价值的原因:PM 或 ATO。假定我们预期在第 1 年管理层将做出新的投资,它不带来任何销售收入增长,则预期 ATO 会下降,RNOA 和 ReOI 也会下降。因此,其对估值的影响将是负面的:我们发现了产生负价值的活动。这是个不太可能发生的例子,但如果公司为高管买私人飞机呢?在自由现金流和金融资产增加以后,管理层有时会选择负价值项目。这就是所谓的管理层行为的自由现金流假说:当管理层拥有大量自由现金流以后,他们会做出拙劣的投资决策。这一行为必须得到监控,预计财务报表分析提供了预测金融资产增加的途径。

7. 在使用折现率时,我们使用统一的折现率,即公司资本成本。根据表 15.2 的完全预计财务报表,我们可以通过预测收益和 CSE 计算 RE 和 AEG,并通过预测 RE 和 AEG 而不是 ReOI 和 AOIG 对 PPE 公司估值。这将需要计算权益资本成本。但是它会随着融资风险的变化而变化,必须根据各期财务杠杆的变化分别重新计算。公司资本成本也会随着业务的变化而变化,但是预测这一折现率的工作要简单一些。公司折现率的变动通常很小。所以,我们使用恒定的折现率,除非公司商业活动的性质发生显著的变化。

8. 当盯市计价的会计手段足够时,这种估值避免了预测,比如在对金融活动和股票期权的成本进行估值时。

15.3 股票交易产生的价值

在第 5 章介绍剩余收益模型时,我们强调该模型并未考虑因股票交易所产生或损失的价值。如果未来没有预期的股票发行或回购,或者股票发行与回购是按照公允价值进行的,则是没有问题的。但如果公司能以高于公允价值的价格发行新股或以低于公允价值的价格回购股票,则由此获得的利得并不反映在收益或剩余收益中,也不会在现金流折现估值中有所体现。有两种特殊类型的公司交易涉及这些利得的计算:并购和管理层收购。

并购

并购通常涉及股票的发行。并购方向被并购公司的股东(其股票已经被注销)发行股票,或者有时候两家公司的股东都得到新公司的股份。并购方可以用三种方式增加价值:

1. 以低于公允价值的价格购买被并购公司的股份。
2. 用自己的估值过高的股份(即"高估值货币")来购买被并购公司的股份。
3. 利用两家公司联合运营的协同效应创造价值。

根据预计财务报表分析,剩余收益技术可以预测并购取得的公司价值和协同效应,但是它们并未将价值在并购公司和被并购公司的股东之间进行分配。二者都在合并后的公司内部,但是他们各自价值的相对份额依赖于他们之间股票交易的方式。上面第 1 点和第 2 点决定了这种方式,而这种方式又决定了第 3 点产生的协同效应价值如何在二者之间分配。无论是因为第 1 个理由还是第 2 个理由,并购方都可以较便宜地购买被并购方的股份,如果并购方发行的股份少于被并购方的股份,则并购方的股东将得到并购协同效应中的较大份额。

在阅读材料15.6中给出了并购方股东在并购中获得的价值。此法则同样适用于被并购方股东评估他们公司的被收购方案。分析的重点在于并购对流通在外股份每股价值的影响。

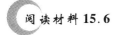
阅读材料 15.6

PPE公司预期收购的价值评估

PPE公司打算在第二年末通过发行5 000万股股票的方式收购另一家公司。分析师估值步骤如下：

1. 预测新成立公司第二年年末的价值。主要根据两点，一是预测新成立公司在并购日的资产负债表，二是预测资产负债表产生的后续剩余收益的现值。
2. 用新成立公司的价值除以新公司总股数，可以预测收购日（第二年年末）的每股价值。
3. 计算在第0年每股价值现值。
4. 加上预测的从现在到收购日为止的每股股息的现值。

假设预计财务报表分析计算出新成立公司在第二年年末的价值为1.8亿美元，有1.5亿股在外流通（其中1亿股是由原PPE股东持有的，另外5 000万股由被收购公司的股东持有），每股价值是1.2美元，PPE公司股东持有的这1亿份在第0年的价值计算过程如下所示：

第二年每股价值的现值（折到第0年的价值）：

$$\frac{1.20}{1.1134^2} \qquad 0.97(美元)$$

第一年和第二年每股股息的现值：

$$\frac{0.038}{1.1134}+\frac{0.041}{1.1134^2} \qquad 0.07(美元)$$

PPE公司的每股价值为　　　　　　　　1.04（美元）

PPE公司的每股价值在并购以前是0.96美元，上面计算的结果显示并购方案增加了当前股东的价值。

通过同样的分析，管理者可以评估一个潜在的并购方案：这种交易对于每股价值有什么影响？上面给出的1、2、3点决定了这个答案。如果并购比较"便宜"，每股价值将增加。如果并购方支付对价过高（或者因为它为购买被并购公司的股票付钱太多，或者并购方自己的股票估值过低），每股价值将受损。如果通过股票交易获得了协同效应，且并购公司的股东分享了这一协同效应，每股价值将增加。阅读材料15.6的分析表明，PPE公司的并购使每股价值从并购前预期的0.96美元增长到1.04美元。增加的价值是以在并购中发行的5 000万新股为基础产生的。并购分析师可能会问：如果并购可以通过只发行4 000万新股就能实现，那么增加的价值会是多少呢？

从历史上看，实证研究表明，并购所产生的大部分价值都由被并购公司的股东获得。被并购公司的股价通常趋向于以相当高的数值增长，而并购方的股价则趋向于不受影响甚至下降。这些观察表明被并购公司能够吸取兼并中的大部分价值。并购方股价可能下降是因为市场觉得它对并购支付的对价过高。价格下降还可能是因为市场将这一交易当成并购方股票被高估的信号。参见阅读材料15.7。

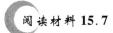

并购为何常常是"赢者诅咒"

以并购为表现形式的资本运作常常是企业家所热衷的,成功的购并不仅为企业带来了发展的良机,而且为企业家带来了驾驭产业整合的成就感。然而,良好的初衷是否总能带来美好的结局?

为什么并购总是败多成少?

美国《商业周刊》的研究结果发现,75%的企业并购是完全失败的。麦肯锡咨询公司曾对《财富》500强和《金融时报》250强企业进行的116项并购做过统计:其中23%的企业通过并购获得了效益,61%的企业失败,还有16%的并购企业成败未定,并且企业收购的规模越大,扩大经营面越广,其成功的可能性越小。

大部分并购企业都认为某项并购对企业有重要的战略意义,会产生足够的协同效应,并购后共同创造的价值将远远高于并购付出的代价。但通常情况下这种协同效应只是海市蜃楼:收购方经常发现,并购后的整合难度往往高于最初的预期,企业并购后常常会耗费大量的管理成本、整合成本等,进而影响到企业的日常经营。纸上谈兵的协同效应很大一部分都无法实现,想象中的"馅饼"最终可能变成了"陷阱"。

除了公司基本面的因素外,并购的成败还与实施并购战略的决策者心理和偏好有关。经理人作为公司战略的制定者和执行者,存在的过度自信和过度乐观等心理是阻碍其准确判断公司价值并作出理性决策的主要障碍。

过度自信与并购冲动

心理学家研究发现,人们普遍存在一种"过度自信"的倾向,即人们高估自己能力与水平的趋势,也就是说,在面对某一具体问题时,总是趋向于认为自己的智慧、判断和能力高于其他人。

自信的人往往是乐观向上的,因而自信具有积极的意义,适当的乐观增加了人们的勇气与信心,使人们勇于尝试,敢于面对挑战,从而增加成功的机会。然而,"自信"和"过度自信"很难找到绝对界限,它们可能仅仅是一步之遥,以傲慢自大或充满野心为表现的过度自信对企业和个人都是致命的。2008年,李嘉诚在一次题为"自负指数"的演讲中,把傲慢比喻为"能力的溃疡",提出在"卓越"与"自负"之间取得最佳平衡并不容易。因此,他将时常自问是否过分自大等问题喻为其成功的秘诀。

过度自信使决策者对公司并购成功抱有过高的期望。过度自信使决策者会产生"控制幻觉",即过于重视自己的主观判断而轻视已披露信息揭示的客观情况,高估选择项目的能力、目标公司的价值以及自己接管公司后的管理能力,对并购活动的投资收益持过分乐观态度,低估并购活动中存在的各种风险。他们坚信并购决策能产生较大的协同效应,并有能力挖掘隐藏的协同效应和促进目标公司的发展。

过度自信导致经理人的并购冲动。过度自信和过度乐观的心理经常促使CEO频繁地从事并购活动。调查和实证表明:过度自信的管理者对现金流也更为敏感,也就是说,当公司拥有较多的现金流时,他们倾向于产生过度投资或积极并购。对1980—1994年《福布斯》500强企业的兼并样本的实证研究发现,过度自信的经理人比其他经理人更可能从事并购甚至是多元化并购,特别是那些拥有大量现金流和还债能力较强的公司,这种兼并活动表现得最为突出。杰克·韦尔奇在其著作《赢》中将这种对并购的过度乐观和热忱描述为"交易的狂热"。他发现人们一旦确定了收购对象,就会变得着急、过分、偏执,如果出现潜在的其他收购者就更是火上浇油了。他认为"交易狂热"是符合人性的,即使那些最有经验的人也难以避免。

过度乐观导致并购的过度支付。在寻找收购目标及确定交易价格时,协同效应通常是确定支付溢价的重要依据。然而,影响协同效应实现的因素非常多,且具有很大的不确定性,过度自信使决策者忽视企业合并后可能产生的负面效应,过高地估计了运用目标企业资源的能力,从而人为地使交易价格上限超出了实际价值,由此给公司带来过高的并购成本,增大了并购交易的风险。

并购过程与拍卖过程有很多相似之处:当一家公司宣布要并购某个目标企业时,该目标企业往往会引起多家公司的兴趣,这些公司会相继加入到竞购行列中,使并购价格被不断抬高,最后最为自信的并购方将开出最高的并购价格,而这一价格可能大大超出目标公司的实际内在价值,以致企业无法通过正常的经营方式进行弥补。过去几十年间的英美并购案例研究表明,并购的交易价格平均为被收购公司市场价格的150%左右。过高的支付成本是企业并购"赢者诅咒"的典型表现,对此,管理学界戏称为"花的是天鹅价,买的是癞蛤蟆"。

资料来源:《董事会》,2010年3月10日,作者饶育蕾、刘晨。

股票回购与管理层收购

如果公司管理层觉得他们公司的股票在市场上被低估,他们可以通过回购股票来增加每股价值,从而为股东获得收益。正是这个原因,股票回购计划公告通常被视为股票低估的信号,结果将导致股价的上涨。研究表明,市场的反应速度一般比较慢,所以在宣布股票回购计划时购买股票,还可以获得超额收益,因为市场之后才意识到该股票确实被低估了。

但是投资者必须小心。股票回购可能是公司发放现金股利的一种手段。他们可能是将不需要进行投资——金融资产增加——的现金分配给股东。所以,股票回购公告也可能表明该公司没有投资机会。

分析师还必须注意过热的市场上如何解释回购行为:该公司可能对其股份支付对价过高,分析师应根据对其内在价值的分析来判断这一情况。在20世纪90年代末期的牛市中,很多股票回购都没有产生价格的上涨。

收购是一种更大规模的股票回购行为,通常伴随着借债(也被称为杠杆收购,或LBO)。如果是管理层获得股票,这种回购被称为管理层收购。如果参与的管理者更有动力去创造企业价值的话,这种交易可以增加每股价值。当然如果股东认为这种回购是管理层意识到股票被低估的话,价值也会增加。

出于这个原因,公司往往将大规模回购作为增加股东价值的工具之一。在1987年股市剧烈下跌后,大规模回购非常流行。在90年代末期,它还被作为刺激"旧经济"公司股票价格增长的药方。在那个时候,投资者对技术公司股票的估值非常高,而旧经济公司的股票价格相对较低。其管理层认为他们的股票被低估了,因而建议全部回购。当时,航空业股票的市盈率低于10倍。据《华尔街日报》(2000年3月10日,第1版)报道,大陆航空公司的首席执行官说:"如果市场认为这就是我们全部的价值,那么我们应该买回我们的公司。"

15.4 财务报表指示器和警示信号

影响未来经营收益与当期核心经营收益差异的很多因素都来自于财务报表之外。事实上,财务报表本身提供的信息也表明当期收益并不反映未来的情况。阅读材料15.8列出了财务报表中引起问题的项目。每一条都提示在核心收益或净经营资产中有些项目可能会出现异常。分析师要判断指示因素是否表明收益是暂时性的,或驱动因素是否已经提升到一个新的可持续的水平。有些指示因素是对未来情况发出警报的"警示信号"。

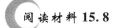
阅读材料 15.8

财务报表指示器

下面给出的财务报表的每一个项目都可能反映出当期经营活动盈利能力中那些难以在未来持续下去的方面。它们为分析师提供了调查的线索。

- 极高的销售收入增长率。高销售收入增长率通常不会持续,正如衰减图所示的那样。
- 核心RNOA非正常的大幅度变化。核心RNOA非正常的大幅度变化通常不会持续,正如衰减图所示的那样。
- RNOA组成成分的非正常变化。

  净利率组成成分:
    毛利率
    广告费用与销售收入之比
    一般管理费用与销售收入之比
    研发费用与销售收入之比
  ATO组成成分:
    存货与销售收入之比
    应收账款与销售收入之比
    坏账与销售收入之比
    其他资产与销售收入之比
    流动负债与销售收入之比

- RNOA与行业平均水平不同。盈利能力通常会趋向于该行业的平均水平。
- RNOA的组成成分与行业平均水平不同。
- RNOA组成成分的变化与行业平均水平不同。
- NOA的变化与行业平均水平不同。
- 实际税率较低。经营收益的实际税率较低通常是因为存在税收优惠,这是暂时性的:公司的税率随着时间的推移会接近法定税率。

报表附注、管理层讨论与分析部分也会提供指示。注意如下的信息:

- 未交货订单。
  累积的未交货订单表明对产品需求合同尚待履行。计算机和高科技公司用订单对账单比(即未完成订单对已完成订单的比率)作为指示器。
- 管理层对收益和销售收入的预测。
- 单位售价的变化。
- 投资计划。
- 经营计划。
- 劳动力的变化。
- 预计负债和或有事项。
- 亏损税收抵免的有效期。

有些指示器被称为"警示信号",因为它们可能预示着衰退甚至破产:
- 销售收入增长率下降。
- 未交货订单下降。
- 销售退货率上升。

该比率上升可能表明越来越多的消费者对产品不满意。
- 应收账款对销售收入比率上升。

该比率上升可能表明消费者有信用问题或公司面临销售困难。
- 存货对销售收入比率上升。

该比率上升可能表明销售困难造成存货积压,但也可能是由于预期未来将有大量销售而在备货。
- 毛利率下降。

分析师对该比率十分敏感。毛利率的微小变化会对经营收益造成较大的影响。
- 广告费用对销售收入比率上升。

该比率上升可能表明广告投入的有效性降低。但它也可能表明增加了在广告方面的投资,将在未来带来更多的销售收入。
- 销售和管理费用对销售收入比率上升。

如果部分费用是固定成本的话,当销售收入下降时,该比率将上升。需要观察由变动成本引起的该比率的上升;如果销售收入的增长伴随着该比率上升的话需要特别注意,因为随着销售收入的增长,固定成本部分本应引起该比率下降。

15.5 商业战略分析和预计财务报表分析

我们已经知道,没有对公司战略的评价,预计财务报表分析和估值是无法开始的。但是预计财务报表分析又是评估战略的一种方式。预计财务报表分析揭示出了价值产生的本质。因此,它也是调查价值产生的管理战略的一种方式。

对剩余经营收益的预计财务报表分析替代了现金流折现分析。对于希望最大化公司价值的经理而言,最大化 ReOI 现值的准则取代了最大化现金流净现值的准则。预测 ReOI 简化为这样一个核心问题:什么驱动因素产生价值。它预测企业盈利能力的驱动因素,这将管理层的选择和公司价值联系在一起。本书为外部股票持有者建立的分析框架实际上也是战略分析的框架。

战略始于构想,而好的战略始于创新的构想。商业战略类书籍告诉我们如何以一种通向创新构想的方式来考虑战略。预计财务报表分析则将这些构想转化为具体的数字。由此,我们可以对这些构想估值。但是预测框架并不仅仅是一种分析的方法,它还是思考商业活动的一种方式。同时,它简化了思考。经理知道驱动因素产生价值,因此他必须以它们为重点:

- 最大化 RNOA 相对要求回报率之比。
- 增加净经营资产(如果 RNOA 高于要求回报率的话)。

为了最大化 RNOA,必须最大化(长期)净利率和资产周转率。为了增加净经营资产,就要增加销售收入和最大化资产周转率。为了最大化净利率,就要最小化费用率。就是这样对 RNOA 的驱动因素层层分析。

管理者需要理解经济因素和它们如何影响 ReOI 驱动因素。他要分清哪些因素是经济环境因素,而哪些与他的选择有关。他的重点应放在变化上。他要分析经济条件的变化造成的影响和通过预计财务报表分析处理这些变化(和创造变化)的备选方案。他要知道公司最敏感的关键驱动因素。他的战略应该是维持较高的或增长的 ReOI。他需要了解造成 ReOI 衰减的竞争力量,还要知道他如何去应对这些竞争力量以维持较高的 ReOI。

模糊战略

在 20 世纪 90 年代的泡沫期,一种流行的观点是否定财务分析作为战略分析的核心。一些人声称财务模型束缚了思考,从而导致低劣的组织系统。新一代的战略家声称好的想法是无法被描述的。"非线性思考"必须取代"线性思考"。"知识资本模型"必须取代以资产负债表和利润表为基础的财务模型,因此公司应以知识资产代替实物资产作为价值的源泉。公司的组织结构应当有助于提升创造性和对变化的适应能力,而不是把重点放在净利润上。

这些想法具有很强的煽动性,它们认可现代经济学中的价值源泉、人力资本的价值、适应能力和创新。但是如果反对财务分析而接受这些观点,就会造成相当大的混乱。公司最终必须通过创造销售来增加价值,不管这些销售来自于对实物资产的投资,还是来自于对人力资本和知识资产的投资。这些销售活动必须产生正的毛利,RNOA 必须足够高以满足投资者要求的回报。我们必须清楚未来利润表和资产负债表的状况。新的想法必须和财务模型一起发挥作用,用以检测这些想法并控制这些想法中的过热情绪和投机性。

然而,在某些水平上的战略分析很难使用财务分析。战略思考可能开始于一些一般的想法,只有当战略付诸实施时,这些想法才能变得成熟而具体。公司可能采取了投资于基础研发的战略,以获得开发有价值的新产品的机会,但是并不知道这一产品将是什么(更不用说它的销售收入和毛利率了),那么财务分析的作用就很有限了。为了给一个新建的生物技术公司估值,要研究生物化学。一个公司可能会投资重组它自己,以使其组织结构更加具有动态性,推动创造性思维,开发人力资本和知识资产,但回报是何种形式则很难讲。

这样的战略就是模糊战略。战略的清晰度越低,越无法用财务分析对它进行修正。模糊战略中的投资具有较高的投机性,接近于纯赌博的形式。财务信息对于减少不确定性的用处极小,而一些技术信息却有了用武之地。由于这个原因,这些公司初期的启动资本一般来自于风险投资家(他们专门研究技术信息),而不是来自于使用财务分析的股票市场。

尽管如此,投资者懂得一个好的战略最终必须"转化为利润"。战略性思考在其初始阶段并不服从于财务分析,但是最终它必须服从。因此,需要财务分析来规范战略思考,甚至在它最模糊的水平也要如此。战略思考者要进一步理清他的想法,将其精炼到具体的水平,使得它可以通过财务分析来评估。这样,模糊战略将变得清晰,可以被写出来。同时,通过财务分析,构想产生的价值就变得更加透明,投资的投机性也就减少了。

情景分析

表 15.1 和表 15.2 中对 PPE 公司进行的预测只是一个特定的情景。这个情景是非常重要的一个,因为它预测出了预期的结果,而我们希望利用该结果进行估值。然而,期望值是一连串可能结果的平均值,而预计财务报表分析可以对所有可能的结果估值。如果销售收入增长率是 4% 而不是 5%,预计财务报表(估值)看上去是什么样子的?每种条件下的预计财务报表称为一种情景,而这种在不同情景下对未来多次预测的分析方法被称为情景分析。情景分析是完全信息预测,相当于上章中应用于简单预测模型的估值网格。

如果您已经将财务报表预测框架构建为一个电子数据表(根据 BYOAP 路线图),您可以很容易地进行情景分析。通过情景分析,您将看到所有可能结果的区间,并了解该投资潜在的上限和下限。所以说,情景分析在评测基本面风险时是一个重要的工具,当我们在第 18 章中考虑风险和收益率的问题时将看到这一点。

本章小结

本章介绍了根据公司情况做出估值,我们使用了财务报表预测分析方法。该方法从对价值影响的角度来考察估值的相关因素,是预测和估值分析的基本框架。

本章介绍了预测和估值的分步预测模板。应当了解预测步骤,并掌握财务报告在预测中的重要作用。

估值中需要预测未来财务报表项目,因此可以将估值理解为对财务报表未来项目的会计处理问题。会计不但是对当前交易和事项的记录方法,而且有助于我们条理清晰地思考未来,有助于我们系统化预测带来价值增值的未来投资。

会计对估值极为有用。如果不了解企业活动,通常很难估值。当然我们可以讲一个企业值很多钱,但如何计量其价值呢?会计帮助我们将不够精确的概念转化为具体概念,如销售毛利、资产周转率,从而有助于估值。竞争优势可以带来较高的销售毛利,有利的战略地位可以带来较高的净利润和较高的资产周转率,生产技术的改进可以降低费用率。某一行业竞争越来越激烈,必然导致销售净利率下降,从而导致企业价值下降。企业闲置资产会造成资产周转率下降,并在估值中有所反映。此外,会计勾稽关系也很重要,它将不同报表项目关联起来。据此,我们才不会遗漏创造价值的项目。尤为重要的是,财务报表分析可以减少我们对推测性信息的过分依赖。

不过,我们也要注意,本章介绍的分析方法依赖于可靠的长期增长率。当企业价值依赖于技术创新或消费者需求变化时,本章介绍的分析方法可能就不那么适用了。特别是当这些变化难以界定时,我们很难将其纳入报表项目预测分析中。当企业价值依赖于"出色的管理能力"时,我们就很难清晰地刻画出这一管理能力;企业的研发可能形成新产品,但能否成功具有不确定性,此时就很难预测研发活动可能带来的销售净利率和资产周转率;企业可能准备实施并购活动,但并购目标和并购时间都不确定,此时就很难预测该项活动对报表的影响。报表项目预测分析方法可以减少不确定性,可以根据不同情景计算敏感性,但其并不能消除不确定性。任何时候,权益投资都是有风险的。

关键概念

商业条件(business condition):管理层无法改变的经济因素。与战略选择相对。

竞争优势期间(competitive advantage period):从非正常的极高的盈利能力向正常水平转化的时期。

驱动模式(driver pattern):驱动因素随着时间而变化的行为模式。

衰减率(fade rate):驱动因素趋向于正常水平的速度;也叫持续率。

金融资产增加(financial asset buildup):增长的金融资产(来自于除去股利的自由现金流)。

竞争力量(forces of competition):经济因素迫使驱动因素趋于正常水平的趋势。

完全信息预测(full-information forecasting):利用关于影响商业的所有经济因素的信息进行的预测。与简单预测相对。

关键驱动因素(key driver):对于公司的价值创造特别重要的驱动因素。

警示信号(red-flag indicator):预示公司的盈利能力衰退的信息。

战略选择(strategic choice)或战略计划(strategic plan):决定经济因素的决策。与经济条件相对。

模糊战略(unarticulated strategy):不够具体的战略,无法用预计财务报表分析进行评估。

价值类型(value type):将公司按其关键驱动因素进行分类。

案例连载:金伯利·克拉克公司

自主练习

第14章的案例连载中你做的敏感性分析一定使你在为金伯利公司股票定价时感觉良好。预测分析进一步提升敏感性分析的效果,因为它可以假设一系列与公司财务信息和其他信息有关的情境。

表格分析和初始化

如果你还没有开始做,你应该把金伯利公司的信息输入到工作表里,就像教材网页上BYOAP部分做的那样,这样计算就会变得容易多了。要加入新的情境,你只需要简单换一下输入的参数,工作表程序会自动帮你完成剩余部分的分析和估值。

作为基准情境,首先输入第14章案例连载中简单预测所包含的预测信息。记住要预测的关键项目是经营收益和净经营资产。有了这两个合计数据,你可以计算未来每一时期的剩余经营收益(ReOI)(以及超额经营收益增长),这样你就可以直接进行估值。输入了预测数据、计算了ReOI以后,记得确保本章公式15.1起作用。完整的预测分析应该包含全部所需的项目以便计算出上述两个合计数据,因此你的工作表应该包含公司重编后的利润表和资产负债表中全部的项目。

现在你准备开始了。假设不同的未来情境,然后观察盈利能力、增长能力、现金流和每股价值是如何变动的。你也应该考虑下面的情形。

2005年的重组公告

2005年7月22日,金伯利公司宣布了一项重组计划——它将在全球裁员6 000人,关闭20个工厂并且专注于与零售商建立良好的关系。这个公告发出之前,金伯利公司第二季度收益同比下降7.2%,尽管销售额还略微增长。收益的降低主要是由于威斯康辛纸业公司脱离了母公司,此外纸浆和汽油价格的增长以及来自宝洁公司的激烈竞争都导致收入降低。

由于国内市场的逐渐饱和,消费品公司都把目光投向了新兴市场。公司的首席执行官Thomas J. Falk说他认为公司应该专注于新兴市场,他同时还宣布了一项研发计划,该计划将在未来的7年里增加研发投入50%,到2009年将达到4亿美元,此外在市场上的投入也会增加60%。2004年一年,金伯利公司在研发方面投入了2.797亿美元,在广告方面投入了4.213亿美元。

这个重组计划将会在未来的三年中花费9亿—11亿美元(税前),并会在2009年前带来每年税前3亿—3.5亿美元的成本节约。

金伯利公司的股价在公告发出后上涨了1美元,但是几天后价格又回到了公告发出之前的63美元。对该重组的影响建立模型,并估计这会增加多少公司股票价值。当然这种重组的影响确实是很难预知的,但是你可以问:要想增加股票价值的话需要销售收入提高多少?市场的反应正确吗?

继续这个案例

案例连载到这里就结束了。但是你将会发现,当你学到第18、19章时,你会返回电子表格建立风险价值模型来评估公司未来的流动性和信用风险。把那些章节里的内容放到你的电子表格程序中,你将会拥有值得骄傲的成果。另外问自己一下:我需要什么样额外的修饰来使得这个成果更好呢?

练习

E15.1 剩余经营收益的一站式预测(简单)

分析师对悟能公司作出如下预测:
1. 销售收入为12.76亿元。
2. 核心销售净利率为5%。
3. 资产周转率为2.2。
4. 其他核心经营收益和非经常项目为零。

该公司要求的回报率为9%。

a. 根据这些预测,应用公式15.1来计算悟能公司的剩余经营收益。
b. 如果分析师预测的核心销售净利率变为4.5%,则悟能公司的剩余经营收益将如何变化。
c. 给定预测的销售净利率为5%,资产周转率为多少时,悟能公司的剩余经营收益为负?

E15.2 修正的估值:PPE公司(简单)

参考表15.1中对PPE公司的估计,根据以下修正的预测对预计财务报表进行调整:
1. 销售在0年1.249亿美元的基础上以6%的速度增长。
2. 核心销售净利率预计降为7.0%。
3. 资产周转率(根据年初净经营资产计算)预计为1.9。

然后回答下列问题:
a. 修改预计财务报表后,计算PPE公司股票的价值。该公司流通在外的股票数为1亿股。
b. 如果每年的股利支付率预计为40%,你预计在第3年年末公司的净金融负债将是多少?

E15.3 对预计财务报表的整合(困难)

分析师给出了对悟净公司的预计财务报表并将其用于估值:

(单位:万元)	2012A	2013E	2014E	2015E
销售收入		454.0	481.2	510.1
经营费用		408.6	433.1	459.1
经营收益		45.4	48.1	51.0
净财务费用		6.4	10.5	12.9
综合收益		39.0	37.6	38.1
净经营资产	227.0	240.6	255.1	270.4
净金融负债	130.0	130.0	130.0	130.0
普通股权益	97.0	110.6	125.1	140.4
净股利		25.0	25.0	25.0
自由现金流		(19.0)	28.0	29.6

a. 找出悟净公司预计财务报表中的错误。

b. 分析师根据预计财务报表预测悟净公司剩余经营收益将以每年8%的速度增长。预计财务报表能够合理解释这一预测吗？

E15.4 对价值增值的分析（中等）

申华公司有如下的资产负债表（单位：百万元）：

净经营资产	441
净金融债务	52
普通股股东权益	389

申华公司的当期净经营资产的回报率（RNOA）为14%，销售收入为8.57亿元，税后经营收益为6 000万元。申华公司的要求回报率为10%。预测表明，申华公司RNOA未来将继续保持在当前的水平上，销售额以每年3%的速率增长，为了支持销售，净经营资产也以每年3%的速率增长。

申华公司管理层正在考虑一个引进新产品的计划，该计划预计能在维持当期销售净利率7%的情况下，使销售收入每年增长4%。但是该计划需要对净经营资产进行额外的投资，由此公司的资产周转率将下降为1.67。

这个计划对公司的价值有什么样的影响？

E15.5 一站式剩余经营收益的计算：可口可乐公司（简单）

可口可乐公司2004年披露，公司核心销售收入为219.62亿美元，税后销售净利率为19.6%，同时还披露其他核心收益为5.63亿美元，这些收益主要来自对灌装公司的权益投资。对财务报表的进一步分析表明其资产周转率（根据净经营资产计算）为1.35。可口可乐公司经营投资的要求回报率为9%。

a. 可口可乐公司2004年的剩余经营收益为多少？

b. 如果资产周转率增加到1.7，可口可乐公司的剩余经营收益将为多少？

E15.6 来自经营收益增长预测的估值：耐克公司（中等）

本章的阅读材料15.4中使用剩余经营收益的方法对耐克公司的股票进行了估值。

a. 对阅读材料15.4中的预计财务报表进行调整，预测超额经营收益增长，并根据这些预测对公司股票进行估值。

b. 应用第14章中整合了短期和长期增长率的简单预测模型（公式14.5）进行估值。

E15.7 预测自由现金流和剩余经营收益，并为公司估值（简单）

下面是在2012年对长安公司进行的预测，其公司的资本成本为12%（单位：百万元）。

年份	2013E	2014E	2015E	2016E	2017E
股利	70	75	75	75	75
净债务	0	0	0	0	0
投资支出	80	89	94	95	95
普通股股东权益	635	665	689	703	712

在2013年年初普通股股东权益为5.96亿元，没有净债务。

a. 预测5年中长安公司每年的经营活动现金流和自由现金流。

b. 用剩余经营收益技术给长安公司估值。

c. 用现金流折现分析为长安公司估值。您得到的答案与练习b中相同吗？

E15.8 评估一个营销计划（中等）

若曦公司的净经营资产回报率为15%，以现有的净经营资产4.98亿元为基础，若曦公司希望销售增长率每年能达到6%。若曦公司还期望税后销售净利率达到7.5%,且维持15%的RNOA。

a. 假定该公司要求的回报率为11%,估计其公司价值。

b. 若曦公司营销部门相信,如果能够扩展顾客延展付款的期限,他们能在保持销售净利率不变的基础上将销售收入增长率提高到每年6.25%。增加的应收账款的影响将会使资产周转率下降为1.9。应该实行这个营销计划吗?

微型案例

M15.1 为美泰格而战:对一场收购的分析

2005年5月19日,家用电器生产商美泰格公司(MYG)同意被利普伍德控股公司以11.3亿美元的现金收购,这个价格对应每股股价为14美元,比前一天的收盘价11.56美元高出21%。

美泰格公司是一家生产洗衣机、烘干机、洗碗机和其他家用电器的厂家,产品包括知名的胡佛牌真空吸尘器。除了美泰格和胡佛,其旗下的品牌还有尊爵和阿曼娜。美泰格公司创始于1893年,当时F.L.美泰格生产农场设备,他于1907年打造出了第一个木桶洗衣机,时至今日洗衣机已经发展成为每个家庭的必备电器了。利普伍德则是一家因为在20世纪90年代投资日本处于萧条期的企业而闻名的私募股权公司。

美泰格曾经兴旺了很长一段时间,但是大型家用电器领域的竞争日渐激烈。20世纪90年代,当美泰格的竞争对手们,比如惠而浦公司和通用电器公司,把自己的生产转向低成本的亚洲地区时,美泰格的生产依然停留在北美地区高成本的基地中。2004年,美泰格宣布了重组计划,裁员20%并且关闭了伊利诺伊州盖尔斯堡的一家很大的冰箱工厂,把新工厂建在了墨西哥,此外美泰格还开始和工会谈判以降低其他工厂的成本。尽管如此,在2005年4月,美泰格的债券同时被三大评级机构降级为垃圾级债券,公司也把派发的股息减半了。于是公司股价从2004年4月的30美元降到了一年以后的10美元。

利普伍德的创始人和首席执行官蒂莫西·科林斯说他的目标是"采取行动使美泰格变为一家低成本的生产商,并且通过引进新的有创新性的产品来继续发展,扩张到全球市场,并继续做精选的收购"。(《金融时报》,2005年5月20日)

2004年6月,来自中国的生产商海尔公司代表一个投资者财团报价每股16美元收购美泰格。紧接着在7月18号,美泰格的竞争对手惠而浦公司加入了这场争夺战并报价17美元。两天之后海尔公司退出了争夺战,留下了利普伍德公司和惠而浦公司继续竞争。美泰格的管理层担心惠而浦公司的收购会触发监管障碍,因为反托拉斯机构会认为这场收购将降低行业的竞争性。此外,惠而浦的报价主要是以股票报价而不是全现金报价。然而,惠而浦坚持收购,并把收购价格推高到每股21美元,总对价为16.8亿美元。

你需要根据美泰格未来发展的可能情形为美泰格估计并购价格。如果反托拉斯部门帮忙的话,美泰格公司很可能对于惠而浦公司而言更加值钱。利普伍德公司考虑的策略性选择,惠而浦公司也同样可以参考。此外,惠而浦公司可能会拥有更大的成本节约优势,因为它可以合并工厂以及采购和市场营销系统。此外,其研发部门在对抗亚洲的竞争者如LG电器公司时也将有更大的优势。你可能难以很好地估计出这些协同作用,但是你可以尝试着去从利普伍德公司的视角为这场收购建立模型。在财务报表预计分析中什么样的情形可以证明14美元的报价是合理的?每股14美元的报价和惠而浦公司21美元报价之间的差别,可以被看作是两个公司联合而不是作为独立生产者与惠而浦公司竞争的增加值。惠而浦公司出价太高了吗?

以下是部分财务信息,这些信息可以明显反映出美泰格的问题:

	2004	2003	2002	2001	2000
	（除了每股数据之外,都以千美元为单位）				
净销售收入	4 721 538	4 791 866	4 666 031	4 185 051	3 891 500
毛利润	660 219	859 531	1 004 602	864 842	985 481
占销售额比例	14.0%	17.9%	21.5%	20.7%	25.3%
经营收益	40 348	228 293	359 495	289 152	439 715
占销售收入比例	0.9%	4.8%	7.7%	6.9%	11.3%
持续经营收益（损失）	(9 345)	114 378	191 401	162 367	216 367
占销售收入比例	−0.2%	2.4%	4.1%	3.9%	5.6%
基本收益					
每股收益——持续经营收益	(0.12)	1.46	2.46	2.12	2.78
每股股息	0.72	0.72	0.72	0.72	0.72
总资产	3 020 024	3 024 140	3 104 249	3 131 051	2 647 461
应付票据和长期负债合计	978 611	970 826	1 112 638	1 213 898	808 436
现金和现金等价物	164 276	6 756	8 106	109 370	6 073

为了把握这个问题,你需要从 SECEDGAR 网站上下载 2004 年美泰格上交给证监会的报告去阅读细节。为了开始预计财务报表分析,你要重新编制现金流量表和资产负债表,直到找到"最佳预测"情形。分析一下你的估值对于未来变化的敏感性,然后看看 14 美元的报价或者 21 美元的报价是不是落在了你的一系列假设场景的区间里,计算中使用私募股权投资者所要求的最低要求回报率——10%。

附:2005 年 8 月 22 日,美泰格的管理层同意了惠而浦公司的收购并且赔付了利普伍德公司 4 000 万美元作为违约金。

第四部分 会计分析与估值

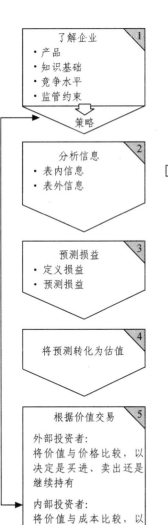

第16章	第17章
在一致性的前提下，会计准则是怎样影响盈利能力和剩余收益的指标的？会计政策怎样影响估值？	企业如何用会计的方法暂时改变它们披露的盈利能力？这种操纵如何才能发现？

估值,与作为其基础的预测一样具备有用性。本书的估值分析,是建立在预测未来财务报表的收益和账面价值的基础之上。但是收益和账面价值在某种程度上会受到会计方法的影响,这就出现了一个问题:如果估值是根据会计数据所做的,那么它会不会受到会计方法的影响呢?估值是否取决于一个公司是用加速折旧法还是直线折旧法,对存货是用后进先出法还是先进先出法?利润表中将研发投资费用化,但这些投资实际上是未来能产生利润的资产,分析师又该如何分析?他是否应当调整这些会计方法或结果?本书的这一部分提供了这些问题的答案,列出了一些在估值分析中有关的会计问题,并且告诉我们这些会计问题是如何进行调节的。

在基本面分析过程的第三步,有两个方面要注意。第一,分析师必须明确要预测什么,而且为了反映一个企业的价值,它是如何被衡量的。有了这些详细的信息,他就可以根据他在第二步里所分析的信息继续进行预测。因此,在估值分析中产生的会计问题是以两种方式出现的。一是如何度量预测的未来收益的问题:预测的剩余收益和超额收益增长是否反映了未来增加的价值,从而分析师可以得到正确的估值?如果他根据 GAAP 来预测收益,他有没有反映公司的价值?他是否该调整 GAAP 的方法?或者他是否该用预测现金流的方法来代替?二是分析师在第二步里用来预测未来剩余收益的现有会计报表中的会计问题。他的财务报表分析揭示了作为预测未来盈利能力基础的核心盈利能力,但核心盈利能力的度量是以会计方法为基础的。会计方法是否适当?是否有误导性?第一个问题是会计预测质量的问题,第二个问题是当前会计质量的问题。第 16 章将讨论第一个问题,而第 17 章将讨论第二个问题。

通过学习本书的这一部分,你会学习到很多会计知识。但是对于估值而言,懂得和应用会计方法比学习会计准则的细节知识要重要得多。所以本书的重点在于解释会计的结构和它如何帮助或阻碍估值分析。如果你对一些具体会计方法的细节感到比较模糊,请参看中级或高级财务会计教科书。本书对应网址中的"会计诊所"也会对你有所帮助。

第 16 章
创造会计价值与经济价值

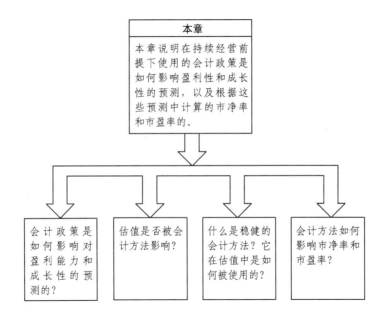

开篇阅读材料

七匹狼的广告费

从资产负债表来看,七匹狼(002029)是典型的轻资产公司,2008年年末公司总资产约17.7亿元,其中非流动资产5.2亿元,剔除2.4亿元的投资性房地产,其营业性的长期资产仅为2.8亿元,主要为1.2亿元的固定资产和1.1亿元的长期待摊费用。这似乎与常识中理解的品牌服装企业的经营模式一致,由于生产外包并依靠渠道商进行终端销售,企业自身的确没有太多长期资产的投入需求。但与常识不一致的是,这类企业均有一项非常重要的资产,即品牌,这一点却无法在资产负债表上得到丝毫反映。

的确,由于缺乏有形的物质载体,同时其对未来的影响也很难精确判断,品牌价值很难估计。但即便如此,有两点至少应该是明确的:其一,品牌是一种无可置疑的资产,对于七匹狼这样的企业尤其如此,它不仅将对企业未来若干年度的收益产生影响,更是企业经营活动的重要内容。2008年七匹狼年报中"董事会报告"部分对当年总体经营情况的总结首先提到的即为"品牌塑造和市场推广"。其二,企业为品牌的支出是可以明确衡量的,七匹狼2008年广告费和宣传费支出共计1.17亿元,占当年销售收入的7.1%。

事实上,这又回到了会计在支出处理中费用化和资产化的老生常谈上。由于谨慎性要求,在现有会计制度下,企业在广告和宣传方面的支出均作为销售费用在当年利润表中全额处理,因此扩大广告宣传的结果将是企业资产和收益的双双下降,这种财务绩效显然与企业经营活动的真实初衷及其实际影响相背离,同时更造成了对合理判断企业内在价值的一系列信息误导。

在传统分析中,费用比率常常是判断企业管理绩效的重要指标,"广告支出增加过快,销售费用率超出预期,净利率下滑"更是最近在七匹狼的研究报告中被频繁提及。在上述分析逻辑下,广告和宣传支出被认为是被动的,是因为当年营业收入的需要而必须发生的,而不是企业维护其核心竞争能力而进行的投资。但由于近50%的销售费用对应着品牌建设,它已经不同于销售费用的传统含义,费用比率在这里也基本丧失了分析价值。这一点对于香港上市的李宁公司(HK2331)更为明显,由于2008年奥运会等原因,其广告及市场推广开支占营业收入的比例达到了近些年最高的17.5%,较2007年上升了1.5个百分点,这显然不代表李宁公司管理水平的下降。如果七匹狼大幅削减广告支出,不知道分析人员会不会对其估值水平进行大幅提升。

夸大费用效应的另一面就是弱化了资产效应,虽然不能直接等同于品牌成本,更不是品牌的价值,但广告和宣传毕竟是企业品牌建设中最重要的支出。七匹狼2008年近1.2亿元的广告和宣传费与其固定资产净值相差无几。如果考虑到若干年持续广告支出的累积,显然七匹狼的品牌资产将成为其最重要的长期资产。而与李宁公司2008年11.7亿元的广告及市场推广开支相比,七匹狼在品牌资产上的数量级还不能与其相提并论。

其实,广告和市场推广支出的资产化特征非常明显,无论是李宁还是安踏(HK2020),这部分支出都是其招股书中募集资金的重要投向,其中安踏的该部分投向占融资总额的40%。在费用化的分析思路下,企业的资产特征无法被合理认知,企业的核心经营活动——品牌建设无法在财务绩效中予以合理表现,品牌建设的效率以及对企业销售额、毛利率、营运资本的影响等深入分析更无从谈起。

广告支出的费用化导致财务绩效低估了企业合理的收益和资产水平,因此也表现为资本市场上较高的PE和PB倍数,这常常被归结为市场对于品牌的溢价,但其中的因果关系却很少有人提及。在具体分析中,将这类企业的广告费用进行资本化处理,并按照一个合理的期限进行摊销,调整后的财务绩效对于理解企业价值创造的基本逻辑或许更为清晰。

资料来源:http://www.ltkdj.com/news/gzyl/2010/410/1041021301K7GJ60HGA391893GKEDI.html。

分析师核对表

读完本章后你应该理解：
- 会计方法是如何创造出会计回报率和剩余收益的。
- 会计方法是如何创造出收益增长、剩余收益增长以及超额收益增长的。
- 经济增加值和会计增加值的区别。
- 为何恰当的估值模型结果不受会计处理方法的影响。
- 会计方法如何影响永续价值的计算。
- 会计方法如何影响市净率。
- 会计方法如何影响市盈率。
- 会计稳健性的含义及其对盈利能力、增长能力和估值结果的影响。
- 秘密储备的计提和释放是如何影响收益的。

读完本章后你应该能做到：
- 在对公司估值中分析会计方法。
- 不同会计方法下预测盈利能力和增长能力。
- 计算反映企业会计方法的内在市净率。
- 计算反映企业会计方法的内在市盈率。
- 计算反映企业会计方法的永续价值。
- 识别采用稳健会计方法的企业。

本章将回答一个看似自相矛盾的问题：价值是用预测企业未来剩余收益的方法计算出来的，而剩余收益是用会计方法来衡量的，但是企业的价值却又不受它所使用的会计方法的影响。

GAAP限制了公司的会计处理方法。不过，公司在选择会计方法方面有一定的自由度，这些方法会直接影响到披露的账面价值和收益。而且，这些方法还会影响到为了定价而预测的未来的收益和账面价值。这一章要说明会计方法——往往是一种永久性的会计方法——是如何影响预测和估值的。如果公司的存货处理采用后进先出法，而不是先进先出法，剩余收益和超额收益增长会有何不同？估值结果又会有什么不同？对于市净率和市盈率又有什么不同的影响？如果公司采用加速折旧法、融资租赁或无形资产费用化，那么剩余收益、收益增长、估值、市净率和市盈率都会受到什么样的影响？正是由于会计处理方法会影响估值，所以现金流折现法只考虑企业产生的现金流，而消除了会计方法不同的影响。那么，会计方法真的会扭曲价值吗？分析师是否应该在估值前先根据会计方法调整一下公司的收益呢？

在这一章里，我们将会看到公司是如何使用能得到较高的回报率和剩余收益的会计方法的：公司能使其盈利状况看起来比实际情况更好。我们同样可以看到公司的会计方法能产生很高的收益增长。同时，我们也会发现会计处理方法的差异所导致的剩余收益和收益增长并不影响公司的价值。剩余收益和收益增长可以被会计方法和真实的企业活动影响，但是只有真实的企业活动能够增加经济价值。适当地运用估值方法能够区分由于会计方法使用"增加"的价值和受真实活动影响而增加的价值，从而得到真实经济因素对估值的影响。

16.1 价值创造与剩余收益创造

假设一个项目需要在2000年年底投资400美元,要求的年回报率是10%。此项目存续期为两年,而且预期在2001年有240美元、2002年有220美元的销售收入。折旧是唯一的费用。表16.1对此项目用了两种不同的会计处理方法。在第一种方法中,采用直线折旧法,每年折旧200美元,所以在扣除折旧之后此项目两年的收益分别是40美元、20美元。折旧之后的账面价值(此项目的净经营资产)在2001年年底下降到200美元,RNOA是10%,与原来期望的一样。相应地,预计两年的剩余经营收益都是0。这个项目没有在投资成本之上增加价值,所以它的价值仍然是2000年的账面价值,也就是400美元。用10%的折现率折现现金流(即经营收益减去净经营资产的变化),你可以发现此项目的净现值为0。

表16.1 要求回报率为10%、两年期项目的会计处理(此项目投资为400美元) 单位:美元

	2000年	2001年	2002年
会计处理1			
销售收入		240	220
折旧		200	200
经营收益		40	20
净经营资产	400	200	0
自由现金流		240	220
RNOA		10%	10%
ReOI(0.1)		0	0
ReOI的现值		0	0
ReOI的现值合计	0		
项目价值	400		
会计处理2			
销售收入		240	220
开办费和折旧	(40)	180	180
经营收益	(40)	60	40
净经营资产	360	180	0
自由现金流		240	220
RNOA		16.7%	22.2%
ReOI(0.1)		24	22
ReOI的现值		21.82	18.18
ReOI的现值合计	(40)		
项目价值	400		

用第二种会计处理方法记账的是一个稳健的会计。"稳健"这里并不是指这个会计的服饰、发型或政治信仰保守。稳健性会计倾向于在资产负债表中低估资产而高估负债。所以,2000年这个项目的账面价值为360美元,2000年降低的账面价值导致了2001年和2002年直线折旧时折旧额的减少,变成了180美元。他也许会把他故意减少的这40美元看成开办费(就像在表里列的一样)或者400美元投资成本中用于使这个项目得以实现的广告费;根据GAAP的规定,这两种支出都应当于当期费用化。表16.1中给出了根据这种会计处理方法对

ReOI 的预测及估值。

在比较这两种会计处理方法的时候,有两件事要注意,就是阅读材料 16.1 里面提到的"会计影响"和"价值影响"。"会计影响"是指会计上跨期的特点。减少本期的账面价值会降低未来的费用(在这个例子中,是折旧费用),也就会提高未来的收益。更高的经营收益与更低的净经营资产账面价值相除,未来的 RNOA 也会更高。未来的剩余收益也会提高,因为更高的收益与更低的账面价值比较,会产生更高的剩余收益。

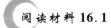
阅读材料 16.1

项目投资对会计指标的影响

会计影响

剩余收益和 RNOA 可以由会计方法创造。会计处理方法 1 下,2001 年和 2002 年的预期 RNOA 为 10%,而会计处理方法 2 就使 2001 年和 2002 年的这一项变成了 16.7% 和 22.2%。会计处理方法 1 下,两年的预期剩余经营收益都是 0,而会计处理方法 2 下则分别是 24 美元和 22 美元。

估值影响

由会计方法创造的剩余收益并不影响估值:在这两种会计处理方法中,该项目的价值都是 400 美元,都没有在投资上有所增值。剩余收益估值技术可以使用不同的会计处理方法,任何由会计处理方法创造的剩余收益对估值结果都是没有影响的。

实务中,当研发投资费用化时,当创造品牌资产的促销和广告支出费用化时,当资产计提巨额减值准备时,资产的账面价值就下降了。企业也可以通过对不动产、厂房、设备采用加速折旧法,对无形资产采用加速摊销方法,保持对应收账款较高的坏账估计等方法,来维持资产较低的账面价值。公司还可以通过高估递延收入、应计负债、养老金负债等方法高估负债。这些处理在后期都会带来较高的回报率。所以,有大规模的、成功的研发计划的公司,在以后几年当这些研发费用开始收到效益的时候,往往都会有较高的 RNOA 和 ROCE,因为这些研发活动带来的收益很高,但账面价值较低。有大规模研发计划的医药公司报告的 RNOA 往往都在 30% 以上。可口可乐拥有没有在资产负债表上反映的品牌资产,所以其 RNOA 也超过了 30%。

低估账面价值的会计处理被称为稳健性会计(conservative accounting)。但是,就像故意降低净资产价值能够提高未来的 RNOA 和 ROCE 一样,故意抬高资产价值也会降低这些指标。抬高资产价值(或者当它们贬值的时候没有按实际情况计提减值)被称为自由会计(liberal accounting)。在采用国际会计准则前,英国和澳大利亚的公司可以定期重估有形资产,提高它们的价值,这些企业与美国企业(美国企业不允许这样做)相比,RNOA 和 ROCE 就会比较低。我国会计处理中稳健性原则的运用参见阅读材料 16.2。

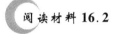
阅读材料 16.2

我国新会计准则中稳健性原则的运用

1. 应收账款类计提坏账准备金方面。《企业会计准则》规定:企业应当在期末分析各项应收账款的可回收性,并预计可能发生的坏账准备。企业计提坏账准备的方法由企业自行确定。计提比例由企业"合理估计"。预付账款"不符合预付账款性质"或"无望再收到所购货物的",应将其转入其他应收款,并按规定计提坏账准备。由此可以看出,新准则扩大了应收账款计提坏账准备的范围,更注重应收账款的实质,放宽了对计提比例、方法的限制,由企业管理当局自行确定,这能进一步避免企业虚列资产,防止虚盈实亏,有利于加速资金周转,提高资金使用效率。

2. 在存货上运用稳健性原则方面。《企业会计准则》规定:企业的存货应当在期末时按成本与可变现净值孰低计量,对可变现净值低于存货成本的差额,计提存货跌价准备。成本与可变现净值的理论基础主要是使存货符合资产的定义。当存货的可变现净值下跌至成本以下时,表明该存货会给企业带来的未来经济利益低于其账面成本,因而应将这部分损失从资产价值中扣除,计入当期损益。这样可以避免虚增存货资产,虚增当期收益。

3. 固定资产运用稳健性原则方面。《企业会计准则》规定:企业的固定资产应当在期末时按照账面价值与可收回金额孰低计量,对可收回金额低于账面价值的差额,应当计提固定资产减值准备,并按单项项目计提。对于融资租入固定资产,尽管从法律形式上资产的所有权在租赁期间依然属于出租方,但由于与资产有关的主要风险和报酬已经转归承租人,根据实质重于形式的原则,融资租入的固定资产要作为企业的固定资产入账,并计提折旧。新准则规定融资租入的固定资产,租赁开始日资产的原账面价值与最低租赁付款的现值两者中较低者,作为入账价值。以较低的金额入账,充分体现了对融资租入固定资产会计处理的稳健性。

4. 长期股权投资的核算方面。新的《企业会计准则》对企业长期性投资项目的规定有较大的变动,主要体现于权益和成本法的使用范围。在旧的行业会计准则或股份制会计准则中对于何时采用权益法分别制定了占股数标准,其标准分别是50%和25%,但新的《企业会计准则》中规定占股数达到20%就应该采用权益法进行投资收益核算。标准的下降就是为了确保企业的会计报表能够更合理地反映企业的经营成果和财务状况,避免虚假利润的出现,也正是体现了稳健原则。

5. 对或有事项的稳健性确认方面。或有事项是指过去交易或事项所形成的一种状况,其结果需通过未来不确定事项的发生或不发生予以证实。新准则规定:该义务是企业承担的现时义务;该义务的履行很可能导致经济利益流出企业;该义务的金额能够可靠地计量。企业应将其确认为负债,在资产负债表中单列项反映。对或有事项做这样的处理,确认或有负债而不披露可能的或有资产,遵循了稳健性原则,以防将来在发生该义务时措手不及。

6. 稳健的收入确认标准方面。确认收入同时满足几项条件,即要注重交易的经济实质,判断每项交易中所有权的主要风险和报酬实质上是否已转移,是否保留与所有权相关的继续管理权,是否仍对售出的商品实施控制,相关的经济利益能否流入企业,收入和相关成本能否可靠计量等重要条件。只有这些条件同时满足才能确认收入,否则即使已经发出商品,或已经收到价款也不能确认收入。新会计准则对提供劳务的确认更体现了稳健性原则,如预计已发生的劳务成本不能得到补偿,则不能确认收入,但应考虑价款收回的可能性;估计价款不能收回的,不应当确认收入;已收回部分价款的,只将收回部分确认为收入。

资料来源:http://wenku.baidu.com/view/491b35c4d5bbfd0a795673e0.html。

当有时候采用不稳健的会计方法时,也可以称之为自由会计:公司把一些软件开发成本资本化而把其他研发成本计为费用(比如冠群电脑),就可以说它比一个把所有研发成本计入费用的企业(比如甲骨文和微软)用了更自由的会计方法。但是两种企业从整体上说都是用了稳健的会计方法。在稳健性和自由会计中间,有中性会计处理方法(neutral accounting)。

这种会计会产生预期的权益回报率(等于资本成本),因而投资的剩余收益为0,也就是说投资不产生价值增值。会计处理方法1就是一种中性会计处理方法。与之相反,稳健性会计和自由会计在实际中没有价值增值的时候,也会产生不同于要求回报率的利润率。稳健性会计会产生比要求回报率高的未来利润率,而自由会计则产生较低的未来利润率。

所以,你会发现经济增加值和会计增加值是不同的。高的RNOA和剩余收益并不是价值增值的必要标志。所以要小心那些认为会计指标是经济增加值标志的说法,要检查那些咨询师兜售的度量经济增加值的产品。所有的指标都是会计指标的变形,而在将这些指标用于度量经济增加值时必须三思。

不同的会计方法的估值效应(如阅读材料16.2所示)被称为价值稳健性原则:用剩余收益技术来估值并不受当期账面价值会计处理方法的影响。公司价值等于当期账面价值加上预期未来剩余收益的现值。改变当期账面价值的会计方法会改变未来剩余收益,但是它不会改变估值结果,因为剩余收益现值的变化完全被当期账面价值的变化抵消了。所以把研发成本费用化会产生较高的未来剩余收益和较低的当期账面价值,而估值结果并没有发生变化。估值结果只受由真实经济利润率所产生的剩余收益的影响,而不受由会计方法产生的利润率的影响。

16.2 会计方法、市净率、市盈率和永续经营的定价

上一节的例子只涉及一个项目。而对于长期保持账面价值较低(或较高)的持续经营的企业,也可以看到类似的情形。同样,价值并不取决于会计方法,但是市净率和市盈率则会受到会计方法的影响。影响取决于投资额增长的情况,所以我们先看一看投资无增长的情况,然后再来研究投资有增长的公司。

年投资额固定的会计处理方法

企业要持续经营下去,就要不断投资。下面一系列表格中的第一个,即表16.2给出了对一家公司在2000年和以后各年度对价值增值同样为0的项目投资400美元的会计处理。此表给出了该公司的预期经营收益和净经营资产,并且根据这些预测以及净利率、资产周转率和增长驱动因素,计算出了RNOA、剩余经营收益(ReOI)以及超额经营收益增长(AOIG)。和原来一样,这个项目第一年和第二年分别产生了240美元和220美元的销售收入,两年都采用直线折旧法。2001年后的总经营收益是各项目收益之和,净经营资产是当年投资(400美元)和前期连续投资(部分已被折旧)的账面价值之和。

你发现当企业达到它不变的净经营资产水平600美元时,经营收益是60美元。相应地,RNOA预期在所有年度都是10%,等于资本成本。剩余经营收益预期为0美元,企业的价值,即2000年的账面价值,是400美元。同样,预期AOIG为0,所以400美元同样等于未来经营收益资本化的价值。这就是中性会计处理方法:这个企业没有在其投资之上增加价值(与原来例子中的项目一样)。这种会计方法证明了这一点,因为回报率等于资本成本,而且超额收益增长为0。对一个价值增长为0的企业来说,中性会计处理方法得到了正常的内在市净率1.0和正常的既往及远期市盈率,就像您在表16.2末尾看到的一样。由于这个原因,中性会计处理方法也被称为正常会计(normal accounting)。

表 16.2 中性会计处理方法：每年投资 400 美元、无增值项目的公司

（要求回报率为 10%） 单位：美元

	2000 年	2001 年	2002 年	2003 年	2004 年
销售收入					
来自 2000 年投资		240	220		
来自 2001 年投资			240	220	
来自 2002 年投资				240	220
来自 2003 年投资					240
		240	460	460	460
经营费用（折旧）					
2000 年投资的折旧		200	200		
2001 年投资的折旧			200	200	
2002 年投资的折旧				200	200
2003 年投资的折旧					200
		200	400	400	400
经营收益		40	60	60	60
净经营资产（NOA）					
2000 年投资	400	200			
2001 年投资		400	200		
2002 年投资			400	200	
2003 年投资				400	200
2004 年投资					400
	400	600	600	600	600
投资	400	400	400	400	400
自由现金流	(400)	(160)	60	60	60
RNOA(%)		10.0	10.0	10.0	10.0
净利率(%)		16.7	13.0	13.0	13.0
资产周转率		0.60	0.77	0.77	0.77
NOA 增长率(%)		50	0	0	0
ReOI(0.1)		0	0	0	0
AOIG(0.1)			0	0	0
公司价值	400	600	600	600	600
账面价值溢价	0	0	0	0	0
市净率	1.0	1.0	1.0	1.0	1.0
既往市盈率		11.0	11.0	11.0	11.0
远期市盈率	10.0	10.0	10.0	10.0	10.0

公司价值（ReOI 估值）＝账面价值＝400
公司价值（AOIG 估值）＝未来收益资本化＝40/0.1＝400

在表 16.2 到 16.5 以及表 16.7 中，所有年度的价值都是前一年价值按 10% 的资本成本增长后，减去支付的自由现金流。所以 2001 年年末的预测价值是 (400 × 1.1) + 160 = 600，2002 年年末的预测价值是 (600 × 1.1) - 60 = 600。市净率是无杠杆市净率（或者说是无债务融资情况下的有杠杆市净率）。由于溢价不受融资影响，因此，它既是公司的溢价，也是权益的溢价。市盈率也是无杠杆市盈率。根据第 13 章的内容，每年用 [（价值＋自由现金流）/经营收益] 来计算。对有杠杆市盈率的影响是相似的（如果企业没有净负债，这里的市盈率就是有杠杆市盈率，自由现金流相当于股利）。

现在来看表 16.3，在这里，企业所有年度的投资和销售收入与表 16.2 一样，但是现在使用了稳健性会计。会计人员马上将投资的 10%（即 40 美元）费用化，抵减收益。这一部分可

以视作研发项目的一部分或促销成本,按照GAAP,应该立即费用化。比较表16.3和表16.2,你会发现稳健性会计具有与正常会计不同的会计和估值影响。自由会计会有同样的影响,只不过是相反的方向。阅读材料16.3列出了对每年投资固定数额的企业采用稳健性会计的会计与估值影响。你可以将这些影响与表16.2和表16.3比较,进行观察。

表16.3 稳健性会计:每年投资400美元、无增值项目的公司;10%的投资马上计为费用

（要求回报率为10%） 单位:美元

	2000年	2001年	2002年	2003年	2004年
销售收入					
来自2000年投资		240	220		
来自2001年投资			240	220	
来自2002年投资				240	220
来自2003年投资					240
		240	460	460	460
经营费用(折旧)					
2000年投资		40	180	180	
2001年投资			40	180	180
2002年投资				40	180
2003年投资					40
2004年投资					
		40	220	400	400	400
经营收益	(40)	20	60	60	60
净经营资产(NOA)					
2000年投资	360	180			
2001年投资		360	180		
2002年投资			360	180	
2003年投资				360	180
2004年投资					360
	360	540	540	540	540
投资	400	400	400	400	400
自由现金流	(400)	(160)	60	60	60
RNOA(%)		5.6	11.1	11.1	11.1
净利率(%)		8.3	13.0	13.0	13.0
资产周转率		0.67	0.85	0.85	0.85
NOA增长率(%)		50	0	0	0
ReOI(0.1)		(16)	6	6	6
AOIG(0.10)			22	0	0
公司价值	400	600	600	600	600
账面价值溢价		60	60	60	60
市净率	1.11	1.11	1.11	1.11	1.11
既往市盈率		22.0	11.0	11.0	11.0
远期市盈率	20	10.0	10.0	10.0	10.0

公司价值(ReOI估值) $= 360 - \frac{16}{1.10} + \left(\frac{6}{0.10}\right)/1.10 = 400$（情景2估值）

公司价值(AOIG估值) $= \frac{1}{0.1}\left[20 + \frac{22}{1.1}\right] = 400$

阅读材料 16.3

稳健性会计的影响:无增长投资下的持续经营

会计影响

1. 当投资的水平不变后,经营收益并不受稳健性会计的影响。当投资项目正在建造(2001年)时,如果采用稳健性会计,收益会较低,但在2001年以后就一直是60美元。这就是会计的特点:如果投资没有变化,会计方法不影响收益,因为不管用什么方法处理,收入和费用总是一样的。

2. 净经营资产尽管是每年不变的,但在稳健性会计下总是要低一些。对于这个项目来说,会计方法影响了账面价值,而且是永久影响。

3. RNOA和剩余经营收益(还有ROCE和剩余收益)在稳健性会计下比在中性会计处理下总要高一些。

4. 当投资达到不变水平以后,超额经营收益增长不受稳健性会计的影响。

估值影响

1. 估值不受会计影响。对单一项目,由会计方法创造的剩余收益对估值毫无影响。

2. 市净率是不正常(大于1)的。稳健性会计降低了账面价值,引起了账面价值的溢价。这不仅对现有溢价有影响,对以后的溢价也有永久性影响。

3. 投资一旦达到了不变水平,市盈率就不受会计方法的影响:收益和价值都不受影响。

表16.3中的400美元的企业价值,与中性会计处理计算出来的是一样的。会计方法还是没有影响企业估值。但是现在注意一下内在市净率,我们发现它升高了,而且是永久性地升高,这是因为账面价值减小了。内在既往市盈率和远期市盈率受暂时性的影响(因为收益是暂时的);而当达到不变的投资水平时,市盈率就不受影响了:这时收益不受会计方法的影响(因为它代表了企业价值)。AOIG预期为0,所以市盈率保持在正常水平。致力于研发和品牌建设的企业一般有较高的RNOA和剩余收益,所以它们有较高的市净率,但这并不表明它们就一定有较高的市盈率。

对于采用稳健性会计的公司,其估值形式是不同于采用中性会计的公司的。当剩余经营收益将持续大于0时,ReOI估值就是情景2中的估值(在第5章曾经介绍过),可以参见表16.3的末尾:剩余经营收益是不变的,它以要求回报率资本化。有时候我们认为只有在收益率等于资本成本的时候,才可以计算永续价值。当竞争导致额外利润为0时,回报率会降到正常回报率。事实上,过高的经济利润会被竞争削弱,但这并不表明盈利能力的会计指标(RNOA)会降到要求回报率的水平:稳健性会计会造成RNOA水平持续高于要求回报率,尽管没有增加真实的价值。所以,情景1中的估值(预期ReOI为0)一般不适用于研发公司。

投资水平变动的会计处理方法

在表16.2和表16.3中,公司都达到了不变的投资水平。但是当投资水平预期会有所变化时,情况就会发生变化。表16.4给出了与表16.2中同样的公司,投资仍然用直线折旧法进行折旧,所不同的只是每年投资预计增长5%。在投资不断增加的过程中,投入的每一元钱都和以前一样产生同样的销售收入,同样,销售收入和经营收益以及带息经营收益也在增加。

因为该企业采用了中性会计处理,尽管经营收益和净经营资产预计增长,但预计的 RNOA 为 10%,而 ReOI 为 0。企业的价值仍为 400 美元:投资增加了,收益增加了,但没有增加价值。

表 16.4 会计处理中性:投资每年增长 5%、无价值增值的企业

(要求回报率为 10%) 单位:美元

	2000 年	2001 年	2002 年	2003 年	2004 年
销售收入					
来自 2000 年投资		240.0	220.0		
来自 2001 年投资			252.0	231.0	
来自 2002 年投资				264.6	242.6
来自 2003 年投资					277.8
		240.0	472.0	495.6	520.4
经营费用(折旧)					
2000 年投资的折旧		200.0	200.0		
2001 年投资的折旧			210.0	210.0	
2002 年投资的折旧				220.5	220.5
2003 年投资的折旧					231.5
2004 年投资的折旧					
		200.0	410.0	430.5	452.0
经营收益		40.0	62.0	65.1	68.4
净经营资产(NOA)					
2000 年投资	400.0	200.0			
2001 年投资		420.0	210.0		
2002 年投资			441.0	220.5	
2003 年投资				463.1	231.5
2004 年投资					486.2
	400.0	620.0	651.0	683.6	717.7
投资	400.0	420.0	441.0	463.1	486.2
自由现金流	(400)	(180)	31.0	32.5	34.4
RNOA(%)		10	10	10	10
净利率(%)		16.7	13.1	13.1	13.1
资产周转率		0.60	0.76	0.76	0.76
NOA 增长率(%)		55	5	5	5
ReOI(0.1)		0	0	0	0
ReOI 增长率(%)			0	0	0
带息经营收益增长率(%)			10	10	10
AOIG(0.10)			0	0	0
公司价值	400.0	620.0	651.0	683.6	717.7
账面价值溢价	0	0	0	0	0
市净率	1.0	1.0	1.0	1.0	1.0
既往市盈率		11.0	11.0	11.0	11.0
远期市盈率	10.0	10.0	10.0	10.0	10.0

公司价值(ReOI 估值)= 400

公司价值(AOIG 估值)= $\dfrac{40}{0.10}$ = 400

带息经营收益增长率是考虑将自由现金流按要求回报率(10%)再投资后经营收益的增长率。自由现金流就是经营活动的"股利"。

现在看表16.5,这是稳健性会计的做法:每年将投资的10%作为研发和促销支出直接费用化。与前面一样,这导致了正的剩余收益和不正常的市净率。但这里还有另外的影响:预测的经营收益随时间而增加,但是在所有年度都比表16.4中的要低,原因是费用化的投资每年也递增5%。但是带息经营收益(在将剩余现金流"股利"以资本成本再投资以后)的增长率将大于资本成本,而不是表16.4里的10%①。而且,ReOI和AOIG都以5%的比率增长,也不像以前那样是一个常数。除了所用的会计方法不同以外,和表16.4相比,没有别的变化。稳健性会计带来了经营收益的增长、ReOI的增长和超额收益的增长:高于要求回报率的RNOA和增长的净经营资产相结合,会产生ReOI的增长,而增长的ReOI又意味着超额收益的增长。

表16.5 稳健性会计:投资每年增长5%、无价值增值的企业;投资的10%立即费用化

(要求回报率为10%) 单位:美元

	2000年	2001年	2002年	2003年	2004年
销售收入					
来自2000年投资		240.0	220.0		
来自2001年投资			252.0	231.0	
来自2002年投资				264.6	242.6
来自2003年投资					277.8
		240.0	472.0	495.6	520.4
经营费用					
2000年投资	40.0	180.0	180.0		
2001年投资		42.0	189.0	189.0	
2002年投资			44.1	198.5	198.5
2003年投资				46.3	208.4
2004年投资					48.6
	40.0	222.0	413.1	433.8	455.5
经营收益	(40.0)	18.0	58.9	61.8	64.9
净经营资产(NOA)					
2000年投资	360.0	180.0			
2001年投资		378.0	189.0		
2002年投资			396.9	198.5	
2003年投资				416.8	208.4
2004年投资					437.6
	360.0	558.0	585.9	615.2	646.0
投资	400	420	441	463.1	486.2
自由现金流	(400)	(180)	31	32.5	34.2
RNOA(%)		5.0	10.6	10.6	10.6
净利率(%)		7.5	12.5	12.5	12.5
资产周转率		0.67	0.85	0.85	0.85
NOA增长率(%)		55	5	5	5
ReOI(0.1)		(18.0)	3.10	3.26	3.42
ReOI增长率(%)		—	—	5	5

① 报告的(除息)收益增长率较低,但是它并没有确认来自股利再投资的收益。来自经营的"股利"是自由现金流,经营收益的增长率包含了按10%回报率投资这部分自由现金流获得的收益。

(续表)

	2000 年	2001 年	2002 年	2003 年	2004 年
带息经营收益增长率(%)		—	127	10.3	10.3
AOIG(0.10)			21.1	0.155	0.163
AOIG 增长率(%)			—	—	5
公司价值	400.0	620.0	651.0	683.6	717.7
账面价值溢价		62.0	65.1	68.4	71.8
市净率	1.11	1.11	1.11	1.11	1.11
既往市盈率		24.4	11.6	11.6	11.6
远期市盈率	22.2	10.5	10.5	10.5	10.5

公司价值(ReOI 估值) $= 360 - \dfrac{18}{1.10} + \left(\dfrac{3.1}{1.10 - 1.05}\right)/1.10 = 400$（情景 3 中的估值）

公司价值(AOIG 估值) $= \dfrac{1}{1.10}\left[18 + \dfrac{21.10}{1.10} + \left(\dfrac{0.155}{1.10 - 1.05}\right)/1.10\right] = 400$

由于四舍五入，存在尾数误差。

因为 ReOI 的增长仅仅是会计方法的影响，所以它并没有改变 400 美元的估值，这也是一个价值增值为 0 的企业。但是注意一下 ReOI 价值的计算（在表的末尾）。这是情景 3 中 ReOI 增长情况下的估值：ReOI 以 5% 的增长率被资本化了。AOIG 估值也是以 5% 作为增长率，不过 400 美元的估值结果和无增长情况下是相同的。

阅读材料 16.4 总结了对价值增值为 0、投资不断扩大的企业采用稳健性会计处理的会计影响及估值影响。采用自由会计的会计效果是相反的。

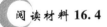
阅读材料 16.4

稳健性会计的影响：不断增加投资的持续经营公司

会计影响

1. 如果资产在增长，稳健性会计会带来较低的经营收益。
2. 如前所示，在稳健性会计中，RNOA 和剩余经营收益会更高。尽管对收益（RNOA 的分子）有影响，但对分母的影响更大。但是，由于对分子收益的影响，收益率和剩余收益不像投资不变时那样高。
3. 如果资产在增长，稳健性会计会带来收益的增长。
4. 如果资产在增长，稳健性会计会带来剩余经营收益的增长。
5. 如果资产在增长，稳健性会计会带来超额收益的增长。

估值影响

1. 估值总是不受会计处理方法影响的。
2. 市净率在稳健性会计中较高，但不会比投资无增长情况下更高。在投资增长的情况下，稳健性会计会导致溢价随时间持续升高，这反映了剩余收益的增长。市净率与投资无增长情况下的市净率相同，因为其分子与分母增长的百分比一致。
3. 市盈率比投资无增长情况下更高：会计方法不影响企业价值但产生了较低的收益。较高的市盈率反映了由会计方法引起的超额经营收益的预计增长。

表16.6总结了我们观察到的稳健性会计和自由会计中经营收益、剩余经营收益、剩余经营收益增长、超额经营收益增长、市净率和市盈率的变化情况。对收益和剩余收益的影响是一致的,但混合了第13章中提到的财务杠杆的影响。这些效果都是对于那些价值增值为0的公司而言的。我们将采用中性会计处理得出的结果作为基准,给出了投资下降或增长情况下的影响。在所有情况下(投资不变、增长或者下降),对正常会计处理来说,市净率和市盈率都是正常的。稳健性会计和自由会计会产生相反的影响,但是影响的方向取决于投资是增长还是下降(请注意投资下降是不可能无限期持续的)。投资增长情况下的稳健性会计中,市净率大于正常比率,但与投资无增长情况相比,并没有变化。但是市盈率比投资无增长的时候大(大于正常的市盈率),因为稳健性会计产生了更低的收益(而价值不受影响)。当然,更高的市盈率是适当的:如果预期公司AOIG为正的话,市盈率会比正常值高,而稳健性会计带来了超额经营收益增长。

表16.6 对价值增值为0的公司的会计影响

会计方法	投资模式	RNOA	剩余经营收益 水平	剩余经营收益 趋势	超额经营收益增长 水平	超额经营收益增长 趋势	市净率	市盈率
中性	不变	正常	0	不变	0	不变	正常	正常
稳健	不变	大于正常	正	不变	0	不变	大于正常	正常
自由	不变	小于正常	负	不变	0	不变	小于正常	正常
中性	增长	正常	0	不变	0	不变	正常	正常
稳健	增长	大于正常	正	增长	正	增长	大于正常	大于正常
自由	增长	小于正常	负	下降	负	下降	小于正常	小于正常
中性	下降	正常	0	不变	0	不变	正常	正常
稳健	下降	大于正常	正	下降	负	下降	大于正常	小于正常
自由	下降	小于正常	负	增长	正	增长	小于正常	大于正常

正常的RNOA等于公司经营的要求回报率;正常的市净率等于1;正常的既往市盈率等于[(1+要求回报率)/要求回报率];正常的远期市盈率等于1/要求回报率。

我们在之前的章节中看到市盈率和市净率通常都是大于正常值的。这一点对我们现在的分析是重要的。因为公司经常使用稳健性会计,所以公司的市净率一般大于正常值。但是企业资产也不断增长,所以稳健性会计也会带来高的市盈率。

我们现在看到的例子是一家无价值增值的企业,用来告诉您会计方法是如何使这个实际上无增值的企业表现出有价值增值。增加价值的经济因素将比会计方法产生更高的预计ReOI和AOIG,因此也将比会计方法产生更高的账面价值溢价和市盈率。ReOI和AOIG总是真实因素与会计方法共同影响的结果。

因为会计方法不影响价值,我们不用担心区分真实的利润率和会计利润率。但有一点需要注意,即我们预测的收益必须是综合收益。如果收益的某一组成部分没有放进预测里,在计算中将遗漏部分价值。

例外情形:存货的后进先出法

会计方法不创造价值的原则有一个例外。如果企业要求在财务报表里使用它们在纳税申报时同样的会计方法,那么会计方法的选择就会影响企业的价值。举一个例子,如果公司选择了能够减少或者延迟交税的会计方法,那么它就会有较高的价值。在一些国家,税收和财务报告准则之间是有联系的。在美国,这种联系仅针对存货的后进先出法:如果一个企业在纳税时采用了后进先出法,那么在财务报表里也应采用后进先出法。中国会计准则中对存货计量相关的规定见阅读材料16.5。

当存货的数量和成本上升的时候,后进先出法是一种稳健的会计方法。资产负债表里的存货以旧存货购进时较低的价格计量,而销货成本却以现在较高的购买成本来计量,低的账面价值会造成高的存货周转率、资产周转率、回报率和市净率,所以也有人说后进先出法导致了较低的收益,但事实并不全是这样。销货成本等于购进存货减去存货的变动,那么如果资产负债表里的存货不变,在先进先出法和后进先出法下的销货成本(和收益)就是一样的,等于现期采购的成本。我们在表16.3中可以看到另一个例子:在净经营资产(这里是存货)没有变化时会计方法不影响收益。但是如果存货在增长(存货成本在增长),在表16.5中就会发现这种影响:后进先出法产生了更高的销货成本,更低的销售毛利、净利率和回报率,并带来更高的市净率和市盈率。

如果存货数量和存货成本预期会上升,后进先出法下较高的销货成本会导致较低的税负。所以企业在计税和记账时更喜欢采用后进先出法,因为它可以产生价值。如何调整能体现出因使用后进先出法而产生的价值增值呢?无法调整:在预测剩余收益时已经考虑了这种更高的价值。预期更低的税负提高了预期的税后利润率和RNOA。相应地,预期剩余收益和其现值就会更高。

阅读材料 16.5

中国会计准则下关于存货成本计量的规定

《企业会计准则第1号——存货》
……

第十四条:企业应当采用先进先出法、加权平均法或者个别计价法确定发出存货的实际成本。

对于性质和用途相似的存货,应当采用相同的成本计算方法确定发出存货的成本。

对于不能替代使用的存货、为特定项目专门购入或制造的存货以及提供劳务的成本,通常应当采用个别计价法确定发出存货的成本。

已售存货,应当将其成本结转为当期损益,相应的存货跌价准备也应当予以结转。
……

16.3 秘密储备与收益"创造"

我们看到,当投资在增长时,稳健性会计降低了收益和净利率,但增加了剩余收益和超额收益增长。然而,如果随后投资增速减慢,稳健性会计会产生更高的收益和净利率,以及更高的剩余收益和超额收益增长。

请看表16.7,直到2004年,它的投资与表16.5一样。但在2005年,投资预计保持在

2004 年的水平而不是增长 5%。因此,从 2006 年开始,按该投资水平预测的收入和费用,产生了不变的经营收益 72.9 美元。但是折旧与收入之比降低了,从而产生了更高的净利率。所以 RNOA 从 10.6% 上升到 2006 年的 11.1%,与表 16.3 中投资无增长情况下的 RNOA 一样。RNOA 上升使剩余经营收益也上升,而在表 16.3 中,剩余经营收益是预期不变的。投资增速的下降产生了新的净利率、周转率、RNOA、剩余经营收益以及暂时性的超额经营收益增长。

这个例子说明了秘密储备创造与释放的现象。秘密储备是使用不那么稳健的会计方法记账时产生的利润。稳健性会计因为费用高而减少了收益,但是较高的费用产生了在投资速率减慢的情况下的秘密利润储备。它们是"秘密的",因为它们是由于使用稳健性会计而在资产负债表上丢失的账面价值:报告较低的收益意味着净资产(权益)会以同一数量降低。① 如果没有采用稳健的会计方法,净经营资产的值就会较高。如果投资增长变慢、保持不变或投资下降,就会产生更多的利润。这个过程便称为秘密储备的释放。是的,这看起来的确非常奇怪:公司可以通过减少投资创造利润?! 表 16.5 说明了创造秘密储备(减少收益)的影响。表 16.7 说明了释放秘密储备的影响(增加收益)。

后进先出法的使用正是一个很重要的例子。如果存货数量和存货成本在上升,后进先出法会产生较高的销货成本和较低的收益,这就出现了秘密储备。这些秘密储备的影响在若采用先进先出法会出现的较低的资产负债表数据中能反映出来。在美国,GAAP 要求在报告中披露秘密储备的数额,如后进先出法下的储备。公司一般在报表附注里披露。后进先出储备是如果企业过去一直使用先进先出法,已确认额外收益的累计数。它满足下面的公式:

后进先出法下的存货 = 先进先出法下的存货 − 后进先出储备

表 16.7 稳健性会计下秘密储备的创造与释放:企业投资每年先增长 5%,然后持平,没有价值增值;10% 的投资立即费用化(要求回报率为 10%)   单位:美元

	2000 年	2001 年	2002 年	2003 年	2004 年	2005 年	2006 年	2007 年
销售收入								
来自 2000 年投资		240.0	220.0					
来自 2001 年投资			252.0	231.0				
来自 2002 年投资				264.6	242.6			
来自 2003 年投资					277.8	254.7		
来自 2004 年投资						291.7	267.4	
来自 2005 年投资							291.7	267.4
来自 2006 年投资								291.7
		240.0	472.0	495.6	520.4	546.4	559.1	559.1
经营费用								
2000 年投资	40.0	180.0	180.0					
2001 年投资		42.0	189.0	189.0				
2002 年投资			44.1	198.5	198.5			
2003 年投资				46.3	208.4	208.4		

---

① 秘密储备这一术语有时候用来指高估的减值准备和负债,所以额外的坏账准备和估计的递延收入都会构成秘密储备。这只是稳健性会计中的特殊情况。所有资产的低估或者漏计,以及所有负债的高估都可以产生秘密储备。

(续表)

	2000 年	2001 年	2002 年	2003 年	2004 年	2005 年	2006 年	2007 年
2004 年投资					48.6	218.8	218.8	
2005 年投资						48.6	218.8	218.8
2006 年投资							48.6	218.8
2007 年投资								48.6
	40.0	222.0	413.1	433.8	455.5	475.8	486.2	486.2
经营收益(OI)	(40.0)	18.0	58.9	61.8	64.9	70.6	72.9	72.9
净经营资产(NOA)								
2000 年投资	360.0	180.0						
2001 年投资		378.0	189.0					
2002 年投资			396.9	198.5				
2003 年投资				416.8	208.4			
2004 年投资					437.6	218.8		
2005 年投资						437.6	218.8	
2006 年投资							437.6	218.8
2007 年投资								437.6
	360.0	558.0	585.9	615.2	646.0	656.4	656.4	656.4
投资	400	420	441	463.1	486.2	486.2	486.2	486.2
自由现金流	(400)	(180)	31	32.5	34.2	60.2	72.9	72.9
RNOA(%)		5.0	10.6	10.6	10.6	10.9	11.1	11.1
净利率(%)		7.5	12.5	12.5	12.5	12.9	13.0	13.0
资产周转率		0.67	0.85	0.85	0.85	0.85	0.85	0.85
NOA 增长率(%)		55	5	5	5	1.6	0.0	0.0
ReOI(0.1)		(18.0)	3.10	3.26	3.42	6.02	7.29	7.29
ReOI 增长率(%)		—	—	5	5	76	21	0
带息经营收益增长率		—	127	10.3	10.3	14.0	11.8	10.0
AOIG(0.10)			21.10	0.155	0.163	2.602	1.270	0.0
公司价值(ReOI 估值)	400.0	620.0	651.0	683.6	717.7	729.3	729.3	729.3
账面价值溢价		62.0	65.1	68.4	71.7	72.9	72.9	72.9
市净率	1.11	1.11	1.11	1.11	1.11	1.11	1.11	1.11
既往市盈率		24.4	11.6	11.6	11.6	11.2	11.0	11.0
远期市盈率	22.2	10.5	10.5	10.5	10.2	10.0	10.0	10.0

公司价值(ReOI 估值)
$$= 360 - \frac{18}{1.10} + \frac{3.1}{1.21} + \frac{3.25}{1.331} + \frac{3.42}{1.464} + \frac{6.02}{1.611} + \frac{7.29}{0.10} \Big/ 1.611 = 400$$

由于四舍五入,存在尾数误差。

所以,你可以计算出公司使用先进先出法时存货数量的多少。公式如下:

后进先出下的销货成本 = 先进先出下的销货成本 + 后进先出秘密储备的变化

在先进先出法和后进先出法下税后经营收益的差别就是后进先出秘密储备的变化乘以税率。如果要比较采用先进先出法和后进先出法下企业的净利率、周转率和 RNOA，你可以根据这些公式，放在同一基础上比较。

表 16.8 给出了在 1976—2004 年，NYSE 和 AMEX 的上市公司中，使用后进先出法（LIFO）的企业，其后进先出秘密储备（LIFO reserve）占股东权益百分比的中位数，以及 25% 分位数和 75% 分位数。从这个表里你可以看到，存货秘密储备占股东权益比例的中位数，从 1980 年的最高 13.5%，变化到 2004 年的 3%。因此，从中位数看，公司如果在 1980 年使用的是先进先出法（FIFO）进行存货核算，那么其股东权益会高出 13.5%，而在 2004 年则会高出 3%。当存货成本上升时，后进先出存货秘密储备会增加，而从表 16.8 中消费者价格指数（CPI）的数据可以判断，20 世纪 80 年代是高通货膨胀的年代，随着通货膨胀的下降，后进先出存货秘密储备也一直下降，直到 2004 年。这个表也给出了后进先出存货秘密储备占收入百分比的变化情况。后进先出存货秘密储备的变化等于使用后进先出法和先进先出法进行销售存货成本核算的差异。表中是以后进先出存货秘密储备变化占收入的比例来报告的，该数值就是后进先出存货核算方法相对先进先出法对税前毛利率及净利率的影响额。在中位数一列，后进先出存货秘密储备占收入百分比的幅度从 1979 年的 1.06% 到 1985 和 1986 年的 −0.1%。

表 16.8　1976—2004 年 NYSE 和 AMEX 上市公司后进先出秘密储备和变化情况

年份	CPI 变化	后进先出秘密储备/股东权益（%）			后进先出秘密储备变化/收入（%）		
		75 分位数	中位数	25 分位数	75 分位数	中位数	25 分位数
1976 年	4.86	14.96	10.07	5.13	0.88	0.39	0.12
1977 年	6.70	15.48	10.20	4.98	0.93	0.49	0.16
1978 年	9.02	16.72	10.70	5.36	1.04	0.55	0.23
1979 年	13.29	20.93	12.85	6.52	1.84	1.06	0.51
1980 年	12.52	22.63	13.49	6.65	1.50	0.75	0.29
1981 年	8.92	21.46	12.72	6.35	1.10	0.53	0.12
1982 年	3.83	20.10	11.57	5.24	0.28	−0.03	−0.50
1983 年	3.79	18.14	10.40	4.72	0.19	−0.04	−0.43
1984 年	3.95	16.48	9.48	4.12	0.25	0.02	−0.24
1985 年	3.80	14.89	7.98	3.23	0.08	−0.10	−0.47
1986 年	1.10	12.65	6.18	2.27	0.08	−0.10	−0.51
1987 年	4.43	12.60	6.16	2.35	0.35	0.11	−0.09
1988 年	4.42	13.37	6.31	2.33	0.56	0.25	0.05
1989 年	4.65	12.98	6.04	2.32	0.38	0.13	−0.05
1990 年	6.11	13.30	6.08	2.05	0.32	0.08	−0.09
1991 年	3.06	12.01	5.42	1.86	0.12	−0.03	−0.27
1992 年	2.90	12.15	5.28	1.73	0.09	−0.03	−0.21
1993 年	2.75	10.71	4.52	1.41	0.06	−0.05	−0.30
1994 年	2.67	10.15	4.41	1.65	0.26	0.07	−0.05
1995 年	2.54	9.80	4.50	1.94	0.32	0.10	−0.02
1996 年	3.32	8.49	3.96	1.53	0.11	−0.02	−0.22

(续表)

年份	CPI 变化	后进先出秘密储备/股东权益(%)			后进先出秘密储备变化/收入(%)		
		75分位数	中位数	25分位数	75分位数	中位数	25分位数
1997 年	1.70	7.61	3.31	1.29	0.06	-0.03	-0.19
1998 年	1.61	6.37	2.85	1.09	0.01	-0.08	-0.27
1999 年	2.68	6.42	2.64	0.93	0.07	-0.03	-0.16
2000 年	3.39	6.56	2.90	1.09	0.16	0.03	-0.07
2001 年	1.55	6.37	2.52	0.83	0.06	-0.05	-0.22
2002 年	2.38	7.42	2.99	0.88	0.12	0.00	-0.10
2003 年	1.88	6.70	2.90	0.79	0.15	0.01	-0.06
2004 年	3.26	8.75	3.00	0.96	0.48	0.11	0.00
总计		14.05	6.50	2.45	0.40	0.06	-0.13

此表给出了后进先出秘密储备的数量(占股东权益的比例)以及后进先出秘密储备的变化(占收入的比例)。后进先出秘密储备是后进先出法存货和先进先出法下账面价值之间的差额,后进先出秘密储备的变化是后进先出法与先进先出法下销货成本之间的差额。

资料来源:会计数据来自标准普尔公司的 COMPUSTAT 数据,CPI 数据来源于 U. S. Department of Labor Bureau of Labor Statistics。

正如增加后进先出存货将会减少收益,增加后进先出存货秘密储备一样,减少后进先出存货会释放后进先出存货秘密储备,增加收益:较低的、以前的成本计入了销货成本,这样可以获得比先进先出法下更高的收益。这种额外的收益被称为后进先出释放利润(LIFO liquidation profits)(当存货增长的时候,使用后进先出法递延的税收也会在释放利润的同时实现)。表 16.8 显示的后进先出秘密储备变化的中位数一列,有 12 年后进先出存货秘密储备变化是负值。在 1982—2003 年,除 1988 年外,在 25% 分位数一列,后进先出存货秘密储备量一直是下降的:有超过 25% 的使用后进先出法的公司公布的利润高于其使用先进先出法下的利润。

如果存货成本在上升,实际存货的减少会减少后进先出秘密储备,但是如果存货成本下降,那么后进先出秘密储备也会减少,因为后进先出法下的销货成本(以最近的较低价格计算)会比先进先出法下(根据以往的较高价格计算)的成本低。如果产品需求下降,通常存货的数量和价格都会下降。一些企业在附注披露时,会把由于存货数量减少而引起的后进先出秘密储备的下降与由于价格下降引起的下降区分开来。

对稳健性会计的各种使用都会带来秘密储备。减少对加速折旧的厂房和设备的投资会产生利润。如果公司在销售高速增长时高估坏账准备或担保负债的话,当销售收入不变或下降时,也会产生利润。

一些分析师对公司确认秘密储备给予了特别的关注,并因此在估值时增加企业价值。他们认为,在美国 GAAP 里规定的要求报告的后进先出秘密储备(一般在附注里披露)是一种资产,其价值应该用来调整账面价值。但是我们必须小心,秘密储备是一种会计现象,而会计方法不能产生价值。注意表 16.7 末尾的估值,这是和前面各表所示相同的企业,它并没有产生价值。使用剩余收益估值方法——现在稳定状态从 2006 年开始——我们得到和以前一样的估值结果——400 美元。表 16.5 中未实现秘密储备的存在不会影响我们的估值。只要我们预测投资达到稳定水平下的剩余经营收益,秘密储备就不是一个问题。持续的增长(表 16.5

的估值)意味着我们预期的秘密储备是不会实现的。但是,预期秘密储备的释放(见表 16.7)也不会改变估值。预测的较高的剩余经营收益(见表 16.7)被较低的剩余经营收益增长率完全抵消掉了。

现在你应该意识到在解释会计数据时的各种错误了。这些错误经常导致错误的判断——在新闻报道里甚至在研究报告里——所以把它们标出来是很有用的。阅读材料 16.6 列出了一些在会计数据和价值的关系问题上容易出错的一些判断。如果会计反映了真实现象,每一种表述都可能是真实的,情况通常也确实如此。但是,每一个特征也可能源于会计方法。很多错误都在仅仅关注收益增长率或者回报率的时候出现。而收益增长和回报率会受会计影响,所以在剩余收益估值时,它们必须把预测的剩余收益和当前账面价值结合来解释,或者在 AOIG 估值时,必须考虑要求的收益增长率。不要对增长的收益、增长的剩余收益和高回报率过早下判断。在看清这些特征是真实的还是会计方法带来的之前,保留你的判断。

阅读材料 16.6

估值中的错误

下面这些判断不一定正确:

- 有较高预期收益增长的公司有较高价值。

反驳:收益的增长可以由会计方法(及财务杠杆)而非经济因素所创造。

- 有较高预期权益回报率的公司有较高的价值。

反驳:较高的权益回报率意味着有较高的账面价值溢价,但并不意味着有较高的价值;ROCE 可以由会计方法(及财务杠杆)创造。

- 增长的剩余收益说明公司价值越来越高。

反驳:也许是这样,但稳健性会计也会带来剩余收益的增长。

- 如果一个企业的 RNOA 高于资本成本,那么投资增加,它的价值也会增加。

反驳:企业可以通过会计方法创造较高的 RNOA,但可能无法通过投资来实现增值。

- 如果 RNOA 大于资本成本,投资的减少(或投资增长率的下降)会降低剩余收益。

反驳:如果稳健性会计创造了秘密储备,那么投资的减少也可以创造剩余收益。

- 净利率较低意味着企业无法从销售中产生很多价值。

反驳:如果净资产在增长,净利率较低可能是由稳健性会计压低收益造成的。

- 资产周转率较高意味着企业创造销售收入十分有效率。

反驳:资产周转率较高可能是由于采用稳健性会计使资产价值持续较低造成的。

- 稳健性会计减少了利润,导致市盈率较高。

反驳:并不总是这样,只有投资在增长的时候才是这样。

至于收益的增长,我们在解释它时要注意三点。在第 5 章和第 6 章中我们看到投资可以带来收益的成长但并不增加企业价值。第 13 章中我们看到财务杠杆能够带来收益增长但不增加价值。本章中我们看到稳健性会计也可以带来收益的增长,但也不产生价值。在三种情况下,使用正确的估值技术可以帮我们确定增长是否增加了价值。

16.4 实务中的稳健性会计与自由会计

实务中,有一些会计方法的焦点集中在度量收益上,但所有方法都对收益和账面价值有影响。这就是会计的借和贷:你不可能在不影响资产负债表的情况下影响收益。所以,对所有的方法我们都可以考虑它们对账面价值、会计回报率、剩余收益和市净率的影响。在投资发生变化的时候,还可以考虑它们对收益、净利率和市盈率的影响。首先考虑它们对账面价值的影响。举个例子,加速折旧法使不动产、厂房和设备的账面价值较低;高估坏账准备会导致应收账款净额较低;用后进先出法计量销货成本会导致存货水平较低(当存货价格上升时)。这些稳健性会计方法带来了更高的市净率。只有当不动产、厂房和设备、应收账款和存货增加时,它们才会产生更低的收益和更高的市盈率。

许多国家的会计实务都采用了稳健的方法。有时候,一些人认为稳健性会计导致了较低的收益和较低的回报率,使企业看起来"过于稳健"。但是不要被迷惑。当投资增长时,虽然稳健的会计政策会产生较低的利润,但是它们通常会带来较高的回报率和看起来较高的盈利能力。如果投资在增长,它们会带来剩余收益的增长和较高的收益增长率。稳健性会计——理应产生一个稳健的资产负债表——实际上产生了较高的利润率,这可不是一种稳健的做法。

阅读材料16.7列出了影响账面价值和会计回报率的一些常见的会计处理方法。它们被分为稳健的或是自由的,但是如果反向运用的话,很多稳健的方法也可能是自由的(一些自由的方法也可能是稳健的)。举个例子,加速折旧和摊销的方法产生了较低的账面价值和较高的回报率,这是稳健的。但是减缓资产折旧和摊销的方法是自由的方法,正如资产重估一样。

本章剩下部分就将解释这些会计方法的影响。

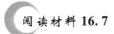
阅读材料16.7

典型的会计实务

稳健性会计

减少账面价值的方法:

- 对有形资产加速折旧
- 对专利权、著作权等无形资产加速摊销
- 后进先出存货计价方法
- 低估

    应收账款净额(高估坏账准备)

    应收租赁款(低估残值)

    减值后的资产价值(高估资产减值)

- 高估

    养老金和退休后福利负债

    担保负债

重组或其他未来事件准备
　　递延收入
　　应计费用负债
根本不计入账面价值的方法：
- 研发支出费用化
- 广告支出费用化
- 人力资本投资费用化

自由会计

增加账面价值的方法：
- 向上重估有形资产价值
- 把品牌资产计入账面价值
- 不折旧(英国的某些企业)
- 通过低估准备来高估递延所得税资产(美国)

根本不计入账面价值的方法：
- 忽略一些或有负债,如环境污染、法律诉讼或股份支付

后进先出法与先进先出法

　　1997年,耐克的RNOA为25.7%,而锐步是16.0%。但是耐克对其在美国的存货采用后进先出法,而锐步采用先进先出法。表16.9列出了反映这两个企业1996年和1997年存货会计的一些指标。

表16.9　耐克 vs. 锐步:后进先出法 vs. 先进先出法

	1997年		1996年	
	耐克	锐步	耐克	锐步
RNOA(%)	25.7	16.0	22.6	14.1
资产周转率	3.0	3.2	2.7	2.9
存货周转率	8.1	6.6	8.3	5.8
毛利率(%)	40.1	37.0	36.9	38.4
净利率(%)	8.7	4.9	8.5	4.8
存货(千美元)	1 338 640	563 735	931 151	544 522
存货增长率(%)	43.8	3.5	47.8	-14.2
后进先出储备(千美元)	20 716	—	16 023	—

　　耐克的存货周转率比锐步高,部分原因是后进先出法下存货价值较低。所以,它的RNOA较高。耐克在存货上的较大增长导致其净利率较低,因为有较高的销货成本。但是对RNOA中利润的影响不如对资产周转率的影响大,所以其RNOA比如果采用先进先出法下的要大。根据后进先出储备的数额(从存货附注中得来,见表16.9),我们可以计算出采用先进先出法时耐克1997年的RNOA。后进先出储备会提高存货的数值,RNOA的分母净经营资产也会升高。分子的经营收益会增加,增加幅度是后进先出储备从1996年到1997年变化的数额,税前为469.3万美元,税率为38.5%,税后为288.6万美元。调整后的RNOA(分母中的净

营运资产以平均值计)是 25.6%,与后进先出法下的 RNOA 略有不同。我们发现耐克的存货增加较多,但是与之有关的后进先出储备却增加较少,说明在生产存货时,成本并没有显著上升。

这些调整可以帮助我们比较企业的各种指标比率。但如果是为了估值,则不必调整了:我们可以通过预测耐克和锐步的 RNOA 来对它们估值,而不需要调整会计方法的差异。不过,单从估值指标比较,在后进先出法下净经营资产较低的耐克,内在市净率比锐步略高,因为存货的增加压低了收益,所以内在市盈率也略高。

制药行业的研究与开发

表 16.10 给出了一家公司研究开发项目模拟产生的 ROCE、市净率、E/P 比率(市盈率的倒数)。在模拟中,该公司每年为研发一些有可能成功的药品,都要花费大量的费用。如果研究成功,公司会进入到临床使用前测试和临床试用阶段,但这个阶段依然只是可能会成功。成功的药品会推向市场,并估计其收入、生产成本和营销成本。所有估计,包括研究开发成功的可能性,都是根据医药行业的经验做出。

表 16.10 中的数字是此模拟中多次实验的平均数。这家公司在第 1 年开始研发项目,在早期的几年内,在由药品开发转入商业应用之前没有收入。这个开发期很长,第 14 年是产生收入的第一年。该表给出了这一年以及第 20、26、32 年的 ROCE、市净率和 E/P 比率。该公司没有杠杆,所以 ROCE 等于 RNOA。三个比率用三种不同的会计方法计算。费用法把所有药物的开发成本都在发生时计为费用,符合 GAAP 的要求。全部成本法把开发成本资本化,并且从商业应用开始,分 10 年摊销这些成本。成功开发法把所有开发成本资本化的同时,将未能进入下一步骤的不成功项目的成本直接注销,并从商业应用开始,分 10 年摊销成功项目的成本。此模拟中 E/P 比率和市净率中的价格是根据预测的经营活动现金流计算的内在价格。

表 16.10 不同会计方法下模拟研发项目的比率

研发项目开始后年份	ROCE(%)			市净率			E/P 比率		
	费用法	全部成本法	成功开发法	费用法	全部成本法	成功开发法	费用法	全部成本法	成功开发法
14	-92.3	-3.4	-15.2	17.9	2.7	4.5	-0.043	-0.012	-0.035
20	8.1	10.7	11.0	11.4	2.9	5.2	0.016	0.029	0.018
26	54.8	27.8	39.6	7.3	2.7	4.5	0.098	0.101	0.098
32	54.0	26.4	39.3	7.4	2.6	4.5	0.096	0.097	0.096

这个表说明了采用三种稳健性不同的会计方法时,随着研究开发项目的成熟,ROCE、市净率和 E/P 率是如何变化的。把开发成本全部费用化是最稳健的会计方法,全部成本法是最不稳健的,研究开发项目一直到第 14 年都是损失(在所有三种方法里都是),因为研究开发支出超过了收入。在第 14 年后,利润率开始为正,但是会计方法越稳健,利润率越高。

资料来源:P. healy, S. Myers and Howe, "R&D Accounting and the Relevance-Objectivity Tradeoff: A Simulation Using Data from the Pharmaceutical Industry," Sloan School of Management, MIT, 1998. See also "R&D Accounting and the Tradeoff between Relevance and Objectivity," *Journal of Accounting Research*, June 2002, pp. 677—710, by the same authors.

把所有的研发成本费用化是最为稳健的会计方法,而全部成本法是最不稳健的。公司在第 26 年达到了稳定状态,你可以看到,在那时费用法产生了最高的 ROCE,而全部成本法的

ROCE 最低。相应地,市净率在费用法下最高,在全部成本法下最低。因为企业每年都为研究开发拨付一笔费用,当稳定状态达到时,投资不再增加了。相应地,收益和 ROCE(从第 26 年到第 32 年)没有什么变化,如表 16.3 所示。从表 16.3 中我们还发现,不管采用何种会计方法,E/P 比率和市净率的变化很小。E/P 比率看起来很正常:因为 ROCE 和支出都没有增长(收益和账面价值都没有增长),剩余收益是不变的,所以 E/P 比率是正常值。

稳定状态的比率在研发项目无增长的成熟的研发企业里是很典型的。如果有增长,稳定状态下的 ROCE 会较低而市盈率会较高:这种情况符合表 16.5,而非表 16.3。稳定状态之前费用法算出的比率对研究开发刚起步的企业来说是很典型的。研究开发的支出已经花费,但并不是马上就有收入,所以企业报告的利润率很低。

商誉的费用化和研发支出

表 16.11 的第 1 行给出了 Glaxo Wellcom 公司 1991—1996 年报告的经营净利率,这是英国最大的医药企业。Glaxo 公司在 1995 年并购了 Wellcom 公司,所以较早的数据是并购前的。Glaxo Wellcom 公司把研发支出计为费用。第 2 行是资本化研究开发支出并每年摊销 25% 的情况下重新计算出的利润率。这段期间内,研发投资在增长,费用化时,作为分子的经营收益就减少了。但是稳健性会计的整体影响,与资本化并摊销研发支出相比,提高了经营资产的回报率。

表 16.11　Glaxo Wellcom 公司

经营净利率(%)	1991 年	1992 年	1993 年	1994 年	1995 年	1996 年
报告的数据	50.6	54.2	51.5	55.5	75.5	96.4
如果研发成本资本化	39.8	41.2	39.4	39.4	50.5	55.0

资料来源:C. Higson, "Value Metrics in Equity Analysis", Institute of Finance and Accounting, London Business School, 1998.

1998 年以前,英国的企业在购入商誉当年把所有的商誉费用化(现在将商誉资本化并遵守减值准则),作为对权益的未实现损益的变动。这是一种非常稳健的会计政策。你可以发现,1995 年兼并 Wellcome 公司的商誉注销导致了 1996 年 96.4% 的回报率。当商誉被资本化时,1996 年的回报率降到 38.6%;当把商誉和研发支出都资本化时,1996 年的回报率降到了 31.5%。

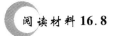
阅读材料 16.8

我国对商誉及研发支出的会计处理

商誉

目前国际上合并商誉会计处理方法主要有四种:直接冲销法、系统摊销法、减值测试法、永久保留法。直接冲销法是将商誉在取得后立即冲销资本公积,该方法将购买商誉视为一项特定资本交易所产生的价值差额,其实质是代表收购价格高于目标方净资产的公允价值而形成的资本损失。但该方法不将商誉视为资产,这同商誉可带来未来经济利益的资产特征相悖,目前只有少数国家采用该方法。系统摊销法则将商誉单独确认为一项资产,并在一定期限内进行摊销,该方法承认商誉是企业获取超额经济利益的能力,并且其价值会随着时间的推移而减少。减值测试法是在年末利用公允价值对商誉进行减值测试,若其有减值则按减值额摊销。该方法最符合商誉作为资产的特征,并先后被各国所采用。永久保留法将商誉作为一项永久性的资产列示于资产负债表上,它认为主观地对商誉进行摊销并无依据,商誉不会随着企业赚取超额收益的过程而被消耗掉。

中国在2007年之前的旧准则中采用的是系统摊销法,规定商誉在10年内摊销。2007年新准则同国际接轨,采用的是减值测试法,规定不再对商誉进行摊销,而是每年至少进行一次减值测试,并结合相关资产组和资产组组合进行测试。

开发支出

中国在2007年之前的旧准则规定:"企业自行开发并依法申请取得的无形资产,其入账价值应按依法取得时发生的注册费、律师费等费用确定;依法申请取得前发生的研究与开发费用,应于发生时确认为当期费用,计入当期损益。"按此规定,构成企业无形资产入账价值的只能是在依法申请时发生的注册费、律师费等支出,在研发环节发生的大量的研发费用都不能计入无形资产的账面成本,其结果是大量无形资产的账面价值被低估。

新准则对研发支出的处理进行了修改,将无形资产的研发支出分为研究阶段支出和开发阶段支出。对研究阶段发生的支出仍然是费用化处理计入当期损益;对开发阶段的支出,如果符合相关条件,应资本化处理,计入无形资产的账面成本,否则仍进行费用化处理。

新会计准则规定,无形资产开发阶段的支出,在同时符合下列条件时,才能资本化计入无形资产成本:

第一,从技术上来讲,完成该项无形资产以使其能够使用或出售具有可行性。

第二,具有完成该无形资产并使用或出售的意图。

第三,无形资产产生未来经济利益的方式,包括能够证明运用该无形资产生产的产品存在的市场或无形资产自身存在市场;无形资产将在内部使用时,应当证明其有用性。

第四,有足够的技术、财务资源和其他资源支持,以完成该无形资产的开发,并有能力使用或出售该无形资产。

第五,归属于该无形资产开发阶段的支出能够可靠计量。

资料来源:邹金姬,《新准则对商誉会计处理变化的影响》,《当代经济》,2008年7月。

自由会计:酒厂和酒店

许多英国的酒厂、酒店和休闲娱乐公司会定期对资产重新向上估值,并几乎不计提折旧。它们认为,资产价值是在增加而不是减少,定期的维护减慢了经济折旧速度。这些企业的会计收益率和市净率通常较低。表16.12比较了英国的酒店餐饮连锁公司Forte公司(在1996年被Granada并购以前)和美国的连锁酒店希尔顿酒店的会计报表数据。这些企业对可折旧资产都有很大的投资(如酒店),但Forte的折旧与销售收入之比要比希尔顿低得多。Forte账面价值中很大一部分来自资产重估(这在美国是不允许的)。因此,它的自由会计产生了较低的ROCE和较低的市净率。Forte的市净率小于1,预示着未来剩余收益为负。希尔顿的市净率则预示着未来剩余收益为正。

表 16.12　Forte 公司和希尔顿公司

	1991 年	1992 年	1993 年	1994 年	1995 年
Forte 公司					
ROCE(%)	1.2	1.2	4.1	2.4	3.8
折旧/销售收入(%)	3.0	3.3	3.6	4.6	4.9
重估准备/权益(%)	69.8	71.0	67.5	73.9	70.9
市净率	0.58	0.61	0.58	1.03	0.94
希尔顿酒店公司					
ROCE(%)	9.0	10.6	10.3	11.1	14.5
折旧/销售收入(%)	9.1	8.9	8.5	8.9	8.6
市净率	2.01	2.06	2.75	2.90	2.37

20 世纪 90 年代公司的盈利能力

在 20 世纪 90 年代中后期,许多企业都报告了很高的利润率。而在 20 世纪 90 年代早期,这些企业中的许多家利润率还很低。低利润率一部分源自经济衰退,另一部分则源自巨额的重组费用和员工福利负债的确认。一些人认为这之后的高利润率和高收益增长率虽然毫无疑问来源于重组引起的成本节约效应,但也有部分原因是由于资产注销和新负债确认而造成的较低的账面价值。相应地,20 世纪 90 年代中后期的高市净率也可以部分归因于企业的会计方法更加稳健。

在 20 世纪 80 年代后期,通用汽车公司以低于账面价值(相应地,账面收益率较低)的价格交易,如表 16.13 所示。经历了 20 世纪 90 年代早期的低利润率之后,由于重组费用和员工福利负债确认的原因,1994 年和 1995 年其利润率恢复到较高的水平,公司股票溢价交易。核心销售净利率恢复了,但是相对于 1988 年和 1989 年,较高的 RNOA 是由较高的资产周转率导致的。这个较高的资产周转率可能反映了使用资产的真实效率,也可能是 1990—1992 年会计方法的影响结果。较高的市净率反映了较低的净经营资产账面价值。

表 16.13　通用汽车公司:账面价值较低的影响

	1988 年	1989 年	1990 年	1991 年	1992 年	1993 年	1994 年	1995 年	1996 年
无杠杆市净率	0.7	0.8	0.7	0.7	1.2	1.5	1.3	1.2	1.2
RNOA(%)	9.7	7.2	2.5	0.0	−20.8	6.3	11.1	11.0	7.5
核心净利率(%)	6.7	6.9	4.1	1.5	1.8	4.2	5.0	5.5	3.8
资产周转率	1.5	1.0	1.0	1.1	1.3	1.9	2.2	1.9	1.7
净经营资产(10 亿美元)	118.3	125.1	124.1	118.4	81.8	63.3	76.7	96.2	95.3

经济增加值指标

近几年来咨询师开发了剩余收益的度量方法,它将 GAAP 下的利润调整为度量"经济增加值"或"经济利润"的指标。这些产品可以作为以价值为基础的管理工具——就像使股东价值最大化的绩效激励指标一样——但是使用者在用来估值时要小心。这些指标重新进行了会计核算,但这并不重要,关键在于这些指标一般都取消了会计的稳健性方法——例如,对研发支出和广告支出进行资本化和摊销——但是我们知道这是不必要的。事实上,资本化和摊销会涉及无形资产摊销率的估计问题。这在实践中非常麻烦。

16.5 会计方法和预测期长短

本章的分析表明,出于估值的目的,我们一般没有必要把真实的经济盈利能力和会计盈利能力区分开来:会计方法并不影响价值。这也就意味着我们无法观察到真正的经济盈利能力——尽管咨询师声称他们提供的服务和产品能够衡量"经济利润"和"经济增加值"。尽管会计师和咨询师都在为改进度量方法而不断努力,但我们现在只能用不完美的指标去度量。不过,我们的结论需要两个前提:

1. 预测的收益必须是综合收益。如果预测中遗漏了部分收益,那么在计算中将丧失部分价值。

2. 只有达到稳定状态时,估值才与会计方法无关。不同的会计方法会导致稳定状态下的利润率不同(情景1,情景2,情景3),但是,人们一旦认识到这些不同之处,价值就还是一样的。当然,如果我们对达到稳定状态之前的公司估值,就不会得到之前的结论了。

第一点是本书自始至终都在强调的,第二点从表16.4以及表16.5的对比之中可以明显地看到。用中性会计处理方法(表16.4)时,预测期较短。一年后达到稳定状态。用稳健性会计方法(表16.5),预测期较长,两年后达到稳定状态。对于表16.10中的医药行业,会计师用了相当长的时间来挖掘药品上市时的盈利能力,在GAAP这种非常稳健的会计准则下,将研发投资即时费用化会导致这个时间更长。

这些观察能够让读者对于价值和会计的关系有更多的认识。价值是不确定的,对于未来我们不得不预测的价值就更不确定了。其他条件不变的情况下,我们更加倾向于通过较短的预测期对公司做出估值。较早确认价值增加的会计方法比要求我们对未来做出准确预测的会计方法更受欢迎。相应地,我们可以把"好的会计方法"看成是缩短预测期的会计方法,把"不好的会计方法"看成是要求我们对未来很长一段时间进行预测的会计方法。换句话说,会计方法的优劣是通过实际的标准——在第3章我们阐述过——也就是能否在相对较短的预测期内确认价值来进行判定的。适用于金融资产及负债的盯市计价的会计方法被认为是好的会计方法,因为其不要求进行预测。第14章的简单估值使用了非常短的预测期。事实上,预测期是即时的,因为那些估值方法仅以当期的财务报表为基础。但是,那些估值方法只有在当前的会计方法能够预示未来的时候才是真正有用处的。

本章中提出的中性会计处理是非常理想的情况,因为它仅展示了经济盈利能力,需要的预测期很短。这是咨询师们在衡量"经济利润"的时候努力寻求的一种会计方法。然而,在将GAAP改造到这种理想情况时需要格外小心。那些声称完美的会计方法只有在真正可靠的情况下,才能作为较好的长期预测方法。如果会计师以衡量真实的盈利能力为借口,而做了大量的推测,我们便失去了基准。我们把自己所知道的和自己所不知道的都混淆了。衡量"经济增加值"的咨询师通常会把研发支出资本化成为资产负债表上的资产,并且把这项成本摊销到收益里。如果研发项目的最终结果具有相当大的不确定性,那么账面价值也会具有很高的投机成分。此外,如果摊销率是高度不确定的,那么收益也会受到预测的影响。那样我们就丧失了可能有助于我们预测未来盈利能力的、我们所知道的当前盈利能力的信息。稳健性会计(例如,研发支出费用化)排除了这种短期的投机性,使我们只有在更长的期限内才进行投机性预测。不确定性的存在表明稳健会计是适用的,它满足了基本面分析师将投机排除在会计外,只留在预测中的要求。

现金收付制会计的质量和现金流折现分析

这个问题将我们带回到我们在第4章中讨论到的权责发生制会计估值模型。我们当时之所以那么做是因为现金收付制会计——以及现金流折现分析——可以让我们在更长的预测期内揭示潜在价值,尤其是短期自由现金流为负的情况下。用上面的话来说,现金收付制对于估值来说并不是一种好的会计方法。

现金流折现分析法预测了现金流,并且表面上看起来它使用的都是非常可信的数字。现金流是"真实的",不受权责发生制会计准则和估计的影响。"现金为王",对于预测也一样。也就是说,对于估值而言,现金流预测比收益预测的质量要好。但是正如我们在本书前面所述,将自由现金流作为价值增加的度量指标是有争议的。它是经营活动的"股利分红",而非由经营活动创造出的价值。

表 16.14 给出了星巴克 1994—1997 年的自由现金流的情况。由于 $C - I = OI - \Delta NOA$,表中前两行给出了经营收益和净经营资产。这里的自由现金流是负的。那么星巴克这段时间价值减少了吗?如果我们是在 1993 年对这家公司进行估值,并且拿到了 1994—1997 年的自由现金流作为短期预测的数据,我们会不会认为这些数字是对未来盈利能力的高质量预测?作为现金流的度量指标,它们当然是"真实的",但对于公司估值来说,它们的质量并不高。

表 16.14 星巴克公司:自由现金流和权责发生制会计方法(1994—1997 年) 单位:千美元

	1993 年	1994 年	1995 年	1996 年	1997 年
经营收益		15 051	24 406	31 081	53 252
净经营资产	93 589	191 416	342 648	412 958	578 237
自由现金流($C - I$)	—	(82 776)	(126 826)	(39 229)	(112 027)
核心净利率(%)		5.3	5.2	4.5	5.6
资产周转率		2.00	1.74	1.84	1.95
核心 RNOA(%)		10.6	9.0	8.3	10.9
净经营资产增长率(%)		104.5	80.5	20.6	40.0

相反,表 16.14 中星巴克权责发生制会计方法下的数字——净利率、资产周转率、RNOA 以及净经营资产增长率——都为预测盈利能力提供了很多线索。它们并不一定表明长期的盈利能力,但是它们为预测公司如何通过盈利能力和增长情况来增加价值提供了起点。我们从确认当前的盈利能力和增长情况入手,然后通过公司的商业计划、产品需求等其他信息预测未来。但是如果从自由现金流入手则没有什么帮助。星巴克每年的新投资都大于经营活动产生的现金流,所以预测的自由现金流为负。如果公司在欧洲和亚太地区继续扩张、投资快速增加的话,预测的自由现金流可能在 1997 年以后相当长的一段时间内都为负。我们不

得不延长预测期以确认公司产生的价值。

实务中,使用现金流折现的分析师经常会调整预测现金流来提高预测质量。他们会确认养老金负债以及递延所得税。他们还对那些对于维持现金流而言没有必要的投资进行调整,这就得到了正常的折旧费用。但是,对现金流的各种调整都是权责发生制会计处理,是为了得到一个更高质量的衡量价值增加的指标。这种调整实际上就是用权责发生制会计方法重新进行会计处理。最后,预测的质量依赖于调整的应计项的质量,这就引起了关于什么是好的权责发生制会计,什么又是不好的权责发生制会计的争论。

另一种方法是用已经包含了很多应计项的 GAAP 下的收益来进行预测。分析师可能不相信权责发生制会计方法中的估计,以至于会把它们全部去掉。但是他将不得不考虑结果——自由现金流——是否真的是质量更高的指标。

从最基本的意义上说,应计收益的预测是不可避免的。即使我们对预测出的现金流非常满意,但很难想象在预测中完全不涉及盈利能力。试试看在没有预测利润表的情况下预测现金流量表。如果对投资的盈利能力不做分析又怎样去预测投资?如果不预测收益和投资盈利率,又如何预测经营活动产生的现金流?事实上,预测销售产生的现金流比预测销售收入本身更加困难:除了预测销售收入以外还要预测消费者的支付模式。预测 RNOA 更加重要。RNOA、净利率、资产周转率这些指标具有很高的透明性:你可以清楚地看到价值是从哪里产生的。所以现金流折现分析要求首先预测收益,然后"去掉应计项目"从而得到现金流:$C - I = OI - \Delta NOA$。因此我们一直所采用的大部分预测分析对于现金流折现分析来说是极为关键的。完成该分析之后,我们必须问这样一个问题:如果得到的结果质量较低的话,应计项是否该被消除?

如果预测期足够长的话,现金流折现分析法和剩余收益法会产生相同的估值结果。如果预测自由现金流处于稳定状态,就意味着找到了价值。此外,这是一个关于选择合理预测期的问题。但是,在相同的预测期下,现金流折现估值和剩余收益法可能面临同样的问题。

本章小结

剩余收益和超额收益增长都是会计指标,我们经常听到的"经济利润"、"经济增加值"等指标也都是会计指标。这些指标并不能完全度量真实价值的增加。因为这些指标不但受到真实经济因素的影响,也受到会计处理方法的影响。

本章通过诸多例子说明了会计处理方法的选择可以制造收益、利润率和剩余收益。同时,我们也看到了会计处理方法的选择可以制造收益增长、剩余收益增长,进而影响市净率和市盈率。我们给出了一个非增值投资的案例,并以此说明不同会计处理方法的影响。通常,会计利润及其增长不但受到(创造价值的)真实经济因素的影响,也受到会计处理方法的影响。

通过本章学习,我们认识到,应当根据其对账面价值的影响来区分不同的会计处理方法。我们介绍了三种会计处理方法——稳健性会计、自由会计和中性会计——对账面价值的影响。尽管人们通常从影响收益的角度来考察不同的会计处理方法,但本章分析表明,当企业投资水平维持不变时,会计处理方法是不影响收益和市盈率的。不过此时,会计处理方法会影响净利率、剩余收益及市净率。只有当投资额增加时,会计处理方法才会影响收益和市盈率,并带来收益增长和剩余收益增长;尽管此时投资的增加并未带来价值的增加。

尽管剩余收益可以同时受会计和经济因素的影响,本章肯定了当应用权责发生制时,可以对企业进行定价,且价值增值是可衡量的。限制性的条件是必须有一个预期的稳定状态,可以计算持续的价值。本章还再次斟酌了分析师将应计项完全去掉而用折现现金流分析方法的情况,重申了现金收付制对于定价来说是一种低质量的方法。

关键概念

会计增加值(accounting value added):超过账面价值要求回报(以要求回报率计算)的(会计)收益。与经济增加值相对。

稳健性会计(conservative accounting):低估资产负债表上的资产或高估负债的会计方法。与自由会计相对。

经济增加值(economic value added):投资产生的超过投资要求回报的价值。与会计增加值相对。

秘密储备(hidden reserve):因为过去应用稳健性会计没有被确认的收益。等价于因为采用稳健性会计而在资产负债表上没有被确认的净资产的数量。后进先出储备就是其中一种。

自由会计(liberal accounting):高估(或相对来说定价较高)资产负债表上的资产或者低估负债的会计方法。与稳健性会计相对。

秘密储备的释放(liquidation of hidden reserve):用稳健性会计衡量的资产投资减慢时,所产生的收益的增长。

价值稳健原则(value conservation principle):价值与处理账面价值的会计方法无关的原则。会计方法会影响剩余收益的预测,但是因为它与对账面价值的反向影响,所以不影响价值。

练习

E16.1 会计方法对估值影响的简单说明(简单)

你投资了100美元(在时点0),并预期在一年后收到115美元的现金。你要求的回报率为9%。

a. 使用现金流折现的方法计算你的投资在时点0的价值。

b. 使用剩余收益方法计算你的投资的价值。

c. 假设你的会计师要求你将你投资中的20美元费用化,导致在时点0你的投资为80美元。计算在这一会计处理方法下投资的价值。

E16.2 在不同会计方法下对项目的估值(简单)

这是一个对两年期项目进行投资的详细资料,要求回报率为每年9%。单位为万元。

对机器设备的初始投资	$1 500
对广告的初始投资	700
总投资	$2 200
第一年的预期收入	$1 540
第二年的预期收入	$1 540

所有的收入都以现金的形式获得。投资以直线法进行折旧。

a. 使用现金流量折现法对该项目进行估值并计算增加值。

b. 使用剩余收益技术以及资产负债表上资本化的初始总投资对项目进行估值,并计算每一时期的预期净经营资产回报率。

c. 假设第1年折旧是1 300万元,重复b部分的计算,解释一下为什么数字会发生变化。投资的价值将怎样变化?

d. 如果对广告的初始投资按照GAAP的要求立即费用化,使用直线法折旧并重新估值。

e. 在两种对广告投资的会计处理的情况下,比较市净率和远期市盈率。

E16.3 不同会计方法下持续经营企业的估值(中等)

远东公司董事长提出了一个经营计划,这一经营计划在持续经营基础上需要初始投资22亿元,并每年投资22亿元。在投资后的两年里,这一投资每年预期将产生相当于投资额70%的销售收入。会计准则要求投资在两年里采用直线法进行折旧。他问你是否想投资于该经营计划。你对此类投资的要求回报率为每年9%。

a. 进行预测财务报表分析,以帮助你进行估值并计算经营计划的价值。市净率和远期市盈率为多少?

b. 在你的会计师进行分析之后,你发现GAAP要求每年计划投资的20%要立即费用化。修改你的预测财务报表并观察你的估值将如何变化。

c. 在投资预期将以每年5%的速度增长的情况下,重复在a和b部分的估值计算。

E16.4 研发费用和估值(中等)

康源制药公司获得了一项技术专利并决定在接下来的五年里每年投入3.5亿元利用该技术开发出更多的产品。这一计划目前已投入了3.5亿元用于研发,产生了10亿元的销售收入,而扣除研发支出、生产和广告成本以及税收后,损失总计1.5亿元。然而,来自该项研发的收入预期将在接下来的五年里以每年5亿元的速度增长,直至35亿元。在那之后,收入预期将以每年5%的速度增长,同时研发支出也以每年5%的速度增长以维持增加的销售收入。生产和广告成本占销售收入的比例预期将维持在现在的水平。公司需要对净经营资产进行投资,使资产周转率维持在1.4的水平。目前净经营资产为7.14亿元。

a. 当经营活动要求回报率为10%时,对公司进行估值。

b. 基于估值目的,对未来三年收益的质量进行评价。

c. 计算未来五年里每年的研发支出占销售收入的比率。为什么这一比率能够成为评价预测的收益质量的指标?

E16.5 预测的剩余经营收益和自由现金流的质量(中等)

新设立的聚财公司在2006年投入4亿元购买厂房和设备开始经营。预期其将在每年增加4 000万元的投资,并在两年内以直线法进行折旧。这一投资计划预期将在接下来的五年里产生如下的销售收入(单位:百万元):

	2006A	2007E	2008E	2009E	2010E	2011E
销售收入		240	484	530	576	622
投资	400	440	480	520	560	600

a. 编制预计报表,计算2007—2011年的经营收益、净经营资产回报率、剩余经营收益以及净经营资产。对投资的折旧是唯一的经营费用。公司经营活动的要求回报率为10%。使用剩余经营收益的方法计算公司的价值。

b. 预测2007—2011年的自由现金流。你认为预测的自由现金流量作为估值的基础是一个高质量的数字吗?预计报表中的什么特征解释了为什么自由现金流量的模式与剩余经营收益的模式不同?

微型案例

M16.1 广告、低质量会计和定价:E*Trade

新业务的建立总是需要花费时间的,20世纪90年代末新兴的网络公司也不例外。网络门户公司和电子商务公司都因为期望具有较高的利润而在以很高的市销率进行交易,然而大部分却产生了很大的损失。

在面向媒体的声明中,这些公司仍然继续他们的说法:他们的商业模式要求他们为了未来的巨额利润而承担当前的损失。投资都是用于"基础设施建设"。大笔费用用于广告和促销以建立客户基础和品牌知名度。所以这些公司呼吁他们的投资者,不要在意目前的损失而要将目光放在创造收入的能力上。相应地,市销率成为了投资者们最常使用的乘数,分析师用类似于"点击率"和"网页浏览率"来估算市销率。

互联网企业认为,这些公司报告的损失并不能反映它们的商业模式所蕴藏的价值,它们认为公司要求采用的 GAAP 是一种低质量的会计方法。但是投资者们面对的问题显然还是未来这些公司是否能够赚得利润,并且这些利润能否说明这些公司的高股价是合理的。相比于一些粗糙的类似于"点击率"的衡量指标,投资者试图寻找更具有实质性的财务分析。

在线交易公司

1999 年,投资者对互联网在线股票交易的态度出现了巨大的变动。E*Trade、TD Waterhouse、NationalDiscount Broker 以及其他一些公司和嘉信理财公司——传统的股票经纪公司展开了"战斗",争夺市场份额。更加传统的经纪公司摩根添惠也通过其 Discovery 部门提供在线交易服务。美林银行在起初表明不会参与在线业务一段时间后,也在 1999 年年末以每笔交易 29.95 美元的手续费进入在线业务市场分羹。

一些提供在线交易服务的公司 1999 年 9 月的数据如下。其中,收益和销售收入为截至 1999 年 6 月 30 日的 12 个月的数据(M = 百万美元; B = 10 亿美元):

	销售收入	每股收益	市场价值	市盈率	市净率	市销率
E*Trade	464 M	(0.23)	$5.75 B	—	5.5	12.4
TD Waterhouse	896 M	0.25	5.13 B	47	2.6	5.7
NationalDiscount Broker	250 M	1.28	458.6 M	20	2.6	1.8
Americatrade	274 M	0.15	3.28 B	119	9.2	12.0
Charles Schwab	3.361 B	4.11	27.6 B	56	14.4	8.2

在 1999 年的秋天,这些公司打响了广告战。在行业里,市场份额被称为"话语权"。有这样一个说法,即客户们都是具有惯性的。他们习惯于和同一个经纪人进行交易,所以对于经纪公司来说,吸引客户——并建立一个能够吸引他们的品牌——对最终的成功有着至关重要的作用。

Schwab——在线交易出现之前的较大规模的股票经纪公司,在互联网上拥有 25% 的话语权。但是在 1999 年年初,E*Trade 通过成功的广告战把自己的份额增加到了 14%。公司花巨额费用将这些广告在最为昂贵的时段插播,例如在 Ally McBeal、E.R. 以及 Super Bowl 这样黄金时刻的电视剧和节目中。其他公司随之效仿,于是在 1999 年年末这些公司据说花费了 15 亿美元的广告费,比其后 18 个月广告费用的总额还要多。[①] 为了能够有一点直观感觉,我们做个比较,这些费用大概等于可口可乐公司一年的广告预算。

E*Trade

E*Trade 是第一批参与挑战 Schwab 和传统经纪业务的在线交易公司之一。到 1999 年 9 月 30 日的财务年度为止,它在市场营销上花费了 3.22 亿美元,把交易账户从 55 万增加到了 155 万,并产生了

---

① 参见 K. Joseph., The Media Business:Advertising:The On-Line Brokerage Battle, *The New York Times*, October 4, 1999, P. C1. Copyright. 1999 by The New York Times Co.。

6.57亿美元的销售收入。根据2000财年第一季度的营销费用计算,其年度广告预算会达到4.5亿美元。

下表给出了经营E*Trade公司的E*Trade集团的财务报表摘要,财年截止日为9月30日。据此回答下列问题:

a. 为什么初创期公司报告的收益会被认为是一个"低质量"的数字?

b. 为什么投资者需要对市销率格外小心?为什么他们应当对"点击率"和"网页浏览率"这样的指标持怀疑的态度?

c. 根据案例中提供的E*Trade的市场营销信息分析该公司的商业模式。

d. E*Trade集团在1999年9月以每股25美元的价格进行交易,市销率为10.5。根据问题c的回答,公司此时的定价是否合理?

e. E*Trade可以采取什么其他的方式来增加价值?

f. 2000年年初,在线经纪公司的数目已经达到了140家左右,它们之间的竞争相当激烈。在供过于求的情况下,行业内存在着兼并的机会。E*Trade是否应该考虑进行兼并从而能够和嘉信理财公司进行更加有力的竞争?下表中较大的在线公司市值相当于每个顾客账户的价值为3 000美元。

E*Trade集团公司
合并资产负债表
(单位:千美元,除每股数据外)

	截至9月30日的财务年度	
	1999	1998
资产		
现金及现金等价物	$124 801	$71 317
联邦及其他法规下隔离的现金及投资	104 500	7 400
经纪公司应收账款——净值	2 912 581	1 365 247
抵押债券	1 426 053	1 012 163
应收贷款——净值	2 154 509	904 854
投资	830 329	812 093
固定资产——净值	178 854	54 805
商誉及其他无形资产	17 211	19 672
其他资产	159 386	101 372
资产总额	$7 908 224	$4 348 923
负债及所有者权益		
负债		
经纪公司应付账款	$2 824 212	$1 244 513
银行保证金	2 162 682	1 209 470
分行借款	1 267 474	876 935
次级票据	0	29 855
应付账款,应计及其他负债	203 971	101 920
负债总额	6 458 339	3 462 693
强制性可赎回的优先证券	30 584	38 385
所有者权益		
(1999年流通股2.75亿股)	1 419 301	847 845
负债及所有者权益总额	$7 908 224	$4 348 923

合并利润表

（单位：千美元，除每股数据外）

	截至 9 月 30 日的财务年度	
	1999	1998
收入		
交易收入	$355 830	$162 097
利息收入	368 053	185 804
全球及机构收入	110 959	95 829
其他收入	40 543	28 163
收入总额	875 385	471 893
利息费用	(215 452)	(120 334)
贷款损失准备	(2 783)	(905)
净收入	657 150	350 654
服务成本	292 910	145 018
经营费用		
销售费用	321 620	124 408
技术开发费用	76 878	33 926
管理费用	102 138	50 067
合并相关的费用	7 174	1 167
总经营费用	507 810	209 568
成本和营业费用总额	800 720	354 586
经营收益（损失）	$(143 570)	$(3 932)
非经营收益（费用）		
公司利息收入——净值	$19 639	$11 036
出售投资利得	54 093	0
权益投资收益（损失）	(8 838)	531
其他	(71)	(1 098)
非经营收益总额	64 823	10 469
税前收益（损失）	(78 747)	6 537
所得税费用（收益）	(31 306)	1 873
子公司少数股东损益	2 197	1 362
会计核算方式变化及非经常损失		
累计影响前的收入（损失）	(49 638)	3 302
会计核算方法变化的累积影响,税后净额	(469)	0
提早赎回次级债务的非经常损失,税后净额	(1 985)	0
净收益（损失）	(52 092)	3 302
优先股股利	222	2 352
普通股股东收益（损失）	$(52 314)	$950
不考虑会计核算方式变化及非经常损失		
累计影响的每股收益（损失）		
基本每股收益（损失）	($0.19)	$0.00
稀释每股收益（损失）	($0.19)	$0.00
每股收益（损失）		
基本每股收益（损失）	($0.20)	$0.00
稀释每股收益（损失）	($0.20)	$0.00

M16.2 中兴通讯（000063）

中兴通讯是全球领先的综合通信解决方案提供商。公司通过为全球140多个国家和地区的电信运营商提供创新技术与产品解决方案,让全世界用户享有语音、数据、多媒体、无线宽带等全方位沟通。公司成立于1985年,在香港和深圳两地上市,是中国最大的通信设备上市公司。

中兴通讯的产品涵盖无线、核心网、接入、承载、业务、终端、云计算、服务等领域。

中兴通讯坚持以市场为驱动的研发模式进行自主创新。通过独立自主的开发主体,层次分明、科学规范的创新体系,持续的研发投入,中兴通讯在技术开发领域取得了一系列的重大科技成果。

中兴通讯是中国重点高新技术企业、技术创新试点企业和国家863高技术成果转化基地,承担了近30项国家"863"重大课题,是通信设备领域承担国家863课题最多的企业之一。公司每年投入的科研经费占销售收入的10%左右,并在美国、印度、瑞典及中国等地设立了18个研究中心。

请查找并阅读中兴通讯的年报及其他资料,回答以下问题:

a. 公司对研发支出的会计处理在2007年前后发生了什么变化？在资产负债表上是如何体现的？

b. 如果公司没有采用2007版的新会计准则,那么近几年开发支出会对公司的盈利能力会产生哪些影响？

c. 你认为开发支出应该费用化还是资本化？

d. 结合本章内容,谈一谈开发支出的会计处理对公司估值及市盈率、市净率的影响。

e. 开发支出有没有可能成为上市公司粉饰利润的手段？如何识别？

第 17 章
财务报表的质量分析

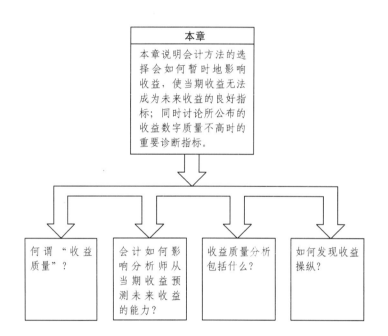

开篇阅读材料

夏草:我不是资本市场芙蓉姐姐

"夏草,博主昵称:财务侦探。性别:男。星座:双子座,来自上海黄浦区……"这是博客里夏草为自己勾勒的形象。从不炒股,但却钟情于钻营上市公司的财报。

质疑的百家公司 10 家退市

2001 年,夏草还是会计专业研究生,银广夏财务造假事件被曝光,引得各大媒体接连发出"中国资本市场还有多少银广夏?"的质疑声,就在这时,夏草的第一篇质疑文章《通化金马:又一个银广夏》一炮打响,使他在圈内小有名声。

毕业后,夏草来到上海国家会计学院教书。作为上海国家会计学院财务舞弊研究中心的主要成员,夏草就把自己的研究方向放在了上市公司的财务舞弊上面,并将研究成果陆续发表。7年多的时间里,夏草先后质疑过的上百家上市公司,已经有10家退市,30余家不是被立案调查就是沦为ST或空壳重组,或爆出巨额亏损。

今年,随着5月1日前所有上市公司2007年年报全部完成披露,夏草发现一些上市公司恶意变更审计师,一些新的上市公司涉嫌报表粉饰,其随即有了将涉嫌财务造假的上市公司进行大排名的想法。

于是,他从一直关注的200多只股票中进行了筛选,"五一"节期间推出了两大排行榜:《深市中小板十大涉嫌偷漏税过会公司》及《沪市2007年报涉嫌报表粉饰公司》。

随即,鄂尔多斯(600295)、ST东盛(600771)、华夏建通(600149)等纷纷做出回应,甚至有公司指责夏草"连新会计准则都不懂就主观臆断和凭空猜测"。但也有一些公司没有做出任何回应。

夏草一时成为投资者关注的焦点,有网友将夏草看作资本市场的鲁迅,也有人将其看作芙蓉姐姐。

但在夏草看来,他既不是鲁迅,也不是芙蓉姐姐。属鼠的夏草自嘲胆小如鼠,但也有自己的优势:他是货真价实的会计师,本身也有律师、注册评估师、注册税务师等多种资格证书,前后大概发表了100多万字的文章,师从优秀的会计大师。

"我是一个博士研究生,所做的是学术研究的延伸。我不喜欢别人把我和王海联系在一起,称我是财务打假专家,我更希望大家说我是财务专家。"夏草如是说。

三次质疑失误半年没状态

上周,曾被夏草质疑为"史上最牛皮包公司"的华夏建通遭证监会调查。夏草不断接到采访电话,虽然夏草还坚持他原来的判断,但到底是因为什么遭到调查,他说他也不清楚,"我的本分只是把发现的问题说出来"。

夏草自认为,七年多来的持续揭黑还是创造了一些社会价值,他期望通过质疑的那些个案来发现制度缺陷。他把针对"鱼跃"事件的质疑和讨论算作今年以来最大的收获。"因为通过这一事件,至少民营企业上市高补税这条路被堵死了。"

七年多来,遭到夏草质疑的上市公司没有一家通过法律程序向他提起诉讼。大部分公司都是在澄清公告中称"对此种恶意诽谤公司的行为,公司保留追究法律责任的权利"。夏草称,"只有一家发过律师函,大部分都停留在口头上,但没有一家付诸实践"。

不过,夏草也曾为质疑的失误而担忧。这种失误,在夏草身上发生了三次:2001年的海螺型材,2003年的南方航空,2006年的天威保变。当年质疑南方航空报表粉饰,非常狼狈,发表的质疑文章要一家一家网站通知撤下,夏草说当时的心里非常紧张,导致半年找不到状态。

盼律师成财务造假"杀手"

牛市造假,熊市退潮。夏草认为,越是熊市,财务造假破灭的可能性越大,中国将出现一大堆类似东方电子、蓝田股份的股票。

夏草抛出了他的食物链理论。"保荐商、会计师事务所、律师事务所、财务公司的客户都是上市公司,他们的收入也主要来自上市公司。他们是处于同一链条上扮演着不同角色的利益组成体。最根本的解决之道就是要打破以往的利益链条,对制度进行重新建立和调整,让整个公司治理达到生态平衡的状态。"

夏草表示,最重要的是完善公司治理结构,应取消保荐人及独立董事制度。

放开证券民事诉讼的前置程序,必须培养一个对应的基层来约束财务造价问题,而律师可承担此角色,让律师成保荐商、会计师事务所等其他中介机构的对立面,独立出来,不需获得相关部门认定公司财务造假之后开出的行政处罚书,便可直接对相关上市公司提起诉讼,并让律师能从赔款里面拿到相当可观的回报,成为证券欺诈的杀手,形成一条完整的资本市场生物链。

资料来源:《新京报》,2008年5月28日,http://finance.sina.com.cn/stock/y/20080528/10454919312.shtml。

分析师核对表

读完本章后你应该理解:
- 会计方法和估计如何在一定程度上影响收益的持续性。
- 什么是会计质量。
- 什么是"收益质量"。
- 管理者用于操纵收益的会计手段。
- 企业如何安排交易的时间以决定收益。
- 什么是披露质量。
- 在什么情况下会计质量分析师更容易发现会计操纵问题。
- 为什么会计质量分析师关注的重点是净经营资产变化。
- 如何检查财务报表操纵问题。
- 如何完成会计质量评分工作。

读完本章后你应该能做到:
- 完成整套财务报表的全面质量分析。
- 判定何种情况下财务报表的操纵更易发生。
- 运用一系列诊断方法提出关于财务报表会计质量的问题。
- 把会计质量分析与财务报表分析及之前的警示(red-flag)分析相结合,来评价收益的持续性。
- 对会计质量进行评分。

一些分析师专门研究财务报表中的会计质量问题。会计质量分析师会建议他的客户——包括其他分析师——注意反映企业经营状况的会计体系的真实性。会计方法可以用来"包装"企业,使它看起来形势一片大好。会计质量分析师就是要拆除这些包装,并且如果有人用会计方法来遮掩某些事实,他们就会发出相应警告。

本章将讨论会计质量分析问题,会计质量分析可以用于各种会计质量的诊断,但我们的重点在于揭示会影响估值的会计质量问题。关于会计质量的警告总会在相关媒体的显著位置披露,并常常会导致股票价格下跌。证券分析师们总是尽量避免为负面的突发事件所困,所以那些能及早发现会计质量问题的分析师就会处于非常有利的地位。

随着2001年股票市场泡沫的破裂,许多公司暴露出会计质量问题。对某些公司来说,赚取利润的巨大压力使得它们使用各种各样的会计方法来实现收益增长。但是这些方法只能在短期内保持收益的增长。一旦泡沫破裂,像施乐、安然、Tyco、朗讯、WorldCom、Bristol-Myers Squibb、Qwest、Krispy Kreme和Royal Ahold这些公司就会发现它们的会计处理出现了问题,并且在多数情况下对其股票价格产生灾难性的影响。

17.1 什么是会计质量

在估值时,我们关注的是未来收益。的确,"购买未来的收益"是投资者的信条,也是本书所关注的重点。我们使用目前的收益和财务报表整体来帮助我们预测未来的收益。如果当前的财务报表误导我们做出错误的预测,就说明财务报表的质量很差。因此,如果当前的收益不能很好地反映未来收益,那么投资者就会认为收益质量较差。例如,如果这些收益包含一次性的非经常项目,分析师就会认为收益质量差,进而就会使用质量更好的指标,这个指标叫作核心收益(core earnings)。我们已经在第12章讨论过它。此外,如果公司所使用的会计核算方法使核心收益不能很好地反映未来收益情况,那么核心收益的质量也很差。因而,如果一个公司低估它的坏账、担保责任、递延收益或者折旧摊销,那么它对外公布的收益就会过高,同时意味着收益在将来会较低。因此,为了分析核心收益,本书增加了会计质量的分析,会计质量决定着收益质量的高低。

会计质量分析是必需的,因为会计具有反转的性质:也就是说,由于会计方法产生的收益常常会在将来反转过来。比如,如果当前的坏账估计过低(也即收益较高),那么坏账费用在将来肯定会较高(也即未来收益会较低);如果当前的折旧率过低,那么将来的折旧率肯定会较高或者公司未来会计提资产减值准备,或者在出售资产时发生损失(因为折旧率较低导致账面价值较高,进而导致其大于可收回金额)。像我们在第12章所看到的那样,如果当前计提的重组费用过高,那么未来肯定会反哺收益。事实上,我们可以根据会计特征定义收益质量:如果收益不反转,那么收益的质量就很好。

如果发现收益质量较低,就可以通过调整预测来预计反转情况。然而,如果收益的劣质质量信息未被检测出来,那么低质量的会计信息将会导致预测的质量和价值评估的质量也较低。未被检测出的低质量会计信息将会使投资者暴露在"鱼雷"面前,也即股票价格的一个陷阱——它不仅仅会在分析师或执法机关将会计违规情况披露出来时暴露出来,也可以通过后续公布的一系列包含反转情况的惊人收益而暴露出来。

操纵经常被冠冕堂皇地称为盈余管理(earnings management),虚增当前收入的操纵其实就是从未来借入收入(borrowing income from the future)来实现当前收益的虚增。它的常用手法是要么增加销售收入,要么减少费用支出,然而这些在未来都会反转过来。操纵也可以通过其他途径来实施。减少当前收入的操纵被称为储蓄(saving)或为未来储备收入(banking income for the future)。常用的方法是减少当前销售收入或增加费用支出,然后在将来再反转过来。这种从未来借入收入的动机是十分清楚的:管理者想让公司盈利能力看起来比实际要好。当管理层的奖金和未来收益挂钩的时候,为未来储蓄收入的操纵行为就可能发生。一种极端的做法就是"洗大澡":新管理层刚上任时会计提大量的费用,再把低收益归因于他所替代的老管理层,这样在以后这些多提的费用就会转回,导致未来有较多的收益,这样他就可以获得奖赏。这一部分内容可以参见阅读材料17.1中《华尔街日报》的报道。

操纵的特点就是收入的跨期移位,它意味着收益质量不仅是在操纵的当年可疑,而且在以后年度由于当时借入或节省收入导致的恶果出现,收益质量也是不可靠的。有些人认为在20世纪90年代初发生的大量重组活动产生了大量的额外重组费用和负债,这导致了20世纪

90年代后期公司获得较高的利润。在20世纪90年代后期市场受到高额收益的刺激,产生了很高的市场估值倍数。但是这些收益大部分是由早期重组费用产生的。

不要把这一章讨论的会计事项和上一章讨论的会计事项弄混淆了,上一章讨论的是在持续不变的基础上会计方法的应用,比如,总是将研发支出(R&D)和广告支出费用化,持续使用加速折旧方法,或者持续使用后进先出法(LIFO)进行存货核算。持续地使用这些保守的会计方法,会持续产生较高的会计报酬率和收益增长率,自由会计与其正好相反。本章主要讨论的是会计的短期影响,这些影响导致当前的收益不能很好地预示未来收益。

如果公司经常高估坏账(或者是经常使用稳健性会计),它就会持续报告较高的净经营资产回报率。但是如果它只是暂时地通过增加或降低其坏账估计来改变其目前的收益,那么它产生的净经营资产回报率将不能很好地反映未来的盈利能力。因此,激进会计(aggressive accounting)(不是自由会计)是指公司通过操纵增加短期收益。"洗大澡"会计(big-bath accounting)是指公司通过操纵减少暂时性的收益(不是稳健性会计),这一术语也经常指公司收益出现大规模下降。

对于在评估企业价值时,会计质量何时是很重要的,我们已经有了一些结论。我们发现,完美的资产负债表并不是必需的。事实上,剩余收益方法就是用来解决那些"低质量"资产负债表的问题的,所谓"低质量"资产负债表,是指报表所反映的账面价值(book value)不能体现出所列项目的基础价值(fundamental value)。因此资产负债表并不必须包含研发价值。但是,在资产负债表不完美的情况下,焦点就转移到作为未来剩余收益指示器的利润表上:通常,我们不能够只根据SF1预测的资产负债表进行预测,我们需要通过用SF2或SF3预测的利润表进行预测。这就使得我们必须去关注收益的质量。

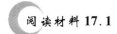
阅读材料 17.1

西尔斯的信用卡储备曾经支撑过其收益的增长

在最近的研究报告中,Sanford Bernstein公司的分析师David Poneman指出西尔斯公司今年的收益比去年增长了24%,或者说增长了1.34亿美元,该增长主要是由于其对1993年的资产负债表进行操纵所导致的,该操纵平滑了公司5 000万信用卡持有者发生大量坏账损失的影响。

当西尔斯公司在第二季度将它的信用卡坏账准备增加到2.54亿美元,比年初的坏账准备多了73%时,华尔街收到了警示信号。然后在第三季度的时候,它又计提了2.86亿美元的坏账准备,又增长了53%。然而西尔斯公司第三季度的净利率却为22%,这是怎么回事呢?伯尼曼说:"西尔斯公司正在用它资产负债表上的大量准备来平滑其收益。"他还说,西尔斯有收益质量问题。

伯尼曼指出,西尔斯公司在1993年计提了20亿美元的信用卡坏账准备,这些准备的一半就足够弥补潜在的坏账损失了,部分损失是由于它的一些分支机构停业所产生的。结果证明,该准备金比它实际需要的要高。三年以后,西尔斯在它的资产负债表上仍然有将近10亿美元的坏账准备来应对坏账损失的发生。它的坏账准备占应收金额的比例是大部分信用卡公司的两倍。

信用卡坏账准备是"洗大澡"的一部分,西尔斯1993年计提的重组费用也是"洗大澡"的组成部分,重组是在 Martinez 成为西尔斯首席执行官之后立即进行的。这些重组费用和坏账准备对新的 CEO 是有很大帮助的,可以使公司的盈利能力看起来在未来得到了很大的改进。伯尼曼说,计提大额的坏账准备将 1992 年和 1993 年的收益移到了 1995 年和 1996 年。

尽管西尔斯的收益随着第二季度 2.39 亿美元的信用卡注销和第三季度 2.72 亿美元的信用卡注销而有所减少,但是伯尼曼认为西尔斯不会再通过补充坏账储备来影响增长问题。尽管西尔斯的信用卡还款拖欠比例比 1993 年年底高出 70%,但是它的坏账储备额度依然和 1993 年年底保持相同的规模。

为什么会这么糟糕呢?从一些投资者和伯尼曼的观点来看,当它的大额信用卡业务发生损失的时候,那些超额的坏账储备可以起到支撑其收益的作用,目前西尔斯的信用卡业务收入中有 50% 是来自于这样会产生大额损失的大业务,而且这个比例一直在增长。信用卡违约金额在第三季度末已经达到了 12 亿美元,或者说其 250 亿美元投资组合的将近 5%。本年截止到目前为止,西尔斯的信用卡违约金额又增加 4.2 亿美元。

伯尼曼在最近的一份报告中写道:"考虑到信用卡违约金额已经超过了年初至今增长的收益,这说明伯尼曼年初至今增长的收益完全是依靠它 1996 年的超额准备支撑的。"

Allen Lacey,西尔斯首席财务官(CFO)在回应伯尼曼时说:"当你去做了信用卡债务的精算估计之后,你会发现实际的坏账情况可能会比你估计的高或低。"他坚持认为,西尔斯没有把信用卡坏账准备作为避免收益波动的方法来使用。

Lacey 说西尔斯的坏账准备占应收账款的比例确实已经由 1993 年的 5% 下降到了目前的 4%。但是,他说公司曾经高估坏账准备,是因为公司错误估计了由于关闭邮购商品部门而导致的邮购商品顾客的违约情况。

伯恩斯坦公司的伯尼曼说西尔斯在不违反会计准则的情况下运营得很好。他说:"我们的观点是,如果计提的坏账准备可以被将来的坏账稀释掉,那么会计视角下的合理利润就和公司的持续经营没有什么关系。"

资料来源:《华尔街日报》,1996 年 11 月 4 日。

可以清楚地看到,本书所列示的大量工具中很多都涉及收益质量分析。比如第 8 章中介绍的隐蔽费用的识别可以帮助我们得到较高质量的收益。第 9 章中介绍的将经营活动与金融活动分离,可以帮助我们识别收益的组成部分,其中经营收益与未来剩余经营收益、超额经营收益增长等影响估值的关键因素关系最为密切。第 12 章介绍了为了得到持续的核心经营收益和核心净利率,分析财务报表时需要剔除非经常项目和暂时性项目的影响,这样才能得到预测未来所需的高质量的数据。在第 15 章中我们介绍了警示指标。

要想完成收益质量的分析还需要更进一步。目前的经营收益和它的组成部分可能受到了企业所采用会计方法的影响。因此,为了得到核心经营收益,我们必须对会计质量进行分析。我们必须消除会计方法的选择对核心经营收益的影响。这就是所谓的会计质量问题。

关于会计质量的五个问题

在分析会计信息质量的过程中,分析师要寻求以下五个问题的答案:

1. GAAP 的质量:GAAP 是否有不完善之处? 如果对未来的预测是以 GAAP 为基础的,而 GAAP 却没有包含与企业价值相关的所有方面,那么估值将是不完善的。我们(在第 8 章中)已经看到,GAAP 没有从股东收益的角度考虑股权激励费用的影响。在第 12 章中我们看到

GAAP下的收益包含了股票市场泡沫利得。在一些国家,养老金与对雇员的负债以及相关费用在会计中没有被确认。

2. 审计质量:企业的行为是否违背GAAP或是存在欺诈?符合GAAP的会计行为是适当的,但企业也许会根据惯例而不采纳GAAP。企业是否在客户没有做出明确承诺的情况下就确认应收账款?它是否没有确认要求确认的费用或负债?它是否在使用GAAP不允许的会计方法?要回答这些问题,分析师必须对公司的业务非常熟悉。所以审计质量是审计师和董事会下审计委员会的职责范围,在美国也是具有法律权威的执行机构——证券交易委员会(SEC)和美国公众公司会计监督委员会(PCAOB)的责任。分析师通常依赖于审计,但也要对审计失败或审计师可能利用准则中的灰色区域接受管理层的某些操纵行为保持警惕。

3. GAAP应用质量:企业是否利用GAAP操纵财务报告?GAAP在限制企业使用的会计方法的同时,又允许其在众多方法中进行选择。这种选择可以看成是一种通行证,用它就可以操纵报表数字以达到希望的效果,而且审计师也不会反对。若再考虑到会计记账时的某些估计,情况就会变得微妙起来——如估计坏账、资产的使用期限、担保费用、养老金成本及重组费用等。管理者管理企业,也能管理收益。

4. 交易质量:企业是否控制业务来适应会计报表的编制?企业可以忠实地遵循GAAP,但却可以根据会计需要安排交易来达到想要的结果。尽管这是对业务而不是对会计的操纵,但却利用了会计自身的特点。它有两种方式:

a. 安排交易时间:通过控制交易的时间来影响收入。这包括安排收入确认的时间和安排费用确认的时间。安排收入确认的时间——有时称为"渠道填塞"(channel stuffing)——就是围绕收入确认准则安排交易时间。GAAP要求收入在产品发出或服务提供给消费者时予以确认。因此,企业会在一个会计期间结束之前发出大量产品以增加该期利润,或者推迟发货以减少当期利润。而安排费用确认的时间,企业会控制与利润表直接相关的费用来达到操纵收益的目的。把研发支出和广告费用推迟到下一期确认会增加收益。相反,把下一期的费用提前到当期确认就会减少收益。

b. 安排交易结构,使交易形式重于实质:安排交易结构,使其形式上能取得要求的会计结果。但是,对交易实质内容的调查可以揭示其中的虚假成分。

5. 披露质量:披露的会计信息足够用来分析企业的经营状况吗?这些披露反映在财务报表、报表附注和管理层分析与讨论中。管理层在与分析师见面时还会提供额外的信息。我们对财务报表的分析依赖于全面的披露、对业务的了解并要知道它们在财务报表上是如何反映的。对估值而言,有四种披露值得特别关注:

a. 在报表中区分经营性项目和金融性项目的披露。

b. 区分核心经营收益和非经常项目的披露。

c. 揭示核心盈利能力驱动因素的披露。

d. 解释使用的会计方法的披露。分析师以此来考查应用GAAP的质量。

没有足够的披露,就难以对当期核心经营收益的有效度量指标进行预测。所以说,低质量的披露导致低质量的估值。

要分析会计质量就必须回答所有的五个问题。GAAP质量(问题1)在本书的多个地方出现过,特别是第2章、第8章和第12章。审计质量(问题2)属于审计准则的范畴,是审计教材的内容。本章我们只讨论两个问题,即通过使用GAAP会计手段操纵盈余的问题(问题3)和通过安排交易时间和交易结构操纵盈余的问题(问题4)。而披露质量(问题5)也会多次涉及,因为如果披露质量不高,我们就无法分析任何问题。

17.2 看穿会计:识别收入的转移

通过会计方法的选择或估计事项操纵收益一般都会留下痕迹:根据会计复式记账原理,一个事项不可能只影响利润表而不影响资产负债表。比如,较高的收入意味着较高的应收账款(一项资产)或者是较低的递延收益(一项负债);较低的费用意味着较高的预付费用(一项资产)或者是较低的应计费用(一项负债)。因此,对资产负债表的变化进行研究可以获取线索。对估值而言,焦点是经营收益和净经营资产,所以净营业资产变化就成为关注的焦点。

图17.1描述了收益操纵对会计数字的影响。它给出了自由现金流、净经营资产(NOA)、经营收益,以及一系列净经营资产增长或不增长情况下的净经营资产回报率(RNOA)。然后,该表列示了在每一种情况下操纵收益后的财务数据和未操纵收益的财务数据。在无增长的情况下,自由现金流和经营收益每年都是12,净经营资产是100,在净经营资产不增长的情况下,RNOA固定为12%。当经理决定增加当年(基年)的经营收益10,达到22时,他就必须将净经营资产也增加10,达到110。他的操纵会导致当年的RNOA达到22%,如果分析师不注意的话,他可能会认为该数字可以预示未来的RNOA。然而,经营收益在第1年肯定会下降到2,RNOA会下降到1.82%。

你已经看到了利润的转移和反转:在第0年利润多10,就意味着在第1年利润少10。对公司来说,会计改变不了数年内的利润总额,它只能将利润在不同期间转移,但是你也可以看到,利润转移总会留下一些痕迹,利润基期的净经营资产较高。

但是,分析师有一个问题:NOA会随着业务的正常增长而增长。在图17.1中,有增长的例子显示,净经营资产随着自由现金流和营业利润的增长以每年5%的速度增长,但是RNOA始终维持在12%的比例不变。通过利润转移,也即在第0年额外确认经营收益10,RNOA就会增长到21.52%。不过,转回也很明显:下一年随着经营收益下降到3.23,RNOA下降到了2.69%。唯一不同的是增长减缓了转回的情况。事实上,转移收入的管理层经常心存侥幸,希望以后期间的增长可以掩盖他们的操纵行为,不至于在转回时产生损害。

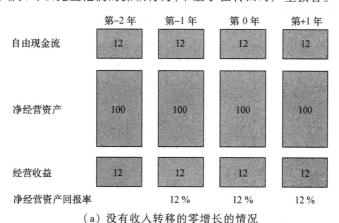

(a)没有收入转移的零增长的情况

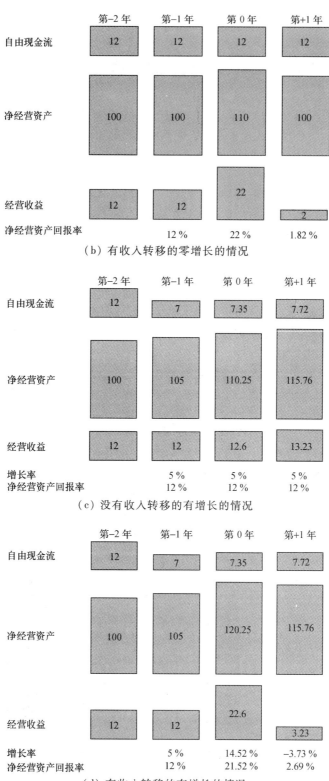

图 17.1 会计操纵是如何在资产负债表上留下痕迹的

图17.1告诉了我们两件事。第一，净经营资产变化——利润转移所留下的痕迹——是质量分析关注的焦点。第二，正常的业务增长会使分析变得复杂，所以对NOA异常变化的分析必须考虑到正常的业务增长。

把我们所知道的和推测的区分开

在第1章的开头，我们就紧紧遵循基本面分析师的格言，把我们所知道的与我们推测的区分开。我们认为，财务报表是我们所知道的具体信息，和推测无关。但是财务报表包含估计的成分，估计就会涉及推测。会计的可靠性原则要求估计必须是根据公司的事实做出的，但是它们也是估计。这就是会计中的矛盾：为了弥补收付实现制会计（cash accounting）的缺点，权责发生制会计（accrual accounting）增加了估计，但是这些估计又会不可避免地产生推测。公正的管理层和审计师会约束这些推测，但不幸的是，这些代理人并不总是可靠的。

在处理由此导致的质量问题时，我们还是要坚持这个原则，就是将我们所知道的和所推测的区别开来。作为出发点，我们知道的是什么呢？公式17.1给出了一个我们熟悉的会计关系式：

$$\text{经营收益} = \text{自由现金流} + \text{净经营资产的变化}$$
$$OI = C - I + \Delta NOA \tag{17.1}$$

做下演算，你就会发现公式17.1是非常重要的。自由现金流是不受会计方法影响的。经营收益中易于操纵的部分就是净经营资产的变化。净经营资产的增加会产生经营收益，进而导致当年的$RNOA_0$较高，但是今年增加的净经营资产在下一年就会成为计算RNOA的基础：$RNOA_1 = OI_1/NOA_0$。如果虚增NOA_0的话，就会导致$RNOA_1$下降。

另一个会计等式有助于我们加深理解：

$$\text{净经营资产的变化} = \text{现金投资} + \text{经营活动应计项}$$
$$\Delta NOA = I + \text{经营活动应计项} \tag{17.2}$$

所以，在质疑ΔNOA时，分析师应进行以下两方面的调查：

1. 投资反映在资产负债表上了吗？把投资计入资产负债表的过程有时称为资本化。适当的会计方法会把预计在未来产生收入的成本资本化，而把在当期产生收入的成本费用化。通过这种方法，收入和成本可以很好地匹配。GAAP会产生一些误配，比如，我们在第2章所看到的，将研发（R&D）支出和广告支出费用化。然而，公司对其他事项有自主决定的权力。比如，公司对不动产、厂房和设备（PPE）的投资都反映在资产负债表里，但是如果公司将定期的修理和维修费用资本化到PPE中，这就会增加当期收益，而折旧额增加会减少未来的收益。确认过多的预付费用、将过多的成本分配至存货、资本化促销费用和资本化顾客获取费用也会产生相同的结果。

2. 应计项目是否合理？应计项目有很多：坏账准备、销售退回准备、递延收益、应计质保费用、应计费用、养老金负债等。应计项目是极易被操纵的项目：它涉及估计，而估计是应用权责发生制会计的必备前提，但是估计总会存在着偏差。

根据对ΔNOA的关注，表17.1列出了一些通常易被操纵的资产负债表项目。它也列示了利润表所反映的操纵效果。当然，这个表格是想使用盈余管理的管理层的路线图。但同时，它也是那些调查盈余管理的分析师的路线图。最后一列给分析师指出了在哪些地方盈余管理最可能发生。表中的盈余管理是按照增加收益的方向来设计的,减少收益的盈余管理则按相反方向进行。因此,如果公司没有将已废弃存货注销,那么将会导致已售产品成本偏低;而注销过多的存货,会使已售产品成本偏高(导致未来的已售产品成本较低)。

表 17.1　如何管理资产负债表科目以增加收入

资产负债表项目	盈余管理	利润影响	关注操纵点
资产			
毛应收账款	在获得实际收入之前确认收入	较高的收入	涉及多项交付部分的合同;长期合同
净应收账款	减少坏账和销售退回的准备	较高的收入或较低的销售费用	低信用质量的应收账款;银行的贷款损失准备
应收租赁款	增加租赁期终止时残值的估计值	较高的租赁收入	飞机租赁;计算机租赁;设备租赁
存货	将非存货成本记为存货成本;不注销废弃存货成本	较低的已售产品成本或销售管理费用	技术进步导致存货废弃;存货价格下降
预付费用	高估预付费用金额	较低的销售管理费用	提前支付大量的费用
不动产、厂房和设备	将修理维护费计入 PPE;高估使用年限或残值;过度减损支出	较低的折旧支出,反映在利润表各个科目上	资本密集型制造业
无形资产	将不合理的费用资本化为无形资产;较低的摊销额	销售管理费用中摊销费用较低	知识密集型公司;软件成本资本化
待摊费用	把过多的当期费用确认为待摊费用	较低的销售管理费用	递延所得税资产的估值;资本化顾客获取成本
负债			
递延收益	减少递延收益	较高的收入	涉及多项交付部分的合同的收入
担保负债	减少计提的担保准备	较低的销售费用	对产品提供质量保证的公司
应计费用	减少应计费用的金额	较低的费用——适用于所有费用	所有公司
养老金负债	通过改变假设和折现率减少养老金负债	较低的养老金费用	固定收益养老金计划
未支付索赔的准备	减少准备	较低的理赔费用	保险公司

注:降低收入的操纵与上述方法方向相反。

质量分析的前奏

在开始质量分析之前,分析师需要了解四件事情:
a. 经济业务。
b. 会计政策。
c. 最可能产生会计质量问题的业务领域。
d. 管理者特别倾向于操纵的情景。

第一点,了解经济业务可以较好地了解这种业务类型适合于何种会计方法。该业务的正常坏账比率是多少?企业计提的坏账准备是否不正常?对该业务而言,折旧资产的标准折旧年限是多长?

第二点,企业的会计政策为检查企业会计活动是否偏离了既定政策提供了判别标准。企业的会计政策可在会计报表的附注(通常是第一项附注)中查到。会计政策有可能是稳健的、自由的或中立的。它决定了当期和未来 RNOA 的水平。我们在上一章已指出,持续的影响不妨碍价值的评估。但是对政策的背离就可能意味着会计操纵。我们要对会计政策有悖行业标准的企业多加注意。我们还要对曾在过去期间做出错误会计估计的企业多加关注。如果企业经常确认大量的资产出售利得,那么它的折旧费用可能过高;如果企业经常确认大量资产出售损失或重组费用,那么它的折旧费用可能过低。

第三点,有些业务会有一些最易发生会计操纵的特殊的操纵点(flash point)。对资产租赁业来说,是估计租赁资产残值和违约准备。对计算机制造商而言,是销售退回。它们常常在给零售商发货时就确认收入却又允许退货,它们有时对分销商的存货提供表外担保。产品的升级换代极快是这一行业的特点,所以销售收入的质量值得怀疑。阅读材料 17.2 给出了部分行业的常见操纵点。

第四点,一些情形会使操纵对管理者非常有诱惑力,阅读材料 17.3 列出了其中的一些情形。会计质量分析师需要注意这些情形,在那些更易发生操纵的地方多花些精力。

阅读材料 17.2

容易发生操纵的敏感区域

行业	操纵点
银行业	信用损失:贷款损失准备的质量
计算机硬件业	技术进步:应收账款和存货的质量
计算机软件业	产品的适销性:资本化研发费用的质量
	服务合同的收入确认:应收账款和递延收入的质量
零售业	信用损失:应收账款净额的质量
	存货损失:存货账面价值的质量
	退款(rebate)程序:生产商促销退款确认的质量
制造业	产品担保:担保负债的质量
	产品负债:估计负债的质量
汽车业	产能过剩:折旧的质量
电信业	科技变化:折旧的质量
租赁业	租赁价值:租赁合同账面价值的质量
烟草业	对吸烟影响健康计提的负债:估计负债的质量
制药业	研究开发:研发支出的质量
	产品负债:估计负债的质量
房地产	房产价值:房地产账面价值的质量
飞机、船舶制造业	收入确认:收入百分比法和完工进度法下的估计质量

| 订户服务业 | 用户的增加:促销成本资本化的质量 |
| | 订户预付款:递延收入的质量 |

阅读材料 17.3

最有可能发生操纵的情形

制度环境条件:
- 公司正在募集资金或者重新谈判借款问题。注意公开发行股票的公司。
- 债务合约可能不能履行。
- 管理层变化。
- 审计师更换。
- 管理层的奖励(比如分红)与收益挂钩。
- 某一方面的内部交易很严重。
- 管理层正在重新评定其股票期权价格。
- 治理结构较弱:内部管理层控制着董事会;审计委员会较弱或者没有。
- 可能违反监管要求(如银行和保险公司的资本比率要求)。
- 交易是非公平的,由关联方控制。
- 出现特殊事项,如工会谈判和代理权争夺。
- 公司作为收购对象被"操纵"。
- 收益勉强达到分析师的预期。
- 公司正在从事不同寻常的活动,如设立表外特殊目的实体,将衍生品合约经常化。

会计和财务报表条件:
- 会计政策和会计估计变更。
- 盈利超预期。
- 利润率一段时期较高之后突然下降。
- 销售收入不变或下降。
- 收益增长快于销售收入。
- 非常低的收益(可能意味着如果不操纵就会报出损失)。
- 利润率小幅增长或者是零增长(可能意味着如果不操纵就会下降)。
- 公司收益勉强达到分析师的预期。
- 在税务报告和财务报告中费用金额不同。
- 财务报告用于其他目的,如税务报告或工会谈判。
- 上一季度调整了会计政策。

购者自慎:在购买公司股票的时候要小心

当你买股票的时候一定要当心,而当你是直接从公司购买股票的时候更要特别当心。众所周知,购买IPO股票的回报率一般都不是特别好;在公司IPO股票刚上市那段热潮过去之后,紧随IPO的风险调整过的股票回报率平均而言是负的。下表显示了1980—1990年之间的1682家IPO公司的中位数。在它们上市那一年的销售净利率是很高的,但是随后就降下来了。是管理层为了上市而操纵会计数字了吗?再看表中的异常会计应计项目,这些应计项目超出我们根据销售收入和资本投资增长所做出的预期金额(在表中以相对账面价值的比例表示)。在 IPO 那一年它们金额很高,提高了公司收益,但是随后就会变得较低。在往后它们反转的时候就是负的了。而且坏账准备在 IPO 那一年是很低的,随后就会增加。

IPO 前后的会计数字

症状(%)	IPO 当年	IPO 后的年份					
		1	2	3	4	5	6
净利润/销售收入	4.6	2.8	2.1	1.6	1.3	1.3	1.8
异常应计项目/账面价值	5.5	1.6	-0.4	-0.8	-2.0	-1.4	-2.7
坏账准备/应收账款总额	2.91	3.32	3.46	3.62	3.81	3.77	3.85

资料来源:S., Teoh, T. Wong, and G. Rao, "Are Accruals During Initial Public Offerings Opportunistic?" *Review of Accounting Studies*, 1998, pp.175—208.

这些明显的操纵解释了购买 IPO 股票的低回报率了吗?市场可能确实是被这些 IPO 时好看的收益报告欺骗了,因此高估了这些公司的价值。然后,随着较低的收益披露出来,股票的价格也就随之下降。市场也就认识到原来早期的收益是低质量的。事实上,有很多证据说明公司会计操纵的金额可以预测 IPO 后的回报率。*如果真是这样的话,能够识别出会计问题的会计质量分析师是可以获取超额回报的。

* 参见 S. Teoh, I. Welch, And T. Wong, "Earnings Management And The Long-Run Market Performance Of Initial Public Offerings," *Journal of Finance*, December 1998, pp.1935—1974.

质量诊断症状

追踪净经营资产变化的痕迹并不像我们想象的那么简单。只有在公司充分披露和分析师足够勤勉的条件下,这些痕迹才能被揭露出来。不幸的是,公司披露常常是不充分的。为了应对这一缺陷,分析师总结了一些质量诊断症状来帮助我们发现这些问题。

质量诊断症状只是警示信号(red-flag,下文简称"红旗");它们可以将会计质量问题凸显出来,但是不能解决这些问题。每一个症状都有一个合理的理由来解释。但是进一步检查"罪魁祸首"到底是真实的运营情况还是使用的会计方法,就是分析师要做的了。从这一点来说,披露质量的好坏是非常重要的,特别是对会计方法的披露。如果披露得不充分,会计质量分析师就只能找到可能的问题,却无法确定它们的原因。这种情况经常发生,很多时候,警示信号就是用合理的经营因素来解释的。

图 17.2 总结了如何使用这些诊断症状。这些诊断症状中大部分都是会计比率。就像所有的财务报表比率一样,应该将其和过去(纵向比较)的数据以及可比公司(横向比较)的数据比较。找出和过去以及与其他公司的不同之处,然后把本公司从过去到现在的变化和可比公司过去到现在的变化进行比较。

公式 17.2 指出,检查 ΔNOA 包括检查现金投资和检查应计项目。因此在分析之前,应该先分析现金流量表。现金投资金额在现金流量表的投资部分披露,而应计项目则是净利润和现金流量表中的经营活动现金流之差。参见阅读材料 17.4。

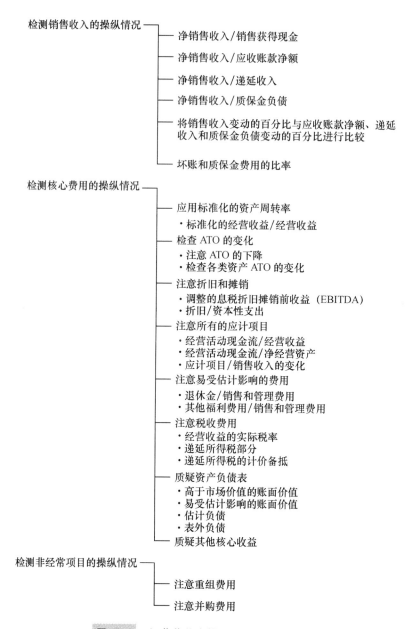

图 17.2 经营收益中操纵行为的诊断症状

首先检查销售收入的质量。然后检查核心费用的质量。最后检查非经常项目的质量。

阅读材料 17.4

现金流量表是应计信息的源头

会计质量分析的关键是区分"硬"数字和"软"数字。"硬"数字来自现金流量表,"软"数字则是应计项,受主观估计的影响。现金流量表将"硬"现金流(来自经营活动和投资活动)

从应计项目中分离出来。

在间接法编制的现金流量表中,应计项目是在净利润和经营活动现金流之间列示的。这些应计项目在质量诊断中的应用如下:
- 在进行销售收入质量诊断时,将应收账款净额的变化与销售收入的变化进行比较。
- 在进行销售收入质量诊断时,将递延收入和担保负债的变化与销售收入的变化进行比较。
- 用折旧与摊销金额,进行调整后息税折旧摊销前利润(EBITDA)和折旧的诊断。
- 将预付费用的变化与销售收入的变化进行比较。
- 将应计费用的变化与销售收入的变化进行比较。
- 使用递延所得税的数额进行递延所得税的诊断。
- 追踪重组费用及其反转。

检查操纵销售收入的诊断方法

如果销售收入是对销售所产生的现金流的无偏估计,那么销售收入就是高质量的。销售收入或许已经计入报表了,但是已售商品可能会被退回,顾客可能就质量问题索赔,或者应收账款可能无法收回。因此,我们应当关注去除了销售退回准备、质保金负债以及信用损失准备后的净销售收入:

$$净销售收入 = 销售现金流 + \Delta 应收账款净额 - \Delta 销售退回或折扣准备 - \Delta 递延收入 - \Delta 质保金负债$$

销售活动产生的现金流无法被会计方法操纵,所以质量问题都产生于影响净应收账款(减去估计的坏账)的应计项目、销售退回和折扣准备、递延收入和质保金负债。操纵的诊断指标则是净销售收入与销售现金流的比值,以及净销售收入和与其相关的净经营资产变化的比值,具体如下:

诊断指标:净销售收入/销售现金流

诊断指标:净销售收入/净应收账款

诊断指标:净销售收入/销售退回和折扣准备

诊断指标:净销售收入/递延收入

诊断指标:净销售收入/质保金负债

披露得不充分可能会阻碍这些指标的计算。在公司提交的10-K报告中的第二部分公布了公司计提的销售退回、折扣以及坏账准备的金额。在递延所得税的附注中也给出了各种准备的详细金额,但它们是不能在税前扣除的。质保金负债经常在应计费用的明细项中披露。如果按上面的步骤计算不出销售收入,就使用遵循GAAP下的净销售收入代替,它等于销售收入减去估计的销售退回和折扣。

如果公司非常激进地确认收入或者低估销售退回和信用损失(以及产生无法收回现金的应收账款),那么第一个比率就会增加而第二个比率就会减少。如果净销售收入的增加是由于减少了对未实现(递延)收入或质保金负债的估计,那么最后两个比率将会增加。应该研究这些比率在一段时期内的变化。把净销售收入变化百分比与净应收账款、质保金费用以及未实现收入的变化百分比进行比较,也有助于发现问题。特别要注意销售收入增长,但质保金负债或未实现收入下降的情况。

当然,这些比率的变化可能有合理的原因,比如赊销出现了大额增长或顾客的支付期限延长。如果应收账款被证券化或出售,那么应收账款的金额就会减少。当比率显示顾客对产品的兴趣下降或不得不使用价格折扣来吸引顾客时,这些指标也会对公司的经营发出警示信号。当然,这些问题与总体的收益质量有关,而不是会计质量。

再次阅读阅读材料17.1关于西尔斯收入转移的例子。该实例涉及了三个诊断指标:

诊断指标:坏账费用/实际信用损失

诊断指标:坏账准备/总应收账款

诊断指标:坏账费用/销售收入

同理,我们可以调查质保金负债估计(如果有信息披露的话):

诊断指标:预提质保金费用/实际质量索赔

诊断指标:预提质保金费用/销售收入

同样,可以监控促销退款项目的估计负债,如常旅客项目和零售信用卡激励方案等。

红旗 2000年,Gateway个人电脑制造商决定向那些高风险顾客提供融资性质的销售,这些高风险顾客都是其他金融公司回避的对象。一年内,其顾客应收账款的净坏账准备从销售收入的3.3%增长到7.3%。在2001年的第一季度,公司注销了1亿美元的应收账款。

红旗 1999年年底,美国银行计提的坏账损失准备占其贷款总额3 707亿美元的1.84%,而在前三年,该比例从来没有低于1.98%。然而,在2000年年底,尽管实际坏账注销金额由贷款额的0.55%增长到了贷款额的0.61%,这个比例却下降到了1.75%。

红旗 施乐公司以融资租赁的形式向顾客销售复印机。它以租赁付款额的现值加上租赁终止时估计设备的剩余价值作为入账金额。该现值被确认为收入和应收租赁款。1999年,由于顾客开始偏好数字化技术产品(施乐的弱项),因此,总应收账款由161.39亿美元下降到146.66亿美元。然而,预计残值却由总租赁价值的4.33%增长到了5.13%(即使这些设备到时很有可能变成废品)。股票价格随即急剧下降,同时公司开始接受SEC的调查。

红旗 甲骨文(Oracle)1990年的销售收入比1989年增长了66%,但应收账款却增长了79%,而当年甲骨文公司的应收账款周转天数高达160天,比软件行业平均的62天多出了近100天。事后调查表明,该公司在1990年面临着收入的巨大压力,销售人员的绝大部分报酬与销售收入挂钩,为此销售人员不惜通过放松信用条件增加收入。这种短视行为导致甲骨文公司不得不在1991年年初确认4 200万美元的坏账,占1990年净利润的36%。[①]

鱼雷 2000年3月,一家名为MicroStrategy的软件公司的股价由227美元下降到了87美元(市值损失60亿美元),这主要是由于它在软件合同上激进的收入确认方法被揭露所致。这家公司把将在合同期内获取的所有收入在合同的第一年就确认了。

鱼雷 科龙电器(000921)2005年半年报称:"前任审计师在其2004年度审计报告的审计意见中提出本公司对两家国内客户销售5.76亿元人民币的货物,但未能从客户处取得直接的回函确认,而且截至2004年12月31日该笔货款尚未收回。本公司董事会与管理当局对此事做了积极的跟踪,该事项的跟踪处理情况如下:经查证,前任审计意见中所提及的5.76亿元人民币的销售,是依据本公司2004年向两家客户实际开销售发票金额2.03亿元人民币,加上本公司2004年年底向两家客户已出库未开票货物补记收入4.27亿元人民币,再减去本公司2004年对两家客户确认的退货0.54亿元人民币后计算得来的。而实际上本公

---

① 黄世忠:甄别预警信号从7方面透视财报收入操纵,http://finance.qq.com/a/20090504/000507.htm。

司 2004 年向两家客户实际开销售发票金额 2.03 亿元人民币中有 1.21 亿元人民币属于本公司对 2003 年度的已出库未开票货物补开发票,该笔销售本公司在 2003 年已经确认了销售收入,所以当中只有 0.82 亿元人民币包含在本公司 2004 年度的收入中,本公司 2004 年度实际上向该两家客户销售了 4.27 亿元人民币加上 0.82 亿元人民币总共 5.09 亿元人民币的货物,其中已经收到货款的销售为 0.78 亿元人民币,另外 4.31 亿元人民币的货物由于该两家客户到期未能付款,在本公司要求下已将货物陆续退回本公司,该批退回的货物大部分已经在 2005 年上半年销售给其他客户。对于该笔 4.31 亿元人民币的退货,由于占 2004 年度对该客户的销售比例不正常,并且前任审计师对该笔销售的真实性做出怀疑,本公司管理层认为该笔 4.31 亿元人民币的销售在 2004 年确认收入不适当,所以本公司按追溯调整法进行了处理,此项追溯调整调减了本公司 2005 年年初未分配利润 1.12 亿元人民币。"

检查操纵核心费用的诊断方法

在计量费用的过程中也存在操纵,以下是检查的方法。①

1. 用标准化资产周转率检查净经营资产的变化

如前所述,对经营收益的操纵一定会留下痕迹:经营收益发生变化,净经营资产一定也会变化。不过我们也知道,由于企业正常经营活动的增长,NOA 也一定会发生变化。所以,我们首先要控制这种增长。

在第 12 章中,我们已经看到净经营资产受销售收入和资产周转率的驱动:NOA = 销售收入/资产周转率。一定销售水平所要求的净经营资产(NOA)数额由标准或正常的资产周转率(ATO)决定,那么当期销售收入变化所带来的净经营资产变化量(ΔNOA)也由标准或正常的 ATO 决定。如果 ΔNOA 比销售收入变化所预期的值要高,我们就怀疑有操纵费用的情况。

如果你对销售收入的真实性很满意(根据上面的诊断方法),就来计算:

$$标准化经营收益 = 剩余现金流 + \Delta 标准化 NOA$$
$$= 剩余现金流 + \Delta 销售收入/标准 ATO$$

该式是对公式 17.1 的标准化。标准化的 ATO 取自过去几年的平均资产周转率,或者取自业务相同、会计政策相同的可比企业的平均资产周转率。下面的诊断指标意味着可能存在操纵:

诊断指标:标准化经营收益/经营收益

如果这一比率不是 1.0,那么可能就存在问题。

红旗 Gateway 电脑公司资产周转率一直较高。在 1999 年,它的销售收入为 89.65 亿美元,资产周转率为 13.2,比前些年还高。2000 年其销售收入增长了 6.36 亿美元,达到了 96.01 亿美元,税后经营收益为 2.31 亿美元。但是,其净经营资产增长了 10.86 亿美元,比销售收入增长的还多,导致自由现金流为 -8.55 亿美元。该公司在新店和存货上快速投资,为顾客提供信用,增加应付项目,但是销售收入却增长缓慢。把经营收益标准化,就得到 -8.55 + (6.36/13.2) = -8.07 亿美元,比公布的经营收益少了很多。2001 年,Gateway 注销了 8.76 亿美元的净营业资产,报告的税后经营损失为 9.83 亿美元。

---

① 这部分材料结合了亚利桑那州立大学 Jim Ohlson 的教学笔记。

2. 检查资产周转率的变动

对经营费用的操纵总是既会改变净利率(PM),又会改变 ATO,但反过来,较低的费用意味着销售利润率较高,但是当净经营资产增加时,较低的费用还意味着同净经营资产相比有较低的销售收入。因此,ATO 的变动也许意味着存在会计操纵。并且如果企业通过会计操纵增加或保持净利率,ATO 相应的下降预示着未来的反转会造成净利率的下降。

表 17.2 按企业 1978—1996 年第 0 年的税前核心 RNOA 对它们进行了分组。第 1 组的 RNOA 最高,第 10 组的 RNOA 最低。每一组的平均核心 RNOA 列在了栏头各个组号的下方。该表接着给出每一组在下一年(第 1 年)的 RNOA 和净利率变化的情况。给出的是每一组第 0 年 ATO 变化最大的前三名企业(高 ΔATO 企业)和变化最小的前三名企业(低 ΔATO 企业)的中值。对所有组而言,如果当年 ATO 的变化较小,下一年 RNOA 的变化也较小。除了一组以外,如果当年 ATO 的变化较小,下一年净利率的变化也较小。并且对于当年 RNOA 高的企业,各企业之间的差距就更大:当期高 RNOA 之后通常会伴随 RNOA 的降低,而当企业 ATO 的变化较小时,降幅会较大。

表 17.2 对应资产周转率(ATO)不同变化的净经营资产回报率(RNOA)和净利率(PM)的变化

第 0 年	1(高)	2	3	4	5	6	7	8	9	10(低)
核心 RNOA%	57.4	35.5	28.3	23.8	20.2	17.3	14.2	11.3	8.2	3.9
RNOA 下一年变动,第 1 年(%)										
高 ΔATO	-6.72	-0.77	-0.18	-0.61	0.21	0.35	0.74	0.69	0.97	1.49
低 ΔATO	-12.57	-4.90	-2.92	-2.54	-1.41	-0.13	-0.63	-0.45	0.12	0.59
PM 下一年变动,第 1 年(%)										
高 ΔATO	-1.14	-0.32	-0.04	-0.13	-0.15	-0.08	-0.31	0.06	0.32	0.88
低 ΔATO	-2.74	-1.68	-0.94	-1.07	-0.54	-0.51	-0.32	-0.14	0.04	0.29

资料来源:P. Fairfield and T. Yohn, "Using Asset Turnover and Profit Margin to Forecast Changes in Profitability," unpubished paper, School of Business Administration, Georgetown University, 1999. A published version of this paper(but without this table) is in *Review of Accounting Studies*, 2001, pp.371—385.

这些联系可能不是由于会计质量问题,但是它们一定和收益质量问题整体相关,所以我们要分析 ATO 的变化。将销售收入的变化与 ATO 的变化相比较。注意净利率增加或保持不变但资产周转率下降的情况,这可能意味着一家公司边际利润减小却仍想把净利率和 RNOA 保持在原有水平。还要注意 NOA 有大幅增长但 ATO 只有小幅或负向变化的情况。

对单项资产周转率的变动也要予以考查,以分析是否存在操纵。要注意包含估计的周转率:应收账款周转率、固定资产周转率、递延资产周转率、养老金负债周转率和其他估计负债周转率。要注意周转率的下降(或单个项目周转率与销售收入之比的上升)。对此是否有合理的解释?

红旗 思科公司为互联网提供基础设备。2001 年之前,该公司实现了在低存货下的收入快速增长。2000 年的四个季度其存货销售收入比分别是 16.9%、16.0%、17.8% 和 21.3%。到 2001 年第二季度,该比率增长到了 37.5%。在 2001 年第三季度,它的存货注销超过 22 亿美元,销售收入和收益随之急剧下降。存货的积压意味着存货的销售价格在互联网泡沫破裂之后巨幅下降。

鱼雷 Sunbeam 公司，一家家庭用品制造商，在 1996 年雇用了新的管理层来扭转其疲软的业务。在重大重组之后，公司的收益从 1996 年的亏损 2.28 亿美元提升到 1997 年的盈利 1.09 亿美元，股票价格也上涨了 50%，销售收入增长了 18.7%。然而，应收账款却增长了 38.5%，占销售收入的比例从 21.7% 增长到了 25.3%。而且存货增长了 57.9%，占销售收入的比例从 16.5% 增长到了 21.9%。随后，SEC 调查了 Sunbeam 公司，导致其重述财务报表，最终公司破产。

3. 直接考察明细科目

a. 折旧和摊销费用

低折旧或低摊销通常意味着在未来会减记资产，并且通常是通过重组费用或资产处置损失实现的。过高的折旧或摊销则会带来以后的资产处置利得。

1988 年通用汽车报告了 49 亿美元的利润。分析师声称：其中 7.9 亿美元是由于资产的使用年限从 35 年延至 45 年，由此减少折旧造成的；2.7 亿美元来自对租赁汽车的估计残值的调整。这种会计估计延续了几年，但是接着在 20 世纪 90 年代初就发生了巨额的重组费用。这些费用中的一部分，是对过去少记折旧的更正。实际上，通用汽车在 20 世纪 90 年代初的重组非常多，以致分析师声称他们在任何时候都无法得出通用汽车的实际利润到底是多少。

为便于调查，我们可以用标准资本性费用来调整息税折旧和摊销前的收益（EBITDA）：

$$\text{调整后的 EBITDA} = \text{OI（税前）} + \text{折旧和摊销} - \text{标准资本性费用}$$

诊断症状是比较调整后的 EBITDA 与税前营业利润（EBIT），这取决于公布的折旧和摊销：

诊断症状：（调整后的 EBITDA）/EBIT

标准资本性费用由过去几年资本性支出的平均值近似得出；或者考虑增长因素，用销售收入将折旧和摊销标准化，计算过去的折旧和摊销之和占销售收入的比率。

诊断症状：折旧/资本性支出

如果该比率低于 1.0，未来折旧就可能增加。

红旗 电子数据系统公司（EDS）近年来有很多次重组。某种程度上，重组是对企业过去折旧费用过低的回应。在 2001 年第三季度，公司（现金流量表上）报告的折旧摊销费用由前一年占销售收入的 7.2% 下降到了目前的 6.6%，折旧变化几乎占营业利润增长额的一半。分析师问道：这个较低的比率是由资产得到了有效利用导致还是预示着未来的重组费用呢？

红旗 美国航空公司的母公司 AMR 报告的税前营业利润从 1999 年的 11.56 亿美元增长到 2000 年的 13.81 亿美元。但财务报表附注披露了该公司部分飞机的寿命由 20 年延长到了 25 年，而且估计的残值率也由占成本的 5% 增长到 10%。会计变更的结果是使折旧每年减少 1.58 亿美元，税后利润增加 0.99 亿美元，占到利润增长额（未考虑停业部门影响）的 80%。管理层声称，会计变更可以更精确地反映飞机预期寿命。真是这样吗？

红旗 2011 年 11 月 15 日，马鞍山钢铁股份有限公司（600808）公告，从 2011 年 10 月 1 日起，将设备类固定资产的折旧年限由 10 年调整为 13 年。此次固定资产折旧年限的调整，预计将使 2011 年度固定资产折旧额减少 31 819 万元，将使所有者权益及净利润增加 23 864 万元。马钢股份 2011 年全年营业利润 1.58 亿元，净利润 1.89 亿元。

一些分析师使用更具前瞻性的必要折旧模型。这些模型通过预期资产的减记和资产清理的利得或损失来确认折旧的少记或是多记。它们同时算出没有减记和盈亏时的折旧费用。

例如,如果某一行业的产能过剩——如20世纪90年代的汽车制造业和通信业——这种模型会预测,除非调整当期折旧以反映产能过剩下投资的成本,否则企业未来一定会注销过剩的厂房。或者如果技术变化导致现有资产的废弃,折旧也将随之调整。这些模型还可以用于计算维持销售收入所必需的折旧,一般等于更换设备所必需的年化资本性支出额。如果预计用来替换当前设备的新设备需要更高的成本,但产生的销售收入却不变,或者技术变化需要更新生产设备以维持销售,那么这个模型很适合。如此调整后的当期折旧可以更好地反映未来折旧,是高质量的数据。电信业的技术变化速度很快,所以这些模型比较适合。见阅读材料17.5。

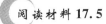阅读材料17.5

AT&T 对 TCI 的收购:以 EBITDA 的数倍报价

1998年6月,美国最大的电讯集团 AT&T 公司出价455亿美元收购全美最大的有线电视公司——Telecommunications 公司(TCI)。AT&T 的策略是创建电话、电视和互联网家庭服务的系统,以挫败 Baby Bells(地方电话公司)。

当时的新闻界声称,报价14倍于1997年的 EBITDA 实在太高了,收购报价后两星期内,AT&T 的股票下跌了15%。不管高还是不高,报价是 EBITDA 的数倍在该行业是正常的。随着技术飞速变化,现在的问题是报告的折旧是否过低。事实上,该行业当时的许多重组费用是对过去折旧过低的更正。我们还应承认,AT&T 必须花费大量资金升级 TCI 的网络以在竞争环境下维持业务。

以 EBITDA 的倍数出价,使得分析师可以采用适应技术变化的标准化折旧,并预测维持业务所必需的支出。

一些对折旧摊销费用很敏感的分析师,在分析盈利能力时,将折旧加回到营业利润中,并用 EBITDA 度量经营活动的收益。这样做并不好。折旧是产生销售收入的成本,就像工资一样。设备生锈、损坏、过时,价值就会流失。折旧记录的正是这一流失;EBITDA 对度量价值增值来说是一个低质量的指标。如果分析师对折旧摊销的质量有疑问,他可以用经标准化资本性费用调整后的 EBITDA。

b. 应计项目总额

我们已经看到,经营活动现金流 = OI – 新的经营活动应计项。因此我们可以计算出:

诊断指标:CFO/OI

既然会计方法不影响经营活动现金流(CFO),那么通过不合理的应计项目对 OI 的操纵就会影响该比率。再计算

诊断指标:CFO/NOA

由会计操纵带来的 NOA 增加会影响分母中的平均 NOA。不过,要小心现金流指标。经营活动现金流本身也可能受到操纵。见第10章的阅读材料10.5。在安然和世通破产前,其经营活动现金流占营业利润的比率都曾大幅下降。

鱼雷 随着新管理层的上任,Sunbeam 公司在1997年报告了1.09亿美元的收益,而前一年为2.28亿美元的损失。然而其1997年经营活动现金流为 -820万美元,1998年则为1420

万美元。前面的"鱼雷"小专栏给出了一些原因。Sunbeam 公司通过"开票并持有"计划来制造销售收入。这是指,公司给那些并不立即需要产品的顾客先开票,给予较大的折扣和宽松的信用政策,同时把这些商品放在自己的仓库里等顾客需要时再取走。SEC 随后要求该公司调减 1997 年收益 7 100 万美元。

c. 各类应计项目

检查现金流量表中将净收益调整至经营活动现金流的每一个应计项目,如预付费用、递延收入和应计费用的变化。除了折旧和摊销,对于每一个应计项目,观察以下指标:

诊断指标:应计项目/Δ 销售收入

举例来说,应计费用(现金流量表中的一个应计项)的减少可能意味着确认的费用太少了。特别要注意那些增加利润的应计项,尤其当销售变化接近 0、比过去低或者为负时。(如果销售收入的变化是 0 或为负,该比率就不起作用了,但仍然可以比较应计项目和销售的变化情况。)

红旗 作为医院和医生的信息系统供应商,共享医疗系统公司(Shared Medical System)在 1999 第一季度实现了 1 830 万美元的收益,和先前季度几乎没有变化。然而,收入却由 3.393 亿美元下降到了 2.871 亿美元。收益增长和销售收入下降通常是一种预警信号。现金流量表进一步揭示了这一问题:应计费用由 8 650 万美元下降到了 6 150 万美元。而且资产负债表上的电脑软件资本化金额由 7 570 万美元增长到了 8 110 万美元。是操纵还是合理的业务活动呢?收益在下一年全年都有很明显的增长,这主要依赖于销售收入的增长。因而反转情况并不明显。

绿旗 微软公司签署了好几个涉及多项交付部分的软件合同,但公司将这些收入中的大部分确认为递延收入。2005 财年年末,递延收入为 91.7 亿美元,占销售收入的 23%。公司肯定会将这些递延收入放回到以后的利润表中,因此分析师把微软列为重点关注对象。2005 年的现金流量表披露,微软增加了 125 亿美元的递延收入,同时将 113 亿美元的递延收入确认为当期利润表的收入项。目前没有收入过量转回的迹象。

红旗 思科公司在 2002 年的第二季报中报告了 48.16 亿美元的收入,高于前一季度的 44.48 亿美元,超出了大家的预期。这似乎表明从 2001 年每季度 60 亿美元开始的下降趋势已经终止了。然而,该公司指出,它们第一次转回递延收入:公司对于前期发出的附条件产品在本期确认了异常大量的收入。

红旗 三九医药 2008 年年报披露,2008 年三九医药实现营业收入 43.16 亿元,增长 27.03%(调整前);每股收益为 0.51 元,而扣除非经常性损益后每股收益为 0.46 元。当初公司在股改之时承诺,若三九医药 2008 年度实现的基本每股收益低于 0.50 元/股,2009 年度低于 0.65 元/股,将向流通股股东追送股份一次,追加对价安排的股份总数共计 7 800 000 股(相当于按照当时市值每 10 股送 0.3 股)。

仔细研读公司年报后发现,公司营业收入中有近 3 亿元源于预收款项。2008 年第三季报中公司预收款项为 435 321 220.63 元,但在年报中预收账款变为 146 529 157.12 元,下降了将近 3 亿。该公司人士称,这部分预收账款减少主要是由于,2008 年年底把子公司雅安三九下面一个房地产公司楼房预售的收入确认为销售收入。

有分析师认为,预收账款是比较容易被上市公司用来调节利润的科目,通过把预收账款确认为收入,从而释放很多利润。国内一家在纳斯达克上市的网络公司财务人员祝先生也表示:"三九医药的预收账款看起来有点问题,销售收入增长将近 9 亿元,但销售回款却跟 2007

年差不多。完成的利润指标刚刚达到公司股改承诺。此外,公司称 2008 年预收款项减少主要为楼房预售的收入确认,由于行业特点,房地产股调控业绩空间较大,确实有不少上市公司通过房地产释放或隐藏利润。"①

d. 取决于估计的其他费用

诊断指标:养老金费用/总经营费用

诊断指标:其他退休后费用/总经营费用

养老金和其他退休后费用可以通过改变预计支出的精算估计、负债的贴现率和养老金计划的预期回报率来操纵。我们可以阅读养老金附注,调查养老金费用的构成(参见第 12 章)。如果披露得足够详细,还可以调查销售和管理费用的其他构成项目;该项通常是利润表上的一个大项。

e. 税费

实际税率一般随着时间向法定税率靠拢。因此可以观察以下指标:

诊断指标:营业活动所得税费用/税前 OI

如果该比率低于法定税率,那么看一下税收抵免什么时候截止。但也要看所得税费用中取决于估计的部分:递延所得税。要阅读所得税费用的附注,调查递延所得税资产和负债的变动原因。如果它们变化的幅度与销售收入的变化不一致,这就是一种警示信号。

递延所得税是(根据 GAAP 编制的)财务报表中的利润和(根据税法填报的)税款申报单中的利润之差的应税数额。如果企业利用估计项目产生较高的 GAAP 下的利润,它就必须确认更多的递延所得税。所以,我们要确认所得税费用中包含多少递延所得税。要调查递延所得税的构成(在所得税附注中)。特别是要关注由折旧产生的递延所得税:如果同折旧费用有关的递延所得税与折旧费用之比(与类似企业相比)很高,或投资增长之比在上升,那么企业可能是估计了较长的资产使用年限,从而降低了 GAAP 下的折旧费用。我们还要调查由坏账估计、未实现收入和担保费用产生的递延税费。例如,如果企业通过减少坏账估计来增加 GAAP 下的利润,它也将确认更多的递延所得税。因为纳税申报单上的坏账是以现金收付制为基础计算的。我们还要注意由融资租赁产生的递延所得税,融资租赁根据 GAAP 对收入计量的要求,需要对残值做出估计。

如果企业的资产中有递延所得税一项,则需要特别关注计价备抵。根据 GAAP,当利润低于应税利润时,就产生递延所得税。如果这些资产的所得税利益被认为是"很有可能"在未来无法实现的话,递延所得税资产就由计价备抵抵消。当然,备抵是一个主观的数字。

4. 直接考察资产负债表的明细科目

如果资产负债表上经营资产的账面价值过高,它们在未来就有可能被注销,降低 RNOA。特别值得怀疑的是:

- 账面价值超过其市场价值的资产,很可能对其计提减值(但市场价值可能难以确定)。
- 不同寻常的费用资本化形成的资产,如开办费、广告和销售费用、顾客获取成本、产品开发和软件开发成本。关注这些资产占整体经营资产之比的变化趋势。参见阅读材料 17.6。

---

① 《房地产预收账款救主 三九医药股改承诺惊险过关》,《21 世纪经济报道》,2009 年 03 月 21 日,本书引用时有改编。

> **阅读材料 17.6**

美国在线:资本化营销费用

1996年以前,美国在线将开发用户库(subscriber base)发生的营销成本在资产负债表上予以资本化,并在2年内摊销。美国在线过去一直是"绩优股",股票价格从1995年年初的10美元涨至1996年4月的超过35美元。但是对资本化营销成本的担心开始在1996年中出现,并且到1996年9月股票价格又几乎跌回到10美元。分析师在质疑,其用户库是否会更新。为了解决这一问题,美国在线在1997会计年度的第一季度(1996年9月结束)注销了3.85亿美元的资本化营销成本,产生了当季每股3.80美元的亏损。公司1996年每股收益0.14美元,1997年每股收益则为-2.61美元。有人说,1996年的收益质量较低(它没有反映出适当的营销费用),因而导致未来的低收益。在评价该资产质量时,我们必须考虑新用户的保持率,这应该是会计质量分析师关注的重点。

- 账面价值和折旧率需要主观估计的无形资产,如软件成本和并购中取得的资产。
- 以公允价值记录的资产。如果使用估计的公允价值,则它们在未来可能需要修订。

红旗 安然是一家能源公司,由于过度地使用公允价值会计来处理它的能源合同和其他投资而导致其破产,它的破产同时也把五大会计师事务所之一的安达信拖下了水。这些能源合同是在不活跃的市场中交易的,这些市场中有一部分是安然自己控制的,所以公允价值很大程度上是估计出的。在2000年公司破产之前,这些合同的未实现公允价值利得已经占公司税前收入14.1亿美元的一半以上,1999年这一比例是三分之一。当公允价值被证实是虚构的之后,利润也就随之蒸发了。

类似地,对经营负债的账面价值也应予以考察。重点是:

- 估计负债,如养老金负债、其他退休后负债、担保负债和递延收入。关注这些负债相对于整体经营负债的变化趋势。
- 表外负债,如长期担保、应收账款或债权的有追索权转让、购买承诺、法律诉讼和监管处罚的或有负债,以及表外特殊目的实体的或有负债。这些负债通常在附注中披露。我们要仔细查阅附注以免发生这些意外事件时措手不及。环境负债(污染清除)则是最近才有的披露事项。

虽然上述分析的重点是资产负债表,但同时这些分析也涉及收益质量:如果账面价值损失按照适当的数量予以记录,或是在资产负债表上确认或有负债,利润就会(通过费用调整)受到影响。而如果忽略这些费用的话,就会造成低质量的收益。阅读材料17.6就是一个典型案例。

绿旗 浦发银行的2007年年报一公布,即在市场掀起轩然大波。其年报披露,截至2007年年末,应付职工薪酬余额62.90亿元,较年初增加了22.60亿元。而浦发银行员工总数为14 128人,人均工资结余高达44.93万元。这笔巨额薪酬引发了公众的关注和质疑,认为浦发银行可能是在2007年下半年突击计提成本费用、调减利润,为今后年度的盈利留作秘密储备。在此情形下,浦发银行还要再融资,有圈钱的嫌疑。此后,浦发银行解释:"绝对不存在隐藏并操纵利润的情况,对应付职工薪酬的提取都是按照公司章程并通过董事会决议做出的。

至于提取应付职工薪酬的比例,如果与税前利润相比,在同业中也是相对合理的水平。"①

检查非经常项目操纵的诊断方法

非经常项目(unusual items)必须从核心利润中分离出来,以提高收益质量。从收益质量的角度来看,非经常项目的收益质量很低,因此在预测时不予考虑。但是分析师还是要对非经常项目予以关注,尽管它们对预测确实没有帮助。

如果非经常项目涉及估计的话,就会有质量问题出现。一个典型的例子就是估计重组费用和减值。企业可能会决定在未来重组,但其资产负债表也许会包括与当期收益有关的估计成本及估计负债。企业可能会高估负债,即"洗大澡",使未来的费用低于预计费用,让收益"回流"到未来的利润表。

阅读材料17.7就是这种操纵的案例。如果Borden公司的激进会计确实得以推行,那么其目的就是通过估计的重组费用把1992年的收益递延到以后期间。事实上,它对1992年重组费用的重新编报减少了1993年的收益。而1993年第四季度的重组费用也证明是高估的,并增加了1994年的收益。同样也可以参见第12章中IBM的案例。

阅读材料17.7

1992年,食品和化学制品公司Borden公司计提了6.42亿美元的特殊重组费用,公布了高达4.396亿美元的亏损。1993年迫于SEC的压力,Borden调回了1.193亿美元的费用,增加1992年收益并减少1993年收益。另外,Borden还被要求对1.455亿美元的费用重新分类,把它们由原先的"包装改进"和营销的特殊费用归为正常的营业费用。

在1993年的第四季度,与此前的费用无关,Borden又计提了6.374亿美元的重组费用,作为停业部门处置的估计损失。这些在1993年高估的损失在1994年第三季度贡献了5 000万美元的利润。

Borden公司的案例引出了估计费用的又一个问题。Borden在其1992年的报表中将1.455亿美元的核心营业费用归为重组费用,由此导致核心利润的高估。因此分析师要研究重组费用的构成,判断是否合理。

合并成本的估计也容易出现问题。企业可以高估合并成本并使成本在未来回流,增加未来收益。这种做法使合并看起来更有利可图。

特殊费用除了被高估外,同样也可能被低估。分析师应关注那些应该予以确认但实际未确认的费用。AT&T在1986—1993年间4次大规模计提特殊费用。在未扣除特殊费用之前,AT&T的利润以每年10%左右的速度增长,每股盈余由1986年的1.21美元增至1995年的3.13美元。然而这些特殊重组费用的总额为142亿美元,超过了这一期间103亿美元的报告净收益总额。AT&T坚持认为注销资产是由难以预测的飞速的技术革新引起的。然而会计质量分析师提出这样的问题:如果重组之前的利润质量很低,那么高估的利润就要在以后注销吗?这期间AT&T的利润到底是多少?分析师需要用"标准化折旧"调整低质量的收益吗?

---

① 柔弱雪:《浦发银行巨额应付职工薪酬的背面》,《证券市场周刊》,2008年05月19日,本书引用时有改编。

我们应该监控标准化核心营业利润与报告的核心营业利润之比。特别是当这一比率较低,但其他成本占销售收入比例较高的情况。这或许是企业要进行重组调整的信号。

从 AT&T 的例子来看,我们必须对归类为非经常项目的重组费用保持高度警惕。这种费用可能反复出现,尤其在技术和组织结构变革时期。当变革波及银行业时,花旗集团从 1988 年到 1993 年连续 6 年计提重组费用。柯达公司在 1989—1994 年的 6 年中的 5 年也采取了同类举措。吉百利公司在 1996 年的年报中写道:"主要的食品制造企业已经普遍将巨额的重组费用作为重复发生项,一些分析师估计在很长一段时间这将占到销售收入的 0.5%。"因此在计算未来(核心)收益中忽略这一成本就不合适了。

红旗 在 2002 财年的第二季度,思科公司在收入持续一段时间的下降之后实现了收入的增长。收入这时应该被示警(见前文第 589 页)。毛利润也由上一季度的 26.92 亿美元增长到这个季度的 29.70 亿美元。毛利率是 62%,几乎和在电信泡沫中思科收入达到顶峰的时候一样高。但是思科在 2001 年第三季度把存货账面价值减记了 22 亿美元。分析师在 2001 年也应该为此示警(见前文第 586 页),而且分析师应该预测出较低的存货可能在未来会以降低已售产品成本的方式反转,导致更高的毛利率或维持目前的毛利率水平。2002 年,毛利润又出现了示警:当这些减值的存货销售出去的时候,思科还能维持这样的毛利润吗?

17.3 检查交易操纵

之前的诊断来源于公司利用会计方法和会计估计来操纵收益,从而出现了我们开始时提到的五个质量问题中的第三个(GAAP 应用质量)。第四个问题,则涉及企业安排交易时间和交易结构以操纵收益。在不涉及欺骗的情况下,只有 GAAP 允许,企业才可以选择会计方法。但是在 GAAP 没有弹性的地方,企业有时可以通过安排它们的业务,既符合 GAAP 又可以获得希望的结果。

核心收入的时间确认

在一个会计年度根据发运的商品确认销售收入有可能带来转移收入的问题。不幸的是,这种"渠道填塞"(channel stuffing)很难看出,除非有每月发货量的详细资料。要关注最后一个季度的发运量和销售收入的超预期增加或减少。

核心收入的交易结构

很多手段都可以用来操纵收入。不幸的是,它们很难被发现;所以投资者非常依赖审计师。
- 关联方以及非关联方交易;例如,把设备运到下属的公司,该公司不需要这些设备但把其记为固定资产,然而发货方却把它算作收入;把发出的代销货物、有退货权的货物算作收入。请查看 10-K 报告中的关联方交易部分。
- 将租赁交易构建为融资租赁。
- 将佣金收入列为核心收入。
- 以货易货交易中交换存货。

红旗 Krispy Kreme 甜甜圈连锁店由一个地区性的甜甜圈制造商发展成为一个全国性的

味觉品牌店,并成为 2000 年 IPO 的热门股票。然而,随着销售收入的起伏不定,该公司开始向连锁店销售高利润的甜甜圈制造设备,这些设备都是连锁店暂时不需要的。当这些设备被放进由 Krispy Kreme 控制的拖车里的时候,公司就立即确认收入。公司还在加盟者加盟之前向其销售甜甜圈制造设备,将其作为加盟资格费的一部分,并立刻确认为收入。在 2005 年,公司被迫重述 2000—2004 年的财务报表,减少税前收入超过 2 500 万美元。股票交易价格也由之前最高的 49.37 美元下降到 2005 年重述报表之后的 7.3 美元。

红旗 环球电讯公司曾以长期合约的形式向电信公司销售其电信网络带宽。在带宽交换交易中,该公司和同业公司进行带宽交换,它把交换出去的带宽视同销售确认为收入,而把收到的带宽视同资产。在 2001 年和 Qwest 通信公司的带宽交换中,它签署了 1 亿美元的带宽供应合同,这仅仅是为了回笼它从 Qwest 公司购买相近数额带宽所支付的现金,但是公司却把它确认为收入。两家公司都遭到了监管部门的调查,环球电讯公司随后申请破产。

红旗 天津磁卡股份公司原持有天津环球公司 94% 的股权,2001 年中期天津磁卡将环球公司持股比例降低至 47%。2001 年中期前,天津磁卡与天津环球公司签订购销合同,将价值 2.15 亿元产品销售给后者,产品销售毛利达 1.31 亿元,占天津磁卡股份公司 2001 年度合并主营业务利润的 54.6%。上述销售中期前已经完成,2001 年年末天津磁卡公司再次转让股份,不再持有天津环球公司的股权。由于上述两次股权的转让,将关联方转为非关联方,发生的巨额销售也就不必因合并报表而抵销。[①]

核心费用的时间确认

对于必须立即费用化的支出,企业可以控制支出发生的时间以影响收益。让我们来看一下研发费用和广告费用:

诊断指标:研发费用/销售收入
诊断指标:广告费用/销售收入

如果这些比率偏低,企业可能是把费用递延到未来确认以增加当期收益。

广告和研发费用从某种程度上说更具有资产的特性:因为它们能创造未来利润。增加支出将减少当期收益,但是会增加未来收益。所以我们需要了解产品的技术和市场方面的情况,以评价这些支出是否的确能创造未来收益。观察这些比率的时间趋势,尤其是由减少研发和广告费用而增加的收益。它有可能是低质量的收益数字,因为未来收益会因那些支出的减少而受到损害。

释放秘密储备

如果企业采用稳健性会计(作为会计政策),我们在上一章(表 16.7)看到,就会出现秘密储备。如果投资增长放慢,秘密储备就会释放,利润就会增加。所以,公司可以通过暂时放慢投资以暂时增加利润。这种做法有时被称为"甜饼罐会计"(cookie-jar accounting),从甜饼罐(隐藏的准备)里提取收益。从这个 R&D 例子(会计稳健性的极端例子)中可以看到这点。但是,它仅仅支持在资产负债表中的资产,而且能很稳健地测量。所以要关注那些你认为采用了稳健性会计政策的企业,考察它们的存货、厂房和无形资产的变化。

---

① 孙红侠:《从会计核算看企业利润操纵》,《黑龙江对外经贸》,2006 年第 2 期。

以使用后进先出法(LIFO)计量存货的企业为例。如果存货减少,后进先出法因存货结清而产生的利润可看成秘密准备的释放。我们在第16章的表16.8看到,1982—2003年,在NYSE和AMEX上市的采用后进先出法的企业中,超过25%的企业随着LIFO下存货的结清增加了收益。这种情况叫作"LIFO的蘸取"(LIFO dipping)。报表附注在这里很有用,因为存货的附注必须给出LIFO下秘密准备的金额,并且SEC要求企业报告"LIFO蘸取"对收益的影响。这种影响是暂时性的吗?企业可以通过"LIFO的蘸取"暂时提高利润,但是LIFO存货的结清也可能是对企业产品的长期需求下降的先兆。在LIFO下秘密储备的下降之后可能就是价格的下降,而不再是存货的减少,这更可能是长期的影响。

先进先出法(FIFO)不太容易被操纵。但是因为已售产品成本以较早的成本为基础(而存货更多的是按当期成本核算),如果存货成本上涨的话,FIFO下的已售产品成本和收益有时就被看成低质量的:已售产品成本与企业最近付出的存货成本,或是未来要付出的存货成本没有关系。不过,在存货周转较快的情况下,这并没有太大关系。

红旗 在2003年,通用汽车报告显示当年效益极好,这一年公司持续经营的税前收益为36亿美元。由于后进先出法下存货的清算,附注披露已售产品成本下降了2亿美元。如果没有后进先出法带来的收益,未来已售商品成本很可能增加。如果公司需要以较高的价格替换这些存货的话,这个增长将会很大:在后进先出法下,后进的(较高的价格)存货视为最先用掉的存货,记为销售成本。

其他核心收益的时间确认

来看一下可口可乐公司2001—2004年公布的财务报表(单位:百万美元):

	2004	2003	2002	2001
经营收益	5 698	5 221	5 458	5 352
投资子公司收益	621	406	384	152
其他收益(损失)	(82)	(138)	(353)	39
被投资公司股票发行利得	24	8	—	91

正如我们看到的,可口可乐公司具有很强的盈利能力。但是来自子公司收益中的很大一部分是记在母公司股权投资项下的子公司发行股票利得。有些股票发行是一家子公司购买另一家子公司的股票。可口可乐理论上对这些股票发行具有"重大影响",因而能够安排股票发行以控制在自己的会计报表上确认利得的时间。可口可乐会强调这是反映子公司真实盈利能力的会计处理方法。但它也能用于会计操纵。何况既然这些收益是来自股票发行而不是业务本身,它们就是低质量的收益。

非经常收益的时间确认

企业可以控制资产出售的时间,通过确认处置利得或损失来增加或者减少净收益。我们在处理这种收益质量问题时,应当把这种利得或损失归为非经常项目,但要注意企业出售优质的业务部门对收益的影响。企业可能会处置同市场价值相比账面价值很低的资产,确认利得并增加当期收益,但是未来收益会因为该资产的处置而受损。

组织操纵：资产负债表外的运作

企业有时会对它们的操纵事项加以组织，使运作不体现在资产负债表中。这些资产负债表外的运作称为"壳"（shell），对"壳"的设计称为"壳游戏"（shell game）。

1. 研发的合作关系

用于研究开发的支出会减少收益。因此，有时候企业就建立一个壳公司——也许同其他合作伙伴一起——进行研究与开发工作。一开始，公司可能的确是在搞研究，但是接着就自己创造收入以补偿研发的开支。如果研究开发不成功，那么对壳公司的投资就必须注销，而之前来自研发的收入就只是一个童话。

2. 养老金基金

养老金基金可能会资金过度积累，比如 20 世纪 90 年代股票市场的长期牛市时（养老金基金持有股票）。过度积累的资金从技术角度看是企业员工的财产，但企业可以找到某些途径使用这笔财产来支付营业费用。它们把基金用于提前退休计划、退休人员健康福利（health benefits）和并购融资。如果没有养老金基金，这些成本将被记录在利润表上。

3. 特殊目的实体

这些实体被设计来持有企业资产负债表上不反映的资产，比如租赁的资产和已被证券化的资产。虽然企业可能没有对这些实体的控制权（因此这些实体不进入合并报表），但它可能对该实体的债务承担着有追索权的义务。

17.4 操纵的正当性？

有人认为可口可乐确认来自股票发行的利得是为了报告子公司的潜在盈利能力，否则投资者不会予以关注。通用电气被看成"平滑"收益是为了展现有规则的、可预期的利润增长。

管理层通过从未来借入收益或者向未来转入收益来平滑收益。他们在效益差的年度借入，在效益好的年度储存。如果他们能保证在效益差的年度之后就是效益好的年度，那么一切都好说。事实上，如果当年收益能作为未来收益的预测指标的话，这种做法将对预测很有帮助。在收益被平滑后，我们还可以说这种收益的质量（对预测）会更好。

但是如果效益差的年度之后又是一个差的年度该怎么办？这时，向下一年度借入利润使当年收益变得好看的做法，对收益质量的影响就有待商榷了。分析这一做法是一件棘手的事情，如果认为调整（操纵）后的收益质量是高质量的，那么分析师必须对企业长期的收益状况胸有成竹。只有当企业确实有能力在未来维持 RNOA 时，才能接受高的、受操纵的 RNOA。在可口可乐的案例中，如果未来其盈利能力下降，而且利润不能再由子公司股票利得支持的话，又会怎样？

17.5 披露质量

新闻集团(News Corporation,主席默多克)的业务包括出版、娱乐、电视和体育。1998年以前它通过许多国家的上百家公司经营这些业务。它的合并会计报表很难厘清,分析师也常常要求更高的透明度。因为他们也很难区分利润来自何方。公司收入和利润的一大部分来自美国的电影、电视和体育事业,但是新闻集团的估值更像是对出版中心的估值,而不是对娱乐公司的估值:它在1998年的交易价格是当年估计收益的8.5倍,而迪斯尼、Viacom和时代华纳则为16倍甚至更高。1998年6月,默多克宣布公司在美国的娱乐业资产,包括20世纪福克斯公司、福克斯电视网、洛杉矶Dodgers以及纽约Knicks和Rangers的部分权益将会拆分为一个独立的公司——福克斯集团——并且拿出20%的股权公开上市。该股票分拆的消息一公开,新闻集团的股票价格就上涨了12%。这是对披露的回报吗?虽然其他因素可能也起了作用,但分析师对透明度的增加一致欢呼,把它看成估值更高的原因。像通用汽车的Hughes Electronics那样让公司内分公司的股权独立出来具有同样的效果(当然收益流也像一些投资者所希望的那样分流出来),但是股东通常没有投票权。

新闻集团的分拆表明低质量的披露导致较低的估值:没有信息,投资者就会出于风险而对价格打折。有时从资本成本的角度也可以解释低质量披露的价格效应:低质量的披露提高了要求回报率,以补偿额外风险。

披露事项渗透到财务分析的各个方面。到目前为止,在这一方面,读者已经积累了一系列有关披露的问题。下面的问题(还有更多)应该出现在读者的问题清单中:

- 合并会计常常使盈利能力的来源难以发现。
- 业务分部和地理分部的信息常常没有充分披露。
- 未合并子公司的收益很难分析(比如一家企业,其所有收益都来自控股不到50%的子公司,核心净利润不透明)。
- 披露不充分,无法将现金流量表中的自由现金流同根据利润表和资产负债表计算的自由现金流(即 OI − ΔNOA)协调一致。部分原因是对纳入经营收益和净经营资产的科目无法确认。
- 计算未决股票报酬的披露不充分。
- 销售和管理费用的细节披露不充分。

17.6 质量记分卡

这些诊断指标是很有效果的,那么只用一个总的综合性指标来衡量会计质量会不会有效呢?这种测量方法被称为综合质量计分法。大量的诊断指标根据权重而组成一个综合的评价指标,如下:

$$综合分数 = \omega_1 D_1 + \omega_2 D_2 + \omega_3 D_3 + \cdots + \omega_n D_n$$

D 是每个计分指标的分值,ω 是每个计分指标的权重。

为了构建这个计分指标,我们需要知道我们应当考虑会计质量的哪些方面,涉及哪些诊断指标,以及分配给它们的权重是多少。对于收益质量,第一个问题很清楚:我们期望预测出收益的反转,这些诊断指标中哪些在这方面做得最好。我们可以开发一个记分卡,根据一系列判断预期收益反转的关键指标,开发一个分值为1—10的记分卡。或者也可以根据长期的会计质量分析经验开发一个专家系统。但是选择的诊断指标和权重是根据这些数据来决定的:在历史中哪些诊断指标预测了收益的反转?给予最好预测的权重应该是多少?作为标准统计方法之一的最小二乘回归拟合法(可能不是最好的)可以用来根据数据给出估计值。

根据数据得出的质量计分卡,可以减少诊断指标的数量。这些数据会告诉我们大量的诊断指标都是相关的(它们传递着一致的信息),因此它们并不全被需要。质量分析的另一个特征也要考虑。如前所述,质量诊断指标只是反映问题的警示信号(红旗),所以存在很大的可能就是指标显示出现了会计质量问题,但其实是正常的经营活动导致的。因此我们是有犯错误的风险的。收益质量分析是一个概率测试,而这些数据可以告诉我们在使用这些诊断指标时犯错误的可能性有多大。有些错误被称为第一类错误,这类错误是指用指标分析出公司不存在质量问题,但是公司实际上却存在质量问题;有些错误被称为第二类错误,这类错误是指用指标识别出公司存在质量问题,而实际上它不存在问题。数据会告诉我们犯每一类错误的概率是多大。

在过去的这些年里,人们开发了很多质量计分卡。这里介绍其中的五个(详见本章的网页内容):

- M—计分卡:检查很有可能导致 SEC 调查的操纵。M. Beneish, "The Detection of Earnings Manipulation," *Financial Analyst Journal*, 1999, pp. 24—36。
- F—计分卡::在低市净率公司中识别企业的财务健康状况。J. Piotroski, "Value Investing: The Use of Historical Financial Statement Information to Separate Winners from Losers," *Journal of Accounting Research*, Supplement 2000, pp. 1—41。
- Q—计分卡:企业如果使用稳健性会计,当秘密储备释放时会影响多少收益。S. Penman and X. Zhang, "Accounting Conservatism, the Quality of Earnings, and Stock Returns," *The Accounting Review*, April 2002, pp, 237—264。
- S—计分卡:这是一个复合指标,分析经营收益是否可以持续或者是否会发生转回。S. Penman and X. Zhang, Modeling Sustainable Earnings and *P/E* Ratios Using Financial Statement Information, 2005, Available at http://papers.ssrn.com/sol3/papers.cfm? abstract_id=318967。
- 异常应计项计分卡:这个模型主要是用来评估大量的应计项目是否是异常的。比如:J. Jones, "Earnings Management During Import Relief Investigations," *Journal of Accounting Research*, Autumn 1991, pp. 193—223 and P. Dechow, R. Slaon, and A. Sweeney, "Detecting Earnings Management," *The Accounting Review*, April 1995, pp. 193—225。

图 17.3 显示了这些计分卡的效果如何。它主要根据持续收益计分卡——S—计分卡——计算。为了预测目前的 RNOA 在将来是不变、增长还是下降,S—计分卡使用那些根据财务报表计算出的诊断指标来计算。(图 17.1 可以提醒我们盈余管理是如何影响 RNOA 的)。分析涵盖了美国 1979—2002 年所有上市公司的可用数据。在进行分值估计的年份之后,S—分值前三分之一公司的 RNOA 明显比后三分之一公司的 RNOA 高很多,虽然两组公司在计分的当年 RNOA 是一样的。这个差距非常之大——计分后第 1 年是 12.8% 对 8.8%。

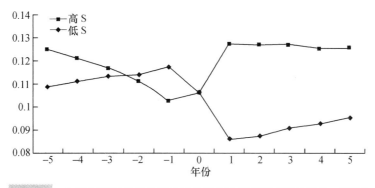

图17.3 S得分高和S得分低公司的净经营资产回报率（1979—2002）

资料来源：S. Penman and X. Zhang, 2005, Modeling Sustainable Earnings and P/E Ratios Using Financial Statement Information. 该文章链接网址：http://papers.ssrn.com/sol13/papers.cfm？abstract_id=318967。

S得分处于0到1的区间内，得分0.5意味着目前的净经营资产回报率在未来不会发生变化。大于0.5的得分意味着未来的净经营资产回报率将高于目前的数值，而低于0.5的得分则表示未来的净经营资产回报率将低于目前的数值。下面的图描绘了S得分最高的三分之一（高S得分）和S得分最低的三分之一（低S得分）公司的平均净经营资产回报率。两部分的基年（即第0年，估计S得分的年份）的净经营资产回报率是相同的，而随后年份的净经营资产回报率则是截然不同的。

17.7 质量分析的超额回报

许多分析师都声称市场是被报表中的收益控制的。市场只看收益的账面价值，因此管理者总是试图操纵收益来影响股票价格。相信有效市场的人总是认为市场可以识破会计的伎俩，而看到真实的盈利能力。不过如果会计质量分析师相信历史数据可以指示未来，那么他就会看到识别会计舞弊可以揭露错误定价，从而获得超额回报。

图17.4讲述了1979—2002年间每年具有高S分值公司的多头头寸和具有低S分值公司的空头头寸的年回报率。如果不考虑交易成本，多头和空头的投资额之和相当于零投资。如果多头和空头的风险一样，这样就会获得零回报率。但是事实不是这样，在这些年里面，除了其中四年为负，其他年份的回报率都是正的，而且很大（超过10%）。

从图17.4中我们可以清楚地看到根据S分值质量分析的交易策略是相当有利可图的。这个策略为什么有效呢？图17.3给了我们线索。如果投资者整体对收益质量没有大致的了解，那么当RNOA被披露出来之后他们就会非常惊讶。但是合格的会计质量分析师会持有相关股票的头寸，并从投资者的惊讶中获利。

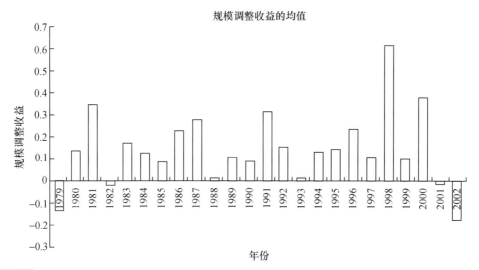

图 17.4 年度收益图(将 S 得分最高的 10% 的股票做多头头寸和 S 得分最低的 10% 的股票做空头头寸,构建一个对冲投资组合,1979—2002)

资料来源:S. Penman and X. Zhang,2005,Modeling Sustainable Earnings and *P/E* Ratios Using Financial Statement Information. 该文章链接网址:http://papers.ssrn.com/sol13/papers.cfm? abstract_id =318967。

对收益做了规模调整,以排除收益中与企业规模的风险相关的部分。也就是说,每个公司的收益要减去与其规模相关的平均收益。构建多一空组合需要投资为 0。除其中四个年度以外,所有年份的零投资的收益是正的。

本章小结

当分析师根据当期的财务报表进行预测时,他必须关注报表中使用的会计方法和会计数据的质量。如果会计方法和估计暂时地增加或减少了报表中的收益,分析师应该知道这些效用将会在未来转回。

本章论述了一系列用于会计质量分析的诊断症状。这些指标仅是提醒和警示,表明会计数字存在可疑之处。它们需要进一步的调查和对管理层的质询,以解决这些疑问。要得出对会计质量的整体判断,分析师需要注意那些容易发生操纵的领域,并注意特定行业中的敏感事项。本章已经列出了这些领域和事项。

会计质量分析是广义的收益可持续性分析的一部分。因此,应该把这一章内容与第 12 章可持续性收益的内容相结合。同时,可以结合第 15 章讲述的警示分析,来发现企业在未来维持当期盈利能力方面的更多问题。

关键概念

激进会计(aggressive accounting):比其他会计方法确认更多当期收益的会计方法。与"洗大澡"会计相对。

审计质量(audit quality):对坚持一般公认会计原则进行确认的审计的诚实性。

为未来储存收益(banking income for the future):减少当期收益并递延到未来。与"从未来借入收益"相对。

"洗大澡"会计(big-bath accounting):减少当期收益(通常数额巨大)的会计。与"激进会计"相对。

从未来借入收益(borrowing income from the future):在当期确认本应在未来确认的收益(激进会计)。与"为未来储存收益"相对。

渠道堵塞(channel stuffing):透支未来的销售以确认更多的当期收入。

披露质量(disclosure quality):财务报表及其附注提供对其分析所需细节的程度。

盈余管理(earnings management):跨期改变盈余的做法。

盈余质量(earnings quality):指当期盈余预测未来盈余的能力。高质量的盈余在未来没有反转。

安排费用发生时间(expenditure timing):人为安排费用发生的会计期间。

一般公认会计原则的应用质量(GAAP application quality):企业使用GAAP,"真实与公正"地反映企业活动的程度。企业可以使用符合GAAP要求的会计方法实现对企业活动的歪曲反映。

一般公认会计原则的质量(GAAP quality):GAAP对与企业价值有关的交易的反映程度。

后进先出法的蘸取(LIFO dipping):通过变现后进先出法下的储备,减少存货,增加当期收益。

质量诊断症状(quality diagnostic):发现财务报表中会计质量问题的指标。

安排收入确认时间(revenue timing):人为安排收入发生的会计期间。

会计的反转特性(reversal property of accounting):较高的当期收益会带来较低的未来收益,反之亦然。

壳(shell):把企业部分业务从资产负债表中分离出来,对保持它的经营。

交易质量(transaction quality):指在决定公布财报收益中控制交易时间的数量。

安排交易的时间(transaction timing):为了在特定的会计期间确认交易,围绕会计准则安排企业业务。

练习

E17.1 追踪痕迹:确定收入中"实打实的"和"掺水的"部分(简单)

上城公司披露税后经营收益为12.98亿元。根据现金流量表计算出来的自由现金流量为2.34亿元。

a. 确认收入中"实打实的"和"掺水的"部分。

b. 自由现金流量是在考虑了6.87亿元的现金投资之后得出的。这个年度的经营性应计项目为多少?

E17.2 收入转移和净经营资产(简单)

沙滩公司的财务总监向首席执行官递交的财务报表显示,其税后经营收益为22.34亿元。根据年初净经营资产计算,RNOA为9%。首席执行官说,这一数字低于其所承诺的12%的净经营资产回报率的目标,并问是否有可用的"会计技巧"来实现这一目标。

a. 财务总监需增加多少净经营资产来操纵收益?

b. 这一盈余管理对下一年的RNOA可能产生什么影响?

E17.3 追踪资产负债表中的痕迹(中等)

指出可以改变资产负债表中的哪些项目来实现以下的盈余管理行为:

a. 增加总收入(备抵之前)。

b. 减少坏账费用。

c. 减少折旧。

d. 降低销售费用。

e. 减少软件开发费用。

E17.4 对诊断症状的解读(简单)

下面列出了一系列指标以及这些指标在前三年的平均值。对每一指标进行分析,指出这一指标表明下一年的净经营资产回报率会提高还是降低。

指标	目前水平	过去三年的平均值
坏账费用/销售收入	2.34%	4.12%
担保费用/销售收入	3.59%	2.30%
净销售收入/应收账款	7.34	5.88
存货/销售收入	0.23	0.12
折旧/资本性支出	1.3	1.5
递延收入/销售收入	0.9	0.25

E17.5 标准化的资产周转率(中等)

下城公司披露,2012年销售收入从51.06亿元增加到57.51亿元,税后经营收益为1.36亿元,而2011年为1.2亿元。净经营资产从23.21亿元增加到26.14亿元。前三年的平均资产周转率为2.2。

计算2012年的自由现金流,并将2012年的经营收益标准化。你认为1.36亿元的经营收益质量如何?

E17.6 资产周转率和收益质量的变化(中等)

分析师发现,宣文公司2012年披露的净经营资产回报率为19%,其资产周转率由2.2下降为1.9。
a. 计算宣文公司2012年的销售净利率。
b. 资产周转率的下降说明19%的净经营资产回报率在未来可能持续吗?

E17.7 现金流量表中的警示信号(中等)

确认崇武公司2012年现金流量表以下部分中的警示信号。崇武公司2012年的收入由2011年的4.56亿元下降为4.01亿元。

单位:百万元

	2012	2011
净收益	36.5	28.3
折旧	46.0	63.0
应收账款净值的变化	(33.3)	12.2
应计费用的变化	12.4	(5.2)
递延收入的变化	(22.5)	12.3
重组费用估计的变化	(22.0)	—
经营活动现金流	17.1	110.6
投资活动的现金:资本性支出	61.0	58.0

E17.8 收入质量:博士伦公司(简单)

光学产品公司博士伦公司报告了1990—1993年的销售收入和应收账款(单位:百万美元):

	1990年	1991年	1992年	1993年
销售净收入	1 368.6	1 520.1	1 709.1	1 872.2
应收账款(减去坏账准备)	203.0	205.3	277.3	385.0

随后,该公司被发现不当地确认了收入,遭到了SEC的调查。这里的数字是否表示收入质量有问题?

E17.9 SEC 和微软(简单)

a. 1999年,微软公司宣布 SEC 正在调查它的某些会计处理。下表给出了微软在2000年会计年度第一季度的比较资产负债表中的流动负债部分。你能看出 SEC 调查微软的原因吗?

b. 下表还给出了微软同期现金流量表中的经营活动现金流。微软在1999年9月30日结束的季度报告收入53.84亿美元,1998年相应季度的收入为41.93亿美元。

它能否表明 SEC 所关心的事项在1999年度得到确证?

微软公司的部分资产负债表
(单位:百万美元)

	1999年9月30日	1999年6月30日
流动负债		
应付账款	$997	$874
应付报酬	313	396
应付所得税	1 136	1 607
预收账款	4 129	4 239
其他	1 757	1 602
流动负债总额	$8 332	$8 718

微软公司的现金流量表
(单位:百万美元)

	截至9月30日的季度	
	1999年	1998年
经营活动		
净收益	$2 191	$1 683
折旧	440	179
资产销售利得	(156)	(160)
预收账款	1 253	1 010
前期预收账款的确认	(1 363)	(765)
其他流动负债	(345)	360
应收账款	64	341
其他流动资产	(97)	(64)
经营活动的现金净流入	$1 990	$2 584

E17.10 财务报表重述:Sunbeam 公司(困难)

一度知名的家庭用品制造商 Sunbeam 公司,直到20世纪90年代中期,报告收益一直毫无起色。为恢复公司生机而在1996年走马上任的新管理层对公司做了重大的重组,提高了销售收入和盈利能力。该公司股票价格1997年上涨了50%。

1998年,根据下述说明,公司重述了1996年和1997年的年度报表:

截至1997年12月28日和截止1996年12月29日的两个会计年度的公司合并财务报表公布之后,我们发现1997年利润的膨胀是以1996年的低估为代价的。

宣布报表重述之后,公司股票价格从50美元跌到了10美元。

报表部分重述涉及销售收入确认不当的问题。1997年的销售收入由11.68亿美元调整到10.73亿美元,1996年的未变。而这两年的费用都有所调整。下面两个表分别是初始和重述后的经营活动现金流量表。必须予以重述的是初始报表的哪一部分?

Sunbeam 公司的初始现金流量表
(单位:百万美元)

	1997 年	1996 年
经营活动		
净收益(损失)	$109 415	$(228 262)
将收益(损失)调整为经营活动的净现金流入(流出)		
折旧和摊销	38 577	47 429
重组、减值和其他成本	—	154 869
其他非现金的特殊支出	—	128 800
停业部门出售的税后净损失	13 713	32 430
递延所得税	57 783	(77 828)
来自营运资本变动的现金流入(流出)		
净应收账款	(84 576)	(13 829)
存货	(100 810)	(11 651)
应付账款	(1 585)	14 735
应计重组费用	(43 378)	—
预付费用、其他流动资产和流动负债	(9 004)	2 737
应交所得税	52 844	(21 942)
偿还其他长期和非经营负债	(14 682)	(27 089)
其他项目净值	(26 546)	13 764
经营活动的现金流入(流出)	$(8 249)	$14 163

Sunbeam 公司重述后的现金流量表
(单位:百万美元)

	重新编制的(1997 年)	重新编制的(1996 年)
经营活动		
净收益(损失)	$38 301	$(208 481)
将净收益(损失)调整为经营活动的现金流入(流出)		
折旧和摊销	39 757	47 429
重组费用和资产减值	(14 582)	110 122
其他非现金的特殊支出	—	70 847
停业部门出售的税后净损失	14 017	39 140
递延所得税	38 824	(69 206)
持续经营业务的经营资产和负债的变动		
净应收账款	(57 843)	(845)
应收账款证券化利得	58 887	—
存货	(140 555)	11 289
应付账款	4 261	11 029
应计重组费用	(31 957)	—
预付费用、其他流动资产和流动负债	(16 092)	39 657
应交所得税	52 052	(21 942)
偿还其他长期和非经营负债	(1 401)	(27 089)
其他项目净值	10 288	12 213
经营活动的现金流入(流出)	$(6 043)	$14 163

微型案例

M17.1 质量分析：美国朗讯科技公司

美国朗讯科技公司是在1984年美国电话电报公司被要求脱离其本地电话服务经营时，由其贝尔实验室演化而来的。朗讯设计、开发并生产通信系统，将这些系统提供给世界大部分的电信运营商，用于提供声音、数据和视频传递的有线和无线服务。在1999年，朗讯在其报表中披露收入为383.01亿美元，而在1998年及1997年，这一数字分别为318.06亿美元和276.11亿美元。

分析师对朗讯这几年来披露的收益质量提出了质疑。

a. 从下面所示的1997年、1998年及1999年的现金流量表中可以看出朗讯收益质量出现了什么问题？

合并现金流量表（节选）
（单位：百万美元）

	会计年度截止日为9月30日		
	1999年	1998年	1997年
经营活动			
净收益	$4 766	$1 035	$449
将净收益调整为经营活动现金流，扣除了并购的影响			
会计政策变更的累计影响	(1 308)	0	0
业务重组转回	(141)	(100)	(201)
资产减值及其他费用	236	0	81
折旧及摊销	1 806	1 411	1 499
坏账准备	75	149	136
股票期权的税收收益	367	271	88
递延所得税	1 026	56	(21)
购买的未完成研发支出	15	1 683	1 255
为符合Ascend和Kenan财年所做的调整	169	0	0
应收账款净值的增加	(3 183)	(2 161)	(484)
在产品的增加	(1 612)	(403)	(316)
应付账款的增加（减少）	668	231	(18)
经营资产和负债的其他变动	(2 320)	155	(397)
非现金项目的其他调整数——净值	(840)	(467)	58
经营活动产生（使用的）的现金净值	$(276)	$1 860	$2 129

b. 递延税收的附注是如何帮助我们确定会计质量的？下面的附注（来自1999年年报）有没有反映什么质量问题呢？

1999年9月30日和1998年9月30日的递延所得税资产和负债的构成如下所示：

递延所得税资产	会计年度截止日 9 月 30 日		
	1999 年	1998 年	1997 年
员工退休金及其他福利——净值	$442	$1 520	$1 777
业务重组	6	165	112
减值准备	1 009	1 137	887
净经营损失/备抵向前结转	226	239	107
计价备抵	(179)	(261)	(234)
其他	344	526	664
递延所得税资产总额	$1 848	$3 326	$3 313
递延所得税负债			
固定资产	$628	$399	$478
其他	511	391	240
递延所得税负债总额	$1 139	$790	$718

c. 朗讯披露 1999 年的实际税率为 33.9%，1998 年为 35.3%，1997 年为 36.8%，这些税率有没有反映出什么质量问题呢？

d. 看下面的退休金成本的附注。这一附注是否使得你对 1997—1999 年收益质量的评估有了新的认识呢？

期间福利成本净值的构成

	会计年度截止日 9 月 30 日		
	1999 年	1998 年	1997 年
退休金成本			
服务成本	$509	$331	$312
预计给付义务的利息成本	1 671	1 631	1 604
计划资产的预期收入	(2 957)	(2 384)	(2 150)
未确认的前期服务成本摊销	461	164	149
过渡资产的摊销	(300)	(300)	(300)
净损失的摊销	2	0	0
养老金计划缩减费用	0	0	56
退休金补助净额	$(614)	$(558)	$(329)
退休后成本			
服务成本	$80	$63	
累计给付义务的利息成本	537	540	
计划资产的预期回报	(308)	(263)	
未确认的前期服务成本摊销	53	53	
净损失(利得)的摊销	6	3	
计划缩减费用	0	0	
退休后福利成本净额	$368	$396	
退休金及退休后福利			
截至 9 月 30 日的加权平均假设			
折现率	7.25%	6.0%	
计划资产的预期回报率	9.0%	9.0%	
补偿增长率	4.5%	4.5%	

朗讯改变了计划资产与市场相关的价值的计算方法。新方法从1998年10月1日起施行。而计划资产是用于计算年度退休金净值和退休后福利成本的预计资产收益部分的资产。在先前的会计方法下,计划资产与市场相关的价值的计算只包括即时的利息和股利,而其他实现和未实现的利得或损失在五年内直线摊销。用来计算市场相关价值的新方法为:根据朗讯历史资产收益的情况立即确认一定数额的利得,并将这一数额与实际收益的差额在五年内直线摊销。这一新方法在财务会计准则公告的第87条的规定下备受青睐,这是因为这一方法使计算的计划资产价值接近于当前的公允价值,由此在减少累计的未确认利得和损失的同时,仍然减轻年度市场价值波动的影响。

与会计年度1999年之前的期间相关的、该会计核算方法变化的累计影响为21.5亿美元(税后13.08亿美元,基本和稀释每股收益分别为0.43美元、0.42美元)。这一影响对于1999年会计年度的收益来说是一次性的、非现金项目。这一会计核算方法的变化还导致了9月30日为止的1999年会计年度的福利成本有所减少,而使收益与先前的会计核算方法相比增加了4.27亿美元(税后2.6亿美元,基本和稀释每股收益分别为0.09美元、0.08美元)。下面预计报表表明了如果会计核算方法做同样的变化对1997年和1998年报表的影响:

	会计年度截止日9月30日	
	1998	1997
假定的净收益(百万美元)	$1 276.00	$657.00
基本每股收益(美元)	$0.43	$0.23
稀释每股收益(美元)	$0.42	$0.22

M17.2 万福生科(300268.SZ)

万福生科前身为成立于2003年的湖南省桃源县湘鲁万福有限责任公司。2009年10月7日,经股东大会审议通过,以经审计的截至2009年9月30日的净资产值149 663 389.24元为基础,按照1:0.3341的比例折为5 000万股(其余99 663 389.24元计入资本公积),整体变更设立万福生科(湖南)农业开发股份有限公司。2011年9月27日,公司正式在深圳证券交易所挂牌上市,首次公告发行股份17 000 000股,每股面值1.00元,发行价格25.00元,本次发行方案实施完成后,公司注册资本增至67 000 000元。

公司经营范围包括:生产、销售高麦芽糖浆、麦芽糊精、淀粉、淀粉糖(葡萄糖、饴糖、异构化糖)、糖果、饼干、豆奶粉、大米蛋白粉、油脂、食用植物油;收购、仓储、销售粮食;加工、销售大米、饲料;生产销售稻壳活性炭、畜牧养殖加工。(以上涉及行政许可的项目凭许可证经营。)

2012年11月23日,万福生科(300268.SZ)以致歉公告的形式公布,收到深交所对公司及相关当事人给予公开谴责的信息,公司也为此再次向投资者致歉。

经查明,万福生科2012年半年度报告中存在虚假记载和重大遗漏:其一,虚增营业收入1.88亿元,虚增营业成本1.46亿元,虚增净利润4 023.16万元,前述数据金额较大,且导致公司2012年上半年财务报告盈亏方向发生变化,情节严重;其二,2012年上半年万福生科循环经济型稻米精深加工生产线项目因技改出现长时间停产,对万福生科业务造成重大影响,但万福生科对该重大事项未及时履行临时报告义务,也未在半年度报告中披露。

请在互联网上查找公司相关信息及公司2011年年报、2012年半年报及《关于重要信息披露的补充和2012年中报更正的公告》,回答以下问题:

a. 公司虚增了哪些经营性资产?
b. 公司在现金流量表上做了哪些粉饰?
c. 仔细对比公司2011年和2012年上半年报表中的在建工程附注,你会发现哪些信息?
d. 阅读新闻媒体对此事件的报道,对于这家公司,归纳一下如何从非财务角度识别报表舞弊?

第五部分 风险分析

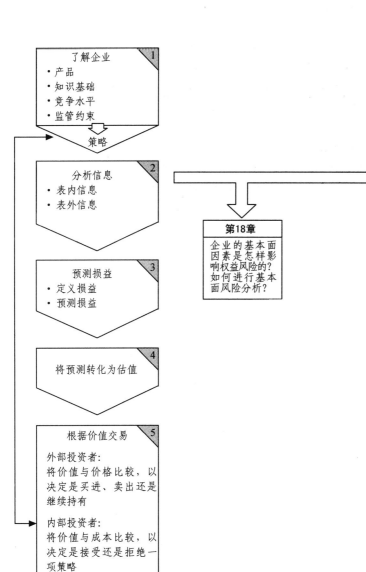

投资既有风险也有回报。到本章为止,本书大部分讨论的都是预测投资收益。预测的对象是期望价值,而期望价值是各种可能结果的平均。因此投资者必须要明白实际的结果可能会与预期的有差距。实际结果与预期结果不一样的可能性就是投资风险。特别要关注"坏的结果"——比预期更差的结果。

本书这一部分分析商业风险。这两章将会使你明白风险是由什么决定的。明白了这些,投资者就会设定他对投资所要求的回报。因此,这些章节也会涉及一些投资回报的计量问题。投资者要求的回报是公司的资本成本,本书这一部分将会涉及资本成本计量。

第 18 章将分析权益投资的风险。权益投资的风险指股票的实际回报达不到预期。标准 β 模型,例如资本资产定价模型,衡量的就是这种回报风险。第 3 章简单介绍了这些模型,有关细节可参阅公司财务与投资学的教材。但是回报的风险是由经营本身的风险所决定的。因此,第 18 章的重点是风险的基本面决定因素和基本面分析如何帮助我们理解权益投资的风险。

第 19 章将分析公司债务投资的风险,如公司债券和银行借款。这种风险也就是债券评级机构或银行工作人员需要评估的风险,即企业无法偿还债务的可能性。违约风险决定了债券的实际利率(企业的债务成本)和债券的价值。第 19 章是运用基本面分析来确定违约风险。

如前文所示基本面分析的第四步中,要求的回报率是估值中需要的最后一项财务数据。权益投资要求的回报率将帮助我们把预测的经营将产生的收益转化为估值,通常是把收益折现或资本化为现值。同样,债务的要求回报率用来将债务的现金流折现为现值。在这两种情况下,折现率都是由风险决定的,基本面分析就有助于评估这些风险。

第18章
权益风险与资本成本分析

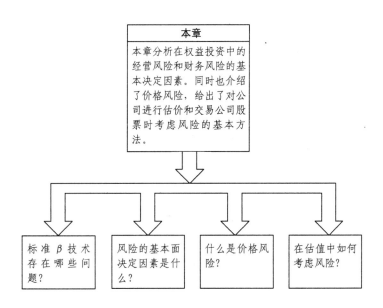

> **开篇阅读材料**

据《财经》报道,多年在海外打拼、如今却在期货市场上铸成大错的陈久霖,对于石油衍生品交易的风险管理其实缺乏最起码的常识。他的风险意识几乎等于零,甚至直到今天还是这样。

如今,在5.5亿美元已经灰飞烟灭之后,陈久霖痛心之余,也曾经面对友人做过反思:自己确有一些地方是错了。错在何处呢?"我太相信别人了,公司有资深交易员、风险管理委员会、内审部三道关呀!"他也承认,自己开始时并没有想到,"后来需要那么多保证金,我们根本拿不出那么多钱来"。

在资本市场上,"现金是王",而身为CEO的陈久霖甚至并未根据公司的财务实力,为此次投机交易明确设定一个现金头寸的上限。无限开放的赌注,加之永不服输的心理与支持这种心理的"判断",爆仓只是迟早之间。

中航油(新加坡)进入石油期权交易市场始于2003年下半年,年底公司的盘位是空头200万桶,而且赚了钱。这显示该公司当时已明显违背《国有企业境外期货套期保值业务管理办法》,涉身险地,从事投机性交易。

但陈久霖并不以为意。随着2004年石油价格一路上涨,到3月28日,公司已经出现580万美元的账面亏损。陈遂决定以展期掩盖账面亏损,致使交易盘位放大。至6月,公司因期权交易导致的账面亏损已扩大至3 500万美元。

甚至直到此时,陈久霖仍未设定交易头寸上限,赌博之心益重,当期将期权合约展期至2005年及2006年,同意在新价位继续卖空。到2004年10月,中航油持有的期权总交易量已达到5 200万桶之巨,超过公司每年实际进口量三倍以上,公司账面亏损已达1.8亿美元,公司现金全部耗尽。

10月10日以后,陈始向母公司中国航油集团写出报告请求救助。中国航油集团本应立即对此违规操作进行制止,强令其择机斩仓。恰恰相反,集团领导竟不顾国内监管部门有关风险控制的规定,决定对此疯狂的赌徒行为施行救助。10月20日,中国航油集团以私募方式卖出手中所持15%的股份,获资1.08亿美元,立即交给中航油(新加坡)补仓。此举愈发使上市公司深陷泥淖。

《财经》披露的大量事实显示,从10月10日,中国航油集团管理层的纵容、犹豫和对法律法规的漠视,其实是此次中航油(新加坡)的亏损后期被加倍放大,高达5.5亿美元的主要原因。

资料来源:《财经》,2004年12月13日。本书使用时有删节。

分析师核对表

读完本章后你应该理解:
- 对资本成本的精确度量指标是很难计算的。
- 什么是风险。
- 商业投资怎样产生极端(极高或极低)的回报。
- 多元化怎样降低风险。
- 运用标准资本资产定价模型和其他 β 技术的问题。
- 基本面风险和价格风险的区别。
- 决定基本面风险的因素。
- 决定价格风险的因素。
- 如何运用基本面分析规避价格风险。
- 预测分析如何运用到在险价值分析中。
- 基本面因素如何有助于度量 β。
- 投资者如何处理不知道要求回报率的问题。

读完本章后你应该能做到:
- 分析回报率的分布,例如标准普尔500(S&P 500)中股票的回报率。
- 分析公司的风险驱动因素。
- 给出公司的在险价值(value-at-risk)。
- 将在险价值分析运用到策略制定中。

- 计算基本面 β(至少给出大体的数值)。
- 运用在险价值及逆向工程技术,评估隐含的预期回报。
- 对公司划定风险等级。
- 进行相对价值投资。
- 在安全边际内进行投资。

估值既涉及风险又涉及预期回报,因此本书中我们多次提到了风险。风险将决定投资者所要求的回报,投资要想增值,那么预期的收益必须要高于所要求的回报。如本书前文所述,对投资估值和对增加的价值进行衡量,必须用要求回报率对期望的收益进行折现。事实上,基本面分析的第四步正是用要求回报率对期望的收益折现得到估值结果。

但是我们看到,这个价值的大小对估计的要求回报率非常敏感。在本书中大多数情况下,我们用单因子资本资产定价模型(CAPM)来估计要求回报率。但是模型变量的计量问题使得我们在运用这个方法时还有些顾虑。于是我们提出了多因子模型,但它涉及的 β 技术只是让我们的计量问题变得更加复杂。

资本资产定价模型似乎并没有涉及基本面因素。它们仅考虑了 β 值与风险溢价。β 是投资回报率与市场回报率之间的相关系数,风险溢价则是根据期望回报率定义的。通常 β 和风险溢价是根据过去的股票回报率来度量的。然而,风险和回报一样,也是由公司的基本面因素决定的,如公司从事业务的类型及杠杆程度。简而言之,公司的经营活动和金融活动决定了它的风险。本章分析了决定风险的基本面因素,让你明白为什么一家公司的要求回报率会高于另一家公司。

如果市场是有效的,那么市场价格会反映公司的基本面因素。本书站在积极投资者的角度看待问题,即认为市场并不总是有效的。因此本章也分析非有效市场的投资风险。在非有效市场上,不管是公司的外部投资者,还是为项目确定折现率的内部投资者,都不会采用根据市场价格估计的要求回报率,来反映基本面风险。但是这里存在另外一个问题。外部投资者必须意识到不仅有基本面风险还有价格风险——因价格偏离内在价值而蒙受损失的可能性。本章将会涉及基本面风险和价格风险。

尽管进行了大量的研究,资本成本的衡量问题依然令人困惑。在本章中,也没有给出确定要求投资回报率的精确方法。你将会发现这些材料中,定性分析多于定量分析。但是在本章中,你将会找到一些方法来处理估计权益投资的要求回报率当中的问题。

18.1 风险的本质

每一年《华尔街日报》都会报告一份"股东记分卡",主要内容就是按股票在资本市场上的回报率来为美国 1 000 家市值最大的公司排序。2004 年股市行情一般,这一年标准普尔 500 指数收益率为 11%。但是在均值上下的波动较大。表 18.1 给出了 1 000 家公司中市场表现最好的前 2.5% 和最差的后 2.5% 的股票回报率。

在投资时,我们经常讨论预期回报率,而美国政府债券的历史平均回报率是每年 12.5%。表 18.1 告诉你,真实回报率与平均回报率的差别有多大。这里有一些可以获得比 12.5% 更高收益的机会——如表中市场表现最好的公司,但也有可能输到只剩一条裤祝——就像表中所列示的负的投资回报率。这种结果可能的变动就是投资风险。

表 18.1 《华尔街日报》"股东记分卡"给出的美国 1 000 家市值最大的公司 2004 年的市场表现

表现最好的		表现最差的	
公司	年回报率(%)	公司	年回报率(%)
Taser International	361.10%	Agere System	-55.10%
Kmart Holding	313.20%	Foundry Networks	-51.80%
Chicago Mercantile Exchange	218.50%	Ciena	-49.10%
Autodesk	209.60%	PMC-Sierra	-44.00%
Apple Computer	201.40%	Synopsys	-42.30%
American Eagle Outfitters	188.10%	Chiron	-41.50%
TXU	177.60%	Level 3 Communications	-40.50%
Penn National Gaming	161.90%	UTStarcom	-40.20%
Boyd Gaming	161.30%	Rite Aid	-39.40%
First Marblehead	157.10%	LSI Logic	-38.20%
Sepracor	148.10%	Novell	-35.90%
USG	143.00%	Millennium Pharmaceuticals Inc.	-34.90%
Sirius Satellite Radio	141.10%	Fairchild Semiconductor	-34.90%
Urban Outfitters	139.70%	Atmel	-34.80%
Wynn Resorts	138.90%	Vishay Intertechnology	-34.40%
OSI Pharmaceuticals	132.10%	Novellus Systems	-33.70%
Cree	126.60%	Allied Waste Industries	-33.10%
Tesoro	118.70%	Teradyne	-32.90%
Southwestern Energy	112.10%	Sanmina-Sci	-32.80%
VeriSign	106.10%	Intersil CI A	-32.30%
Cytyc	99.20%	Entercom Communicaitons CI A	-32.20%
Valero Energy	97.60%	Tenet Healthcare	-31.60%
Diamond Offshore Drilling	97.20%	Icos	-31.50%
Tibco Software	97.00%	Unisys	-31.40%
Monsanto	96.10%	SPX	-30.20%

注：市场表现最好的公司占总公司数的 2.5%，最坏的也是。股票回报包括股票价格变化、股利再投资以及现金等价物（例如股票分割中收到的股票）。

资料来源：*The Wall Street Journal*, February 28, 2005. Analysis performed by L.E.K, Consulting LLC. Copyright 2005 by Dow Jones & Co. Inc. Reproduced with permission of Dow Jones & Co. Inc. in the format textbook via Copyright Clearance Center。

阅读材料 18.1

中国 300 家市值最大的公司(部分)2011 年市场表现

公司	年股价涨跌幅(%)	公司	年股价涨跌幅(%)
百视通	79.59	金风科技	-64.26
金科股份	27.57	海普瑞	-63.67
民生银行	19.41	华锐风电	-60.91
大华股份	18.99	广发证券	-59.91
贵州茅台	16.87	哈药股份	-56.29
巨化股份	15.76	庞大集团	-55.55
洋河股份	15.65	小商品城	-55.25
老凤祥	14.63	南玻 A	-53.10
张裕 A	14.11	中国国航	-52.82
宇通客车	14.10	中国西电	-52.70

注:市值以 2011 年年末市值计算。

投资者对各种可能性的预计将决定其投资所要求的回报——即以投资的期望回报率方式表达的要求获得的回报——而投资者要求的回报就是企业的融资成本。如果预计回报不会出现对均值的偏离,那么投资就没有风险。有风险的投资的要求回报率由如下公式决定:

要求回报率 = 无风险回报率 + 风险溢价

美国政府债券被认为是无风险的,这种证券的回报可以看成是确定的收益。确定要求回报率的难点,在于计算风险溢价。

回报率的分布

回报率的分布指的是投资者所面临的各种结果及每种结果出现的概率。和统计分析一样,风险模型一般根据概率的分布来描述回报率的分布。概率的分布为每一个可能的结果赋予一个概率,即获得这个结果的机会。以概率作为权重,对所有结果进行加权平均,就得到分布的均值,也就是结果的期望值。我们认为投资者有一个期望回报率,并且他们能意识到实际得到的回报率与期望回报率间会存在一个差异。投资者所要求的风险溢价取决于他如何认识回报率在均值周围的分布。

图 18.1a 给出了我们熟悉的正态分布的钟形图。如果回报率遵循正态分布,那么如图所示,接近 68% 的结果将会落在期望结果(均值)周围一个标准差的范围内,95% 的结果将会落在两个标准差的范围内。股票年回报率标准差一般为 30%。因此,如果均值为 12.5%,如果回报率遵循正态分布,那么有 95% 的概率,回报率将落在 -47.5% 至 +72.5% 之间。

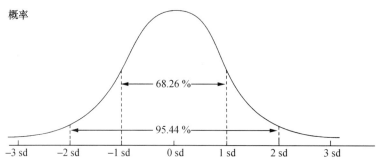

(a) 正态分布。在正态分布情况下,回报率落在均值周围 1 个标准差的区间内的概率为 68.26%,而落在均值周围 2 个标准差的区间内的概率为 95.44%。

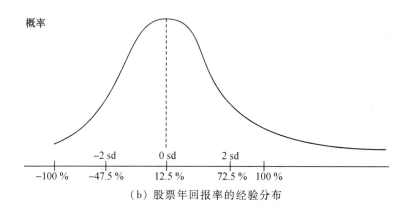

(b) 股票年回报率的经验分布

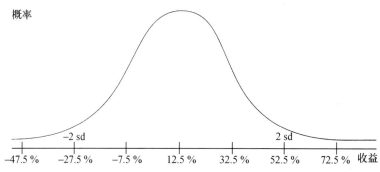

(c) 标普 500 的股票投资组合均值为 13%、标准差为 20% 的年回报率的正态分布

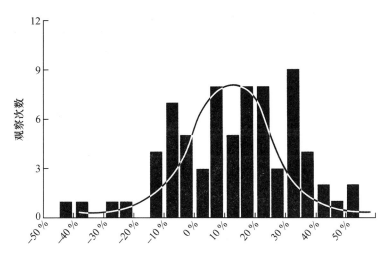

(d) 与标准正态分布叠加的 1926—1998 年标普 500 股票投资组合的年回报率的经验分布。

图 18.1 (a) 正态分布；(b) 实际股票回报率的典型正态分布；(c) 标普 500 指数回报率的假设正态分布；(d) 标普 500 指数回报率的经验正态分布

回报率的实际分布表明，得到非常高的或是非常低的回报率的概率要比正态分布下的概率高。即使是对于像标普 500 这样的大型投资组合，也存在着比正态分布下更多的极端负值和极端正值的回报率。

资料来源：CRSP. *Center for Research in Security Prices.* The University of Chicago, Graduate School of Business. Used with permission. All rights reserved.

但是再回到表 18.1，这里是股东记分卡 1 000 家公司中 5% 的股票，是其中 2.5% 市场表现最好的和 2.5% 市场表现最差的股票，因此它们是回报率在上述 95% 范围之外的股票。表现最好的股票，回报率远远大于 72.5%。不过大部分表现最差的股票，回报率都高于 -47.5%，但是要知道，2004 年股市行情并不差。更低的回报率是不难见到的：例如，在 2002 年所有表现最差的 2.5% 的股票，回报率均低于 -69%；在 2001 年它们的回报率均低于 -66%；而在泡沫破灭的 2000 年，表现最差的 2.5% 的股票回报率均低于 -74%。甚至在行情好的年份，极低的回报率也不难见到：在 1998 年，当平均回报率为 24.2% 时，表现最差的 2.5% 的股票回报率均低于 -55%。

图 18.1b 比较了股票实际年回报率的分布与图 18.1a 的正态分布。你可能会注意到两点。第一，如表 18.1 所示，股票回报率不会低于 -100%，但存在明显的可能性会高于 100%[①]。第二，得到很高或很低回报率的可能性比回报率为正态分布时要高。用统计学的术语说，第一点表明回报率的整体分布向右偏斜。第二点表明回报率分布相对于正态分布而言是"肥尾的"(fat-tailed)，也就是说，如图 18.1a 和 18.1b 比较后所示，回报率有更大的可能性落在分布的尾部（2 个标准差以外的极端情形）。

这些都说明，我们在风险评估时，对依赖于回报率为正态分布的模型应该持保留意见。在权益投资中存在着遭受巨大损失的可能性：得到很低回报率（回报率落在均值 2 个标准差外）的可能性不能被忽视。这有时被称为"下行风险"(downside risk)。相应地，权益投资也

---

① 在有限责任情况下，回报率不可能低于 -100%，因为亏损受到投资额的限制。也就是说，股票价格不可能降为 0。但是投资于无限责任时，可能会产生低于 -100% 的回报率，因为债权人有对企业之外资产的要求权。

存在着产生巨大回报率的潜力——比如回报率超过300%甚至更高。这通常被称为上行潜力（upside potential）。事实上，我们可以把权益性投资看成购买了一个产生巨大损失的可能性，而补偿则是巨大的上行潜力。1998年Amazon公司的回报率为966.4%，但是在2000年跌幅却为-80.2%。

均值和标准差不能完全反映投资的所有特征。在评估风险溢价时，投资者对于有下行风险的股票会要求一个更高的风险溢价，对于有上行潜力的股票，则会要求较低的风险溢价。投资者对于起步阶段的生物技术公司和一个已经相当成熟的消费品公司（如宝洁）要求的回报率肯定是不同的。投资生物技术公司发生100%亏损的可能性很大，但赚得500%回报的可能性也很大，而宝洁公司发生此种情况的可能性则很小。

多元化与风险

现代金融学的一个主要观点是，投资者在一个投资组合中同时拥有多种股票（或投资）能降低投资风险。在投资组合中，正的回报能抵消负的回报，就如持有在表18.1中那些回报为正的股票，所得到的回报就可以补偿持有回报为负的股票产生的损失。如果投资组合中，不同投资的回报不相关，那么投资组合回报的标准差就比投资组合中每一只股票回报标准差的平均值要小。

投资多元化可以减少投资组合回报的方差，从而降低投资风险。图18.2显示了投资组合的标准差是如何随着投资组合中证券数量的增加而减少的。拥有一项或两项投资资产（如股票）的投资者承受着回报率较大的标准差。但是，如果加入更多的资产，他就能减少方差。不过，在某些时候加入更多的投资，对减少投资组合回报的标准差只能起到很小的作用，继续多元化的作用不大。如果投资者持有所有可投资资产，那么就称他持有市场投资组合，投资组合回报的方差将不能进一步减少。在充分多元化以后还存在的风险就是不可分散的风险或称为系统性风险，它是影响所有投资的风险。而可以通过多元化去除的风险称为可分散风险，或者非系统性风险。

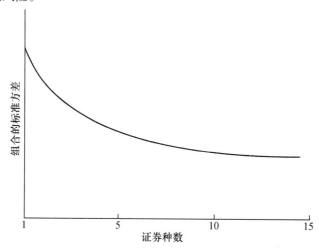

图18.2 在投资组合中增加更多的证券带来的收益对标准差的影响

标准差随着投资组合中证券数量的增加而减少。但是随着投资组合中证券数量的增加，加入更多的证券所带来的标准差的减少幅度是递减的。

S&P 500 股票组合可以近似地看成市场投资组合。S&P 500 股票组合历史回报率的标准差为 20%，均值为 12.5%。图 18.1c 显示了均值为 12.5%、标准差为 20% 的股票回报率的正态分布。如图 18.1c 所示，如果股票回报率的分布是正态的，那么股票回报率有 95% 的概率会落在 -27.5% 到 +52.5% 之间（均值周围 2 个标准差之内）。把这种回报率的正态分布和图 18.1b 中单个股票回报的分布进行比较。在图 18.1c 中，回报率落在 -27% 到 53% 之间的可能性要大于图 18.1b，因为投资组合的标准差比单只股票平均的标准差要小。这说明了投资多元化的好处。

图 18.1d 给出了 S&P 500 组合 1926—1998 年实际年回报率的分布情况。你可以看到，历史上的实际回报率分布并不遵循图 18.1c 中的正态分布。就如在单个股票的情况下一样，实际回报中有比正态分布下更多的极端回报存在。因此，投资组合虽然有多元化的好处，但并不能完全消除发生极端回报的可能性，而且这种可能性比正态分布下所预测的要大。在 1930 年，股市下跌了 25%，接着在 1931 年，下跌了 43%，在 1937 年下跌了 35%，1974 年下跌了 26%；在 1987 年 10 月的"黑色星期一"，一天之内下跌了 29%。另一方面，在 1933 年产生了 54% 的回报。1935 年的回报率为 48%，1954 年的回报率为 53%，1958 年的回报率为 43%，1995 年的回报率为 38%，1997 年的回报率为 34%。1997 年后股市的表现可以参照第 1 章中的阅读材料 1.2。

从这些观察中我们发现了什么？通过多元化投资，投资者可以降低风险；如果没有交易费用，只承担可分散风险的投资者将不会有回报。只有投资者承担了在充分多元化组合中不可分散的风险，他才能获得回报。因此，我们只考虑对回报率产生不可分散风险的那些因素。但是我们也必须意识到，多元化也并不能完全消除得到极端（可正可负）回报的可能性。

资产定价模型

资本资产定价模型把回报率分布的特征与风险溢价联系起来，因而可以用来计算要求的回报率。在公司财务和投资学的书中可以得到更多的细节[1]。

被广泛使用的资本资产定价模型（CAPM）也承认了这种多元化的特性。该模型表明，只有必须承担的不可分散风险，才是整个市场的风险。相应地，投资的风险溢价由市场组合风险（系统性风险）的溢价和投资者对风险的敏感程度（即 β 值）决定。但是 CAPM 模型假定投资回报率遵循的是如图 18.1a 所示的正态分布[2]。也就是说，它假定如果你考虑了回报率的标准差，你就能抓住投资风险的各个方面。但是我们看到，标准差低估了极端回报率的可能性。

即使我们接受 CAPM 模型，在使用过程中，还是会碰到一些棘手的问题。极负盛名的基本面投资者沃伦·巴菲特称 CAPM 模型具有"诱人堕落的精确"。它运用了神奇的机制，看上去对你要求的回报率给出了很好的估计。但是，CAPM 仍然存在重要的问题：

- CAPM 模型要求估计 β 值，但是 β 值的估计一般存在误差。一个估计值为 1.3 的 β 值

---

[1] 例如，R. A. Brealey and S. C. Myers, *Principles of Corporate Finance*, 7th ed. (New York: McGraw-Hill, 2000); S. A. Ross, R. W. Westerfield, and J. Jaffe, *Corporate Finance*, 5th ed. (New York: McGraw-Hill, 2002); and W. F. Sharpe, G. J. Alexander, and J. v. Bailey, *Investments*, 6th ed. (Upper Saddle River, N. J.: Prentice Hall, 1999)。

[2] 从技术上说，如果投资者对任何回报率分布的效用函数是二次的，CAPM 就是正确的。虽然我们知道回报率的实际分布，但是我们对个人效用函数的了解并不充分，无法验证它是二次的（很可能它不是二次的）。

有很大的可能性在 1.0 和 0.6 之间。当市场风险溢价是 5.0% 时，β 值 0.1 的错误，将会导致要求回报率发生 0.5% 的误差。

- 市场风险溢价也是大胆的猜测。研究论文和教材估计它的范围在 3.0% 至 9.2% 之间。热衷于合理化 20 世纪 90 年代末股市火爆行情的学者，勇敢地宣称市场风险溢价已降为 2%。当 β 值是 1.3 时，市场风险溢价分别为 3.0% 和 9.2% 时，要求回报率的差将为 8.06%。

综合 β 值估计和风险溢价中的错误，会产生一个值得考虑的问题。CAPM 模型即使是正确的，在实际应用中也是不精确的。没有人知道市场风险溢价是什么。采用多因子模型要加入更多估计的风险溢价和 β 值。这些模型实在是云山雾罩。

沃伦·巴菲特对资产定价模型做了另一个观察。[①] CAPM 模型指出，如果股价下降幅度大于整个股市，则它的 β 值高，即它是高风险的。但是如果较其他股票而言市场对一只股票错误定价，从而造成其股价下降，那么，这只股票并不一定是高风险的：获取超额回报率的机会增加了，对基本面因素投入更多的关注将会使投资者更安全而不是不安全。一只股票越是偏离基本面价值，它就越有可能回到基本面价值，这只股票上的投资风险就越小。

巴菲特的观点是，如果不理解基本面因素，是不会理解风险的。风险是由企业产生的，在评估风险时，去考虑那些基本面因素而不是从（可能是无效的）市场价格去估计会更有用一些。但是价格无效的可能性改变了我们对投资风险的看法。我们可以找到一只股票，它的价格下跌了很多，以至于风险很小。但我们也能找到另一只股票，它的价值偏离了内在价值，在未来是高风险的：在无效的市场上，投资者可能会被与基本面无关的一些因素引起的股价偏移套牢。本章接下来的两部分将会分别讨论基本面风险和价格风险。

为了明确通过市场价格来估计要求回报率的困难，我们来考虑在第 13 章给出的经营活动的加权平均资本成本（即企业的资本成本 WACC）：

$$\text{企业的资本成本} = \left(\frac{\text{权益的价值}}{\text{企业的价值}} \times \text{权益资本成本}\right) + \left(\frac{\text{负债的价值}}{\text{企业的价值}} \times \text{债务资本成本}\right) \quad (18.1)$$

$$\rho_F = \frac{V_0^E}{V_0^{NOA}} \cdot \rho_E + \frac{V_0^D}{V_0^{NOA}} \cdot \rho_D$$

这种加权平均资本成本的计算需要将权益资本成本 ρ_E 作为一个已知量。ρ_E 通常没有考虑企业的基本面因素，而是用 CAPM 模型通过市场价格来估计的。巴菲特对这一点持保留意见。而且，权益资本成本和税后债务资本成本 ρ_D，通常情况下，并不是像公式 18.1 那样用内在价值进行加权，而是用权益和负债的市场价格进行加权。这是十分奇怪的。我们估计经营活动的资本成本是为了计算公司价值和权益价值。我们做这些是为了判断股票价格是否正确。但是，如果我们以市场价格作为已知量来计算，并假定它是正确的，我们根本达不到目的。在估值中，我们不应当依靠价格来估计基本面价值，这样才能判定市场价格是否合理。为了打破加权平均成本计算中的循环，我们必须参考基本面因素而不是市场价格来评估风险。

[①] 巴菲特有关资产定价及公司财务方面的观点可参见 L. A. Cunningham, ed., *The Essays of Warren Buffett: Lessons for Coporate America* (New York: Cardozo Law Review, 1997)。

18.2 基本面风险

基本面风险是投资者面临的企业的行为活动导致的风险。正如我们所看到的,企业的行为包括融资、投资和经营。投资和经营风险联合起来叫经营风险或商业风险。如果企业从事投资和经营的国家政局不稳定,它就有很高的经营风险。如果生产的产品在萧条期需求会大幅下降,那么这样的企业也有很大的经营风险。决定财务杠杆的融资行为增加了股东的额外风险,叫作财务风险或杠杆风险。

在第 13 章中,我们介绍了这两种风险的组成。我们看到权益投资者的要求回报率是由如下因素决定的:

权益的要求回报率 = 企业的要求回报率 + (市场杠杆 × 要求回报率之差)　　(18.2)

$$\rho_E = \rho_F + \frac{V_0^D}{V_0^E}(\rho_F - \rho_D)$$

　　　(1)　　　　(2)

这两个组成部分,经营风险(1)和财务风险(2),是决定权益风险的基本面因素。但是,正如收益是由一些驱动因素决定的,这些风险也是由一些更深层的基本面因素所决定的。你能看到,财务风险可以分解为两个驱动因素:市场财务杠杆和企业要求回报率与税后债务成本之差。

为了理解经营风险和财务风险的决定因素,首先要明白什么是风险。股东价值是有风险的,股东价值是由未来预期剩余收益决定的:

$$V_0^E = CSE_0 + \frac{RE_1}{\rho_E} + \frac{RE_2}{\rho_E^2} + \frac{RE_3}{\rho_E^3} + \cdots$$

这种估值方法的基础是预期剩余收益(RE)。因为预期剩余收益是有风险的,因此价值是有风险的:有可能企业并不能获取和预期相应的收益,所以期望的价值可能并不会实现。事实上,账面价值在经营中可能因为亏损而消耗殆尽,而不是因盈利不断增加当前的账面价值。所以,在对预期剩余收益折现时使用的要求回报率 P_E 考虑了这一部分风险。作为结果,计算的价值不仅反映了预期的回报率,也反映了风险。

产生剩余收益的驱动因素,也会导致剩余收益偏离期望的水平。因此对风险决定因素的分析可以近似地遵循第 11 章、第 12 章中对剩余收益驱动因素的分析。剩余收益是由普通股权益回报率(ROCE)和投资增长决定的。因此风险的决定因素为:公司不能赚得预期的 ROCE,或不能增加投资以保持 ROCE 不变。我们将依次讨论这些决定因素①。

图 18.3 列示了普通股权益回报率和增长这两个驱动因素是如何决定基本面风险的。根据所给出的图示,风险的决定因素是根据财务报表的驱动因素来表述的,但是正如剩余收益是由经济因素决定的一样,风险的决定因素也是由经济风险因素决定的。风险分析也就是确

---

① 如果价值是用自由现金流折现来计算的,同样的驱动因素也适用:如我们看到的那样,自由现金流只是会计剩余收益的一个转换形式,因此长期来说,影响剩余收益的因素也会影响自由现金流。但是不能用短期内自由现金流的变化来预测风险:负的自由现金流可能是因为大量的低风险投资所引起的,而不是经营不善。

定这些经济因素,并且把它们与财务报表的可观察特征联系在一起。确定经济风险因素就是要"了解整个企业"。

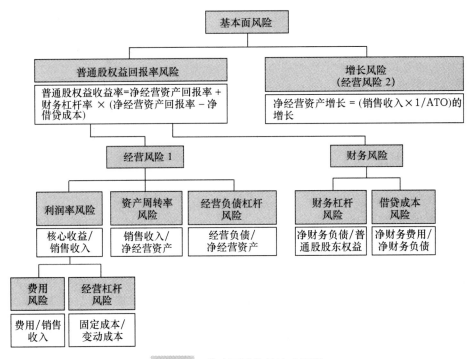

图18.3 基本面风险的决定因素

未获得预期ROCE的风险是由经营活动未获得预期收益的风险(经营风险1)决定的,同时考虑不利财务杠杆风险(财务风险)的影响。未获得预期剩余收益的风险是ROCE风险和增长风险(经营风险2)的综合。

普通股权益风险回报率

我们已经知道,普通股权益回报率与公式18.2所示的要求回报率相似,都一样是由经营活动回报率和财务风险溢价决定的:

$$普通股权益回报率 = 净经营资产回报率 + 财务杠杆 \times 经营差异率 \quad (18.3)$$

$$ROCE = RNOA + \frac{NFO}{CSE}(RNOA - NBC)$$

这些影响因素决定着预期的ROCE,所以它们也决定着不能实现预期ROCE的风险。我们将逐一对它们进行分析。

经营风险

净经营资产回报率的潜在波动(偏离)产生了经营风险。RNOA的波动是由销售净利率波动和资产周转率波动决定的。我们将销售净利率和资产周转率达不到预期水平的风险称为"销售净利率(PM)风险"和"资产周转率(ATO)风险"。经营负债杠杆也影响着RNOA,我们把经营负债杠杆可能的波动称为"经营负债杠杆(OLLEV)风险"。

如果消费者需求发生变化或竞争者夺走了市场份额,销售收入会随着销售价格或销售量的下降而下降,就会发生资产周转率风险。如果净经营资产是固定的,即它们不可能马上下降,那么 ATO 会随销售收入一起下降,降低 RNOA。ATO 的下降是由存货周转率(相对销售而言存货备货过多,导致存货的超额投资)下降、固定资产周转率(不动产、厂房和设备的价值将会在产能闲置中丧失)下降及其他资产周转率下降导致的。拥有固定资产投资的企业,如投资于大型通信网络的企业,对 ATO 风险是非常敏感的。拥有大量存货的企业,当消费者需求转向有关替代品(如新一代的计算机或新型汽车)时,对 ATO 风险也是很敏感的。

销售净利率风险是在给定的销售收入水平下,净利率变化的风险。它受费用风险的影响:劳动力和材料成本上升的风险,销售费用率上升的风险等。销售净利率也会受到费用中固定费用和变动费用结构的影响,这也是我们在第 12 章中所说的经营杠杆(OLEV)。当销售收入下降时,如果成本是固定的而不随销售额的变化而变化,销售净利率就会下降。固定的工资和不解雇员工的惯例就会产生很高的销售净利率风险。长期的租赁合约也会增加销售净利率风险。

经营负债杠杆风险就是经营负债占净经营资产的百分比下降的可能性。如果公司遇到了麻烦,引起销售净利率和周转率下降,供应商就会停止提供赊销,这样将降低公司应付账款和 OLLEV。在销售前预收现金能力的降低,将会减少递延收入和 OLLEV。这些情况都会降低 RNOA 和 ROCE。

财务风险

财务风险取决于财务杠杆的大小和差异率的波动,也就是 RNOA 与净借款成本之间的差异。当然,经营差异率会随着 RNOA 的变化而变化,但是差异率中的财务部分是净借款成本。因此我们说财务杠杆(FLEV)风险和净借款成本(NBC)风险是财务风险的决定因素。

RNOA 的降低将降低经营差异率,由此产生的对 ROCE 的影响会因为财务杠杆的作用而放大。但只要经营差异率还是正的,财务杠杆就是有利的(对公司有正的杠杆作用)。但是,如果经营差异率为负了,杠杆作用就会产生不利影响,使得 ROCE 低于 RNOA。

借款成本风险增加了经营差异率下降的可能性。有浮动利率债务的公司的借款成本风险高于固定利率债务的公司。如果浮动利率债务的利率上升,ROCE 将会下降;但是如果利率下降,ROCE 会上升。对浮动利率做对冲的公司能降低借款成本风险。此外,净借款成本是指税后成本,因此,如果公司经营亏损,并且不能从经营损失中得到向前抵扣或向后抵扣的税收利益,它的税后债务成本就会上升。

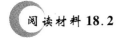
阅读材料 18.2

高杠杆之累

衍生品工具的失控只是金融危机的表征,真正导致投行濒临绝境的,是其高杠杆盈利模式的内在缺陷,以及风险控制文化的缺失。

近年来,投资银行的业务重心纷纷从传统的经纪和投行业务向自营交易(Proprietary Trading)转移。以高盛为例,1997 年该行投行业务收入为 26 亿美元,而交易和直接投资创收

29亿美元,二者难分伯仲;然而到2006年,投行业务上升为56亿美元,交易和直投收入猛增至256亿美元,分别占总收入的15%和68%。换言之,传统的经纪和承销业务所占比重大幅下降,而收入和利润主要来源于交易和自有投资。

老式投行业务以收取佣金为盈利模式,风险固然小,但是利润率也不高;自营业务用自有资本投资,将风险直接带到企业的资产负债表上。

与此同时,投资银行成为发起成立私人股权投资基金(PE)和对冲基金的主力之一。据美国报道对冲基金的ALPHA杂志的数据,2007年全美最大的两家对冲基金分别是摩根大通资产管理基金和高盛资产管理基金(其前身是著名的高盛全球Alpha基金),分别管理330亿美元和325亿美元。而次贷危机的全面爆发,正是以2007年8月贝尔斯登麾下的两家对冲基金崩盘为标志。某种意义上,高盛并不比黑石(Blackstone)更像投行;反言之,黑石也不比高盛更像PE。这种差别的模糊,既带来了业务范围的交叉,更代表了风险偏好的变化。

最后,交易不透明,且大量使用杠杆和衍生工具成为投行盈利的武器。高杠杆和缺乏透明度一直是对冲基金的代名词,然而为了追求超额利润率,华尔街的主流投行纷纷向对冲基金的商业模式看齐。自2003年到去年,美林的杠杆率猛增至28倍,也就是说,每1美元的资本撬动了28美元的资产规模。摩根士丹利的杠杆率增加到33倍,高盛也上升到28倍,而直到破产前,雷曼兄弟的杠杆率仍高达30倍。这还不算SIV等表外业务的杠杆效应,事实上如果算上这些杠杆,华尔街投行的杠杆倍数可高达50—60倍!如果投行套用商业银行资本充足率的算法的话,它们的资本充足率约在1%到2%之间。

这种高杠杆率有着明显的双向放大作用:以30倍的杠杆,投资银行家可以用10美元做300美元的投资,只要有3.3%的收益率(接近于美国国债利率),投行就可以赚回本金;相反,只要损失超过3.3%,本金就会血本无归。

更可怕的是,投资银行的融资来源,是靠信心和抵押物支撑的短期票据市场。通常是借了新债还旧债的滚动借债模式,由于规模庞大,环环相扣,一个环节也不能出错,才能保证庞大机构运营所需的资金,俨然变成了一种借短债、放长贷的银行。由于并非传统意义上的商业银行,投资银行不受美联储监管,同时也不受联邦存款保护机制的保护。

这种模式可能因两种原因陷入困境:一是很多债权凭证对应的前端借款人可能同时无力还债,而资本金不足以覆盖这些损失;二是短期票据对应的存款人在同一时间内要求提款,而机构短时间内拿不出相应数量的现金。这两种情况常常相伴而生,再加上市场上的做空力量推动,势去如山倒,以投资银行的资本金远难自保,从贝尔斯登到雷曼、美林,均是这一危机的牺牲品。

资料来源:吴莹、温秀、胜寒,《投行之殇》,《财经》,2008年9月29日。

阅读材料18.3

低杠杆经营惹的祸 中资券商难以匹敌国际投行

中国证监会主席郭树清近期在《财经》年会上表示,金融危机爆发后,美国主要投行财务杠杆率快速大幅下降,水平维持在13倍左右,相比之下,我国券商行业杠杆率只有1.3倍,财务弹性很小。

过低的杠杆率已成为我国券商很难与国际投行分庭抗礼的重要原因。接受记者采访的中信证券(600030)、华泰证券(601688)和国信证券等多家券商负责人称,我国券商负债经营动力不足源于资产管理、交易类、投资等非通道类业务发展缓慢,而国外成熟市场经验表明,正是该类非通道业务成为券商负债业务的主角。

低杠杆率经营约束

"美国投行主动降低杠杆率绝不是说杠杆经营一无是处。"国信证券一位不愿具名的负责人表示,与国际投行相比,我国尚无一家券商的各项业务综合规模能与高盛等国际一流同行相提并论,原因就在于我国券商往往仅运用净资本运营,不仅限制了净资产收益率,同时限制了业务规模。

而华泰证券某负责人接受记者采访时表示,高盛、摩根大通等国际一流投行,通过资产管理业务发行各种产品,吸纳了大量的国际资本。在开展并购重组、直接投资等业务过程中,不仅在项目承揽中可以打出资金实力雄厚的招牌,且为全球客户实现了较高的收益率。而由于经纪业务系统内的资金被委托给银行托管,我国券商在承揽国际和国内项目时仅能运用自有资金,在服务项目企业和投资者方面均存在明显障碍。

此外,由于纳斯达克市场实行做市商制度,高盛等投行亦通过发行债券、银行借款、交易类负债等各种渠道的资金,在提高杠杆率的同时,不仅保证了纳斯达克市场的交易较为活跃,同时扩大了潜在收益率。中信证券首席战略专家吕哲权认为,新三板市场交易十分清淡,而我国至今未能有效解决此问题,纳斯达克市场的做市商制度值得借鉴,同时可以允许券商针对此业务进行债务融资。

杠杆业务发展缓慢

相较于高盛等国际一流投行债务融资有较高积极性,我国券商似乎更愿意进行股权融资。截至去年年底的数据显示,我国券商净资产规模达5 674亿元,而负债规模仅为1 800亿元,其中90%为债券回购等短期资金融通。

事实上,我国券商在融资渠道上重股权轻债务并非政策原因。按照我国目前的净资本规则,证券公司杠杆率最高可达12.5倍,与目前国际主要投行13倍的杠杆率水平基本持平,远高于目前我国券商1.3倍的杠杆率现状。

"债务融资后基本上没有投资渠道。"针对我国券商普遍杠杆率较低的原因,华泰证券上述负责人一语中的地表示,我国券商债务融资动力不足的原因在于市场。

接受记者采访的多家大型券商高管均表示,相较于国际投行业务创新能力较为突出的现状,我国券商在经营范围上较为狭窄,在经营层次上同样和国际一流投行相差较大。如经纪业务以通道为主,可以向客户提供的创新类产品不多;投行业务仅扮演顾问的角色,相关的直接投资除利用资源优势投资拟上市的企业股权外,其他的建树不多;债券等固定收益市场涉猎不多等。

吕哲权表示,按照国外成熟市场的规则和市场运行实践,15倍的杠杆率被认为是较优的经营选择。我国券商目前1.3倍的负债率显然不是较优的市场均衡。而究其原因,不仅与资本市场发展的阶段相关,而且受到我国券商经营环境的影响。他认为,我国券商目前仍以通道类业务为主,资产管理、交易类、投资等非通道类负债业务发展缓慢。此外,美国的纳斯达克市场实行的是做市商制度,而我国创业板实行的是现市报价制度。因此,我国券商可以负债经营的业务发展较通道类业务要缓慢得多,从而导致我国券商负债经营的动力不足。

实际上,我国券商杠杆经营的大幕已经开启。随着转融通机制的推出,融资融券业务将显著提升经纪业务的杠杆比率,而直投基金"GP + LP"模式也有望为券商的直投业务引入创投资金,对我国券商投资类杠杆的提升亦将起到不可小觑的作用。

资料来源:李东亮,《低杠杆经营惹的祸 中资券商难以匹敌国际投行》,《证券时报》,2011年12月28日,本书引用时有改编。

增长风险

剩余收益既受 ROCE 的影响又受投资增长的影响,因此 ROCE 的风险会因为普通股权益未达到预期的增长而增加。对于给定的财务杠杆,普通股权益的增长受净经营资产增长的影响。因此,公司在净经营资产投资增长上的不确定性,是经营风险的另一方面。也就是说,公司投资机会的不确定性增加了风险。

净经营资产的增长是受销售情况影响的。对于给定的资产周转率,需要的净经营资产的数量是由销售收入决定的。因此增长的风险受到了销售未按预期增长的风险的影响。事实上,销售风险被认为是企业的首要风险,它既影响净经营资产的增长,也影响 RNOA。因为净经营资产是固定的,所以销售收入的下降并不会降低净经营资产,但是,资产周转率的下降会降低 RNOA 和剩余收益。如果净经营资产是有弹性的,销售收入的下降会通过降低净经营资产而降低剩余收益。为了区别于记为经营风险 1 的 RNOA 风险,这种增长风险在图 18.3 中记为经营风险 2。

通过图 18.3 描述的系统,你能看到风险的各部分是怎样相互作用的。销售收入的下降将会降低净经营资产的增长和资产周转率。资产周转率的下降会减少 RNOA,由此又会导致经营差异率的下降。经营债权人可能会减少授信,导致经营负债杠杆下降。同时,由于盈利能力下降,借款成本会上升。这些影响综合起来会降低剩余收益,并导致企业陷入财务困境,甚至破产。这些影响综合起来增大了出现极端回报率的可能性。

在通过预测剩余经营收益(ReOI)对企业进行估值时,只有经营风险需要考虑,如图 18.3 中所示的经营风险 1 和经营风险 2。

18.3 在险价值轮廓图

在图 18.1 中,风险表示为可能回报率结果的分布。每一个可能的回报率隐含着一个价值——投资者为了得到那个回报愿意支付多少——因此风险可以由价值的分布来表示。绘制出价值的分布——显示出价值是如何偏离预期值的——得到的就是在险价值轮廓图。

回到第 15 章中完全信息的预计财务报表分析。根据该章给出的样板,我们预测了PPE 公司的经营收益和净经营资产,并计算出预测的剩余经营收益。然后我们把这些预测转化为估值。我们是根据期望销售收入、净利率和周转率来编制预计财务报表的。但是期望价值是所有可能结果的平均,而这些结果的分布决定了投资的风险。通过为每一种可能的结果编制预计财务报表,并计算出每一种结果下的公司价值,我们就得到了在险价值轮廓图。

遵循下面列出的五个步骤,可以得到在险价值轮廓图:

1. 确定将会影响图 18.3 中风险驱动因素的经济因素。同一般的估值一样,确定这些因素需要"了解整个企业"。以航空公司为例。什么因素会影响航空公司的利润?航空公司的营运能力是固定的,它在萧条时期的票价要低于繁荣时期,乘客也更少,所以整体的经济环境会影响资产周转率。航空公司还受油价的影响,面临着费用风险。航空公司还受制于政府监管环境的变化,面临着增长风险。航空公司还承受着来自竞争者和行业新进入者的价格挑战,影响 RNOA 和增长风险。

2. 确定在公司内部是否建立了风险防范机制。航空公司能通过套期保值减少石油价格冲击的影响,汇率的风险也是可以通过对冲规避的。公司制是一种有限责任的风险防范机制。调查风险敞口是了解企业的一部分。事实上,企业风险敞口在哪些方面就决定了该企业的性质。如果一家从事黄金业务的公司通过对其黄金储备进行套期保值来预防金价的变化,那么它的风险主要来自于黄金开采(有生产成本风险)而不是黄金开采与贸易(有生产成本风险和价格风险)。如果一家下游的石油公司对石油价格进行套保,投资者就会意识到他投资的公司更确切地说是一家贸易公司,而不是石油公司。一家对外币风险进行套保的公司不会从事外币交易。如果一家公司对所有的风险都进行套保,那么投资者对它的投资更像对无风险资产的投资而不是权益性投资。

披露对于发现风险敞口是很重要的。要注意衍生品和金融工具的披露。还要留意管理层讨论与分析部分。就像披露不充分会影响经营资产的确定(公司到底在从事什么业务)一样,披露不充分也会阻碍风险敞口的发现。追求企业价值最大化的经理会清楚地表述企业的业务类型,来吸引那些寻求该种业务类型的回报和风险的投资者。如果公司没有很好地披露风险敞口,就会给投资者带来披露风险。① 国内上市公司参与期货交易进行风险管理的情况参见阅读材料18.4。

3. 确定经济因素对图 18.3 中基本面风险因素的影响。如果通过预测经营活动来进行估值,只需考虑经营风险的影响因素。如果是对所有的剩余收益进行估值,那么经营风险和财务风险的影响因素都必须考虑在内。

4. 在未来各种基本面风险驱动因素的可能情况下,编制预计财务报表。

5. 计算出每一种情况下的预计剩余经营收益。根据计算出的预计剩余经营收益,计算出每一种情况下的价值。使用无风险利率(政府债券利率)来计算剩余收益并将其折现(这样做的原因稍后会讲)。

---

① 一些人争论说经理不应该关心股东以使他们减少风险。如果股东愿意,他们可以在市场上利用风险规避工具和多元化投资来减少风险,以此来安排他们承担的风险敞口。但是投资者必须意识到,公司在某些程度上是会进行风险管理的。

阅读材料 18.4

上市公司采用衍生工具的情况实例

参与期货套保的国内上市公司一览表

公司分类		上市公司名称及代码	套保情况具体介绍
有色金属及贵金属类	铜	江西铜业 600362	2005年江西铜业利用期货套保值亏损了2.48亿元,2008年套保衍生品出现13.6亿元的亏损,2010年公允价值变动损失1.94亿元,比2009年增加了两倍,公司称这主要因铜价大幅上涨,导致不符合套期保值会计的空头持仓的商品期货合约亏损增加。
		鑫科材料 600255	2008年实现期货投资收益202.53万元,占其归属于上市公司股东的净利润比例为20.02%。2010年第三季度的报告显示期货业务取得1 374.2万元的盈余。
		特变电工 600089	2004年年报显示,参与的铜的套期保值亏损4 254.61万元,其他期货投资亏损250.7万元,整个期货交易亏损了4 500多万元。2005年6月30日余额为2 118万元,2009为了较好地锁定原材料成本,将开展铜、铝、钢材套期保值及外汇远期结售汇业务。
		云南铜业 000878	云南铜业及其前身云南冶炼厂参与期货交易的历史已经超过17年。
		美的电器 000527	2003年开始了解期货市场,2004年开始组建相关部门和人员,2005年开始大量参与期货套期保值。
		铜都铜业 000630	2005年末期货保证金为9 653万元,2006年12月31日出现的套保值浮动亏损合计约为2.28亿元。
		恒邦股份 002237	2011年3月8日公告称,公司自2010年6月份开始开展套期保值业务,锁定铜产品部分利润,但由于2010年10月份以来期货铜价格涨幅较大,导致铜期货保值账户亏损。截止到2010年12月31日,公司平仓亏损6 114.15万元;截止到2011年3月3日,公司平仓亏损7 831.58万元。两项累计平仓亏损已达13 945.73万元。目前,恒邦股份继续持有2011年5月的卖出持仓铜期货合约250手(1 250吨),2011年6月的卖出持仓铜期货合约510手(2 550吨)。截止到3月3日,公司铜产品现货销售实现收益16 662.39万元,抵消期货的亏损13 945.73万元,铜产品盈利2 716.66万元。
		宝胜股份 600973	对于部分订单"锁铜"所对应的期货合约,宝胜股份有两种处理方法:一是直接交割期货合约,提前备货,但这将会造成公司原材料库存过度增加;二是采用"移仓"的处理方法,即卖出交割期临近的期货合约,同时买入与订单交货期推迟后的期限相适应的交割期较远的期货合约,但"移仓"将会产生浮动盈亏,从而直接影响当期利润。2008年10月30日期货合约"移仓"形成的浮动亏损约为5 700万元。

（续表）

公司分类	上市公司名称及代码		套保情况具体介绍
有色金属及贵金属类	锌铅	罗平锌电 002114	积极开展锌期货套期保值业务，充分利用市场对冲手段合理规避了现货价格下跌所带来的风险，减少了亏损额。2008年该公司实现商品期货投资收益为864万元。2009年1月至9月分阶段分别对锌产品和锌精矿（原材料）进行了套期保值，截至10月9日，锌期货套保合约累计平仓亏损1159.91万元，持仓浮动亏损131.68万元。
		株冶集团 600961	前身1997年发生"株冶事件"。2004年取得境外期货业务许可证，2007年参与国内锌交易，做了第一笔60手套保买单，2008年期末套期保值持仓浮盈2188万元，平仓盈利3436万元。2011年株洲冶炼集团股份有限公司成为沪铅首笔成交客户。该公司卖出沪铅1109主力合约，首单成交价（开盘价）为19230元/吨。
		宏达股份 600331	现有年产22万吨电解锌生产能力，以公司及其控股子公司为主体，将生产的部分电解锌产品销售及部分锌合金原料采购，在境内开展套期保值业务。
	钢材	苏泊尔 002032	2004年1—6月，其期货投资收益575.52万元，2003年同期仅为238.8万元。2010年8月公告，作为专业炊具生产商，生产经营需使用大量的铜、铝、钢原材料。为规避成本大幅波动风险，公司拟利用境内期货市场进行风险控制。使用公司自有资金，现金投资额不超过3000万元，占用保证金不超过2000万。
		新疆众和 600888	2009年12月30日公告，董事会通过《关于公司进行钢材期货套期保值业务的议案》。套期保值的期货品种为上海期货交易所交易的钢材期货品种，钢材数量应不超过6000吨。持仓时间为在上海期货交易所买入与公司工程项目所需但品种规格未完全确定的钢材对应数量的合约，当该部分钢材的品种规格确定后，立即与钢材供应商签订协议并确定价格，然后进行期货平仓。
	贵金属	紫金矿业 601899	2008年抓住金属价格大幅震荡的机遇，进行套期保值交易，获得平仓收益合计为1.27亿元。
		山东黄金 600547	2010年年报显示，其投资收益项下"黄金期货及黄金租赁实现收益"为亏损251.57万元。
		辰州矿业 002155	2009年5月11日，第二届董事会第二次会议，同意公司于2009年度开展黄金套期保值业务（投入金额不超过2000万元）。
	铝上游企业	铝采掘企业 中国铝业 601600	2007年年报显示，中国铝业期货期权合约当期变动为1380.5万元。其中，根据2007年6月30日上海期货交易所和伦敦金属交易所收盘价，中国铝业期货合约的公允价值为6134.5万元。
		铝采掘企业 西部矿业 601168	2005年11月，该公司获得境外套期保值资格，开始在外盘做铅、锌、氧化铝套期保值；2008年，从套期保值业务中实现净收益近5亿元，其中生产保值实现平仓净收益2.8亿元，贸易保值实现平仓净收益2亿元。2007年，铝锭期货期权交易合同收益为6640万元，其他期货投资收益为2600万元，2007年年末期货保证金余额为8249万元。2009年上半年套期保值交易平仓后净亏损1亿元。

(续表)

公司分类	上市公司名称及代码			套保情况具体介绍
有色金属及贵金属类	铝上游企业	电解铝生产及铝型材加工企业	云铝股份 000807	主要进行买期保值,2005年的期货投资收益由上一年的6712万元大幅下降为783万元;2007年,在期货市场上的已实现投资收益为207万元,持有铝期货合约浮动盈利为418.6万元,期末期货保证金余额为1681万元。2008年期末商品期货浮动盈利3415万元,商品期货投资收益6545万元。
			关铝股份 000831	2007年的期货投资损失为35.9万元,期末保证金余额155万元;关铝套保规模比较小,也没有按照套期保值工具来处理,而是作为期货投资。
	铝下游企业		万丰奥威 002085	2006年进行了铝期货合约的投资交易,但结果不甚理想。2007年的年报中披露,2006年期货投资平仓收益为-2477811.03元,2007年期货投资平仓收益为-1251500元。万丰奥威还公告了开展外币远期结售汇业务。公司称为了降低汇率波动对公司利润的影响,使公司专注于生产经营,公司计划在中国银行新昌支行、工商银行新昌支行、农业银行新昌支行开展远期结售汇业务及境外NDF业务。经公司董事会批准,授权公司总经理在2011年4月之前开展美元远期结售汇业务及海外NDF业务,其中海外NDF业务总规模不超过中行核准的1.2亿美元。
			爱仕达 002403	2010年12月末宣布将开展大宗商品期货套期保值业务。
农产品类	豆粮油脂类		天邦股份(子公司)002124	2010年将豆粕套保保证金额度由1000万元增加到3000万元。
			大北农 002385	2010年11月19日公告,公司董事会通过有关开展期货套期保值业务的议案。套保品种为:大连商品期货交易所的玉米、豆粕、大豆、豆油、棕榈油等期货合约,郑州商品期货交易所的硬麦、菜籽等期货合约。预计全年套保数量不超过5万吨,所需保证金合计不超过2000万元,拟套期保值的原料合约最高数量约占2010年度对应预计耗用量的10%。
			东凌粮油 000893	首先,公司会根据年度计划,策划远期大豆的订货合同,以此来锁定原料成本,并提前3个月左右安排大豆采购计划,以规避在未来市场上大豆价格上涨导致原料成本增加。其次,根据生产经营安排,对自身实际持有的大豆原材料数量和下游现货预售量(下游现货预售量即为豆粕、豆油经折算而成的大豆数量)之间的净持有量进行套期保值,这减少了原材料成本变动对公司盈利造成的影响,具体套保操作方式为买入看跌期权和卖空期货合约。
	糖		中粮屯河 600737	公司自2007年年初开展套期保值业务至今,套期保值数量始终坚持在相对应的现货库存以下。近几年最高套保比例为60%—70%,符合集团不超过总产量90%的套保比例要求。2009年4月将食糖期货业务资金额由1亿元增加至2亿元,2010年又将2亿元增加至4亿元,前后不到3个月,从6亿追加到12亿,竟动用了相当于其现货全年业务的资金量来操作杠杆交易的期货套保业务。按照7000元/吨的价格、16%的期货保证金计算,在白糖100%保值的情况下,12亿元的资金可以保值白糖100万吨,但公司产量加库存量2011年也很难达到这一数字。
			冠农股份(600251)旗下全资公司绿园糖业	这几年绿园糖业的套期保值效果一直不错。

(续表)

公司分类	上市公司名称及代码		套保情况具体介绍
农产品类	棉花	敦煌种业 600354	2005年参与郑州棉花期货交易,2010年实现投资收益1 157.83万元,主要就是棉花期货业务收益大幅增加所致,而2009年公司投资亏损516.7万元。
		新赛股份 600540	2005年参与郑州棉花期货交易,2010年投资收益171.08万元。
		山东鲁泰 000726	注重利用套期保值来锁定成本,达成企业生产经营的平衡。做远期结汇、远期购汇、远期外汇买卖等衍生品交易业务,也是以套期保值为目的。
能源化工类	油	中国国航 601111	2001年起,国航就进行燃油套期保值交易。交易品种主要是新加坡航油和与航油价格关联度较高的布伦特原油、纽约原油衍生产品。公司持有的燃油套期保值合约于2008年9月30日的时点公允价值出现了负值,航油套期保值业务出现9.61亿元浮亏,2010年未交割的油料衍生合同公允价值变动收益近20亿元。
		深南电 000037	2008年与高盛子公司签订场外期权互换协议,亏损5亿元多。
		东方航空 600115	2008年11月26日晚东航发布公告:"截至2008年10月31日,公司的航油套期保值合约所测算的公允价值损失约为18.3亿元人民币,未来实际损失依赖于合约剩余期间的油价走势,目前套期保值合约尚未发生任何实际现金损失。"2010年买入的原油看涨期权产生了公允价值变动净收益8.33亿元。
	化工橡胶类	中泰化学 002092	2010年将聚氯乙烯期货套期保值业务保证金由2 000万元增加至5 000万元。仅限于在大连商品交易所挂牌的PVC期货合约,不从事其他期货交易或衍生品交易,套保数量以实际现货生产数量为依据,最高不超过实际生产数量的30%。
		佛塑股份 000973	公司2011年拟对PTA、PVC、LLDPE共三个品种塑料原材料的期货进行交易,期现结合套利操作。根据市场和公司经营情况,套保交易的保证金最高额度不超过3 000万元。
		华联控股 000036	主营业务之一是生产PTA,它需要在PTA期货市场上进行套期保值。参股的华联三鑫2008年夏季逆势做多PTA期货,9月被迫以高价接下巨量期货实盘,涉及资金至少10亿元,其面临的跌价损失接近5亿元。
金融期货类	外汇类	长安汽车 000625	2007年年度报告中披露:该公司于2006年参加外汇套期保值,产生1 687万元的亏损,保值效果不理想,2007年没有继续参加套期保值。
		振华重机 600320	2008年锁定19.87亿美元的远期人民币,平均汇率为6.96;锁定6亿欧元的远期人民币,平均汇率为9.95;外汇远期溢价受益5.17亿元。
	股指类	中信证券 600030	2010年1—6月,衍生金融资产投资收益、衍生金融工具公允价值变动分别为7 900万元、4 100万元。
		招商证券 600999	2010上半年自营部门套期保值收益789万元,2010年年报显示,其股指期货投资的期末余额(即浮动盈利)高达3.29亿元。
		海通证券 600837	2010年上半年处置衍生金融资产取得的投资收益为864万元。

资料来源:易周期权之家,2011年4月27日制表,http://www.chinavalue.net/Finance/Blog/2011-3-15/721874.aspx,引用时有删改。

通过考虑公司和股东承受的各种风险因素可以得到在险价值轮廓图。有了这个轮廓图和对产生它的各个风险因素的了解，投资者就可以考虑处理风险的策略了。他可以选择风险敞口。他可以避开有某些特殊风险特征的企业，他可以运用金融或大宗商品套期保值工具来使自己免于承担特定的风险敞口。例如：如果他要承担石油价格风险，他可以购买石油公司；但是由于他不想承担利率风险，他可以通过套期保值规避利率风险对高杠杆石油公司的影响。而且，投资者明白通过持有大规模的股票证券组合能够分散风险。单个企业的在险价值轮廓图是决定股票组合风险状况的输入值。投资者明白，在给定某一类风险同时最小化其余风险的条件下，如何通过投资多元化来构造一个投资组合。在险价值轮廓图可以帮助投资者来衡量他的投资组合中某一类特殊的风险。在实施他的风险敞口策略时，投资者需要了解公司内部是否有合适的风险防范机制（上述第二点所讨论的），同时再加入他自己的有关策略，就构造出他自己理想的风险敞口。

在第一步中对经济风险因素的确定——在第三步中把它们与财务报表影响因素相结合——与第 15 章中确定剩余收益的经济决定因素很类似。第四步中编制预计财务报表不仅要考虑到关于预期剩余收益的信息，而且也要考虑到剩余收益的可能波动，这样就完成了第 15 章中提到的完全信息下的预测。

第五步中价值的计算采用无风险利率。因此，对每一种结果，都用剩余经营收益进行估值：

$$V_0^{NOA} = NOA_0 + \frac{OI_1 - (R-1)NOA_0}{R} + \frac{OI_2 - (R-1)NOA_1}{R^2} + \frac{OI_3 - (R-1)NOA_2}{R^3} + \cdots$$

(18.4)

其中，R 等于 1 加上无风险利率。预测一直持续到公司达到稳定状态的年度。

大多数电子表格程序具有敏感性分析的功能，这使得分析更容易。为了简化起见，表 18.2 的例子只考虑了一个风险因素（重要因素）：经济整体表现的波动性，以 GDP 的增长率衡量。这个因素相当于资本资产定价模型中的"市场因素"。在本例中这个因素只影响了三个驱动因素：销售收入、净利率和资产周转率。表 18.2 的上半部分给出了 7 个 GDP 的增长率，并分别列示了在这 7 种情况下 A、B 两种公司的销售收入。你可以看到，在同样的 GDP 水平下，这两家公司有同样的销售收入，因此它们承受的 GDP 带来的销售风险是相同的。但是两家公司的 PM 风险和 ATO 风险不同。PM 风险受经营杠杆（即固定成本与变动成本的比率）的影响。如表的底端所示，A 公司的固定成本为 2 000 万美元，高于 B 公司的 400 万美元，相应地 A 公司可变成本为销售额的 72%，而 B 为 88%。因此，A 有更高的经营杠杆风险和 PM 风险。A 公司的可变净经营资产也相对较少，它在固定资产上的投资为 3 070 万美元，而 B 公司为 1 870 万美元（如表格底端所示）。因此，A 公司有更高的 ATO 风险。我们可以将净经营资产中的固定部分看成是厂房，变动部分（A 公司为销售收入的 36%，B 公司为 48%）看成是存货和应收账款。

表 18.2　两公司的在险价值状况

情景	A 公司							B 公司						
	1	2	3	4	5	6	7	1	2	3	4	5	6	7
因素：GDP 增长率	−0.1%	0%	1%	2%	3%	4%	5%	−0.1%	0%	1%	2%	3%	4%	5%
可能性	0.1	0.1	0.2	0.2	0.2	0.1	0.1	0.1	0.1	0.2	0.2	0.2	0.1	0.1

(续表)

情景	A 公司							B 公司						
	1	2	3	4	5	6	7	1	2	3	4	5	6	7
受基本面因素影响后的销售收入(百万美元)	25	50	75	100	125	150	175	25	50	75	100	125	150	175
经营费用(百万美元)														
固定费用	20	20	20	20	20	20	20	4	4	4	4	4	4	4
变动费用	18	36	54	72	90	108	126	22	44	66	88	110	132	154
费用总计	38	56	74	92	110	128	146	26	48	70	92	114	136	158
经营收益(百万美元)	-13	-6	1	8	15	22	29	-1	2	5	8	11	14	17
净利率	-52%	-12%	1.3%	8.0%	12%	14.7%	16.6%	-4%	4%	6.7%	8.0%	8.8%	9.3%	9.7%
资产周转率	0.63	1.03	1.30	1.50	1.65	1.77	1.87	0.81	1.17	1.37	1.50	1.59	1.65	1.70
RNOA	-32.7%	-12.3%	1.7%	12.0%	19.8%	26.0%	30.9%	-3.3%	4.7%	9.1%	12.0%	14.0%	15.4%	16.6%
期初 NOA(百万美元)	39.7	48.7	57.7	66.7	75.7	84.7	93.7	30.7	42.7	54.7	66.7	78.7	90.7	102.7
ReOI (R = 1.06)	-15.4	-8.9	-2.5	4.0	10.5	16.9	23.4	-2.8	-0.6	1.7	4.0	6.3	8.6	10.8
有限责任下的价值	-40	-49	-16	133	251	366	484	-31	33	83	133	184	234	283
PM 风险的驱动因素	经营费用 = 20 + 销售收入的 72%							经营费用 = 4 + 销售收入的 88%						
ATO 风险的驱动因素	净经营资产 = 30.7 + 销售收入的 36%							净经营资产 = 18.7 + 销售收入的 48%						

在这些情形下,对经济状况不同的敏感性产生了不同的 ReOI。如果 GDP 以 2% 的速度增长,两公司的销售收入都达到 1 亿美元,PM 为 8%,ATO 为 1.50,RNOA 为 12%。若 NOA 的要求回报率按无风险利率(假定为 6%)计算,则 ReOI 将为 400 万美元。但是如果 GDP 的增长低于 2%,A 公司的 RNOA 和 ReOI 会低于 B 公司。另一方面,若 GDP 增长高于 2%,A 公司的 RNOA 和 ReOI 也会高于 B 公司:经营杠杆和 ATO 的弹性决定了下行风险,但是它们同时也带来了上行潜力。

表 18.2 的底部给出了每一种结果的价值。(同样是为简单起见)估值假设每种结果都是永续年金: V_0^{NOA} = NOA_0 + 预期 ReOI/0.06。A 公司在情景 1 和 2 下,与 B 公司在情景 1 下,NOA 产生的价值为负:永续的负 RNOA 意味着公司将亏损掉所有价值。但是在有限责任制下,亏损额最多为投资额的 100%。因此这一系列可能的价值不仅反映出销售风险、PM 风险和 ATO 风险,也反映出了在有限责任制下受到的风险保护。把各种结果的价值与结果出现的可能性联系在一起,我们就得到了在险价值轮廓图。图 18.4 给出了 A、B 两公司的在险价值轮廓图。

这两种在险价值状况的比较,充分说明了上行潜力和下行风险之间的相互抵消。一系列结果的期望值是各种结果与其可能性的乘积之和。因此两家公司的期望销售收入都是 1 亿美元(这恰好也是销售收入的中值)。在该销售水平下,两家公司均产生 400 万美元的 ReOI。如果预测此 ReOI 为永续年金,两家公司的价值均为 V_0^{NOA} = 66.7 + 4.0/0.06 = 1.33 亿美元。但是,因为价值在期望值周围的分布是不同的,所以对两公司的投资并不等价。它们的风险

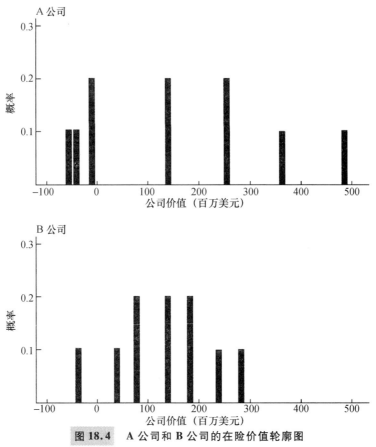

图 18.4　A 公司和 B 公司的在险价值轮廓图

这些轮廓图源于表 18.2 的 GDP 增长的 7 种情况。A 公司有较高的净利率风险和较高的资产周转率风险。这些风险因素导致了 A 公司估值结果较低和估值结果较高的可能性都很高。

状况是不同的。与 B 公司相比，A 公司具有产生更高价值的可能性，但同时也存在经济下滑时遭受更大损失的可能。

所以 A 公司的在险价值轮廓很像图 18.1b 所示的，有肥尾、右偏的股票回报率分布。但是现在我们通过基本面分析揭示了那些分布的驱动因素。我们知道哪些因素影响着公司的风险。我们通过分析来确定回报率的分布，而不是假想回报率具有某种分布特征，如正态分布。我们知道回报率分布——以及相应的在险价值状况——可能并不是正态分布的，因此标准差不能反映风险的各个方面：经营杠杆和 ATO 风险联合起来使得获得很好或很差的回报率成为可能。

这里的例子是极简化的。它忽略了经营风险的其他方面，如费用风险和经营负债杠杆风险。它忽略了除 GDP 增长外会影响销售收入的其余因素。它也仅考虑了一期的销售分布。该例子也没有涉及增长风险，因为只有预测的期间更长，考虑增长风险才有意义。但是该例子给出了分析的模式，这对于其他风险因素分析也同样适用。政府更替和监管变化带来的政治风险可以使分析师具体分析在既存在 GDP 增长风险又存在政治风险情形下的销售情况。这个分析可以重复进行，用来预测每一年的情况，以及预测稳定状态下的销售收入、净利率、ATO 和预测期增长率等。所有这些预测改变的只是计算上的复杂性，因此需要运用电脑。若要在一段时间内考虑更多的可能结果和结果路径,那么就需要计算更多的价值及与此相关的概率。相应地,价值轮廓就会表现出在一个价值范围内近似于图 18.1 所示的"平滑"的价值分布。

适应期权和增长期权

在 A 公司和 B 公司的例子中,把净经营资产对销售收入的反映具体化为一个简单的方式:ATO 风险的驱动因素有两个组成部分,一个固定组成部分和一个与销售收入成比例的部分。这种资产结构使得公司无法采取多种应变方式,以适应销售收入的变化。公司不可能总是处于情景 1 中的状态。如果它发现,因为某种原因产品的需求将会面临情景 1 的结局,它会进行调整。它可能会进行清算,把钱还给要求权人,而不是如例中所示那样把价值全部亏损掉。或者它会转向生产其他相关或不相关的产品。

清算或适应新情况以避免最坏结局的能力叫作适应期权。企业的适应期权取决于它的组织形式和它的技术构成是否容易清算或转向其他方面的应用。一个农夫在某种农作物的需求降低时可以转而种植别的农作物或喂养牲口;一家生产汽油动力汽车的公司在消费需求发生变化时,可以转而生产以太阳能为能源的交通工具。但是,一个高度专门化的生产者——一家药品已被更好产品所替代的制药厂——几乎没有别的选择:为适应变化,只能选择清算。适应期权是一个企业"改造自身"的能力。

分析师会谈及适应期权的价值。在分析中,考虑更多销售收入的结果(这些结果是由执行适应期权所导致的),考虑这些结果下更为复杂的 ATO 影响因素,及每一种期权发生的可能性,那么期权的价值就会反映出来。在分析中,清算的价值也可考虑在内。

分析师也会谈及增长期权及其价值。和适应期权一样,增长期权也是一种适应变化进行调整的权利。但是不同的是,它是在特别好的情形下而不是特别坏的情形下变化的权利。增长期权就是能合理地配置资产——扩大净经营资产——以利用新的机会。适应期权限制了下行风险,增长期权则产生了上行潜力。在图 18.3 中,我们将增长风险描述为销售收入不能增长的风险。但是与所有风险一样,增长风险也有上行的一面,各个公司抓住销售收入出现非预期增长机会的能力是不一样的。

一家零售商签订了一份租赁合同,如果合同规定有权租借额外楼层空间,他就有了明确的增长期权。但是许多经营活动的增长却是不明确的。企业通过建设过量的产能——如工厂、电信网络、航线和人造卫星网络,就创造出了增长期权。增长期权源于企业"在合适的时间和合适的地点"把它自己放在了合适的位置。在技术发生变化时,企业的技术基础可以让其充分利用这些变化。企业的市场地位、商标名称和顾客忠诚度会让其有能力把握住产品更新和消费者偏好发生变化的机会。确认这些期权,可以使在险价值轮廓中上行潜力数值更大。事实上,我们发现如果销售超过预期,A 公司(相对于 B 公司)因为拥有更多可利用的工厂,所以有隐含的增长期权。

这些增长期权以及它们可能产生的利润和价值在在险价值分析中得到了体现。练习对 A 公司的分析:如果执行增长期权,列出销售收入、净利率和资产周转率的情况,同时对各种情形发生的可能性进行估计。

阅读材料 18.5

写字楼惊爆"地产期权",房产交易又出创新

随着北京写字楼供应总量的增加,市场竞争无疑将更为激烈。最近写字楼交易爆出"地产期权"新招法,将金融风险工具的概念引入地产交易,是一种大胆的创新尝试,也向买方市场发出了一种利好信号。

"地产期权"新鲜出炉

推出该计划的西奥中心在8月份曾以"35万入主西奥中心800平米一整层"的促销措施大幅度减少首付金额,降低客户投资的门槛,取得惊人效果。近日又做惊人之举,大胆提出"地产期权"概念,首次将金融风险工具的概念引入地产交易,再度引起市场关注。

资料显示,北京与日俱增的大量中小企业中,约有半数的注册资金在50万元以下。从这些中小公司的写字楼购买能力看,能够承受的一次性现金支出也就几十万元。而目前动不动就一两百万元的总价,对于中小公司确实门槛太高。目前,租用、购买写字楼的大部分是驻京的外地企业、机构办事处、中小型公司,主要涉及IT、金融、咨询、广告和中介服务等行业。由于这些企业大都还处于成长阶段、资金有限,公司业务的不断扩张限制了购置不动产的需求,现金流仅限于租用写字楼。

此外,这些买家对楼价保持一种观望的态度,通常对不动产的未来价值没有明确的预期,因此将风险降至最低也是购楼的主要前提之一。在住宅市场,投资购房的比例非常高;写字楼市场则不同,由于资金和对市场了解的障碍,需求大部分都是实在的。而且,即便存在投资客户的购买,也只是部分成熟的并且有资金实力的投资群体的介入,规模不大而且素质高。

一般来说,传统的写字楼开发,都是租而不售,但是,近年来,很多以住宅立项的商务楼凭借价格和销售中资金组织的优势,多采取出售形式。一些业务稳定发展的公司意识到了花10年左右的租金购买具有70年产权的写字楼的经济性,以及购买写字楼对于公司战略布局的意义。但是,对办公物业价值的判断是一个长期的过程。购买办公物业属于高额投资,对企业的经营与发展会产生巨大影响。因此,买家在决定购置不动产时会更多地考虑如何降低投资风险,更多的是对楼价保持一种观望的态度。购置不动产的风险就是涨跌,与任何投资一样,都是买涨不买跌。在客户对不动产的价值走向无从判断时,就更加希望能有一种进退自由的投资方式。于是,"地产期权"应运而生。

"地产期权",将金融风险工具的概念引入地产交易,是一种大胆创新的尝试。所谓的"地产期权"属于买方期权,即看涨期权,指期权的买方(客户)享有在规定的有效期限内按某一具体的约定价格向卖方(开发商)买进某一特定数量的相关商品(物业)期货合约的权利,但并不同时负有必须买进的义务。资金压力不大的开发商希望通过"地产期权"的方法,带旺整个物业的商务人气。特别是对于市场看涨地区已成现房以及使用需求大于投资需求的写字楼,这种期权交易更为适合。

在"地产期权"的模式中融入"以租代售"的方式,但回避了"以租代售"的缺陷,即:传统的"以租代售"方式是以一个较高租金在一个较长周期内实现"分期付款"的购买行为,客户的主要风险和负担来自于在较长时期内日常支出的高额现金流(长期负担开发资金成本和开发商出租利润),以及远期的市场变化有可能带来的比较大的损失,并且这种交易方式很难放弃和转让;而"地产期权"计划的目的是,为投资者提供了安全的退出出口,给出客户充足的市

场观望时间以看清所购物业的真实价值,为其投资决策提供依据,并且减少购房的一次性资金压力,这样既可以满足客户使用的需求,也可以使开发商立即获得满意的入住率和部分租金回报。一旦操作成功,应该是一个双赢的结果。

揭开地产期权神秘面纱

以西奥中心写字楼为例:开发商以"以租代售"的方式将西奥中心租与客户2年,客户向开发商支付高于亚运村写字楼平均租金水平几个百分点的租金。客户拥有在2年内以与开发商约定的某个价格购买或放弃购买西奥中心的权利。这样,在2年内,当市场高于约定价格时,客户可以行使权利选择购买,同时也可以选择将这份"期权"交易出去以直接套现;如果市场价格低于约定价格,则可以选择放弃行使权利。这就是期权给予期权购买者的利益诱惑:在市场良好的情况下,期权权利的行使可以帮助期权购买者赚钱;如市场突遇萎缩低迷,期权权利的放弃则可以免于赔钱。如客户行使权利,已付租金可折价计入房款;如放弃行使权利,购买行为变成了承租行为,承租方并没有大量额外现金支出。

以购买西奥中心期权2年内期末行权为例:

半年行使

户型	A	B	C	D	整层
面积(平方米)	257.75	131.74	125.37	322.98	837.84
行权价格(元)	12 000	12 000	12 000	12 000	12 000
预期市场价格(元)	13 000	13 000	13 000	13 000	13 000
升值差价(元)	257 750	131 740	125 370	322 980	837 840
客户行权获利(元)	178 879	91 428	87 007	224 148	581 461
折价金额(租金返还总金额)	167 022	85 368	81 240	209 291	542 920
租金返还后实际价格	11 352	11 352	11 352	11 352	11 352

一年行使

户型	A	B	C	D	整层
面积(平方米)	257.75	131.74	125.37	322.98	837.84
行权价格(元)	12 600	12 600	12 600	12 600	12 600
预期市场价格(元)	14 000	14 000	14 000	14 000	14 000
升值差价(元)	360 850	184 436	175 518	452 172	1 172 976
客户行权获利(元)	203 107	103 811	98 792	254 508	660 218
折价金额(租金返还总金额)	334 044	170 735	162 480	418 582	1 085 841
租金返还后实际价格	11 304	11 304	11 304	11 304	11 304

两年行使

户型	A	B	C	D	整层
面积(平方米)	257.75	131.74	125.37	322.98	837.84
行权价格(元)	13 200	13 200	13 200	13 200	13 200
预期市场价格(元)	15 000	15 000	15 000	15 000	15 000
升值差价(元)	463 950	237 132	225 666	581 364	1 508 112
客户行权获利(元)	148 464	75 882	72 213	186 036	482 596
折价金额(租金返还总金额)	668 088	341 470	324 959	837 164	2 171 681
租金返还后实际价格	10 608	10 608	10 608	10 608	10 608

注：

1. 该方案中的期权为买方期权，即给予其持有者买入标的资产的权利的期权。期权持有方为客户，期权卖方为开发商。

2. 该方案中的期权为美式期权，即行使权利的期限为一段时间，而非固定的某个时点。

在该方案中，期权持有人（客户）行使权利的时间为购买期权2年内的任意租金结算周期期末。

3. 行权价格。在现行市场价格12 000元的基础上有所上浮或保持不变。

4. 期权定价。

计算期权持有方和期权卖方的损益要考虑的要素：

（1）期权买方通过行使权利得到的收益，即期权卖方产生的亏损。西奥中心预期2年后的市场价格为15 000元/平方米。

（2）期权溢价，期权的购买价，即期权卖方的收入，也是期权买方的成本。是买方在出现最不利的变动时所需承担的最高损失金额。

在该方案中，期权溢价主要体现于"以租代售"租金中高于亚运村写字楼平均租金水平的部分，用于支付该计划占用资金的利息。

资料来源：陈鸿莉，《写字楼惊爆"地产期权"，房产交易又出创新》，《安家》，2004年第11期。

策略与风险

在险价值图是分析策略的工具，商业上的战略家不仅需要明白策略的期望价值，也要理解它所产生的上行潜力和下行风险。他还需要在上行潜力和下行风险之间做出权衡，因此他会把每一个策略都绘制在险价值轮廓图。

在上述例子中，A公司和B公司虽然具有相同的销售结果，但其构建企业的策略是不同的，这些策略产生了不同的在险价值轮廓。销售结果不同的策略也可以用相同的方法进行评估。一般而言，在每一个策略中，基本面风险的每个组成部分以及它们对在险价值指标的影响都需要明确考虑。公司应该构建增长期权吗？应该构建适应期权吗？这些期权的成本是什么？

明白了风险，管理者就能按照情景计划来控制风险。他可以列出可能的情景，并且计划在每一个可能的情景下如何经营。如果最悲观的情况发生，他要计划如何适应以避免最坏的结局。如果增长的机会到来，他要计划如何利用它。或有计划可以帮助发现更多更细的情景，对于企业创造价值、降低风险具有指导性的作用。因此，在险价值分析不仅分析所涉及的风险，而且有助于形成计划。

风险的折现

对于A公司和B公司，我们通过期望销售收入计算出其价值为1.33亿美元，但是这个估值结果是在假设投资无风险时得出的：计算中所用的折现率是无风险利率。根据给出的风险情况，价值可能围绕着1.33亿美元发生一定程度的波动。风险规避型的投资者对于这个"赌博"只愿意支付少于1.33亿美元的对价。

无风险估值和风险调整估值的区别在于风险折现率。以较低的风险调整价格购买，会得到高于无风险回报率的回报率，因此，风险折现率可以看成是在期望的无风险回报率的基础上的增加，或者是要求回报率上的风险溢价。估值问题就是如何衡量这个溢价（或折现）。

在对 A 公司的估值中,标准差为 1.988 亿美元,B 公司估值的标准差为 1.033 亿美元。有一个方法也许能按照标准差来决定风险溢价。这个方法需要一个能将风险溢价与标准差联系在一起的模型。但是该方法忽略了标准差可以通过多元化投资而分散的问题。资产定价模型对这个问题做出了反映,但是它无法对风险溢价进行有效计量。另外,标准差和资产定价模型都无法反映可能发生的极端回报率的风险,这种风险在基本面风险分析中有所表现,并且也可以通过股票实际回报率观测出来。

对于风险溢价的度量还未找到令人满意的技术。CAPM 模型是一个最常用的模型。这里的分析没有给出别的选择。它的确描述了企业的基本面因素如何决定风险,以及结果如何影响价值。但是,它并没有告诉你在险价值轮廓是如何转化为对风险的折现的。

18.4 基本面因素的 β 值

公司的基本面因素在由资产定价模型引出的 β 技术中起着重要的作用。β 系数是公司回报率对市场中系统性因素的敏感度,如在上例中所看到的影响 A 公司和 B 公司的 GDP 增长率。该敏感度取决于公司自身的特征。例如,在其他方面相同的条件下,拥有较高财务杠杆和经营杠杆的公司会有一个高的 CAPM β 值。A 公司的 β 值高于 B 公司。因此,这些基本面因素的信息有助于 β 值的估计。

通过股票回报率(而不考虑基本面因素)估计的 β 值,称为历史 β 值。对于公司 i 的历史 β 值的估计,可以对过去期间的回报率按如下形式进行回归:

$$\text{回报率}(i) = \alpha + \beta(i) \times \text{市场回报率} + e(i) \tag{18.5}$$

市场回报率是回报率的系统性部分;$\alpha + e(i)$ 有时也称为剩余回报率,是公司的回报率中不能由市场波动解释的部分。有时候,用超过无风险利率的回报率来进行回归。公司的 β 值,$\beta(i)$,是公司自身的回报率对市场波动的敏感性。

历史的 β 值是事后计算的,也就是说,它衡量的是公司过去的回报率对市场回报率的敏感性。但投资者所关心的是他所持有的投资在未来的 β 值。如果公司在变化,β 值也会发生变化。公司改变其业务类型,其杠杆和资产周转率风险也会发生变化。在图 18.3 中所有这些风险的决定因素都会随时间变化。事实上,历史 β 值也会随时间发生变化。像我们分析过的许多财务变量一样,它们有一个回归于均值的趋势:随着时间变化,高的 β 值倾向于下降,低的 β 值倾向于上升。因为这个原因,某些机构对历史 β 值进行了如下调整:

$$\text{调整后的 } \beta(i) = 0.35 + 0.65 \times \text{历史 } \beta(i)$$

调整的影响使得历史 β 值倾向于所有公司的平均 β 值,1.0。因此,如果历史 β 值是 1.7,未来的调整 β 值是 1.455。

另外一条可行的途径是通过基本面因素来预测未来的 β 值。如果 β 值反映了公司的特征,那么就能根据这些特征对它们进行预测。这些 β 值叫作预测 β 值或基本面 β 值,因为是用基本面因素来预测的。BARRA 公司根据学术研究成果,开拓了基本面 β 值的市场。

预测 β 值的模型可以通过两步来建立。我们用两个基本面预测因素即财务杠杆(FLEV)和经营杠杆(OLEV)举例说明。在第一步中,通过各家公司的横截面资料,估计历史 β 值和过去基本面变量之间的关系:

$$\text{历史的 } \beta(i) = b_0 + b_1 \text{FLEV}(i) + b_2 \text{OLEV}(i) + u_i$$

在第二步中，根据第一步得出的系数 b_0、b_1 和 b_2，用公司最近的基本面数据来估计公司未来 β 值：

$$\text{预测的 } \beta(i) = b_0 + b_1 \text{FLEV}(i) + b_2 \text{OLEV}(i)$$

模型中既包括了历史 β 值（由回报率计算得到），又加入了基本面因素。[①]

基本面 β 模型一般包括很多的基本面特征，而不仅是这里的两个，此外还会包括行业和业务部门的信息。

这些基本面特征的选取常常是根据它们在数据中的作用，而不是根据理论上它们能否反映风险。请看图 18.3 中还有哪些基本面风险因素有助于预测 β 值。

18.5 价格风险

商业投资回报的不确定性产生了基本面风险，基本面风险又导致了股票回报的不确定性。但是这里还有另外一种投资者必须关注的风险。如果价格偏离了基本面价值，投资者就会因以不反映基本面价值的价格交易面临风险，当然也可能得到回报。和基本面因素没有关系的风险叫作价格风险。价格风险有两种表现形式：市场无效风险和流动性风险。

市场无效风险

相信股票市场是有效的消极投资者认为他面临着基本面风险：有效市场中的价格将会随着基本面因素的变化而变化。积极的投资者则认为，价格可能是无效的。他试图利用这种无效性，但是他也意识到市场的这种无效性是不确定的。价格运动可能与他的预期相背离。市场无效风险指的是价格运动不完全由基本面因素决定的风险。

考虑两个利用市场无效性的例子。你预计在未来某个时间让投资变现的价格 P_T 是正确的，但是你发现目前的价格 P_0 是错误的。也就是说，你预计你能在 T 时刻以公允的价格出售资产，但是在目前你可以通过购买你认为被错误定价的股票而赚取超额回报。同样你也可以假设目前的估价 P_0 是正确的，而 P_T 将被错误定价。用 V 表示真实价值。图 18.5 中的两个图表示了这两种情景。每一个图都给出了该投资的目前市场价格和预期市场价格，分别用 P_0 和 P_T^c 表示。P_T^c（带 C 表示期望未来价格）表明，由于股利是回报的一部分，故 T 时刻的期望价格是带息的。P_0 和 P_T^c 分别与 0 期和 T 期时的真实价值 V_0 和 V_T^c 相比较。T 期时的真实价值也是带息的。

在情景 A 中，基本面分析师会明白，股票现在是错误定价的，对它进行投资就可以在它恢复基本面价值时获得超额回报。但如果他购买的是被过高定价的股票，当股价恢复基本面价值时，他就会蒙受损失。同样，没有发现价格被低估的投资者会在现在卖出股票，并发现自己在价格恢复到基本面价值的过程中受损。两种情况下，投资人都面临着在错误价格下交易的风险。这被叫作情景 A 风险。情景 A 能带来回报，但是也存在风险。

在情景 B 中，投资者按照股票的基本面价值购入股票，并预期在未来某个时刻股票价格

[①] 因为 β 决定了预期回报（根据 CAPM 模型），回报模型有时在第一步的估计中除了包括市场因素外，还包括企业的基本面特征（公式 18.5）。因此基本面因素与市场回报和历史 β 值一起解释过去的回报。然后，在第二步中，模型得出的估计值和基本面特征及历史 β 值一起预测未来的股票回报而不是 β 值。

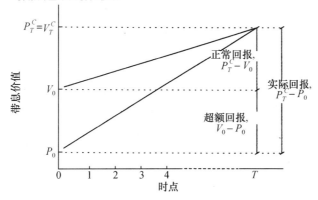

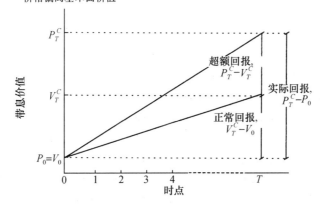

图 18.5 在这些获得超额回报的情景下，P_0 表示在时点 0 的市场价格，V_0 表示在时点 0 的内在价值。P_T^C 表示在时点 T 的预期带息价格，V_T^C 表示在时点 T 的预期带息内在价值。

在情景 A 下，投资者预期未来带息价格等于基本面价值，但是当前的价格与基本面价值不同，这样随着价格逐渐接近基本面价值就产生了超额回报。在情景 B 下，投资者认为现在的价格等于基本面价值，但预期价格在未来将偏离基本面价值，这样随着价格偏离基本面价值就产生了超额回报。

会偏离其基本面价值。因此他希望投资能获得预期的超额回报。然而，对基本面投资者而言，在情景 B 真的发生时，股价若低于其基本面价值，如果他没有预期到情景 B 会发生，他就会受到损失。我们称这种风险为情景 B 风险。像所有投资一样，情景 B 也会带来回报，但也会带来风险。

这两种情景的不同之处在于，它们预计未来价格的变化方式不同。情景 A 中，市场最终会发现错误的定价，并且（在报告未来收益时）对其做出纠正。而情景 B 中，市场价格会偏离真实价值。举一个情景 B 的例子。发生公司并购时，试图收购另一家公司的竞争者们会抬高被收购目标的价格，使之高于基本面价值。投资者如果预计到这样的情况，就可以买入可能被收购公司的股票。或者在并购热潮时，许多公司的竞争会使被收购目标的价格发生膨胀。也就是说，我们应该明白，供求关系决定价格，对股票的需求过度或需求不足，都会使价格偏离内在价值。许多投资者都认为，20 世纪 90 年代出现的股价普遍高估的情形，是因为那些出生于生育高峰期的人对股市热情过度，不加选择地将财富投资于股市，使得股价被抬高。这种理论被称为股价流动性理论。当然,也可以用追随潮流、羊群效应,或者盲从于某种对股票价值的错误信念来解释股价偏离真实价值的现象。它们被称为股票市场的心理理论。这些理论尝试解释为什么会有看起来不理性的投资行为。研究股价为何偏离真实价值的学科被称为行为金融学。

情景 A 的风险和情景 B 的风险可以同时发生。投资者认为一只股票价格被低估,因此购买股票以期获得情景 A 的回报,但情景 B 的力量会使得股价更低。在 20 世纪 90 年代中期,许多基本面投资者认为股价过高,出售了所有股票。直到 90 年代末,他们发现股价高估更严重了(从他们的观点看)——他们错过了一个大好的牛市。另外,那些在 90 年代中期卖空股票的人蒙受了巨额的损失。尽管他们对基本面因素(以及基本面风险)有充分的认识,但他们还是承受了价格风险。

在这两种情形下的风险都来自于以错误的价格买卖了股票。价格并不是总与基本面因素保持一致。基本面分析可以抵制价格风险。这就是我们早在本书第 1 章中提到的:分析可降低投资中的不确定性。

但是仅仅靠基本面分析来防范情景 B 的风险是不够的。情景 B 的风险产生于那些使价格偏离基本面的因素,因此了解这些非理性的市场力量有助于预测情景 B。事实上,那些分析也有助于预测情景 A,因为如果你根据基本面分析认为股票定价错误,并且有了关于股价为何不是处于基本面价值的解释,那么你在这两方面都得到了确证。

基本面分析并不能完全地解释股票价格。基于价格变动行为理论的股票价格理论则完成了这个解释。了解股价的形成有助于防范价格风险。但是正如基本面分析有助于防范价格风险而同时利用(情景 A)错误定价一样,股票价格行为理论也有助于利用(情景 B)错误定价。不幸的是,股票价格的行为理论没有得到很好的发展,它更多的是一种猜测。如果没有这个理论,基本面投资者可能会很好地遵从原有的基本面分析师的建议,以极大的耐心进行长期投资(直到股价最后反映出基本面价值)。该观点声称错误定价只是一个短期现象,而且最终会自己进行调整。

公司内部的投资项目经理不会关心价格风险。项目和商业策略的风险是基本面风险。然而经理在投资中使用通过市场价格估计得到的要求最低回报率时,必须谨慎,就像那些基于历史数据 CAPM 得出的 β 值一样。这些最低回报率可能反映的是价格风险,而不是基本面风险。

流动性风险

以低于基本面价值的价格出售股票会减少回报。但是投资者可能因为无法将股票出售给其他投资者而降低价格。为了卖掉股票,投资者可能必须以较低的价格吸引购买者。

这种因为缺乏买主而不得不以偏离内在价值的价格进行交易的风险就是流动性风险(liquidity risk)。卖出者面临着流动性风险,但做了基本面分析却找不到卖家的买家也面临着此类风险。卖空者如果在想购回股票以弥补头寸时找不到买家,那他们也会承担巨大的风险。在交易头寸中,杠杆越大,流动性风险的影响就越严重。

流动性风险是某些市场的永久性特征。一家未公开上市交易的公司的股票因为很少交易,故存在很高的流动性风险,而一家公开交易的上市公司的股票流动性风险相对较小。但是流动性风险也可能发生不可预测的变化。投资者可能在某只股票上遭受损失。如果公司处境艰难,投资者会发现很难找到情愿的买家来处置掉股票。如果投资者全部逃离市场,整个市场将面临着流动性风险,监管机构和中央银行关注的正是这类系统性的流动性风险。

卖家为了不承担流动性风险所支付的折扣叫流动性折扣。市场机制的发展使得这种折扣额下降。股票经纪人承担着同时寻找买家和卖家的职能,因而降低了流动性风险(同时,也对此进行收费);做市商在股票交易中对买卖进行配对,以此来降低流动性风险(为此交易者必须以经纪人买卖价差的方式支付费用)。投资银行为大量的股票发行寻找买家,专业化的经纪人为私有公司进行股票发行(并为此收取一定费用)。事实上,交易费用可以最小化流动性风险。预期的投资回报会因为流动性风险和交易费用(能降低流动性风险)而减少。

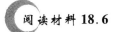
阅读材料 18.6

大众股价两日狂飙4倍　对冲基金做空巨亏380亿

要问这两天全球最牛气冲天的股票是哪只,答案非"大众汽车"(Volkswagen AG)莫属。这家欧洲最大的汽车制造商本周一、周二仅两个交易日股价就狂涨了近4倍,竟然一度跃居全球市值第一。

然而,要问这两天最让机构投资者痛心流泪的股票是哪只,答案也非"大众汽车"莫属。几乎有100多只对冲基金因为集体做空,而在这场大众股价盛宴中巨亏近400亿美元。

股价两天涨4倍

事情起因来自于保时捷公司的一纸增持公告。上周日,保时捷披露称已将其在大众的持股数从31.5%增至42.6%,并还取得了另外31.5%的认购权,这也就意味着保时捷将掌控大众约75%的股权。

此举大大出乎市场预料,显然保时捷对大众的兴趣之大超过了所有人的想象,包括经验老到的对冲基金交易员们。由于全球经济陷入衰退,汽车业已被大多数分析师认为将首当其冲,包括大众在内的汽车股成为做空的首选对象。

然而,"悲剧"发生了。周一,也就是在保时捷发布公告的后一天,大众股价立即从上周末收盘的210欧元飙升至518欧元,涨幅147%。周二,"发了疯"的大众再度上扬77%,收于918欧元,而盘中更是摸高1005欧元,市值一度超过埃克森美孚,蹿至全球第一。

基金两天亏380亿美元

大众股价飙涨带来的不是喝彩声,相反却是一片恐慌——来自那些"押错注"做空大众、赌其股价跌的投资者。事实上大众股价的"无厘头"飙升,很大程度上正是这些做空者不顾一切地"空头回补"所致。

但是,损失已不可避免,其中尤以对冲基金亏损最为惨重。据业内人士粗略估计,有超过100家对冲基金事前做空大众,由此造成的损失可能高达380亿美元。

一家大型对冲基金的经理表示:"损失将极大。虽然我不认为这会导致一家大基金倒闭,但很可能会让一些小基金破产。"

绿光资本(Greenlight)或许是其中的一个典型。据知情人士透露,该基金在周二大众股价飙升后蒙受了巨大损失。值得关注的是,绿光资本的基金经理 David Einhorn 此前正是在做空雷曼兄弟中一举成名,而这次却"老马失蹄"。

据业内人士称,大众是许多对冲基金寻求套利的对象。调研公司 Data Explorers 的数据显示,大众有约 13% 的股份被借出做空,这个比例是德国大型公司中最高的。

市场成最大输家？

除了对冲基金,一些投资银行也被"大众事件"牵连了进去。由于许多银行被认为是做保时捷的对手盘,因此这次也赔了大钱。受相关传言影响,法兴银行股价周二大跌 17.5%,摩根士丹利和高盛的股价同日也分别下跌了 11% 和 8%。

然而,已有诸多投资者认为,此次事件最大的输家可能是德国的整个资本市场。

大众的股东之一、德国最大基金公司 DWS 的负责人 Klaus Kaldemorgen 说,大众一天内股价飙升 100% 以上意味着整个市场存在系统性风险。

这一事件也是对中国股市一个很好的警示。国内某知名私募基金人士表示,"大众事件"其实就是一次融券做空失败的典型案例。

大众股价周三大幅回落。截至北京时间周三晚 23:00 报 577.21 欧元,较前日下跌 37%。

资料来源:徐磊,《大众股价两日狂飙 4 倍 对冲基金做空巨亏 380 亿》,《第一财经日报》,2008 年 10 月 30 日。

18.6 通过市场价格推断风险

在第 5、6 和 14 章中,我们看到,如果我们知道(假设知道)资本成本,通过逆向工程,就可以从市场价格中推知剩余收益增长率。定义 P_0 为市场价格:

$$P_0 = CSE_0 + \frac{RE_1}{\rho_E^1} + \frac{RE_2}{\rho_E^2} + \cdots + \frac{RE_T}{\rho_E^T} + \left(\frac{RE_{T+1}}{\rho_E - g}\right)\bigg/\rho_E^T$$

这样,如果我们知道权益资本成本 ρ_E,并且预测了剩余经营收益,我们就能计算出由市场价格 P_0 反映的期望增长率 g。同理,如果我们预测了未来的收益和长期增长率,那么我们就能计算出当前市场价格隐含的期望回报率。如果市场价格是有效的(对收益和增长率的预测是正确的),我们就可以合理地估计市场的期望回报。

最近的研究也是遵循这一思路来估计资本权益成本的。Claus 和 Thomas[①] 通过 1985—1996 年的市场价格,假设长期的 RE 增长率等于现在的无风险利率,计算出权益的风险溢价约为 3.5%。这个估计值比通过历史股票回报率估计出的 6%—9% 的值要低得多。Gebhardt、Lee 和 Swaminathan[②] 根据第 14、15 章中的衰减图表,假设了 ROCE 的衰减率,测量出 1979—1995 年平均权益风险溢价为 3%。他们也计算了不同行业内含的权益回报率,发现要求的权益回报率随着与风险相关的基本因素的变化而变化。Easton、Shroff、Sougiannis 和 Taylor[③] 估计了 1981—1998 年的道琼斯工业股票内含的风险溢价为 6%。Gode 与 Mohanram 通过

[①] J. Claus and J. Thomas,"Equity Premia as Low as Three Percent? Evidence from Analysts' Earnings Forecasts for Domestic and International Stock Markets," *Journal of Finance* (October 2001), pp. 1629—1666.

[②] W. Gebhardt, C. Lee, and B. Swaminathan, "Towards an Ex Ante Cost-of-Capital," *Journal of Accounting Research* (June 2001), pp.135—176.

[③] P. Easton, P. Shroff, T. Sougiannis, and G. Taylor, "Using Forecasts of Earnings to Simultaneously Estimate Growth and the Rate of Return on Equity Investment," *Journal of Accounting Research* (June 2002), pp. 657—676.

对超额收益增长模型的逆向工程,也得出了估计公司资本成本的方法。①

资本成本令人难以捉摸,但这些估计值似乎太低了。遵循此思路进行更多的研究应该会有很大收获。但是,必须意识到:只有在资本价格有效时,运用这些方法推断资本成本才是有效的。这些方法用来估计市场的期望回报率,但是如果市场的价格是无效的,那么期望回报率就不是要求回报率,而是期望回报率加上错误定价带来的超额回报率。

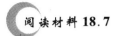

阅读材料18.7

世界各国的权益风险溢价

	1900—2001年对于短期国库券的风险溢价(%)			1900—2001年对于长期国债的风险溢价(%)		
	几何平均	算术平均	标准差	几何平均	算术平均	标准差
澳大利亚	7.0	8.5	17.2	6.3	7.9	18.8
比利时	2.7	5.0	23.5	2.8	4.7	20.7
加拿大	4.4	5.7	16.7	4.2	5.7	17.9
丹麦	1.6	3.2	19.4	1.8	3.1	16.9
法国	7.1	9.5	23.9	4.6	6.7	21.7
德国	4.6	10.0	35.3	6.3	9.6	28.5
爱尔兰	3.4	5.3	20.5	3.1	4.5	17.3
意大利	6.6	10.6	32.5	4.6	8.0	30.1
日本	6.4	9.6	27.9	5.9	10.0	33.2
荷兰	4.8	6.8	22.3	4.4	6.4	21.5
南非	6.1	8.2	22.4	5.4	7.1	19.6
西班牙	3.1	5.2	21.4	2.2	4.1	20.2
瑞典	5.3	7.4	21.9	4.9	7.1	22.1
瑞士	4.0	5.8	19.6	2.4	3.9	18.0
英国	4.5	6.2	19.9	4.2	5.5	16.7
美国	5.6	7.5	19.7	4.8	6.7	20.2
世界指数	4.6	5.9	16.5	4.3	5.4	14.6

资料来源:韩士专,《股权风险溢价历史回顾与未来展望》,《证券市场导报》,2003年第9期。

18.7 风险衡量问题的改进

很显然,现在的技术状况难以保证对资本的成本有可靠的计量。在这里我们阐述了风险

---

① D. Gode and P. Mohanram, "Inferring the Cost of Capital Using the Ohlson-Juettner Model," *Review of Accounting Studies*, December 2003.

的决定因素,但是还没有找到一个令人信服的办法来把风险的特性转化为风险溢价。

不过本章中对风险的定性分析是有帮助的。这里有一些投资风险的定性分析方法,可以帮助我们解决不知道要求回报率的问题。

相对价值分析:在风险等级内对公司进行评价

通过描绘在险价值轮廓图,我们可以区分高风险公司和低风险公司。在我们的例子中,公司 A 比公司 B 具有更高的风险。我们可以根据公司的在险价值情况,把它们分入不同的风险等级。我们可以把有高经营风险和财务风险的公司和有高经营风险但只有低财务风险的公司区分开。具有高上升潜力和高下行风险的公司(公司 A)也不能和下行风险最小化但同时也限制了上升潜力的公司(公司 B)混在一起。粗略的风险等级可以只简单地考虑行业和财务杠杆的不同。

确立了风险等级后,我们可以发现,用现在的技术我们看不出在同一等级内公司的风险有很大的不同。对于某一等级,我们无法计量资本成本,但是在选择投资时,我们可进行相对价值投资分析,这个技巧可以用来估计资本成本。相对价值投资是一种在风险等级内进行选择的技术。

要理解相对价值投资,必须明白我们所进行的用估计的资本成本估值是一种相对估值。计算出的 V_0^E 表明为了购买该投资我们必须放弃的价值的现金额,它是相对于现金价值的价值。现金能以无风险利率进行投资。在价值计算中的风险调整贴现率给出了一个等同于现金的价值,或者说是等同于以现金进行无风险投资的价值。因此,风险调整贴现率的运用把投资有效地置于同一风险等级,因而可以说和现金一样。用技术术语说,现金是计量单位。

现在,我们不计算价值的现金数额,而是计算同一风险等级中(即拥有相同的在险价值轮廓)的两个股票之间的相对价值。我们不是考虑按照无风险利率投资现金,而是考虑把投资变换为具有相同在险价值轮廓的另一类投资。计算所考虑的投资(投资 1)相对于同一风险等级中备选投资(投资 2)的相对价值:

$$相对价值率 = \frac{V_0^E(1)/P_0(1)}{V_0^E(2)/P_0(2)}$$

用无风险利率折现预期剩余收益来对两个投资的价值 $V_0^E(1)$ 和 $V_0^E(2)$ 进行计算。$P_0(1)$ 和 $P_0(2)$ 是市场根据两个投资的风险而给出的市场价格。

如果这两个投资都是有风险的,则其价值(用无风险折现率计算)与现在价格的比率都应该大于 1.0。如果不大于 1.0,则表明分子或者分母所示的投资应被卖掉。但是如果相对价值比率不等于 1.0,也表明应该进行买卖。如果比率大于 1.0,则应购买投资 1,因为投资 1 的价值与市场价格之比大于投资 2。并且,为了规避两者共同的风险,可以卖空投资 2。如果相对价值比率低于 1.0,情形刚好是相反的。你也可以用同一风险等级的公司构造一个投资组合进行分析。这样可以避免把投资 2 归入错误的风险等级,并且可以将任一股票的特有风险平均掉。

分析中最困难的部分是划分公司的风险等级。基本面风险和价格风险必须都考虑到。把重点放在经营特征相同的行业上。

分析师们的确各自关注特定的行业,他们对行业知识的了解,使得他们可以得出在险价值轮廓。表 18.3 给出了 1985 年一份调查中分析师"观察到的风险"。假定股票要加入一个风险充分分散的投资组合,分析师把股票的风险分为 9 级。因此,他们评估的风险是系统风险。他们根据风险的三个被普遍接受作为指标的基本特征,给出了每个公司的平均得分。观察到的风险是按升序排列的,它们似乎和基本面因素相关。观察到的风险与资产规模、财务杠杆及收益波动性的相关系数分别为 -0.46、0.52 和 0.48。这些分析是很基础的,但是说明分析师们可以综合他对行业的知识和基本面分析来划分公司的风险等级。

投资是一件高度个人化的事情,不同的投资者在对风险等级进行划分时,关注着不同的风险特性。投资者有不同的风险容忍程度,会喜欢或不喜欢不同的在险价值轮廓特征。相应地,他们偏好的风险承受程度也不同,并会对不同的风险进行对冲。可能正是由于这个原因,共同基金为投资者提供了大量可供选择的基金菜单。一套风险等级就是这样一个菜单。

表18.3 1985 年分析师对 25 家股票观察的风险和基本面特征

股票名称	观察到的风险		资产规模	财务杠杆	收益的波动性
	均值	方差			
AT&T	0.89	1.22	11.83	0.165	1.09
Procter & Gamble	2.36	1.74	8.85	0.318	2.79
IBM	2.39	1.52	10.30	0.338	1.95
General Electric	2.69	1.64	9.95	0.468	1.29
Exxon	2.70	1.97	11.33	0.277	2.25
Commonwealth Edison	3.2	2.40	9.32	0.620	1.76
Dow Jones & Co	3.57	2.38	6.28	0.477	2.96
McDonald's	3.87	2.36	7.97	0.413	2.32
Sears, Roebuck	3.91	1.69	10.24	0.573	1.42
DuPont	4.11	1.91	10.08	0.508	1.64
Safeway	4.28	3.27	8.21	0.691	2.01
Citicorp	4.30	2.37	11.69		1.52
Dr. Pepper	4.32	2.03	5.11	0.215	2.26
Ceneral Motor	4.59	2.43	10.57	0.422	
Xerox	4.69	2.45	8.95	0.397	1.04
American Broadcasting Company	4.86	1.83	7.37	0.370	0.47
Holiday lnn Worldwide	5.13	1.86	7.43	0.536	1.34
Tanny	5.54	2.00	6.84	0.225	3.27
Litton Industries	5.66	1.78	8.21	0.552	2.52
RCA	5.67	2.02	8.97	0.855	
Geogia-Pacific	5.88	2.51	8.53	0.450	3.13
Emery Air Freight	5.92	2.58	5.62	0.697	2.28
E. F. Hutton	6.37	2.75	8.64		1.80
U. S. Homes	7.23	2.60	6.63		20.18
International Harvester	8.78	0.41	8.58	0.704	

注:空格表示数据缺失。根据分析师对风险的理解,将风险分为 1—9 级,资产规模是总资产的自然对数,财务杠杆为优先级负债除以总资产,收益的波动性是历史市盈率的标准差。

资料来源:G. E. Farrelly, K. R. Ferris, and W. R. Reichenstein, "Perceived Risk, Market Risk, and Accounting Determined Risk Measures," *Accounting Review*, April 1985, pp.278—288。

保守和乐观的预测及安全边际

分析师可以通过保守的预测来调整风险,也就是说,预测剩余收益的保守情况并且用无风险利率进行折现来计算价值。如果市价高于保守预测的估值,则买进。同样,如果打算卖出股票,则预测一个乐观的情景并计算在该情景下的价值(用无风险利率折现)。如果市价高于这个价值,则卖出。

风险调整的折现率也可用来对风险做同样的调整。用较高的折现率可能会低估公司价值。同样,用较低的折现率可能在出售估值中高估公司价值。

有偏预测和有偏折现率是建立在传统的基本面分析师所称的安全边际中的。任何一种有偏估计得出的估值都是不正确的,但是设定一个允许出错的范围——安全边际——可以避免因估计值而犯错。安全边际对于防御型投资者来说尤为重要。投资的本质是不确定性,而我们必须对风险内在的不确定性保持谨慎。

本章小结

本章没有给出一个精确的资本成本。我们必须面对现实,不能假装可以进行精确的计量,伪装的精确性在实际投资中没有任何帮助。诚实一点,承认不精确是不可避免的,再考虑解决这个问题的技巧。事实上,本章的最后一部分提供了一些方法。

本章的核心内容是基本面风险部分中基本面风险的决定因素。一定要理解基本面风险的决定因素,图18.3对它们做了总结。还要理解如何通过对这些影响因素的分析,来得到在险价值轮廓图,如图18.4所示。此外,还要理解上述分析是如何用于战略和情景规划的。

对于基本面决定因素的理解是对风险的定性评价。深谋远虑的投资者即使无法对风险进行精确的计量,也能理解风险。他们明白风险同时包括价格风险和基本面风险,并且知道如何通过基本面分析来降低价格风险。

关键概念

适应期权(adaptation option):当企业面临较差结果时进行改变的能力。

行为金融学(behavioral finance):研究股价为什么会出现非理性变动的学科。

回报率分布(distribution of returns):投资者面临的一系列可能结果以及每种结果对应的发生概率。

风险分散(diversification of risk):在资产组合中持有多种投资以降低风险。

下行风险(downside risk):获得极低回报的可能性。

肥尾分布(fat-tailed distribution):获得极端结果(过高或过低)的可能性高于正态分布时的分布。

基本面风险(fundamental risk):由企业活动产生的风险。与价格风险相对。

增长期权(growth option):当机会到来时增加资产与收益的能力。

流动性风险(liquidity risk):无法按照内在价值购入或售出的风险。

市场无效风险(market inefficiency risk):价格不根据基本面因素的变化而变化的风险。

正态分布(normal distribution):由均值与方差确定的结果分布。

价格风险(price risk):按照与基本面价值不同的价格交易股票的风险,既可能由市场无效风险引起,又可能由流动性风险引起。与基本面风险相对。

有偏分布(skewed distribution):结果的分布更多偏向某一个极端的分布。

系统性风险(systematic risk)或**不可分散风险**(nondiversifiable risk):资产组合无法消除的风险。与非系统性风险相对。

上行潜力(upside potential):获得极高回报的可能性。与下行风险相对。

非系统性风险(unsystematic risk)或**可分散风险**(diversifiable risk):通过资产组合可以消除的风险。与系统性风险相对。

练习

E18.1 资产负债表和风险(简单)

下面是具有类似收入的两家公司——德华公司和学友公司的资产负债表(单位为万元)。对于股东来说哪家公司风险更大?为什么?

德华公司			
资产		负债和权益	
现金	17	应付账款	14
应收账款	43	长期债务	200
存货	102		
固定资产	194		
长期债务投资	104	普通股权益	246
	460		460

学友公司			
资产		负债和权益	
现金	15	应付账款	37
应收账款	72	长期债务	200
存货	107		
固定资产	289	普通股权益	246
	483		483

E18.2 利润表和风险(中等)

下面是在同一行业的两家公司——樱木公司和花道公司的利润表(单位为万元)。

樱木公司		
销售收入		1 073
费用		
人工和材料	536	
管理费用	121	
折旧	214	
销售费用	84	955
		118
利息费用		25
税前收益		93
所得税		34
税后收益		59

	花道公司	
销售收入		1 129
费用		
人工和材料	$793	
管理费用	42	
折旧	79	
销售费用	91	1 005
		124
利息费用		4
税前收益		120
所得税		43
税后收益		77

a. 分析利润表中的风险驱动因素。对于股东来说,樱木公司和花道公司谁的风险更大?为什么?

b. 根据利润报表的勾稽关系,在以下情境下编制预计利润表:

（1）两家公司的销售收入都降为5.32亿元。

（2）两家公司的销售收入都提高到21.4亿元。这一分析说明了什么?

E18.3　根据风险对公司排名（中等）

下面是森林、热火、雷霆三家公司的利润表和资产负债表。根据你认为公司权益的相对风险,对这些公司进行排名。报表中的什么特征决定了你的排名?所有数字的单位都为万元。所有公司使用的法定税率都为36%。

	森林公司	
	利润表	
销售收入		542
销售成本		
人工和材料	345	
折旧	89	434
		108
销售费用	9	
管理费用	26	
研发费用	24	59
		49
净利息费用		7
税前收益		42
所得税		15
税后收益		27

森林公司
资产负债表

资产		负债和权益	
现金	7	应付账款	42
短期投资	4	长期债务	104
应收账款	27		
存货	64		
固定资产	215	普通股权益	171
	317		317

热火公司
利润表

销售收入		796
销售成本		
人工和材料	590	
折旧	47	637
		159
销售费用	53	
管理费用	19	
研发费用	15	87
		72
净利息费用		4
税前收益		68
所得税		24
税后收益		44

热火公司
资产负债表

资产		负债和权益	
现金	5	应付账款	36
短期投资	47	长期债务	104
应收账款	78		
存货	192		
固定资产	159	普通股权益	341
	481		481

雷霆公司
利润表

销售收入		649
销售成本		
人工和材料	454	
折旧	65	519
		130
销售费用	36	
管理费用	28	
研发费用	8	72
		58
净利息费用		14
税前收益		44
所得税		16
税后收益		28

雷霆公司
资产负债表

资产		负债和权益	
现金	6	应付账款	39
短期投资	10	长期债务	210
应收账款	66		
存货	97		
固定资产	195	普通股权益	125
	374		374

E18.4　分析风险（困难）

两家处于同一行业的公司飞龙公司和飞虎公司，均对净经营资产投入了10亿元。飞龙公司的净金融负债为2 500万元，而B公司的净金融负债为6亿元。两家公司的法定税率都为36%。

下面是两家公司2013年的预计利润表（单位为万元）。

飞龙公司
预测的利润表

销售收入		2 140
固定成本	643	
变动成本	1 240	1 883
		257
利息费用		2
税前收益		255
所得税		91
税后收益		164

	飞虎公司	
	预测的利润表	
销售收入		2 140
固定成本	1 240	
变动成本	643	1 883
		257
利息费用		48
税前收益		209
所得税		75
税后收益		134

a. 计算两家公司预测的普通权益回报率。你会将这两个不同的预测结果归因于风险的不同吗？如果是这样，为什么两家公司的权益风险会不同呢？

b. 假定预计利润表中的剩余经营收益会在未来无限期持续，计算飞龙和飞虎两家公司的公司价值。使用5%的无风险利率，计算未经风险调整的价值。

c. 相对于飞虎公司，你愿意为飞龙公司支付更多还是更少呢？为什么？

d. 作为权益投资者，你对于飞龙公司要求的回报率会高于对飞虎公司要求的回报率吗？为什么？

e. 如果销售收入降为15亿元，两家公司的剩余经营收益将为多少？这一计算结果能够解释你在c部分给出的答案吗？

E18.5 构造风险价值的轮廓图：耐克公司（中等）

在2004会计年度，耐克公司披露其税后核心净利率为7.84%，资产周转率为2.759。分析师预测，公司销售收入将以每年5.1%的速度增长，净利率和周转率将在未来延续。耐克公司在其2004年的资产负债表上披露了48.4亿美元的普通股权益和45.51亿美元的净经营资产。无风险利率为4.5%，公司要求的回报率为8.6%。

a. 根据这一信息，计算2004年年末流通在外的2.631亿股股票的每股价值。

b. 在下面1—8情景下绘制在险价值轮廓图：

情景	销售收入增长率(%)	净利率(%)	资产周转率
1	1.0	4.0	1.5
2	2.0	4.5	1.9
3	3.0	6.0	2.3
4	4.0	6.9	2.5
5	5.1	7.84	2.759
6	6.0	8.0	2.9
7	6.5	8.9	3.1

第 19 章
信用风险分析

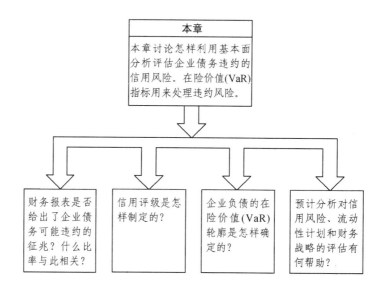

开篇阅读材料

地方政府忌讳国企违约　债市难扫海龙垃圾

　　昨日是中国债券市场发展史上无奈的一天。本该如期而至、健全市场机制的第一例违约,却以疑似地方政府兜底的方式,成就了一出扭曲市场机制的"大团圆"结局。

　　经《第一财经日报》记者多方确认,4月16日,山东海龙所发行的4亿元短期融资券"11海龙CP01"完成到期兑付,这场自2006年"福禧事件"以来最受瞩目的债券市场危机就此收场。

　　一个看似美满的结局,掩盖不了市场蒙羞的悲哀。

　　"海龙垃圾债如期按约兑付,政府用纳税人的钱埋了单,对投资者是幸事,对市场经济却是悲哀。"一名业内人士对本报评论称,"破产公司不退市、债券不违约,这表明中国资本市场是不健康的,监管机构在人为培养造假、恶炒的土壤。"

地方政府忌讳国企违约

从表面上看,违约结果被避免,政府兜底预期增强,违约担忧烟消云散,投资者免受损失,市场继续平稳运行,似乎对所有人都是利好。但真的如此吗?

山东海龙,一家治理混乱、经营巨亏、贷款接连逾期的公司,一个基本丧失偿债能力的垃圾级发行人,何以摆脱市场的优胜劣汰法则,安然避免债券违约?

2012年2月15日,由于山东海龙基本面持续恶化,联合资信评估有限公司半年内第三次采取降级行动,进一步将山东海龙主体评级由BB下调至CCC,将"11海龙CP01"由B下调至C,使之成为债券市场6年来首只C级短融。

据披露,截至2012年4月10日,山东海龙因资金紧张逾期贷款累计9.2亿元,占最近一期经审计净资产的582%;同时,该公司预计2011年净亏损逾10.2亿元。

除了坐等政府兜底,山东海龙已经无路可走。正如中金公司上月分析的那样,"如果海龙短融最终不发生违约,很大程度上只能寄希望于在当地政府协调下,动用其可控制的银行资源支持企业兑付。"

市场普遍认为,此次山东海龙偿债资金来自银行(主要是恒丰银行)提供的流动性资金,山东省潍坊市政府则组织了相关担保。

"海龙是一家国有企业,由政府出面,银行垫资是唯一的解决办法。"华英证券固定收益部董事汪杰向本报表示,在海龙事件中,主承销商恒丰银行要承担最大的责任,因为海龙短融项目最早由主承销商推荐和申报,此后恒丰银行更是擅自更改募集资金用途。此外,海龙是一家国企,地方政府不可能不熟悉海龙的情况。

"尽管市场发展的同时不可避免会出现信用风险,但从海龙事件可以看出,第一例违约不太可能发生在国企身上。"汪杰说,"在当前的体制下,没有哪一个地方政府会愿意开这个头,即便兜底对象是一个彻头彻尾的烂摊子。"

汪杰指出,2012年国内外政治经济形势复杂,确保平稳过渡是重中之重,海龙事件这样收场可以说完全符合预期。

信用还有什么意义?

"无论违约与否,海龙短融危机都堪称中国债券市场的标志性事件。"鹏元资信评估有限公司副总裁、评级总监周沉帆对本报表示,"如今债权人可以皆大欢喜,但无疑是市场的悲哀,说明中央到地方政府依然对违约采取零容忍,这不利于市场的长远健康发展。"

中诚信资讯副总裁郇公弟亦称:"海龙债券如期兑付,对债券持有人肯定是好事,但对中国债券市场发展则是个悲剧,因为丧失了一个让信用债真正市场化违约的机会。"

某券商债券承销人士对本报指出:"短期来看,违约的避免可以提高投资者的风险偏好,对中低评级品种,尤其是城投债会形成强有力的提振;不过,长期来看,如果大家都认定政府会兜底,那就无所谓信用市场了,5%和8%的利率没差别,因为反正背后都是政府兜着。"

"从债券市场的铁道债和海龙短融,到股票市场的双汇、伊利,都印证了这样一个'颠扑不破'的真理:相信政府会兜底的人,从来都是赢家,而关心信用风险和企业基本面的,往往被证明是杞人忧天,这真是莫大的讽刺。"一名证券投资人士感慨道。

这场信用危机,再次扇了国内信用评级行业一个耳光。诚如一位银行间市场交易员所言,"在这样的市场上,评级机构评来评去,又有何用?"

"一个没有违约的债券市场肯定不是一个成熟的债券市场。"周沉帆认为,目前我国债券市场上已公开发行的债券的信用级别普遍较高,债券市场基本没有发生过违约现象,这就导致了评级机构的评级质量的优劣无法验证,进而导致了评级结果的同质性。

汪杰说:"国企都有政府兜底,这是当前体制的必然结果,然而,这对民营企业事实上形成了不公平竞争。在市场上,民企债券想要获得认可非常困难,而国企就容易太多了。"

"这个让人不可思议的结果,给市场传递了一个危险并且错误的信号,那就是再垃圾的债券,也不会违约。"一名业内人士表示,"这是一个极其危险的错误信号。这件事情发生以后,会有很多原来关注信用风险的人,变成无视信用风险,这是彻头彻尾的悲剧。"

资料来源:董云峰:《地方政府忌讳国企违约 债市难扫海龙垃圾》,《第一财经日报》,2012年04月17日。

分析师核对表

读完本章后你应该理解:
- 企业债务融资的可能提供者以及他们是如何与企业订立合约的。
- 违约风险是怎样决定信用价格和企业债务资本成本的。
- 什么决定了违约风险。
- 怎样分析违约风险。
- 债券评级机构是做什么的。
- 信用评级模型有什么作用。
- 在违约的预测中,第Ⅰ类错误和第Ⅱ类错误的区别是什么。
- 预计分析是如何识别违约情景的。
- 在险价值分析与违约分析是如何结合起来的。
- 财务战略有什么作用。

读完本章后你应该能做到:
- 重新编制和评价财务报表以便进行信用分析。
- 计算与信用分析相关的流动性、偿付能力和运营比率。
- 利用财务比率计算信用得分。
- 利用财务比率计算破产概率。
- 对违约的预测中,在第Ⅰ类错误和第Ⅱ类错误间做出权衡。
- 编制违约情景下的预计财务报表。
- 给出债务的在险价值轮廓。
- 预测违约点。
- 制定违约策略。

到目前为止,本书绝大多数分析都是针对企业价值和公司权益资本价值评估的。本章讨论企业的另一主要索取权——债权。之前,我们是将债务的市场价值作为它的实际价值,但债务的买卖双方都需要知道债务的市场价值是如何确定的。

绝大部分债务合同都规定了债务的支付方式,所以基本面分析的第3步——预测收益——就可以忽略。但是预测的收益需通过折现(第4步)来决定其价值。折现需要确定债务的要求回报率,与权益一样,这取决于债务的风险:债务的要求回报率等于当期的无风险收益率加上不同的违约风险所对应的违约溢价。违约风险或信用风险是指由违约带来的风险,即无法按照债务合同的规定按时收到债务利息和本金的风险。本章将讨论评估违约风险的基本面分析方法。

分析师经常谈论债务的要求回报率。但公司的债务实际上是由债权人提供的信用,因此,我们又称要求回报率为信用的价格。无论用什么术语,信用提供者所要求的回报就是企业的债务成本。

19.1 信用提供者和信用价格

企业的信用提供者包括:
- 公开债券市场的投资者。包括(长期)债券持有者和(短期)商业票据持有者。通常而言,公开交易的债券是信用债券,即没有特定的资产担保。债权人受债券合同的保护,债券合同限制企业从事那些可能增大违约风险的活动,同时,违反合同规定也是一种技术性违约。SEC要求所有公开发行证券的机构必须对公众披露关于其整体经营状况的信息,信用债券的投资者可以根据这些信息对债券的违约风险进行评估。投资者还可以依靠债券评级机构公布的反映发债企业违约风险的债券评级。因此,评级机构特别关心风险分析,它们会开发包括基本面分析的评级模型。
- 商业银行。商业银行向企业提供贷款。商业银行通常比债券持有者更接近和了解企业,所以它们拥有更多关于违约风险的信息。贷款的项目经理就像信用分析师,他们也像债券评级机构一样拥有评价企业信用等级的模型。银行的信用评级方法与银行的内部风险管理相关联,以保护银行并在风险敞口上满足监管的约束。银行根据企业的信用等级决定贷款的发放。然后,它们利用信用评级来衡量出售给其他机构的贷款质量,并监控自己持有的贷款的违约风险。
- 其他金融机构。如保险公司、财务公司、租赁公司等。它们也做一些贷款业务,很像商业银行,但这些贷款通常需要某些特定资产做担保。它们也从事如长期资产租赁等融资业务。
- 企业的供应商。它们通过向企业提供产品或服务向企业提供(通常为短期)信用。这种短期信用可以有利息,也可以无利息。同时,企业也是其客户的信用供应商。

每一个信用提供者提供的信用都有价格——要求的回报率。每一个信用提供者也都需要分析信用的违约风险并据此决定价格。债券持有者根据其对债券风险的评估决定到期回报率,进而决定债券的价格。银行根据由违约风险决定的基准利率(最安全客户的利率)来制定其贷款利率。如果违约风险较高,供应商会对产品和服务收取较高的价格。如果风险不可接受,将不会有贷款价格,贷款请求将被拒绝。

公开价格只是价格的一个方面。供应商可能不会对短期信用收取名义利息,但却通过为其提供的商品定高价作为补偿。如果债券合同对债权人有较好的保护,债券持有者可能会要求较低的到期收益率,财务公司会对抵押贷款要求较低的利率,商业银行也会对有个人或母公司担保的贷款收取较低的利息。这些约束条件增大了借款企业的(隐性)资本成本。

19.2 信用评估的比率分析

权益分析需要特殊的比率分析（盈利能力和成长能力），我们在第 11 章和第 12 章讨论过这一问题。信用分析要求另一种分析，并且其中涉及的许多比率与权益分析中不同。与权益分析相同的是，分析的重点在于预测。信用分析重在识别那些能够反映违约概率的比率，而权益分析则在于识别能预测盈利能力和成长能力的比率。因此，信用分析又被称为违约分析。与权益分析一样，信用分析也要从重新编制的财务报表中计算比率。

重新编制的财务报表

在进行权益分析时，我们对财务报表进行重新编制以便披露对权益投资者最为重要的信息——核心经营盈利能力。对信用分析来说，财务报表也必须能够披露对债权人最为重要的信息——债务偿还能力。

与以前一样，重新编制包括对财务报表科目重新分类，从附注中了解更多的细节加入到财务报表中。此外，这一过程还包括对报表做一些注释。注释是对那些无法在资产负债表上以货币形式表达，却与违约风险相关的融资活动进行的总结与归纳。

资产负债表的重新编制和注释

偿债能力取决于债务到期时所拥有的现金。虽然到期期限不同，但标准的做法是将债务分为短期（通常指期限在一年以内）和长期（通常指期限在一年以上）两种。公布的资产负债表通常已按流动和非流动（长期）的资产和负债划分，因此资产负债表几乎不需要重新编制。实际上，由于资产负债表的格式是按照债权人的需要设定的，所以我们在进行权益分析时需要对其进行重新编制。在做信用分析时，我们不需要区分经营负债和金融负债，因为它们都是需要偿还的索取权。

不过，我们还是要做一些重新编制和注释，主要如下：

• 关于不同级别和不同期限的债务的细节可以在有关债务的附注中找到，这些细节可以加入重新编制的资产负债表中。

• 要注意未合并的子公司（母公司拥有的权益小于 50% 但可以对其实行有效的控制）的债务。比如，石油公司有时通过其控股比例低于 50% 的合资公司筹集现金，如果合资公司的收入不足以偿付债务，母公司就要对债务负责。可口可乐公司对其灌装公司的持股比例小于 50%，但可以有效地通过这些子公司借钱。如果母公司对这些债务负有最终责任，这些子公司或合资企业的债务就要按比例计入重新编制的合并资产负债表中。

• 如果出现了对现金的需求，长期有价证券有时可以在短期内出售。因此，为了分析短期的流动性，我们将其重分类为短期资产。

• 将递延所得税负债从负债科目转为股东权益。由收益和权益的减少而产生的递延所得税，是一种不大可能需要偿付的债务，所以可以把它们归入股东权益。

• 将 LIFO 下的存货储备加入到存货和股东权益中去，以便将 LIFO 计价的存货转为 FIFO 计价的存货。FIFO 计价的存货更接近当前的成本，所以是反映存货产生现金能力的更好的指标。
- 衍生品敞口和金融套期保值在金融工具的附注中披露。
- 要注意表外负债(参见阅读材料19.1、阅读材料19.2)。
- 可以估计的或有负债应该被纳入重新编制的报表中。无法估计的或有负债应作为注释的一部分标出。或有负债包括产品、劳务和环境诉讼下的负债。在美国,GAAP要求如果负债是"很有可能发生"的,并且损失金额能够被"合理地估计",这些或有负债就要列入资产负债表。否则应在附注中披露,除非损失的可能性"非常小"。
- 需注意金融衍生工具和其他金融工具的风险。检查关于金融工具的附注。
- 部分中国上市公司对短期债务的披露口径不一致,要在各负债类科目中仔细查找。参见阅读材料19.3。

表 外 融 资

表外融资业务是一种交易安排,它为资产融资,并使产生的债务不在资产负债表上反映。一些表外融资活动如下:
- 经营租赁。本质上是购买的租赁,称为融资租赁,又称为资本租赁,会反映在资产负债表上,租赁的资产列为不动产、厂房和设备的一部分,租赁的负债则为负债的一部分。本质上不是购买的租赁就被称为经营租赁,不在资产负债表上反映,而在附注中披露。然而,出租方与承租方可能会通过签订租赁合同,避免被划分为资本租赁。检查附注中关于经营租赁的内容,评估承租方是否有权在资产的绝大部分使用年限内使用该资产。如果是这样,可将它们像资本租赁那样列入资产负债表。租赁额按照租金的现值计算。
- 要注意可能成为负债的协议和承诺。

第三方协议:第三方为企业购买资产,企业同意为第三方的购买行为承担债务。

使用协议:企业同意为使用另一企业的设施付费。

照付不议①协议:企业同意在未来为产品付费,不论这一产品是否交货。

回购协议:企业将存货出售但同意按照售价从客户处重新买回,或向客户承诺转售价格。实例参见阅读材料19.2。

- 出售有追索权的应收款项。企业将应收款出售以换取现金,应收款不再出现在资产负债表上,但企业有向应收款持有者提供赔偿的义务。
- 金额不足的养老金负债。在有些国家(但不包括美国),高额的养老金负债并没有在资产负债表上体现出来。
- 对第三方或关联方的债务担保。关注母公司对未合并子公司的债务提供的担保。
- 特殊目的实体、表外合伙企业和结构化融资工具。企业可以建立被其他人控制的实体(所以它们无须合并编制财务报表)以达到特殊的目的——如资产证券化或通过表外租赁

---

① 所谓"照付不议",是天然气供应的国际惯例和规则,就是指在市场变化情况下,付费不得变更,用户用气未达到此量,仍须按此量付款;供气方供气未达到此量时,要对用户作相应补偿。目前,国内的"西气东输"、忠武管道等天然气项目均是按照"照付不议"原则签署的。

("综合租赁")获得资产。尽管企业对实体没有控制权,当实体遇到财务困难时企业也会承担风险。这种债务可能以有追索权的负债或公司自身股票的卖出期权的形式表现。安然事件便突出反映了这种特殊目的实体的危险性。

阅读材料 19.2

楼市信心不足促回购协议再现　晶鼎三年后可 130% 退房

　　三年后无论市价多少,开发商都愿以你当初购房时 130% 的价格买回房产。位于嘉定新城的晶鼎项目近日打出这样的宣传,并称可在购房同时签署"回购协议"。业内分析认为,这是开发商在目前市场情况下给出的一种促销手段。开发商则解释,此举是为了保护购房者尤其是投资型购房者的利益。

　　长期调控带来的成交低迷对市场信心的影响日益显著,"买之前希望跌,买之后害怕跌"成了近期购房者的普遍心态。除了降价促销外,开发商也使出各种方法来打消购房者的顾虑。新民网记者 9 月 16 日了解到,位于嘉定新城的酒店式公寓项目晶鼎就承诺,3 年后开发商愿意以 130% 的价格无条件买回房源,并可在购房同时签署"回购协议"。

　　房价涨了,你可以选择继续持有;一旦跌了也能卖回给开发商,同时还能有 30% 的收益。这样的承诺在绝大多数购房者看来,意味着购房风险在目前的楼市环境下大大减少。而据记者了解,该种方式在申城并非首次出现。

　　在同样是楼市淡季的 2008 年,就曾有楼盘,如艺泰安邦给出过类似的回购承诺。当时艺泰安邦同 2008 年 10 月 18 日起 1 个月内购房的前 100 位购房者签订协议,承诺在 2010 年 1 月 1 日至 4 月 30 日期间,购房者可以提出无理由退房,由开发商加价 10% 回购。

　　晶鼎一位姓孙的相关负责人士在接受记者采访时表示:"此举的目的主要是保护购房者,尤其是投资型购房者的利益,打消他们的购房顾虑。未来无论房价出现怎样的波动,都能保证购房者获得收益。"也就是说,开发商承担了房价下行的风险。

　　资料来源:新民网,http://shanghai.xinmin.cn/msrx/2011/09/16/12088186.html,2011-09-17。

阅读材料 19.3

短期融资券的会计处理

　　短期融资券是一种金融工具。其会计核算由《企业会计准则第 22 号——金融工具确认和计量》进行规范,根据其阐述,"金融负债"可以简单概述为需要交付金融资产或者以一项新的金融负债、以自身权益工具进行结算或清偿的合同义务,短期融资券属于准则中定义的金融负债。但是准则及其指南中并没有针对各种金融工具做详细的规范,导致相关规定在会计实务中的应用存在歧义,没有形成统一规范的核算方法。

　　根据财务会计报告披露的信息,短期融资券的会计核算比较混乱。现将资产负债表反映出来的几种核算方法列示如下。

　　做法一:在资产负债表"其他流动负债"项目中披露,通过附注说明,如柳州钢铁(集团)

公司、广西交通投资集团有限公司、同方股份有限公司等。

做法二：在资产负债表增设的"应付短期融资券"项目中披露，如中国南方航空股份有限公司、宁波港股份有限公司等。

做法三：在资产负债表"应付债券"项目中披露，如武汉中百集团股份有限公司、广西农垦集团有限公司、桂林旅游股份有限公司等。

做法四：在资产负债表增设的"应付短期债券"项目中披露，如广西玉柴机器股份有限公司等。

做法五：在资产负债表"短期借款"项目中披露，如广西桂冠电力股份有限公司等。

做法六：在资产负债表"一年内到期的非流动负债"项目中披露，在附注中"应付债券"或"短期融资债券"项目中加以说明，如深圳市同洲电子股份有限公司、广西有色金属集团有限公司等。

另外，在现金流量表中披露时，也有不同的做法，有些企业在"发行债券收到的现金"项目中披露，有些则在"取得借款收到的现金"项目中反映。

资料来源：叶映红：《短期融资券会计核算现状及建议》，《财会月刊》，2011年10月。

重新编制后的利润表

分析师通过分析利润表来评估企业通过获取经营收入来偿还利息的能力。因此重新编制的利润表区分了税后经营收入和税后净财务费用，能够更好地进行债务分析。所以，在重新编制后的报表中，以未来违约的视角，区分了核心项目与非经常项目，我们关注未来的核心收入是否足以偿付未来的核心财务费用。

重新编制后的现金流量表

为权益分析而重新编制的现金流量表同样适用于债务分析。特别是对于GAAP经营活动现金流所进行的重新调整，扣除了税后净利息，确认了可用于支付税后利息的（非杠杆）经营活动现金流。在对金融资产投资做的重新分类中（GAAP将其放在投资部分），将其看成融资现金流而不是投资现金流，以得到债务发行活动中的净额。

有了重新编制的财务报表，就可以进行比率分析了。我们知道债务按期限分成了两类——短期和长期，比率分析也将比率分为了两类——短期的流动性比率和长期的偿付能力比率。这两类比率都反映了偿还债务的能力，但对应的期限不同。比率分析还要结合一些我们已经讨论过的营运能力比率。

所有三类比率都与类似公司的基准比率比较，并进行趋势分析。信用分析就是寻找随时间推移或相对可比企业较差的比率。

短期流动性比率

短期债权人——供应商、短期票据持有者、即将到期的长期债务持有者，最为关心公司在近期内筹措到足够的现金以偿还债务的能力。长期债权人也关心企业的短期流动性，因为如果企业在短期内无法生存，它就没有未来。

营运资本（working capital）是流动资产减去流动负债。流动资产是那些预期在一年内可变现并获得现金的资产，流动负债是一年内到期的债务。营运资本及其构成是流动性分析的焦点。

典型的资产负债表有五类流动资产：
1. 现金和现金等价物。
2. 短期投资。
3. 应收账款。
4. 预付费用。
5. 存货。

上面每一项都将在某一时刻转化为现金。存货转化为现金通常需要最长的时间，因为存货首先要售出，转化为应收账款，然后才能转化为现金。短期投资（在重新编制资产负债表时可将长期的有价证券加入其中）可能比应收账款和预付费用更接近现金，这取决于投资的期限。根据历史成本会计方法，存货的账面价值通常会低估其现金价值，尽管成本与市价孰低法可以在企业破产时，给出存货的市场价值。

典型的资产负债表有三种流动负债：
1. 应付账款。
2. 短期负债。
3. 应计负债。

所有这三类负债都接近其现金价值。

资产负债表是存量报表，所以它给出的是在某一时点净流动资产的存量值。流动性流量由现金流量表给出。流动性比率包括资产负债表上现金和准现金科目的存量及现金流量表上的现金流量。

流动性存量指标

$$\text{流动比率} = \frac{\text{流动资产}}{\text{流动负债}}$$

$$\text{速动（酸性测试）比率} = \frac{\text{现金} + \text{短期投资} + \text{应收账款}}{\text{流动负债}}$$

$$\text{现金比率} = \frac{\text{现金} + \text{短期投资}}{\text{流动负债}}$$

这些指标反映了准现金资产偿付流动负债的能力。这些比率的分子反映了不同的变现期限。比如，速动比率在分子上仅包括速动资产，而将需要较长时间才能转化为现金的存货（其账面价值通常也不同于其变现价值）排除在外。现金比率则只包括流动性最强的现金和几乎可以立即变现的资产。

流动性流量指标

$$\text{现金流比率} = \frac{\text{经营活动现金流}}{\text{流动负债}}$$

$$\text{保护区间} = \frac{\text{现金} + \text{短期投资} + \text{应收账款}}{\text{资本支出}} \times 365$$

$$\text{现金流量与资本支出之比} = \frac{\text{（无杠杆）经营活动现金流}}{\text{资本支出}}$$

学过第4章的读者应该记得，杠杆现金流量是支付利息后的现金流量。无杠杆现金流量是杠杆现金流量加上税后净利息支出。第一个指标反映了经营活动产生的现金流量偿付短期负债的能力。通常分子采用报告的(有杠杆)经营活动产生的现金流量,分母有时采用平均流动负债。第二个比率衡量在不需要借入新债时流动性满足资本性支出需求的能力,乘以365得到利用现金资源维持支出的天数。第三个指标是自由现金流量的比率形式,表明了经营现金流支持资本性支出的程度。第二个和第三个比率的分母有时采用预测的资本性支出。

长期清算(偿债)比率

长期债权人会关注企业的短期变现能力,但他们在本质上更关心企业在将来偿还债务的能力。因此,他们会把焦点转向资产负债表上的一些与非流动项目相关的比率。

清算能力的存量指标

$$资产负债率 = \frac{总负债(流动负债 + 长期负债)}{总资产(负债 + 股东权益)}$$

$$债务与权益比 = \frac{总负债}{股东权益}$$

$$长期负债比 = \frac{长期负债}{长期负债 + 股东权益}$$

前两个比率考虑了全部负债,第三个比率则只考虑了长期负债。前两个比率的分母不同,但作用相似。当金融资产可以用来偿付债务时,分子可以使用净负债(这时第一个和第三个比率的分母也应该扣除负债资产)。

清算能力的流量指标

$$利息保障倍数(利息的倍数) = \frac{经营收益}{净利息费用}$$

$$利息保障倍数(现金基础) = \frac{无杠杆经营现金流}{净现金利息}$$

$$固定支出保障倍数 = \frac{经营收入 + 固定支出}{固定支出}$$

$$固定支出保障倍数(现金基础) = \frac{无杠杆经营现金流 + 固定支出}{固定支出}$$

$$经营现金流量与债务比 = \frac{无杠杆经营现金流}{总负债}$$

通常上述比率中的流量都是按照税前数据计算的(虽然也可以调整为税后数据计算)。上述比率也可以通过将经营收益和净利息分别调整为核心收益和费用加以改进(作为未来的衡量指标)。

两个利息保障倍数分别给出了经营收益和经营现金流量相当于利息支出的倍数。分子分母的数据均取自重新编制后的利润表和现金流量表。有些定义只考虑利息费用,这时分子包括利息收入,分母则不包括利息收入。

固定支出是指利息和本金的返还(包括租赁活动的租金)以及优先股股利支出,所以固定支出倍数衡量了偿还全部债务负担的倍数。最后一个比率衡量了现金流量相对于全部负债的偿付能力,而不仅仅是当期负债的偿付能力。

这些比率不仅反映了企业的清算能力,而且表明了企业的借债能力。高保障倍数表明企业能够(在其他情况相同的条件下)借入更多的债务。

在计算涉及利息的比率时,要注意资本化利息的问题,参见阅读材料19.4。

阅读材料 19.4

利息保障倍数该如何计算?

2012年8月31日,咸宁市城市建设投资开发有限公司(以下简称"咸宁城建")发行名为"12咸宁城投债"的7年期公司债券,且该债券已于9月4日发行结束。但经记者分析发现,该公司在募集说明书上公布的EBIT利息保障倍数存在夸大嫌疑。

据咸宁城建公布的2009—2011年年度审计报告显示,截至2011年12月31日,公司资产总额78.7亿元,非流动资产占比较高,为59.76%;在建工程26亿元,其中2011年资本化利息支出7353万元。报告还显示,截至2011年年末,公司负债总额达到47.4亿元,计入财务费用的利息支出为868万元;2011公司实现营业总收入2.34亿元,净利润3782万元。公司2011年利息支出总额为8221万元,显然,当年实现的利润是不可能有效覆盖当期利息支出的。

但记者发现,咸宁城建所公布募集说明书中公司2009—2011年EBIT利息保障倍数分别为45.02、60.44和5.60;而大公国际提供的债券信用评级报告中写明公司2009—2011年EBIT利息保障倍数分别为1.02、4.08、0.58。比较发现,两份报告中给出EBIT利息保障倍数相差达十余倍。一般而言,当利息保障倍数在3或4以上时,公司付息能力就有保障,低于这个数,就应考虑公司有无偿还本金和支付利息的能力。故此,据大公国际计算的EBIT利息保障倍数而言,咸宁城建利息保障倍数已经处于一个相当危险的水平上。

为何两份报告中的EBIT利息保障倍数差距会如此之大?到底谁的计算结果是正确的?记者通过计算进行了验证。据鹏元资信等评级公司给出的EBIT利息保障倍数计算公式,即"EBIT利息保障倍数=EBIT/(计入财务费用的利息支出+资本化利息支出)",其中,EBIT是指息税前盈余,即净利润、所得税和计入财务费用的利息支出三者之和。

从咸宁城建公布的2009—2011年年度审计报告可以看到,2011年,公司净利润3 795万元,所得税费用98万元,计入财务费用的利息支出为868万元,资本化利息支出7353万元。

先看咸宁城建是如何计算EBIT利息保障倍数的。该募资说明书给出"EBIT利息保障倍数=EBIT/利息支出",其中,"EBIT(息税前盈余)=利润总额+所得税费用+利息支出"。显然,从公式上看,该公司在计算EBIT时便出现了错误,我们知道,利润总额中包含当期所得税费用,而该公司在使用利润总额的同时还加上了所得税费用这一项,这就导致所得税费用被重复加总。我们再用数值来验证,结合公司给出的公式和上文给出的数据,只有当分子EBIT等于4 857.7万元,即"EBIT(息税前盈余)=利润总额+所得税费用+利息支出",且分母仅为"计入财务费用的利息支出",即868万元时,才能得出EBIT利息保障倍数为5.60。

显然,公司在计算EBIT利息保障倍数时犯了两个错误:一是在计算EBIT时重复计算了所得税费用;二是在计算分母时遗漏了资本化利息支出。那么,我们就不难明白该公司2009年、2010年的EBIT利息保障倍数是如何计算出来的。这样的错误会在一定程度上做大了分子,同时大幅度地做小了分母,致使得出的EBIT利息保障倍数远高于实际值,最终将误导投资者。

再看大公国际是如何计算的。大公国际在债券评级报告的附件上给出了EBIT计算公式,即"EBIT = 利润总额 + 计入财务费用的利息支出",EBIT 利息保障倍数计算公式为"EBIT/利息支出 = EBIT /(计入财务费用的利息支出 + 资本化利息)"。我们可以看出,计算公式是正确的。那么,我们按照公式计算,即 EBIT 利息保障倍数 = (3 795 + 98 + 868)/(868 + 7353),可得咸宁城建 2011 年 EBIT 利息保障倍数为 0.58。这样看,大公国际所给出的计算公式和结果均是正确的。

资料来源:财经网,http://finance.caijing.com.cn/2012-09-06/112109650.html,2012-9-6。

经营比率

上面给出的比率直接评价企业的流动性和清算能力,但流动性和清算能力在很大程度上是由经营活动的结果决定的,所以经营比率也是与债务风险相关的一组指标。有时企业经营活动的盈利能力很强,但仍然会在短期流动性方面遇到困难,但更常见的是由于经营盈利能力不佳导致短期流动性和长期清算能力都出现问题。

比如,利息保障倍数不过是财务杠杆(FLEV)×经营差异率(SPREAD)的重新表述,所以利息保障倍数是由财务杠杆和经营差异率(净经营资产回报率与净借债成本之差)决定的。而这两个指标又依次由更深层的指标决定。所以要完成比率分析,要沿本书前一部分的思路分析盈利能力和盈利能力的变化。要注意反映问题的"警示信号"指标(第17章)。比如,如果应收账款周转率或存货周转率增加,可能会导致流动性出现问题。

需要注意,对上述指标的解释要结合行业因素,参见阅读材料19.5。

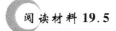

阅读材料 19.5

部分中国上市公司 2011 年流动比率

请结合行业的因素,解释这些公司的流动比率为何如此之低。

代码	公司名称	流动比率
600834.SH	申通地铁	0.06
600033.SH	福建高速	0.11
600900.SH	长江电力	0.13
600050.SH	中国联通	0.18
600790.SH	轻纺城	0.25
600831.SH	广电网络	0.30
600115.SH	东方航空	0.31
601918.SH	国投新集	0.33
000022.SZ	深赤湾 A	0.34
603123.SH	翠微股份	0.35

19.3 预测和信用分析

流动性、清算能力和经营比率揭示了企业当前的状态。但信用分析关心企业将来违约的可能性。这些比率能够预测违约吗？某些指标可能是财务危机的征兆但不是预测指标。发现利息保障倍数低对分析师是很重要的，但事先预料到利息保障倍数较低也很重要。对所有的比率均是如此。实际上，当发现流动性和保障能力恶化时，可能已经太迟了。

分析师因此转向预测，其目标是构造一个反映违约可能性的信用评分体系。

预测的前奏：背景阐释

在预测之前，分析师必须对决定企业信用状况的环境具有较好的理解。这种理解为进行预测提供了必需的信息。它使分析师可以利用其判断来对定量技术进行补充，同时也为解释财务比率和其他财务数据提供了一个视角。比如，某种比率——流动比率小于1——对一家拥有大量存货和应收账款的企业来说是不够的，但对于一家没有存货和应收账款的企业来说却已足够。

分析师需要懂得以下各点，并将其中突出的几点纳入重新编制报表中的注释部分：

- 了解企业。就像股票分析师在对股东权益估值之前必须了解企业一样，信用分析师也必须如此。了解商业策略和这些策略中的价值驱动因素，并了解策略为企业带来的风险。
- 理解债务中的"道德风险"(moral hazard)。债权人的利益并不是企业管理层思考问题的基本出发点。企业管理人员是为股东(和他们自己)，而不是债权人服务的。所以他们会为了追求股东的利益而牺牲债权人的利益。他们可以借入资金并向股东支付大量的现金股利。他们会追求具有很大上行潜力的高风险策略，并通过借债来扩大上行的收益。如果策略成功，股东得到巨大的利益，债权人只得到固定的收益。如果策略失败，债权人(和股东)可能会丧失一切。
- 了解财务策略。公司的目标杠杆水平(资本结构)是多少？公司的目标股利支付率是多少？公司主要依靠什么样的渠道来融资？公司是否会对利率风险进行套期保值？如果公司进行跨国借贷，是否会对汇率风险进行套期保值？
- 了解当前的融资安排。企业与银行的关系如何？银行是否为企业提供了信贷额度？信贷额度什么时候到期？目前企业债务构成怎样？哪些债务是有抵押的？哪些债务是优先偿还的？债务的到期期限是多少？企业在债务协议中受到哪些约束？
- 了解企业会计的质量。
- 了解审计师的观点，特别是非标准意见。

有了这些背景，分析人员可以开始进行预测。这里我们讨论两个预测工具。第一个是基于财务比率预测的信用得分。第二个是通过预计财务报表的盈利能力分析和前一章讨论的在险价值分析来进行信用分析。

比率分析和信用得分

图19.1描绘出了企业破产(失败)前5年逐渐恶化的一系列比率数值。这些图选自 William Beaver 在 20 世纪 60 年代进行的关于企业破产预测的研究,他是这方面研究的先驱。将破产公司财务比率的平均值与可比的正常企业财务比率的平均值相比较。即使在破产前 5 年,我们也可以发现破产企业的财务比率比正常企业差很多。并且,随着破产时点的临近,这些比率的质量越来越差。所以,利用这些可比企业的比率作为比较基准,再与趋势分析相结合,我们可以预测未来破产的可能。

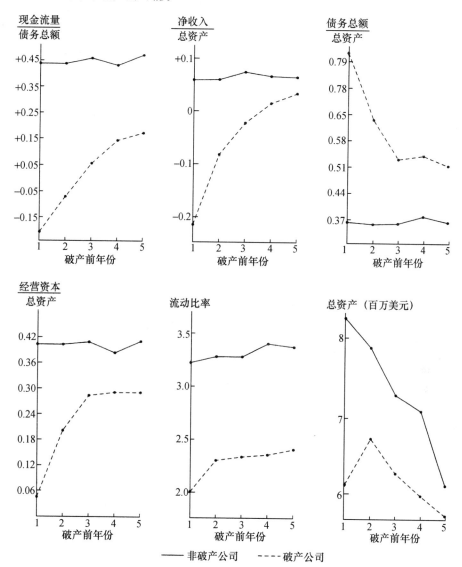

图 19.1 破产公司在破产前 5 年,部分财务报表比率与非破产公司的对比

破产公司的比率(用虚线表示)相对于非破产公司的比率(用实线表示)质量较低,并且随着破产的临近趋于恶化。

资料来源:W. H. Beaver, "Financial Ratios as Predictors of Failure," *Journal of Accounting Research*, Supplement, 1996, p. 82.

由会计比率得到违约预测,生出两个话题:

1. 可以被考虑采用的比率很多,分析师需要对其提供的信息整体加以总结提炼,需要一个综合的信用得分体系。

标准普尔公司和穆迪公司公布的债券级别就是一个综合评级的结果。标准普尔公司的债券级别从 AAA(拥有最高偿付利息和本金能力的企业)开始,经过 AA、A、BBB、BB、B、CCC、CC、C 到 D(实际已违约的企业)。BB 及以下级别企业的偿债能力被认为具有很大的不确定性。穆迪公司的债券级别与此相似:Aaa、Aa 和 A 是高级别债券,然后是 Baa、Ba、B、Caa、Ca、C 和 D。这些债券级别公布后作为决定债券要求回报率的指标。实际上,债券级别的确与其回报率有着密切的关系。

银行通常将有关企业信用状况的信息综合为企业的信用等级。信用等级可以用数字 1—7 或 1—9 来表示,或定性地分为如"正常可接受风险"、"可疑"和"不良"等级别。参见阅读材料 19.6。

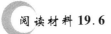

阅读材料 19.6

贷款根据风险情况的分类

根据中国人民银行发布的《贷款风险分类指导原则》,评估银行贷款质量时,采用以风险为基础的分类方法(简称贷款风险分类法),即把贷款分为正常、关注、次级、可疑和损失五类;后三类合称为不良贷款。

五类贷款的定义列示如下。

正常:借款人能够履行合同,没有足够理由怀疑贷款本息不能按时足额偿还。

关注:尽管借款人目前有能力偿还贷款本息,但存在一些可能对偿还产生不利影响的因素。

次级:借款人的还款能力出现明显问题,完全依靠其正常营业收入无法足额偿还贷款本息,即使执行担保,也可能会造成一定损失。

可疑:借款人无法足额偿还贷款本息,即使执行担保,也肯定要造成较大损失。

损失:在采取所有可能的措施或一切必要的法律程序之后,本息仍然无法收回,或只能收回极少部分。

银行业上市公司也按此标准披露贷款情况。下表为工商银行 2011 年年报中披露的贷款五级分类情况:

贷款五级分类分布情况   单位:人民币百万元,百分比除外

项目	2011 年 12 月 31 日		2010 年 12 月 31 日	
	金额	占比(%)	金额	占比(%)
正常	7 484 060	96.09	6 489 450	95.57
关注	231 826	2.97	227 815	3.35
不良贷款	73 011	0.94	73 241	1.08
次级	24 092	0.31	18 932	0.28
可疑	38 712	0.50	41 765	0.62
损失	10 207	0.13	12 544	0.18
合计	7 788 897	100.00	6 790 506	100.00

2. 要考虑违约预测的误差和预测误差的成本。破产和正常企业财务比率的差异是在平均水平上考虑的,但是一些破产企业可能会拥有与健康企业类似的财务比率。一家正在走向破产的企业可能具有与一家能够继续经营的企业相同的流动比率和利息保障倍数。银行贷款项目经理这时可能会将这两家企业都划分为低违约风险级别,并批准向这两个企业提供贷款,从而导致银行遭受贷款损失(因为其中一个企业要破产)。另一方面,他也可能将这两家企业都划分为高违约风险级别,从而拒绝向它们提供贷款,使银行丧失一笔好的生意(没有向健康企业提供贷款)。

第一个问题要求结合不同财务比率构建综合的信用得分体系来反映企业的全面信用状况。第二个问题要求提出一种方法来区分可能出现的两种错误。下面我们逐一对此进行讨论。

信用评分模型

信用评分模型将一组能够反映违约可能的财务比率放在一起组成企业的信用得分。下面是一种信用评分模型的形式:

$$信用评分 = (\omega_1 \times 比率_1) + (\omega_2 \times 比率_2) + (\omega_3 \times 比率_3) + \cdots + (\omega_N \times 比率_N)$$

这一模型将财务比率按照其权重 w 相加。权重可以用不同的统计方法确定,最常用的两种统计方法是多重判别分析(multiple discriminant analysis)与逻辑判别分析(logit analysis)。

多重判别分析 由 Edward Altman[①] 首先提出的 Z 值分析就利用了多重判别分析技术。这一模型于 20 世纪 60 年代提出,已经过多次改进,其形式如下:

$$Z 值 = 1.2 \left(\frac{营运资本}{总资产} \right) + 1.4 \left(\frac{留存收益}{总资产} \right) + 3.3 \left(\frac{息税前收益}{总资产} \right)$$
$$+ 0.6 \left(\frac{权益的市场价值}{债务的账面价值} \right) + 1.0 \left(\frac{销售收入}{总资产} \right)$$

为了选择模型中的预测变量,要选择一组过去已经破产的企业并随机选择一组健康的企业。计算它们各种的流动性、清算能力和经营比率。判别分析是利用历史数据选择出那些能够最好地区分出将会破产的企业和健康企业的财务比率组合,然后计算这些比率的系数,并把它们加权得到 Z 值。权重的计算要使得破产企业组和健康企业组组内各企业之间的 Z 值差异最小,而破产企业组和健康企业组组间 Z 值差异最大。Z 值反映了企业破产可能性的相对大小,Z 值越高,企业破产的可能性越小,Z 值越低,企业破产的可能性越大;Z 值属于中间水平的企业处于灰色区域。

Z 值模型是以走向破产的企业为基础建立的,但这一模型也可以用来估计由债务违约或其他事件定义的财务危机。这一模型可以用于具有两种以上结果的情景。因此债券评级模型(需要确定多个等级)也可以仿此建立。其他比率,如资产规模、利息保障倍数、流动比率、收益的稳定性等均可以用来建立类似的模型。

逻辑判别分析 逻辑判别分析与判别分析不同,建立在不同的统计假设基础上,给出从 0 到 1 的评级分数,反映违约的概率。James Ohlson[②] 的下述模型是逻辑判别分析在破产预测上

[①] E. Altman,"Financial Ratios, Discriminant Analysis, and the Prediction of Corporate Bankruptcy," *Journal of Finance*, September 1968, pp.589—609.

[②] J. A. Ohlson, "Financial Ratios and the Probabilistic Prediction of Bankruptcy," *Journal of Accounting Research*, Spring 1980, pp.109—131.

的一个较早的运用：

$$y = 1.32 - 0.407(规模) + 6.03\left(\frac{总负债}{总资产}\right) - 1.43\left(\frac{营运资本}{总资产}\right) + 0.0757\left(\frac{流动负债}{流动资产}\right)$$

$$- 2.37\left(\frac{净利润}{总资产}\right) - 1.83\left(\frac{经营活动的营运资本流}{总负债}\right)$$

$$+ 0.285\left(\begin{array}{l}1, \quad 如果过去两年净利润小于 0 \\ 0, \quad 如果过去两年净利润不小于 0\end{array}\right) - 1.72\left(\begin{array}{l}1, \quad 如果总负债大于总资产 \\ 0, \quad 如果总负债不大于总资产\end{array}\right)$$

$$- 0.521\left(\frac{净利润变化}{当年和前一年净利润绝对值之和}\right)$$

此处的规模等于总资产价值的自然对数除以国民生产总值内含物价折算指数（GNP implicit price deflator）（以 1978 年 100 作为基准），营运资本流是经营活动现金流加上其他营运资本项目的变化。将这一模型的得分转化为概率指标：

$$破产概率 = \frac{1}{1 + e^{-y}}$$

e 近似为 2.718282，y 即上面公式求出的估计得分。

此处的模型用于说明信用得分的形式。式中所给的估计值是用以前数据得出的，所以分析师必须用最新的数据重新估计模型中的系数和相关数据。系数可能会发生变化，其他比率也可能会引入式中。也许还需要一些非会计信息。这里的模型是无条件模型，也可以估计不同情况下的条件模型，如行业、国家或宏观经济条件等。比如，在衰退期和繁荣期预测指标和系数可能会有所不同。

期望财务比率能捕捉到所有反映违约可能性的信息是不现实的。背景阐释和重新编制后的报表的注释可以产生其他信息，下一小节要讨论的预计报表分析就是一例。所以信用分析师可以利用这些模型的分析结果来补充他们的判断（并检查其判断）。将从财务报表得到的信用得分与其他信息相结合，得到的信用得分通常将企业分为 1 至 7 或 1 至 9，而不是 Z 值或这里估计的破产概率。

预测误差分析

银行贷款项目经理在对企业的信用等级（如 1 至 9）做出评价之后，必须决定对哪一等级的企业拒绝发放贷款。是 3、4 还是 5？债券评级人员也必须决定什么样的 Z 值或违约概率反映了重大违约概率，以便把该企业划分到 BB 级或更低的级别。若将分界点设定得太高，将有过多的公司被认定具有高违约风险；若将分界点设定得太低，又将有过多的公司被认为是安全的投资对象。

将一家实际上会破产的企业确定为正常企业被称为第 I 类错误。将一家实际上不会破产的企业确定为会破产企业被称为第 II 类错误。这两类错误都会产生成本。犯第 I 类错误会使银行或债券投资者遭受违约损失，犯第 II 类错误会使银行或债券投资者丧失良好的投资机会。对银行来说，第 II 类错误的成本可能是巨大的：它可能导致失去优良的贷款和贷款客户，业务会流向拥有更好的信用得分模型和误差分析的银行。

通过开发更好的得分模型可以减少误差。但灰色区域是无法避免的。在最初的研究中，Altman 发现 Z 值小于 1.81 的企业将会在一年之内破产，Z 值大于 2.99 通常意味着不会破产，Z 值在 1.81 至 2.99 的企业处于灰色区域。

误差分析的目的在于确定将企业分类的最优分界点。简单的方法是选择使第 I、II 类错误总和最小的分界点作为分类的基准。这一分界点可以通过对历史数据的分析得到（最好选择一组没有用来估计得分模型的企业），而且这一历史数据还需要随着时间的推移不断进行调整。Ahman 最初的分析发现，以 Z 值等于 2.675 作为分界点可以使错误总和最小。Ohlson 的逻辑判别分析则发现，概率为 0.038 为最佳的分界点。

这种简单的方法假设第Ⅰ类错误和第Ⅱ类错误的成本相同。如果两类错误的成本不同，银行和投资者必须仔细分析每一类错误的成本，并根据它们的权重来设定一个分界点。很多人认为第Ⅰ类错误的成本要大于第Ⅱ类错误的成本。

完全信息预测

利用财务比率确定的信用得分只利用了当前财务报表上有限的信息，企业的全部信息要通过第 15 章讲述的预计财务报表分析得到。这种分析与上一章讲述的在险价值分析，可以用来分析违约的可能性。

预计分析和违约预测

与利用当前的流动性、清算能力和经营比率去预测违约不同，预计分析利用分析师能够得到的全部信息来预测会在未来导致违约的流动性、清算能力和经营比率。预计分析明确地预测了企业在未来获取现金以偿还债务的能力。

表 19.1 的情景 1 通过预计财务报表计算出了 PPE 公司的各种比率，该公司在第 15 章的预计分析中提到过。利用更详细的财务报表，可以计算更多的比率。预计财务报表的基础假设是销售收入将以每年 5% 的速率增长，净利率（PM）为 7.85%，资产周转率（ATO）为 1.762，股利支付比为净收益的 40%。在这种情景下，公司计划在第 4 年利用支付现金股利后正的自由现金流来还清债务，并成为净金融资产的持有者。债务与总资产之比和债务与股东权益之比会因此而下降，利息保障倍数和固定支付保障倍数会上升。债务预期在第 4 年年末到期，但这时债务已经还清，不需要额外的融资支持。因此违约是不会发生的：情景 1 是一个不会违约的情景。实际上，我们预测企业在增强其负债能力。

表 19.1 PPE 公司：两种情景下的预计财务报表和违约预测

	第 0 年	第 1 年	第 2 年	第 3 年	第 4 年	第 5 年
情景 1						
销售收入（年增长 5%）	124.90	131.45	137.70	144.59	151.82	159.41
核心经营收益（PM = 7.85%）	9.80	10.29	10.81	11.35	11.92	12.51
财务收益（费用）	(0.70)	(0.77)	(0.57)	(0.35)	(0.10)	(0.18)
净收益	9.10	9.52	10.24	11.00	11.82	12.69
净经营资产（ATO = 1.762）	74.42	78.15	82.05	86.16	90.46	97.99
净金融资产	(7.70)	(5.71)	(3.47)	(0.97)	(1.81)	(4.91)
普通股权益	66.72	72.44	78.58	85.19	92.27	99.90
自由现金流	5.28	6.57	6.90	7.25	7.61	7.99
股利	5.28	3.81	4.10	4.4	4.73	5.08

(续表)

	第0年	第1年	第2年	第3年	第4年	第5年
可用于偿债的现金	0.0	2.76	2.80	2.85	2.88	2.91
资产负债率(%)	10.3	7.3	4.3	1.1	-2.0	-5.2
债务与权益比(%)	11.5	7.9	4.4	1.1	-2.0	-4.9
利息保障倍数	14.0	13.4	19.0	32.4	19.2	—
固定支付保障倍数	—	4.7	4.9	5.0	5.1	—
RNOA(%)	14.0	13.8	13.8	13.8	13.8	13.8
ROCE(%)	14.5	14.3	14.1	14.0	13.9	13.8
偿债需要的现金	0.0	0.0	0.0	0.0	0.0	0.0
情景2						
销售收入(年下降5%)	124.90	118.66	112.72	107.09	101.73	96.65
核心经营收益(PM=1%)	9.80	1.19	1.13	1.07	1.02	0.97
财务收益(费用)	(0.70)	(0.77)	(0.69)	(0.60)	(0.52)	(0.42)
净收益	9.10	0.42	0.44	0.47	0.50	0.55
净经营资产	74.42	74.00	73.60	73.20	72.80	72.40
净金融资产	(7.70)	(6.86)	(6.02)	(5.15)	(4.25)	违约
普通股权益	66.72	67.14	67.58	68.05	68.55	违约
自由现金流	5.28	1.61	1.53	1.47	1.42	1.37
股利	5.28	0.0	0.00	0.0	0.0	0.0
可用于偿债的现金	0.0	1.61	1.53	1.47	1.42	0.37
资产负债率(%)	10.3	9.3	8.2	7.0	5.8	
债务与权益比(%)	11.5	10.2	8.9	7.6	6.2	
利息保障倍数*	14.0	1.5	1.6	1.8	2.0	
固定支付保障倍数†	—	1.7	1.7	1.7	1.7	
RNOA(%)	14.0	1.6	1.5	1.5	1.4	1.3
ROCE(%)	14.5	0.6	0.7	0.9		
偿债需要的现金‡	0.0	0.0	0.0	0.0	4.25	违约

* 利息保障倍数 = 经营收益/财务费用

† 固定支付保障倍数 = (经营收益+偿债支出)/偿债支出

‡ 这里的债务为零息债券,所以没有利息支出

情景2则给出了一个完全不同的情景。这里销售收入预期按每年5%的速度递减,净利率也只有1%。净经营资产随着销售收入的下降而减少,但并不是完全可变的,所以资产周转率在下降。由于预计到流动性问题,公司第1年将放弃发放现金股利,但恶化的现金流量仍然在降低企业的偿债能力。当第4年债务到期时,企业预期将违约。情景2是一个出现违约的情景。

当可用于偿债的现金少于偿债需要的现金时,违约就发生了:

可用于偿债的现金 = 自由现金流 - 净现金股利 = OI - ΔNOA - 净现金股利

偿债需要的现金 = 要求支付的利息和优先股股利 + 到期需要归还的本金 + 租金

在情景2中,PPE公司预期在第4年债务到期时有142万美元的现金可用于偿还债务,但当时偿债需要的现金是425万美元。因此预计企业将会违约。注意到可用于偿债的现金是支付净现金股利后的余额,即为新股发行和现金股利支付后的净值。因此,如果可以通过发行新股筹到现金,就可以避免债务违约。类似地,偿债需要的现金为偿还债务所需本金的

净值(到期需偿还的债务本金减去发行新债的收入),因此,如果能够靠发行新债(包括债务的重组)筹措到现金,也可以避免违约。

权益估值中预计分析的重点是预测经营收益和净经营资产以计算剩余收益。信用评估中预计分析的重点是预测可用于偿债的现金。因此,表 19.1 中预计报表的"底线"(最后一行)是可用于偿债的现金数额。在第 15 章的预测模板中,权益的预计分析在第 6 步中完成,计算出了剩余收益。债务的预计分析在第 9 步完成,这时计算出了可用于偿债的现金数额。

在险价值分析与违约概率

情景 2 是一个违约情景,但它仅是违约的情景之一:它预测了一个特定的销售收入增长率、特定的净利率等。它也预测了股利将下降(以增加用于偿债的现金数量),没有新的债务融资以减少偿债需要的现金。其他的经营和财务情景是可能出现的,分析师关心各种可能的违约情景。

上一章讨论的在险价值分析是检查所有可能情景的一种方法。这一分析用于股东权益估值,但同样可用于债务分析:在哪些情景下债务会出现在险价值?

权益分析刻画了剩余收益的各种可能变化。债务分析则刻画了可用于偿债的现金的可能变化,下面是分析步骤:

1.利用预计分析得到在所有可能发生的情景下可用于偿债的现金数额。
2.确定偿债需要的现金数额。
3.确定可用于偿债的现金少于偿债需要现金的违约点,并确定违约情景。
4.估算违约情景发生的概率。

由于每年都有偿债需求,因此每年都要给出违约的情况图,特别要注意有大量债务到期的年份。

图 19.2 给出了上面第 1 步要求的可用于偿债的现金状况。违约情景是可用于偿债的现金少于偿债需要现金的违约点的左边部分。在违约点左侧,债权人的价值将遭受损失;在违约点右侧,债权人的价值得到保护。

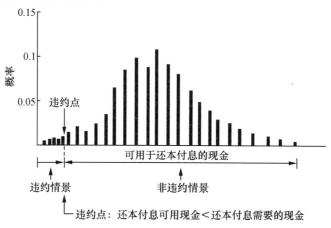

图 19.2 债务在险价值剖面图和违约情景的确认

该剖面图描绘了在不同情境下,可用于还本付息的现金以及各种结果的概率。违约点——可用于还本付息的现金少于还本付息要求的现金——将违约情景与非违约情景区分开来。违约概率是违约情景的总概率。

违约概率是所有违约情景发生的概率的总和(在图中约为 3.5%)。严格地说,违约概率为:

$$违约概率 = \Pr\{可用于偿债的现金 < 偿债需要的现金\}$$

Pr 表示概率。这一概率是制定信用价格(和公司债务资本的成本)的基础。

这一计量指标与在评估金融资产组合的市场(价格)风险时所普遍采用的在险价值(VaR)指标[①]很相似。VaR 指标的正式定义为:

$$事前概率 = \Pr\{\Delta P_t \leq \text{VaR}\}$$

式中 ΔP_t 是一种金融资产的市场价值在时期 t 内的变化。所以 VaR 是一个数值,在事前给定的概率下,它使得发生损失等于或大于 VaR 的概率等于给定的概率。比如,对一个对冲基金,可以估计它有 0.02%(事前给定的概率)的可能在一个月内损失基金总值的 50%(损失的数值)。这一估计可以通过对该资产组合价格变化的历史模拟得出。

类似地,银行也可以针对某一给定的概率,估计它在一年内将会蒙受多大数量的贷款损失。要做到这一点,银行会像对冲基金一样,参考其贷款的历史经验。或者可以通过基本面分析求得当前贷款组合的 VaR。当银行财团准备将它的贷款出售给养老基金时,需要利用 VaR 分析以确定出售价格。

19.4 流动性计划与财务策略

正如经营活动盈利能力的预计分析可以用于制定商业策略一样,这里的预计分析也可以用于制定财务策略。

制定财务计划是公司财务管理人员的任务。他的任务是确保公司的债务和权益融资能够恰当地支持公司的经营策略。根据管理层制定的资本结构(债务与股东权益比)和股利分配政策目标,财务人员要根据最可能发生的情景确定财务计划。在制订计划时,要考虑到如何应对各种可能发生的情况。在乐观的经营情景下,多余的现金如何使用?是进行股票回购,还是购买债券?在悲观的情景下,如何解决现金赤字的问题?

对悲观情景的计划我们称为危机策略。危机计划是我们在上一章中讨论的情景计划的一部分。关于 PPE 公司情景 2 的讨论就是一个危机计划的示例:停止现金股利的发放以便有更多的用于偿债的现金。其他策略(用于处理其他危机情景)包括:

- 调整经营策略以减少可能产生违约风险的经营风险。
- 发行股票。
- 发行新债或借新还旧;对贷款条款重新谈判。
- 获得开放的信贷额度。
- 出售资产。
- 出售整个企业(在收购中)。
- 对风险进行套期保值。

有些策略,如发行新股、新债,或滚动使用信贷额度在某些情景下可能是不可行的。

[①] VaR 这一指标由 J. P. Morgan 在 1994 年提出并推广,见 J. P. Morgan/Reuters, "Risk Metrics—Technical Document," 4th ed., 1996。

每一种策略都有一组不同的危机情景和不同的在险价值轮廓。每一个在险价值图形给出了不同的违约概率,因此有不同的借贷成本。通过降低违约概率来降低资本成本的代价是降低违约概率本身要付出的成本。开放的信贷额度需要支付费用,套期保值也要付出成本。问题是得到的收益能否抵消付出的成本。

在成本与收益间平衡需遵守的两条基本原则是:

1. 策略无差异。在运行良好的资本市场上,规避风险的成本可能与因此得到的收益相等。所以这对财务人员是无差异的。他可能使用金融工具来对冲违约风险,但对冲的成本将会反映企业的违约概率和债务成本。

2. 股东无差异。股东可以自己采取对冲措施来规避金融市场上的违约风险,因此企业是否对冲风险对他们来说是无差异的。

本章小结

本章讨论了如何利用财务报表分析和编制预计财务报表来帮助企业确定信用等级。

违约风险是债务分析所关心的基本问题。为了正确评价风险,信用分析师与股票分析师一样,要熟悉企业的经营状况。像股票分析师一样,信用分析师要了解营业风险,了解债权人与企业之间的合同,还要了解怎样利用财务报表和财务报表的预计分析来评价企业的信用风险。

本章介绍了如何利用财务报表分析进行信用评估,列举了一系列的流动性和清算比率指标,并介绍了如何综合利用这些比率进行信用评级和确定违约风险。

本章将权益的财务报表预计分析运用到了信用分析中,但这里的目的是预测可用于偿债的现金。这种分析得出了债务的在险价值(VaR)轮廓图,描绘了不同情景下可用于偿债的现金状况,并据此确定了违约情景。本章还介绍了这种图形是如何运用于财务策略分析和危机计划的。

关键概念

担保物(collateral):指在债务人违约时收归债权人的资产。

信用分析(credit analysis) 或 **违约分析(default analysis)**:分析相关信息以确定借款人债务违约的可能性。

借债能力(debt capacity):企业借债的能力。

违约(default):不能按时偿还债务或其他违反债务合同的行为。

违约溢价(default premium):债务价格中超过无风险收益的部分,以此作为违约风险的补偿。

违约风险(default risk) 或 **信用风险(credit risk)**:债务人违约的风险。

违约情景(default scenario):关于企业在何种情况下将违约的预测。

危机计划(default strategy) 或 **危机策略(default planning)**:应对违约情景的策略。

表外融资(off-balance-sheet financing):不体现在资产负债表上的债务融资活动。

信用价格(price of credit):债权人要求的借款利率,是债权人要求的回报率(也就是债务人的借款成本)。

特殊目的实体(special purpose entity):为完成特定的任务,设立的不反映在资产负债表中且不受企业控制的实体(常为合伙制)。

第Ⅰ类(Type I)错误:将会违约的企业认定为不会违约企业的违约预测错误。

第Ⅱ类(Type II)错误:将不会违约的企业认定为会违约企业的违约预测错误。

练习

E19.1 信用评分:信用质量下降?(中等)

下面是国盛公司2011年和2012年财务报表的节选(单位:万元)。

	2011	2012
销售收入	4 238	3 276
息税前收益	154	(423)
流动资产	1 387	976
流动负债	1 292	1 390
总资产	3 245	3 098
股东权益的账面价值	1 765	1 388
留存收益	865	488

在2011年年末,该公司的8 000万股股票以每股25元的价格交易,可是在2012年年末交易价格为每股15元。分析师将这一变化归因于破产风险的增加。对国盛公司进行信用得分分析,判断公司破产风险增大的可能性。

E19.2 预计财务报表分析和违约点(中等)

元芳公司的资产负债表和利润表如下(单位:万元):

资产负债表	
经营现金	4
应收账款	29
存货	138
固定资产	942
	1 113
经营负债	288
长期债务(8%)	695
	983
股东权益	130
	1 113

利润表	
收入	908
经营费用	817
经营收益	91
利息费用	55
税前收益	36
所得税	13
税后收益	23

长期债务五年后到期,利率为8%。元芳公司法定税率为38%。在以下两种情景下编制元芳公司未来五年的预计财务报表,同时预测在两种情景下可用于还本付息的现金和还本付息的需要的现金额。公司没有支付股利。

a. 销售收入预期以每年4%的速度增长,而经营收益率维持在当前的水平,资产周转率为1.14。

b. 销售收入预期将以每年4%的速度降低而经营收益率预期降为2%。由于有些资产是不可调整的,资产周转率预期将下降为0.98。

E19.3　Z值(简单)

下面是出现在本书中的一些公司1998年会计年度的比率。

公司	营运资本/总资产	留存收益/总资产	息税前收益/总资产	权益市场价值/负债账面价值	销售收入/总资产
可口可乐	−0.12	1.05	0.29	15.4	0.98
耐克	0.34	0.58	0.15	9.0	1.67
锐步	0.43	0.66	0.06	0.7	1.85
惠普	0.24	0.50	0.13	3.6	1.40
戴尔	0.38	0.09	0.31	27.9	2.65
捷威电脑(Gateway)	0.27	0.34	0.19	5.2	2.59
微软	0.45	0.34	0.32	46.7	0.65

a. 计算这些公司的Z值。

b. 解释为什么耐克和锐步的Z值不同。

c. 将Z值作为信用得分指标,你有什么不同意见吗?

E19.4　追踪信用风险指标:玩具反斗城公司(困难)

玩具反斗集团公司是全球最大的玩具零售商,在1999年的销售额接近120亿美元。在近些年,公司面临着挑战,特别是在电子商务环境下,其市场份额由1993年的20.2%下降为1999年的16.8%。公司的股票价格从1998年的36美元下降为2000年的11美元。公司管理层开始采取战略性措施,希望使企业恢复其曾经的领先地位。

公司1997—2000年会计年度(会计年度截止日为每年11月份)的资产负债表和利润表在下表中给出,同时还给出了股票价格和流通股股数的信息。根据相关比率和Z值,分析企业这些年的盈利能力和信用情况。

	资产负债表 (单位:百万美元)			
	1997	1998	1999	2000
资产				
现金	$761	$214	$410	$584
应收账款和其他应收款	142	175	204	182
存货	2 215	2 464	1 902	2 027
预付账款和其他流动资产	42	51	81	80
流动资产总额	3 160	2 904	2 597	2 873
固定资产	4 047	4 212	4 226	4 455
商誉	365	356	347	374

(续表)

资产负债表
（单位：百万美元）

	1997	1998	1999	2000
存款和其他资产	451	491	729	651
总资产	8 023	7 963	7 899	8 353
负债				
短期借款	304	134	156	278
应付账款	1 346	1 280	1 415	1 617
应计费用和其他流动负债	720	680	696	836
应缴所得税	171	231	224	107
流动负债总额	2 541	2 325	2 491	2 838
递延所得税负债	222	219	333	362
长期债务	909	851	1 222	1 230
其他负债	160	140	229	243
负债总额	3 832	3 535	4 275	4 673
所有者权益				
普通股	30	30	30	30
资本公积	489	467	459	453
留存收益	4 120	4 610	4 478	4 757
外币折算调整	(60)	(122)	(100)	(137)
库存股	(388)	(557)	(1 243)	(1 423)
所有者权益	4 191	4 428	3 624	3 680
负债和权益总额	$8 023	$7 963	$7 899	$8 353
股票价格	$22	$27	$17	$11
流通股股数（百万股）	288	282	251	240

利润表
（单位：百万美元）

	1997	1998	1999	2000
净销售收入	$9 932	$11 038	$11 170	$11 862
销售成本	6 892	7 710	8 191	8 321
毛利润	3 040	3 328	2 979	3 541
销售及管理费用	2 020	2 231	2 443	2 743
折旧、摊销和资产减值	206	253	255	278
重组和其他支出	60	0	294	0
总经营费用	2 286	2 482	2 992	3 021
经营收益（损失）	754	844	(13)	520
利息费用	98	85	102	91
利息和其他收入	(17)	(13)	(9)	(11)
所得税前收益	673	772	(106)	440
所得税	246	282	26	161
净收益（损失）	$427	$490	$(132)	$279

E19.5 对信用评级下降的公司进行信用评分:Maytag 公司(中等)

Maytag 公司是知名的制造商,其产品包括:洗衣机、烘干机、洗碗机和其他的家用电器——还包括驰名的 Hoover 牌电动吸尘器。但是在 2004 年和 2005 年,该公司盈利能力日益下降。其竞争对手将生产工厂转移到低成本的国家,而 Maytag 却依然坚持将其高人工成本的生产基地留在美国。

下表中的数据表明了在 2000—2004 年,美泰格的销售是怎样陷入困境的,这对收益产生了负面影响。

单位:千美元,除每股数据外

	2004	2003	2002	2001	2000
净销售收入	$4 721 538	$4 791 866	$4 666 031	$4 185 051	$3 891 500
毛利润	660 219	859 531	1 004 602	864 842	985 481
销售百分比	14.0%	17.9%	21.5%	20.7%	25.3%
经营收益	$40 348	$228 293	$359 495	$289 152	$439 715
销售百分比	0.9%	4.8%	7.7%	6.9%	11.3%
持续经营获得的收益(损失)	$(9 345)	$114 378	$191 401	$162 367	$216 367
销售百分比	-0.2%	2.4%	4.1%	3.9%	5.6%

2005 年 4 月,该公司的债券被三家主要的债券评级机构降级为垃圾债券。Maytag 2004 年的财务报表在第 15 章的网页信息上。

a. 财务报表的哪些方面向你传达了有关 2003—2004 年信用质量下降的信息?
b. 从这些报表中你将给出怎样的评分,来说明信用质量下降?

微型案例

M19.1 违约风险分析:Fruit of the Loom

Fruit of the Loom 公司在 1997—1999 年间经营不善。在 1997 年 4 月到 1999 年 10 月期间,该公司的股价从每股 38 美元下跌到每股 3 美元,市值损失了 92%。

Fruit of the Loom 是一家男士内衣制造公司。据统计,它在 1999 年占有 32% 的美国市场份额,名列第二。第一位的是 Sara Lee 公司,份额为 37%。这家公司具有复杂的历史,它过去由金融家 William Farley 掌控,Farley 是在 20 世纪 80 年代中期通过杠杆交易控制这家公司的,而后开始大规模削减成本。这是一家典型的美国小镇型公司,随着成本的削减、负债变化和公司结构调整以及将产品的生产过程交给具有廉价劳动力的海外国家,管理层和员工之间的矛盾便产生了。还记得 Other People's Money 这部电影吗?

随着成本的削减和生产过程的分散,质量控制问题和存货管理的困难也随之产生。由于持有其他股份带来的财务危机,Farley 不得不减少其在 Fruit of the Loom 公司的持股份额,许多分析师认为这是迫使他离开这家公司的原因。1999 年夏末,Farley 将公司的控制权交给了外部董事 Dennis Bookshester。Bookshester 是零售业的专家,他发现公司的计算机和控制系统很混乱。公司的一些数据在下表中列出。

单位:百万美元,除每股数据外

	1995	1996	1997	1998	1999
收入	2 403	2 447	2 140	2 170	2 045
EBIT	50.4	325.3	(283.1)	234.9	102.3
净收益	(227.3)	151.2	(487.6)	135.9	28.1
股利	0	0	0	0	0
每股收益	(300)	1.98	(6.55)	1.88	0.39
销售净利率(%)	(9.5)	6.2	(22.8)	6.3	1.4
每股账面价值	11.78	13.90	5.87	7.61	6.82
市盈率	—	19.1	—	73	7.7
市净率	2.11	2.70	4.41	1.86	0.44
市销率	0.77	1.19	0.86	0.46	0.11

1999 年的数字基于截至 1999 年 6 月 30 日的 12 个月
流通股股数:66 923 000 股

许多分析师认为,公司的问题只是暂时的。产品的市场份额下降了一点点,但仍占有 32%,这一比例是相当可观的。市场与销售的价格倍数(市销比)低达 0.11,因而成本削减计划是适当的。生产过程和存货等问题可以通过更好的计算机系统解决,而计算机顾问也正在这样做。

1999 年秋季,一些分析师预测在 1999 年剩下的时间里,公司将会达到盈亏平衡,并预测到 2000 年 12 月 31 日,公司的每股收益为 0.79 美元。考虑到公司的系统控制能力,这些分析家预测 2000 年后公司会持续盈利。但是另一些分析师却警示公司会走向破产。

截止到 1999 年 10 月 2 日,公司报告在前 9 个月亏损了 25 320 万美元,而上年同期盈利 14 690 万美元。下面给出了公司 1999 年前 9 个月的财务报表。

Fruit of the Loom 公司
简明合并资产负债表
(单位:千美元)

	1999 年 10 月 2 日	1999 年 1 月 2 日
资产		
流动资产		
现金及现金等价物(包括受限制的现金)	$37 000	$1 400
应收票据及应收账款(减坏账损失分别为 $10 800、$12 000)	80 200	109 700
存货		
产成品	645 200	500 700
在产品	135 800	183 100
原料及供应品	52 500	58 200
存货总额	833 500	742 000
其他应收款	26 800	—
其他流动资产	45 400	41 100
流动资产总额	1 022 900	894 200
固定资产	1 157 200	1 192 100
减累计折旧	745 900	758 200
固定资产净额	411 300	433 900

(续表)

Fruit of the Loom 公司
简明合并资产负债表
(单位:千美元)

	1999 年 10 月 2 日	1999 年 1 月 2 日
其他资产		
商誉(减累计摊销额分别为 $356 200 和 $336 200)	666 300	686 300
递延所得税资产	36 700	36 700
其他	146 500	238 700
其他资产总额	849 500	961 700
	$2 283 700	$2 289 800
负债及所有者权益		
流动负债		
一年内到期的长期负债	$650 200	$270 500
商业应付账款	87 300	119 700
其他应付账款和应计费用	299 200	226 700
流动负债总额	1 036 700	616 900
非流动负债		
长期负债	682 200	856 600
应付票据及账款(子公司)	438 600	—
其他	266 000	267 400
非流动负债总额	1 386 000	1 124 000
优先股	71,70	—
普通股股东权益(亏空)*	(211 500)	548 900
	$2 283 700	$2 289 800

* 1999 年 10 月 2 日普通股权益金额包括留存收益 2 070 万美元,1999 年 1 月 2 日留存收益为 27 660 万美元。

Fruit of the Loom 公司
简明合并利润表(未经审计)
(单位:千美元)

	9 个月截止于	
	1999 年 10 月 2 日	1999 年 9 月 26 日
净销售收入		
非关联方	$1 508 400	$1 678 900
子公司	275 000	—
	1 783 400	1 678 900
销售成本		
非关联方	1 253 900	1 145 500
子公司	355 400	—
	1 609 300	1 145 500

(续表)

Fruit of the Loom 公司
简明合并利润表（未经审计）
（单位：千美元）

	9 个月截止于	
	1999 年 10 月 2 日	1999 年 9 月 26 日
毛利润（损失）	174 100	533 400
销售和管理费用	315 400	281 100
商誉摊销	19 900	19 900
经营收益（损失）	(161 200)	232 400
利息费用	(72 700)	(74 600)
其他费用——净值	(18 100)	(3 100)
税前收益（损失）	(252 000)	154 700
所得税	1 200	7 800
净收益（损失）	$(253 200)	$146 900

Fruit of the Loom 公司
简明合并现金流量表（未经审计）
（单位：千美元）

	9 个月截止于	
	1999 年 10 月 2 日	1999 年 9 月 26 日
经营活动现金流		
净收益（损失）	$(253 200)	$146 900
将净收益调整为经营活动现金流		
折旧及摊销	90 200	84 900
递延所得税	—	(4 900)
营运资金的增加	(117 000)	(189 100)
其他——净值	(24 700)	(13 600)
经营活动产生（或使用）的净现金	(304 700)	24 200
投资活动现金流		
资本支出	(28 000)	(25 000)
出售资产所得	20 500	68 200
对 Acme Boot 债务担保支出	—	(60 800)
其他——净值	(19 600)	(4 100)
投资活动产生（或使用）的净现金	(27 100)	(21 700)
融资活动现金流		
发行长期债务收到的现金	240 200	—
使用贷款额度协议收到的现金	676 800	754 300
偿还贷款额度协议支付的现金	(486 800)	(643 400)
长期债务及融资租赁的本金支付	(236 400)	(122 200)
子公司票据及应付账款的增加额	174 700	—
优先股股利	(1 100)	—

(续表)

Fruit of the Loom 公司
简明合并现金流量表(未经审计)
(单位:千美元)

	9 个月截止于	
	1999 年 10 月 2 日	1999 年 9 月 26 日
发行普通股	—	6 800
回购普通股	—	(3 000)
融资活动产生(或使用)的净现金	367 400	(7 500)
现金及现金等价物的增加(减少)净值(包括限制性现金)	35 600	(5 000)
期初现金及现金等价物(包括限制性现金)	1 400	16 100
期末现金及现金等价物(包括限制性现金)	$37 000	$11 100

a. 使用筛选法的专家会说这只股票具备买进的所有性质:低 P/E、低 P/B 和低市净率。你对以 3 美元的股价买进这只股票的建议有何看法?为了使买进建议更加安全,你还需要其他什么信息?

b. 通过财务报表中的比率分析指出公司在 1999 年 10 月时的破产可能性。

c. 利用本章提到的 Z 模型计算 Z 值。计算时将 9 个月的数据年度化。从 1999 年 1 月到 10 月,公司的 Z 值是怎样变化的?

M19.2　新疆屯河(600737)

新疆屯河成立于 1993 年,1996 年在上海证券交易所挂牌上市,原属水泥建材行业;1998 年开始投资新疆农产品加工业,并成功实施产业转型。现已经形成以番茄加工为主,涉及制糖、果品加工的农副产品深加工企业。2005 年,公司注册资本 8.06 亿元,总资产 31 亿元;目前,屯河在新疆南北疆 19 个县市投资 14 亿元,初步形成了年产番茄酱及其系列产品 38 万吨、林果产品 3.3 万吨、食糖 18 万吨的生产能力,全新疆每年为屯河提供的农产品达到 300 万吨以上,涉及农户 20 万户,2002 年屯河被认定为国家级农业产业化重点龙头企业。

1996 年 7 月 31 日,新疆屯河在上海证券交易所上市,在新疆屯河上市两个月之后,新疆德隆就受让部分集体股,以第四大股东身份进入屯河,随后逐步控制了整个新疆屯河。

2004 年 4 月爆发"德隆事件",屯河发生财务危机,8 月初由中国粮油食品(集团)公司委托贷款提供援助资金 4 亿元;同时,屯河资产受让中国华融资产管理公司托管,屯河各项经济活动均由华融资产管理公司托管人员、中粮集团监管人员、原公司高管人员联合管理运行,生产经营情况基本处于正常状态。经过近一年的托管,2005 年 6 月 14 日,由中国华融资产管理公司及屯河的股东新疆屯河集团有限责任公司、新疆三维投资有限责任公司、新疆德隆(集团)有限责任公司、上海创基投资发展有限公司与中国粮油食品(集团)有限公司共同签署《股权转让协议》;2005 年 8 月 18 日,中国粮油食品(集团)公司与新疆八一钢铁集团公司签署《股份转让协议》,将中国华融资产管理公司托管的上述四家股东和新疆八一钢铁集团公司持有的屯河社会法人股转让给中国粮油食品(集团)有限公司。两次股权转让完成后,中国粮油食品(集团)有限公司持有屯河总股本的 44.8%,成为屯河的第一大股东。公司更名为中粮屯河。以上这些,给屯河投资公司带来了新的生机,使屯河投资公司在当地的社会信誉得到了较好的恢复,成为德隆系中最先走出困境的企业。

通过互联网,查找德隆事件的相关资料及新疆屯河 2002 年、2003 年的年报资料,讨论:德隆事件对于风险控制有哪些启示?从新疆屯河 2002 年、2003 年年报中的财务报表,可以看出哪些财务危机的前兆?

教师反馈表

美国麦格劳-希尔教育出版公司（McGraw-Hill Education）是全球领先的教育资源与数字化解决方案提供商。为了更好地提供教学服务，提升教学质量，麦格劳-希尔教师服务中心于 2003 年在京成立。在您确认将本书作为指定教材后，请填好以下表格并经系主任签字盖章后返回我们（或联系我们索要电子版），我们将免费向您提供相应的教学辅助资源。如果您需要订购或参阅本书的英文原版，我们也将竭诚为您服务。

★ 基本信息

姓		名		性别	
学校			院系		
职称			职务		
办公电话			家庭电话		
手机			电子邮箱		
通信地址及邮编					

★ 课程信息

主讲课程-1		课程性质		学生年级	
学生人数		授课语言		学时数	
开课日期		学期数		教材决策者	
教材名称、作者、出版社					

★ 教师需求及建议

提供配套教学课件 （请注明作者/书名/版次）	
推荐教材 （请注明感兴趣领域或相关信息）	
其他需求	
意见和建议（图书和服务）	
是否需要最新图书信息	是、否
是否有翻译意愿	是、否

系主任签字/盖章

我们的联系方式：

经济与管理图书事业部
北京市海淀区成府路 205 号 100871
联系人：徐 冰 张 燕
电话：010-62767312 / 62767348
传真：010-62556201
电子邮箱：em@pup.cn em_pup@126.com
QQ：552063295
新浪微博：@北京大学出版社经管图书
网址：http://www.pup.cn

麦格劳-希尔教育出版公司教师服务中心
北京-清华科技园科技大厦 A 座 906 室
北京 100084
电话：010-62790299-108
传真：010 62790292
教师服务热线：800-810-1936
教师服务信箱：
instructorchina@mheducation.com
网址：http://www.mcgraw-hill.com.cn